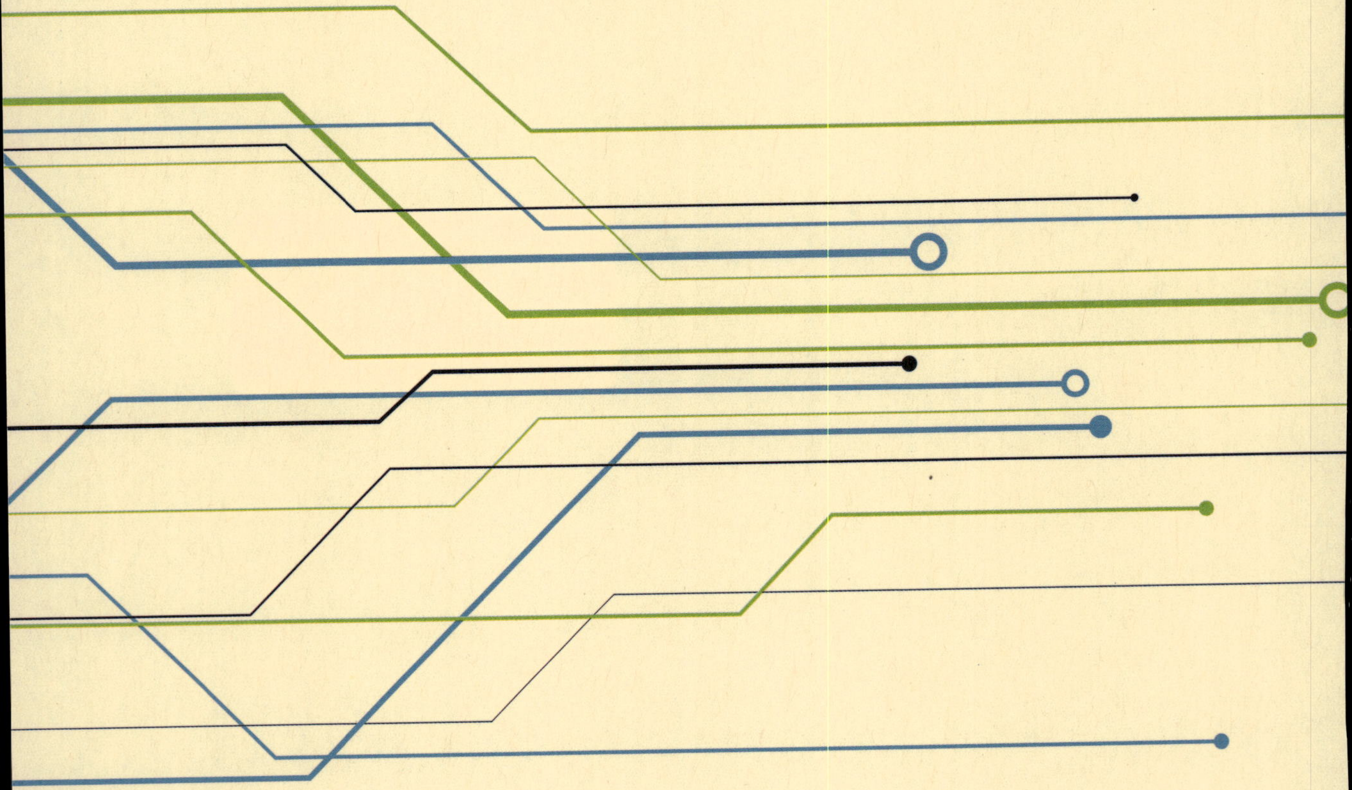

企业风险管理架构重塑及实务操作

——基于供应链的套期保值实践

主 编

王红英 彭锡光 姜山奇 杨胜婷 秦 鹏 吴瑞雪 孙迪茶

副主编

邵 苑 王晓宇 颜树萍

参 编

王路宽 李勇帅 何 枫 韩 敏 赵紫成 丁 芳

中国财经出版传媒集团

中国财政经济出版社

PREFACE
序言

随着全球经济的迅速发展和技术、信息的爆炸性增长，金融已经成为经济发展极为重要的持续推动力，也成为国际竞争的重要评判标准。

在新的时代背景下，现代金融和资本市场的战略性和外延性融合更加紧密，资本市场的发展将成为今后世界经济博弈的风向标之一。一国的经济发展，一定程度上取决于该国资本市场的发展水平和成熟度，而资本市场中各金融行业的实力及其为国家经济服务的深度和广度，是其中的一个重要组成部分。

进入新时代，全球大宗商品价格的巨幅波动已成为新常态，在经济双循环背景下，企业和机构对如何有效地认知风险、规避风险、管理风险，以锁定经营利润、保持企业财富的稳定增长，有着迫切的需求。

尤其是2020年以来，全球经济的进一步开放，伴随着金融波动的不断演绎，全球大类资产尤其是大宗商品的波动日益剧烈。面对大宗商品如此大的波动风险，不利用期货、期权等金融工具进行风险对冲的企业是无法生存下去的。

经过多年的发展，我国期货市场服务实体经济的能力不断增强。证券公司、基金公司、信托公司、QFII等机构投资者正在有序参与股指期货市场，商品期货市场在帮助企业利用期货市场规避风险方面发挥着日益重要的作用；期货市场的价格发现功能初步显现，已经被越来越多的微观经济主体所利用。近年来，随着我国期货市场品种的不断丰富、市场流动性的不断增强和市场参与者的不断增加，我国期货市场形成的价格信息与现货市场、国际市场的关联度不断增加，能够比较准确地反映市场的供求状况和预期，对于生产者和经营者有较强的指导性，在优化市场资源配置的结构、提高生产经营的效率方面作用明显。

越来越多的企业开始利用期货、期权这些金融工具应对价格波动，完善风险管理体系。在市场风险面前，各类企业利用期货工具进行风险管理的需求和意识不断增强，越来越多的企业开始参与到期货市场中进行套期保值，规避风险。但是，如何全面而深刻地理解套期保值并在实践中较好地加以运用，以及在现阶段如何做到资产的保值、升值和增值，仍是很多企业所困惑和茫然的课题。

一个现代化经营的企业，如果要具备长久的生命力，则必须不断充电，更新理念，不再固守传统的实体产业经营，要从理论、操作、创新层面都有所突破。企业应建立更为专业化的管理体系，遵循国际化的视野和风险管理思维，充分利用国际和国内两个期货市场，统一进行采购和销售等。同时，在运作体系上通过建立适当的约束制度，实现企业内部各部门联动、期货与现货联动、采购与销售联动、国内与国外联动，从而把价格风险管理转化为企业的日常管理工作，贯穿于企业业务的各个层面。这也就是我们所提出的企业全面风险管理的理念。

当前，美国经济持续复苏，欧洲经济陷入僵局，以中印为代表的新兴经济体开始减速；在全球经济一体化背景下，经济要素的错配使得企业经营环境进一步恶化，面临更大的挑战。传统企业经营模式已经不能为继，代表性的影响因素有：刚性成本的持续上升、市场竞争导致利润率进一步下降、企业负债进一步上升。在此背景下，企业经营理论需要进一步创新：传统的“基于成本最低前提下的企业利润最大化”商业理论将被“成本最优、风险最低前提下的企业利润最大化”的创新理论所替代。

鉴于此，本书采用务实的操作案例详细解剖企业科学创新的经营模式，致力于使企业经营性竞争由“红海”走向“蓝海”；同时对金融企业如何设计理财产品、进行科学的资产管理提供全套解决方案。

秉承上述思路，本书共分为三大篇：理论篇、应用篇、创新篇。

理论篇主要围绕“以风险管理为核心的现代企业制度”来进行创新思考，包括央企全面风险管理架构设计，企业合规的套期保值会计处理，经济周期、产业轮动与企业风险管理，汇率市场化背景下人民币走势与企业风险管理，更加密切的全球一体化背景下的期货行业分析研究体系的架构重塑等在企业经营和投资增值中具有典型意义的论题。

应用篇围绕企业在日常经营中利用期货市场规避风险，进行风险管理的各种具有代表性的典型应用及其案例进行阐述。包括铝加工企业全生产过程的动态套期保值方案设计，海外矿产生产、贸易进口全流程保值模式探讨，期货工具在国内 EPC 项目管理模式中的应用，基于银行贸易融资的现货仓单经营体系的风险管理方案设计，基于原油为基础的能化产业链的流程风险管理体系的设计，金属镍的现货点价与期货、期权的保值方案综合运用，对外贸易企业套期保值方案设计及外汇风险规避，发改委成品油定价机制的弊端及成品油国家战略保值方案的设计，轮胎企业保值方案，国储粮食轮储的市场化与期货市场保值解决方案，利用股指期货设计阿尔法基金产品及风险管理，农发行套期保值政策研究，交易所不同区域仓单升贴水与套期保值操作。

在最后更为重要的创新篇里，围绕未来金融及期货深化发展和提升的路径，详细研究了理财产品设计及风险管理，基于资产管理公司的全面解决方案，中金商品指数研究说明，利用大宗商品指数进行地方区域经济风险预警，利用期货市场协助银行进行信贷风险管理，期货公司的创新型客服体系的建设等行业热点问题。

中国（香港）金融衍生品投资研究院历来以中国金融行业发展为己任，在此，愿贡献出最新研究所得为中国经济发展尽一份绵薄之力，促进行业、公司和现货企业、投资者在新时代新背景下的更大发展！

中国（香港）金融衍生品投资研究院院长　王红英

2021 年 2 月

CONTENTS

目录

理论篇

理论篇

1

以风险管理为核心的现代企业制度创新思考

1.1 企业全面风险管理的定义

风险管理的权威性定义有两个。其一，“企业风险管理是企业在实现未来战略目标的过程中，试图将各类不确定因素产生的结果控制在预期可接受范围的方法和过程，以确保和促进组织的整体利益实现”（2006 年 4 月，亚洲风险与危机管理委员会）。其二，“企业风险管理是一套由企业董事会与管理层共同设立、与企业战略相结合的管理流程。它的功能是识别那些会影响企业运作的潜在事件并把相关的风险控制在一个企业可接受的水平，从而帮助企业达成目标”（2003 年 7 月，美国 COSO 委员会）。以上两个定义都说明，企业风险管理的目的不是回避风险和减轻风险，而是对风险实施有效的管理，寻求风险和收益的最佳平衡点，以实现企业战略目标。风险管理既包括预测和规避威胁与损失，也包括识别与把握风险后的机遇。

全面风险管理（ERM），指企业围绕总体经营目标，通过在企业管理的各个环节和经营过程中执行风险管理的基本流程，培育良好的风险管理文化，建立健全全面风险管理体系，包括风险管理策略、风险理财措施、风险管理的组织职能体系、风险管理信息系统和内部控制系统，从而为实现风险管理的总体目标提供合理保证的过程和方法（2006 年，国资委）。

有别于企业危机管理、预警管理等狭义的风险管理手段和方法，全面风险管理的“全面”体现在以下几个方面：

其一，战略性。企业内部控制、保险工具、金融衍生工具，这些主要用于防损为目的的方法和工具基本上主要用于操作层面，难以达到对企业战略的突出支持意义。全面风险管理试图从战略层面入手，对企业面临的风险进行梳理和分析，并制订相应的管理和应对策略。

其二，系统性。全面风险管理涉及发展战略、企业文化、公司治理、组织架构、管理流程、信息系统、财务安排、金融工具使用等企业经营的方方面面，对风险管理技术、手段、方法、策略进行了全盘的整合。

其三，专业性。全面风险管理推进风险管理职能部门的设立，实施专业化管理。

其四，全员性。全面风险管理是企业董事会、管理高层、各部门、各层次全员参与的一项活动。

1.2 企业风险管理框架

1.2.1 企业风险分类

企业的股东与管理层常常要面对一些令他们寝食难安的问题。因此，企业需要系统化地建立一套风险管理体制，从而识别影响企业盈利的关键因素，并对那些会影响企业盈利的风险进行监控及管理。

那么，企业知道它所面对的主要风险吗？例如，什么风险正在或将会影响企业的业务，企业的品牌、新产品/新市场的开发、战略联盟、客户或供应链的管理是否满足企业的发展需求等。理想的状态是：企业能开发一套标准的、共通的风险语言，从而识别企业所面对的风险，并就其严重的程度进行排序。共通的风险语言亦有利于企业各层级就风险的管理进行沟通。企业风险可以分为战略性风险、信贷风险、市场风险、操作风险等。

（1）战略性风险

战略性风险是指公司因做出战略性错误的决定而导致经济上的损失。战略性风险是业务单位、高级管理层和董事会的共同责任。常见的战略性风险包括：

- 企业的目标与方针；
- 市场潜在的威胁；
- 业务的范围（深度与广度）；
- 品牌及形象的建立；
- 与战略性伙伴的合作；
- 投资和融资的策略；
- 员工的素质和雇员关系；
- 企业的信息及监控系统。

（2）信贷风险

信贷风险是指贷款人或合同的另一方因不能履行合约而使公司产生经济损失的风险。常见的信贷风险包括：

- 贷款未能回收；
- 应收账款未能回收；
- 债券跌价（因信贷评级的减值或债务人未能履行付款义务）；
- 买卖金融市场产品而未能兑现；

- 企业因合资、合作、联盟、外包等经济活动而产生或暴露的信贷风险。

(3) 市场风险

市场风险是指因市场价格或利率波动而使公司产生经济损失的风险。构成市场风险的三大因素是：因买卖或投资金融产品而产生的风险；因资产与负债错配或原材料与产成品价格不能同步浮动而产生的风险；资金流动性风险。

常见的市场风险包括：

- 利率风险；
- 外汇风险；
- 股票与债券市场风险；
- 商品价格风险；
- 期货、期权与衍生工具风险。

(4) 操作风险

操作风险是指企业内部流程、人为错误或外部因素而令公司产生经济损失的风险，它包括了公司的流程风险、人为风险、系统风险、事件风险和业务风险等。

- 流程风险是指交易流程中出现错误而引致损失的风险，包括：销售、定价、记录、确认、出货/提供服务等环节，流程风险也包括合规性风险；
- 人为风险指因员工缺乏知识和能力、缺乏诚信或道德操守而引致损失的风险；
- 系统风险是指因系统失灵、数据的存取和处理、系统的安全和可用性、系统的非法接入与使用而引致损失的风险；
- 事件风险是指因内部或外部欺诈、市场扭曲、人为或自然灾害而引致损失的风险；
- 业务风险是指因市场或竞争环境出现预期以外的变化而引致损失的风险，所涉及的问题包括市场策略、客户管理、产品开发、销售渠道和定价等领域。

1.2.2 企业风险管理流程

企业风险管理基本流程如下：收集风险管理初始信息；进行风险评估；制订风险管理策略；提出和实施风险管理解决方案；风险管理的监督与改进。风险管理操作流程如图 1 -1 所示。

(1) 第一阶段：风险识别工作内容

通过阅读风险清单，熟悉各类风险的定性描述和指标体系，准确理解和掌握各类风险的特征。在上述工作基础上，企业结合自身情况和外部环境，从战略、市场、运营、法律、财务五个方面对企业各业务单元、各项重要经济活动以及重要业务流程中存在的风险进行定义描述，分析风险发生可能性的高低以及必要条件，从而撰写《风险识别报告》。

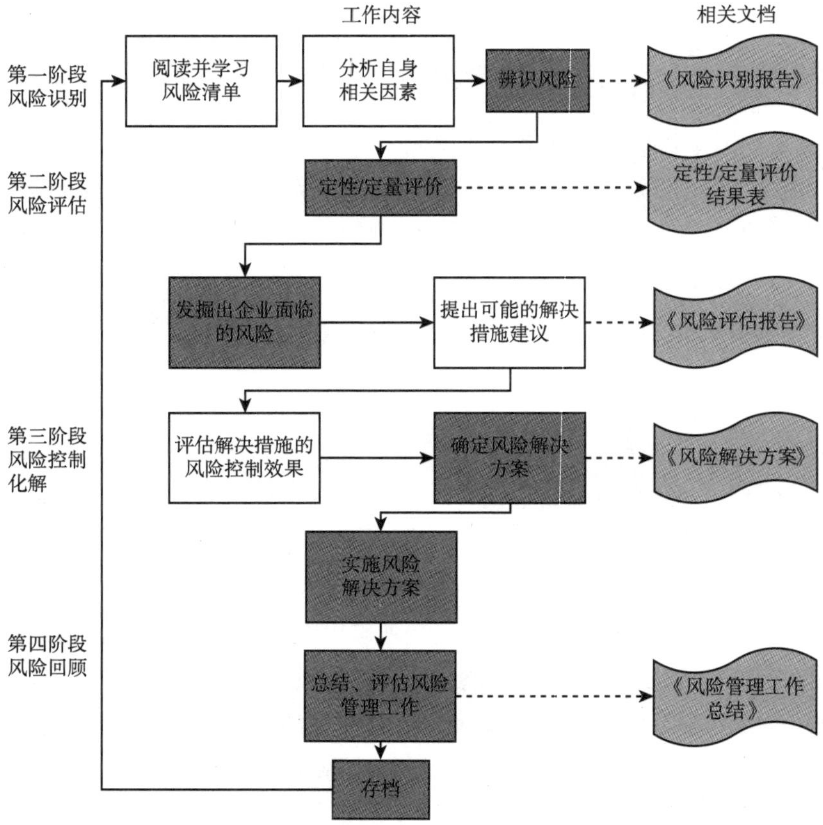

图 1－1　风险管理操作流程

（2）第二阶段：风险评估工作内容

企业以风险定性评价模型和风险定量评价模型为基础，对第一阶段识别出的风险进行评价，在此基础上，针对重大风险，紧密结合企业自身风险管理现状、风险偏好、风险控制目标，提出可能的风险解决措施建议。

定性方法可采用问卷调查、集体讨论、专家咨询、情景分析、政策分析、行业标杆比较、管理层访谈、由专人主持的工作访谈和调查研究等。

进行风险定量评估时，应统一制定各个风险的度量单位和度量模型，并通过测试等方法，确保评估系统的假设前提、参数、数据来源和定量评估程序的合理性和准确性。要根据环境的变化，定期对假设前提和参数进行复核和修改，并将定量评估系统的估算结果与实际效果对比，据此对有关参数进行调整和改进。

（3）第三阶段：风险控制化解工作内容

为控制风险控制化解工作的顺利开展，企业会根据风险管理策略，针对第二阶段提出的解决方案进行评估，找到最佳的方案付诸实施，此过程的主要手段有以下两种：

第一，外包方案。应注重成本与收益的平衡、外包工作的质量、自身商业秘密的保护以及防止自身对风险解决外包产生依赖性风险等，并制定相应的预防和控制措施。

第二，内控方案，应满足合规的要求，坚持经营战略与风险策略一致、风险控制与运营效率及效果相平衡的原则，针对重大风险所涉及的各管理及业务流程，制定涵盖各个环节的全流程控制措施；对其他风险所涉及的业务流程，要把关键环节作为控制点，采取相应的控制措施。

（4）第四阶段：风险回顾工作内容

此阶段主要是对风险管理工作的监督与改进，采用压力测试、返回测试、穿行测试以及风险控制自我评估等方法对风险管理的有效性进行检验，针对存在的缺陷提出调整或是改进的建议，将其妥善保管并及时报送企业风险管理委员会，用于指导下一阶段的风险管理工作。此项工作可同年度审计、任期审计或是专项审计工作一并展开。

企业需要按照图 1－2 所示的“企业风险模型”设计企业内部管理及风险控制体系来全面减少企业的经营风险。

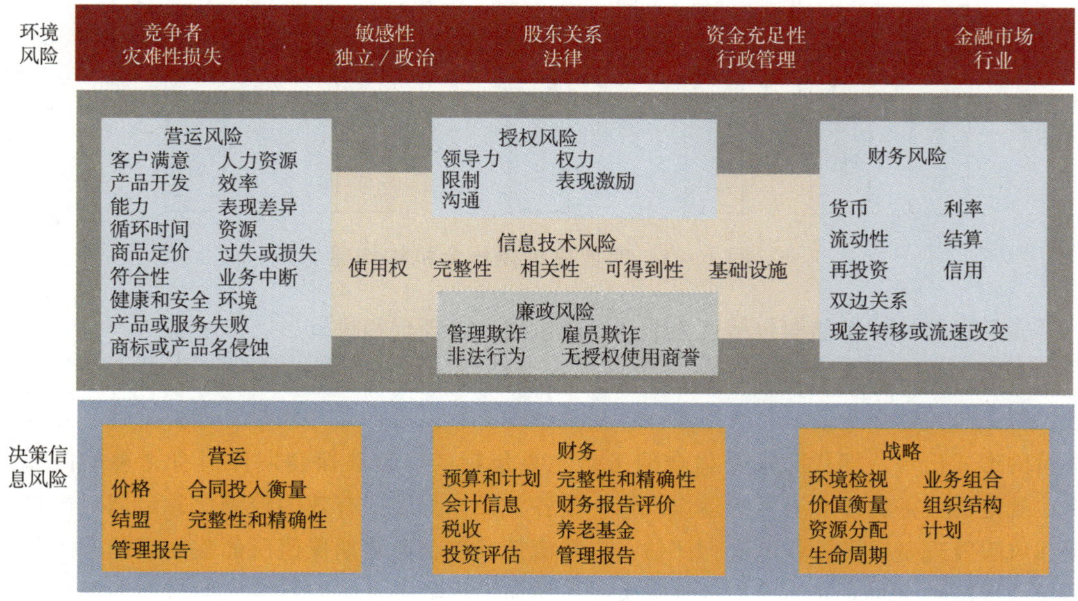

图 1－2 企业风险全景图

1.2.3 企业市场风险管理机构设置

本书主要讲述企业为防范市场风险而建立的基于供应链的套期保值体系。

为了有效防范风险，套期保值管理体系要建立起制约机制，构筑顺序递进的三道监控防线。

第一道监控防线是岗位制约，即建立完善的岗位责任制度和规范的岗位管理措施，实行双人、双职、双责制度，使业务操作实行不同职责的分离、交叉核对、资产双重控制和双人签字等，以确立岗位间相互配合、相互督促、相互制约的工作关系。

第二道监控防线是部门制约，即建立起相关部门、相关岗位之间相互监督制约的工作程序。例如：交易人员的交易规模受到资金部门的约束等。

第三道监控防线是内部稽核，即建立稽核部，对各岗位、各部门、各项业务实施全面的监督，及时发现问题、真实地反映情况，并协助有关部门纠正错误、堵塞漏洞，确保各种规章制度的执行和各项政策的实施，避免不正当行为所造成的风险隐患。

建议业务部由总（副）经理垂直领导，由期货业务负责人对总（副）经理负责。这样便于管理，也使期货套保业务的抗干扰性提升。增加一名稽核人员，该稽核人员直接对公司主管领导负责，行使综合性的内部监督职能，督促公司内部各项内部控制文本制度的贯彻落实，对期货业务部门进行考核，行使考核和奖罚职能。建议公司按照图 1－3 所示组织机构进行设置。

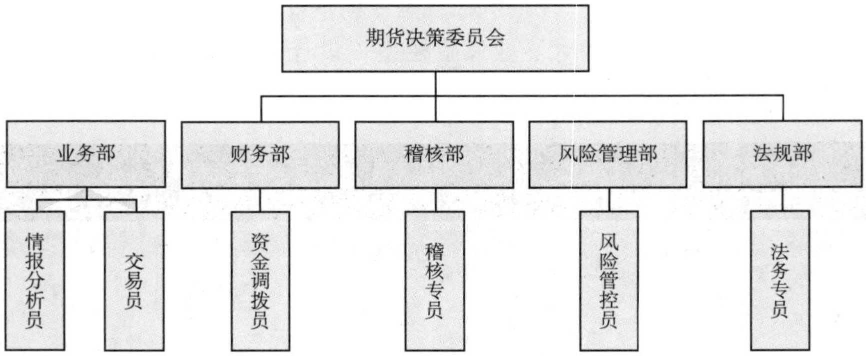

图 1－3　期货决策委员会机构构建

套期保值的组织结构包括三个部分：决策层、管理层和执行层。

期货决策委员会由企业的最高领导人直接负责，成员包括董事长、党委书记、总经理、财务总监等企业的最高决策集体。期货决策委员会通常以“风险管理委员会”等集体决策的形式出现。期货决策委员会的工作主要包括：一是确保套期保值有完善的内部控制、规范的业务程序和适当的运作政策，使各种操作都受到有效的控制，并定期对内控情况和风险管理基础设施状况进行评估；二是清楚反映企业套期保值所面临的风险；三是批准承受风险的大小，并为承担风险损失提供所需的风险资本。期货决策委员会的具体职责包括确定保值战略，明确保值目标，审定保值方案，控制保值风险，统一调配保值的资金与资源以及与套期保值交易相关的其他重要决策。在套期保值交易管理体系中，只有期货决策委员会有权制订、变更或终止套期保值交易方案。

其他职能部门划分为：业务部、财务部、稽核部、风险管理部和法规部。

业务部。为期货业务的职能管理部门，其主要职责是：**情报分析员**负责广泛收集市场信息，分析、预测市场行情，提出套期保值建议方案并负责套期保值方案的执行；**交易员**负责期货市场交易，建立期货统计报表制度，对期货业务进行风险控制等。

财务部。由财务部门相关人员组成，**资金调拨员**负责套期保值业务全程的财务处理，参与套期保值过程中的财务处理工作，包括账户处理和资金划转等。

稽核部。**稽核专员**，实行对期货决策委员会负责的原则，行使综合性的内部监督职能，以保证内部稽核的权威性和独立性。内部稽核监督工作要建章建制，实现制度化和规范化；要建立稽核检查制度和稽核处罚制度，督促公司内部各项内部控制文本制度的贯彻落实。

风险管理部。由公司内部财务部门和审计部门人员组成，**风险管控员**负责套期保值业务全程的风险监控，每日交易记录与结算数据的复核，发现风险问题时向业务部门做出提示，向期货业务期货决策委员会报告等。

法规部。**法务专员**负责审核自营的各项授权文件，防范法律风险。

1.3 企业风险解决方案与制度

为了提高企业的抗风险能力，充分利用期货市场的优点，企业在进行套期保值业务时要有章可循，有法可依，制定相应的规章制度是必然的。

企业套保制度主要包括组织和授权、业务运作、风险管理、财务管理等方面。我们针对这四方面，分别提出建议，如图 1 –4 所示。

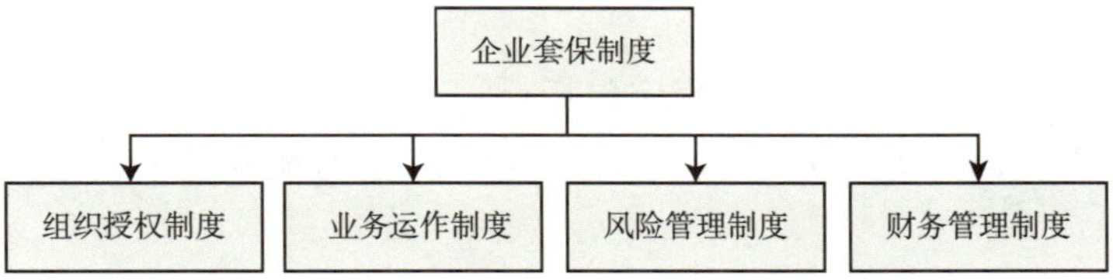

图 1 –4　企业套期保值制度

1.3.1 组织授权制度

组织授权制度需要解决企业有限公司期货决策委员会构建和业务授权问题。

企业有限公司期货决策委员会由董事会授权，由总公司总（副）总经理直接领导，全权负责；业务部经理实行操作负责制。

公司对期货交易操作实行授权管理。交易授权书列明有交易的人员名单、可从事交易的具体种类和交易限额；期货交易授权书由公司期货决策委员会负责人签署。授权书分为一般授权和特殊授权，一般授权就是以确定的套期保值方案执行过程中的授权，特殊授权指针对突发事件的授权。特殊授权由总公司总（副）总经理管理，一般授权下放给业务部门。

公司对交易资金调拨授权管理。交易资金调拨授权书应列明有权进行资金调拨的人员名单和资金限额。

1.3.2 业务运作制度

套期保值业务实行逐级负责制度。

套期保值操作要符合公司内部规章制度流程，不得违规操作。

业务部实行定期期货例会制度，组内实行每日沟通方式，讨论市场行情与方案及操作；周例会是整个套期保值团队进行，根据本周内容进行汇报；还进行月度总结会议与不定期碰头会，加强各职能部门沟通，提高工作效率以及风险控制能力。

交易员负责套期保值一般业务的操作，任何人不得以各种形式直接干预期货执行的操作。若有异议，可提供书面操作建议，在期货例会上进行研究。

1.3.3 风险管理及处理制度

公司应该建立一套完整的内部风险监控系统。具体包括以下各款：

建立由期货决策委员会和风险管理部组成的风险管理系统。风险管理部负责拟订风险管理的书面程序，并报期货决策委员会同意。定期考核风险暴露情况，并对上述程序进行评估和修正。风险管理部必须独立于业务部门，是联系期货决策委员会和业务部门的纽带。

制订合理的风险管理过程，该过程应包括：

风险衡量过程，即对套保小组在套期保值中面临的风险进行全面、准确和及时的衡量。

风险限制过程，即为风险设置分类界限，保证风险暴露超过界限时要及时报告管理层，并由其授权同意采取必要措施。

风险报告过程，即由风险管理部将所衡量的风险及时向期货决策委员会报告。

公司在进行期货套期保值业务时，应把从事交易、风险管理及结算（资金划拨）职能的岗位和人员有效分离，确保其能够相互监督制约。相互制约的业务操作内部监控机制包括：

前台——业务部：负责具体交易操作，严格各项操作规定并按有关规定和权限调拨与管理交易资金，并详细记载套期保值活动，向中台和后台报告交易情况。

中台——风险管理部：负责监督并控制前台和后台的一切业务操作，核对持有头寸限额，负责比较后台结算和前台交易之间计算出的损益情况，并根据交易的质量采取必要的措施，以保证会计记录的准确性，对交易质量、财务信息管理和回报率的质量实施监督职能；负责交易情况的分析及对交易误差做出正确解释和内部稽核，最终负责公布监控结果；负责套期保值业务全程的风险监控、每日交易记录与结算数据的复核、发现风险问题时向业务部门做出提示、向期货决策委员会报告等。

后台——财务部门：只接受资金调拨人的指令进行期货保证金的划转、账务处理。

负责交易复核、对账，确认买卖委托以及各类财务处理并跟踪交易情况，同时按规定独立监管前台交易和后台结算，并随时协助前台交易人员准备盈亏报告，进行交易风险的评估。

1.4 会计处理制度

企业进行套期保值，会计处理是个关键环节。因为期货套期保值是和现货紧密联系在一起的，如果二者不能在会计处理上紧密结合，就无法客观衡量企业套期保值的效果。

根据国家最新规定，会计处理以《企业会计准则第 24 号——套期保值》为基准，结合企业的实际情况，按照以下的方式予以处理。

1.4.1 确认条件

在套期开始时，企业对套期关系（即套期工具和被套期项目之间的关系）有正式指定，并准备了关于套期关系、风险管理目标和套期策略的正式书面文件。该文件至少载明了套期工具、被套期项目、被套期风险的性质以及套期有效性评价方法等内容。

公允价值套期、现金流量套期或境外经营净投资套期同时满足下列条件的，才能运用会计准则规定的套期会计方法进行处理：

①套期必须与具体可辨认并被指定的风险有关，且最终影响企业的损益。

②该套期预期高度有效，且符合企业最初为该套期关系所确定的风险管理策略。

③对预期交易的现金流量套期，预期交易应当很可能发生，且必须使企业面临最终将影响损益的现金流量变动风险。

④套期有效性能够可靠地计量。

⑤企业应当持续地对套期有效性进行评价，并确保该套期在套期关系被指定的会计期间内高度有效。

1.4.2 科目设置

对于套期保值会计，企业可以根据金融工具确认与计量准则，直接采用有关科目；如果套期保值业务量较大，也可以采用专门的会计科目。

“套期保值工具”科目用以记录套期保值工具的公允价值，按照套期保值工具的不同，可设置“期货”“期权”“远期合约”“互换”等明细科目，也可以采用按照交易对象细分。

“套期保值工具价值变动”科目用以核算套期保值工具的公允价值变动额，设置“权益”“损益”两个明细科目。期末，套期保值工具价值变动（损益）余额转入“本年利得”科目，套期保值工具价值变动（权益）作为资本公积的子项目在资产负债表上单独列示。

“被套期保值项目——衍生工具”科目用以核算确定承诺和很可能发生的预期交易两类被套期保值项目的公允价值。

“被套期保值项目价值变动”科目用以核算期末按照成本计量金融资产或可供出售金融资产以及非金融资产或非金融负债的价值变动，设置“权益”“损益”两个明细科目。如果套期保值项目是按照公允价值计量的，则不使用本科目。

1.4.3 损益处理

套期工具为衍生工具的，套期工具公允价值变动形成的利得或损失应当计入当期损益；套期工具为非衍生工具的，套期工具账面价值因汇率变动形成的利得或损失应当计入当期损益。

被套期项目因被套期风险形成的利得或损失应当计入当期损益，同时调整被套期项目的账面价值。被套期项目为按成本与可变现净值孰低进行后续计量的存货、按摊余成本进行后续计量的金融资产或可供出售金融资产的，也应当按此规定处理。

1.4.4 费用处理

期货套期保值中所发生的费用，如交易手续费等可在会计处理中由期货保证金项目扣除。

1.4.5 报表确认

资产负债表：①在“其他应收款”项目上设置“期货保证金”和“应收席位费”项目，分别根据两个同名科目的期末余额填列。②在“其他流动负债”项目列示持仓合约的浮动盈亏。③报表附注中，还应披露期货会员资格投资、持仓合约浮动盈亏等内容和金额。④设置买入、卖出期货合约及期货结算科目的企业，编制资产负债表时应将这几个科目抵销，不在表内反映，但在报表附注中应详细披露持仓合约的种类、数量和初始成交金额。

利润表（损益表）：在“投资收益”项目下设置“期货收益”项目。

现金流量表：期货业务现金收付，均应作投资活动现金流量列报。

1.5 企业期货投资风险的内部控制

期货投资最主要的意义之一就是帮助企业转移、规避价格风险。它是一种预防措施，它通过在期货市场与现货市场同时做方向相反而数量相同的交易，使得如果现货市场上由于价格波动给交易者造成了损失，可以被期货市场的交易盈余抵补，因此，也起到了价格风险对冲的效果。但是期货投资业务本身是高收入高风险的投资业务，近年来发生过多起由于风险控制不当而发生巨额亏损的事件，如巴林银行倒闭案以及中航油巨额亏损事件。那么，企业如何去规避在进行期货投资时可能面对的风险，如何将风险置于可控制的范围内，从而获取高额回报，笔者认为，建立完善的内控体系，是规避期货投资风险的有效途径。

1.5.1 内部控制的基本含义

内部控制理论是随着企业内控实践经验的丰富而逐渐发展起来的，大致经历了内部牵制、内部控制系统、内部控制结构和内部控制整体框架四个理论阶段。1992 年，COSO 委员会提出了一个内部控制的专题研究报告《内部控制：整体框架》，即 COSO 内部控制框架。该报告将内部控制定义为："由企业董事会、经理阶层和其他员工实施的，为营运的效率效果、财务报告的可靠性、相关法令的遵循性等目标而提供合理保证的过程"，并认为内部控制包含控制环境、风险评估、控制活动、信息沟通以及监督等五个方面。内部控制的目的就是帮助企业正确地管理和控制风险，而非减少风险。内部控制的目标是通过建立企业内部控制体系，梳理公司的主要业务流程，对关键控制流程进行风险分析，找出风险点和控制缺口，通过强化相关部门控制职责，实现对风险的有效控制，完善制度规范，建立测试方法和标准，保证内控体系有效运行。

1.5.2 企业期货投资业务流程及其风险管理

期货投资风险，是指由于未来的不确定性而产生的期货投资收益的可能值偏离期望值的可能性和幅度。对于期货投资活动而言，风险伴随于整个期货投资活动。也就是说，控制期货投资风险，应确定期货投资业务流程，进而找出流程中的重要风险点并制定相应的控制措施，是有效规避期货投资风险的关键所在。

业务流程是指业务操作过程中的全部线路和环节。企业期货投资业务的流程包括：投资者在进入期货市场前，要与所选定的经纪人结合定期制订投资计划；当决定从事期货交易时，首先要向期货交易所的会员经纪商开立账户，同时建立印鉴卡，签妥合约书；交易投资者通常以电话通知的方式给经纪人交易订单，订单上包括买或卖商品种类、契约数量、提运月份及价格等，当经纪人应下订单时，即口头复诵一遍，或以书面邮寄方式确认订单；该交易订单立即被送到经纪商办公室的电讯室，登记、打戳时间，然后立即由电讯室以电话通知交易所的交易厅内该公司的电话员，电话员记下订单传给柜台的交易经纪人，在交易厅内进行交易；成交后，经纪人即在该订单的价格上背书，如果该订单没有价格限制，则经纪人填上成交价格以后，再由电话员传回公司电讯室；客户经纪人立即以电话口头方式通知客户交易已经完成，随后再以书面确认完成；每天交易结束时，会员经纪商再将当日所有交易报给结算单位，由结算单位进行当天的结算工作。

对于企业期货投资业务流程风险，从期货投资业务流程中可以看出，期货交易不是客户之间面对面的交易，它需要通过期货交易所的交易经纪人，按照交易所规定的操作程序和结算方式进行交易和结算。期货投资业务流程表现出直观性、人际性，具有严格的流程方向和步骤秩序的特征、流程没有完全封闭的时间界限及隐含着路线风险和操作风险的基本特征。经过对企业期货投资流程过程中可能出现的风险评估及分析后，得出企业期货投资业务流程可能面对如下几种重要风险：

第一，期货投资方案未经有效审批。企业期货投资部门编写的期货投资方案（期货投资建议、可研报告），未得到经理办公会议、企业内相关部门、专业公司及法律事务部的有效审批的风险。投资计划是对未来投资行动的一种说明，是对投资活动的指引；它告诉管理者以后的目标是什么，为管理者提供了管理的依据；计划是否得当，直接影响到企业整个投资活动的结果。对于企业期货投资计划而言，首先应严格按照规定以套期保值为目的，并应列明拟选择的期货经纪公司，需保值的现货品种、数量、月份和持仓部位，说明所需期货保证金或财务支持等内容。例如在中航油事件中，中航油公司相关部门未对期货投资进行有效审批，相关领导一直不知道事件当事人从事场外期货投机交易，最终导致中航油在新加坡折戟沉沙。

第二，合作机构选择不当，造成损失。由于期货经纪公司是投资者和交易所之间的纽带，参与期货交易只能通过期货经纪公司进行，因此选择一个服务规范、运作优良、综合实力较强的期货经纪公司是十分重要的。若选择了管理不规范、信誉不好、业务素质不高的经纪公司，会对企业的投资带来一定的交易风险。选择期货经纪公司须注意经纪公司应具备的一些基本条件，包括注册资本、从业人员、办公设备、完善的管理制度以及必须提供给客户的基本交易服务，等等。

第三，没有按规定的程序与合作机构签订合同的风险。有交易就有风险，一个企业的对外交易行为主要是由合同来规范的，所以其面临的最大风险就是合同中的种种陷阱，尤其是在对方缺少履行合同的诚信时，大量无效和内容不规范的合同就会给守约企业造成巨大的经济损失。因此，应该严格按照规定的程序与合作机构签订合同来规避风险。

第四，开户未经有效审批。开设账户，企业便可进行期货交易。但是，企业若开立了不合规的账户，对期货投资将带来很大的风险。例如，中石油海外资金账户由海外子公司分别设立，一度户头林立、管理松散，曾导致屡屡出现资金流失的现象。

第五，资金划拨未经有效审批。资金的管理是投资成败的关键。资金划拨没有履行相关审批手续，或没有授权的相关管理人员的书面签字审批，这可能会造成资金的滥用，对企业带来严重的后果。例如，中航油公司造成巨亏的一个原因就是，中航油公司原先的核心业务是中国进口航油采购和国际石油贸易，然而公司却将大量的资金用于期货投资，这其中的大部分投资资金是没有得到上级领导审批的，致使由于期货投资业务的失败使整个企业承受巨额亏损。

1.5.3 基于期货投资风险的内部控制设计

（1）组织结构设计

完善的风险内部监控体系的运行，必须建立在职责分明的组织结构之上。组织设置要权责分明、相互制衡。一个结构良好的组织不仅可以促使组织中每一个人为完成既定的组织目标——通过期货交易来保值或盈利而尽职尽责，而且依赖组织内的严格分工，做到相互稽核、牵制，避免挪用资金和越权交易的风险，并可及时发现期货投资风险和采取相应对策。期货投资应实行权力集中原则，决策权应由企业的最高决策层掌握，总经理负责。投资关系到企业的生死存亡，是企业战略的体现，是全局性的工作，权力不宜分散。对于期货投资业务，应分别设立期货投资事业部与监督控制部门。期货投资部门的职责是：收集研究期货市场信息，明确其变化趋势，制订期货投资计划；具体操作期货投资交易。监督控制部门的人员主要是监察员，其职责是定期或不定期地查核信息员、会计、出纳等处的交易记录和资金收支记录，核实其记录是否相符，并监督全部交易是否处于原定监控计划之中。

（2）建立期货投资管理制度

建立期货投资管理制度并严格执行以控制操作风险。

规定企业期货投资的原则。主要有专人负责原则，选择与现货相关产品进行套期保值原则，以防御现货经营风险为目的原则，交易方向相反、商品种类相同、商品数量相等、交货月份相同或相近原则，考虑成本和预期利润水平原则。

规定期货投资程序。期货投资程序分为投资前期、投资期及投资事后评价。①投资前期的工作：制订期货投资计划、选择合作机构、签订合作合同。投资计划的制订要尽量详尽，包括市场分析、可行性研究报告、投资数量及规避风险的一些措施。选择期货经纪公司要注意以下几个问题：首先，应选择一个能提供准确的市场信息和正确的投资方案的经纪公司。其次，应选择一个能保证资金安全的经纪公司，该公司应实力雄厚、商业信誉良好，而且在以前的经营中没有严重的自营亏损，没有经济诉讼案件。最后，应选择一个运作规范的经纪公司。经纪公司应严格按照有关的法律、法规、规则的要求，规范经济行为，不损害客户的利益，保证金和手续费的收取合理。②期货投资期指投资计划的执行过程，包括期货价格趋势分析，下单、交易、结算。其中也包括财务部门对交易账务的处理、登记并进行盈亏平衡分析。③投资事后评价指通过审计发现投资管理中的弊端，为各种弊端的治理提出有效的办法帮助企业完善内部控制，增强控制能力，预防各种弊端的再次发生。

严格制定各岗位职能，对各岗位职能描述做到权责明确、责任分离。在实行过程中要加强审批授权工作，对于审批授权应留有相关记录，监督部门不定期核查。

加强经营活动的复查、业务活动的批准和授权、责任分离、保证对资产记录的接触和使用的安全、独立稽核等控制活动的实施。

（3）期货投资管理报告格式化、程序化和制度化

要求报告人能理解自己在控制系统中所处的位置以及相互关系，将期货投资各环节有关活动、事件进行报告，报告内容要求既包括期货投资环节的报告，如项目选择报告、可行性研究报告等，也包括守规和财务方面的报告，这样使得对期货投资的事中控制成为可能，是期货投资内部控制很重要的一环，同时针对突发事件做非程式化报告。内部控制的目标就是帮助企业管理及控制风险。对于企业的期货投资业务，可通过建立完善有效的内部控制体系，帮助企业评估期货投资业务中的风险，并可针对期货投资的风险，建立风险控制体系，通过设计合理的组织结构，严格的控制制度等控制手段，达到企业进行期货投资的目的。

2

套期保值与央企市场风险管理的架构设计

2.1 《中央企业全面风险管理指引》规定风险管理流程

2006 年 6 月 6 日，国务院国有资产监督管理委员会发布了《中央企业全面风险管理指引》（以下简称《指引》），该《指引》对企业开展风险管理基本流程的各个环节做出了相关的要求。

风险管理基本流程包括以下主要工作：

- 搜集风险管理初始信息；
- 进行风险评估；
- 制定风险管理策略；
- 提出和实施风险管理解决方案；
- 风险管理的监督与改进。

2.1.1 风险管理初始信息

实施全面风险管理，企业应广泛、持续不断地搜集与本企业风险和风险管理相关的内部、外部初始信息，包括历史数据和未来预测。应把搜集初始信息的职责分工落实到各有关职能部门和业务单位。

（1）财务风险

企业应广泛搜集国内外企业财务风险失控导致危机的案例，并至少搜集本企业的以下重要信息（其中有行业平均指标或先进指标的，也应尽可能搜集）：

- 负债、或有负债、负债率、偿债能力；
- 现金流、应收账款及其占销售收入的比重、资金周转率；
- 产品存货及其占销售成本的比重、应付账款及其占购货额的比重；
- 制造成本和管理费用、财务费用、营业费用；

- 盈利能力；
- 成本核算、资金结算和现金管理业务中曾发生或易发生错误的业务流程或环节；
- 与本企业相关的行业会计政策、会计估算、与国际会计制度的差异与调节（如退休金、递延税项等）等信息。

（2）市场风险

企业应广泛搜集国内外企业忽视市场风险、缺乏应对措施导致企业蒙受损失的案例，并至少搜集与本企业相关的以下重要信息：

- 产品或服务的价格及供需变化；
- 能源、原材料、配件等物资供应的充足性、稳定性和价格变化；
- 主要客户、主要供应商的信用情况；
- 税收政策和利率、汇率、股票价格指数的变化；
- 潜在竞争者、竞争者及其主要产品、替代品情况。

（3）其他风险

其他风险还包括与本企业相关战略风险、运营风险、法律风险的信息。

企业对搜集的初始信息应进行必要的筛选、提炼、对比、分类、组合，以便进行风险评估。

2.1.2 风险评估

风险评估应由企业组织有关职能部门和业务单位实施，也可聘请有资质、信誉好、风险管理专业能力强的中介机构协助实施。

企业应对搜集的风险管理初始信息、企业各项业务管理及其重要业务流程进行风险评估。风险评估包括风险辨识、风险分析、风险评价三个步骤。

风险辨识是指查找企业各业务单元、各项重要经营活动及其重要业务流程中有无风险，有哪些风险。

风险分析是对辨识出的风险及其特征进行明确的定义描述，分析和描述风险发生可能性的高低、风险发生的条件。

风险评价是评估风险对企业实现目标的影响程度、风险的价值等。

进行风险辨识、分析、评价，应将定性与定量方法相结合。定性方法可采用问卷调查、集体讨论、专家咨询、情景分析、政策分析、行业标杆比较、管理层访谈、由专人主持的工作访谈和调查研究等。定量方法可采用统计推论（如集中趋势法）、计算机模拟（如蒙特卡罗分析法）、失效模式与影响分析、事件树分析等。

进行风险定量评估时，应统一制定各风险的度量单位和风险度量模型，并通过测试等方法，确保评估系统的假设前提、参数、数据来源和定量评估程序的合理性和准确性。要根据环境的变化，定期对假设前提和参数进行复核和修改，并将定量评估系统的估算结果与实际效果对比，据此对有关参数进行调整和改进。

风险分析应包括风险之间的关系分析，以便发现各风险之间的自然对冲、风险事件发生的正负相关性等组合效应，从风险策略上对风险进行统一集中管理。

企业在评估多项风险时，应根据对风险发生可能性的高低和对目标的影响程度的评估，绘制风险坐标图，对各项风险进行比较，初步确定对各项风险管理的优先顺序和策略。

企业应对风险管理信息实行动态管理，定期或不定期地实施风险辨识、分析、评价，以便对新的风险和原有风险的变化重新评估。

2.1.3 风险管理策略

风险管理策略，指企业根据自身条件和外部环境，围绕企业发展战略，确定风险偏好、风险承受度、风险管理有效性标准，选择风险承担、风险规避、风险转移、风险转换、风险对冲、风险补偿、风险控制等适合的风险管理工具的总体策略，并确定风险管理所需人力和财力资源的配置原则。

一般情况下，对战略、财务、运营和法律风险，可采取风险承担、风险规避、风险转换、风险控制等方法。对能够通过保险、期货、对冲等金融手段进行理财的风险，可以采用风险转移、风险对冲、风险补偿等方法。

企业应根据不同业务特点统一确定风险偏好和风险承受度，即企业愿意承担哪些风险，明确风险的最低限度和不能超过的最高限度，并据此确定风险的预警线及相应采取的对策。确定风险偏好和风险承受度，要正确认识和把握风险与收益的平衡，防止和纠正忽视风险，片面追求收益而不讲条件、范围，认为风险越大、收益越高的观念和做法；同时，也要防止单纯为规避风险而放弃发展机遇。

企业应根据风险与收益相平衡的原则以及各风险在风险坐标图上的位置，进一步确定风险管理的优选顺序，明确风险管理成本的资金预算和控制风险的组织体系、人力资源、应对措施等总体安排。

企业应定期总结和分析已制定的风险管理策略的有效性和合理性，结合实际不断修订和完善。其中，应重点检查依据风险偏好、风险承受度和风险控制预警线实施的结果是否有效，并提出定性或定量的有效性标准。

2.1.4 风险管理解决方案

企业应根据风险管理策略，针对各类风险或每一项重大风险制订风险管理解决方案。方案一般应包括风险解决的具体目标，所需的组织领导，所涉及的管理及业务流程，所需的条件、手段等资源，风险事件发生前、中、后所采取的具体应对措施以及风险管理工具

（如关键风险指标管理、损失事件管理等）。

企业制订风险管理解决的外包方案，应注重成本与收益的平衡、外包工作的质量、自身商业秘密的保护以及防止自身对风险解决外包产生依赖性风险等，并制定相应的预防和控制措施。

企业制订风险解决的内控方案，应满足合规的要求，坚持经营战略与风险策略一致、风险控制与运营效率及效果相平衡的原则，针对重大风险所涉及的各管理及业务流程，制定涵盖各个环节的全流程控制措施；对其他风险所涉及的业务流程，要把关键环节作为控制点，采取相应的控制措施。

2.1.5　风险管理的监督与改进

企业应以重大风险、重大事件和重大决策、重要管理及业务流程为重点，对风险管理初始信息、风险评估、风险管理策略、关键控制活动及风险管理解决方案的实施情况进行监督，采用压力测试、返回测试、穿行测试以及风险控制自我评估等方法对风险管理的有效性进行检验，根据变化情况和存在的缺陷及时加以改进。

企业应建立贯穿于整个风险管理基本流程，连接上下级、各部门和业务单位的风险管理信息沟通渠道，确保信息沟通的及时、准确、完整，为风险管理监督与改进奠定基础。

企业各有关部门和业务单位应定期对风险管理工作进行自查和检验，及时发现缺陷并改进，其检查、检验报告应及时报送企业风险管理职能部门。

企业风险管理职能部门应定期对各部门和业务单位风险管理工作实施情况和有效性进行检查和检验，要根据《指引》第三十条的要求对风险管理策略进行评估，对跨部门和业务单位的风险管理解决方案进行评价，提出调整或改进建议，出具评价和建议报告，及时报送企业总经理或其委托分管风险管理工作的高级管理人员。

企业内部审计部门应至少每年一次对包括风险管理职能部门在内的各有关部门和业务单位能否按照有关规定开展风险管理工作及其工作效果进行监督评价，监督评价报告应直接报送董事会或董事会下设的风险管理委员会和审计委员会。此项工作也可结合年度审计、任期审计或专项审计工作一并开展。

企业可聘请有资质、信誉好、风险管理专业能力强的中介机构对企业全面风险管理工作进行评价，出具风险管理评估和建议专项报告。

2.1.6　风险管理组织体系

企业应建立健全风险管理组织体系，主要包括规范的公司法人治理结构，风险管理职能部门、内部审计部门和法律事务部门以及其他有关职能部门、业务单位的组织领导机构及其职责。

企业应建立健全规范的公司法人治理结构，股东（大）会（对于国有独资公司或国有独资企业，即指国资委，下同）、董事会、监事会、经理层依法履行职责，形成高效运转、有效制衡的监督约束机制。

国有独资公司和国有控股公司应建立外部董事、独立董事制度，外部董事、独立董事人数应超过董事会全部成员的半数，以保证董事会能够在重大决策、重大风险管理等方面作出独立于经理层的判断和选择。

董事会就全面风险管理工作的有效性对股东（大）会负责。具备条件的企业，董事会可下设风险管理委员会。

企业总经理对全面风险管理工作的有效性向董事会负责。总经理或总经理委托的高级管理人员，负责主持全面风险管理的日常工作，负责组织拟订企业风险管理部织机构设置及其职责方案。

企业应设立专职部门或确定相关职能部门履行全面风险管理的职责。该部门对总经理或其委托的高级管理人员负责。

在董事会下设立审计委员会，企业内部审计部门对审计委员会负责。

企业其他职能部门及各业务单位在全面风险管理工作中，应接受风险管理职能部门和内部审计部门的组织、协调、指导和监督。

2.1.7 风险管理信息系统

企业应将信息技术应用于风险管理的各项工作，建立涵盖风险管理基本流程和内部控制系统各环节的风险管理信息系统，包括信息的采集、存储、加工、分析、测试、传递、报告、披露等。

企业应采取措施确保向风险管理信息系统输入的业务数据和风险量化值的一致性、准确性、及时性、可用性和完整性。对输入信息系统的数据，未经批准，不得更改。

风险管理信息系统应能够进行对各种风险的计量和定量分析、定量测试；能够实时反映风险矩阵和排序频谱、重大风险和重要业务流程的监控状态；能够对超过风险预警上限的重大风险实施信息报警；能够满足风险管理内部信息报告制度和企业对外信息披露管理制度的要求。

风险管理信息系统应实现信息在各职能部门、业务单位之间的集成与共享，既能满足单项业务风险管理的要求，也能满足企业整体和跨职能部门、业务单位的风险管理综合要求。

企业应确保风险管理信息系统的稳定运行和安全，并根据实际需要不断进行改进、完善或更新。

已建立或基本建立企业管理信息系统的企业，应补充、调整、更新已有的管理流程和管理程序，建立完善的风险管理信息系统；尚未建立企业管理信息系统的，应将风险管理与企业各项管理业务流程、管理软件统一规划、统一设计、统一实施、同步运行。

2.2 套期保值风险评估

2.2.1 套期保值风险识别

在实际套期保值中，虽然套期保值是用于管理风险的工具，但套期保值操作过程自身也有风险，如基差风险、交割风险、制度风险、技术风险、操作风险、流动性风险等。

基差风险的存在使保值者在保值时依然暴露于风险之中；当企业买入套期保值欲进行平仓时因种种原因被迫实物交割，或者企业卖出套期保值进行实物交割却因种种原因无法完成交割，就产生了交割风险；制度风险包括期货市场套期保值管理制度风险和企业期货套期保值管理制度风险；套期保值必须考虑保值的标的物、保值的时机及到期日的选择等很多因素，这往往涉及非常复杂的判断和技术方法，就可能产生技术风险；操作风险是指企业在套期保值交易中，经常面临巨额利润（或浮盈）的诱惑，并不严格执行套期保值方案，导致期货操作名为套期保值，实为投机，从而带来误判损失；流动性风险是指套期保值者在期货市场上因交易合约缺乏流动性而引起的风险。

参与套期保值，目的是规避市场价格风险，但同时，需追加新的资金、增设新部门和职位，扩大企业的管理范围，从而引入管理风险。套期保值是将企业被动承受的绝对价格的波动风险转化为可控的内部管理体系的一部分。因此企业在开展战略性套期保值同时，加强企业风险管理至关重要。

风险登记册通过记载方案初期已识别的风险因子、风险来源及风险征兆，得出已识别的风险清单。风险识别的方法，可根据企业实际情况采用头脑风暴法和专家访问法。方案运行期间亦需要定期对风险登记册进行维护和更新。

2.2.2 套期保值风险应对策略

风险应对策略主要由四种基本方法构成：风险规避、风险转移、风险接受、风险减轻。其中，风险规避是最基本的一类风险控制方法，这种方式主要通过规避风险源头，达到防止风险的发生、规避风险隐患和风险源扩散的目的。与之相比，风险接受则是一种消极的应对策略，即风险发生时完全自己独立承担，往往采用增加库存和资金储备来应付。风险减轻是一种积极因对措施，风险发生时，积极减轻风险的影响的策略。然而，风险源往往不易控制和完全转移，此时，可以借助其他外界工具来对冲风险，实现风险的转移，利用期货、掉期等工具和方法实现。

基差风险应对策略：接受风险。对于基差波动，目前没有好的应对策略，一般情况作接受处理。

投机风险应对策略：规避风险。操作仓位必须进行审批，在极端情况下未做审批而改变仓位大小，应立即执行事后补救程序。

穿仓风险应对策略：减轻风险。主动进行保值账户的资金使用率的监控，对极端行情和节假日事前做好资金准备。

财务风险应对策略：减轻风险。企业从经营活动、投资活动以及筹资活动中得到的现金流必须足够支付企业维持生产经营活动的最低支出，否则会出现巨大的财务风险。因此，拥有良好的现金流对于企业至关重要。

融资风险也是特别重要的一项风险因素。例如，企业做空期货合约，以避免将来商品价格下跌的风险。但是，在企业未来实际交易进行的时刻之前，如果价格不降反升的话，为了仍然持有原有的合约，企业需要支付更多的保证金。在合约金额很大的情况下，这笔保证金也是不小的一笔开支。因此，企业在进行套期保值之前，显然要对这种情况有充分的估计，要确保万一需要追加保证金的时候，企业能够有相应的资金来源。如果准备不足，企业就可能暴露在这种融资需求的风险之下了。

流动性风险应对策略：减轻风险。通过对期货合约的流动性进行检测和预判，当流动性遇到紧张时，及早做出换月处理或其他处理措施，防止流动性不足导致难以平仓的风险。

操作风险应对策略：减轻风险。一旦确定对企业未来的经营活动进行保值避险，就一定要在战略的层面上实施，严格按照预先设定的保值策略进行，避免正常的保值避险变质为投机。因此，需要双方进行完全、及时的交流和沟通，为此，应制订相应的交流计划，如每周做沟通，每月做汇报等等交流方式，降低风险。

企业套期保值风险见表2－1。

表2－1　企业套期保值风险分类表

风险名称	风险影响	风险来源	风险征兆	风险预警状态	执行情况	特别说明
基差风险	保值效率	期货市场 现货市场	①基差持续走弱； ②基差持续走强			
投机风险	保值性质	操作人员 缺乏监管	①操作人员不进行流程审批； ②未严格按照预定方案设计执行，中间随意改变操作策略			
穿仓风险	强制平仓	行情变化、 保证金政策变化	①极端行情； ②节假日保证金调整； ③保证金风险过低预警			
财务风险	主动平仓	公司现金流出问题，需抽调保值资金	公司保值期间现金流紧张			
流动性风险		市场操控	①逼空行情； ②成交量持续低迷			

2.3 运用套期保值进行风险管理的操作策略

套期保值策略主要确定以下方面：目标价位和具体操作策略，即进场策略、出场策略、换月策略和调整策略。正确的策略是保值成功的关键。

2.3.1 目标价位

（1）单一目标价位策略

所谓单一目标价位策略是指企业在市场允许的条件下，在为保值所设定的目标价位已经达到或可能达到时，企业在该价位一次性完成保值操作。这样，不管今后市场如何变动，企业产品的采购价和售价都是锁定的，市场上的价格波动对企业不再产生实质性影响。国际上很多大企业都采用此种策略进行保值操作。

（2）多级目标价位策略

所谓多极目标价位是指企业在难以正确判断市场后期走势的情况下，为避免一次性介入期市造成不必要的损失，从而设立多个保值目标价位，分步、分期在预先设定的不同目标价位上按计划地进行保值操作。

2.3.2 具体操作策略

（1）进场策略

进场主要依据以下几个原则建仓：价格与成本价之间价差关系、中金智能化专家定价系统套期保值交易信号、合约间期限结构的合理性。

最佳时机：从成本角度来判断买卖时机。主要通过三个价格来进行判断：生产成本价格、现货价格和活跃月份期货价格。生产成本与现货价格反映企业的合理利润，持仓成本反映期货投机利润的。现货价格与成本价格之间的关系是建仓的重要指标。

次佳时机：根据交易模型来识别入场策略，目的提高保值效率。由于行情是动态演变的，能够迅速准确地捕捉市场行情结构是提高套期保值及动态套期保值的一个重要手段。中金智能化专家定价系统的投资定价线是目前期货市场为数不多套期保值专家系统，而且该系统经过长时间的市场考验。方案将依据该系统进行入场和调整信号指导。企业套期保值线或投资定价线显示多头信号，可以考虑部分头寸建仓；当显示空头市场时，可以考虑放弃建仓，等待时机。

（2）建仓策略

首先，要考虑流动性风险，即合约的活跃程度。

其次，建仓价格风险是建仓过程中的主要风险。为了规避建仓价格风险，一般可以采用分批建仓策略。可以根据保值项目资金量的大小，考虑单批建仓或多批建仓的方式。分批建仓可以采用金字塔方式建仓。

①单笔整买进场。原理说明：操作简单明了，在规定的建仓时间内，根据行情走势情况、结合技术形态，选择合适价格点位，一次性完成建仓。该模式适合资金规模较小账户（小于 1 000 万元）。

②倒金字塔式进场。原理说明：在规定建仓时间内，首先预定建仓批数、每批合约数量，且数量要求随建仓顺序而折半递减。如需要建仓 1 000 手铜合约，建仓分四批完成，其中第一批数量要为 500 手、第二批为 250 手、第三批为 125 手、第四批为剩余 125 手。该建仓策略优点是缓解对市场的冲击，分散价格风险，降低仓位平均成本。

③操作步骤。无论单笔整买进场还是倒金字塔式进场，操作步骤相同：

步骤一：根据企业保值目标和进场策略，结合基差情况及期、现价格技术形态，设计进场计划。计划内容根据进场策略略有不同，整买进场主要涉及进场的目标价位，而倒金字塔式进场则涉及首次进场价位和进场次数。

步骤二：填写建仓申请单。

步骤三：按照企业期货管理制度，进入建仓申请审批流程。

步骤四：批准通过，转入建仓过程，相关负责人同时参与；审批不通过，进入步骤一，重新开始流程。

步骤五：将建仓结果，签字回执企业备案，完成整个建仓过程。

（3）出场策略

出场的原则主要是与用工计划匹配原则。一般控制在用工用料的前 2 周内完成。根据保值项目资金额度大小，一般采用单笔整卖出场或分批出场策略。

①单笔整卖出场。原理说明：与进场策略中单笔整买进场模式相同，唯一不同之处是合约的操作方向，该操作为平仓操作。

②金字塔出场。原理说明：与进场策略中倒金字塔进场策略形式相似，要求每次卖出要比上次卖出的价格高且数量依次折半递减。

③操作步骤：

步骤一：根据离场策略和行情特点设计离场计划。

步骤二：填写平仓申请单。

步骤三：根据企业期货管理流程，进入合约平仓申请流程。

步骤四：经企业审批同意，进行平仓过程，相关负责人现场同时操作；审批不通过，返回开始步骤一，重新开始流程。

步骤五：将平仓结果签字回执报企业备案，完成整个平仓过程。

（4）换月策略

①逐笔换月。原理说明：在规定的换月时间内，将当前月份合约价格与活跃月份价格对比，如果活跃月份价格比当前合约价格低，就立即进行合约移仓，且移动数量依据总合约数量而定，移仓的方法是平仓的同时立即开仓。

②操作步骤：

步骤一：根据移仓策略和行情特点设计移仓计划。

步骤二：填写移仓申请单。

步骤三：根据企业期货管理流程，进入合约移仓申请流程。

步骤四：经企业审批同意，进行移仓过程，相关负责人现场同时操作；审批不同通过，返回开始步骤一，重新开始流程。

步骤五：将移仓结果签字回执报企业备案，完成整个移仓过程。

（5）调整策略

①账户异常调整策略。账户异常主要指由于行情变化过大或者行情变动极端所导致的保证金比例变化，从而导致的账户保证金不足，造成账户头寸被强制处理的事件。影响账户资金异常的主要来自两个方面：一是市场价格波动过大；二是交易所保证金调整。

②市场结构调整策略。行情的结构性牛市和结构性熊市采用中金智能化专家定价系统的企业套期保值线为研判依据，另加行业和宏观经济运行状态。

③市场微调策略。在市场结构不发生变化，只是市场上有某些异常或扰动，为了提高保值效率，允许部分头寸可以根据市场某些变动而做头寸相应调整。

2.4 套期保值的绩效考评制度

套期保值的评价是在套保活动结束或告一段落之后进行的。科学的期货业绩考核体系是企业套期保值工作的有力保障。只有建立了科学的期货业绩考核体系，企业才能始终不偏离套期保值的目的，实现企业锁定成本，建立比较优势的目标。

首先，期货业务部门如果是非独立的，其所在单位的考核标准必须与总公司的考核标准保持一致，这一点非常重要。

其次，我们建议 3 个月为一个初级考评期，半年为一个阶段考评期，全年为综合考评期，对绩效进行评估。在绩效评估时，参考从以下几方面进行：

①是否达到套期保值目标，超过/未完成目标的金额。

②与期货套期保值的各部门，各员工是否严格执行公司套期保值制度，有无系统风险。

③期保值计划和方案是否制订完善，宏观价格预测是否准确，出现预计偏差有无应变计划。

④期货操作是否严格、准确、高效。

⑤风险预警及风险控制制度是否有效。

从期货市场套期保值涵义中可以得出结论：期货市场中的保值交易并不能保证企业在期货交易的结算中都是盈利的，因为期货市场的保值原理就是中和原理：即用一个市场的盈利去抵补另一个市场的亏损，从而控制市场价格不利波动对我们造成的风险，最终的结果必然是一个市场盈利另外一个市场亏损。因此，评估套期保值绩效的前提就是要把期货和现货两个市场的盈亏进行合并计算，即健全套期保值会计核算制度。

我们建议企业在此基础上，从期货和现货、过程和结果两方面对套期保值绩效进行考核。

2.4.1 过程考核

过程考核主要集中在合规和执行方面，从组织和制度上保证套期保值业务稳健运转：

（1）制度合规

套期保值操作是否违反企业制定的套期保值相关制度，具体包括内部控制考核、资金管理考核、财务管理考核和风险管理考核等四方面。

（2）程序合规

套期保值业务开展是否遵循企业套期保值流程。

（3）执行效率

套期保值计划是否被充分、有效地执行，具体包括保值时间、保值价格和保值数量等三方面考核。

2.4.2 结果考核及权重

（1）考核目标的确定

①逐笔对冲目标。即通过期货市场的对冲，每笔业务的都要风险可控。对于每笔原材料来说，其采购成本大部分可控，而实际销售收入 = 现货销售收入 + 期货盈亏 - 期货套期保值交易的各项成本 - 加工利润，单笔保值目标就是实际销售价格均衡稳定在采购成本附近。

②综合考评目标。将半年或一年内现货销售收入 + 期货盈亏 - 固定利润 - 参与期货套期保值交易的各项成本后，确定为企业的年度实际销售收入，该销售收入应均衡稳定在公司的采购成本附近。

（2）执行偏差及保值效率

按照新《企业会计准则第 24 号——套期保值》的规定，套期交易有效性评价标准为：

套期开始及以后，该套期预期会高度有效地抵销套期指定期间被套期风险引起的公允价值或现金流量变动；实际抵销结果在 80% ~125% 的范围内。如果套期结果处于该区间则套期操作成功。

（3）价格指标

期现盈亏合并计算后的年度实际销售收入（a）同年度采购成本（b）比较：1.25b > a > 0.8b 为有效保值；0.8b > a 为无效保值；a > 1.25b 为保值增值。

2.4.3 奖惩办法

过程考核低于 20 分，视风险及损失情况给予扣发奖金、行政处罚或开除等处罚。

过程考核高于 20 分，无风险事件发生：总分低于 60 分，扣发奖金，填写业绩改进计划；总分高于 60 但不超过 90 分，保值业务成功，按企业规定奖励；总分高于 90 分，增值部分给予额外奖励。

3

企业合规的套期保值会计核算

套期保值的会计核算就是将套期工具和被套期项目的相互冲抵的公允价值或现金流变动能够同时计入会计盈余的会计处理方法。套期工具、被套期项目和套期关系是套期保值会计核算的三大要素。套期工具是指企业为进行套期保值而指定的、其公允价值或现金流量变动预期可抵销被套期保值项目的公允价值或现金流量变动的衍生工具。被套期项目，是指使企业面临公允价值变动或未来现金流变动风险影响的资产、负债、确定承诺或预期未来交易。套期关系表现为套期工具与被套期项目的公允价值变动形成的净损益所产生的抵销关系。

3.1 套期保值的会计核算定义及其作用

所谓套期保值的会计核算，就是将套期工具和被套期项目的相互冲抵的公允价值或现金流变动能够同时计入会计盈余的会计处理方法，它要求在资产负债表中将用于套期的衍生金融工具确认为资产或负债，并以公允价值进行计量。

由于套期保值的特殊性，按照正常的会计方法来处理企业的套期保值行为，与实际效果相比会产生很大的差异，主要体现在两方面：确认上的差异和计量上的差异。套期会计的作用就是要纠正差异，如实地反映企业的经营活动。

造成确认差异的因素既有套期工具，也有被套期保值项目。从套期工具而言，套期保值经常利用各种衍生产品作为套期工具，而往往有些衍生产品是不符合传统资产和负债的定义，无法在资产负债表中反映，从而无法反映套期工具的利得和损失。从被套期项目而言，一些被套期项目是不在资产负债表中确认的，例如确定承诺，因此其公允价值变动无法在损益表中反映。

例如，一家贸易企业与客户签订了100吨铜的固定价格销售承诺，与此同时该贸易企业在期货市场上以同样的价格买入了100吨铜的期货合约。在现行的会计准则中，作为被套期项目的这种销售承诺是不确认的，而作为套期保值工具的期货合约则需要按公允价值计量。因此在未进行套期会计处理的情况下，期货合约公允价值的变化要直接计入损益，而销售承诺的利得或损失则不被确认。而在套期会计下，销售承诺中被有效套期保值的部分将以公允价值确认在资产负债表中。

计量差异在套期保值中也是常见的情形，主要是由于套期工具和被套期项目的计量基础不一致而产生的。套期保值工具采用市价基础，被套期保值项目采用历史成本基础。采用公允价值处理的套期保值工具因市场因素变化的影响在出现时确认，而采用历史成本基础处理的被套期保值项目却要延迟到实现时确认。这样，同一市场因素变化而引起的套期保值双方利得和损失却要在不同期间确认。财务报表上不仅无法反映套期保值的有效性，反而随着市场因素的变化收益出现不正常的波动。

例如，一家铝生产企业对其 1 000 吨电解铝库存进行保值，卖出 1 000 吨电解铝期货。按照常规的会计处理，现货库存必须在销售完成后确认收益，而期货合约必须按市价计算损益。在现货销售没有发生时，随着期货价格的变动，企业的当期损益也在变动。但事实上，从卖出保值那一刻起，企业的损益已经确定了。因此通过套期会计，可以去除会计报表中干扰企业损益的因素，如实地反映企业的经营活动。

3.2 我国企业套期保值会计核算制度的发展历程

我国期货市场建立初期，相应的法规制度建设处于探索阶段，会计科目的设置和使用无章可循，对期货业务的确认与计量缺乏统一的标准，对费用的归集随意性很强，会计核算的混乱可想而知。反映会计信息的会计报表没有统一的格式，企业之间的信息可比性非常差。1997 年 3 月，财政部颁布了《商品期货交易财务管理暂行规定》，采用条例的形式对业务规范进行指引，并对相关的名称如保证金、结算保证金、交易保证金、浮动盈亏、平仓盈亏等进行了概念性的规范，对规范我国商品期货交易财务行为，优化期货市场财务环境发挥了积极的作用。

但《商品期货交易财务管理暂行规定》只是对企业从事期货交易的财务处理进行了规范性的指引，对许多问题的实务操作尚未加以明确，因此财政部又发布了《企业商品期货业务会计处理暂行规定》（以下简称《暂行规定》）。《暂行规定》具有很强的可操作性和指导性，规范了企业开展商品期货业务的会计核算，并罗列了相关的会计科目设置，但是《暂行规定》并没有对企业从事期货套期保值业务的会计核算做出明确的规范，更谈不上将期货套期保值和期货投资的会计处理区分开来。随着我国期货市场的逐步完善和交易范围的不断扩大，套期保值业务已成为许多现货企业的生产和经营领域中的重要环节，《暂行规定》在套期保值业务会计核算方面的不足也越来越明显。2000 年财政部发布了《企业商品期货会计处理补充规定》（以下简称《补充规定》），《补充规定》针对前两项制度在期货套期保值交易会计处理上的不足进行了极大的补充，并规范了相应的会计科目、财务处理等方面的问题。

虽然《补充规定》是财政部为了规范企业商品期货套期保值交易的会计核算而专门制定的，但是仍有许多理论和实务问题没有得到很好地解决或者根本没有被涉及。该《补充规定》的不足之处概括起来有以下几点：①对套期保值的会计定义、关系认定、有效性评价、会计核算的要点均没有提到；②对套期保值合约的持仓盈亏仍然保持了历史成本原则的处理方法；③套期保值合约没有在报表中确认；④对被套保现货产生的损益的处理没有提及；⑤套期保值业务表外披露的内容太少、不充分。这些不足之处使我国企业在套期保值会计处理上与国际通行的处理方法有着较大的差别。

2007 年 1 月 1 日开始执行的《企业会计准则第 24 号——套期保值》使这种情况有了很大的改善。在《企业会计准则第 24 号——套期保值》规范下的套期会计基本与国际会计准则执行相同的标准，新准则建立了严格规范的套期保值的定义，明确了套期会计的适用条件，提高了相关信息披露的要求。套期会计准则的执行对我国企业有着深刻的影响。在此之前，参与套期保值的企业不会将套期工具的未实现的利得（或损失）纳入表内，被套期项目的浮动盈亏也无须进行会计处理。而在新准则下，套期工具和被套期项目公允价值变动或现金流量变动抵销的结果将在同一财务报表期间的损益中予以确认、处理。

3.3 套期保值会计核算的主要流程

套期会计核算的主要流程如图 3－1 所示。

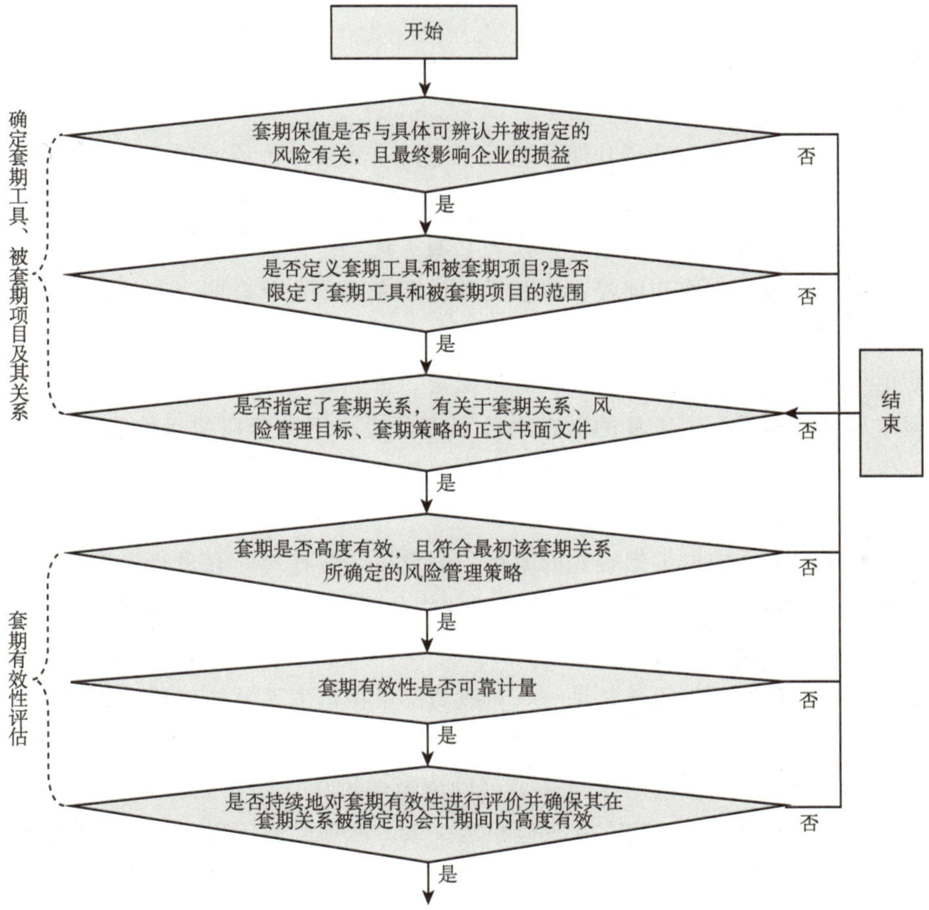

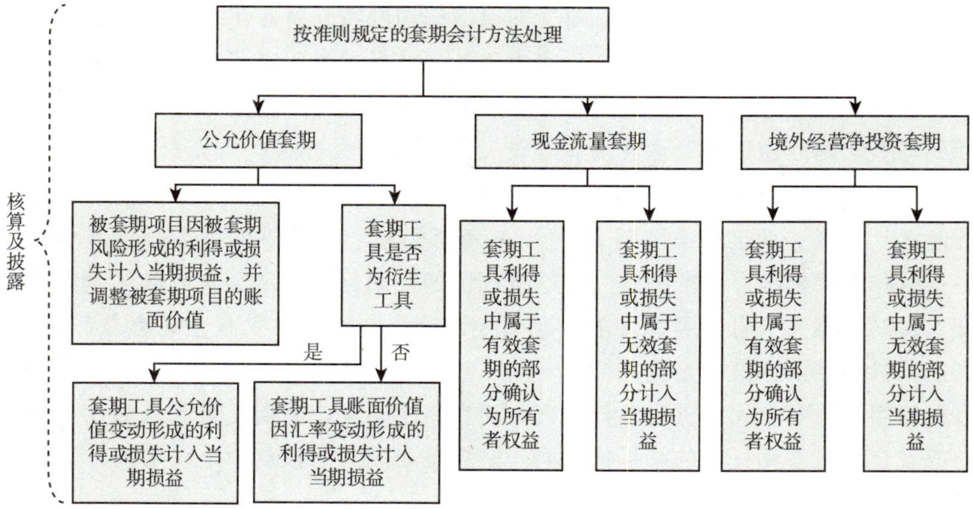

图 3－1　套期会计核算的主要流程

3.4　套期工具、被套期项目和套期关系

3.4.1　套期工具

套期工具，是指企业为进行套期保值而指定的、其公允价值或现金流量变动预期可抵销被套期保值项目的公允价值或现金流量变动的衍生工具。对外汇风险进行套期保值还可以将非衍生金融资产或非衍生金融负债作为套期工具。作为套期工具的衍生工具通常包括远期合同、期货合同、互换和期权，以及具备远期合同、期货合同、互换和期权中一种或一种以上特征的工具。

判断衍生工具是否是套期工具的主要依据是，企业购入该工具是否能够降低被套期项目的净损益风险。如果衍生工具的潜在风险损失可能高于被套期项目价值上的潜在利得，那么该衍生工具并没有降低净损益风险，套期保值是无效的，该衍生工具不能作为套期工具确认。

如果我们延用上文中电解铝企业的案例，假设该企业在对库存进行卖出保值时，进行了 1 500 吨的卖出保值，显然，在 1 500 吨的期货合同中，只有 1 000 吨可以作套期工具确认，而剩下 500 吨只能确认为企业投资。

套期工具与被套期项目间通常是一一对应的，单项衍生工具往往指定为对一种风险进行套期保值。但也存在利用一项衍生工具对一种以上风险进行套期保值的情况。在确认这样的情况时，各项被套期保值的风险必须可以清晰地辨认，存在显著的套期保值有效性，而且衍生工具与不同风险头寸间存在具体指定关系。两项或两项以上衍生工具的组合或该组合的一定比例也可以指定为套期工具，例如一个卖出看涨期权和买入看跌期权的零权利金期权组合。但也有些情况是例外的，《企业会计准则第 24 号——套期保值》明确规定了，对于利率上下限期权或由一项发行的期权和一项购入的期权组成的期权，其实质相当于企业发行的一项期权的（即企业收取了净期权费），不能将其指定为套期工具。

3.4.2 被套期项目

被套期项目，是指使企业面临公允价值变动或未来现金流变动风险影响的资产、负债、确定承诺或预期未来交易。在套期会计中，这些资产、负债、确定承诺或预期未来交易要明确指明为被套期对象。确定承诺是指在未来某特定日期或期间，以约定价格交换特定数量资源、具有法律约束力的协议；预期交易，是指尚未承诺但预期会发生的交易。

在《企业会计准则第 24 号——套期保值》中，被套期项目有三类：

①单项已确认资产、负债、确定承诺、很可能发生的预期交易或境外经营净投资；

②一组具有类似风险特征的已确认资产、负债、确定承诺、预期交易或境外经营净投资；

③分担同一被套期利率风险的金融资产或金融负债组合的一部分（仅适用于利率风险公允价值组合套期）。

库存商品、持有至到期投资、可供出售金融资产、贷款、长期借款、预期商品销售、预期商品购买、对境外经营净投资等，均可以作为被套期项目。但有两类项目不能作为被套期项目：一是净头寸总额，二是合并集团内部的公司之间的衍生交易以及单个会计主体的内部经营分部之间的衍生交易。

对具有类似风险特征的资产或负债组合进行套期时，该组合中的各单项资产或单项负债应当同时承担被套期风险，且该组合内各单项资产或单项负债由被套期风险引起的公允价值变动，应当预期与该组合由被套期风险引起的公允价值整体变动基本成比例。例如，当被套期组合整体因被套期风险形成的公允价值变动为 10% 时，该组合中各单项金融资产或负债因被套期风险形成的公允价值变动通常应限制在 9% ~11% 的较小范围内。

3.4.3 套期关系及其认定

套期关系表现为对应地确认套期工具和被套期项目的关系，套期工具与被套期项目的公允价值变动形成的净损益所产生的抵销关系。套期关系主要包括以下三种：

（1）公允价值套期

这是指对已确认资产或负债可辨认部分的公允价值变动风险的套期保值，或是公允价值变动与套期工具之间的抵销关系。在计量上，套期是某特定风险且影响所报告的净收益。在会计业务中，公允价值套期常是由于利率升降而导致的对固定利率债务公允价值变动的套期，发行人为了规避公允价值变动的风险可以进行这种套期处理。

（2）现金流量套期

这是指对现金流量变动风险的套期保值。变动风险两个特征：一个是可确定与已确认资产或负债或预期交易有联系的特定风险；另一个是影响会计报告的净损益，以企业的会计报告货币表示的以固定价格买卖资产的确定承诺，发生的公允价值风险，以现金流量套期进行核算。

在会计业务中，以固定外汇金额进行购买的为确认合同承诺中的外来外汇风险进行的套期处理，以固定价格购买原料（以本币支付）的未确认合同承诺中的原料价格变动进行的套期，将浮动利率计量利息的债务改变为固定利息债务的互换（该例子是对未来交易的套期，套期的预期现金流量是未来支付的利息），都是现金流量套期。

（3）国外主力净投资的套期

这是指作为国外投资主体的分公司的财务报表要折算成母公司报告货币所产生的外币折算差额，国外分公司的净投资被处置前列入权益中表示。作为投资主体的分公司在将财务报表折算为母公司的报告货币产生的折算差异，实际是由于汇率的不同造成的。

套期关系的确定是进行套期会计处理的前提，只有符合套期关系的会计事项才能按套期会计的规定进行处理。确认套期关系的基本条件如下：

①套期初期确认时，应在正式的文件中记录套期工具的认定、相关的被套期项目或交易、被套期风险的性质，以及企业如何评价套期工具的现金流量变动幅度的有效性。

②该套期预期体现与记录的特定套期关系及风险管理策略一致的条件下，抵销被套期风险的公允价值变动或现金流量变动。

③在现金流量的套期保值中，被套期保值的预期交易必须发生，并影响报告净损益的现金流量变动风险。

④套期的有效性可以可靠地计量，即被套期项目的公允价值或现金流量以及套期工具的公允价值能可靠地计量。

⑤套期是在持续的基础上进行评价，准确地确定其在整个报告期内的有效性。

3.5 套期的有效性

所谓套期有效性，是指通过套期工具抵销被套期项目公允价值或现金流变动的程度。套期保值是否有效是评价采用套期会计的重要条件。只有达到一定程度有效性的套期行为，才能认定套期关系成立。要确认套期关系成立，需确定套期在整个报告期内均有效，且在套期期间，应对套期关系作持续的套期有效性评价。若套期关系的套期有效性在套期期间的某一时段达不到套期认定标准，则应停止对该套期关系实施套期会计核算。

《企业会计准则第 24 号——套期保值》第十八条对于套期保值是否有效给出了两个判

断标准：①在套期开始及以后期间，该套期预期会高度有效地抵销套期指定期间被套期风险引起的公允价值或现金流量变动；②该套期的实际抵销结果在80%～125%的范围内。

实际操作中，常见的套期有效性评价方法主要有：主要条款比较法、比率分析法和回归分析法等。

3.5.1 主要条款比较法

主要条款比较法是通过比较套期工具和被套期项目的主要条款，以确定套期是否有效的方法。如果套期工具和被套期项目的所有主要条款均能准确地匹配，可认定因被套期风险引起的套期工具和被套期项目公允价值或现金流量变动可以相互抵销。套期工具和被套期项目的主要条款包括：名义金额或本金、到期期限、内含变量、定价日期、商品数量、货币单位等。

3.5.2 比率分析法

比率分析法是通过比较被套期风险引起的套期工具和被套期项目公允价值或现金流量变动比率，以确定套期是否有效的方法。运用比率分析法时，企业可以根据自身风险管理政策的特点选择以累积变动数（即自套期开始以来的累积变动数）为基础比较，或以单个基期变动数为基础比较。如果上述比率在80%～125%范围内，可以认定套期是高度有效的。

3.5.3 回归分析法

回归分析法是在掌握一定数量观察数据的基础上，利用数理统计方法建立自变量和因变量之间回归关系函数的方法。将此方法运用到套期有效性评价中，需要分析套期工具和被套期项目价值变动之间是否具有高度相关性，进而判断套期是否有效。运用回归分析法，自变量反映被套期项目公允价值变动或预计未来现金流量现值变动，因变量反映套期工具公允价值变动。

3.6 会计科目设置及账务处理

3.6.1 套期工具

（1）会计科目

企业应设置“套期工具”科目核算企业开展的套期业务中套期工具公允价值变动形成的资产或负债，包括公允价值套期、现金流量套期和境外经营净投资套期公允价值变动形成的资产或负债。

本科目期末借方余额，反映企业套期工具形成资产的公允价值；本科目期末贷方余额，反映企业套期工具形成负债的公允价值。

（2）“套期工具”科目的主要账务处理

本科目应当按套期工具类别进行明细核算。

①企业将已确认的衍生工具等金融资产或金融负债指定为套期工具的，应按其账面价值，借记或贷记本科目，贷记或借记“衍生工具”等科目。

②资产负债表日，对于有效套期，应按套期工具产生的利得，借记本科目，贷记“公允价值变动损益”“资本公积——其他资本公积”等科目；套期工具产生损失做相反的会计分录。

③金融资产或金融负债不再作为套期工具核算的，应按套期工具形成的资产或负债，借记或贷记有关科目，贷记或借记本科目。

原计入资本公积的利得或损失，应按金融工具确认和计量准则规定的时点转出。企业应按转出的金额，借记或贷记“资本公积——其他资本公积”科目，贷记或借记“投资收入”“利息收入”以及相关资产或负债科目。

3.6.2 被套期项目

（1）会计科目

企业应设置“被套期项目”科目核算企业开展的套期业务中被套期项目公允价值变动形成的资产或负债。

本科目可按被套期项目类别进行明细核算。

本科目期末借方余额，反映企业被套期项目形成资产的公允价值；本科目期末贷方余额，反映企业被套期项目形成负债的公允价值。

（2）“被套期项目”科目的主要账务处理

①企业将已确认的资产或负债指定为被套期项目，应按其账面价值，借记或贷记本科目，贷记或借记“库存商品”“长期借款”“持有至到期投资”等科目。已计提跌价准备或减值准备的，还应同时结转跌价准备或减值准备。

②资产负债表日，对于有效套期，应按被套期项目产生的利得，借记本科目，贷记“公允价值变动损益”“资本公积——其他资本公积”等科目；被套期项目产生损失做相反的会计分录。

③资产或负债不再作为被套期项目核算的，应按被套期项目形成的资产或负债，借记或贷记有关科目，贷记或借记本科目。

3.6.3 资本公积

（1）会计科目

企业应设置“资本公积”科目核算企业收到投资者出资额超出其在注册资本或股本中所占份额的部分及直接计入所有者权益的利得和损失等。

本科目期末贷方余额，反映企业资本公积的余额。

本科目应当分别“资本溢价（股本溢价）”“其他资本公积”进行明细核算。

（2）“资本公积”科目的主要账务处理

资产负债表日，满足运用套期会计方法条件的现金流量套期和境外经营净投资套期产生的利得或损失，属于有效套期的，借记或贷记有关科目，贷记或借记本科目（其他资本公积）；属于无效套期的，借记或贷记有关科目，贷记或借记“公允价值变动损益”科目。

转出现金流量套期和境外经营净投资套期产生的利得或损失中属于有效套期的部分，借记或贷记本科目，贷记或借记相关资产、负债科目或“公允价值变动损益”科目。

3.6.4 公允价值变动损益

企业应设置“公允价值变动损益”科目核算企业在初始确认时划分为以公允价值计量且其变动计入当期损益的金融资产或金融负债（包括交易性金融资产或金融负债和直接指定为以公允价值计量且其变动计入当期损益的金融资产或金融负债），以及采用公允价值模式计量的投资性房地产、衍生工具、套期业务中公允价值变动形成的应计入当期损益的利得或损失。

期末，应将本科目余额转入“本年利润”科目，结转后本科目无余额。

本科目应当按照交易性金融资产、交易性金融负债、投资性房地产等进行明细核算。

3.6.5 举例分析

（1）标准分录

- 付出期货保证金：

借：其他应收款——××经纪公司

　　贷：银行存款

- 支付经纪公司手续费：

借：套期损益

  贷：其他应收款——××经纪公司

- 公允价值变动：

借：套期工具

  贷：被套保项目　（或相反）

- 平仓盈亏：

借：其他应收款——××经纪公司

  贷：套期工具　（或相反）

- 同时结转被套保项目盈亏：

借：被套保项目

  贷：主营业务成本、材料采购等　（或相反）

- 报表日浮动盈亏，有效套保部分：

借：被套保工具

  贷：资本公积　（或相反）

- 无效套保部分：

借：被套保工具

  贷：套期损益　（或相反）

- 有效套保报表日后影响企业损益时：

借：资本公积

  贷：主营业务成本、材料采购等　（或相反）

- 对不符合套期会计方法条件的套保工具：

借：衍生工具

  贷：套保工具

借：被套保项目

  贷：公允价值变动损益

说明：

①经纪公司采用的是逐日盯市的方法计算客户期货盈亏，而企业在老的核算中不把浮动盈亏入账，造成企业与经纪公司往来账不一致。新准则下企业需将其他应收款——××经纪公司和套期工具二科目合并计算将与期货经纪公司往来账核对一致。

②企业受现货升水、销售策略、均衡采购周期、减少资金占用等因素影响，套期交易交仓量很少，平仓交易占绝大部分，因此企业要有足够的资料证明这种平仓交易仍属于套期交易的一部分，套期关系明确，否则不能采用套期会计方法。

③资本公积应与被套保项目在影响企业损益时同时结转。

④对符合套期会计方法的衍生工具，应及时由“衍生工具”转入“套期工具”核算，对不符合套期会计方法的套期工具，应及时由“套期工具”转入“衍生工具”核算。

（2）公允价值套期会计处理举例

【例 3－1】 20×7 年 1 月 1 日，ABC 公司为规避所持有存货 X 公允价值变动风险，与某金融机构签订了一份衍生工具合同（即衍生工具 Y），并将其指定为 20×7 年上半年存货 X 价格变化引起的公允价值变动风险的套期。衍生工具 Y 的标的资产与被套期项目存货在数量、质次、价格变动和产地方面相同。

20×7 年 1 月 1 日，衍生工具 Y 的公允价值为零，被套期项目（存货 X）的账面价值和成本均为 1 000 000 元，公允价值是 1 100 000 元。20×7 年 6 月 30 日，衍生工具 Y 的公允价值上涨了 25 000 元，存货 X 的公允价值下降了 25 000 元。当日，ABC 公司将存货 X 出售，并将衍生工具 Y 结算。

ABC 公司采用比率分析法评价套期有效性，即通过比较衍生工具 Y 和存货 X 的公允价值变动评价套期有效性。ABC 公司预期该套期完全有效。

假定不考虑衍生工具的时间价值、商品销售相关的增值税及其他因素，ABC 公司的账务处理如下（金额单位：元）：

①20×7 年 1 月 1 日：

借：被套期项目——库存商品 X	1 000 000	
贷：库存商品 X		1 000 000

②20×7 年 6 月 30 日：

借：套期工具——衍生工具 Y	25 000	
贷：套期损益		25 000
借：套期损益	25 000	
贷：被套期项目——库存商品 X		25 000
借：应收账款或银行存款	1 075 000	
贷：主营业务收入		1 075 000
借：主营业务成本	975 000	
贷：被套期项目——库存商品 X		975 000
借：银行存款	25 000	
贷：套期工具——衍生工具 Y		25 000

注：由于 ABC 公司采用了套期策略，规避了存货公允价值变动风险，因此其存货公允价值下降没有对预期毛利额 100 000 元（1 100 000－1 000 000）产生不利影响。

假定 20×7 年 6 月 30 日衍生工具 Y 的公允价值上涨了 22 500 元，存货 X 的公允价值下降了 25 000 元。其他资料不变，ABC 公司的账务处理如下：

①20×7 年 1 月 1 日：

借：被套期项目——库存商品 X	1 000 000	
贷：库存商品——X		1 000 000

②20×7 年 6 月 30 日：

借：套期工具——衍生工具 Y　　22 500
　　贷：套期损益　　22 500
借：套期损益　　25 000
　　贷：被套期项目——库存商品 X　　25 000
借：应收账款或银行存款　　1 075 000
　　贷：主营业务收入　　1 075 000
借：主营业务成本　　975 000
　　贷：被套期项目——库存商品 X　　975 000
借：银行存款　　22 500
　　贷：套期工具——衍生工具 Y　　22 500

说明：两种情况的差异在于，前者不存在“无效套期损益”，后者存在“无效套期损益”2 500 元，从而对 ABC 公司当期利润总额的影响相差 2 500 元。本例中，套期工具公允价值变动 22 500 元与被套期项目公允价值变动 25 000 元的比率为 90%（22 500/25 000），这一比率在 80% ~125% 之间，可以认定该套期是高度有效的。

【例 3 -2】 20 ×1 年 1 月 1 日，GHI 公司以每股 50 元的价格，从二级市场上购入 MBI 公司股票 20 000 股（占 MBI 公司有表决权股份的 3%），且将其划分为可供出售金融资产。为规避该股票价格下降风险，GHI 公司于 20 ×1 年 12 月 31 日支付期权费 120 000元购入一项看跌期权。该期权的行权价格为每股 65 元，行权日期为 20 ×3 年 12 月 31 日（见表 3 -1）。

表 3 -1　　GHI 公司购入的 MBI 股票和卖出期权的公允价值　　单位：元

	20 ×1 年 12 月 31 日	20 ×2 年 12 月 31 日	20 ×3 年 12 月 31 日
MBI 股票			
每股价格	65	60	57
总价	1 300 000	1 200 000	1 140 000
卖出期权			
时间价值	120 000	70 000	0
内在价值	0	100 000	160 000
总价	120 000	170 000	160 000

GHI 公司将该卖出期权指定为对可供出售金融资产（MBI 股票投资）的套期工具，在进行套期有效性评价时将期权的时间价值排除在外，即不考虑期权的时间价值变化。

假定 GHI 公司于 20 ×3 年 12 月 31 日行使了卖出期权，同时不考虑税费等其他因素的影响。

据此，GHI 公司套期有效性分析及账务处理如下：

①套期有效性分析见表3－2。

表3－2　　套期保值效果分析

日期	期权内在价值变化（利得）损失	MBI股票市价变化（利得）损失	套期有效率
20×2年12月31日	（100 000）元	100 000元	100%
20×3年12月31日	（60 000）元	60 000元	100%

②账务处理：

20×1年1月1日：

借：可供出售金融资产　　1 000 000

　　贷：银行存款　　1 000 000

（确认购买MBI股票）

20×1年12月31日：

借：可供出售金融资产　　300 000

　　贷：资本公积——其他资本公积　　300 000

（确认MBI股票价格上涨）

借：被套期项目——可供出售金融资产　　1 300 000

　　贷：可供出售金融资产　　1 300 000

（指定可供出售金融资产为被套期项目）

借：套期工具——卖出期权　　120 000

　　贷：银行存款　　120 000

（购入卖出期权并指定为套期工具）

20×2年12月31日：

借：套期工具——卖出期权　　100 000

　　贷：套期损益　　100 000

（确认套期工具公允价值变动——内在价值变动）

借：套期损益　　100 000

　　贷：被套期项目——可供出售金融资产　　100 000

（确认被套期项目公允价值变动）

借：套期损益　　50 000

　　贷：套期工具——卖出期权　　50 000

（确认套期工具公允价值变动——时间价值）

20×3年12月31日：

借：套期工具——卖出期权　　60 000

　　贷：套期损益　　60 000

（确认套期工具公允价值变动——内在价值变动）

借：套期损益　　60 000

　　贷：被套期项目——可供出售金融资产　　60 000

（确认被套期项目公允价值变动）

借：套期损益　　70 000

　　贷：套期工具——卖出期权　　70 000

（确认套期工具公允价值变动——时间价值）

借：银行存款　　1 300 000

　　贷：套期工具——卖出期权　　160 000

　　　　被套期项目——可供出售金融资产　　1 140 000

（确认卖出期权行权）

借：资本公积——其他资本公积　　300 000

　　贷：套期损益　　300 000

（将直接计入资本公积的可供出售金融资产价值变动转出，计入当期损益）

【例3-3】甲公司为境内商品生产企业，采用人民币作为记账本位币。20×7年2月3日，甲公司与某境外公司签订了一份设备购买合同（确定承诺），设备价格为外币×（本题下称FCX）270 000元，交货日期为20×7年5月1日。

20×7年2月3日，甲公司签订了一项购买外币Y（本题下称FCY）240 000元的远期合同。根据该远期合同，甲公司将于20×7年5月1日支付人民币147 000元购入FCY 240 000元，汇率为1FCY=0.6125人民币元（即，20×7年5月1日的现行远期汇率）。

甲公司将该远期合同指定为对由于人民币元/FCX汇率变动可能引起的、确定承诺公允价值变动风险的套期工具，且通过比较远期合同公允价值总体变动和确定承诺人民币元公允价值变动评价套期有效性。假定最近3个月，人民币元对FCY、人民币元对FCX之间的汇率变动具有高度相关性。20×7年5月1日，甲公司履行确定承诺并以净额结算了远期合同。

与该套期有关的远期汇率资料如表3-3所示。

表3-3　　远期汇率表

日期	20×7年5月1日 FCY/人民币元的远期汇率	20×7年5月1日 FCX/人民币元的远期汇率
20×7年2月3日	1FCY=0.6125人民币元	1FCX=0.5454人民币元
20×7年3月31日	1FCY=0.5983人民币元	1FCX=0.5317人民币元
20×7年5月1日	1FCY=0.5777人民币元	1FCX=0.5137人民币元

根据上述资料，甲公司进行如下分析和账务处理：

①套期有效性评价。甲公司预期该套期高度有效，原因在于：第一，20×7年2月3

日，FCY240 000 元与 FCX270 000 元按 20×7 年 5 月 1 日的远期汇率换算，相差不大（仅为 258 人民币元）；第二，远期合同和确定承诺将在同一日期结算；第三，最近 3 个月，人民币元对 FCY、人民币元对 FCX 之间的汇率变动具有高度相关性。

但是，该套期并非完全有效，因为与远期合同名义金额 FCY240 000 元等值人民币元的变动，与将支付的 FCX270 000 元等值人民币元的变动存在差异。另外，应注意，即期汇率与远期汇率之间的差异无须在评价套期有效性时考虑，因为确定承诺公允价值变动是以远期汇率来计量的。

远期合同和确定承诺的公允价值变动见表 3－4。

表 3－4　　远期合同和确定承诺的公允价值变动

	2 月 3 日	3 月 31 日	5 月 1 日
A. 远期合同			
5 月 1 日结算用的人民币元/FCY 的远期汇率	0.6125	0.5983	0.5777
金额单位：FCY	240 000	240 000	240 000
远期价格（FCY240 000 元折算成人民币元）	147 000	143 592	138 648
合同价格（人民币元）	(147 000)	(147 000)	(147 000)
以上两项的差额（人民币元）	0	(3 408)	(8 352)
公允价值（上述差额的现值，假定折现率为 6%）	0	(3 391)	(8 352)
本期公允价值变动		(3 391)	(4 961)
B. 确定承诺			
5 月 1 日结算用的人民币元/FCX 的远期汇率	0.5454	0.5317	0.5137
金额单位：FCX	270 000	270 000	270 000
远期价格（FCX270 000 元折算成人民币元）	(147 258)	(143 559)	(13 699)
初始远期价格（人民币元）(270 000×0.5454)	147 258	147 258	147 258
以上两项的差额（人民币元）	0	3 699	8 559
公允价值（上述差额的现值，假定折现率为 6%）	0	3 681	8 559
本期公允价值变动		3 681	4 878
C. 无效套期部分（以 FCY 标价的远期合同和以 FCX 标价的确定承诺两者公允价值变动的差额）		290	(83)

②账务处理如下（单位：人民币元为简化核算，假定不考虑设备购买有关的税费因素、设备运输和安装费用等）。

20×7 年 2 月 3 日：

无须进行账务处理。因为远期合同和确定承诺当日公允价值均为零。

20×7 年 3 月 31 日：

借：被套期项目——确定承诺　　3 681

　　贷：套期损益　　3 681

借：套期损益　　3 391

　　贷：套期工具——远期合同　　3 391

20×7 年 5 月 1 日：

借：被套期项目——确定承诺　　4 878

　　贷：套期损益　　4 878

借：套期损益　　4 961

　　贷：套期工具——远期合同　　4 961

借：套期工具——远期合同　　8 352

　　贷：银行存款　　8 352

（确认远期合同结算）

借：固定资产——设备　　147 258

　　贷：银行存款　　138 699

　　　　被套期项目——确定承诺　　8 559

（确认履行确定承诺购入固定资产）

注：甲公司通过运用套期策略，使所购设备的成本锁定在将确定承诺的购买价格 FCX270 000 元按 1FCX＝0. 5454 人民币元（套期开始日的远期合同汇率）进行折算确定的金额上。

3. 6. 6　现金流量套期会计处理举例

【例 3－4】 20×7 年 1 月 1 日，DEF 公司预期在 20×7 年 6 月 30 日将销售一批商品 X，数量为 100 000 吨。为规避该预期与销售有关的现金流量变动风险，DEF 公司于 20×7 年1 月 1 日与某金融机构签订了一项衍生工具合同 Y，且将其指定为对该预期商品销售的套期工具。衍生工具 Y 的标的资产与被套期预期商品销售在数量、质次、价格变动和产地等方面相同，并且衍生工具 Y 的结算日和预期商品销售日均为 20×7 年 6 月 30 日。

20×7 年 1 月 1 日，衍生工具 Y 的公允价值为零，商品的预期销售价格为 1 100 000 元。20×7 年 6 月 30 日，衍生工具 Y 的公允价值上涨了 25 000 元，预期销售价格下降了 25 000 元。当日，DEF 公司将商品 X 出售，并将衍生工具 Y 结算。

DEF 公司采用比率分析法评价套期有效性，即通过比较衍生工具 Z 和商品 X 预期销售价格变动评价套期有效性。DEF 公司预期该套期完全有效。

假定不考虑衍生工具的时间价值、商品销售相关的增值税及其他因素，DEF 公司的账务处理如下（单位：元）。

①20×7 年 1 月 1 日，DEF 公司不作账务处理。

②20×7 年 6 月 30 日：

借：套期工具——衍生工具 Y　　25 000

　　贷：资本公积——其他资本公积（套期工具价值变动）　　25 000

（确认衍生工具的公允价值变动）

借：应收账款或银行存款　　1 075 000

　　贷：主营业务收入　　1 075 000

（确认商品 X 的销售）

借：银行存款　　25 000

　　贷：套期工具——衍生工具 Y　　25 000

（确认衍生工具 Y 的结算）

借：资本公积——其他资本公积（套期工具价值变动）　　25 000

　　贷：主营业务收入　　25 000

（确认将原计入资本公积的衍生工具公允价值变动转出，调整销售收入）

【例 3－5】 ABC 公司于 20×6 年 11 月 1 日与境外 DEF 公司签订合同，约定于 20×7 年 1 月 30 日以外币（FC）每吨 60 元的价格购入 100 吨橄榄油。ABC 公司为规避购入橄榄油成本的外汇风险，于当日与某金融机构签订一项 3 个月到期的远期外汇合同，约定汇率为 1FC＝45 人民币元，合同金额 FC6 000 元。20×7 年 1 月 30 日，ABC 公司以净额方式结算该远期外汇合同，并购入橄榄油。

假定：①20×6 年 12 月 31 日，1 个月 FC 对人民币远期汇率为 1FC＝44.8 人民币元，人民币的市场利率为 6%；②20×7 年 1 月 30 日，FC 对人民币即期汇率为 1FC＝44.6 人民币元；③该套期符合运用套期保值准则所规定的运用套期会计的条件；④不考虑增值税等相关税费。

（简要提示：根据套期保值准则，对外汇确定承诺的套期既可以划分为公允价值套期，也可以划分为现金流量套期。）

情形 1：ABC 公司将上述套期划分为公允价值套期。

①20×6 年 11 月 1 日，远期合同的公允价值为零，不做账务处理，将套期保值进行表外登记。

②20×6 年 12 月 31 日：

远期外汇合同的公允价值＝[(45－44.8)×6 000/(1＋6%×1/12)]＝1 194（人民币元）

借：套期损益　　1 194

　　贷：套期工具——远期外汇合同　　1 194

借：被套期项目——确定承诺　　1 194

　　贷：套期损益　　1 194

③20×7 年 1 月 30 日：

远期外汇合同的公允价值＝(45－44.6)×6 000＝2 400（人民币元）

借：套期损益　　1 206
　　贷：套期工具——远期外汇合同　　1 206
借：套期工具——远期外汇合同　　2 400
　　贷：银行存款　　2 400
借：被套期项目——确定承诺　　1 206
　　贷：套期损益　　1 206
借：库存商品——橄榄油　　267 600
　　贷：银行存款　　267 600
借：库存商品——橄榄油　　2 400
　　贷：被套期项目——确定承诺　　2 400
（将被套期项目的余额调整橄榄油的入账价值）

情形 2：ABC 公司将上述套期划分为现金流量套期。

①20 ×6 年 11 月 1 日，不做账务处理，将套期保值进行表外登记。

②20 ×6 年 12 月 31 日：

远期外汇合同的公允价值 =（45 －44.8）×6 000/（1 +6% ×1/12）=1 194（人民币元）

借：资本公积——其他资本公积（套期工具价值变动）　　1 194
　　贷：套期工具——远期外汇合同　　1 194

③20 ×7 年 1 月 30 日：

远期外汇合同的公允价值 =（45 －44.6）×6 000 =2 400（人民币元）

借：资本公积——其他资本公积（套期工具价值变动）　　1 206
　　贷：套期工具——远期外汇合同　　1 206
借：套期工具——远期外汇合同　　2 400
　　贷：银行存款　　2 400
借：库存商品——橄榄油　　267 600
　　贷：银行存款　　267 600

ABC 公司将套期工具于套期期间形成的公允价值变动累计额（净损失）暂记在所有者权益中，在处置橄榄油影响企业损益的期间转出，计入当期损益。该净损失在未来会计期间不能弥补时，将全部转出，计入当期损益。

3.6.7　境外经营净投资套期会计处理举例

【例 3 －6】 20 ×6 年 10 月 1 日，XYZ 公司（记账本位币为人民币）在其境外子公司 FS 有一项境外净投资外币 5 000 万元（即 FC5 000 万元）。为规避境外经营净投资外汇风险，XYZ 公司与某境外金融机构签订了一项外汇远期合同，约定于 20 ×7 年 4 月 1 日卖出 FC5 000 万元。XYZ 公司每季度对境外净投资余额进行检查，且依据检查结果调整对净投资价值的套期。其他有关资料见表 3 －5。

表 3－5　　即期汇率与远期汇率以及远期公允值变动

日期	即期汇率（FC/人民币元）	远期汇率（FC/人民币元）	远期合同的公允价值（元）
20×6 年 10 月 1 日	1.71	1.70	0
20×6 年 12 月 31 日	1.64	1.63	3 430 000
20×7 年 3 月 31 日	1.60	不适用	5 000 000

XYZ 公司在评价套期有效性时，将远期合同的时间价值排除在外。假定 XYZ 公司的上述套期满足运用套期会计方法的所有条件，XYZ 公司的账务处理如下（单位：人民币元）：

①20×6 年 10 月 1 日：

借：被套期项目——境外经营净投资　　85 500 000

　　贷：长期股权投资　　85 500 000

外汇远期合同的公允价值为零，不做账务处理。

②20×6 年 12 月 31 日：

借：套期工具——外汇远期合同　　3 430 000

　　贷：资本公积——其他资本公积　　3 430 000

（确认远期合同的公允价值变动）

借：资本公积——其他资本公积（套期）　　3 500 000

　　贷：被套期项目——境外经营净投资　　3 500 000

（确认对子公司净投资的汇兑损益）

③20×7 年 3 月 31 日：

借：套期工具——外汇远期合同　　1 570 000

　　贷：资本公积——其他资本公积　　1 570 000

（确认远期合同的公允价值变动）

借：资本公积——其他资本公积（套期）　　2 000 000

　　贷：被套期项目——境外经营净投资　　2 000 000

（确认对子公司净投资的汇兑损益）

借：银行存款　　5 000 000

　　贷：套期工具——外汇远期合同　　5 000 000

（确认外汇远期合同的结算）

注：境外经营净投资套期（类似现金流量套期）产生的利得在所有者权益中列示，直至子公司被处置。

4

经济周期、行业轮动与企业风险管理

当今世界正在经历百年未有之变局，中国经济也面临着前有未有的机遇与挑战。我国经济从高速度增长阶段迈向高质量发展阶段，经济处于结构优化与产业升级中。尤其21世纪以来，新一轮科技革命和产业变革加速发展，世界贸易和产业分工格局发生重大调整，国际力量对比呈现趋势性变迁。错综复杂的国际环境变化导致中国经济转型难度加大。西方主要国家民粹主义盛行、贸易保护主义抬头，经济全球化遭遇逆流。新冠肺炎疫情影响广泛深远，逆全球化趋势更加明显，全球产业链、供应链面临重大冲击，风险加大。面对外部环境变化带来的新矛盾新挑战，党的十九届五中全会通过的《中共中央关于制定国民经济和社会发展第十四个五年规划和二〇三五年远景目标的建议》（以下简称《建议》）提出，要加快构建以国内大循环为主体、国内国际双循环相互促进的新发展格局。双循环发展格局下，企业所处的经营环境与面对的经营风险也发生了深刻的变化。企业如何掌握经济发展的周期规律，全面管理企业风险，成为摆在我们面前最为重要的课题。

2020年，新冠肺炎疫情已蔓延至180多个国家和地区，疫情的恶化造成严重的经济冲击，全球经济预计将出现3%的衰退，比金融危机期间0.1%的衰退更加糟糕，股票、利率、汇率、商品价格等均受到冲击，全球金融市场波动加剧。同样，国际大宗商品市场在新冠肺炎疫情的冲击下经历了暴跌，CRB商品指数创历史新低后触底反弹。在全球需求萎缩的情形下，大宗商品价格暴涨暴跌加大了企业的经营风险。影响大宗商品价格既有供需关系（基本面因素），也有投机因素与美元汇率波动的因素，本文将从各种经济因素变化周期的角度来探讨企业在经济周期与商品价格周期波动中如何进行风险管理。

4.1 经济周期与大宗商品价格走势

自19世纪中叶以来，人们在探索经济周期问题时，根据各自掌握的资料提出了不同长度和类型的经济周期：基钦周期（短周期）、朱格拉周期（中周期）和康德拉季耶夫周期（长周期）。基钦周期由英国经济学家基钦提出，他认为周期波动主要是因为库存变动引起的，是市场经济周期波动中持续时间最短的周期，平均时间为40个月；朱格拉周期是法国经济学家朱格拉提出的一种以国民收入、失业率和大多数经济部门的生产利润和价格波动为标志进行划分的周期，时长7~10年；康德拉季耶夫周期则是俄国经济学家康德拉季耶夫提出的为期 50 ~ 60 年的经济周期。美国经济学家熊彼特对各种周期理论进行了综合分析后提出三种周期理论，即每一个长周期包括 6 个中周期，每一个中周期包括 3 个短周期。20 世纪 90 年代以来，世界经济周期发生了一些新变化，短周期特征变得不是非常明显，不太容易辨别世界经济发展的拐点，长周期则需要更加大胆的推断，因而应用中周期来分析世界经济形势更加准确。自 1975 年以来，按照从低点到低点测度经济周期的惯例，世界经济波动可清晰地分出 4 个完整的周期，每个周期的长度在 7 ~ 10 年（见图 4 - 1）。

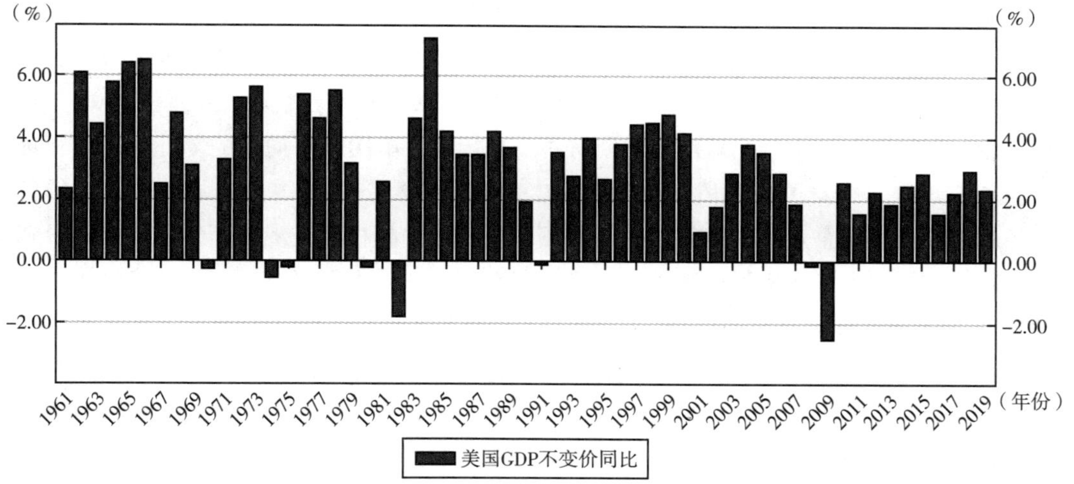

图 4 - 1　美国 20 世纪 70 年代以来经历了五次经济周期

数据来源：Wind。

20 世纪 70 年代初，布雷顿森林体系崩溃，引发全球货币金融市场的动荡，加之第一次石油危机爆发，终于给第二次世界大战以后全球经济发展的黄金时代画上了句号，世界经济增长于 1975 年降至最低点。此后，在主要国家刺激消费和投资扩张性政策的干预下，伴随着国际石油价格的回落，世界经济步入复苏。1979 年，第二次石油危机爆发，主要国家纷纷提高利率压制通胀，高利率不仅使发达国家的经济陷入衰退，还引发了拉美发展中国家的债务危机，世界经济再次在 1982 年陷入谷底。第二个周期为 1982—1990 年，跨度 8 年。随着各国经济结构的调整以及通货膨胀率的降低，世界经济自 1982 年以后再次步入复苏阶段。20 世纪 80 年代中期，北美、西欧以及东亚区域内贸易自由化的蓬勃发展，进一步推动了全球经济的繁荣。80 年代末，西方虚拟经济的繁荣掩盖了实体经济的趋弱。到 1990 年，以日本泡沫经济破灭为代表，西方虚拟经济进入调整，带动实体经济出现衰退，世界经济于 1991 年达到低点。第三个周期为 1991—2001 年，跨度 10 年。在经历了 20 世纪 90 年代初的短暂衰退后，美国经济率先复苏，带动全球经济回升。以 IT 技术为代表的科技进步，催生了新经济在全球的扩张。1993 年底关贸总协定“乌拉圭回合”谈判的顺利结束，1995 年世界贸易组织的成立，更是为全球经济的可持续发展营造了良好的外部环境。直至 2001 年，以美国为首的全球互联网泡沫破灭，世界经济快速陷入低谷。与前两个周期相比，第三个经济周期存在明显的不同：经济上升期被显著拉长，下降期却很短。20 世纪 70 年代和 80 年代的两次经济周期有一个共性：经济增长速度从谷底开始经过 1~2 年便升至高位，而后的下降期却长达 4 年左右，呈现增长期短、衰退期长的特征。90 年代的第三个经济周期，经济增速花了 3 年走到高位然后一直保持较高水平（如果剔除 1998 年的短暂冲击），直到 2001 年出现突然的短暂衰退，随后回升，增长期长、衰退期短的特征明显。第四轮周期为 2002—2008 年，世界经济从 2002—2004 年的回升后，2005 年、2007 年一直保持高位，增长期长达 5 年，但是本轮经济增长的主要动力是靠房地产泡沫拉动的，其中也孕育了巨大的风险，这些风险终于在 2008 年得到集中爆发，让全球经济陷入了大萧条以来的最严重衰退。面对如此巨大的经济灾难，各国政府全力救市，尤其是各国央行都采取了激进的救市策略，让全球经济从 2009 年开始探底回升。从 2009 年以来的第五轮朱格拉周期，由于全球经济的创伤并没有抚平，本次经济周期的复苏阶段显得漫长而又脆弱，其间又爆发了欧洲债务危机，让本已脆弱的经济更加雪上加霜。但是次贷危机后，经过市场出清、企业去杠杆，2012 年美国企业开始加杠杆，经济逐渐复苏。好的投资机会越来越少，再加上资本边际报酬递减，2015 年美国企业资本回报率大幅下降，经济出现见顶迹象。美国 2016 年经济增速下滑，但是 2017 年特朗普减税刺激了消费，也提高了资本回报率，企业投资增速触底反弹，经济周期拉长。随着减税效应的减弱，2018 年下半年开始美国经济又显示衰退迹象。不过，2019 年美联储开启新一轮降息，并重新扩表，美国经济继续处于扩张期，这是史上最长的一个经济扩张期。2020 年新冠肺炎疫情的冲击使得美国经济似乎步入了衰退期：首先，疫情会通过产业链、消费、投资等渠道直接影响美国实体经济；其次，如果疫情影响到企业盈利、“借新还旧”，这可能导致企业债务危机；再次，疫情导致了股票、固定资产价格大跌，抵押品缩水，信用风险加剧，信用收缩还可能和信用风险形成负反馈；最后，居民资产负债表恶化，影响居民消费。当然，疫情的控制（新冠肺炎疫苗的研发进展情况）与政府应对恰当，经济危机出现的可能性也很大。由于高度的不确定性，2020 年以来的全球股票市场、债券市场、大宗商品价格巨幅波动也是显而易见的。

我们可以观察整个大宗商品在前四个周期中的表现，从图 4－2 中我们看到，大宗商品在这 4 个朱格拉周期中表现出了明显的差异，在 1975—1982 年以及 2001—2008 年这两个周期中大宗商品产生了两轮大牛市，CRB 指数最高时分别上涨了 250% 和 300%，而在 1982—1990 年以及 1990—2001 年这两个周期中，大宗商品表现平平，基本处于区间震荡的走势。在第五个朱格拉周期（2009—2019 年），2009—2011 年 CRB 指数触底反弹，创了历史新高，之后一直处于熊市之中。我们不禁要问为什么会出现如此明显的区别，是什么因素推动了这两轮商品牛市。我们重点对 20 世纪 70 年代和 21 世纪初的商品牛市产生的经济背景做出对比分析，以找到共同点。

对比 20 世纪 70 年代和 21 世纪以来的这两轮牛市，我们发现商品牛市产生的条件有共同之处：一是传统产业引领经济增长；二是新兴市场的崛起启动了大宗商品的需求；三是地缘政治引发石油问题；四是美元出现贬值趋势；五是美联储实行了宽松的货币政策。应该说大宗商品的供需变化是牛市的基础，美元及货币政策等金融因素是牛市的助推器。我们分析牛市产生的原因就是判断商品牛市何时会结束。

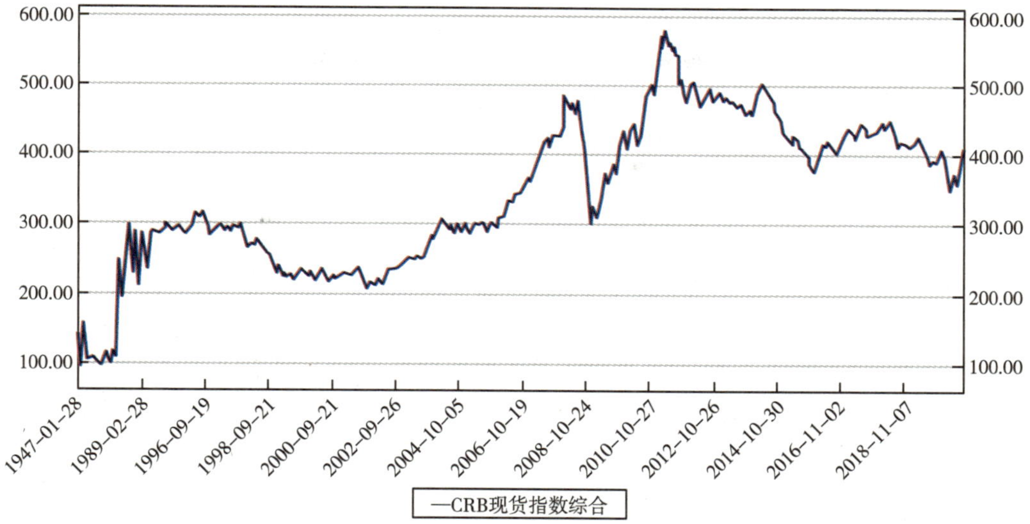

图 4－2　大宗商品自 20 世纪 70 年代以来经历了两轮超级牛市

数据来源：Wind。

原因 1：首先是这两轮经济周期的驱动力都是传统产业，20 世纪 70 年代主要依赖制造业的发展，而 2001 年以后美国经济主要依靠房地产投资。而 1982—2001 年这两轮周期的驱动因素却是信息技术引领的产业革命，在此期间美国经历了前所未有的高增长和低通胀的局面。在这段时间社会资金主要集中于新技术的研发和投资，科技股正是如日中天，经济发展对于大宗商品的依赖变得相对下降，大宗商品的价格也是徘徊不前。而当信息技术的泡沫破灭之后，经济的发展再次回到了传统产业，大宗商品的需求也相应增加，但是由于信息技术繁荣期对大宗商品的投资明显滞后，导致了大宗商品后来供给明显偏紧，这是导致大宗商品牛市的大背景。

原因 2：新兴市场崛起启动了大宗商品的需求。20 世纪 60 年代和 70 年代，日本与德国经济崛起，制造业发展迅猛，同时亚洲“四小龙”也进入了高速发展阶段。这些国家的经济发展大幅提高了对石油等大宗商品的需求，从而带动大宗商品价格上涨。21 世纪初以来“金砖四国”为首的新兴国家经济崛起，全球经济迈入快速增长期。过去 10 年以来，这些国家在持续的工业化与城镇化推动下，增长迅速，远远超过全球平均增速，占全球 GDP 的比重也是迅速上升。而正是新兴国家的快速上涨，成为带动大宗商品等价格逐步回升的重要因素。中国目前是全球原油、铜、钢材、大豆、棉花等商品的主要消费国，中国处于重化工业的发展后期，对于大宗商品的需求在未来 5 ~ 10 年内依然强劲，这对大宗商品的价格将持续产生影响。

原因 3：地缘政治引发石油问题。20 世纪 70 年代全球经历了两次石油危机，一次是中东战争的爆发，中东石油输出国组织停止了对美国的石油输出，让原油价格大幅攀升。第二次是伊朗革命和两伊战争，原油产量剧减也造成了原油价格的进一步攀升。原油价格的上涨带动了农产品和其他大宗商品价格的整体上涨。进入 21 世纪后，地缘政治不稳定也始终影响原油的价格走势，包括 9 · 11 事件、伊拉克战争、茉莉花革命、利比亚战争等，这些地缘政治问题是原油的风险溢价，助推了原油价格的不断上涨。

原因4：美元贬值助推商品牛市（见图4－3）。商品牛市的启动一般都是由于供需因素产生的，但是后续的发展更主要看全球金融因素。这里面很重要的一个因素就是美元的走势。从历史上看正是美元的长期贬值助推了这两轮牛市。20世纪70年代美国经济衰落，布雷顿森林体系瓦解，美元和黄金脱钩进入了迅速贬值的通道，美元的贬值引发了20世纪70年代的大滞涨，商品牛市就是这种环境下不断加剧。1981年里根总统上台后提出了强势美元的口号，美元指数迅速由80上升到了160，伴随着美元的急剧升值，大宗商品牛市开始瓦解。进入2001年之后，由于美国经济衰弱，小布什实行了弱势美元政策，美元开始了长达10年的贬值之路，也正是美元的长期贬值助推了2001年以后的商品长期牛市。所以说美元的大周期走势和商品的牛市息息相关。如果美元再次进入强势上涨周期，本轮的大宗商品牛市就可能结束。

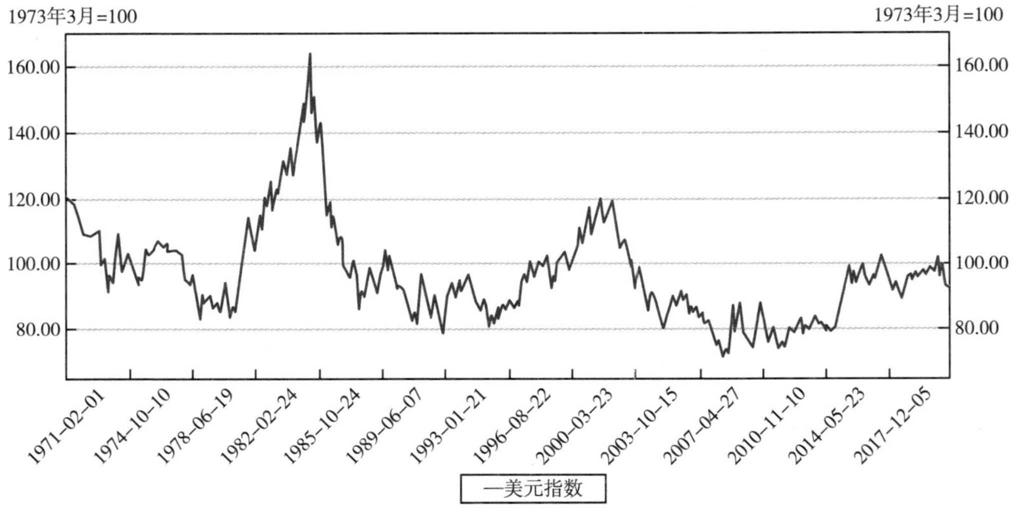

图4－3　大宗商品牛市期间都经历了美元的两轮下跌趋势

数据来源：Wind。

原因5：美联储的宽松政策纵容了商品牛市（见图4－4）。应该说货币政策对商品牛市影响最为关键，20世纪60年代为了刺激经济，美联储始终维持着宽松的货币政策，利率也始终低于合理的水平，货币供应量不断上升，这为商品牛市创造了生长环境。进入20世纪70年代美联储开始提升利率，但始终维持负利率水平，长期的负利率反而助长了大宗商品牛市，也让美国经济陷入滞涨。20世纪80年代新任美联储主席沃尔克上台之后，开始收紧货币供应，大幅提高利率，基准利率一度达到了20%的历史纪录，从而也使美国结束了负利率的状态。利率的大幅提高让美国经济陷入严重衰退，但却彻底结束了上一轮大宗商品牛市，让美国经济走出滞涨。可见美联储的货币政策对大宗商品牛市的影响至关重要。进入21世纪，随着纳斯达克泡沫的破裂，美国经济不断下滑，为了刺激经济美联储大幅下调利率，再次进入了负利率的状态。金融危机之后，美联储再次下调利率，基准利率接近于零的历史最低水平。持续的负利率和不断增加的货币供应让全球流动性泛滥，大宗商品演绎出了一轮壮观的牛市行情。未来如果美国经济走上正轨，美联储政策将转为抗击通胀，届时将大幅提高利率，结束目前的负利率水平，大宗商品牛市到时也将结束。

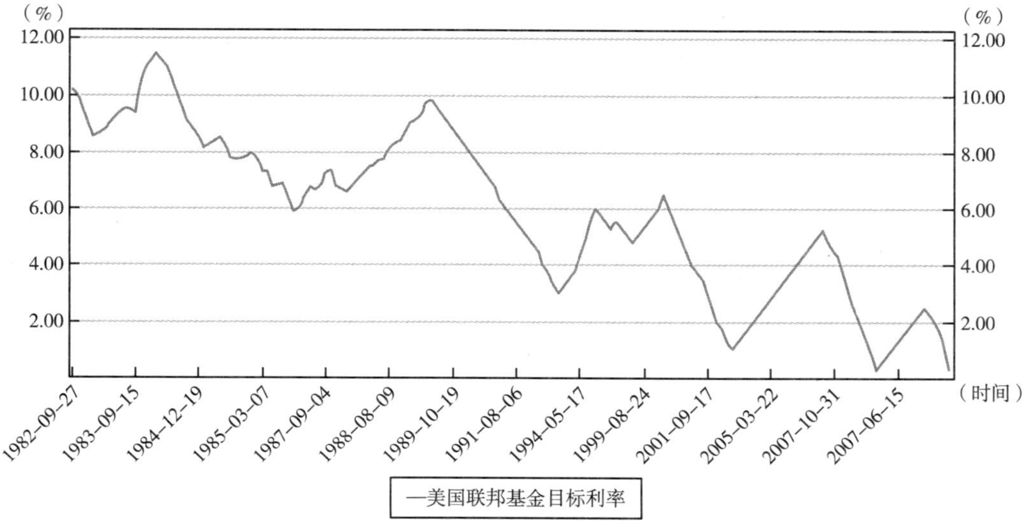

图 4-4　美联储的负利率政策助推了商品牛市

数据来源：Wind。

按照经济的运行阶段来看，每一个经济周期又分为复苏、繁荣、滞涨和衰退四个阶段。不同的经济阶段，大宗商品的表现也是不一样的。首先我们先来说明一下经济周期运行的特点，我们都知道股票走势的一个基本特点是“先有量再有价”，量在价之前。其实这也是宏观经济走势的一个基本特点，也就是说先有宏观经济总量的扩张，然后是价格的上涨、通货膨胀的走高。为了证明这一点，我们来看一下中国改革开放之后的情况，这里我们用实际 GDP 来代表宏观经济总量的变化，用 CPI 来代表通货膨胀的变化情况。从图 4-5 可以看出，实际 GDP 的变化明显领先与 CPI 的变化，领先时间是一年左右。如果

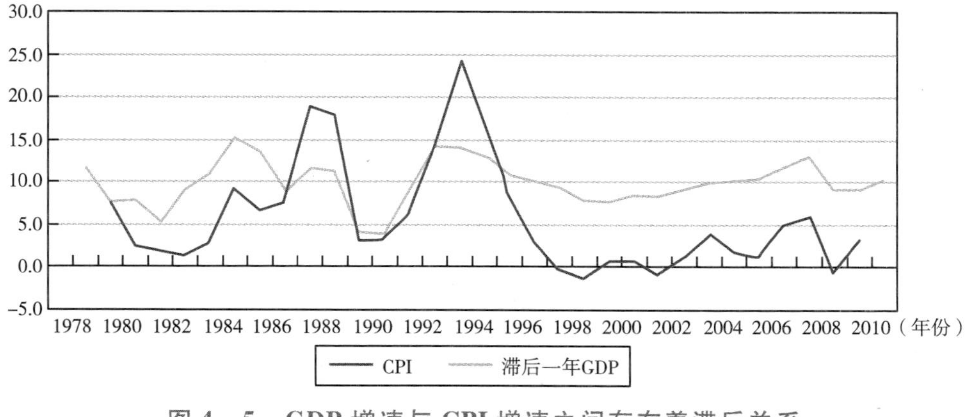

图 4-5　GDP 增速与 CPI 增速之间存在着滞后关系

将 GDP 滞后一年，就会发现两者的走势几乎完全同步。这也就证明了实际经济走势的特点就是“经济增长在先，物价上涨在后”。

将图 4－5 的结论提炼一下就是图 4－6 的情况。即经济运行的基本规律是经济增长在先，通货膨胀在后。在经济总量扩张到一定程度后，通货膨胀才能抬头。同理，在经济下滑一定程度后通货膨胀才能出现拐点。联想到中国从 2010 年 11 月开始经济就开始了缓慢的降速。这是抗通胀必须要付出的代价，只有经济增速下降了，未来的通胀形势才可能缓解。从图 4－6 中还可以看出另一个重要信息，通货膨胀在什么程度范围内对经济的增长最有利。我们可以选择经济增速最快的一段区域，然后看这段区域所对应的通货膨胀水平。从图 4－6 中可以看出，在通货膨胀下降的末期以及通胀形势开始上升的初期，经济增长最快，经济发展最好。所以偏低的通胀环境有助于经济的发展，但也并非越低越好，而是存在一个合理的范围。

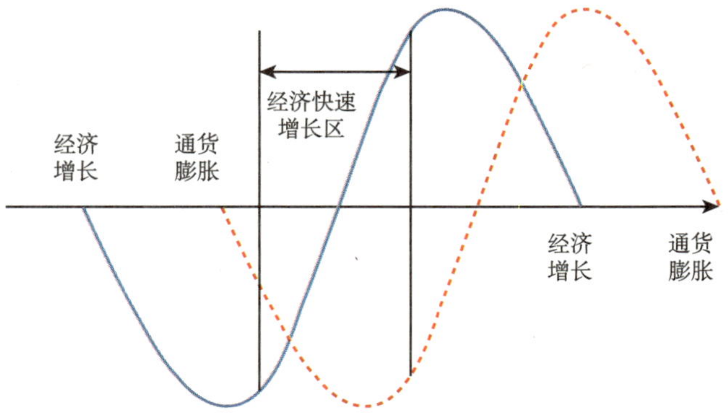

图 4－6　经济增长与通货膨胀之间的关系

根据经济增长和通货膨胀的变化，我们可以将经济运行划分为四个周期：复苏、繁荣、滞涨和衰退。

复苏阶段的特点是：经济开始企稳上行，物价延续下降，此时社会生产开始从衰退中复苏过来，消费和投资开始增加，企业利润开始增长，但是整体物价水平还是处于下降趋势当中。

繁荣阶段的特点是：经济增长加速上升，物价开始上升。此时企业觉得有利可图，开始扩大再生产，投资与生产的规模不断扩大。随着企业生产大幅增加，原材料和工业用品的价格开始上涨，工资也开始提升，从而带动物价水平上升，通货膨胀压力开始显现。

滞涨阶段的特点是：经济增长开始下降，物价水平加速上升。此阶段经济增长和资源利用已经超过潜在水平，企业库存商品大幅增加，企业利润下降。同时物价惯性上涨，企业利润下降，生产开始收缩。大宗商品在经济滞胀阶段的表现如图 4－7 所示。

衰退阶段的特点是：经济增长和物价水平都快速下降。此阶段市场需求锐减，产品滞销，各企业被迫缩减投资与生产规模；劳动力需求减少，失业率上升；企业利润普遍下降，部分企业甚至倒闭；需求萎缩，供给过剩导致价格快速下降。

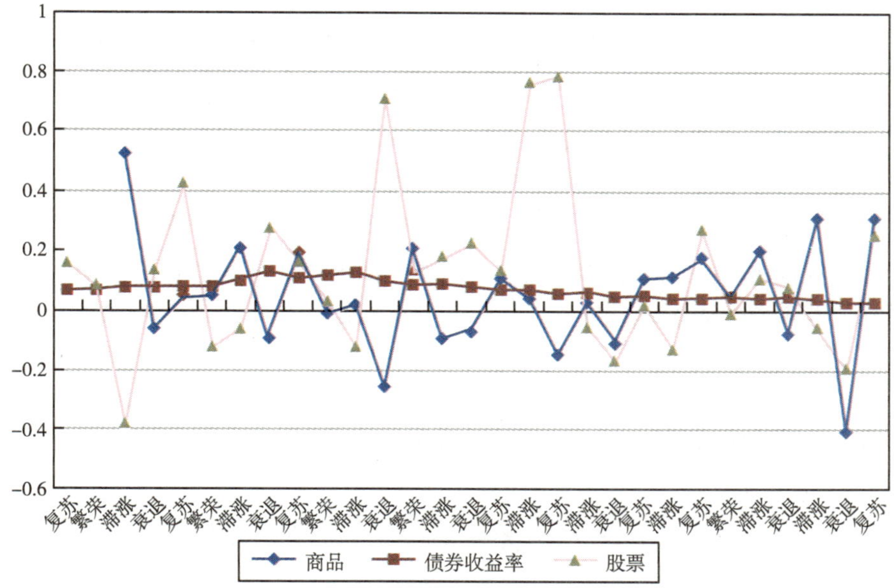

图 4－7　大宗商品在经济滞胀阶段的表现

4.2　经济周期与行业轮动

宏观经济是由行业经济组成的，在宏观经济由繁荣到衰退周期性发生的背景下，在行业层面会表现出相应的规律，经济总量波动通过产业关联和供求关系在行业景气层面进行传导。我们试图探索经济周期波动与行业景气变动之间的因果联系、传导机制与政策含义。行业景气分析方法作为一种结构分析方法，有助于弥补总量分析方法的不足，提高经济形势判断的准确性和科学性。特别重要的是，利用先行行业法有助于提高经济形势判断的前瞻性，便于企业进行行业预判和风险管理。

国际上关于经济周期波动与行业景气变动之间关系的研究是比较丰富的，主要有两条线索，一条线索是通过探索经济周期波动在行业层面的冲击因素，揭示经济周期波动的原因；另一条线索是通过探索经济周期波动在行业层面的传导机制，揭示经济周期波动的规律。

4.2.1　经济周期波动在行业层面的冲击因素

马克思、熊彼特、库兹涅茨等学者很早就开始从产业层面寻求周期波动的原因。早期以 W. S. 杰文斯（1875 年）、H. S. 杰文斯（1909 年）、H. L. 穆尔（1914 年）等为代表的农业周期理论认为，农业的周期性引起了部门外的经济周期；以米切尔（1946 年）、伯恩斯（1946 年）等为代表的实业周期理论认为，利润率、成本与价格的变化决定了实业生产需求的扩张和衰退；马克思（1867 年）通过将社会总生产分为生产资料和消费资料两大部类来揭示资本主义生产的本质和经济危机的根源；以熊彼特（1939 年）为代表的创新周期理论认为，集聚的创新活动引发的新兴产业群的出现和产业投资浪潮是导致经济周期的源泉，等等。

目前经济周期理论已经归纳的几大典型周期类型均根源于产业因素：短波的蛛网周期揭示的是农业对价格的生产反馈周期；短波的基钦周期揭示的是工商业部门的存货调整周期；中波的朱格拉周期揭示的是产业在生产设备和基础设施的循环投资活动；中长波的库兹涅茨周期主要是建筑业活动导致的；长波的创新周期（康德拉耶夫周期）是由创新活动的集聚发生所致。

4.2.2 经济周期波动在行业层面的传导机制

美国统计学家 Niemira（1998 年）观察到："并不是每一个产业必须是同时地或同等程度地受到经济周期的影响或对经济周期产生影响。"他提出了采用投入产出表研究产业间需求联动的初步思路。

依据行业景气的先后波动规律是证券投资领域进行资产配置的重要思路，美林策略研究员（2004 年）计算了 1970—2004 年美国经济周期不同阶段的行业表现，发现当经济周期在由繁荣到萧条不断变换时，不同类型的行业和资产的收益依次有超过大市的表现，从而得出了著名的"投资时钟"的行业轮动投资策略。麦肯锡公司（2009 年）研究了 1973—2008 年间美国历次经济周期中行业衰退与复苏的顺序，发现在美国 4 次经济衰退中，有 3 次都是非必需消费品和 IT 消费支出的增长领先于其他行业，而当这些行业的实际利润恢复增长时，有可能表明经济开始回暖。

我国行业效益月度统计数据发布频率不固定，统计口径经常变化，制约了对行业景气的持续跟踪。我国较早系统研究经济周期与结构变动之间关系的是马建堂（1988 年、1990 年、1992 年）。马建堂在其影响较大的论文和专著中，探索了经济周期与产业结构变动之间的一些重要关系，如周期的各个阶段产业结构变动的特征、不同周期类型对产业结构变动形态的影响、不同行业对周期变化的回应、周期中的不同阶段及政府的对策对各个部门扩张与收缩的影响等。刘树成（2006 年）把 2002 年以来新一轮周期的推动力即正向技术冲击归因于由消费结构升级带动的以房地产和汽车为代表的产业结构升级，认为这一轮产业结构升级对经济增长与波动的作用具有高位增长和强幅波动的双重性。孙广生（2006 年）认为经济波动实际上就是各个产业波动的综合效果，他探讨了各产业波动与经济波动的相关性、经济波动过程中各产业波动的特点以及推动经济波动的产业来源，研究发现重工业景气波动主导我国宏观经济景气波动。任泽平（2008 年）研究了通货膨胀与行业景气的关系，提出并构建了行业成本传导能力指数（CTC），认为成本传导能力是通胀环境下决定行业间利润流向的关键因素，是定量分析行业景气的基础性指标。任泽平（2009 年）研究了电力消费与经济周期波动的关系，分析了 2008 年电力消费与 GDP 增长背离的根本原因是行业景气的结构变动问题，即重工业景气比轻工业景气下滑更快。任泽平（2009 年）通过实证检验发现，随着股权分置改革全面启动，我国资本市场发生了本质的变化，2003 年以后股票市场“板块轮动”现象与实体经济“行业景气轮动”现象的相关性日益增强，股票市场作为国民经济晴雨表的功能开始显现。国务院发展研究中心在行业景气研究方面有着长期积累，该中心的产业经济研究部（刘世锦、冯飞、杨建龙，2003 年、2004 年、2005 年）把产业景气的跟踪放在经济周期的大背景下来考察，探索了新时期我国产业景气波动的跟踪方法，构建了以我国产业增长景气指数和效益景气指数为主，包括行业产量、销售收入、利润、价格、进出口、产能利用水平、库存率、应收账款比重、成本传导能力等指标，构造了涵盖三十多个行业的指数体系，在社会各界产生了较大影响。

4.3 经济周期波动与行业景气变动之间联系的基本理论

4.3.1 影响经济周期波动的行业因素

已有经济周期理论经常研究在产业结构方面的冲击因素，并将冲击因素分为长波、中波和短波因素。从长波因素来看，在发达国家主要表现为重大新技术的集聚出现引发新兴主导产业群的形成和产业投资浪潮；在发展中国家，除了受世界经济的创新周期和产业转移影响外，其自身由于消费结构升级和城市化进程同样会带来新兴主导产业群的成长和产业投资浪潮。从中波因素来看，主要有居民部门耐用消费品更新换代、企业部门产业设备更新、基础建筑设施和房屋重建等。从短波因素来看，主要表现为农业的丰歉、工商业部门的库存调整等。

4.3.2 影响行业景气变动的因素

影响行业景气波动的因素主要有三类：第一类是短期市场因素，主要是供求关系；第二类是长期市场因素，包括消费升级、技术进步、行业生命周期、行业集中度（市场结构）等；第三类是非市场因素，包括宏观调控政策、政治因素、气候变化等。

从长期来看，一国所处的经济发展阶段决定了该国一段时期内经济周期波动和行业景气运行的短期特征。不同的经济发展阶段具有不同的经济增长动力结构特征，主导经济周期波动的产业群会不断升级轮替，而不同的产业群在产业关联、拉动效应和景气传导时滞等方面存在明显差异。

从短期来看，供求因素是影响经济周期波动和行业景气变动的主要因素，对波幅、波长等波动特征都具有决定性的影响。短期供求因素在经济周期不同阶段对行业景气会产生差异性的影响：在经济复苏阶段，需求不足的情况下，需求因素对各行业景气起决定作用，因此往往是收入敏感性强和需求弹性大的下游行业尤其是可选消费品行业率先复苏；随着经济走向繁荣，供给因素对行业景气起更关键的作用，能源原材料价格上涨，利润流向供给弹性小和成本传导能力强的中上游行业，尤其是能源原材料行业和资本品行业；当经济由过热走向衰退时，低端必需消费品行业由于需求刚性表现出一定的抗周期能力。一般来说，下游先行行业比中上游行业能够率先感触到经济景气的恢复和需求的反弹，需求弹性大的周期性行业比需求弹性小的非周期性行业的景气波动幅度更大。

4.3.3 行业景气之间的传导机制

在经济现实中，存在着一种典型的从下游到上游的需求逐次传导和行业景气先后波动的现象，即“行业景气轮动”现象（见图4-8）：经济复苏阶段以需求敏感的先行行业复苏为主要特征，经济周期繁荣阶段以占经济主要比重的中游重化工行业复苏、繁荣为主要特征，经济周期的过热和衰退阶段以上游能源原材料行业和其他瓶颈产业的过热为主要特征，经济萧条阶段以绝大部分行业景气下行和非周期行业的相对景气为主要特征。这一现象跟产业关联（投入消耗关系）、消费结构升级、产业结构升级、城市化进程等有关。与实体经济领域的“行业景气轮动”现象相对应的，是股票市场上著名的“板块轮动”现象，即随着经济周期阶段的发展，股票市场上的行业板块相对收益指数呈现出一定的先后轮动次序。

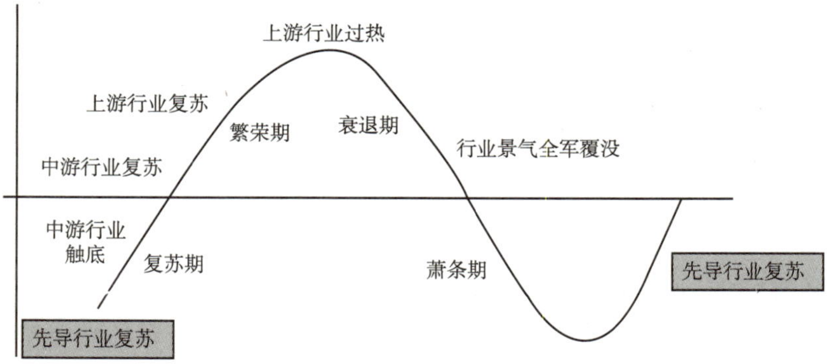

图4-8　行业景气轮动模型

4.3.4 经济周期波动与行业景气变动之间的对应关系

经济周期波动与行业景气变动之间存在着一致的对应关系，行业景气的强弱波动及其共振与扩散，形成了宏观经济的复苏、繁荣、衰退、萧条等不同阶段。国民经济运行是一个系统，在总量上表现为经济总体（又表现为货币流、生产流、信息流等）的周期波动，在结构上表现为行业景气的变动与传导；引起宏观经济景气波动的宏观政策、货币供应等因素会对行业景气产生影响，并沿着相关产业链条进行传导（见图4-9）。

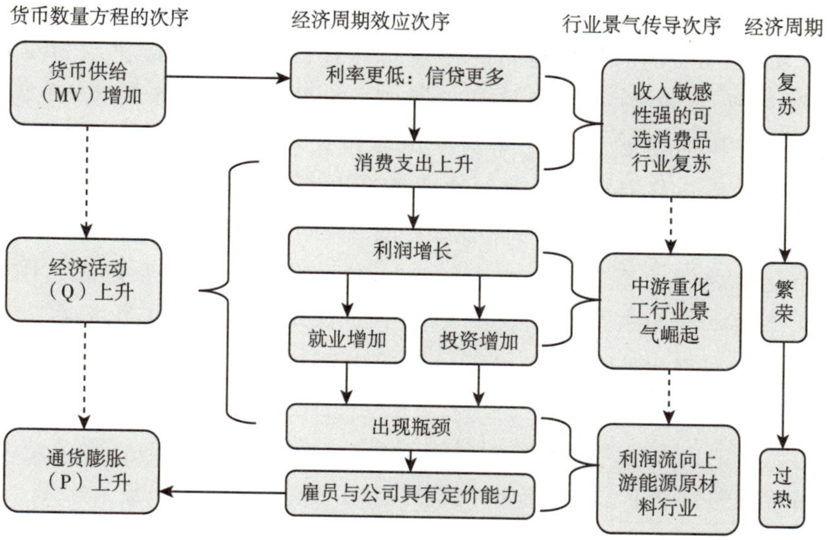

图 4－9　货币供应与经济周期影响效应次序

4.4　当前中国经济周期及企业经营策略

4.4.1　中国的房地产周期：当前地产需求处于本轮周期长尾阶段

自 1998 年我国实行住房制度改革以来，房地产业得到迅速发展，成为国民经济的支柱产业，是拉动经济增长、促进就业、增加财政收入的重要组成部分。但是房地产业的高速发展导致了房地产价格的巨大泡沫，加剧了金融体系的系统风险，提高了居民生活成本、企业生产成本，对实体经济的发展产生冲击，发生挤出效应。因此，政府加大了对房地产行业的宏观调控，在市场需求与政策调控中形成了明显的房地产发展周期。2000 年以来，在住房体制改革和商业银行开办住房抵押贷款的推动下，房地产投资高速增长。2003 年之后，由于政府抑制土地供给，并上调金融机构存贷款利率，房地产市场开始出现降温。2006 年开始，尽管我国政府相继出台了一系列的调控政策，但是伴随着大量投机性购房者的涌入，房地产市场又呈现出新一轮的投资热潮，2008 年前后，受国际金融危机的影响，房地产投资进入下行期。2010 年，在“四万亿”投资计划的刺激下，房地产投资大幅增长，2011 年之后，“国十一条”“国五条”等房地产调控政策相继出台，我国政府开始实行紧缩性货币政策，抑制投机性购房，严格限制房地产信贷的规模，房地产投资增长率经历长时期的下行阶段。2015 年下半年，在去库存的大趋势下，房地产市场的刚性需求和改善型需求得到有效释放，房地产投资增长率也止跌回升。当前“房住不炒”的基调，货币政策稳健中性，地产需求正处于本轮地产周期的长尾阶段。

从城市化率的角度来看，一般来讲，当一个国家的城市化率低于30%的时候，城市化增长较慢；高于70%的时候，城市化增速也较慢；而处于城市化率30%～70%区间的时候，一般增速要更快。中国城市化率在1999年的34.86%跃升为2000年的36.22%，经过20年的发展，2019年的中国城市化率突破60%。按照世界发展规律，中国未来城市化率增长将会放缓。这一水平大致与日本1982年的城市化率相当，1982年之后的30年中，日本城市化率提升非常有限，2009年也仅提升到66.6%。如果从收入水平与城市化率之间关系看，高收入国家城市化率基本在60%以上，中等偏上收入国家的城市化率基本在50%～70%之间，而中等收入国家的城市化率在25%～50%之间，低收入国家的城市化率在30%以下。目前中国60%的城市化率已经处于发达国家城市化率水平。

我们认为，在中央房地产调控基调保持不变、金融监管强化的背景与地方因城施策、调控政策先松后紧的背景下，未来地产内生性需求或主要来自人口流入区域。人口净流入的地区商品房销售边际改善，预计未来仍是内生需求的主要来源，而中西部和东北地区需求增速回落，棚改带动作用弱化。

4.4.2 资本支出周期：产能扩张高峰难再

固定资产投资同样具有周期性波动，虽然多数情况下与工业周期比较一致。从2000年以后的固定资产投资周期看，也具有短周期波动特征，其最强的是第二个短周期，在库存周期理论中，第二个短周期是产能扩张周期，因此，也是固定资产投资周期的高峰（见图4－10）。

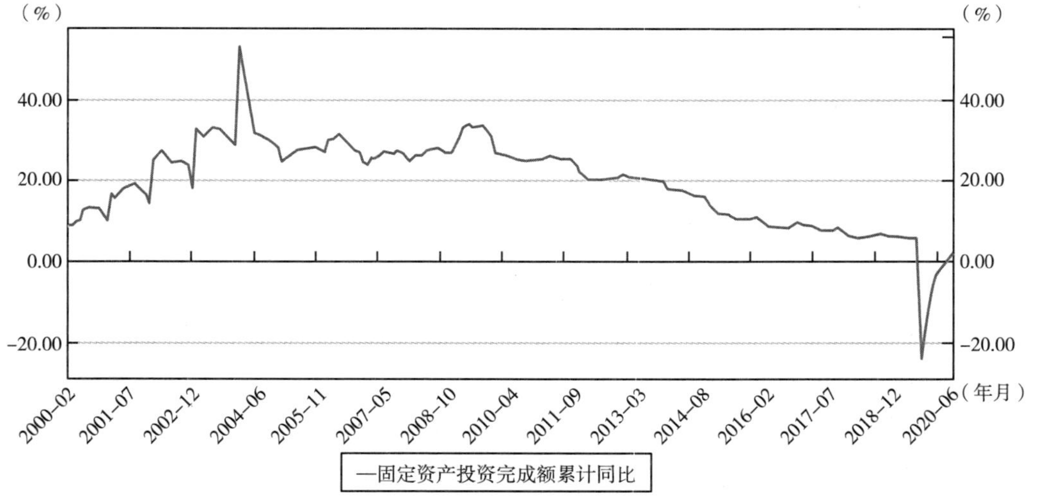

图4－10　中国固定资本支出发展趋势

2008年12月，经济底部复苏过程中，固定资产投资扮演着重要的角色；2009年7月至2010年8月，固定资产投资出现回落；2010年10月至2011年2月，出现固定资产投资的第二峰，且持续回落；此后低位徘徊，虽然有企稳迹象，但从复苏以来，固定资产投资基本已经历两个周期，产能扩张高峰或已经过去，未来关键看需求以及产能利用率的提升。

名义固定资产投资额包含建筑和地产业的固定资产投资，或不足反映资本性支出。如果将制造业、设备制造业及非制造业中除建筑地产外的名义固定资产投资单独考量的话，非制造业固定资产投资可看成是制造业的需求所在。设备制造业和整个制造业固定资产投资的波动周期基本是一致的，但非制造业的投资与制造业投资不尽一致。

从 2009 年复苏以来，非制造业的扩张在从 2009 年 1 月开始持续到 2011 年 2 月，但同期制造业投资不足，非制造业的扩张带来制造业的产能紧张，所以我们看到 2010 年下半年制造业的繁荣景象。2011 年 8 月之后，由于非制造业以及房地产的需求不足，制造业扩张戛然而止。

2012 年的资本支出周期，关键看两个因素，一是非制造业需求能否恢复并带来新的扩张需求，二是房地产投资的加速器能否启动，如果没有这两方面的需求提升制造业的产能利用率，2012 年的资本性支出周期或难再现加速。

从 2012 年开始，我国固定资本支出一直处于下行周期，其根本的原因是资本支出的效率下降，资产回报率下降。因此，对大宗商品的需求一直比较萎靡，大宗商品处于熊市当中。

2020 年受到疫情的冲击，固定资本支出急剧下滑，近期虽然有所恢复，但是仍然没有达到疫情前的水平。未来中国新基建的建设是否形成固定资本支出对大宗商品形成新一轮的需求尚待观察。

4.4.3 中国经济周期新阶段：主动扩大消费内需，制造业高级化

中国经济已经由高速度增长阶段向高质量发展阶段迈进，是经济结构调整与产业优化升级的关键期，我们是否可以跨越中等收入陷阱，步入发达国家行业，是我们下一阶段面临的艰巨任务。中国经济周期也发展到新的阶段，主动扩大消费内需，制造业高级化。

1994—2008 年，中国经济主要依靠制造业外需拉动。这段时间，中国经济发展周期与全球经济周期具有高度的同步性。外部需求的波动直接冲击我国的经济发展，而且技术进步非常缓慢，宏观杠杆率较低，受外需增速放缓的限制导致经济增长的可持续性低。

2008—2017 年，中国经济主要靠基建地产拉动。这段时期，中国经济发展周期与全球经济周期同步性较低，由于基建、地产的需求非常依赖宽松的货币政策导致宏观杠杆率急剧上升，经济增长的可持续性弱，政府、居民的债务风险累积。

2017 年以后，随着中美贸易摩擦的进展，受中美关系的影响，出口受到严重的冲击，固定资本投资的效率越来越低下，中国经济已经面临第三次转型，转型的唯一途径就是主动扩大消费内需，制造业高级化。扩大内需，减少经济对外需的依赖性，降低与全球经济周期的同步性，制造技术进步，发展制造业可以逐步降低经济的宏观杠杆率，

从而真正实现经济的可持续增长。这与中央提出的“双循环”发展战略与供给侧改革不谋而合。

从历史的角度来看，“制造业高级化”是持续赶超的必由之路。回顾全球经济史，唯有持续实现“制造业高级化”的国家，才有望成为发达国家。“过早去工业化”则是中等收入国家陷入增长陷阱的普遍标志。先看发达国家，实际人均 GDP 超过 20 000 美元之前，制造业增加值/GDP > 25%。没有跨越中等收入陷阱国家都“过早去工业化”，实际人均 GDP 在 6 000 ~ 10 000 美元，已经开始去工业化。各国去工业化开始时，人均 GDP、制造业占比越低，去工业化对经济增长的负面影响越大。制造业升级如此重要，为何并非所有国家都专注于发展制造业？因为贸易 = 全球竞争，制造业投资风险极高，加杠杆并不能改变根本性风险特征。也就是说，驱动制造业升级的，是持续的需求增长，而不是货币杠杆。

从国际经验来看，典型的小国赶超模式——外需拉动、供需分离，而大国本来就是大国——始终内需拉动。比如说新加坡、韩国的需求端直接面向外需、忽略内需，经常账户顺差极高，而供给端极致专业化，满足全球特定领域需求。反观日本，战后初期通过发展重工业、低成本制造和扩大出口，一度实现经济高速增长。但这一模式高度依赖资本积累，劳动报酬在国民收入中占比较低，20 世纪 50 年代末后劲不足。60 年代初，日本政府推出“国民收入十年倍增计划”，旨在增加居民收入分配比例，激发国内消费需求。这一政策在 20 年间取得良好效果。内需扩张，显著有利于日本 70 ~ 80 年代制造业供给能力升级，80 年代经常账户再转为顺差。居民消费、净出口在 GDP 中占比同步提升，内外需良性循环。中国主动扩大消费需求潜力空间大，但是扩大中国消费内需的政策关键是提升居民收入分配比重。

4.4.4 经济周期下不同行业的表现

整体来看，原材料工业自身的行业周期特性较为明显，且与宏观经济周期同步波动。采掘业中，有色金属矿采选业、非金属矿开采业同步于宏观周期波动，而黑色金属矿采选业超前 1 期于宏观周期波动。其他采矿业包括对地热资源、矿泉水资源等的开采活动，与宏观经济景气关联较弱，但其产品多属于可选消费范畴，故先行于宏观周期 1 期达到峰值。钢铁、有色、建材行业与工业增加值同比增速同期相关系数达到峰值，其同步于宏观周期的特征较为显著。化工行业顺周期特性也较为明显，化学原料及其制品制造业、橡胶制品业塑料制品业同步于宏观周期波动。略有不同的是，化学纤维制造业领先于宏观周期 4 期达到峰值。后面分析可以发现，服装行业先行于经济周期复苏是导致化学纤维行业出现这一特征的主要原因。

4.4.5 经济周期下货币及财政政策的影响

财政政策和货币政策是对经济环境反映的结果，但同时也是未来经济表现的主要原因。经济周期不同阶段决定财政政策和货币政策组合的差异，而其也会对周期下的行业投资产生影响。

在萧条期和复苏期，积极财政政策将以如下两条行业投资逻辑撬动宏观经济：

第一，基建投资主线。农林水事务、交通运输、住房保障是投资的主要部分，由此带动房地产和建筑业的首先复苏，由此拉动工程器械、原材料等行业需求的增长。可以发现，这一逻辑思路基本与行业投资逻辑相吻合。

第二，民生投资主线。医疗卫生和社会保障投资的主要部分，由此带动一般性消费、医药行业的增长。由于民生公共投资多涉及居民必需品消费，且投资领域多处于弱行业周期状态，故其在短期内拉动经济周期复苏的效果并不突出。

货币政策决定市场流动性的宽裕程度，其主要通过两条主线对行业投资产生影响：

第一，信贷主线。利率调整、信贷变化等货币政策工具会直接对银行业和利率（或信贷）敏感行业产生影响。例如，汽车、房地产需求和供给均对市场利率较为敏感，在经济复苏过程中，利率下降会刺激该类可选消费品行业的快速复苏，由此通过投入产出关联对相关行业产生引致需求。

第二，价格主线。流动性状况会直接影响资源和原材料市场的供求关系，从而对上游行业价格产生影响。

4.4.6 期货在当前经济周期下的作用

总结前文，当前全球经济处于长波衰退周期当中，全球经济增长中枢将下移，有色、黑色、化工等周期性行业将面临需求增速下降。对于上游行业而言，企业应当合理运用期货工具，对库存以及未来的产品进行管理，从而规避未来价格下跌的风险。而对于下游行业而言，过去几年饱受原材料成本上升的压力的状况将会改变，下游企业此时可以适当选择减少在期货市场上做买入保值，从而享受原材料成本下降的好处。

但是，由于中央货币和财政政策的逆周期调控，扩张的财政政策将对基建投资等产生刺激，而扩张的货币政策将对有色金属、汽车、房地产等与信贷和利率密切相关的行业造成刺激，因此，在大宗商品价格处于下跌通道过程中仍可能由于外力的作用产生较大反弹，下游企业仍应在减少套保比例的总体指导思想下，阶段性做买入保值，从而降低原材料采购成本。

5

汇率市场化背景下人民币走势与企业风险管理

人民币汇率市场化改革经历了从官方单一汇率制到双轨汇率制，再到以市场供求为基础、单一的、与美元挂钩的、有管理的浮动汇率制，最终到以市场供求为基础、参考一篮子货币进行调节、有管理的浮动汇率制的过程。尤其 2005 年人民币汇改以来，人民币的升值预期引发了全球投资者的关注。人民币市场化历程还有哪些路要走 - 人民币国际化将如何加快步伐 - 人民币是否继续升值前景等问题，对中国的经济发展尤其是资产价格都有重大影响。随着全球政治经济格局的新变化，全球汇率波动加剧，人民币未来的前景如何，外贸企业面临的汇率风险急剧增加，企业如何规避汇率波动风险，这些都是本文将探讨的内容。

5.1 人民币汇率市场化改革的进程

5.1.1 2005 年之前的情况

新中国成立初期，我国主要处于国民经济恢复时期，受到国内外政治经济形势的影响，人民币汇率频繁调整，经历了一个先抑后扬的过程，从 1949 年的 1 美元兑 80 元人民币至 1952 年的 1 美元兑 26 170 元人民币。1953 年社会主义改造完成以后，国家对外实行统收统支，人民币汇率进入一个相对稳定时期，1 美元兑 2. 618 元人民币保持了 16 年的时间。1973 年 3 月，布雷顿森林体系解体，西方国家开始实行浮动汇率，人民币汇率也由过去的物价比对法改为按一篮子货币计算，人民币汇率进入频繁调整期。

1979 年，随着经济体制改革和对外开放，我国也开始对人民币汇率进行改革，主要包括：实行贸易内部结算价；不断降低人民币汇率；建立外汇调剂市场。此后，市场机制对汇率形成的重要性逐渐加强，汇率的调节功能逐渐恢复。改革开放至 2005 年，我国的汇率改革主要经历了以下四个阶段：

第一阶段（1979—1984 年）：1979 年我国的外贸管理体制开始进行改革，对外贸易由国营外贸部门一家经营改为多家经营。由于我国的物价一直由国家计划规定，长期没有变动，许多商品价格偏低且比价失调，形成了国内外市场价差悬殊且出口亏损的状况，这就使人民币汇价不能同时照顾到贸易和非贸易两个方面。为了加强经济核算并适应外贸体制改革的需要，国务院决定从 1981 年起实行两种汇价制度，即针对进出口贸易及相关结算另外制定贸易外汇内部结算价，并继续保留官方牌价用作非贸易外汇结算价。这就是所谓的双重汇率制或汇率双轨制。

第二阶段（1985—1990 年）：在人民币双重汇率制下，出口企业对内哄抬物价，对外低价抛售，致使换汇成本不断上升，外贸企业大幅亏损，加重了财政补贴的负担，而且国际货币基金组织和外国生产厂商对双重汇率提出异议。1985 年 1 月 1 日，我国又取消了贸易外汇内部结算价，重新恢复单一汇率制，1 美元兑 2. 80 元人民币。

第三阶段（1991—1993 年）：自 1991 年 4 月 9 日起，我国开始对人民币官方汇率实施有管理的浮动运行机制。国家对人民币官方汇率进行适时适度、机动灵活、有升有降的浮动调整，改变了以往阶段性大幅度调整汇率的做法。为我国的汇率制度逐步适应市场经济运行机制，更好地发挥汇率调节作用创造了有利条件。实际上，人民币汇率实行公布的官方汇率与市场汇率（即外汇调剂价格）并存的多重汇率制度。

第四阶段（1994—2005 年）：1994 年人民币汇率实现了并轨，人民币汇率由官方汇率和市场调剂汇率并存向以市场供求为基础的、单一的、有管理的浮动汇率转变。取消了外汇留成、上缴和额度管理，实行结售汇制度，建立全国统一的银行间外汇市场。在随后的 10 年之中，中国的经济持续快速发展，进出口贸易的增长也很迅速。在这个阶段中，人民币汇率保持基本稳定，在亚洲金融危机中，中国政府主动缩窄了人民币汇率的波动区间，为维护区域经济和世界经济的稳定发展做出了重要贡献。

至此人民币外汇市场建设形成规模，人民币在经常项目下基本可兑换。经过这一阶段的改革市场对汇率的影响作用在稳步扩大，外汇调剂市场的作用力度由小到大，官方的作用力度逐步减弱。

5. 1. 2　2005 年汇改之后的变化

随着汇率市场化进程的发展，我国的经常项目和资本项目双顺差持续扩大，加剧了国际收支失衡。迫于国际压力以及国内政治经济改革的需要，2005 年 7 月 21 日中国人民银行发布了《关于完善人民币汇率形成机制改革的公告》。

此次改革的主要内容是：人民币汇率不再盯住单一美元，而是按照我国对外经济发展的实际情况，实行以市场供求为基础、参考一篮子货币进行调节、有管理的浮动汇率制度。根据汇率合理均衡水平的测算，人民币对美元即日升值 2%，以 1 美元兑 8. 11 元人民币，作为次日银行间外汇市场上外汇指定银行之间交易的中间价。每日银行间外汇市场美元对人民币的交易价仍在人民银行公布的美元交易中间价上下 3‰的幅度内浮动，非美元货币对人民币的交易价浮动范围从中间价上下 1% 扩大到 1. 5%。

此次改革的总体目标是建立健全以市场供求为基础的、有管理的浮动汇率体制，保持人民币汇率在合理、均衡水平上的基本稳定。公告发布后，亚洲货币对美元以及欧元汇率大幅走高，而美元几乎对所有货币汇率全线下跌。

随后，我国逐渐放松对美元以及非美元货币交易浮动范围；允许非金融机构进入银行间市场进行人民币交易，推出人民币掉期业务。2006 年 1 月即期外汇市场引入做市商制度和询价交易方式，做市商在银行间外汇市场持续提供买卖双边报价，以提高交易的灵活性。改革开始的 3 年间，人民币渐进式升值，随后 2 年虽然重新进入盯住美元的状态，然而并未维持多长时间，2010 年 6 月汇改重启后，人民币又继续升值之路，至今累计升值已超过 20%。

目前看来，此次汇改依然存在很多问题：利率是人民币的对内价格，人民币汇率改革要和利率市场化同步进行，但利率市场化还需要很长的时间；强制结售汇制度扭曲了本外币的真实需求，导致了外汇储备的畸形增加，加大了人民币的升值压力，所以强制结售汇制度应逐步改为意愿结售汇制度；虽然银行间市场引入了做市商制度，但交易量依然偏低，应继续扩大做市商规模，提高人民币市场的流动性；人民币品种还相对单一，缺乏期货、期权等品种，在人民币市场逐步成熟后，应允许外汇投机交易。

5.1.3 人民币升值的背景及影响（中美之间的汇率博弈）

1997 年亚洲金融危机后，人民币一直处于贬值的压力中，尤其是美国一直担心人民币的贬值会给本国制造业带来压力，影响进出口。中国“入世”以来，并没有出现进口激增的情况，反而出口了大量廉价的商品使得我国贸易顺差大幅增加，外汇储备不断攀升。中外贸易摩擦不断，西方国家尤其是美国出于本国利益考虑频频要求人民币升值。

金融危机后美国急于恢复国内经济，连续两轮量化宽松政策使得美元加速贬值，不仅减轻了其外债负担，同时还能刺激其产品出口，转嫁经济危机。此次人民币汇率之争，归根结底就是美国希望通过人民币升值，阻碍中国商品大规模进入美国，以巩固其金融霸主地位。

中美之间的贸易逆差经常成为美国拿来逼迫人民币升值的理由，但实际上，中美贸易逆差主要是由外资企业在我国加工后返销造成的，并非看到的那么大。而且美国巨大的贸易逆差让美国人得到大量实惠，美国输出的是不断贬值的美元，中国输出的则是真金白银的财富。

人民币升值对于我国来讲是一把“双刃剑”，从长期来看可以缩小贸易顺差，调节国际收支不平衡；吸引外资，有利于推动国内企业境外投资；推动企业技术革新，提高企业劳动生产率；有利于提高人民币的国际地位，增强对全球经济的影响力和话语权；有利于促进产业结构调整和升级；适当的升值还可以带动内需，抑制通货膨胀。

然而如果升值速度过快，超过了国内经济的承受能力，也会给我国带来很多负面影响。不仅会使外汇储备缩水，抑制出口，诱使国际资本流入，压缩国内出口企业的盈利空间，失业率也可能会上升，对我国金融体系的稳定性造成损害。

5.1.4 人民币国际化之路（三步走，贸易结算、投融资、国际储备）

当前是推动人民币国际化的难得的历史时机。人民币国际化可以实现中国经济存量的保值，促进中国经济增量平衡，获得更大的政治经济话语权。然而这也是一个漫长的过程，不能操之过急。在总体进程中要统筹协调其与利率、汇率市场化改革、资本账户之间的关系。

从区域扩张的角度来看，人民币国际化应逐渐由周边国家向整个亚洲，随后向整个世界发展，实现周边化→亚洲化→国际化的扩张。

从功能角度来看，应分三步走，逐步实现贸易货币、投资货币、储备货币的职能。具体而言人民币国际化的长远路径是：在中期内（5 年）逐步成为广为接受的国际贸易结算货币；在中长期（10 年后）逐步开放资本项下管制后成为越来越重要的国际投资货币；在长期内（20 年后）逐步成为储备货币。

目前，人民币国际化已经取得新的进展，人民币的支付货币功能、投融资货币功能不断增强，储备货币功能、计价货币功能逐渐凸显，人民币在全球货币体系中的地位比较稳定。主要体现在以下几个方面：

首先，贸易和直接投资跨境人民币结算逆势增长。2019 年，人民币跨境使用逆势快速增长，全年银行代客人民币跨境收付金额合计 19.67 万亿元，同比增长 24.1%，在 2018 年高速增长的基础上继续保持快速增长，收付金额创历史新高。经常项目人民币跨境收付金额合计 6.04 万亿元，同比增长 18.2%；资本项目下人民币跨境收付金额合计 13.62 万亿元，同比增长 26.7%，直接投资、证券投资、跨境融资收付金额分别占资本项目收付金额的 20%、70% 和 7%。

其次，证券投资业务大幅增长，成为推动人民币跨境使用增长的主要力量。2019 年，证券投资人民币跨境收付金额合计 9.51 万亿元，同比增长 49.1%，净流入 6 219 亿元。

再次，人民币跨境使用政策不断优化，先后推出一系列更高水平贸易投资便利化试点。

再其次，人民币国际化基础设施进一步完善，人民币清算行体系持续拓展，CIPS 成为人民币跨境结算的主渠道。

最后，双边货币合作持续深化，不断消除境外人民币使用障碍。

在市场需求的推动下，近年来人民币在周边国家及“一带一路”沿线国家中的使用取得积极进展。2019 年，中国与周边国家跨境人民币结算金额约为 3.6 万亿元，同比增长 18.5%，其中货物贸易项下人民币跨境收付金额合计 9 945 亿元，同比增长 15%；直接投资项下人民币跨境收付金额合计 3 512 亿元，同比增长 24%。与“一带一路”沿线国家办理人民币跨境收付金额超过 2.73 万亿元，同比增长 32%，其中货物贸易收付金额 7 325 亿元，同比增长 19%；直接投资收付金额 2 524 亿元，同比增长 12.5%。人民币已与马来西亚林吉特、新加坡元、泰铢等 9 个周边国家及“一带一路”沿线国家货币实现了直接交易，与柬埔寨瑞尔等 3 个国家货币实现了区域交易。

我国金融市场开放为周边国家及“一带一路”沿线国家投资者提供了多元化的投融资渠道。周边国家及“一带一路”沿线投资者不仅可以通过 RQFII、沪深港通、直接入市投资、债券通等多种渠道投资我国金融市场，我国机构投资者也可以通过 RQDII 机制投资周边国家及“一带一路”沿线国家金融市场人民币计价的金融产品。

2019年，菲律宾政府、葡萄牙政府、新开发银行、意大利存贷款集团等周边国家及“一带一路”沿线国家境外机构在我国债券市场共发行熊猫债超过400亿元，占2019年发行总金额的68%。越来越多的周边国家及“一带一路”沿线国家投资者投资我国金融市场，获取人民币金融资产的高收益投资回报，分享中国经济增长的好处。

我国与周边国家及“一带一路”沿线国家的双边货币金融合作不断深化。2008年以来，我国先后与越南、老挝、俄罗斯、哈萨克斯坦等9个周边国家及“一带一路”沿线国家签署了双边本币结算协议，与俄罗斯、印度尼西亚、阿联酋、埃及、土耳其等23个周边国家及“一带一路”沿线国家签署了双边本币互换协议。随着人民币加入SDR，人民币资产逐渐成为周边国家及“一带一路”沿线国家央行分散投资及外汇储备的选择。韩国、新加坡、泰国、菲律宾、印度尼西亚等国家央行已将人民币纳入外汇储备。

随着中国与周边国家及“一带一路”沿线国家经贸往来的不断深化，我国与周边国家及“一带一路”沿线国家已形成相互依存的发展格局，人民币与周边国家及“一带一路”沿线国家本币结算面临新机遇。

然而，目前人民币国际化还基本着眼于人民币成为国际贸易结算货币这一中期目标上，依然是一个长期而艰巨的过程。在此期间应注意宏观溢出风险以及中国资本项目的管制对人民币国际化的阻力。在坚持稳步推进人民币国际化的前提下，采取多种管控手段，及时调整政策，确保金融秩序稳步运行。

5.2 2021年人民币汇率走势预测

人民币走势的预测主要还是要看人民币兑美元的情况，因为在以人民币为基准的一篮子货币中，美元的权重还是占据了绝大部分比例，所以首先要分析美元的走势。分析美元未来的走势需要了解美元走势的历史过程。从图5-1看美元走势经历了两轮比较大的周期。美元每一次大幅走强和走弱都和当时政治经济背景密切相关，尤其和美国主导的战略有莫大关系。先来回顾下美元的历史走势：

1971—1979年：布雷顿森林体系瓦解，美元与黄金脱钩开始大幅走弱。

1980—1984年：里根总统上台提出强大美元战略，通过加息手段大幅拉升美元。

1985—1989年：美国政府忍受不了强势美元和七国签署广场协议，美元急剧走弱。

1990—1994年：老布什政府时期，美元指数在低位徘徊。

1995—2000年：克林顿上台再次提出强势美元战略，美元再次开始大幅走强。

2001—2008年：小布什政府时期放弃强势美元战略，美元再度大幅走软。

2009—2016年：奥巴马上台后实际在延续小布什政府的弱势美元政策，而且美国经济依然比较疲弱，美元并不具备大幅走强的基础，连续推出的量化宽松政策（QE）让美元在2011年5月下滑至低点72.70，一直在低位徘徊。2011年后是美国经济复苏的强势美元时期。

2017—2020 年：特朗普上台后希望采取弱势美元政策，但美国处于加息周期，经济向好，美元指数走强。2020 年受到新冠肺炎疫情冲击，美元开始走弱。

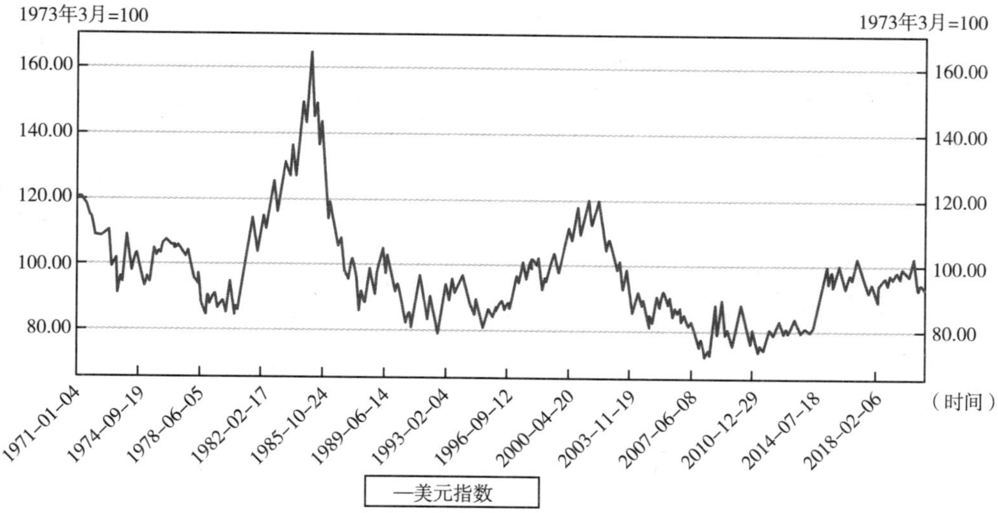

图 5－1　美元长周期走势

从美元的历史走势可以预计，拜登政府将不改美元长期走弱趋势，2021 年将继续维持全年震荡，中枢下行态势。美元真正进入长期上涨周期要具备三个条件：一是美国经济已经从金融危机中复苏过来，失业率需要降到 5% 以下；二是美联储结束目前的低利率政策，进入加息周期；三是美国政府放弃目前的弱势美元策略向强势美元战略转向。

美元指数短期看主要取决于市场的避险情绪，而市场的避险情绪也主要看疫情的控制情况与政府的应对措施。根据对欧美形势的分析，我们认为欧洲在 2021 年将会进一步陷入经济衰退，尤其是疫情的进一步扩散可能会对欧洲造成重大冲击。因此我们认为，美元指数 2021 年都将表现弱势。

根据国际清算银行（BIS）数据，2005 年人民币汇率形成机制改革以来，截至 2019 年末，人民币名义和实际有效汇率分别升值 32.3% 和 46.7%。2019 年，人民币对一篮子货币总体先升后贬。2019 年年末，中国外汇交易中心（CFETS）人民币汇率指数为 91.39，较 2018 年末下跌 2.03%。

2019 年，境内人民币汇率双向浮动，弹性显著增强。人民币兑美元等全球主要货币有升有贬，其中人民币兑美元、日元和英镑的中间价分别较 2018 年末贬值 1.62%、3.43% 和 5.18%，人民币兑欧元中间价较 2018 年末升值 0.41%。全年，人民币对美元汇率中间价最高为 6.6850 元，最低为 7.0884 元，波动幅度达 4 034 个基点，年化波动率为 4%。244 个交易日中 113 个交易日升值、130 个交易日贬值，1 个交易日持平。最大单日升值幅度为 0.70%（469 点），最大单日贬值幅度为 0.66%（458 点）。年末，人民币对美元汇率中间价为 6.9762 元，较上年末贬值 1.62%，对美元汇率收盘价为 6.9662 元，较上年末贬值 1.44%。但我们认为之后人民币将会延续升值趋势，双向浮动的区间会加大。

首先，中国经济基本面驱动。我国率先控制住了疫情，经济社会恢复发展。国际货币基金组织预测，2020 年我国将是唯一实现经济正增长的主要经济体。同时，当前出口形势良好，贸易顺差持续改善，这些成为人民币未来升值的决定性因素。

其次，美元会进入贬值周期。2018 年 2 月以来人民币呈现贬值迹象，最主要原因是美元处于加息周期，美元指数从 88. 24 一路上升到 102. 99。相对应的，离岸人民币汇率从 6. 2355 贬值到 7. 1964。随着 2020 年新冠肺炎疫情对全球经济的冲击，美联储推出零利率政策与量化宽松政策，美元指数又下跌至 90. 504。相对应的，离岸人民币汇率从 7. 1964 贬值到 6. 5208。弱势美元也会导致人民有升值压力。

最后，中国货币政策正常化。主要经济体央行维持低利率政策不变，并加大资产购买力度。2020 年第二季度以来，美联储、欧央行、英格兰银行、日本央行等主要发达经济体央行均维持利率决议不变。美联储、欧央行、英格兰银行大幅增加资产购买规模，资产负债表相应快速扩张。美联储、欧央行等主要发达经济体央行推出结构性的紧急流动性救助措施。新兴经济体央行继续降息。第二季度，巴西、俄罗斯、土耳其、南非等经济体央行均 2 次下调基准利率，墨西哥央行 3 次下调基准利率，幅度均为 150 个基点；印度降息 40 个基点，韩国和印度尼西亚均降息 25 个基点。2020 年以来，中国人民银行坚持实施正常的货币政策，保持利率水平与我国发展阶段和经济形势动态适配，本外币利差处于合适区间，人民币资产吸引力上升，这也会使得人民币汇率往升值方向发展。

综上所述，人民币在 2021 年依然会保持升值趋势，但是由于全球经济的不确定性，人民币汇率双向波动的空间也会增大，企业面临的汇率风险也增大，如何利用金融衍生工具管理汇率风险也将成为企业 2021 年全面风险管理的重中之重。

人民币即期汇率和中国香港人民币汇率走势见图 5 – 2，人民币汇率指数（参考 BIS 货币篮子）走势见图 5 – 3。

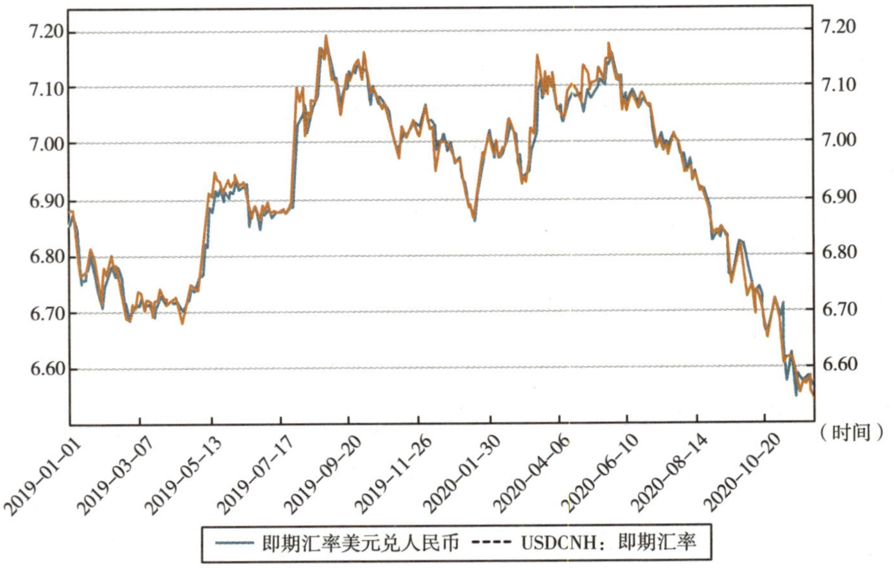

图 5 – 2　人民币即期汇率和中国香港人民币汇率走势

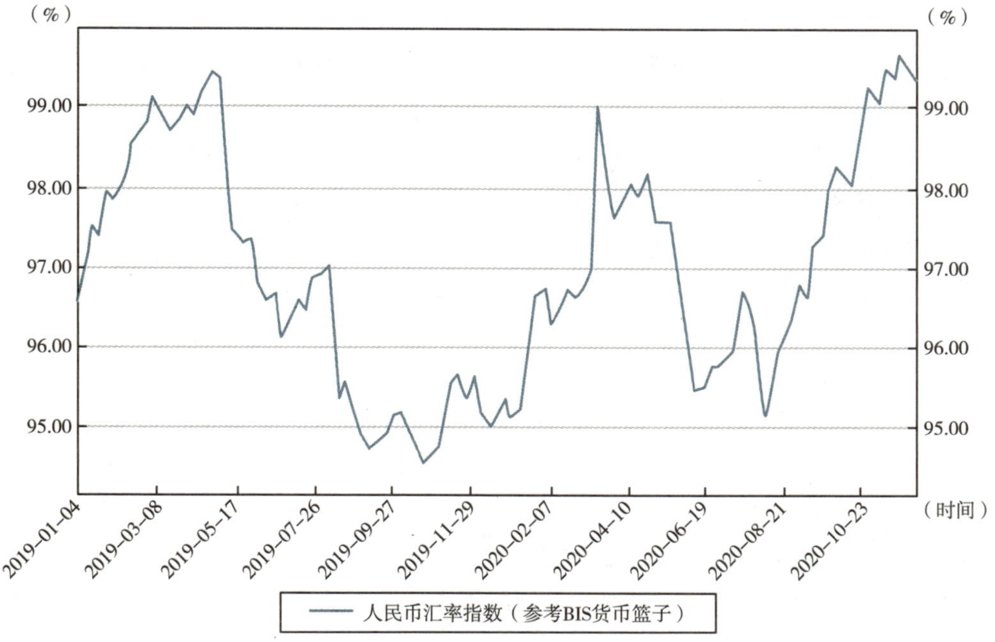

图 5－3　人民币汇率指数（参考 BIS 货币篮子）走势

5.3　人民币汇率波动与资产价格重估

汇率波动也会对资产价格产生直接或者间接的影响。一个最简单的例子就是日本和中国台湾在 20 世纪 80 年代后期本币的大幅升值，造就了资产泡沫的繁荣与破裂。尤其是日元的升值对日本的影响非常巨大，日本资产泡沫的膨胀与破裂一直是资产重估的最极端例子。中国目前的状况和 20 世纪 80 年代的日本极其相似，人民币升值让人们普遍有一种担心，担心中国也会经历与日本同样的资产膨胀与破灭。实际上中国目前已经处在了资产泡沫之中，从 2006 年开始，股市与楼市的繁荣标志着一场轰轰烈烈的资产膨胀浪潮在中国的兴起。时隔 5 年，中国股市已经从 6 000 点的疯狂中跌落，但是以土地、楼市及艺术品为代表的普遍资产价格依然不断地在演绎着神话。尤其是中国的房地产泡沫已经孕育了巨大的风险，这场规模巨大的资产泡沫运动最后将以何种结局收场，恐怕是人们更为关心的话题。看起来资产泡沫的兴起和衰落似乎都和本币升值有着复杂的关系。我们通过对日本与中国台湾的资产泡沫的例子来详细说明这一点。选择日本和中国台湾作为考察对象，原因有很多，一是它们都发生在同一时期即 20 世纪 80 年代末期；二是资产膨胀的规模都十分明显，从 1985—1990 年日本股市上涨、土地价格上涨，同期台湾股市上涨、楼市价格上涨；三是日本、中国台湾都具有庞大的贸易顺差和外汇储备，本币都具有持续升值的压力。这些相似点让我们相信资产价格的膨胀与破灭有其内在的规律可循。

首先第一个问题是，日本和中国台湾的资产泡沫的兴起为什么都发生在 20 世纪 80 年代后期？这不是一个简单的巧合，而且德国、法国和芬兰等国家在这一时期也经历了或大或小的资产膨胀。当时的资产膨胀与国际大背景有很大的关系，而当时国际大背景的主线就是美元的剧烈波动。从图 5 - 1 的美元走势可以看出，美元在整个 20 世纪 80 年代经历了过山车式的行情，首先是从 1980 年到 1985 年，美元指数急剧上升，然后从 1985 年到 1990 年美元又经历了急剧贬值。美元的大幅波动，自然会引发国际资本的大量迁徙，而这是引发资产泡沫的第一个原因。

美元的大幅波动是有其客观背景的。20 世纪 70 年代美国经济经历滞涨，1979 年美联储新主席沃尔克上台之后，为了打击通胀连续大幅提高利率，基准利率一度上升到 16% 这一耶稣诞生以来的最高利率，严厉的货币收缩终于降服了通胀，同时飙升的利率也吸引了全球资本流入美国，从而推高美元。在此背景下，全球其他国家面临着资本大量流出的局面，而这显然会抑制其他国家的资产价格。随着美元的走高，美国出口遭受了沉重打击，贸易逆差逐步扩大。为了缓解美国的贸易逆差，美国在 1985 年与 7 国签署了《广场协议》，要求 7 国货币相对美元大幅升值，其中就强烈要求日元大幅升值。1985 年之后美元便一路下泻，伴随着美元的走软，全球资本开始流出美国，并流向有前途的新兴市场国家和地区，比如日本和中国台湾。面对大量国际资本的流入，资产价格自然面临着膨胀的压力。也就是说，美元长期贬值是新兴国家和地区资产泡沫兴起的一个重要原因。同样的 2001 年之后美元再次进入贬值周期，而这次全球资本争先恐后流入的不是日本和中国台湾，而是“金砖”四国为代表的新兴市场国家和地区。在此背景下中国自然也面临着资产膨胀的压力。

但是，同样是面对 1985 年之后的美元贬值，为何其他国家和地区没有经历像日本和中国台湾如此规模之大的资产泡沫，更没有遭受如此惨重的结局？这恐怕要分析日本和中国台湾特有的经济情况和经济政策，而这些对于我们来说也许更有借鉴意义。

日本和中国台湾最为相似的一点就是它们的经济都是出口导向型，在 20 世纪 80 年代贸易顺差和外汇储备都持续扩大。贸易顺差的不断增长至少说明了三个问题：一是该国/地区储蓄远大于投资，只有这种情况下才能产生大量贸易顺差，也就是说该国/地区储蓄严重过剩，储蓄的过剩必然造成市场利率的下降，而这种环境更有利于资产泡沫的滋生。二是该国/地区的私人部门积累了大量的外部债权，在一般情况下，私人部门会选择抛售部分外部债权而购买本国/地区资产，这也将推动本国/地区资产膨胀。三是巨大的贸易顺差和外汇储备必然引发本币的持续升值（有的时候也是被贸易对手强迫），本币的持续升值必然吸引外资的持续流入，助推资产泡沫。也就是说，形成资产泡沫的第二个原因就是贸易顺差和外汇储备的增加。

从数据上看，中国台湾自 1983 年开始，出口增速就迅速升高并在 1986 年达到高峰，当时贸易顺差占 GDP 的比例达到了 20%，应该说是严重依赖出口。从 1987 年之后贸易顺差比重迅速下降，外部失衡很快纠正。从经济方面来看，1982—1987 年间，中国台湾的经济不断增长，从 3.5% 不断加速到 13% 的水平，通货膨胀则从 3% 下降到 1.5% 以下，这可以说是“高增长和低通胀”的典范，也是最有利于股市发展的宏观环境。在这段时间里中国台湾股市基本上翻了一番，从 1983 年不到 500 点上升到 1986 年接近 1 000 点的水平。

之后 1987—1990 年中国台湾经济增长呈现出了下滑趋势，从接近 13% 下降到 6% 以下，通货膨胀则不断上升，从不到 1% 上升到 4% 的水平，同期贸易顺差也在持续下降。这段时间中国台湾的经济持续向差，可就在这段时间，中国台湾的股票市场却翻了 12 倍，从约 1 000 点水平上升到超过 12 000 点的水平。为什么中国台湾股市在这段经济不景气的时段有如此剧烈的上涨，而此时贸易顺差的推动力量近乎消失。也就是说推动资产泡沫的力量除了贸易顺差之外，还有更主要的因素——信贷投放。从 1986 年到 1989 年这几年的时间里，中国台湾的实际信贷增长率由 5% 一路加速到 40%，信贷增幅出现如此大的增长实属罕见。正是信贷的迅猛扩张造成了股市的最后疯狂。那么为什么这一阶段中国台湾信贷会大幅增加呢？主要原因是中国台湾希望压制新台币的升值速度，从而采取了降低利率等宽松的货币政策。宽松政策的执行无疑为资产泡沫火上浇油，让更多的资金流出了金融体系进入了股市和楼市，从而将资产泡沫吹大到了无法控制的地步。在 1990 年股市泡沫破灭的时候，支持资产泡沫的两大力量已经消失，一是贸易顺差基本消失，二是信贷增速急剧下降，信贷利率迅速提高。

日本的资产泡沫形成与破灭与中国台湾基本类似，从 1982 年到 1986 年间日本的贸易顺差持续上涨，在 1986 年达到顶峰，当时贸易顺差占 GDP 的比例约为 4.1%，这段时间日本股市上涨。从 1986 年到 1989 年，日本的顺差持续下降，在这段时间里，日本股市大幅上涨了 4 倍。为什么 1986—1989 年的这段时间里贸易顺差持续下降，而股指的上升依然猛烈呢？基本的原因也是政府宽松的货币政策。因为日元的持续升值已经对日本经济产生不小的打击，出口也是接连下滑，为了挽救经济，扩大内需，日本央行连续降息。宽松的货币政策虽然拯救了经济，但却将这次资产泡沫推向疯狂。当日本央行意识到资产泡沫的巨大风险时为时已晚，而日本央行在压制资产泡沫的方式又过于激进，连续大幅度的加息最终让巨大的资产泡沫破裂。

从日本和中国台湾资产泡沫的例子中我们看到这样一种路径，一是美元的贬值和本国/地区贸易顺差的扩大引发本币的持续升值，本币的持续升值，吸引了国际资金的持续流入和贸易部门的资产再配置，这是推动资产泡沫的初始力量。接下来本币的持续升值影响了国内/地区经济开始实行宽松的货币政策进行干预，尤其是信贷的迅速扩张，而这对于正在形成的资产泡沫来说无疑是火上浇油，宽松的货币政策成为助推资产泡沫的第二股重要力量，有可能是最为重要的力量。最后，贸易顺差的消失以及货币政策的收紧，将会彻底结束资产泡沫的盛宴。

通过以上分析，我们认为中国的资产泡沫已经进入后半程，中国的贸易顺差将在未来的 5 年内逐步缩小甚至消失，人民币的升值进程也在逐渐放缓。推动资产泡沫的第一个动力已经基本消失，资本泡沫未来的发展主要看第二个动力即货币政策和信贷创造。我们认为在未来的 5 年内央行保持相对中性的货币政策，因为过于宽松的货币政策会继续推动资产泡沫的扩张，最终变得难以控制。而过于紧缩的货币政策恐怕又会刺破资产泡沫，造成激烈的后果。因而目前政府应该保持积极稳健的货币政策，保持经济增长的同时严防货币扩张。

5.4 针对人民币波动的外汇风险管理

在固定汇率时期，我国进出口企业的汇率风险很小，甚至可以忽略不计。2005 年 7 月 21 日，我国央行宣布实行以市场供求为基础、参考一篮子货币进行调节、有管理的浮动汇率机制。这样，随着我国富有弹性的浮动汇率机制的逐步建立，人民币的波动幅度越来越大、频率越来越快，进出口企业面临的汇率风险在不断升高。因此，提高汇率风险管理水平，采取套期保值规避汇率风险是企业面临的刻不容缓的课题。

企业经营进出口业务会面临外汇汇率风险，汇率风险是指预期以外的汇率变动影响到企业价值。交易风险会导致外汇汇率风险，比如 2010 年 3 月 1 日企业出口铁精矿粉应收 200 万美元，当日汇率 1∶6.82，折合人民币应收 1 364 万元；但 11 月 1 日收款日美元兑人民币汇率变为 1∶6.67，则企业因汇率波动产生了 30 万元（人民币）损失。并且外币折算风险也会导致外币汇率风险，《企业会计准则第 19 号——外币折算》要求期末对外币财务报表进行折算，同样会产生因折算日的汇率变动带来的汇率风险。

劳动密集型、附加值低是我国现阶段大部分出口产品的特征，这决定了出口企业的利润率很低，扩大出口数量是他们赚取更多利润的唯一手段。出口企业的利润率越低，其面临的汇率风险就越大。如果一家出口企业的利润率只有 3%，并且销售货款每个月结算一次，那么当月外汇市场 1% 的波动就很可能吞噬这家企业 1/3 的利润，而 3% 的波动则可能将这家公司从市场淘汰。

规避汇率风险的各种金融工具之所以可以起到降低和化解风险的作用，是因为它能有效弥补企业交货与付款的时间差所带来的汇率波动风险。从规避汇率风险策略来看，针对跨国经济活动所产生的汇率风险，企业与银行业间不断合作共同推进管理创新，逐步形成了较为系统也较为实用的风险规避和管理策略。由于目前我国尚未开放人民币期货市场，国内进出口企业不能通过人民币期货业务进行套期保值工作，而只能在目前有限的衍生产品种类及金融交易工具中选择适当的模式和策略来进行汇率的风险规避。通常地，企业可以通过外汇远期、外汇期权和货币互换等工具进行衍生金融交易，也即进行了相关的套期保值操作来降低企业面临的汇率风险。在理论上，这些工具发挥作用的共同理论基础是通过建立一个与企业当前货币头寸相反的或相互补充的头寸，从而降低企业在市场汇率出现不利变动时所面临的汇率风险。虽然我国期货市场目前还没有交易汇率期货品种，但现有的各种金融工具的作用原理与此相一致。因此，下面我们阐明期货市场外汇套期保值的原理，这同样适用于目前企业所采取的外汇远期、外汇期权和货币互换保值模式。

对于出口企业，签订出口合同以后，该企业在未来某一时点将得到一笔外币并需要换成本币。为了规避汇率风险，该企业应在签订出口合同的同时在外汇市场上卖出数量相等的外币或买进数量相等本币的期货合约（卖出外币还是买进本币取决于付款人付款的币种，如支付的是非人民币货币则卖出外币，支付的是人民币时则买进本币）。这一过程就是套期保值交易，此后企业的利润将大致得到锁定，不受汇率波动影响，如果外币贬值本币升值，则期货市场上盈利，以补偿现货市场的损失；如果外币升值本币贬值，则现货市场盈利，以抵销期货市场损失。

对于进口企业，通常面临先与国内客户签订销售合同，然后再从国外进口产品的情况，签订合同与进口产品之间存在的时间差产生汇率风险，对此，进口企业同样可以通过外汇市场套期保值以规避汇率风险。与出口企业不同的是，进口企业预期在未来某一时间以本币换取一定数量外币用于购买国外产品，因此，进口企业的操作与出口企业相反，在签订国内销售合同的同时在外汇市场上买进数量相等的外币或卖出数量相等本币的期货合约。此后如果外币升值本币贬值，则期货市场盈利，以抵销现货市场损失；如果外币贬值本币升值，则现货市场上盈利，以补偿期货市场的损失。

外汇远期又称期汇交易，是指交易双方在成交后并不立即办理交割，而是事先约定币种、金额、汇率、交割时间等交易条件，到期才进行实际交割的外汇交易。远期外汇交易是有效的外汇市场中不可缺少的组成部分。最常见的远期外汇交易交割期限一般有 1 个月、2 个月、3 个月、6 个月、12 个月。若期限再长则被称为超远期交易。远期外汇交易的主要作用在于避险保值。进出口企业预先买进或卖出期汇，以规避汇率变动的风险。

在交易方式方面，远期外汇交易又可以分为直接的远期外汇交易和期权性质的远期外汇交易两种。其中，直接的远期外汇交易是指直接在远期外汇市场做交易，而不在其他市场进行相应的交易。银行对于远期汇率的报价，通常并不采用全值报价，而是采用远期汇价和即期汇价之间的差额，即基点报价，因此远期汇率可能高于或低于即期汇率；期权性质的远期外汇交易则是由于企业通常不会提前知道其收入外汇的确切日期。因此，可以与银行进行期权外汇交易，即赋予企业在交易日后的一定时期内，如 5 ~ 6 个月内执行远期合同的权利。以上两种方式，在实际操作中企业可根据自身的情况进行选择和调整。

例如，某中国企业出口一批货物，根据合同 3 个月后将收到 100 万美元，企业担心 3 个月后美元贬值人民币升值，故与银行做远期交易，卖出美元，买进 3 个月远期人民币。当时汇率为 1 美元 =8 元人民币，3 个月远期交易价为 1 美元 =7.8 元人民币。3 个月后，该企业收到 100 万美元交割给银行，获得 780 万元人民币。这时，美元已跌到 1 美元 =7.3 元人民币，100 万美元只能兑换 730 万元人民币，但由于企业做了远期外汇避险操作，则该企业避免损失为 780 - 730 =50 万元人民币。

外汇期权也称为货币期权，指合约买方在向卖方支付一定期权费后，所获得的在未来约定日期或一定时间内，按照规定汇率买进或者卖出一定数量外汇资产的选择权。外汇期权是期权的一种，相对于股票期权、指数期权等其他种类的期权来说，外汇期权买卖的是外汇，期权买方只有权利而没有义务，到期日买方也可放弃执行买卖合约，损失的只是权利金。

承前例，为达到同样的风险规避目标，企业也可以买入人民币兑美元的看涨期权，协议价格为 1 美元 =7.8 元人民币，费用为 4.15%，期限为 3 个月。美元金额为 100 万美元。按照 4.15% 计算，期权买方要付 4.15 万美元的费用，从而买进“在 3 个月后，以 7.8 元人民币的汇价卖出美元，买进人民币”的权利。当该笔期权到期，美元汇率已跌至7.3元人民币，该客户可以要求执行期权合同，从而减少损失50万元。假设期权到期，美元汇率上升，则客户可以放弃执行期权，代价是要支付4.15万美元的权利金。

外汇互换是指交易双方相互交换不同币种但期限相同、金额相等的货币及利息的业务。外汇互换交易主要包括货币互换和利率互换。由于利率互换是带有套期保值性质的外汇买卖交易，这也就使外汇互换具有了套期保值的功能和作用。利率互换是指交易双方之间同种货币不同利率形式的资产或者债务的相互交换。利率互换是常用的债务保值工具，主要用于管理中长期利率风险。通过利率互换交易，可以将一种利率形式的资产或负债转换为另一种利率形式的资产或负债。债务人根据国际资本市场利率走势，通过运用利率互换，可将其自身的浮动利率债务转换为固定利率债务，或将固定利率债务转换为浮动利率债务。利率互换不涉及债务本金的交换，即客户不需要在期初和期末与银行互换本金。一般地，当利率看涨时，将浮动利率债务转换成固定利率债务；而当利率看跌时，将固定利率债务转换为浮动利率债务，这样有利于债务人规避利率风险，降低债务成本。

例如，上述案例中的企业有一笔美元贷款，期限10年，从2013年8月3日至2023年8月3日，利息为每半年计息付息一次，利率水平为US＄6个月LIBOR+70基本点。该公司预期在今后10年之中，美元利率呈上升趋势，如果持有浮动利率债务，利息负担会越来越重。同时，由于利率水平起伏不定，公司无法精确预测贷款的利息负担，从而难以进行成本计划与控制。因此，公司希望能将此贷款转换为美元固定利率贷款，并可在外汇市场与银行做一笔利率互换交易。经过利率互换，在每个利息支付日，公司要向银行支付固定利率7.320%（利率来源于金融机构的互换参考价格表），而收入的US＄6个月LIBOR+70基本点，正好用于支付原贷款利息。这样一来，公司将自己今后10年的债务成本，一次性地固定在7.320%的水平上，从而达到规避利率风险的目的。

应该指出的是，企业管理汇率风险的过程是复杂的，应把风险管理与其整体经营和发展战略融合起来，确保企业拥有一个长期性的汇率风险管理策略。在实际选择金融工具和操作策略的时候，企业也应结合自身的实际条件和实践需求，做出适当的抉择，确保风险规避的实施效果。

6

更加密切的全球一体化背景下期货行业分析研究体系的架构重塑

在商品期货投资中，投资者的传统分析方法分为三个层面：宏观经济环境分析、行业及产业研究和技术面分析。其中，技术面分析可能是商品期货投资者最为熟练的方法，主要由于期货市场相较于股票具有更强的波动性以及更为广泛的市场参与者。但是，作为一名优秀的投资者，学会宏观经济分析并且深刻了解产业是目前成熟投资者的必要手段。

6.1 从大类资产轮动关系来判断大宗商品价格

在市场投资中，各大类资产的变动关系值得受到关注。所谓大类资产轮动，是从宏观经济入手，分析经济运行的周期及规律，细化分析各经济周期下资产配置间的关系，洞悉股票、大宗商品、债券和现金之间的关联性。在 2005 年，美林证券报告对市场轮动进行了总结，首先将宏观经济运行分为四个阶段：衰退、复苏、过热和滞涨。

在衰退阶段，经济增长停滞，超额的生产能力和下跌的大宗商品价格驱使通胀率更低，企业盈利微弱并且实际收益率下降。中央银行削减短期利率以刺激经济回复到可持续增长路径，进而导致收益率曲线急剧下行，债券是最佳选择。

在复苏阶段，舒缓的政策起了作用，GDP 增长率加速，并处于潜能之上。然而，通胀率继续下降，因为空置的生产能力还未耗尽，周期性的生产能力扩充也变得强劲。企业盈利大幅上升、债券的收益率仍处于低位，但中央银行仍保持宽松政策。这个阶段是股权投资者的“黄金时期”，股票是最佳选择。

在过热阶段，企业生产能力增长减慢，开始面临产能约束，通胀抬头。中央银行加息以求将经济拉回到可持续的增长路径上来，此时的 GDP 增长率仍坚定地处于潜能之上。收益率曲线上行并变得平缓，债券的表现非常糟糕，股票的投资回报率取决于强劲的利润增长与估值评级不断下降的权衡比较，大宗商品是最佳选择。

在滞胀阶段，GDP 的增长率降到潜能之下，但通胀却继续上升，通常这种情况部分原因归于石油危机。产量下滑，企业为了保持盈利而提高产品价格，导致工资—价格螺旋上涨，只有失业率的大幅上升才能打破僵局。待通胀过了顶峰，中央银行才能有所作为，这就限制了债券市场的回暖步伐。企业的盈利恶化，股票表现非常糟糕，现金是最佳选择。

通过对美国股市 1954—2019 年的债券、股票以及大宗商品市场的收益率进行比较，可以划分为六个阶段（见图 6－1）：

第一阶段，信贷开始放松，但由于信心不足，资金主要进入债券市场，股票表现比较差；

第二阶段，商品见底，经济预期有所改善，股票资产开始有良好表现；

第三阶段，每个市场都是牛市；

第四阶段，债券开始下跌，而股票和商品保持牛市；

第五阶段，通货膨胀压力加大，只有商品市场是牛市；

第六阶段，信贷紧缩，需求下降，通胀回落，没有一个市场处于牛市，现金为王。

大类资产配置之美林投资钟如图 6－2 所示。

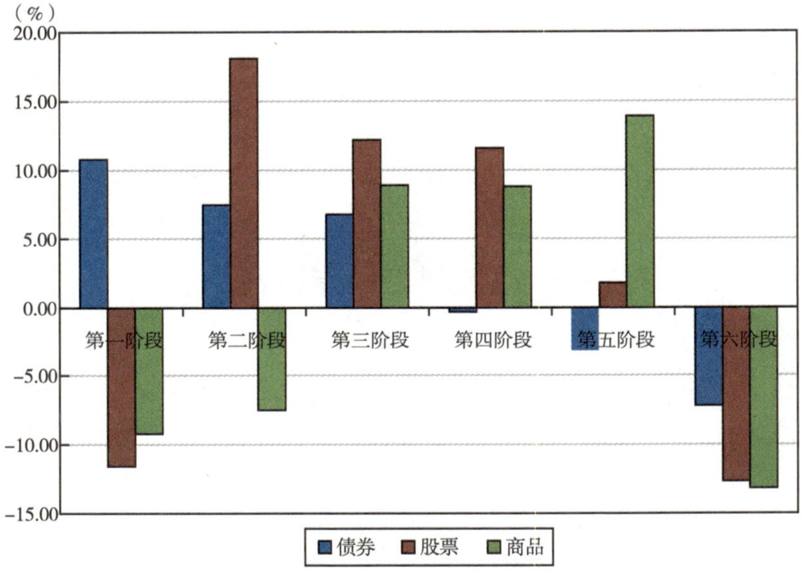

图 6－1　传统经济周期中大类资产轮换规律（美国股市 1954—2019 年）

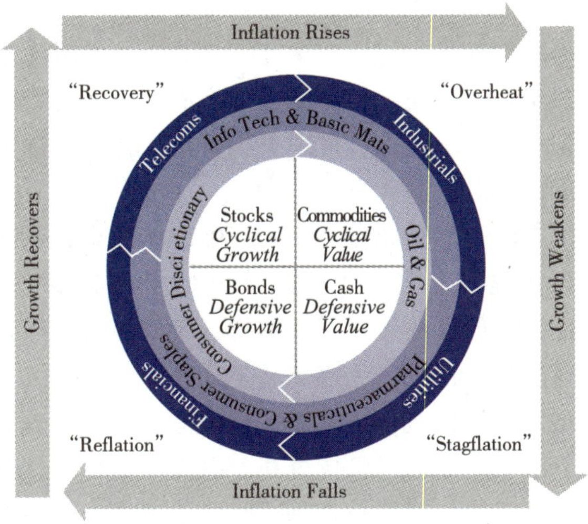

图 6－2　大类资产配置之美林投资钟

我们在进行市场判断之前，首先看一下有关美元周期的分析（见图6-3），目的是以美元变动作为大宗商品市场定价的标准。大宗商品价格与汇率有高度相关性，尤其是美元的汇率变化。主要原因是基本材料生产超过70%都源于以美元计价以外的地区。大宗商品通常是以美元来交易的，但很多生产商位于不以美元计价地区。美元走软往往伴随着以美元计价商品的价格上涨，多数情况下，利润率改善。美元的强弱改变生产国和消费国之间的供需关系。澳元、人民币的走强将对供给成本和需求双双产生影响，但有利于大宗商品市场，降低出口，增加商品原材料的进口上升空间。美元不断走强或者坚挺的时候，大宗商品往往承压；而当美元疲软时，则情况相反。因此，首先对美元周期进行划分，确定inflation & deflation 周期，时间周期的确定从而观察在不同周期以及周期转变期（turning point）债券、商品、股票、货币等大类资产的变动关系。参照的指标为美元指数（US Dollar Index，USDX），自1973年3月推出，USDX是参照1973年3月十几种主要货币对美元汇率变化的几何平均加权值来计算的，并以100.00点为基准来衡量其价值，如105.50点的报价，是指从1973年3月以来其价值上升了5.50%。自1970年以来，美联储加息周期基本可划分为4个加息周期，同时7次降息。例如，1993—2002年，美国新经济独领风骚。在这个周期中，高新科技占据了稳定的地位。高科技吸引全球大量资金涌入美国，直到2000年，随着新经济泡沫的破灭，美元从加息周期逆转为降息周期，这样大宗商品价格也同时进入了十几年的高速增长期，同时中国需求的迅猛发展也为大宗商品繁荣给予了强力支撑。

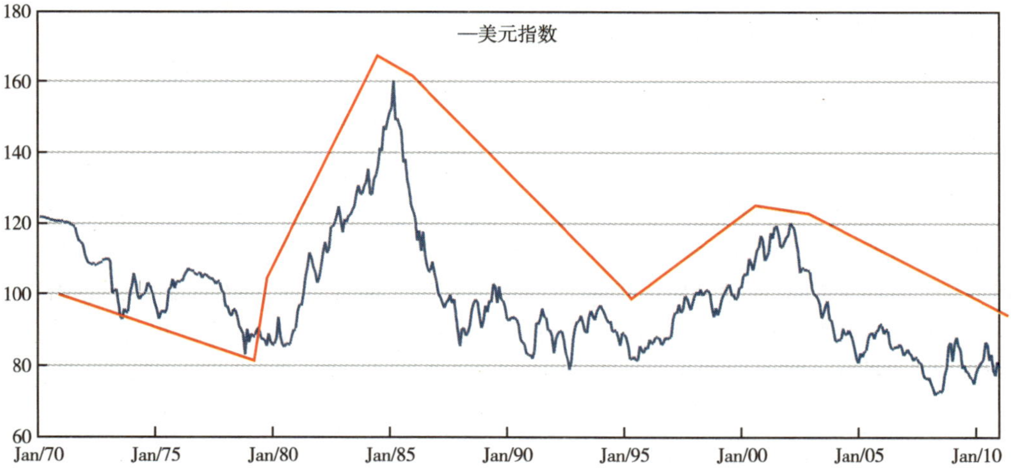

图6-3 美元强势上升周期为5年，弱势周期为12年

长期资产收益比较来看，贵金属和商品仍是较为便宜的资产，因为从20世纪80年代初到90年代末近20年时间里，商品资产都处于价格下跌的过程，直到21世纪后才开始回升。长期商品资产和股票资产保持着此消彼长的关系；在股票进入长期熊市周期，商品资产则进入其牛市周期；目前情况来看似乎也在印证这样的规律，并且这种状况从长周期来看还将持续（见图6-4）。

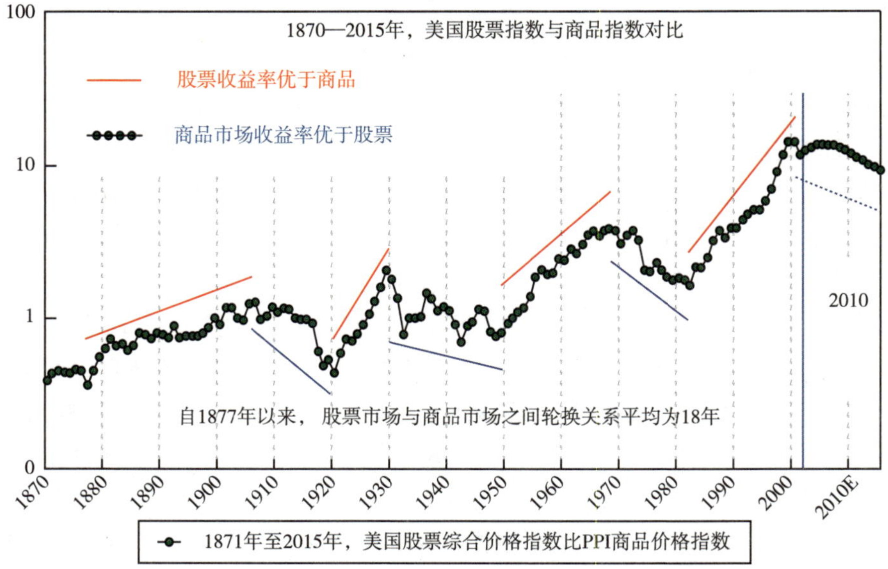

图 6－4　1870—2015 年美国股票指数与商品指数对比

6.2　宏观经济分析

6.2.1　宏观经济分析的基本方法

（1）总量分析法

总量分析是对影响宏观经济运行总量指标的因素及其变动规律进行分析（如对国民生产总值、消费额、投资额、银行贷款总额及物价水平的变动规律的分析等），进而说明整个经济的状态和全貌。总量分析主要是一种静态分析，因为它主要研究总量指标的变动规律。同时，也包括静态分析，因为总量分析包括考察同一时期内各总量指标的相互关系。总量是反映整个社会经济活动状态的经济变量，它包括两个方面：一个是量的总和；二是平均量和比例量。

（2）结构分析法

结构分析是对经济系统中各组成部分及其对比关系变动规律的分析（如国民生产总值中三次产业的结构分析、消费和投资的结构分析、经济增长中各因素作用的结构分析等）。如果对不同时期内经济结构变动进行分析，则属于动态分析。

（3）总量分析和结构分析的关系

两种分析方法相互联系。总量分析侧重于总量指标速度的考察，侧重分析经济运行的动态过程；结构分析侧重于对一定时期经济整体中各组成部分相互关系的研究，侧重分析经济现象的相对静止状态。总量分析非常重要，但它需要结构分析来深化和补充，而结构分析要服从于总量分析的目标。

6.2.2 评价宏观经济形势的基本变量

（1）国民经济总体指标

国内生产总值（GDP）：是指一个国家（或地区）所有常住居民在一定时期内（一般按年统计）生产活动的最终成果。

工业增加值：是指工业行业在报告期内以货币表现的工业生产活动的最终成果。

失业率：是指劳动人口中失业人数所占的百分比。

通货膨胀：是指一个经济体中的大多数商品和劳务的价格连续在一段时间内物价水平以不同形式（包括显性和隐性）普遍上涨。

国际收支：一般是一国居民在一定时期内与非本国居民在政治、经济、军事、文化及其他往来中所产生的全部交易的系统记录。

（2）投资指标

投资与经济增长的关系：投资规模是否适度，是影响经济稳定与增长的一个决定因素。投资规模过小，不利于为经济的进一步发展奠定物质技术基础；投资规模安排过大，超出了一定时期人力、物力和财力的可能，又会造成国民经济比例的失调，导致经济大起大落。

依据投资主体的不同，全社会固定资产投资分为：政府投资、企业投资和外商投资。

直接投资与间接投资的区别：直接投资者对被投资企业拥有控制权，而间接投资则没有，只能取得利息和股息。

（3）消费指标

社会消费品零售总额：是指国民经济各行业通过多种商品流通渠道向城乡居民和社会集团供应的消费品总额。

城乡居民储蓄存款余额：某一时点城乡居民存入银行及农村信用社的储蓄金额。储蓄扩大的直接效果就是投资需求扩大和消费需求减小。

（4）金融指标

货币供应量：是单位和居民个人在银行的各项存款和手持现金之和。货币供应量的三个层次：

M0：流通现金，指单位库存现金和居民手持现金之和。

M1：狭义货币供应量，指M0加上单位在银行的可开支票进行支付的活期存款。

M2：广义货币供应量，指M1加上单位在银行的定期存款和城乡居民个人在银行的各项储蓄存款以及证券公司的客户保证金。

金融机构各项存贷款余额：某一时点金融机构存款金额与金融机构贷款金额。

金融资产总量：手持现金、银行存款、有价证券、保险等其他资产的总和。

利率（利息率）：是指在借贷期内所形成的利息额与本金的比率。

- 贴现率：贴现是银行应客户的要求，买进其未到付款日期的票据，或者说，购买票据的业务叫贴现。办理贴现业务时，银行向客户收取一定的利息，称为贴现利息或折扣，其对应的比率即为贴现率。
- 再贴现率：是商业银行由于资金周转的需要，以未到期的合格票据再向中央银行贴现时所适用的利率。对中央银行而言，再贴现是买进票据，让渡资金。
- 同业拆借利率是指银行同业之间的短期资金借贷利率。其中拆进利率表示银行愿意借款的利率；拆出利率表示银行愿意贷款的利率。拆进利率永远小于拆出利率，其差额就是银行的收益。我国对外筹资成本是在LIBOR利率的基础上加一定百分点。
- 回购利率是交易双方在全国统一拆借中心进行的以债券为权利质押的一种短期资金融通业务，是指融资金融入方（正回购方）在将债券出质抵押给资金融出方（逆回购方）融入资金的同时，双方约定在将来某一日期由正回购方按某一约定利率计算的资金额向逆回购方返回资金，逆回购方向正回购方返还原出质债券的融资行为。该约定的利率即回购利率。
- 各项存贷款利率。在其他条件不变时，由于利率水平上浮引起存款增加和贷款下降，一方面是居民消费支出减少，另一方面是企业的生产成本增加，它会同时抑制供给和需求。利率水平的降低则会引起需求和供给的双向扩大。

汇率：是一国货币与他国货币相互交换的比率。一般来说，国际金融市场上的外汇汇率是由一国货币所代表的实际社会购买力平价和自由市场对外汇的供求关系决定的。降低汇率会扩大国内总需求；提高汇率会缩减国内总需求。

外汇储备：外汇储备是一国对外债权的总和，用于偿还外债和支付进口，是国际储备的一种。一国的国际储备除了外汇储备外，还包括黄金储备、特别提款权和在国际货币基金组织（IMF）的储备头寸。我国由于后两者所占比例较低，国际储备主要是由黄金的外汇储备构成。

（5）财政指标

财政收入：指国家财政参与社会产品分配所取得的收入总和，是实现国家职能的财力保证。

财政支出：在财政收支平衡条件下，财政支出的总量并不能扩大和缩小总需求，但财政支出的结构会改变消费需求和投资需求的结构。在总量不变的条件下，两者是此多彼少的关系。扩大了投资，消费就必须减少；扩大了消费，投资就必须减少。

赤字或结余：财政收入与财政支出的差额即为赤字（差值为负时）或结余（差值为正时）。财政赤字有两种弥补方式：一是通过举债即发行国债来弥补；二是通过向银行借款来弥补。

6.3 行业分析

在进行期货大宗商品投资时，行业研究也是必不可少的部分，但与证券的行业相比较具有自身独特的特点。除了在使用常规的分析方法，诸如波特五力、SWOT 等管理学工具外，财务指标也不是期货大宗商品市场所关注的重点。相比之下，期货针对大宗商品的行业研究更侧重于对产业链结构、供需关系与价格之间变动以及成本变动。例如，产业链结构中，最为复杂的是能源化工品的产业链，产业链各节点之间产品丰富，链条广泛，并且相互之间关联性强；上游原油价格上涨，导致石油化工产品和钾肥价格上涨，农业生产成本上升，从而带动粮食价格上升；煤炭和石油存在某种比价，随着石油价格的上涨，煤炭价格也会上涨；大宗商品价格上涨必然伴随着通货膨胀，黄金是一个良好的避险工具；传统能源价格大幅上涨凸显新能源的价值；在更为微观的情况下，PVC 价格变动与电石的关联性较强，电力成本上升对于 PVC 的影响也会增强，同时煤炭价格也会呈现上涨的态势（见图 6－5）。诸如此类的产业链条之间的关系必定会对价格产生更为明显的影响。

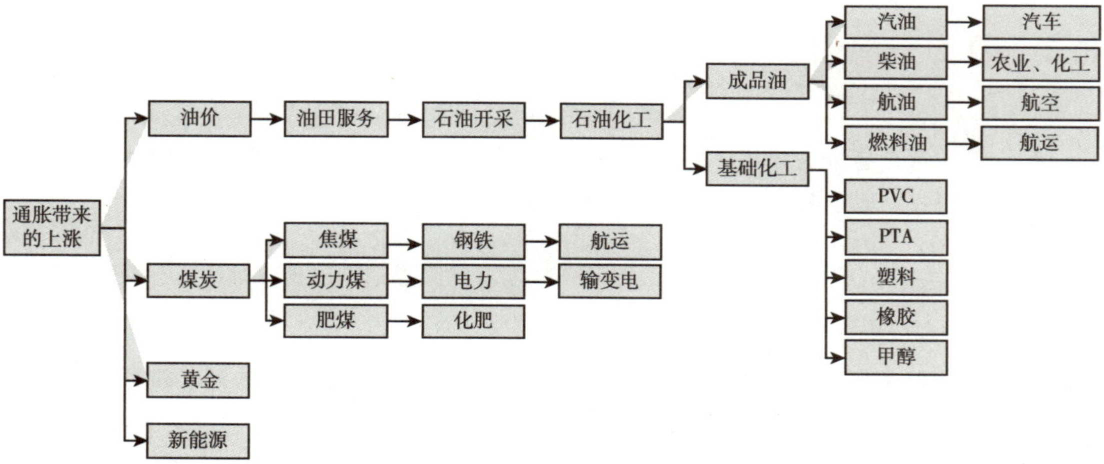

图 6－5　通胀的连锁反应

除了关注自身独立产业链，也需要关注一些与国民经济相关性很高的产业，比如房地产行业，它在国民经济 GDP 中占有 13% 的份额，并且房地产衍生出的一系列产业也对金属、钢铁、化工品产业有较为直接的影响。据测算，房地产投资消耗了 50% 的钢铁产量、25% 的水泥产量、50% 的玻璃产量、20% 的铜产量和 10% 的铝产量。而随着钢铁等行业开工率的提升，电力需求和航运量也会提升。钢铁和有色金属分别消耗了 11% 和 7.44% 的用电量，30% 的航运需求来自铁矿石和相关矿石。最后，随着电力需求的上升，输变电也会受益。因此，房地产的发展状况对市场供需会产生深远的影响（见图 6－6）。

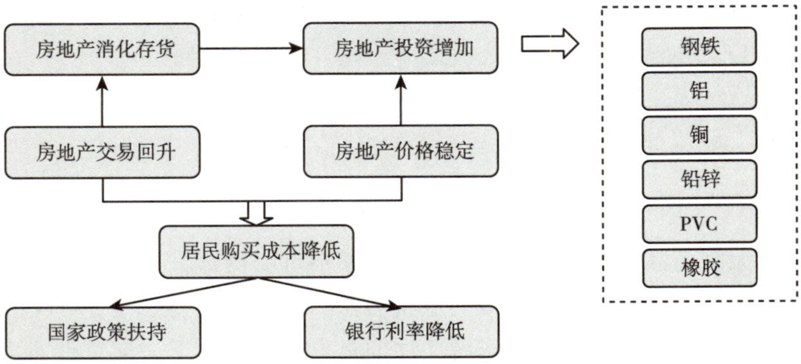

图 6－6　房地产行业的相关影响

在进行供需方面分析时，我们通常会使用供需平衡表。供需平衡表能反映市场结构性变化的关系，供应与需求之间的缺口或者过剩都会对价格产生结构性影响，但是并不能完全反映某个时间阶段的变动关系。所以，在了解结构性变化的同时，更应在日常情况中关注库存。库存就像蓄水池一样，如果产生缺口，库存就会减少，流入现货市场，表明需求增加，价格往往会得到抬升；一旦供给增加或者过剩，库存也相应增加，表明需求增速小于供应的增速，往往会给大宗商品价格带来压力。

6.4　期货交易研究方法

我们将期货交易分为投机（speculation）、套利（arbitrage）和套期保值（Hedging）三种主要参与形式。以下我们主要介绍套利和套期保值。

6.4.1　套利

套利，是指人们利用暂时存在的“不合理的价格关系”，通过同时买进和卖出相同或相关的金融商品或金融期货合约而赚取其中的价差收益的交易行为。

“不合理的价格关系”包括：

- 同种金融商品或金融期货合约在不同市场之间的不合理的价格关系；
- 同一市场、同种金融期货合约在不同交割月之间的不合理的价格关系；
- 同一市场、同一交割月的不同金融期货合约之间的不合理的价格关系。

套利的潜在利润不是基于商品价格的上涨或下跌，而是基于两个套利合约之间的价差扩大或缩小。买进自认为是“便宜的”合约，同时卖出那些“高价的”合约。如果价差的变动方向与当初的预测相一致，交易者即可从两合约价格间的相互变动中获利。因此，套利获得利润的关键就是差价的变动。

（1）套利产生的原因

套利机会的产生主要包括以下原因：

①在不同的地区或不同的时间以及不同的相关商品之间存在着供需关系上的不一致，导致商品之间的差价或者比价暂时脱离正常区间。

②资金的过分炒作令商品之间的差价暂时脱离正常区间。

③汇率、进出口政策或者产业政策发生改变而价格变动相对滞后时，产生套利空间。

④相关品种的价格启动在时间上不一致，导致品种之间的差价或者比价脱离正常区间。

⑤当市场信息发生不对称的时候，往往是新品种上市时，会有套利空间。

（2）套利与普通投机交易的区别

套利与投机都是以获利为目的的交易行为，都是通过低价买进、高价卖出以赚取其中的价差收益的交易行为。两者在交易的方式、利润的来源、承受的风险以及交易的成本等方面存在着不同。

交易方式：投机交易在一段时间内只做单方向的买或卖，而套利则是同时进行双向操作。

利润来源：投机利润来源于价格的单方向变化，而套利利润则来自价差的单方向变化。

承受风险：套利承受的风险相对投机来说要小一些，可以规避系统性风险等。

交易成本：国际上套利交易的成本通常要小于单向投机交易。

套利的作用主要表现在以下三个方面：

①承担金融风险，为套期保值者转移金融风险提供必备的条件；

②平衡金融期货合约的供求，缩小金融期货价格的波动幅度，促进均衡价格的形成；

③增加市场流动性，为套期保值者提供交易上的便利。

（3）套利交易的分类及各种套利产生的原因

套利可以按以下标准进行：

- 按照交易的标的划分：金融衍生品套利、外汇套利、商品套利。
- 按照交易的合约的月份和买卖方向差异划分：牛市套利、熊市套利、蝶式套利等。
- 按照交易方式：跨期套利、跨市场套利、跨品种套利、基差套利。
- 按照价差的判断划分：趋势套利、模型套利。

商品期货套利交易种类分为：跨期套利、跨市场套利、跨品种套利、基差套利。

①跨期套利。是指在同一市场（即同一交易所）同时买入、卖出同种商品不同交割月份的期货合约，以期在有利时机同时将这两个交割月份不同的合约对冲平仓获利。跨期套利的核心是月间价差变化。

决定月间价差变化的因素：

- 持有成本：决定月间价差大小。
- 供求关系：决定月间价差的排列方式，是正向价差排列还是逆向价差排列。
- 季节性因素：影响个别月份的价差排列。
- 投资者结构：影响个别月份的价差排列。

导致不同合约月价格差的主要原因是资金不均衡作用和季节性因素，有时资金主要集中在某一个合约上角逐，使得合约的波动速度要明显地快于其他合约，这就意味着套利机会的来临。跨期套利最为明显的好处是容易掌握，考虑因素相对比较简单，而且结算在同一交易所进行，不需要划转资金，容易实现账面平衡。

相对而言，这是一种最为简单的套利模式。需要注意的是，最简单的东西，操作上有时也最不容易把握，这在于套利的时机往往稍纵即逝，没有在合适的时机入市，可能就再也无法入市了；对冲时机的把握也面临同样的问题，不能迅速决断，很可能长时间形成的利差在瞬间消失。另外，还因为交割地位的差别有时会不断地强化某种价差的变化趋势，而无法使其逆转，这样，过分拘泥于绝对价差达到某一水平而进行的跨期套利，往往会因为出现新的不可逆极限价差而导致套利失败。

跨期套利根据所买卖的交割月份以及买卖方向的差异可以划分为牛市套利、熊市套利和蝶式套利。

牛市套利：买入近期合约、卖出远期合约（买进价差），适用于对市场行情看涨，并且近期合约的价格上涨幅度大于远期合约价格上涨幅度的情形。

熊市套利：买入远期合约、卖出近期合约（卖进价差），适用于对市场行情看跌，并且近期合约的价格下跌幅度大于远期合约价格下跌幅度的情形。

蝶式套利：买入一个远期合约和一个近期合约、卖出2个到期期限处于中间的合约构成的交易，适用于市场行情不确定，但预计近期合约或远期合约价格的上涨幅度大于中间合约价格上涨幅度的情形。

②跨商品套利。跨商品套利是指利用两种不同的、但相互关联的商品之间的期货合约价格差异进行套利的交易，即买入某一交割月份某种商品的期货合约，同时卖出另一相同交割月份、相互关联的商品期货合约，以期在有利时机同时将这两种合约对冲平仓获利。跨商品套利主要是做相关产品间的套利和原料与成品间的套利、产业链相关品种套利。跨商品套利的核心是商品价差或比价。

决定商品价差变化的因素有：

- 上下游加工利润：决定品种价差或比价。
- 供求关系：供求关系差异导致趋强或趋弱。
- 季节性因素：对有明显生产或消费季节性商品的价差影响明显。
- 产业链内同一个因素对不同品种影响的差异和传导速度差异。

跨商品套利通常有两种情况，一种是同一市场的不同品种套利，比如大连豆粕与大豆之间的套利，上海铜与上海铝之间的套利；另一种是不同市场的不同品种套利，比如大连大豆与郑州小麦，大连豆粕与郑州小麦等。

对于同一市场的不同商品而言，主要需考虑到两个合约之间已经出现的价差和后期价差动态。从这个意义上来说，与跨期套利没有什么两样；此外，两商品只是相关，而不是完全相同，基本面便有一定的差异，特别是在突变事件出现时将会对其中一个合约发生重大影响，而对另一个合约的影响却非常轻微，这就决定了价格之间相对运动的速度差异。能够正确把握这种差异者套利能获得成功，否则，则可能会失败。

至于不同市场不同商品之间的套利，除了要考虑同一市场不同商品之间套利所要考虑的一切因素之外，还要考虑不同市场之间的保证金划转时间、交易时差等因素，相对而言，要复杂一些。

③跨市场套利。跨市套利是指在某个交易所买入（或卖出）某一交割月份的某商品合约同时，在另一个交易所卖出（或买入）同一交割月份的同种商品合约，以期在有利时机分别在两个交易所对冲在手的合约获利。由于国内交易所没有同时上市的品种，目前只能考虑境内外跨市场套利，黄金跨上海期货交易所和上海黄金交易所等等。跨市场套利的核心是内外价差（进出口盈亏）或者说不同交易所商品价差。

在做跨市套利交易时应注意影响市场间价格差异的几个主要因素：

- 贸易盈亏：决定内外价差的大小，影响进出口贸易量。需要综合运输成本、关税等测算进出口盈亏。需要特别关注运输成本，不同交易所因与商品产地、销地的距离不同，运输成本就不同，同种商品的合约价格自然会有差异。
- 交割品级的差异。
- 当地的供求状况。当地供求差异决定了价差，因此决定了内外价差变化的时机。跨市套利既可在国内的不同交易所之间进行，也可以在不同国家的交易所之间进行。
- 季节性因素：影响有供应季节性商品的内外价差。
- 投资者结构：个别投资者的非理性行为可能提高套利机会。

对于在不同国家的交易所之间进行的跨市套利，现货进出口贸易是其理论基础及比价回复的动力。一般，在正常的进出口贸易下，国内外现货商品之间存在着一个正常水平的价格比例。当两个市场的交易出现差异（如时间差、基金炒作、大户异动等），两个市场的同期合约价格比值就会偏离正常水平，产生扭曲，此时即可进行跨市套利交易。由于两地价格比价扭曲，就会带动相关的贸易商通过进出口去谋利，大量的物流会在短时间内将两地价格重新调整平衡。因此，“扭曲入市，正常平仓”就完成了一次套利交易。

④基差套利（期现套利）。基差是指某一特定地点某种商品的现货价格与同种商品某一特定期货合约价格间的价差。基差 = 现货价格 - 期货价格。

套期保值的本质，是用基差风险取代现货价格的波动风险。可以利用基差的变化进行期货与现货市场之间的套利。基差交易是套期保值运用的终极目标。基差套利也是期现套利的最高表现形式。套利可能出现的结果：

套利交易可能出现的结果有如下几种：a. 盈利额大于亏损额，结果盈利；b. 盈利额小于亏损，结果亏损；c. 盈利额等于亏损，结果持平；d. 盈利 + 盈利，结果盈利；e. 亏损 + 亏损，结果亏损。

由以上结果可见，套利也是有风险的。我们的套利目标就是要努力实现 a、d 两种结果，而尽量避免 b、e 两种情况的发生。

（4）如何进行套利交易

①分析：跟踪数据，建立分析模型；跟踪市场，发现机会；分析机会，选择合适的交易策略；

②交易：制订交易计划；执行交易计划，根据市场情况及时调整。

③套利经验模型的建立：对于拟套利的两个合约（或多个合约）之间的价格波动，要处理较长的历史数据来反映彼此的关系。一般而言，数据年限越长，所显示的套利区间的有效性越好。因为从统计学的角度来看，这样可以将大概率事件全部囊括其中，具有较高的可靠性。

④套利空间的确立。对于两合约价格的关系，一般进行相应的数据处理，较为直观的方法就是用价格比来表示。将数据处理到一张图上，就可以得到一张价格比曲线图，考察价格比曲线的长期波动情况，可以找出套利的上限和下限。通俗地讲，即两合约的比价扩大到一定程度时就会不断地缩小；而缩小到一定程度时，又会不断地扩大，如此循环往复。确定套利空间，就是要找出套利在何种情况下建立套利头寸，在何种情况下对冲离场。

由于套利操作一般不考虑价格波动的方向，而主要考虑价差的扩大与缩小，因此，除了要确知价差的绝对数值外，还要特别注意价差的波动动势。

6.4.2 套期保值

套期保值，是通过上述相互配置的交易活动，在期货市场和现货市场同时操作，使现货市场的亏损由期货市场的盈利来弥补（或者期货市场的亏损由现货市场的盈利来弥补），从而达到锁定价格，规避价格波动风险的目的。

通过期货合约的买卖将现货市场面临的价格风险进行转移的机构和个人被称为套期保值者（Hedger），其大多是生产商、加工商、库存商以及贸易商和金融机构。

（1）套期保值的操作原则

①交易方向相反原则。是指在做套期保值交易时，保值者必须同时或先后在现货和期货两个市场上采取相反的买卖行动，即进行反向操作。

②种类相同或相近原则。是指在做套期保值交易时，所选择的期货商品必须和保值者将要在现货市场上买进和卖出的现货商品种类相同或有较强的相关性。

③月份相同或相近原则。是指所选用的期货合约的交割月份最好与交易者将来在现货市场上实际买进或卖出现货商品的时间相同或相近。

④商品数量相等或相当原则。是指选择的期货合约所载的商品数量必须等于或大致等于将要在现货市场上买进（或卖出）的该商品的数量。

（2）套期保值的操作模式

关于套期保值，需要根据企业具体情况制定套期保值的策略和操作模式。企业的使命是股东利益最大化，并为社会创造价值。然而，在当下逆经济周期的发展格局中，国际环境流动性依然宽松造成国内面临输入性通胀压力上升，原材料成本高企，融资渠道愈发艰难，中国企业的利润正在遭受各方面因素的侵蚀，可谓风险无处不在。企业风险管理越来越受到重视，但是在面对风险时，企业普遍采用压缩和降低外部支出和员工福利或者能耗与维护费用的方式以减少企业成本。这种做法并没有有效地降低成本结构，也无法有助于提升企业利润与核心竞争能力。在进行风险管理时，企业更需要明确未来的战略发展规划，优化配套经营流程，充分有效地利用风险管理和金融工具，才能实现净资产收益的最优化。

期货公司作为金融服务机构有责任为客户提供更为全面的风险管控。在为企业建立全面风险管控流程时，更类似于企业管理咨询，需要对客户的全面风险敞口进行细致的尽职调查，对企业经营结构进行适当调整，根据企业人员配置进行结构化梳理，建立组织机制完善的体系，诊断企业财务状况，制订详尽的方案，为投资决策和流程管理配套个性化的软件服务，等等。

以金属消费型企业为例。企业经营风险主要来自于原材料采购、生产库存（包括原材料库存与产成品库存）与下游产成品销售。对于产成品价格，在国内并没有合适的工具来管理风险敞口，但可以通过对市场的充分了解改变生产调度状况，从而规避下游需求下降带来的利润下降；同时，在面对上游价格高企传导至企业的原材料价格上涨风险，可以利用衍生品工具进行风险管控从而优化经营、采购与生产流程。

首先，在前期应做好沟通。沟通包括外部沟通和内部沟通，外部沟通主要是安排日程与客户前期需求；内部沟通主要是为了增强团队对客户的了解程度，便于团队分工。其次，尽职调查。期货投资咨询业务的尽职调查与投行以及私募在方法和流程上大致相同，同样是调查企业的财务状况和经营情况，但侧重点在于根据客户投资和经营上的需求侧重于原材料价格、采购方式、采购周期、库存周期、生产成本细分等方面信息和实际情况对企业资源进行整合。随后，在完成细致调查的基础上准备方案，方案需要保证实操性和准确性。在企业遭遇到管理瓶颈时，往往并非战略和方向选择上的问题，而是输在了执行力上。执行力最重要的环节并不是纷繁的流程与体系，而是人的因素。因此，任何方案的建立均应基于人的因素，如企业内部风险管控机构的设置、人员搭配、沟通渠道和方式等等，这样也衍生出咨询服务类型中包括对企业人员培训的业务体系。最后，企业风险管控的评估。在既定时间内，企业对期货公司提供的方案执行后，期货公司需要对企业进行风险的定期评估以检测方案的优劣以及需要修正的地方，以提升方案水平。

例如，有铝加工企业需要进行国家电网的投标工作。期货公司与企业一起对投标过程进行细致的研讨，认为投标过程中采购环节是主要的风险点。由于招投标项目周期基本在30～45天的时间周期，在企业制表的同时，期货投资咨询服务人员帮助企业根据成本比如16 000元/吨制订买入保值计划，并全程辅助完成中标前的工作。如果企业中标，采购成本锁定，能有效规避企业因成本上升造成的风险；如果流标，也能使企业形成风险管控的强烈意识和执行操作。

在流程配套的服务中，期货投资咨询业务的开展更应站在第三方的角度去为客户进行服务，有效地借助更为客观数量化的分析结果，这样就需要进行期货公司开发出适用于咨询项目和风险管控的数量化模型。将企业参数和调查数据输入模型中可以反映出企业风险敞口的大小与特点，并且可以通过对风险变化的模拟，测算未来风险敞口的情况，同时对应企业经营与财务状况。

在为客户设计具体的方案方面，交易策略的制定和实施运用大规模数量化的模型。利用交易平台的搭建，实时监控价格、升贴水、成本、价差矩阵、冲击性、正态分布等因素，既可以做到自动检测，又可以进行人工操作，降低人为因素的影响。

6.4.3 期货市场投机的技术分析

期货市场投机的技术分析（见图6－7）是指以市场行为为研究对象，以判断市场趋势并跟随趋势的周期性变化来进行股票及一切金融衍生物交易决策的方法的总和。技术分析认为市场行为包容消化一切。

技术分析有三个要点：

①趋势：市场在如何运行；

②反转：头部还是底部；

③震荡/混乱/不确定。

三个假定条件或前提条件是：

①市场行为包容一切；

②价格以趋势方式演变；

③历史会重演，但不是简单重演。

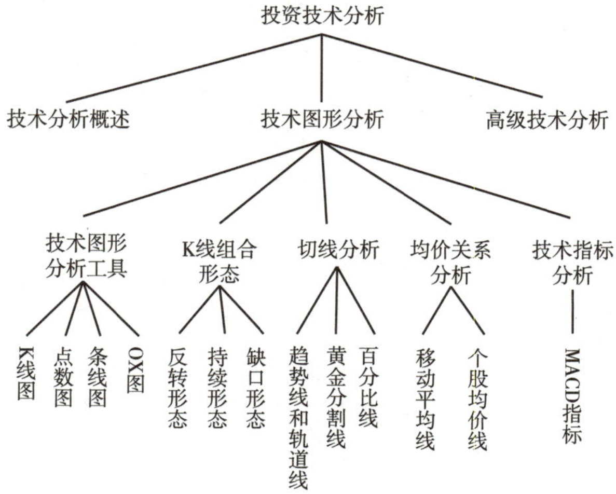

图6－7 投资技术分析

6.5 期货交易模式的选择

技术分析不是我们讨论的重点，原因是多种技术分析指标均是经验反映，并且不同交易员会有自己独特的交易模式。因此，我们更在意如何去建立交易模式，通过一种程序化交易模式来规避人为主观因素影响的投资行为。交易频率、盈亏比、交易成本和胜率等因素都会影响到我们的交易。

6.5.1 交易的构成因素

交易的主要构成因素有：赢利模式，策略绩效特征，客户风险，策略与品种选择（筛选与匹配），入市（以简为美），止损出市（融合、互补），止盈及其他出市（降低风险、利润最大化、保护利润），头寸确定（控制风险），投资组合（风险、容量、频率）等。

6.5.2 交易策略设计

交易策略的设计需要重点关注以下方面：

（1）入市策略

市场选择：流动性、经纪人、交易规则、波动性。

市场方向：上升、下降、盘整。

入场条件：佩里·考夫曼的市场效用模型 AMA；威廉·加拉赫的基本面分析模型；肯·罗伯特的“1－2－3”回调方法。

时机选择：a：高胜率；b：高 R 乘数。

（2）止损离市

常用止损方法：资金止损、百分比回撤、波动性止损（三倍 ATR）、标准差止损 Dev、渠道突破和移动平均止损、支撑阻力止损、时间止损、心理止损。

（3）止盈离市

造成亏损减小初始风险的离市：定时止损；跟踪止损。

使利润最大化的离市：跟踪止损；利润回撤止损。

防止返回太多利润的离市：固定止盈（汇率）。

利润回撤离市：抛物线止损。

(4) 资金管理策略

资金管理策略包括：固定头寸、固定资金、凯利公式、固定风险、优化公式、获利风险、固定比例、保证金目标模式、最大连续亏损、满仓。

6.5.3 交易机会分析

(1) 相关性分析

通过相关性分析发现各合约之间关联。相关性分析是指对两个或多个具备相关性的变量元素进行分析，从而衡量两个变量因素的相关密切程度。相关性的元素之间需要存在一定的联系或者概率才可以进行相关性分析。相关性不等于因果性，也不是简单的个性化，相关性所涵盖的范围和领域几乎覆盖了我们所见到的方方面面，相关性在不同的学科里面的定义也有很大的差异。

大宗商品相关性矩阵见图 6－8。

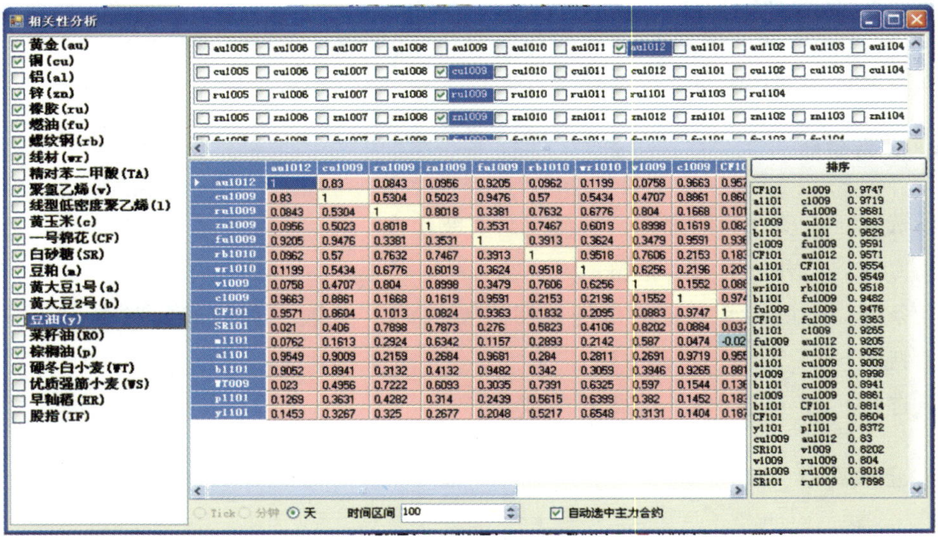

图 6－8　大宗商品相关性矩阵

(2) 成本分析

成本分析是利用成本核算及其他有关资料，分析成本水平与构成的变动情况，研究影响成本升降的各种因素及其变动原因，寻找降低成本的途径的分析方法。成本分析是成本管理的重要组成部分，其作用是正确评价大宗商品成本的执行结果，揭示成本升降变动的原因，为编制成本计划和制定经营决策提供重要依据，从而判断大型机构客户进行操作的依据。

大宗商品成本分析见图 6－9，升贴水分析见图 6－10，历史升贴水分析见图 6－11。

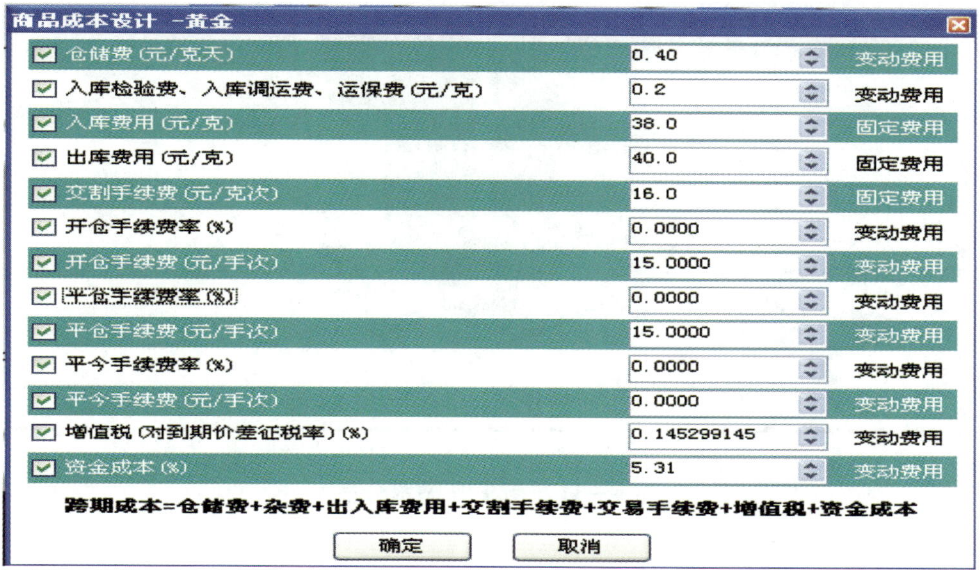

图 6－9　大宗商品成本分析

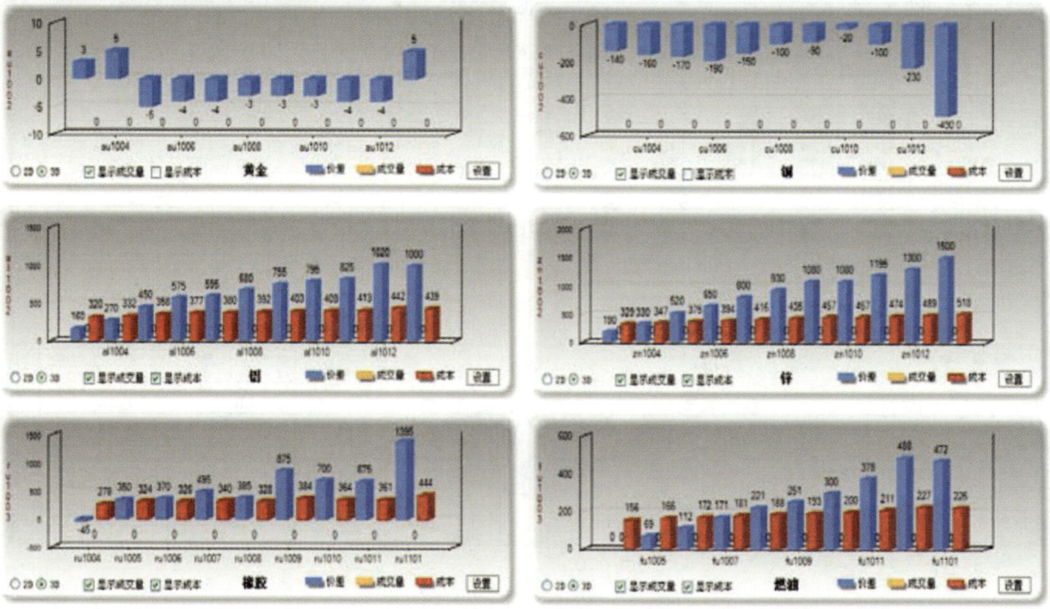

图 6－10　升贴水分析

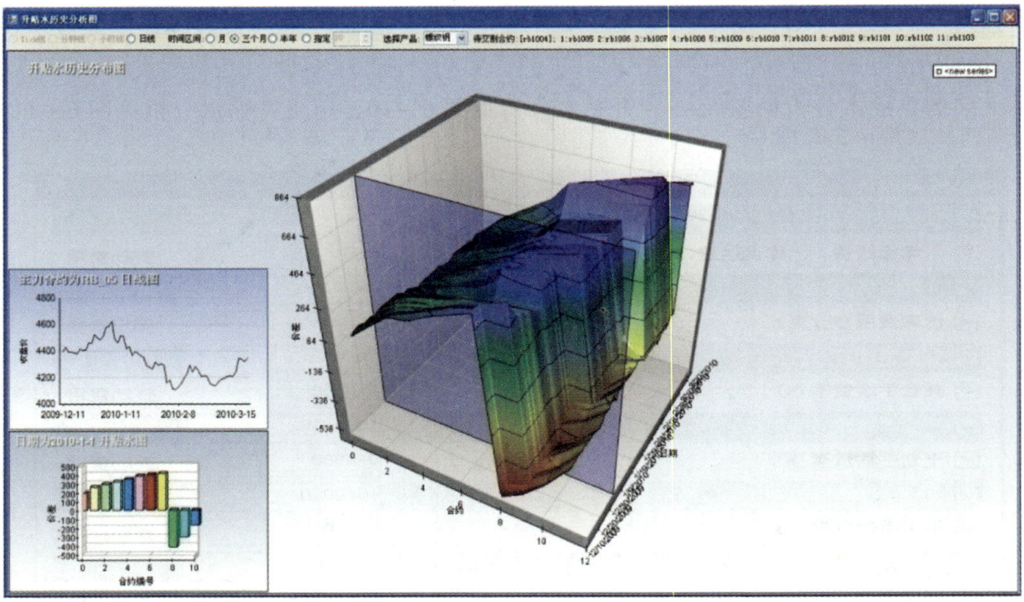

图 6－11　历史升贴水分析

（3）价差矩阵分析（见图 6－12）

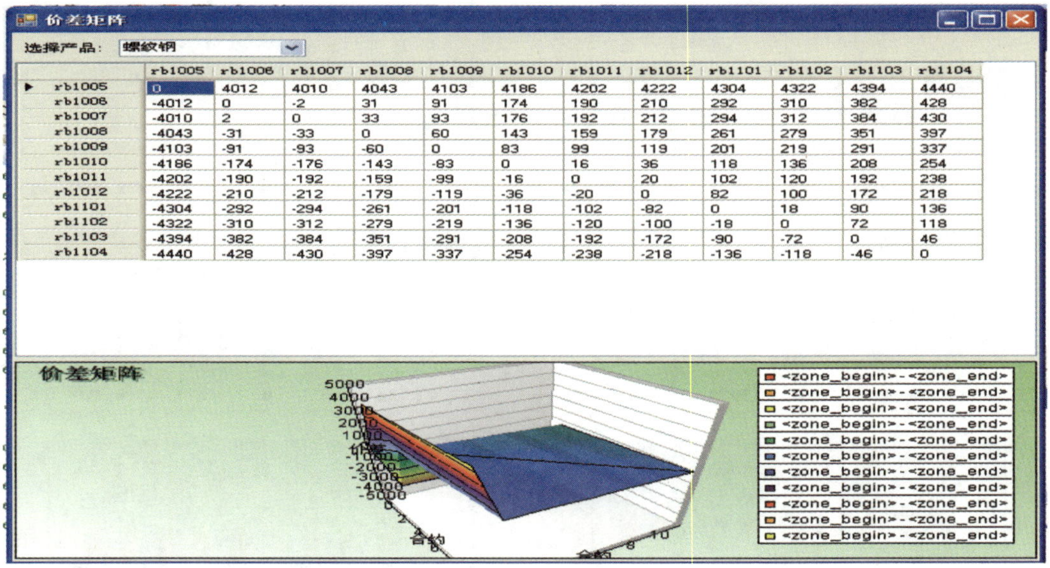

	rb1005	rb1006	rb1007	rb1008	rb1009	rb1010	rb1011	rb1012	rb1101	rb1102	rb1103	rb1104
rb1005	0	4012	4010	4043	4103	4186	4202	4222	4304	4322	4394	4440
rb1006	-4012	0	-2	31	91	174	190	210	292	310	382	428
rb1007	-4010	2	0	33	93	176	192	212	294	312	384	430
rb1008	-4043	-31	-33	0	60	143	159	179	261	279	351	397
rb1009	-4103	-91	-93	-60	0	83	99	119	201	219	291	337
rb1010	-4186	-174	-176	-143	-83	0	16	36	118	136	208	254
rb1011	-4202	-190	-192	-159	-99	-16	0	20	102	120	192	238
rb1012	-4222	-210	-212	-179	-119	-36	-20	0	82	100	172	218
rb1101	-4304	-292	-294	-261	-201	-118	-102	-82	0	18	90	136
rb1102	-4322	-310	-312	-279	-219	-136	-120	-100	-18	0	72	118
rb1103	-4394	-382	-384	-351	-291	-208	-192	-172	-90	-72	0	46
rb1104	-4440	-428	-430	-397	-337	-254	-238	-218	-136	-118	-46	0

图 6－12　价差矩阵分析

（4）季节性分析（见图6－13）

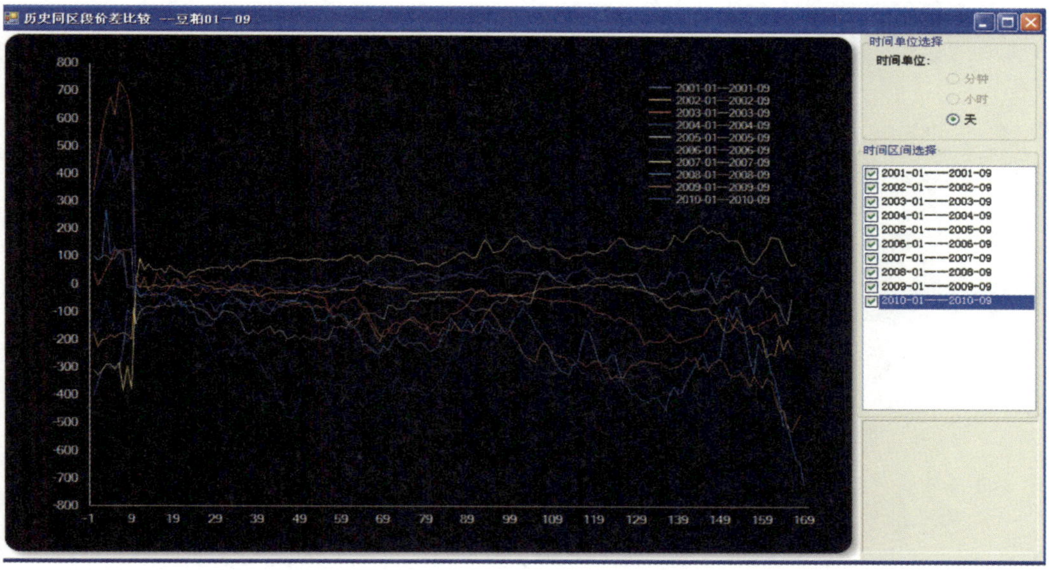

图6－13　季节性分析

（5）正态性分析（见图6－14）

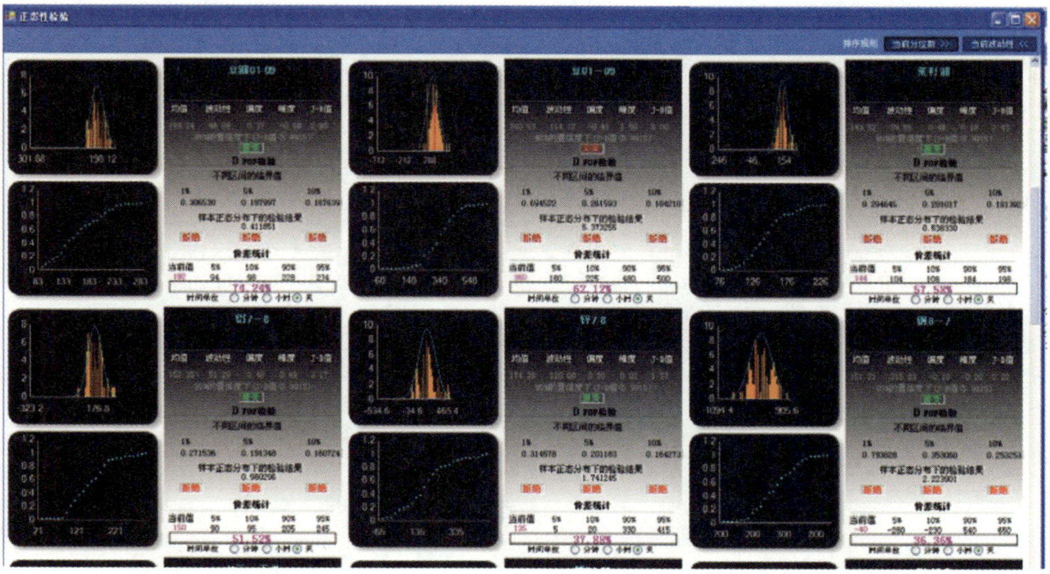

图6－14　正态性分析

应用篇

7

铝加工企业全生产过程的动态套期保值方案设计

7.1 铝加工企业生产经营过程

铝加工企业生产经营流程如图 7－1 所示。

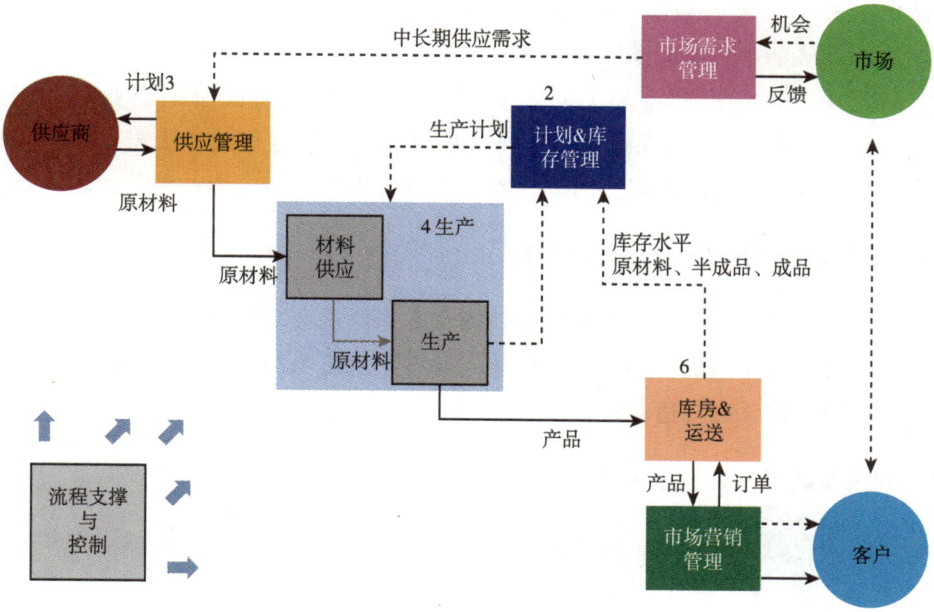

图 7－1 铝加工企业生产经营流程

7.2 依托战略采购预算的期货套期保值策略设计

7.2.1 企业投标情况分析

我们以河南某电缆有限公司提供期货套期保值服务为例。该公司为铝加工企业，金属铝的价格波动对其生产经营影响非常大。一般来说，该公司每年会投标 8 ~ 10 次，平均 1 ~ 1.5 个月投标一次。相应地，平均每次中标 3 000 ~ 7 000 吨，中标概率为 30% ~ 50%。

尽管每次投标、中标的吨数有所差异，但对企业来说，每次中标 3 000 ~ 5 000 吨时，在资金及运作等各方面都较为顺畅。

这种情况下应对企业的生产情况及资金流动、融资规模、经营体系、极限产能等情况做进一步的分析，以便对企业资金进行预期安排分析。

7.2.2 企业需求分析

（1）投标评估

投标评估的主要目的在于：对市场进行分析，评估未来的铝市场是否值得去投标。

可从经济周期、产业周期、产业供求、库存变化、货币政策、财政政策以及国家发改委政策、宏观经济形势的判断等角度，来对企业经营所处的具体市场环境进行宏观面的分析，并做出未来 3 ~ 5 年产业结构的评估判断。

此外，还可从企业实际运作中的成本角度考虑。比如说，在投标价为 12 700 元/吨才可中标的情况下，又考虑到市场上的现实行业情况，如国内大型铝企业可能囤货，在 13 000 元/吨的价位左右才放货出铝。这样，导致企业实际运作成本上升，从企业的盈利角度来看，并未取得最大的效用。因此，此时不参与投标也不失为一种较优的选择。

（2）套期保值时机与资金的配合关系

如何避免在资金充裕时没有保值机会，以及有保值机会却没有资金流情况的发生。最好的情况是，在存在保值机会的时候，企业同时有充裕适当的现金流。因此，如何对资金做出正确的预期安排，需要适时把握。

（3）对风险的进一步预警及控制

如套保中砍仓的时机选择，以及何时在即便亏损的情况下也要进行保值操作。

（4）业务方面

①套期保值操作如何分步来实现；

②何时对冲头寸，是在买现货的同时进行，还是在买现货之后进行，也即头寸的对冲时机问题；

③在等待中标期间如何管理已经完成生产的库存，相应的配合与制约机制又是如何？

（5）价格跟踪、趋势判断及分析

日常的资讯服务中，加入对当天价格的趋势判断及建议。

7.2.3 企业套期保值体系的建设

(1) 业务模式分析

事实上，加工类企业属于天然的卖空者，即首先铝加工企业先与甲方签订加工及供货合同，如果采购原材料价格低于合同价，即构成复合利润：原材料价差+加工利润；如果采购原材料价格等于合同价，即构成单纯加工利润；如果采购原材料价格高于合同价，即构成零利润或负利润；当原材料价格急剧上涨而企业未能及时进行套期保值操作便会出现巨额亏损。因此方案设计属于固定卖空价与动态期货价格之间的套利行为。

(2) 投标评估分析书

针对企业参与投标的问题，从宏观经济层面及具体计量分析的角度，为企业是否参与竞标提供理论上的依据和建议。

就宏观面而言，2007 年 4 月，当时受美元再度走低，美国经济数据表现利好以及中国 CPI 等数据符合预期等因素影响，伦敦金属交易所（LME）铜、铝、铅、锌、锡、镍等六大基本金属集体创下本轮反弹新高，与此同时，上海铜、铝期货也双双刷新反弹记录。不过，由于彼时国内市场近期合约买盘明显不足，当时金属市场涨势仍来自于被动型投机资金的力量。

充裕的流动性和疲弱的美元已经将投资者做多商品的热情发挥到极致，而宏观经济方面的利好数据近期也相继出尽：美国、欧元区、日本的 PMI 数据都保持一种增长态势，涨幅也超出市场预期。美国 5 月份非农就业人数减少 34.5 万人，大大低于市场预估，但失业率为 9.4%，为 1983 年 7 月以来最高。全球经济能否彻底摆脱经济衰退的阴影，还有待进一步的观察。

当时，包括美铝和俄罗斯铝业等在内的全球铝生产商纷纷表示，目前贸易商手中的铝库存已处于历史低点；另外，尽管铝的显性库存上升，但社会库存却在下降，截至 2007 年 5 月末，日本三大港口持有的铝库存较 2 月份创下的 10 年来高位下滑约 35%，需求有反弹迹象。其次，铝冶炼行业号称“电老虎”，耗电成本是除氧化铝外最主要的成本，因此能源价格上涨引起了电解铝价格的被动抬高。不过从铝库存的历史高位和严重过剩的角度来看，价格反弹更多归功于游资，其上涨态势不甚明朗。

经济数据的好转只是近期铝价上扬的起因，成本上升以及比价效用的滞后则是近期铝价上涨的重要原因。自 5 月以来，国际油价从 50 美元/桶到目前的 70 美元，累计涨幅已经接近 40%。而在铝整个生产过程中，氧化铝和电费几乎占了整个生产成本的 70%，平均每吨铝需要耗费的电量为 14 000～15 000 千瓦时，如果能源价格在原油价格的拉动下发生了强劲的上涨，也将会带动电解铝的生产成本上升。

基本面方面，巨量库存依旧是压制在投资者头上的大山。全球铝库存仍在上升，伦敦库连番创出新高，达到427万吨的历史最高水准。我们认为市场对于铝库存的上升早就麻木了，这从铝价变化就可以感觉得出。在最近的6个月中，LME的库存增加了80%左右，伦铝最低价相对年初仅仅下跌了12%，显然市场早已对其剧增有所心理准备。

彼时，伦铝价格走势相对强于沪铝，库存的增加已经不大可能造成铝价的连绵不断的下跌，但是对其减少的反应远远超过想象，而随着建筑和汽车等行业的复苏，全球铝消费也有望走出低谷，随着原油上涨以及美元下滑，伦铝上行仍具有一定空间。当然如果没有强有力的需求推动，铝价不可能短期内形成持续性的向上趋势，原油上行压力也越来越大。技术上，近期伦铝走势过于陡峭，拉升过快，指标显示超买迹象十分严重，面临冲高回落的可能，而国内市场沪铝K线则连续收阴，显示上行被动情况相当明显，市场上行压力巨大，铝价在14 000元一线压力十分明显。而且随着价格上扬，复产力度也可能随之提高，过剩压力将会继续压制了价格上行空间，走势呈现震荡局面可能性较大。

（3）保值标准的建立

一般来说，保值标准的确立，可主要参考两方面的因素：一是基本面，二是技术面。依靠基本面因素，但应当做到及时、客观，便于具体操作，但实际应用难度和大；而依靠纯技术标准，准确但很难对企业有较强的说服力。换句话讲，基本面是一种静态的标准建设，交易模型是一种动态的标准建设，如何将两者结合好是一个需要思考的问题。

我们将该公司的业务需求设计两个模型，再逻辑化求解。

第一种模型说明：矩阵网格模型，横轴为投标期、等待期、交货期三个时间链，竖轴为保值操作方案，矩阵交汇点为合约事件（见表7－1）。

表7－1

保值方案	日期	投标期	等待期	交货期

第二种模型说明：动态分矩模型，横轴一：建中间原点，左边为中标等待时间，右边为中标后等待及加工时间；横轴二：现货价格波动图；横轴三，期货价格波动图。目的是寻找三条横轴最佳匹配点，以此作为保值操作点。

企业保值模型建立：一是企业现金流的流程建立；二是企业实际生产的流程建立（原材料的购入、生产加工、产成品销售）；三是期货保值操作的流程建立，形成三位一体的立体符合保值操作模式。

注意：实际上，企业的投标期、生产期、交货期等基本要素都存在很大的不确定性，给我们设计套期保值计划带来了很大的困难。

（4）精细化对应保值操作策略

一般来说，客户所采取的操作策略有以下两种：一种是根据自己的经验所做的保值操作；另一种可以在应用相关软件的基础上进行套保操作，如根据中金智能化投资点价系统的信号指示来进行保值操作。两种操作策略的有机结合，可能是更为有效的一种模式。这里，我们分阶段，根据企业生产经营的实际进展情况，对上述两种操作策略相结合的操作模式做精细化的保值操作跟踪。

①现实市场情况可行性分析。利用逐笔控制的方式，在 LME 市场上虽然可实现对应化的优化控制，但鉴于国内期货市场的实际发展情况，现实可行的方案是进行总量控制及总体额度的套保。目前在国内市场中做到完全的一一对应的逐笔跟踪控制，不一定具有现实可操作性。

②目标价位的设定。目标价位的设定主要可有两种策略：单一目标价位策略以及多级目标价位策略。

单一目标价位策略是指企业在市场条件允许的情况下，在为保值所设定的目标价位已经达到或可能达到时，企业在该价位一次性完成保值操作。这样，不管今后市场如何变动，企业产品的采购价和售价都是锁定的，市场上的价格波动对企业不再产生实质性影响。国际上很多大企业即采用此种策略进行保值操作。

多极目标价位策略是指企业在难以正确判断市场后期走势的情况下，为避免一次性介入期市造成不必要的损失，从而设立多个保值目标价位，分步、分期在预先设定的不同目标价位上按计划地进行保值操作。

③保值比例的确定。现代组合套期保值理论将现货头寸和期货头寸作为一个投资组合，在风险最小化或效用最大化的条件下，确定现货头寸与期货头寸的最优比例。这就是我们所说的最优套保比例。

根据套保品种、套保合约和套保期限等实际套保要求，选择合适的最优套保比率模型，计算最优套保比。若无合适的最优套保比率模型，也可用多个模型结果的平均值近似。此外，最优套保比率模型分为静态模型和动态模型，投资者可根据自身实际管理水平和套保精度自行选择。

在确定保值比例的时候，要重点参考如下因素：企业的经营状况、公司资金状况、波动比率、期现价差、内外比价、行情演变趋势等。

一般而言，不同企业保值力度的大小，主要取决于企业决策层的态度。通常情况下，50%的力度可以考虑作为一个经常的立足点。当后市发展比较乐观时，可以考虑压缩到1/3（牛市中）；当后市比较悲观时，可以考虑增大到80%乃至更多。

④具体操作策略。一批头寸对应相应的现货，对应于企业加工的每一个环节，利用程序化交易信号进行逐笔头寸的保值操作。

首先，根据客户的具体需求，我们将其归纳总结为以下几个阶段的保值操作策略需求：

投标企业参与套保，一般来说可以划分为以下几个阶段（见图 7－2）：

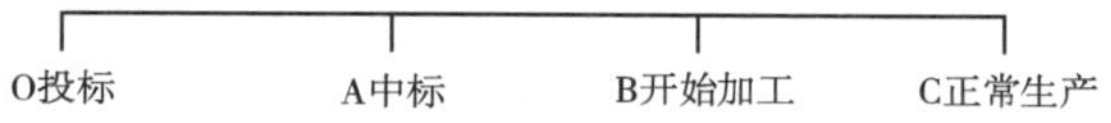

图 7－2　投标与参与套保阶段

OA阶段：是指从投标到确定中标之间的时期。在决定投标并参与投标但并不知道是否能中标的情况下，如何锁定投标价格的风险？

在这一阶段，套保策略可分为两种情况：

a. 市场走高，为信号提示中的上升阶段：红，则买入。日后在铝锭加工中，在期货市场上平仓可获得相应收益，而由于价格的走高在现货市场上亏损，但可以保证整体的资金流正常运转。

b. 市场走低，为信号提示中的下降阶段：蓝，观察，盯住市场即可。价格下降越多，生产成本就越低。

AB阶段：这一阶段为加工等待期。中标以后，在确定合同加工金额后，一般有1~3个月的加工等待期，此阶段的保值操作可如上一阶段。

BC阶段：这一阶段为正常加工期。

在此阶段，保值头寸应根据企业对应的现货加工流程进行逐一的对冲平仓操作。

此阶段可能面临逐次平仓，抑或一次性平仓的选择。

7.2.4 保值操作诊断分析

本部分是在企业套保操作全部完成之后，对企业的保值操作结果进行相应的账户诊断分析。

套期保值操作诊断系统，将从风险管理角度，使用比较全面的统计分析指标，着重考虑分析套期保值整体收益水平、评估收益与亏损的相对安全性，揭示整体收益水平下潜在的最大风险，提出个性化的诊断建议，帮助客户调整、完善套期保值操作策略。

客户交易诊断系统是一个科学性数据检测、分析评价系统和买卖决策管理系统。它具有较完整的分析策略和决策方法、较科学的分析方法、较合理的表现形式、较高的分析执行效率以及较高的资源利用效率。系统提供了完备的分析工具、测试平台，在短时间内形成各种图表形式的量化测试报告，定量地从胜率、年回报率、盈利能力等多方面评价投资方法的实战价值。它在原有条件选股成功率测试和交易系统评价的基础上，新增了对技术指标、条件选股和交易系统进行统一优化、测评，从信号成功率和交易成功率两个方面来对系统进行评价，使得评测结果更科学、更实用。

表7-2　　交易明细统计分析

客户账号	××××××	交易对象	ALL
交易期间	2007-08-01至2007-08-31		
净盈亏总额	-7 395元		
获利总额	3 080元	亏损总额	-10 475元
交易手数	6	胜率	33.33%
获利手数	2	亏损手数	4

续表

客户账号	××××××	交易对象	ALL
单手最高获利	1 540 元	单手最高亏损	-6 675 元
平均每手获利金额	513.33 元	平均每手亏损金额	-1 745.83 元
平均盈亏比	0.294	平均每手盈亏	-1 232.5 元
连续获利的最高次数	1	交易天数	23
连续亏损的最高次数	3	平均单日亏损	-455.43 元
获利平均持仓天数	21	亏损平均持仓天数	14
最大平仓亏损	-6 675 元	单日最大亏损	-7 275 元
成交手数	6	成交金额	410 295 元

7.2.5 企业套保中遇到的其他问题

(1) 逼仓问题的解决方案

在实际运营中，企业会遇到逼仓现象。具体来说，就是近月现货价格涨得很高，使得企业原材料成本不断攀升，但用于保值操作的期货远月合约价格较低，而企业的生产经营活动是要持续开展的，这样就可能造成远月合约到期后期货市场上收益较小或为零，进而最终导致套期保值没有起到应有的效果。

针对这个问题，可以采取在 LME 市场上进行保值、分批保值等策略。

就分批保值而言，可以近月、远月的期货合约都进行保值买入，但买入的头寸比例有所差异；在 LME 市场上，则是利用其交易价格的连续性去除逼仓威胁。但是，上述两种方法均有利有弊，也只能在一定程度上削弱逼仓问题。因为逼仓问题的出现，在很大程度上是源于机构客户操纵市场的非市场行为，所以不能单纯依靠市场手段进行校正。

(2) 企业保证金的预算管理

①平仓的平均价位。

【例 7-1】 企业开仓做一手铝锭的初始保证金是 4 800 美元/手，维持保证金是 4 000 美元/手，两者之间差 800 美元/手，现在做了 60 手，则 60×800 = 48 000 美元。也就是说，如果客户权益总额不少于 4.8 万美元的话，属于安全区域，可以不通知企业客户；但如果一旦突破这 4.8 万美元的临界值，则必须通知企业客户了。

企业保证金不足的时候，可采用减仓或者追加保证金两种形式，两种形式都需要全部补齐。

【例 7-2】 承上例，客户做 60 手保证金需要初始保证金为 60×4 000 = 24 万美元，这 24 万美元是要固定不动的。若共有资金 44 万美元，则可以亏损的最大额度为 44 - 24 = 20

万美元，也只有这 20 万美元可以流动。假设现在伦铝跌到 x 点，做多，现在价位是 1 370，则亏损为 1 370 − x，可以承受的不追加保证金的最大幅为 1 370 − x。则有不等式 $(1\ 370 - x) \times 25 \times 60 < 200\ 000$，得出 $x > 1\ 237$。最多可以跌到 1 237 美元。1 370 − 1 237 = 133 美元。

若从 1 370 跌到 1 000 点，则亏损（1 370 − 1 000）× 25 × 60 = 55.5 万美元，加上必须持有的维持保证金的 24 万美元，则企业账户中总资金必须最低达到 55.5 + 24 = 79.5 万美元（这就是说，在进行投资前账户中的资金总额，而不是在亏损后需要追加保证金时候的资金总额。在需要追加保证金的时候，要补足初始保证金，而不仅仅是维持保证金了。以下各算法同此）。

又若从 1 370 跌到 800 点，则亏损（1 370 − 800）× 25 × 60 = 85.5 万美元，加上必须持有的维持保证金 24 万美元，则企业账户中总资金必须最低达到 55.5 + 24 = 109.5 万美元。

【例 7 − 3】 承上例，若做 80 手，则最低可以跌到的价位为：

$(1\ 370 - y) \times 25 \times 80 < 4\ 000 \times 80$，$(1\ 370 - y) \times 25 < 4\ 000$，$y > 1\ 210$

若跌到 1 000 美元，跌亏损（1 370 − 1 000）× 25 × 8 = 74 万美元，加上必须持有的初始保证金，则企业账户中总资金必须最低达到 74 万 + 80 × 4 000 = 106 万美元。

②如果企业资金不能马上到位，最多可以等多长时间不被强行平仓？企业可在 24 小时内补足相应的保证金。但如果跌幅过大，公司也可能进行强平。

③如果强行平仓，方式是什么，是一次全平还是分批平仓？如前所述，一般可采用减仓形式来达到资金所需的要求，没必要采用一次全平的极端措施。

7.3 库存价值管理

7.3.1 库存成本

企业为了平衡各种资源不得不采用库存，然而库存也是一把双刃剑，它会占用企业资金，需要计算成本，在决策持有的库存量时，必须确定每一具体决策对成本的影响。在库存决策中涉及的成本主要有订货成本、库存持有成本和缺货成本三类，即库存成本 = 订货成本 + 库存持有成本 + 缺货成本。

（1）订货成本

订货成本是向供应商发出订单购买物品而发生的成本。订货成本的基本问题是如何分离出那些随发出订单的多少而变化的成本要素。其中订货成本还包括产品成本和运输成本。

（2）库存持有成本

库存持有成本包括企业由于所持有的库存量而发生的一切成本，通常包括下列因素：

过时成本、损坏/报废、税、保险、存储、资金。不同物品的库存持有成本实际上是不同的，但分别计算并不现实，通常的做法是选一个平均数，或选用一个适用于每一种主要产品类型的数据。

（3）缺货成本

缺货成本是衡量采购价值和销售服务水平的一项重要指标，但是要明确地计算缺货成本却是一项非常困难的工作。在缺货成本中包括由于发货量小而产生的额外的、较高的货运费用，以及由于降低的客户满意度造成的损失等因素。

7.3.2 库存管理价值与缺货成本

供应链中“牛鞭效应”阐述的供应链的不确定性来自供应商、制造商、分销商和客户等所有成员企业，并沿着供应链逐级传播。为了避免这种不确定性给企业带来的损失，于是产生了库存，用于对抗不确定性造成的原料短缺。但是库存的建立需要占用大量的资金，如果库存不当还会严重影响企业的正常运营，这便是库存管理所要考虑的问题。

库存管理的目标就是要保证在总成本最低的前提下平衡总成本和库存成本之间的关系，而其中的缺货成本尤为重要。保持一定的库存，确保能在预期时间满足生产需求，就保证了缺货成本的减少，从而尽可能地达到总成本最佳的状态。

如果企业利用期货市场建立虚拟库存，在经营过程中将构建极大的优势。当铝现货价格在低位时，大部分现货企业都希望能第一时间、最大量地采购以降低原材料的采购成本。但因为资金周转、库存场地限制、全款支付、保质期等因素并无法达到预期目的。在期货市场上建立起虚拟库存可解决此难题。举例来论证：假设铝锭目前价格在 15 000 元/吨的低位，企业有 600 万元的预备采购金额。则采用期货虚拟库存和传统的备货的区别见表 7－3。

表 7－3　　期货虚拟库存与传统备货区别表

市场对比	传统现货备货	期货虚拟库存
采购数量	600 万元/15 000 元/吨＝400 吨	600 万元/1 800 元/吨（12% 保证金）＝3 333.3 吨
占用库存	需要占用大量库存和人力、物力	不需要库存，通过网上操作
处理方式	买卖需要根据市场供求、意愿决定，不确定因素较多	交易时间内即可买卖，可操作性强，较灵活

通过上述对比来看，只需要 10% 左右的资金就可以在期货市场上建立虚拟库存，达到铝锭价格在低位时的锁定，解除了库存难、资金流动性弱、市场操作困难等一系列的问题，同时也防止在不确定因素情况下能更灵活、更便捷地进行应急处理。

8

海外矿产生产、贸易进口全流程保值模式探讨

8.1 我国铜矿生产及进口现状

8.1.1 海外铜矿投资

我国部分金属资源禀赋较弱，每年对金属存在巨大的需求，对外依存度比较高。随着我国企业实力的增长，中国企业从纯粹进口谋求海外资源，到如今加快了“走出去”的步伐，已经从矿业资本的输入国变成了输出国。铜是我国国民经济发展亟需的大宗商品，又是对外依存度极高的产品。2019 年是中国铜矿企业“走出去”的关键一年。这一年，我国海外铜产量达 160 万吨以上，并保持稳健增长。

矿业投资主要分为两大类：绿地投资和跨国并购。由于我国“走出去”的步伐比较晚，国际优质矿业资源已经被矿业巨头瓜分完毕，我国企业海外矿产资源的投资方式主要以并购投资为主，而绿地投资较少。从地域分布来看，我国企业海外投资的目的地主要是以澳大利亚、加拿大、非洲国家等为主。近年来，中冶集团联合江西铜业全面购买阿富汗艾娜克特大型铜矿是我国企业海外矿业投资的成功案例。

8.1.2 铜矿进口数量巨大

目前我国部分精矿需要大量进口，特别是铜精矿对外依存度很高。我国铜精矿的自给率已经从 20 世纪 90 年代的 80% 左右下降至 25% 以下，部分冶炼企业的原材料几乎完全依赖于进口；在大型冶炼企业中，自给率最高的江西铜业铜精矿自给率也只有 25% 左右。2019 年，我国粗铜、精炼铜进口量分别为 76 万吨、355 万吨，铜精矿进口实物量 2 199 万吨。从铜精矿的来源国来看，我国主要从智利、秘鲁、美国、印度尼西亚、加拿大、澳大利亚、刚果、缅甸、蒙古国等国家进口。

8.1.3 相关法规对铜精矿进口的影响

国家质检总局、商务部、环保总局联合发布 2006 年第 49 号公告，自 2006 年 6 月 1 日

起，进口铜精矿中砷（As）不得大于0.50%（含量，下同），铅（Pb）不得大于6.0%，氟（F）不得大于0.10%，镉（Cd）不得大于0.05%，汞（Hg）不得大于0.01%。

49号公告对中国进口铜精矿中的有害元素含量作出了比较严格的规定，影响到铜冶炼企业的原料来源，对铜产品进口造成了一定程度的影响。此外，中国有关政策规定，黄金不能以一般贸易方式出口，取消铜精矿加工贸易后，由于黄金无法复出口和承受不起高额的进口税收成本，企业根本无法再进口高含金的铜原料，这样既不利于争取进口更多的我国短缺的铜、黄金原料，同时也使企业在原本十分紧张、有限的国际铜原料市场的选择范围受到很大的局限。而且，取消铜原料的加工贸易致使企业无法从事境外期货套期保值业务，企业经营风险大大增加。若以进料加工贸易方式进口铜精矿，在国际市场价格明显高于国内市场价格时，企业可以选择按国际市场价格出口，可以规避两个市场价格剧烈震荡的风险。在目前的政策条件下，阴极铜不可能以一般贸易方式出口，也不能以加工贸易方式出口阴极铜，国际国内两个市场完全被隔离，调节两个市场价差的手段自然消失。铜具备很强的金融特性，国际市场上一些投机基金知道中国阴极铜不能出口，往往利用铜结构性供应不足的机会，恶意炒高国际铜期货价格。由于我国进口阴极铜、铜精矿、废杂铜、粗铜及多种铜加工产品均以国际期货价格为基准，年进口总量超过300万吨铜含量，因此铜价上涨导致我国不得不付出高额成本。

8.2 铜精矿进口流程

贸易商一般是采用信用证的形式进口铜精矿，在了解铜精矿进口的流程之前，需要对信用证的定义以及特点做全面的了解。

8.2.1 信用证的定义

在国际贸易活动，买卖双方可能互不信任，买方担心预付款后，卖方不按合同要求发货；卖方也担心在发货或提交货运单据后买方不付款。因此需要两家银行作为买卖双方的保证人，代为收款交单，以银行信用代替商业信用。银行在这一活动中所使用的工具就是信用证。

可见，信用证是银行有条件保证付款的证书，成为国际贸易活动中常见的结算方式。按照这种结算方式的一般规定，买方先将货款交存银行，由银行开立信用证，通知异地卖方开户银行转告卖方，卖方按合同和信用证规定的条款发货，银行代买方付款。

信用证主要内容：

- 对信用证本身的说明。如其种类、性质、有效期及到期地点；
- 对货物的要求，根据合同进行描述；
- 对运输的要求；

- 对单据的要求，即货物单据、运输单据、保险单据及其他有关单证；
- 特殊要求；
- 开证行对受益人及汇票持有人保证付款的责任文句；
- 银行间电汇索偿条款（t/t reimbursement clause）。

根据买方企业的要求，信用证承兑日主要可以分两种：90天和180天。银行根据企业不同的信用，会在开立信用证时，让企业缴纳一定比例的信用证保证金。一般信誉好的企业，保证金比例大约在20%～30%之间。

8.2.2 信用证的特点

信用证方式有三个特点：

一是信用证是一项自足文件（self－sufficient instrument）。信用证不依附于买卖合同，银行在审单时强调的是信用证与基础贸易相分离的书面形式上的认证。

二是信用证方式是纯单据业务（pure documentary transaction）。信用证是凭单付款，不以货物为准。只要单据相符，开证行就应无条件付款。

三是开证银行负首要付款责任（primary liabilities for payment）。信用证是一种银行信用，它是银行的一种担保文件，开证银行对支付有首要付款的责任。

8.2.3 信用证的种类

（1）以信用证项下的汇票是否附有货运单据划分

跟单信用证（Documentary Credit）：是凭跟单汇票或仅凭单据付款的信用证。此处的“单据”指代表货物所有权的单据（如海运提单等），或证明货物已交运的单据（如铁路运单、航空运单、邮包收据）。

光票信用证（Clean Credit）：是凭不随附货运单据的光票付款的信用证。银行凭光票信用证付款，也可要求受益人附交一些非货运单据，如发票、垫款清单等。

在国际贸易的货款结算中，绝大部分使用跟单信用证。

（2）以开证行所负的责任为标准划分

不可撤销信用证（Irrevocable L/C）：指信用证一经开出，在有效期内，未经受益人及有关当事人的同意，开证行不能片面修改和撤销，只要受益人提供的单据符合信用证规定，开证行必须履行付款义务。

可撤销信用证（Revocable L/C）：开证行不必征得受益人或有关当事人同意有权随时撤销的信用证，应在信用证上注明“可撤销”字样。但《UCP500》规定：只要受益人依信用证条款规定已得到了议付、承兑或延期付款保证时，该信用证即不能被撤销或修改。

它还规定，如信用证中未注明是否可撤销，应视为不可撤销信用证。《UCP600》规定银行不可开立可撤销信用证！

(3) 以有无另一银行加以保证兑付为依据划分

保兑信用证（Conformed L/C）：指开证行开出的信用证，由另一家银行保证对符合信用证条款规定的单据履行付款义务。对信用证加以保兑的银行，称为保兑行。

不保兑信用证（Unconfirmed L/C）：开证行开出的信用证没有经另一家银行保兑。

(4) 根据付款时间不同划分

即期信用证（Sight L/C）：指开证行或付款行收到符合信用证条款的跟单汇票或装运单据后，立即履行付款义务的信用证。

远期信用证（Usance L/C）：指开证行或付款行收到信用证的单据时，在规定期限内履行付款义务的信用证。

假远期信用证（Usance Credit Payable at Sight）：信用证规定受益人开立远期汇票，由付款行负责贴现，并规定一切利息和费用由开证人承担。这种信用证对受益人来讲，实际上仍属即期收款，在信用证中有“假远期”条款。

(5) 根据受益人对信用证的权利可否转让划分

可转让信用证（Transferable L/C）：指信用证的受益人（第一受益人）可以要求授权付款、承担延期付款责任，承兑或议付的银行（统称“转让行”），或当信用证是自由议付时，可以要求信用证中特别授权的转让银行，将信用证全部或部分转让给一个或数个受益人（第二受益人）使用的信用证。开证行在信用证中要明确注明“可转让”，且只能转让一次。

不可转让信用证（Non－transferable Credit）：指受益人不能将信用证的权利转让给他人的信用证。凡信用证中未注明“可转让”，即是不可转让信用证。

循环信用证（Revolving L/C）：指信用证被全部或部分使用后，其金额又恢复到原金额，可再次使用，直至达到规定的次数或规定的总金额为止。它通常在分批均匀交货情况下使用。在按金额循环的信用证条件下，恢复到原金额的具体做法有：

- 自动式循环。每期用完一定金额，不需等待开证行的通知，即可自动恢复到原金额。
- 非自动循环。每期用完一定金额后，必须等待开证行通知到达，信用证才能恢复到原金额使用。
- 半自动循环。即每次用完一定金额后若干天内，开证行未提出停止循环使用的通知，自第×天起即可自动恢复至原金额。

对开信用证（Reciprocal L/C）：指两张信用证申请人互以对方为受益人而开立的信用证。两张信用证的金额相等或大体相等，可同时互开，也可先后开立。它多用于易货贸易或来料加工和补偿贸易业务。

背对背信用证（Back to Back L/C）：又称转开信用证，指受益人要求原证的通知行或其他银行以原证为基础，另开一张内容相似的新信用证。背对背信用证的开证行只能根据不可撤销信用证来开立。这种信用证的开立通常是中间商转售他人货物，或两国不能直接办理进出口贸易时，通过第三者以此种办法来沟通贸易。原信用证的金额（单价）应高于背对背信用证的金额（单价），背对背信用证的装运期应早于原信用证的规定。

预支信用证/打包信用证（Anticipatory credit/Packing credit）：指开证行授权代付行（通知行）向受益人预付信用证金额的全部或一部分，由开证行保证偿还并负担利息，即开证行付款在前，受益人交单在后，与远期信用证相反。预支信用证凭出口人的光票付款，也有要求受益人附一份负责补交信用证规定单据的说明书，当货运单据交到后，付款行在付给剩余货款时，将扣除预支货款的利息。

备用信用证（Standby credit）：又称商业票据信用证（Commercial paper credit）、担保信用证。指开证行根据开证申请人的请求对受益人开立的承诺承担某项义务的凭证。即开证行保证在开证申请人未能履行其义务时，受益人只要凭备用信用证的规定并提交开证人的违约证明，即可取得开证行的偿付。它是银行信用，对受益人来说是备用于开证人违约时，取得补偿的一种方式。

8.2.4 利用信用证进口铜精矿流程

（1）签订合同

进口商与出口商签订进口铜精矿合同。

（2）办理许可证

- 网上申请，由外经贸审批，通常三个工作日后可通过审批。
- 通过审批后，带许可证申领单（加盖公章）及合同，由外经贸处取得许可证。
- 许可证一式三联，蓝联为报关联，黄联为银行付汇联，红联为公司留存。

（3）银行开立信用证

企业在和国外出口商签订了铜精矿的进口合同之后，就可以向银行开立信用证。开立信用证一般需要信用证申请书、合同、许可证黄联。具体流程如下：

①进口商填写开证申请书，缴纳押金和手续费，要求开证行开出以出口商为受益人的信用证。此过程需要申请人填写开证申请书，并加签章；贸易合同复印件；外经贸部核准批件；企业营业执照；预留印签。

②开证行将信用证寄交出口商所在地的分行或代理行（通知行）。

③通知行核对印鉴无误后，将信用证转交出口商。

④出口商审核信用证与合同相符后，按信用证规定装运货物，并备齐各项货运单据，开具汇票，在信用证有效期内一并送交当地银行（议付行）请求议付。

⑤议付行审核单据与信用证无误后，按汇票金额扣除利息和手续费，将货款垫付给出口商。

⑥议付行将汇款和单据寄交开证行或其指定的付款行索偿。

⑦开证行审核出口商委托其银行寄来的信用证项下规定的全套单据，在7个工作日内向寄单行作出拒付或同意承兑/付款的决定，若单据无误，向议付行付款。

⑧开证行在向议付行办理转账付款的同时，通知进口商付款赎单。

（4）出口商交单

进口贸易中应由出口商提供以下单证：

- 正本提单（bills of lading）或仓单（warehouse receipt）；
- 商业发票（commercial invoice）；
- 正本原产地证明（certificate of origin）；
- 正本数量和质量证明（certificate of quality/quantity/weight）。

（5）报关

报关需要提交以下单证：正本提单或仓单；商业发票（复印件）；装箱单（复印件）；原产地证明（复印件）；合同（复印件）；许可证蓝联；正本报关委托书；正本商检委托书；付汇情况表。

（6）缴费

在进口货物时，除了进行报关外，进口商需要向海关缴纳关税费用、增值税费用、检验检疫费。目前关税税率为0，增值税费用为17%。

（7）核销

核销时需提供以下单证：报关单（白联）、银行核销单（黄联）、核销员证等。

8.3 铜精矿进口作价方式

8.3.1 全球铜精矿定价方式

全球铜资源分布的不平衡使得铜精矿贸易活跃，在2007年冶炼商利益分享机制PP条款被去掉后，国际铜市场上采购铜精矿一般采用的是年度合同、现货市场点价两种方式。

TC/RC：矿产商或贸易商（卖方）向冶炼厂或贸易商（买方）支付的、将铜精矿加工成精炼铜的费用。其中 TC 意为粗炼费，是将精矿经熔炼炉、转炉、精炼炉加工转为阳极铜的名义成本，单位为美元/吨（干矿）；RC 意为精炼费，是将阳极铜精炼加工转为阴极铜或精铜的成本，单位为美分/磅（电铜）。

目前冶炼厂的收入只包括处理费和精炼费，这反映了全球铜精矿的紧缺以及铜采矿行业整合度的提高，铜价的定价权集中在了矿商手中。目前铜精矿定价的通行做法是，铜精矿加工完毕后，矿产商或贸易商与冶炼厂事先谈好 TC/RC 费用，然后从基于 LME 基准价确定的售价中扣除 TC/RC 费用后就是铜精矿的销售价格。目前 TC/RC 费用已经成为铜精矿市场的晴雨表，当铜精矿供应充足时，TC/RC 费用就上涨；当铜精矿供应紧张或者出现不足时，TC/RC 费用就下降。所以，归根结底，铜精矿的供求关系才是影响 TC/RC 费用的决定性因素。

全球铜精矿的主要买方和主要卖方都非常集中，主要买方集中在中国、日本、韩国等国家，主要卖方集中在智利、秘鲁、澳大利亚等国，而智利等国的矿权主要集中在 COLD-ECO、力拓、必和必拓、自由港迈克墨兰等少数公司手中。在中国等国冶炼产能快速扩张而产业集中度很低的情况下，国际矿商死死扼住了铜供应的"咽喉"。

在 2000 年之前，由于铜价相对低迷，铜精矿供应能力比较充足，使得 TC/RC 费用保持在了较高的水平，基本在 100 美元/10 美分至 130 美元/13 美分之间。但铜价的持续低迷使得铜矿经营困难，全球最大的两个铜矿 Escondida 和 Grasberg 分别出现部分停产，使得全球铜精矿供应顿时紧张，而 TC/RC 费用在 2002 年左右也下跌了近一半至 70 美元/7 美分左右。但随着 Escondida 和 Grasberg 等矿山的恢复投产，全球铜矿产量激增，使得 TC/RC 费用再度走高，2004—2005 年 TC/RC 费用年度价格最高超过 200 美元/20 美分，现货价格甚至达到了 350 美元/35 美分的高位。随着中国经济在 2003 年后开始新一轮高速增长周期，以及全球经济步入快速增长轨道，铜的需求非常旺盛，同时高额的加工费刺激了包括中国在内的冶炼企业大量扩张。但如前所述，此时由于铜矿品位以及勘探费用等原因使得铜矿供给出现严重紧缺，罢工等因素也推波助澜。从 2005 年后 TC/RC 费用逐年下降，2005—2008 年的年度 TC/RC 费用从 113 美元/11. 3 美分下降至 42. 5 美元/4. 25 美分。虽然金融危机使得加工费有所提高，2009 年上半年 TC/RC 费用上涨至 75 美元/7. 5 美分，但由于金融危机之后中国国储收铜等因素，铜价的上涨再度使得铜精矿紧缺，TC/RC 费用重新下降，2010 年下半年 TC/RC 费用降至 39 美元/3. 9 美分的历史低位。尽管 2011 年由于日本地震导致大量冶炼厂停产，TC/RC 费用有所上升，但在铜精矿供应不足、国内冶炼产能继续大幅扩张的背景下，此后几年的 TC/RC 费用仍维持在较低水平，冶炼商难以获得较大利益。通过年度 TC/RC 费用购买铜精矿的企业尚且如此，众多通过现货市场购买铜精矿的中小冶炼企业日子更加难过，加工费用微薄仍然是国内冶炼企业经营的最大风险。

8. 3. 2　铜精矿进口作价方式

铜精矿的进口作价方式为参照 LME 铜价，以点价的方式完成。

基础价格的分类：LME 均价（包括月平均价、周平均价和买卖双方商定的一定时间内的平均价），LME 现货结算价，LME 三个月期货结算价，任意价格。

买卖方点价的权利：即由谁来决定在规定期限内点价。通常由买卖双方预先商订，可以是买方的权利，也可以是卖方的权利。

点价基价的确定：无固定模式，可以是均价，也可以是现货或 3 个月期货结算价，也可以是 LME 任意一个价位。通常的做法是：按照货物预计到港的日期——即 ETA，该日期 LME 的现货价作为基价，此基价对买卖双方都比较公平。

通常的几种作价方式：M－1、M－2、M－3，即装船前的 1 个月、2 个月、3 个月 LME 的现货结算平均价；M＋1、M＋2、M＋3，即装船后的 1 个月、2 个月、3 个月 LME 的现货结算平均价；M＋0，不加不减，即装船当月份 LME 的现货结算。铜精矿的进口作价期通常为 M＋2 和 M＋3，即以装船后的 2～3 个月的 LME 的现货结算平均价作为基价。

8.3.3 LME 交易合约

（1）可交易的合约

从当日开始到 3 个月后任何一个工作日到期的合约均能在市场上交易。而 3 个月后至 15 个月及 27 个月的合约只能交易在特殊工作日到期的合约。3 个月后至 6 个月的合约，市场只能交易每个周三到期的合约，而 7 个月后至 27 个月的合约，市场只能交易每个月的第三个周三到期的合约。

（2）现货合约

“cash”（现货合约）是指 2 天后到期的合约。如今天为 7 月 20 日，则市场上所交易的现货合约指的是到期日为 7 月 22 日的合约。

（3）展期交易

每天绝大多数和约的交易区域为现货到期日至 3 个月期。一般情况下 2 个日期间有 88～92 个交易日（约 13 周）。在市场交易中能直接报价交易的只有现货合约与 3 个月连续合约。如果投资者想交易到期日间于现货与 3 个月期的合约，一般先在现货合约或 3 个月连续合约上建立头寸，然后再将所建立的头寸展期至所需要的日期。

（4）最后交易日

举例：7 月 18 日买入 3 个月连续合约，如头寸持有至 10 月 18 日，投资者必须在 10 月 18 日做出交割或平仓的选择。

（5）交易盈亏的兑现

交易盈利或亏损只在合约到期日兑现，即使合约到期之前投资者已经平仓，其实际的现金流仍必须等到合约到期日。如投资者在 7 月 20 日买入 200 吨铜，其到期日为 10 月 20 日，而在 8 月 25 日投资者将其多头头寸平仓，但盈利或亏损只有在 10 月 20 日才能兑现。

（6）交割结算价

在交割中，交割结算价为到期日前 2 个工作日的现货结算价。若合约的到期日为 10 月 20 日，则以 10 月 18 日的现货结算价为交割结算价。

8.4 风险分析及保值流程

8.4.1 保值的总体思想

目前进口铜原料已经成为我国铜冶炼企业最重要的原料组成部分，而由于当前国家出口政策的限制（对精铜出口征收 10% 的关税），电解铜销售基本都在国内。但是，由于 LME 和上海期货交易所（SHFE）的价格变化又不完全同步，价差是长期存在且波动剧烈的，所以保值的重点是考虑两个市场的无税价差，公式是：（伦铜价格 - 加工费）×（1 + 增值税率）× 汇率 + 杂费。理论上说，只要上述静态价差大于零，在进口点价的同时通过在国内期货市场卖出操作，即可以锁定进口原材料的利润。

由于我国是铜的净进口国，在上述无税价差有利于进口时，国内电解铜进口企业会集中通过国内外两个期货市场的点价锁定进口利润，使中国的铜市场长期维持着大约以 4 个月为一个周期的“进口铜增加导致国内铜阶段性供应过剩，国内外价差减小→铜转口贸易、进口减少导致国内铜供应紧张，国内外价差加大→进口再次增加”的循环。所以正常情况下，1 年可以出现 3 ~ 4 次比较理想的进口铜精矿保值机会。冶炼过程的连续性决定了电解铜销售的均匀性，所以一般国内的长期电解铜销售合同也是以上海期货交易所当月平均价为作价基础。即使是零星销售，企业对销售人员业绩的考核也基本与当月平均价挂钩，所以卖出保值的均匀性是保值的另一个目标。

8.4.2 不同 QP 下的保值策略

（1）QP 均匀情况下的保值策略

QP（quotational period，作价期）均匀情况是指每个月进口铜精矿的 QP 量基本都是全年 QP 量的 1/12。这种情况下，铜原料进口企业必须抓住每一次无税价差有利于进口的机会，通过在国内外期货市场一卖一买的操作，保证加工费收益。由于在正常情况下 1 年可以周期性地出现 3 ~ 4 次进口铜精矿的保值机会，上海期货交易所铜合约的活跃月数也有 3 ~ 4 个月左右，基本上可以满足进口企业在国内期货市场全年均匀保值的需要，保值操作相对简单。但在全球铜精矿市场集中度越来越高的情况下，QP 已经成了国际矿业垄断寡头们操纵市场、从中牟取暴利的必要手段之一。因此 QP 均匀只有理论上存在，在实际工作中很难出现。

（2）QP 不均匀情况下的保值策略

一般来说，对于任何企业进口铜精矿的 QP 量，不均匀是绝对的。因为国外贸易商会故意将中国甚至全球传统消费旺季月份的 QP 量加大，以便在进入该月后拉高 LME 市场铜价，从而间接提高铜精矿的销售价格。所以进口企业与铜精矿供应商试图协商按照市场适时的升贴水情况将 QP 调整均匀而不付出额外成本是不可能的。这种情况下进口企业比较可行的保值策略是，通过正向的跨市、跨期套利相结合的操作以达到预期的保值效果。

例如，在某年的 1 月份时市场上出现了两地无税价差大于零的保值机会，而国内某企业当年全年的进口铜精矿约为 12 000 吨（含铜量，下同），即平均每月进口量约 1 000 吨，而既有的合同 QP 情况是，2 月、3 月、4 月份的 QP 量很少，合计约 1 000 吨，5 月份的 QP 量高达 3 000 吨，此时应该优先将 2 月、3 月、4 月份既有的 QP 量通过在两个市场一买一卖保值，如果当时 LME 市场 5 月份 date 价格（即每月第三个星期三的合约价格）与上海期货交易所 2 月、3 月、4 月、5 月份的价格相比无税价差都大于零，可以在 LME 市场将 5 月份的 date 合约全部买进，而将 2 月、3 月、4 月份不足的 QP 量在上海期货交易所对应的月份卖出补足，5 月份也需要卖出保值 1 000 吨；如果与 LME 市场 5 月份的 date 价格相比，国内市场上述的几个月合约中只有部分合约的价格能达到零价差以上，此时在 LME 市场 5 月份的 date 合约全部买进的同时将国内零价差以下月份必须补足的 QP 量全部在上述约期中最远的月份卖出，首先将进口 QP 不均匀的情况转化为国内卖出保值月份不均匀的情况，待到国内期货市场的价差结构有利于空头移仓时再将该国内卖出不均匀的部分调整均匀。

如果国内某企业既有进口铜精矿合同 QP 情况是：2 月份的 QP 量超过平均量，而 3 月、4 月、5 月份的 QP 量较少，那么 2 月份多出的 QP 量应该在上一次国内外市场出现无税零价差以上的时候处理。因为一旦进入 QP 月而没有保值，买进的铜精矿就只能是 LME 市场现货月的结算平均价了，这种情况下在国内卖出保值的时机很难把握，风险很大。

（3）保值策略的机动灵活性

保值策略的机动灵活主要是指将企业自产原料或国内采购原料的保值头寸与进口原料保值头寸的操作相结合，如在已经将进口 QP 不均匀的情况转化成了国内卖出保值月份不均匀的前提下，一直没有出现国内期货市场价差结构有利于调整头寸情况，而此时国内的价格已经高于自产原料或国内采购原料的保值目标价格需要保值，就可以通过该卖出保值的操作来平衡国内已经卖出的进口铜精矿不均匀的状况；国内零售部分的灵活性与进口原料保值的结合，一般情况下铜冶炼企业都有 20% 以上的电解铜需要在现货市场零星销售，在出现现货市场价格比上海期货交易所当月铜升水、而当日现货销售量又超过了平均销售量的时候，可以将进口铜精矿在上海期货交易所卖出的操作与因现货市场超卖必须在期货市场买进的操作自然对冲，而不必发生实际的操作；冶炼厂正常检修、电力供应紧张而临时停产等导致某个月铜产量减少时，要求在进行进口铜精矿的保值操作以前就必须大致了解可能出现铜产量减少的月份，在操作时尽量将国内低于平均保值卖出量的部分放在该月合约，这样做可以部分减少国内市场上不必要的移仓操作。在实际的日常保值操作中还会出现其他的可以形成自然对冲的情况，只要把握好买卖平衡，规避价格波动风险的基本原则就可以减少很多无谓的操作。

8.5 铜精矿进口成本分析及保值案例

8.5.1 铜矿进口成本分析

除了 TC 和 RC，回收率也是分析铜矿进口成本的因素，目前铜精矿回收率一般为 96.5% 左右。我们假设铜精矿的品位为 25%，TC/RC 为 60 美元/6 美分，现货铜价格为 8 000 美元，则铜精矿进口成本可以按以下步骤计算：

粗炼费 = 1 ÷ Cu% ÷ 回收率% × TC = 1 ÷ 25% ÷ 96.5% × 60 = 248.7（美元/吨）

精炼费 = RC × 2 204.62 ÷ 100 = 6 × 2 204.62 ÷ 100 = 132.3（美元/吨）

综合加工费 = 粗炼费 + 精炼费 = 248.7 + 132.3 = 381（美元/吨）

因此，每吨（金属吨）铜精矿进口计价为 8 000 − 381 = 7 619（美元）

每吨（金属吨）铜精矿进口成本 =（伦铜价格 − 加工费）×（1 + 增值税率）× 汇率 + 杂费（约 100 元）= 7 619 ×（1 + 13%）× 6.32 + 100 = 56 438（元）

8.5.2 精铜生产成本

目前国内冶炼企业的普遍冶炼成本为 3 000 元，副产品硫酸价格为 700 元每吨，按照冶炼每吨铜产生 3 吨硫酸的比例计算，冶炼每吨铜将产生 2 100 元的副产品收益，如果不计算金银等其他副产品，则国内精铜生产成本约为 1 000 元/吨。由此可见，硫酸等副产品对降低冶炼成本做出了极大贡献，但一旦硫酸价格下降，冶炼成本将大大增加，冶炼企业的生产成本对硫酸价格的敏感性很强。

8.5.3 铜精销售成本

根据以上计算，国内冶炼 1 吨铜的铜精矿进口成本为 56 438 元，当前硫酸价格下精铜生产成本为 57 438 元，当铜价高于精铜生产成本时，冶炼企业存在收益，但一旦铜价低于 57 438 元，则冶炼企业面临亏损。

8.5.4 利用期货市场对铜精矿进行保值

（1）生产商进口保值策略

从上述对铜精矿的进口成本以及精铜生产成本的分析来看，生产商的保值模式遵循下列公式：

沪铜价格≥精铜生产成本＝铜精矿进口成本＋冶炼成本－副产品收益

当国内铜价大于或者等于精铜生产成本时，此时可以在对进口铜精矿进行点价的同时在国内期货市场上卖出沪铜期货，从而锁定企业的冶炼收益。

（2）贸易商进口保值策略

对于贸易商而言，进口铜精矿主要是为了获得价差收益，因此沪铜和伦铜的价差决定了贸易商的收益，贸易商的保值模式遵循下列公式：

沪铜价格≥铜精矿进口成本

当国内铜价大于或者等于铜精矿进口成本时，此时可以在对进口铜精矿进行点价的同时在国内期货市场上卖出沪铜期货，从而锁定进口盈利。

8.6 人民币汇率变化对保值的影响

自从2002年下半年人民币升值预期兴起以来，国际游资大量流入中国楼市、股市等资产市场。而与此同时，中美之间的利差反转并呈逐渐扩大的趋势，加剧了海外套利资金的进入。热钱的流入增加了国内的金融风险，此外还增加了国家宏观调控、控制物价的难度，国家开始注意人民币过快升值，中国银行对作为主要“热钱”流入地的香港的人民币外汇交易手续费和价差区间上调，以增加人民币交易成本，而从人民币NDF远期汇率来看，开始起了成效。

人民币升值对大宗商品市场必然会产生重要影响，在其他交易条件不变的前提下，人民币相对美元等外币升值，意味着同等的人民币能兑换到更多的外币用于进口，从而导致进口成本降低，进口商品的价格随之就会下跌，同时增加出口成本、抑制出口。从理论上看，人民币升值幅度和大宗商品价格下跌幅度是基本相同的，但受心理因素影响，人民币升值后，大宗商品平均价格下跌幅度往往要大于升值幅度。

反之，如果人民币贬值，在同等条件下，则需要付出更多的人民币来购买以美元计价的铜，国内铜价将上升。自2004年以来，因为人民币升值预期长期存在，吸引了大量的热钱进入中国，而随着美元的升值，人民币升值预期已经削弱，已经大量获利的热钱具备了外逃的条件了。2011年年底，人民币连续10个交易日触及跌停，这反映了人民币由之前的单边升值通道转向“有浮动的双向变动”的格局。

总体来看，无论人民币升值还是贬值，均将会对期货市场的保值产生直接影响。一般而言，如果处于升值通道，则对于保值者来说相对有利；而如果人民币贬值，那么对保值者来说则相对不利。在对铜精矿保值时，既要选择两市比值有利时进行，同时也要尽量避免人民币处于贬值阶段时进行保值。

8.7 铜精矿进口安全保护

由于国内铜精矿进口规模巨大，除了价格方面的因素，铜精矿进口短重的问题也不可忽视，进口企业应从以下几个方面加以注意：

在合同拟订上，应尽量保证国内收货时的有利条件的条款内容。产品水分条款不可缺少，装货港和卸货港的水分差别一定要在规定范围内浮动，对超出范围要严格界定索赔条款，减少隐形短重的出现，以保证铜精矿进口的第一道防线。

船舶的选择上，应该选择相关数据齐全的船舶承载铜精矿，图标的准确是保证水尺记重结果的准确，这都是需要船况提供基础的保证。

虽然铜精矿产品不存在疫情的传播，但是在这方面也不能掉以轻心，装船前的检验检疫机构的审批也是需要的，以免给进口铜精矿卸船带来麻烦。

货物保险，投保合理的保险是对铜精矿进口提供一个基本保障。在货物卸载的时候由保险公司派员到现场进行勘察，如有必要可以申请船舶监管，以保证理赔工作顺利进行。

总之，在很多方面都可以对进口铜精矿产品提供防患于未然的保护，这样在真正出现问题的时候进口商“有依可循”，从而减少不必要的损失。

9

期货工具在国内 EPC 项目管理模式中的应用

9.1 EPC 项目管理模式

9.1.1 什么是 EPC 项目管理模式

EPC 项目管理模式（以下简称“EPC 模式”）是项目总承包模式的一种，是指由承包商承揽整个项目的设计、采购、施工，对项目的质量、安全、工期、造价等全面负责，并最终向业主提交一个符合合同约定、满足使用功能、具备使用条件并经竣工验收合格的建设工程承包模式。

EPC 是 Engineering、Procurement、Construction 三个英文单词第一个英文字母的缩写。EPC 模式于 20 世纪 80 年代首先在美国出现，得到了那些希望尽早确定投资总额和建设周期的业主的重视，之后在国际工程承包市场中的应用逐渐扩大。

为了对这种模式下的合同条件予以规范和明确，国际咨询工程师联合会（FIDIC）于 1995 年出版了《设计——建造总承包与交钥匙工程合同条件》，1999 年出版了《设计采购施工（EPC）/交钥匙工程合同条件》以及《生产设备和设计——施工合同条件》，这三个规范文本是目前 EPC 模式的主要参照文本，具体选用根据建设单位和投资方的需要。

9.1.2 EPC 模式的发展

EPC 模式是当前国际工程承包中一种被普遍采用的承包模式，也是在当前国内建筑市场中被我国政府和我国现行《建筑法》积极倡导、推广的一种承包模式。这种模式已经开始在包括房地产开发、大型市政基础设施建设等在内的国内建筑市场中被采用。

我国从 20 世纪 80 年代开始，在化工、石化等行业进行工程总承包的试点，随后在其他行业逐步推广。20 世纪 90 年代初期我国引入 FIDIC 条款以及欧洲采用的建筑师负责制，使我国建筑企业对国际承包管理的通用做法有了了解。2002 年 5 月，中国工程咨询协会编译出版了《设计采购施工（EPC）/交钥匙工程合同条件》中文版本。2003 年 2 月建设部印发了《关于培育发展工程总承包和工程项目管理企业的指导意见》（建市〔2003〕30

号），政府主管部门对工程总承包开始大力推广。2005 年发布了《建设项目工程总承包管理规范》（GB/T50358 - 2005），由此推动了总承包模式在国内的加速发展。

在工程承包尤其是国际工程承包实践中，随着科学技术的迅猛发展，业主方对建设工程的功能要求日益多样化，建设工程的规模越来越大，复杂程度也越来越高。原来在建筑市场采用的“设计—采购—施工”各个环节分离的工程建设传统承包模式，由于存在工程进度衔接不畅、工程质量责任难以划分等问题，已经越来越不适应形势发展的需要。因此，由一个总承包商对整个工程设计、建设过程、工程质量、工程造价负责的 EPC 总承包模式应运而生。根据美国设计建筑学会的统计，国际工程采用总承包的比例已远远超过 50%。

国内市场上，工程总承包从化工、石化行业逐步推广到冶金、电力、纺织、机械、电子、市政、地铁等行业，房屋建筑工程项目的工程总承包比例也在不断增加，取得了明显的进展。此外，随着我国对外工程承包项目日趋大型化，部分大型对外企业积极进入高端市场，不但在国外承担了不少 EPC 总承包项目，而且总承包合同额也实现了大幅度增长。

9.1.3 EPC 模式与传统模式的比较

EPC 模式的最大特点是合同总价与工期固定，承包商需要比传统范围的红皮书和黄皮书（即《土木工程施工合同》和《机电工程合同标准格式》）承担更广范围的风险责任。

在传统模式下，雇主和承包商的风险分担一般遵循两个原则：最有能力控制风险的一方承担风险，合同各方对己方及其工作人员在工作过程中因自身过失造成的风险负责；在发生不可抗力和不可预见困难的情况下，风险一般由雇主来承担。因此，雇主和承包商将合理地分担风险。例如，经常采用单价合同（传统模式下有时也可以采用总价合同），对于单价合同，雇主承担了工程量估计不准的风险，而承包商承担了单价报价失误的风险。

在 EPC 模式下，设计、采购、施工任务全部由承包商来完成，雇主希望由承包商来承担工程建设过程中的绝大部分风险。雇主过失风险往往也要求承包商来承担，例如雇主并不承担合同文件中存在错误、遗漏或者不一致的风险，而承包商要对合同文件的准确性和充分性负责。在 EPC 模式下一般采用总价合同，合同价格并不因为不可预见的困难和费用而予以调整。另外，工期通常也是固定不可调整的。那么雇主为什么要锁定价格和工期呢？因为 EPC 通常与融资有着密切关系，因此也有 FEPC 之说。由于偏重于融资安排的缘故，融资人要求项目成本一定要有确定性，不能敞口；并且还要有前瞻性，工期要求锁定，以保证融资金额的相对固定和安全，否则融资人的风险就会很大。EPC 签约双方的议标比较漫长，实际上是一个讨价还价的过程。

与传统模式相比，EPC 项目承包商承担了更高的风险，必然要在报价中加大风险费的比例。如果一个承包商善于控制这些风险，就能最大限度地将报价中的风险费转化为利润。这样，高风险也就给承包商带来较高的利润空间。对于雇主来说，虽然在 EPC 模式下承包商投标报价中风险费用比较高，但由于承包商可以统筹安排整个项目的设计、采购和施工，充分发挥设计的主导作用，工程总投资一般会比采用传统模式要低一些，同时还可以大大地缩短建设工期。

EPC 模式下雇主对项目执行过程中介入很少，由承包商承担项目的设计和实施的全部职责。承包商向雇主提供了一个配备完善的设施，“转动钥匙”即可运行。

在传统模式下，雇主处于工程项目管理的核心地位。如果雇主自行管理，则要求雇主有一定的专业管理人才和丰富的工程管理经验。一般情况下，雇主往往缺乏工程管理经验或者精力有限，自己去管理整个工程项目的效果不一定很好而且费用比较高。因此在工程实践中，雇主往往会委托一个项目管理公司或者工程咨询公司，作为“工程师”来承担雇主方项目管理的任务。

在 EPC 模式下，雇主只负责提出工程项目的预期目标、功能要求和设计标准，而把设计、采购、施工和试运行的全部工作都交给了承包商。雇主并不希望介入具体的工作，一般只对承包商文件进行审核，按照合同中规定的付款计划表向承包商支付工程款。因此，与传统模式相比，雇主的项目管理任务减少了许多，通常只以委派业主代表的形式管理整个项目。“业主代表”除没有终止合同的权力外，拥有雇主的全部授权。

EPC 模式的适用范围侧重不同。传统模式主要适用于房屋建筑工程，很少涉及复杂设备的采购和安装。在这种模式下，雇主分别把设计和施工任务交给不同的承包商来完成，而它们的工作又是依次进行的。只有当设计工作完成后，雇主才能通过施工招标来选择施工承包商，由施工承包商按照设计图纸完成施工任务。采用传统模式时，专业设计一般不会非常复杂，在整个项目中设计工期所占比例不会很高，而施工工期则相对较长，所占比例也很高。工程项目的规模可大可小，技术要求可高可低，雇主对工期的要求往往不会特别苛刻。

EPC 模式一般适用于大型工业投资项目，主要集中在石油、化工、冶金、电力等工程项目中。采用这种模式建设的项目都有投资规模大、专业技术要求高、管理难度大等特点。在这类工程中，设备和材料占投资比例高、采购过程长、很多设备需要单独订制，甚至需要设计并制造全新的设备。如果等到设计工作全部完成后才开始设备采购和工程施工，那么整个工期就会拖得很长，对于雇主来说，这是非常不利的。而采用 EPC 模式，在设计的同时进行设备材料的采购，而且设计和施工实现了深度交叉，从而有效地缩短了建设工期。EPC 模式将工程设计、工程管理和工程施工完美结合，有助于达到创新设计、缩短工期、降低投资的目的。

9.1.4 小结

第一，EPC 项目风险主要由承包商承担。承包商承担了设计、采购、施工三个主要阶段的全部风险。

第二，EPC 项目管理模式涉及范围比较广，几乎涉及房屋建设、基础设施建设、石油、化工、冶金、电力等各种建筑项目和工程项目。

由于承包商承担了更大的风险，因此本部分主要研究的就是：将承包商承担的项目风险进行细分，在期货市场寻找工具和方法对承包商承担的风险进行规避、转移和控制。希望通过期货工具的运用使承包商在运用 EPC 项目管理模式时更加游刃有余，使 EPC 项目及金融工具在实体工程项目管理中得到更广泛的应用。

9.2 EPC 模式风险剖析

9.2.1 常规意义上的风险管理

在一份 EPC 合同中，承包商的风险贯穿于整个合同的每一个条款和每一份附件。对于承包商的风险管理，根据其特征以及应对策略的不同，其过程可划分为投标阶段、合同谈判阶段和项目实施阶段三个阶段。而其中项目实施阶段由于项目投资规模大、管理跨度大、协调关系多、技术环节复杂、参与项目管理的关联方多，风险管控尤其重要。就国内 EPC 项目而言，项目实施阶段管理的风险主要包括工期风险、安全风险、质量风险、设计变更风险、材料及设备供应风险、外部干扰风险等。

通过项目实践，在这个阶段应重点做好以下几个方面的风险管控：

（1）健全项目组织机构和人员

EPC 总承包项目的管理体系相对复杂，组织机构层次多，应在项目经理负责制的基础上，通过签订严密的合作协议、分包合同制定统一的各项工地管理制度，按照分工合作、同步协调的原则，明确各部门和各个岗位的职责。应针对现有人员结构普遍难以适应项目管理需要的特点，以专业知识为基础，在工程施工和项目管理的实践中使用、发现和培养项目管理人才。提倡在工作中将复杂的问题通过分解使之简单化，将烦琐的事情程序化、表格化，将容易疏忽的方面制度化，从而不断提高项目执行机构的工作效率。

（2）增强合同风险预测和防范意识

合同风险预测和防范意识是建筑施工企业市场经济意识、法律意识、工程管理意识的综合体现。一方面，要加强项目管理团队合同管理、风险预测和防范的教育和培训；另一方面，认真研究 FIDIC 合同条件、发包方合同管理的方法与程序、合同管理的典型案例，使项目全员认识到合同风险防范的重要性。

（3）严格执行合同交底制度

专业合同应组织管理人员逐级进行合同交底，全面陈述合同的背景、工作范围、目标、执行要点、风险防范及特殊情况处理。在整理相关方意见和建议的基础上，对合同执行计划、管理程序、管理措施及风险防范措施进一步修改完善，形成书面交底记录，指导合同管理工作。

(4) 加强变更合同管理

项目过程管理中，合同变更是工程索赔的重要依据。首先，设立合同管理的专职人员，做好合同资料和相关工程资料的收集、整理和保存，为项目索赔做好基础工作；其次，施工过程工程数量增加、工期延长以及设计方案变更、施工组织优化等都必须得到监理和建设单位以及关联方的及时签认，为清算索赔工作奠定基础。

(5) 慎重选择分供商和合作单位

EPC 项目专业技术复杂、管理难度大，总承包商对专业分包商往往高度依赖，尤其是专业设计/工艺分包商。因此总承包商在选择设计者、分包商、制造（供应）厂家时，应综合考虑合作单位是否有类似工程的经验和业绩、参与项目管理人员的水平、资源组织和投入的能力以及合作精神和报价等因素。如果选择的合作单位、分包商不能很好地完成相关任务，总承包商将最终承受最大的损失。选择分供商时，一定要严格采取公开招标的方式货比三家，择优选择。

(6) 把握和理解设计文件

设计是 EPC 项目的关键和主要风险源。要求承包商提交的设计文件若不符合合同要求可能引起反复报批，不仅造成承包商有关人员情绪上的低落，还会使设计工作量增加、设计周期延长和工期的延误，最终由承包商承担这些后果。因此，在工程设计中要正确把握和理解合同及其技术规范的要求，在不同规范和标准体系之间尽快找到沟通的桥梁，文件的编写要尽可能将自身经验和业主习惯相结合，提交文件前应了解业主的心理状态或通过提供非正式件理解其想法，争取报批文件一次性通过业主审核，尽量减少报批工作的反复。

在招标或议标阶段，业主只是给出项目的预期目标和功能要求及设计标准，容易存在错误、遗漏和笼统的表达。承包商应按合同要求使工程的设计满足业主对项目的功能要求，在保证工程结构和系统安全可靠的前提下，对设计进行优化，尽量减少工程量和降低成本。如果业主需要对投标时的方案设计提出修改或提高项目的功能或增加设备，引起费用增加和工期延长，承包商应及时向业主提出索赔。

(7) 控制材料设备采购和储运风险

在设备和材料的采购中，供货商供货延误、采购的设备和材料存在缺陷、货物在运输途中发生损坏和灭失，这些风险都要由承包商来承担。在招标采购过程中，承包商要从技术上和交货期上分析供货商的履约能力，并要求供货商承担违约赔偿责任。由于 EPC 合同中设备和材料费用占工程总投资的比例很高，大部分甚至是进口设备，一旦产生风险会造成严重损失，因此应将设备材料运输的全程保险列为强制性的。

（8）规避施工进度和工程质量管理风险

工期是EPC项目主要风险源。在实施过程中，承包商必须采取倒排工序、正向组织的方法，编制工程总进度计划、阶段进度计划和各类保障计划，通过对关键节点、关键工序、关键流程的控制，并借助项目管理软件实施实时动态监控，及时进行修正和调整，有效保障工程进度，防止工期延期导致经济索赔风险。

EPC项目建设投资大，建成及使用周期长，只有合乎质量标准，才能投入生产和交付使用，满足业主要求。在EPC项目质量管理中，必须坚决执行技术交底制度、细致施工图纸审核、严格物资进场检验、规范施工工序流程、施工过程严格执行三检制，对施工过程实行穿透式管理，以过程精品确保工程整体质量目标得以实现。

（9）重视保险公司投保

工程保险是针对工程项目在建设过程中可能出现的因自然灾害和意外事故而造成的物质损失和依法应对第三者的人身伤亡或财产损失的经济赔偿责任提供保障的一种综合性保险。这是将一部分风险转移给保险公司承担的办法。虽然采用这种方法要支付一定的保险费用，但对于风险损失而言不足挂齿，而且承包商可以将保险费计入工程成本。因此，向保险公司投保是一种有效的风险防范措施。

（10）引入工程保证担保，转移合同履约风险

工程保证担保就是要求签约方在履行合同时，由保证担保人向权利人保证，如果被保证人无法完成其与权利人签订之合同中规定的应由被保证人履行的承诺、债务或义务的话，则由保证担保人代为履约，或付出其他形式的补偿。通过这一手段，使项目各关联方市场行为后果及责任界定更加清晰化、价值化、数量化，有利于强化各方的风险意识，确保了合同的正常履行，同时也向分供商和合作单位转移了合同履约风险。

（11）加强验工计价和概算清理，提高收益水平

目前，多数工程项目的合同额与实际成本大致相当，利润空间狭小，项目盈利非常困难，企业盈利也面临考验。有效的方法只能把盈利的期望寄托在工程索赔和概算清理上。在项目过程管理中，首先，要注重日常索赔资料的收集、整理和汇总，为项目索赔做好基础工作；其次，施工过程要得到监理和业主的充分认可，尤其是施工过程中出现的工程数量增加、工期延长以及设计方案变更、施工组织优化等都必须得到监理和业主的及时签认，做好验工计价工作，确保收入不受损失，真正做到工作有目标，计划有底数，过程有分析，实施有措施，责任有落实。

（12）做好竣工验收及工程结算

竣工验收和工程结算是体现项目收益水平的重要时期。主要风险是工程按时交付和工程款按期结算。主要措施：一是按时完成竣工资料编制，完善移交手续，做好正式移交前的准备工作；二是注意建设工程合同竣工结算条款的界定和约定；三是注意发包方对承包方提交合同的最终结算资料签收的规定。

由于 EPC 合同条件的特点和对风险分担的不均衡性，承包商在投标报价中计入的风险费往往较高。因此，对于承包商来说，承担 EPC 项目无疑是对自己管理水平的一项挑战：既充满了高风险，也同样充满高收益机遇。如果一个承包商在项目进行过程中能强化风险管理意识，科学地识别风险和管理风险，就能最大限度地将投标报价中的风险费转化为利润，就能够在 EPC 总承包的市场上发展和壮大。

9.2.2 引入金融工具的风险管理

从常规意义上的风险管理可以看出，EPC 模式中承包商面临的风险已经考虑得非常全面，涉及了不同阶段，也有了较多的风险管控措施。但是总结来看，以上风险管控措施基本都是侧重在制度、意识、工作严谨程度、审核严谨深度等传统工程注意事项方面，基本仍属于工程管理的范畴。

仔细探究 EPC 模式承包商风险，我们可以发现，采购环节涉及的材料及设备供应风险还可以利用期货市场上的工具进行规避。

目前市场在材料及设备供应风险上仅考虑到供货商供货延误、采购的设备和材料存在缺陷、货物在运输途中发生损坏和灭失等方面，还有一个方面欠缺考虑。由于 EPC 合同中设备和材料费用占工程总投资的比例很高因此材料采购成本如何控制会对总投资额、投资回报率产生重大影响，甚至直接影响该 EPC 项目存在的意义。因此采购过程中材料采购成本如何控制是我们研究的主要内容。

需要进一步说明的是，下面将以建筑工程为例进行深入研究和探讨。主要由于建筑工程相对比较简单，在建筑工程过程中运用期货市场工具比较容易理解，也具有普遍推广意义。

简单来讲，建筑工程 EPC 项目中，承包商需要采购原材料，而采购原材料的时机和价格对整个项目产生至关重要的影响。因此，如何规避原材料价格波动风险是期货市场能够解决的问题，也是期货工具在 EPC 项目管理模式中的主要应用。

9.3 应用实例

9.3.1 案例背景

2011 年 8 月 8 日，某承包商签订了《××市××大桥工程项目 BT 投融资建设合同》。合同约定：在工程施工期内，当月已实施工程所用的钢材等主要材料价格较概算编制期

(2010 年 5 月××市工程造价管理部门发布的带肋钢筋 4 984.85 元/吨）的材料价格浮动在 ±10% 以内，原材料价差由承包方承担或受益；超出 ±10% 以上部分由业主承担或受益。

××大桥总投资 40 亿元，建设工期为 44 个月，其中螺纹钢需求数量为 4.5 万吨，供应期为 2 年。

9.3.2 企业风险分析

螺纹钢供应期较长，期间螺纹钢现货价格波动大，企业面临采购价格波动风险。

- 当螺纹钢现货价格处于区间（4 984.85，5 482）时，企业面临采购成本增加风险；
- 当螺纹钢现货价格高于 5 482 时，企业面临（4 984.85，5 482）范围的采购成本增加风险，5 482 以上风险由业主承担；
- 当螺纹钢现货价格处于区间（4 984.85，4 486）时，企业可以获得有限收益；
- 当螺纹钢现货价格低于 4 486 时，企业仍只获得有限收益。

因此企业面临的风险主要是：螺纹钢现货价格处于区间（4 984.85，5 482）时的采购成本增加风险（见图 9－1）。这一风险能够通过期货市场规避。同时企业还可以利用期货市场建立虚拟库存。

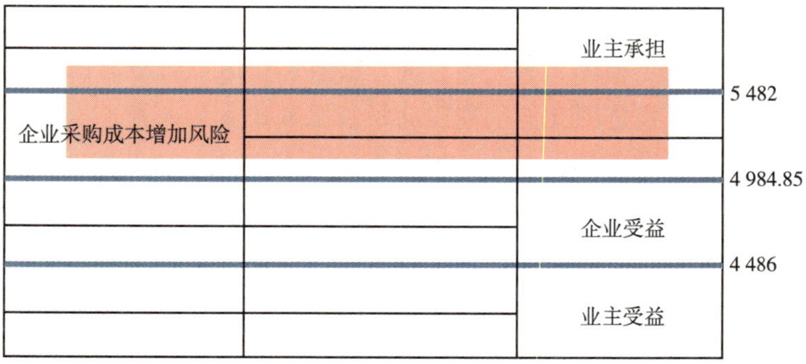

图 9－1 企业风险图示

9.3.3 选择对应的期货品种

大桥建设过程中使用最多的原材料是二级螺纹钢、带钢和水泥，与其最接近的期货品种是上海期货交易所的螺纹钢品种。下面我们来验证一下是否能通过上海期货交易所的螺纹钢品种来对冲采购成本增加的风险。

（1）二级螺纹钢现货与螺纹钢期货相关性高

①定性分析相关性：二者相关性较高（见图 9－2）。

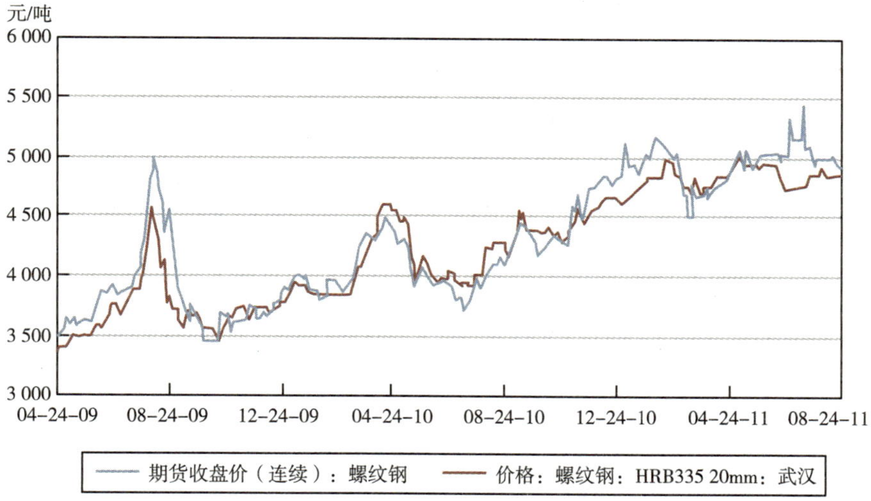

图 9-2 螺纹钢现货与螺纹钢期货价格走势图

②定量分析相关性：二者当期价格相关系数达到 0.947（见表 9-1）。

表 9-1 螺纹钢现货与螺纹钢期货当期价格相关性

		ST	RB
SP	Pearson Correlation	1	0.947（**）
	Sig.（2-tailed）	0.000	0.000
	N	600	600
FP	Pearson Correlation	0.947（**）	1
	Sig.（2-tailed）	0.000	0.000
	N	600	600

** Correlation is significant at the 0.01 level（2-tailed）.

③定量分析因果关系：期现价格相互影响。

检查序列平稳定：通过检验（见表 9-2）。

表 9-2 螺纹钢期货价格通过平稳性检验

ADF Test Statistic	-6.460294	1% Critical Value*	-2.5751
		5% Critical Value	-1.9411
		10% Critical Value	-1.6164
* MacKinnon critical values for rejection of hypothesis of a unit root.			
Augmented Dickey-Fuller Test Equation			
Dependent Variable：D（FUTUTE，2）			

续表

Method: Least Squares				
Date: 04/14/10　Time: 10: 22				
Sample (adjusted): 5 220				
Included observations: 216 after adjusting endpoints				
Variable	Coefficient	Std. Error	t - Statistic	Prob.
D (FUTUTE (-1))	-0.667694	0.103354	-6.460294	0.0000
D (FUTUTE (-1), 2)	-0.188016	0.088498	-2.124525	0.0348
D (FUTUTE (-2), 2)	-0.178851	0.067646	-2.643914	0.0088

我们发现，螺纹钢期货价格的一阶差分的 ADF 值（-6.46）均小于1%、5%、10%的临界值，故螺纹钢期货价格的一阶差分是平稳的。如表9-3所示，螺纹钢现货价格一阶差分近似为白噪声序列。

表9-3　　螺纹钢现货价格通过平稳性检验

ADF Test Statistic	-6.477900	1%　Critical Value*	-2.5751	
		5%　Critical Value	-1.9411	
		10%　Critical Value	-1.6164	
* MacKinnon critical values for rejection of hypothesis of a unit root.				
Augmented Dickey - Fuller Test Equation				
Dependent Variable: D (PRESENT, 2)				
Method: Least Squares				
Date: 04/14/10　Time: 10: 41				
Sample (adjusted): 5 220				
Included observations: 216 after adjusting endpoints				
Variable	Coefficient	Std. Error	t - Statistic	Prob.
D (PRESENT (-1))	-0.636387	0.098240	-6.477900	0.0000
D (PRESENT (-1), 2)	-0.199149	0.088308	-2.255156	0.0251
D (PRESENT (-2), 2)	-0.087171	0.068603	-1.270655	0.2052

我们发现，现货价格一阶差分 ADF 值（-6.477）远小于1%、5%、10%显著性水平下的值，故现货价格的一阶差分是平稳的。

格兰杰因果关系检验如表表9-4所示。

表 9－4　　　　格兰杰因果关系检验：期现价格互为因果关系

Pairwise Granger Causality Tests			
Date：08/25/11　Time：14：22			
Sample：1910 100000			
Lags：2			
Null Hypothesis：	Obs	F－Statistic	Probability
FP does not Granger Cause SP	599	19.3614	7.1E－09
SP does not Granger Cause FP		9.73948	6.9E－05

• 螺纹钢期、现货价格 VAR 回归：现货价格受前两期现货价格和前两期期货价格影响均较大；期货价格同样会受到现货价格影响：二者是相互影响的关系。

根据上面检验，我们知道现货、期货价格是一阶平稳的。通过检验期货价格与现货价格回归后的残差，我们发现残差序列是平稳序列，即螺纹钢的现货价格和期货价格存在长期均衡关系，进行 VAR 回归（见表 9－5）。

表 9－5　　　　VAR 回归分析

Date：08/25/11　Time：14：24		
Sample（adjusted）：1912 2510		
Included observations：599 after adjusting		
endpoints		
Standard errors & t－statistics in parentheses		
	SP	FP
SP（－1）	1.453676 (0.03526) (41.2250)	0.276512 (0.07827) (3.53300)
SP（－2）	－0.465194 (0.03525) (－13.1975)	－0.231526 (0.07824) (－2.95934)
FP（－1）	0.117533 (0.01889) (6.22166)	0.845018 (0.04193) (20.1535)
FP（－2）	－0.109781 (0.01887) (－5.81687)	0.108006 (0.04189) (2.57839)

续表

	SP	FP
C	16.50559 (9.19130) (1.79578)	13.55493 (20.4005) (0.66444)
R - squared	0.997221	0.987670
Adj. R - squared	0.997203	0.987587
Sum sq. resids	410 446.0	2 022 010.0
S. E. equation	26.28662	58.34430
F - statistic	53 294.62	11 895.12
Log likelihood	-2 805.601	-3 283.184
Akaike AIC	9.384310	10.97891
Schwarz SC	9.420998	11.01560
Mean dependent	4 222.037	4 287.691
S. D. dependent	497.0043	523.6685
Determinant Residual Covariance		2 146 163.0
Log Likelihood		-6 066.356
Akaike Information Criteria		20.28834
Schwarz Criteria		20.36171

结论：现货价格受前两期现货价格和前两期期货价格影响均较大；期货价格同样会受到现货价格影响；二者是相互影响的关系，能够利用期货品种对冲现货市场采购成本增加的风险。

（2）带钢现货与螺纹钢期货价格相关性高

①定性分析相关性：二者相关性较高（见图9－3）。

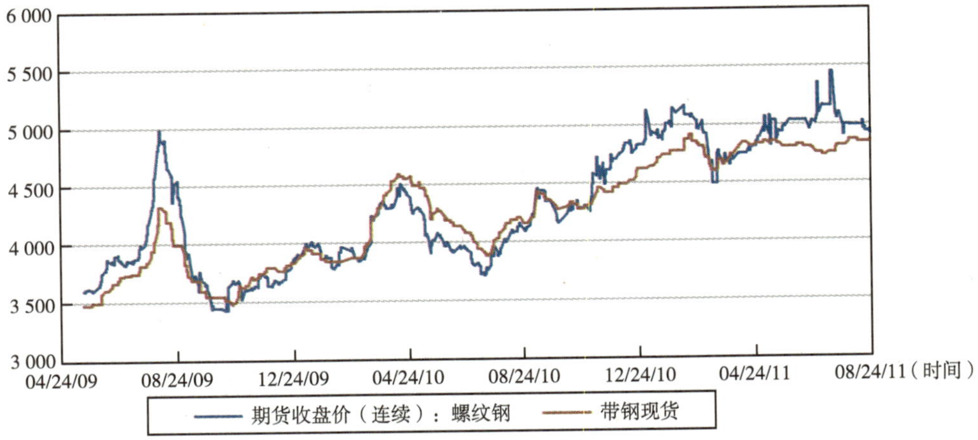

图9－3　带钢现货与螺纹钢期货价格走势图

②定量分析相关性：二者当期价格相关系数达到 0.934（见表 9-6）。

表 9-6　带钢与螺纹钢期货当期价格相关性

		ST	RB
DP	Pearson Correlation	1	0.934（**）
	Sig.（2-tailed）	0.000	0.000
	N	550	550
FP	Pearson Correlation	0.934（**）	1
	Sig.（2-tailed）	0.000	0.000
	N	550	550

** Correlation is significant at the 0.01 level（2-tailed）.

③定量分析因果关系：二者互为格兰杰原因，即互相影响（见表 9-7）。

表 9-7　因果回归

Pairwise Granger Causality Tests			
Date：06/02/10　Time：11：05			
Sample：1910 10000			
Lags：2			
Null Hypothesis：	Obs	F-Statistic	Probability
RB does not Granger Cause STRIP	550	22.7327	8.6E-10
STRIP does not Granger Cause RB		9.72199	8.6E-05

④ VAR 回归：1~2 日螺纹钢价格与带钢价格有显著影响，关联度最高（见表 9-8）。

表 9-8　1~2 日螺纹钢与带钢价格 VAR 回归

Date：06/02/10　Time：11：12		
Sample（adjusted）：1912 2164		
Included observations：253 after adjusting		
endpoints		
Standard errors & t-statistics in parentheses		
	RB	STRIP
RB（-1）	1.231672 (0.06460) (19.0661)	0.402658 (0.06019) (6.68966)

续表

	RB	STRIP
RB（-2）	-0.264911 (0.06405) (-4.13591)	-0.398431 (0.05968) (-6.67614)
STRIP（-1）	0.296909 (0.06931) (4.28391)	1.009480 (0.06458) (15.6321)
STRIP（-2）	-0.267491 (0.06979) (-3.83277)	-0.022739 (0.06503) (-0.34969)
C	19.73747 (26.9110) (0.73344)	34.28581 (25.0742) (1.36737)
R-squared	0.990005	0.989005
Adj. R-squared	0.989844	0.988828
Sum sq. resids	287 486.3	249 581.7
S.E. equation	34.04730	31.72346
F-statistic	6 141.041	5 577.053
Log likelihood	-1 248.987	-1 231.102
Akaike AIC	9.912944	9.771555
Schwarz SC	9.982773	9.841385
Akaike Information Criteria		19.53766
Schwarz Criteria		19.67732

结论： 1～2 日螺纹钢期货价格与带钢现货价格有显著影响，关联度最高；期货价格同样会受到现货价格影响；二者是相互影响的关系，能够利用期货品种对冲现货市场风险。

（3）水泥现货与螺纹钢期货

水泥现货与螺纹钢期货价格走势如图 9-4 所示。

结论： 从水泥现货价格与螺纹钢期货价格走势图中可以看出，水泥利用螺纹钢期货保值的必要性较低，不过可以通过螺纹钢价格趋势运行来指导水泥采购和库存管理。

图 9－4　水泥现货与螺纹钢期货价格走势

9.3.4　期现对应数量

根据期货价格与现货价格相关性和波动率可以得出，现货市场 1 吨原材料对应期货市场 0.8 吨左右货物。

9.3.5　何时对冲：螺纹钢市场分析

签订合同后，立即对螺纹钢市场做出分析判断，判断市场走势，从而指导现货采购并制订风险对冲策略。根据当时情况得出以下结论：

- 宏观面：中短期中性，长期偏空；
- 需求面：短期中性偏空；
- 供应面：对价格影响中性；
- 市场焦点：何时结束高位拐头向下。

中短期思路：关注价格高位震荡行情，螺纹钢期货价格震荡区间为 4 700 ~ 5 000 元，但是也不排除受到特殊因素上冲的可能。该地区螺纹钢现货价格震荡区间为 4 720 ~ 5 020 元，但是也不排除受到特殊因素上冲的可能。

长期思路：关注价格何时结束高位震荡拐头向下，螺纹钢期货价格下方支撑在 4 650 元、4 550 元、4 400 元、4 000 元，该地区螺纹钢现货价格下方支撑在 4 650 元、4 550 元、4 400元、4 000 元。

总体来看，2011 年下半年价格走低概率大，企业面临的风险较小。企业采取的策略：低位完成近 2 年的采购任务，同时在高位利用期货市场对冲可能面临的风险。

9.3.6 制订风险对冲策略

（1）风险对冲的思路

风险对冲的主要思路可以从中短期和长期两方面考虑。

从中短期看，谨防价格上冲为企业带来的成本增加风险。因此当价格上冲至震荡区间上沿时做好在期货市场买入的准备，这样即使后期价格上涨，企业现货采购成本增加可以通过期货市场的盈利来弥补，最终结果导致企业采购成本维持在正常水平。

从长期看，建议企业现货谨慎采购，最好先不开始采购，因为后期价格下跌的概率更大。其次，关注螺纹钢期货价格的每次下跌，后期大幅下跌的可能性很大。当螺纹钢期货价格下跌至4 200附近时考虑在期货市场上率先建立虚拟库存，同时在现货市场进行采购。其间，如果为满足开工建设，企业不得不采购部分现货原材料，那么关注并参与螺纹钢期货价格的每次下跌，这样通过期货市场的盈利来弥补库存减值风险。

（2）风险对冲策略

根据以上思路做出如下风险对冲策略（即套期保值策略）：

①套期保值方向选择：主要为买入保值。

②品种选择：上海期货交易所螺纹钢。

③合约选择：主力合约，以1201和1205为主（螺纹钢主力合约分别为1月、5月、10月合约）。

④建仓数量：4万吨。

⑤资金需求：5 000万元人民币。

⑥策略制定时间：2011年8月18日。

⑦进出场策略：见表9－9。

表9－9　　进出场策略

目前期货价格在4 700～4 984元区间上沿	可以倒金字塔方式逐渐买入	若价格上涨	• 不能站稳5 000元，则期货平仓（现货推迟采购） • 若能够站稳5 000元，则多单保留，同时关注上方5 482元的压力。如果价格达到5 482元及以上则期货平仓（同时现货采购）；如果不能达到则买现货时平期货 • 基差走弱时企业面临基差风险，减少基差风险的方法是：买现货平对应期货头寸
		若价格下跌	• 关注能否跌破4 700元，如果跌破，则多单止损离场（现货推迟采购）；如果不能跌破则多单保留，同时还可在4 700元附近加仓（同时可以采购现货），之后继续关注5 000元和5 482元的压力。操作同上 • 基差走弱时企业面临基差风险，减少基差风险的方法是：买现货平对应期货头寸

续表

如果价格依旧延续 4 700～4 984 元区间震荡规律，操作同上。			
如果价格跌破 4 700 元	关注下方 4 550 元、4 400 元、4 200 元、4 000 元的支撑，在任何一个价格企稳都可以买入，以金字塔方式建仓	若价格上涨	• 企业可一直持有期货，关注上方 5 482 元的压力。如果价格达到 5 482 元及以上则期货平仓（同时现货采购）；如果不能达到则买现货时平期货 • 基差走弱时企业面临基差风险，减少基差风险的方法是：买现货平对应期货头寸
		若价格下跌	跌至 4 000～4 200 元区间完成近 2 年采购任务，这样企业就能锁定利润

⑧风险控制。在关键点“能否站稳 5 000 元”“能否跌破 4 700 元”的判断上可能会面临几次的反复操作，使企业增加交易次数和手续费支出。

（3）净头寸思考

结合项目进度、工程进度及工程预算建立对应关系，控制净头寸。

该项目运作时间是 2012—2013 年，我们需要更加细致地知道项目进度计划，根据项目进度计划更加详细的制定我们的净头寸建立规模以及时机。

通常建立原则如下：

- 对价格进行总体区间预测；
- 在合适的价格对 80% 的量进行保值操作；
- 剩余头寸随着项目进行，在采购前 3～6 个月进行保值操作；
- 随着项目的进行，随着现货采购需要不断平仓期货对应头寸；
- 如果同时需要平仓又建仓则继续持有仓位即可；
- 当价格达到临界点时，需要期货运作委员会对下步操作进行讨论，确定应对方案；
- 当项目实际运作和规划不一致时，需要调整保值周期及相应价格方案。

（4）换月操作

①算法交易。国外的一种程序化交易方法，可以将大额持仓切割成最优比例进行老合约平仓和新合约开仓，这种方法基本能够起到最小冲击盘面的效果，但是现在国内无法使用。

②滑价法。人为操作减少账面损失的一种方法。举例说明：

i. 如果是空头市场：老合约平仓时尽量寻找日内或一段时期内相对低点平仓；新合约开仓尽量寻找日内或一段时间内相对高点开仓。

ii. 如果是多头市场：老合约平仓时尽量寻找日内或一段时期内相对高点平仓；新合约开仓尽量寻找日内或一段时期内相对低点开仓。

相对高点或相对低点、平仓数量和开仓数量比例分配均需人为把握。

③价差挂单法。观察价差变化进行合理移仓的一种方法。举例说明：

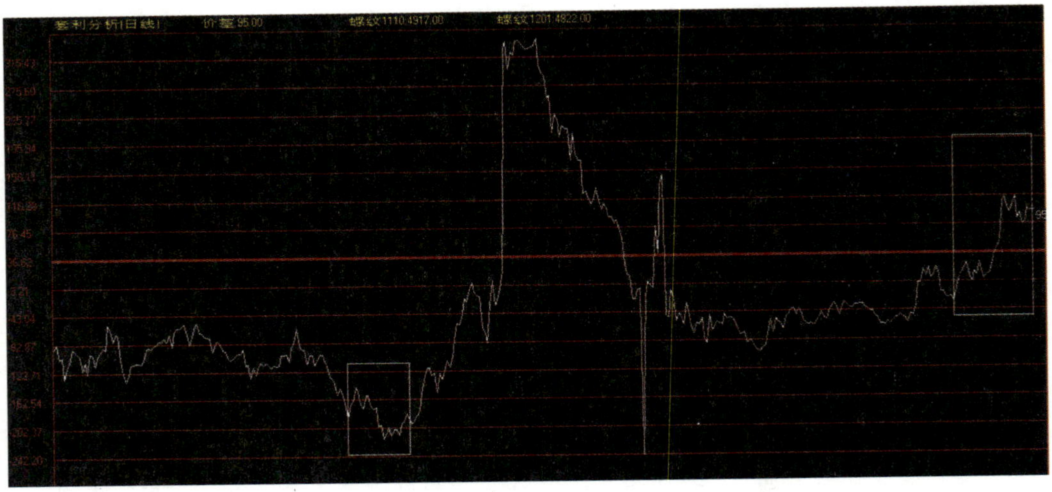

图9-5　10合约与01合约价差变化

2010年7月15日开始，10合约开始向01合约换月。

对当前市场和之后市场做出判断：行情将发生转折，将由空头市场转为多头市场，因此10合约的空头将转移至01合约的多头。

观察二者价差异常走低、低于正常下界时，说明此时10合约涨幅较01合约小，以平仓10合约空头为主。

观察二者价差开始走高、并高于正常上界时，说明此时10合约涨幅较01合约大，以开仓01合约多头为主。

换月时恰好有趋势异动，还可以提前在01合约建仓，这时需要对行情有足够的把握。

价差挂单法还可以与滑价法结合使用，选择更好的平仓建仓时机，效果更佳。

每年RB主力合约主要为01合约、05合约和10合约，因此只需观察这3个合约的价差变化即可。

9.3.7　套保效果评估

通过螺纹钢期货走势对现货采购提出建议，可以使现货采购本身降低成本。

通过螺纹钢期货套期保值规避现货价格在（4 984，5 482）运行时的采购成本增加风险。

2012年初再来审核该方案，预测了价格走势，企业也完成了近2年的现货采购，同时还提前锁定了利润。这样，企业就能够集中精力在其他方面使EPC项目更加完美地完成。

9.4　配套任务

通过以上分析大家应该充分认识到了期货工具在EPC项目管理模式中的应用，而要想使期货工具能够在 EPC 项目中广泛使用还需要企业转变观念、接受期货，同时也需要建立完备的制度体系对以上策略进行完美执行。在参与期货交易之前，企业与期货公司应该完成以下工作，其中期货公司主要作为咨询机构参与，企业听取期货公司的意见后最终确定配套制度。

表 9－10　　期货咨询服务与企业工作安排

期货公司	企业
①保值制度框架建议并提供相关咨询	①初步确定保值制度框架并组建期货部
②协助办理开户业务	②提供开户资料
③期货基础业务培训、岗位职责培训、期货套期保值交易培训	③相关人员参加培训
④提供详细保值制度体系	④确定保值制度体系
⑤模拟运作、模拟运作评估	⑤确定期货部人员与职责
⑥建议修改完善流程	⑥审批保值制度

10

基于银行贸易融资的现货仓单经营体系的风险管理方案设计

随着全球经济一体化的深入，现代企业之间的竞争已经从单体企业之间的竞争，演变为包括供应商、生产商、零售商在内的供应链之间的竞争。在供应链中实现物流、信息流以及资金流的合理配置，无疑会使整个供应链的竞争力得到极大的提升，由此“供应链金融”应运而生。同时，企业对于银行融资业务和“期货市场杠杆+融资”的模式的利用仍需加强对票据、抵押、融资等环节的风险管理，本章主要围绕贸易公司融资与风险管理在现有模式体系上进行优化设计。

10.1 国际贸易融资与期货市场

长期以来，通过远期信用证方式取得发货前信用融资成为国际贸易融资的主要手段，而且随着通胀预期的增加，铜价的上升，铜的变现能力及适销性远高于其他进口商品，铜作为短期动产融资的标的物，也得到银行的青睐。以下我们以电解铜贸易融资应该具有什么贸易平台、应该如何进行操作以及融资成本核算、融资方案的选择方法为例进行阐述。

国际贸易流程如图10-1所示。

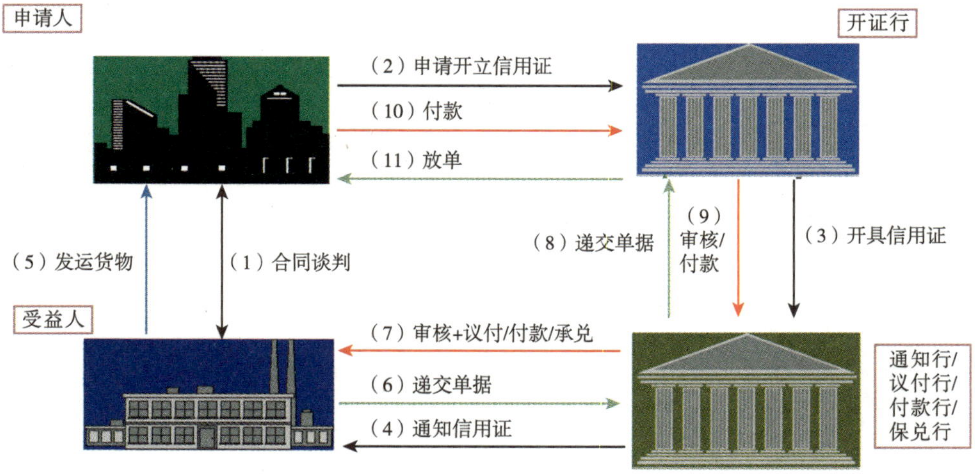

图10-1 国际贸易流程

10.1.1 电解铜融资平台的搭建

电解铜融资可以通过两种途径进行：进口和转口。这两种方式各有利弊，转口贸易价格风险相对较小，是融资的主要方式。当然在铜内外比价合适的情况下进口铜可以提高银行对企业的授信，增加贸易的真实性，是转口贸易不能比拟的。这两种融资方式都要求企业必须取得进出口经营权，转口贸易需要借助成立香港离岸公司转移部分融资成本。在企业组织结构上，可以设置三大部门：业务部、商务部、财务部。业务部负责上下游客户的洽谈、合同签订及经营成本的把控；商务部负责单证和货物的安全，保证交易顺利完成；财务部负责信用证开立及承兑、财务风险控制等。

10.1.2 电解铜融资操作模式

进口：国内贸易商向长期合作的国外铜供应商提出购买要约。双方完成发盘、还盘等讨价还价过程，最终签订购铜的商业合同。合同签订完成以后，进口商以商业合同向银行申请开立远期信用证。信用证开立完成以后，卖方制单，并通知买方单证基本情况，买方准备进口报关资料。货物到达港口或货权由卖方取得后，卖方向银行交单。银行在核对信用证信息后无条件承兑，进口商承兑后取得货权凭证。报关后即可在国内销售，兑现货款。信用证到期前进口商还款。这样进口商就赢得了一段时间内的信用融资。

国内外套利流程如图 10－2 所示。

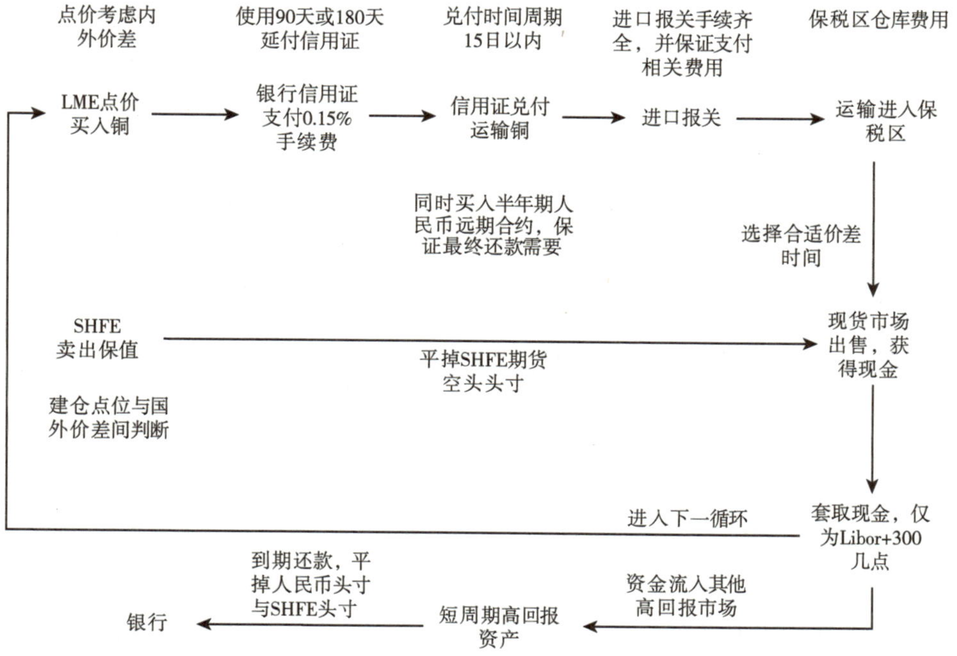

图 10－2 国内外套利流程

转口：国内贸易商向长期合作的国外铜供应商提出购买要约。双方完成发盘、还盘等讨价还价过程，最终签订购铜的商业合同。合同签订完成以后，进口商凭商业合同向银行申请开立远期信用证。信用证开立完成以后，卖方交单前，国内贸易商根据货物到港或取得货权凭证的时间联系国外买家，签订转口合同。在信用证承兑取得货权以后，按照转口合同的贸易条件（一般为 TT 或 DP）寄出货权凭证，兑现全额货款。

10.1.3 融资成本核算及融资方式的选择

以下我们举例说明融资成本的核算及融资方式的选择。

贸易量：按照采购 200 吨阴极铜的数量，暂定价为 8 800 美元/吨加上 100 美元计算，开证金额为 8 900 美元/吨 ×200 吨 ×6.4，即人民币 11 392 000 元。

假设信用证一年期贴现利率为：五大行为 2.8% ~3%，普通商业银行为 3% ~3.4%，信用证开证手续费为 1.5‰。如果公司没有银行授信，可用承兑汇票质押，承兑汇票手续费为 0.5‰，承兑保证金年利息为 3.5%，承兑保证金按照 50% 收取。

如果采用进口模式，需要套保资金规模 =（8 800 +100）×1.17 ×6.4 ×200 ×0.25 = 3 332 160（元），可能占用资金时间最长约半个月。按照月利息 0.009 计算，资金成本最多为 14 994.72 元。

提前点价保证金 =（8 800 +100）×1.17 ×6.4 ×200 ×0.1 =1 332 864（元），可能占用资金时间最长约 10 天。按照月利息 0.009 计算，资金成本最多为 3 998.59 元。

设定融资成本目标为月利率 0.006，开证时间为 1 年的情况下，分别计算进口和转口可行性。

信用证议付费 =11 392 000 ×0.03 =341 760（元）

信用证开证手续费 =11 392 000 ×0.0015 =17 080（元）

承兑手续费 =11 392 000 ×0.0005 =5 696（元）

承兑保证金利息 =5 696 000 ×0.035 =199 360（元）

合计财务费用 =165 176（元）

财务成本月利率 =165 176/5 696 000/11 =0.0026

伦铜和沪铜价差设为 X，则

X =（0.006 ×11 ×5 696 000 －165 176 －14 994.72 －3 998.59）/200 =958.83（美元）

即伦铜和沪铜价差在 958.83 元附近可以做进口。按照市场情况，伦铜和沪铜的价差均值一般在 1 000 元附近，在融资目标设定在月息 0.006 的前提下，进口是可行的。

买方和卖方升贴水差设为 Y，则

Y =（0.006 ×11 ×5 696 000 －165 176）/200/6.4 =164.66（美元）

买方和卖方的升贴水差一般为 50 美元左右，在融资目标设定在月息 0.006 的前提下，转口贸易是可行的，并且还可以将融资成本进一步降低。贸易商可根据自身的情况选择贸易模式。

10.2 物流服务的抵押融资与期货市场

在供应链的上下游企业之间，通常是依靠货物的流通作为联系纽带，因此通常认为，物流是供应链存在和延展的基础。与此相对应，供应链金融也必然要以满足物流所派生出的资金融通需求为主要形式，这与缺乏基础物流业务做支撑的传统授信业务具有明显区别。随着我国第三方物流的发展，货代、仓储、运输等物流企业与生产、贸易类企业的联系越来越紧密，第三方物流企业正逐渐渗透到供应链的每一个环节。

现有的物流服务类产品主要包括存货质押和仓单质押两大类，前者属于动产质押范畴，后者则属于权利质押范畴。

10.2.1 存货质押

存货质押是指借款人以银行能够接受的现有存货（包括原材料、半成品和产成品）质押办理的各种短期授信业务，授信品种包括但不限于流动资金贷款、银行承兑汇票、商业承兑汇票和信用证等，又称现货质押业务。在该业务中，银行与借款人以及物流监管企业签订三方合作协议，物流监管企业接受银行委托对货物进行有效看管，从而实现银行对质押存货的转移占有。

（1）质押模式

从客户是否可自由换货来区分，存货质押业务可划分为静态质押和总量控制两种模式；从监管企业是否在自有仓储场所内实施监管来区分，存货质押业务分为普通监管和输出监管两种模式；从借款人与出质人是否为同一法人主体来区分，存货质押业务分为借款人出质和第三方出质两种模式。

（2）操作流程

业务流程较长且环环相扣、对经办人员的要求较高是物流融资类产品的重要特点，存货质押业务的简化流程如下：

客户申请→授信调查→授信申报与审批→签署三方监管协议（借款人、银行、监管企业）→动产入库→现场核库→银行经办机构、借款人发出出质通知→监管确认→借款人支付仓储和保险费用→借款人存入保证金→签订相关合同→放款→贷后管理、动产监管→货物提取、补充→还款。

10.2.2 仓单质押

（1）定义

仓单质押是指授信申请人以其自有或第三方持有的仓单作为质押物向银行出质，银行向其提供融资的授信业务。

仓单，是指保管人向存货人填发的，表明双方仓储保管关系的存在、并向持有人无条件履行交付仓储物义务的一种权利凭证，是仓储公司签发给存储人或货物所有权人的记载仓储货物所有权的唯一合法的物权凭证，仓单持有人随时可以凭仓单直接向仓储方提取仓储货物。仓单可分为普通仓单和标准仓单两种。

普通仓单，又称非标准仓单，是由仓储公司自行制作，银行必须核实其真实有效性。在实际操作中，也有使用商品调拨单作为质物的情况，商品调拨单由厂家签发，代表唯一的提货凭证。普遍仓单隐含仓储公司或厂家信用，银行以其为质押物开展业务时，须为仓储公司或企业核定相应额度。

标准仓单，是符合期货交易所统一要求的，由指定交割仓库在完成入库商品验收、确认合格后签发给货主用于提取商品的，并经交易所注册生效的标准化提货凭证。标准仓单隐含交割仓库和期货交易所信用，流通性和安全性要高于普通仓单。由于期货交易所能够保证合格标准仓单的提货权利，因此银行以其为质押物开展业务时，不需为交割仓库和交易所核定额度。

普通仓单质押融资业务条件下，银行信贷资金的用途为补充授信申请人的流动资金，银行不接受企业以未来可获得仓单为质押物的融资申请（实际上，在先票（款）后货存货质押和保兑仓业务中，银行要求监管企业出具的《质物清单》等确定银行质押权的凭证具有仓单属性，但是上述业务隐含核心厂商信用，未来货权项下的货物可获得性能够得到一定程度的保障，因此银行可以接受）；标准仓单质押融资业务条件下，银行信贷资金既可以用于满足授信申请人流动资金需求，也可以用于满足授信申请人标准仓单实物交割资金需求。

（2）操作模式

客户申请→授信调查→授信申报与审批→签署银企合作协议（银行、仓储公司）→动产入库→出具仓单→借款人支付仓储和保险费用→仓单交由银行质押→签订相关授信、担保合同→放款→贷后管理→质物提取→还款。

【例 10－1】客户名称：××市粮食局油脂公司；仓单类别：小麦标准仓单 ××年×月。××分行接受了××市粮食局油脂公司提出的用小麦标准仓单质押贷款的申请，授信金额为 700 万元银行承兑汇票。该行与××商品交易所共同起草了《仓单质押贷款担保协议书》，分别与借款人、经纪公司、担保回购方签订了一式四份的《仓单质押贷款担保协议书》及一系列附属文件，对授信金额、期限、利率、质押率、标准仓单的质押冻结和解冻、保证金比率（不高于 70%）、资金用途等均做了明确规定。标准仓单的质押价格以中国××粮食批发市场公布的同期同品质的平均价格为准。为控制质押仓单所列商品价格波动或因交易所品质鉴定、注销再生成标准仓单而按期货合约标准重新检验带来的风险，协议规定了警戒线和处置线。

警戒线，是指在质押标准仓单市值总和与贷款本息之比小于等于一定比例时，借款人在接到银行书面通知后 7 个工作日内采取措施，追加质押物、更换质押物或部分（或全部）归还贷款，否则银行有权宣布贷款提前到期。

处置线是指，在质押标准仓单市值总和与贷款本息之比小于等于一定比例时，银行有权宣布贷款提前到期，要求借款人立即偿还贷款本息，借款人不偿还，由担保回购方代其偿还。

标准仓单质押业务操作流程如下：

第一步，按照一般法人客户的授信管理办法，对客户进行风险等级测评，给予一定的授信额度。

第二步，在授信额度内办理具体业务时，首先，签订合同（四方协议、质押合同、承兑协议等）；其次，存入一定比例保证金并下达资金冻结通知书予以冻结；再次，给交易所下达《标准仓单持有凭证》冻结通知书，由交易所出具《标准仓单持有凭证》冻结确认书，将客户在经纪公司的价值为客户除保证金以外的差额部分的标准仓单予以冻结。

第三步，银行将由交易所出具的上述数额的标准仓单凭证，作为重要空白凭证下达入库单进行入库保管。

第四步，按照正常程序和审批权限为客户办理一定额度的银行承兑汇票，并将所有档案整理归档。

第五步，跟踪管理，经常关注该品种的期货行情走势和现货市场价格变动情况，看是否达到预设的警戒线，每周了解标准仓单冻结情况，以便发现问题并及时处置。

第六步，承兑到期，如果企业及时资金到位，顺利解付，下达资金解冻通知书，同时向交易所下仓单解冻通知书解冻仓单，该笔业务结束。如果借款人在接到银行书面通知后 7 个工作日内尚不能将除保证金之外的资金汇入企业在银行的账户，银行将实施前述的警戒线和处置线措施，确保资金安全。

10.3 不同购销模式的风险与影响

保值理念已经渐入人心，但如何应用期货进行保值，不同的企业有不同的答案。原因是企业的经营模式千差万别，面对的风险自然会有很大差异。冶炼企业、采购方以及消费企业各有各的经营模式，各有各的风险。本文主要针对企业的购销模式进行探讨，分析不同的购销模式下企业的风险，并且针对该风险提出相应的保值模式。本文主要讨论消费企业或者加工型企业以下 3 种购销模式：模式 1，先确定采购结算价，后确定销售结算价，采购结算价按照一口价确定，但是销售结算价按照月均价进行结算；模式 2，月均价采购、月均价销售；模式 3，销售按照月均价结算，但是采购是卖方点价。

10.3.1 购销模式 1 及对应的风险

购销模式 1：先确定采购结算价，后确定销售结算价；采购结算价按照一口价确定，但是销售结算价按照均价进行结算。

该购销模式的风险在于一口价确定后，存在库存贬值的风险或者销售价格下跌的风险。该购销模式的优势是由于采用了均价结算方式，因此将价格下跌风险已经平均化了，和现价结算相比在价格下行的过程中风险已经变小。该购销结算方式的缺点是在价格上行的过程中，由于销售采取均价结算因此也会损失潜在利润；在震荡行情中，无法明确比较采购价格和销售价格，因此可能会带来额外的损失或者额外的利润。

该购销模式的风险敞口为一口价确定的采购数量，假设为一个月的采购量，但销售按照工作日进行，可以均匀销售，也可以不均匀销售。

（1）保值模式以及保值目标

对于该购销模式应积极采取卖出套期保值的模式，应在卖出套期保值过程中利用基差的变化趋势进行期现套利操作。

该保值目标是对已经定价的采购现货进行保值操作，规避价格下跌造成的存货贬值风险，相应地也可以理解为为了保证采购方稳定赚取加价利润。

（2）套期保值具体模式

保值时点：传统的保值模式是在确定一口价的同时进行卖出套期保值，一般的原则是在确定一口价的当日进行保值，保值时点和一口价确定的时点相对应，对应得越好，保值效果越好，但缺点是会损失上涨带来的价差利润。前面我们也提到了采购方的主要利润来源之一是价差，因此并不是完全的套期保值就是最好的方式。

因此，在实际操作过程中需要结合行情灵活地确定保值时点。如果确认行情仍为上涨行情，可以选择当日少量保值或者不保值，在之后的行情阶段顶部进行保值。该操作相对灵活，但对操作要求也相应较高。该操作方式需要和保值比例配合使用。

另外我们还应该分析一口价定价基础（以下需要根据行情进行综合判断）：

一口价如果按照当时的市价确定，说明供应商看淡后市或者基本满足供应商经营利润目标，因此能够在该价位上充分供应，因此采购商可以在确定一口价时点附近日子或者当日进行卖出保值操作，并且根据基差确定保值力度。

如果一口价按照当时的市价存在一定的溢价，说明供应商仍看涨后市，但仍能够在该价位上充分供应，因此采购商可以根据基差情况在一口价之后的一段时间确定保值时点。

如果一口价按照当时的市价存在一定的折价，说明供应商看淡后市，但仍能够在该价位上充分供应，因此采购商可以根据基差情况在一口价当日进行保值操作。

保值比例：传统的套期保值模式中保值比例如锌精矿保值是根据现货采购的金属量确定的，基本上按照 1∶1 的比例确定。由于矿产品的销售价是按照上海有色金属网现货报价减去加工费计算得到，因此矿产品的传统保值比例也是 1∶1（折成金属量）。

但是一般情况下，现货价格波动往往和期货价格波动存在差异，因此按照 1∶1 的比例进行保值会存在基差风险。我们通过测算发现在行情的涨跌过程中保值比例会出现一定的差异，因此在具体方案的制订时需要根据行情的涨跌趋势以及现货商对于风险的承担能力来选择具体的套期保值比例。从整体上看大致可以采用 0.7 ~ 0.9 倍的比例进行套期保值，在上涨的过程中采用 0.5 ~ 0.6 倍的比例进行保值，在下跌的阶段采用 0.8 ~ 1 倍的比例进行保值。但该比例并没有综合考虑行情涨跌中的灵活操作部分，只是根据传统的完全套期保值理念测算出来的结果，也没有综合考虑企业承担风险的意愿和能力等因素。

基差因素：我们以锌锭的一个案例来解释基差因素的影响。我们对 2009 年前后锌锭的基差做了统计分析（见图 10－3，图 10－4）。经过统计分析我们发现，自 2009 年年底以来存在这样的规律，每月月底的时候或者下月月初的时候基差均相对较大，而临近交割时基差都会相对较小。这主要是由于交割因素导致期现价格合拢造成的现象。因此可以选择月底或者月初加大套期保值力度，或者更细致地测算基差（现货和主力合约价差），根据基差的区间确定保值时点以及保值比例。

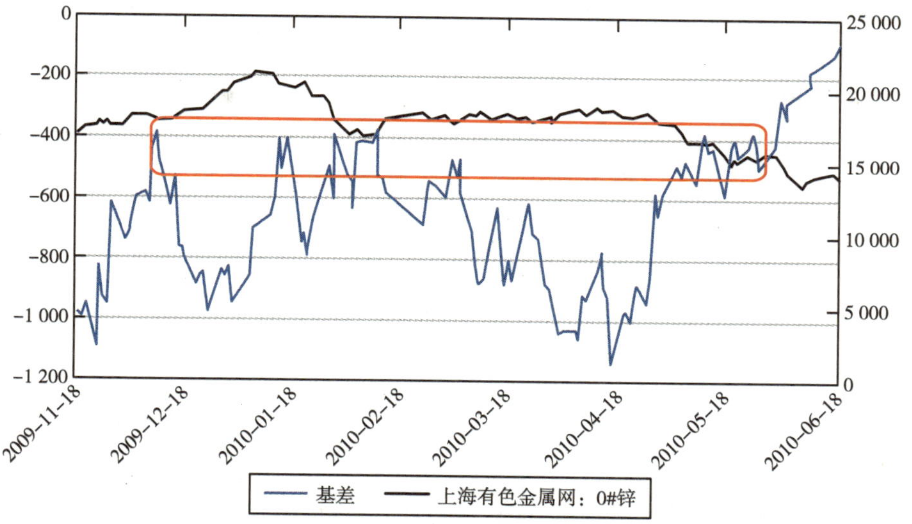

图 10－3　2009 年 12 月至 2010 年 6 月基差结构图（阶段高点均在交割日附近）

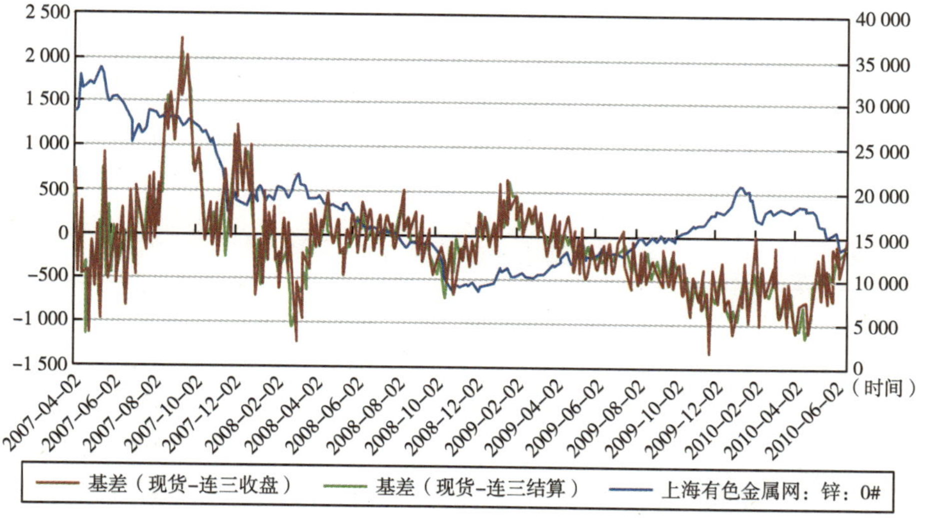

图 10－4　沪锌价差趋势图（基差 －1 000 以下均是价格的阶段性顶部）

合约的选择： 需要根据企业购销规模进行确定，规模适中的企业一般可以选择主力合约进行套期保值。这样选择的优点是流动性好，价格波动性相对小一些。如锌主力合约成交量小的时候也能够在100万手以上，能够为企业参与套期保值提供充分的流动性。如果规模较小，可以选择次主力合约进行保值。如锌次主力合约成交量也能够在10万~20万手以上，这为规模相对较小的企业提供了更加灵活的保值手段。次主力合约一般的波动要比主力合约大，如果操作得当可以获得额外的利润；但对应的如果操作不当也会遭受额外基差风险损失。

建仓条件： 具体建仓条件需要根据保值时点、保值比例、基差因素、行情走势以及企业对风险的态度等因素综合确定。在具体保值操作当日建仓时应尽量选择当日均线上方进行卖出套期保值操作；而在趋势的选择上应尽量选择基差大（绝对值）的时候进行保值操作。

平仓条件： 卖出现货的同时进行买入平仓的操作，平仓价格尽量选择当日均线下方，尽量选择基差缩小的时候进行平仓。由于销售采用的是月均价进行结算，等同于日均匀销售模式。因此，传统的保值方法使用的平仓数量是按照日均匀销售数量进行平仓而不是实际销售数量，如果按照实际销售（金属量）进行平仓操作会带来由于数量上的不均匀导致的风险敞口。如果采用的现价销售的模式，那么平仓数量就和销售数量一致即可。

10.3.2 购销模式2及对应的风险

（1）购销模式2：月均价采购、月均价销售

该购销模式的优点是：由于价格基本对锁，因此只要控制数量就可能控制风险，风险容易掌控，因此基本上能够稳定赚取加工费。该购销模式在采购量和销售量相同时间段内如月内相等的情况下，是没有风险敞口的，加工商或者采购方均能够稳定赚取加价利润。

但如果月内的采购数量和销售数量不一致，那么就会存在风险敞口（见表10-1）。如果月内采购数量大于销售数量，那么风险敞口就是采购总量与销售总量的差值，风险在于采购的原材料存在贬值的风险或者说是该部分原材料销售价格存在下跌的风险；如果月内采购数量小于销售数量，那么风险敞口就是销售总量与采购总量的差值，风险在于对应提前销售部分对应的原材料存在价格上涨的风险，但如果该销售部分是已购原材料对应成品，那么就不存在风险。

表10-1　风险敞口情景分析

	条件	风险敞口	风险点
情形一	月采购数量=月销售数量	无风险敞口	无风险
情形二	月采购数量>月销售数量	采购数量-销售数量	风险在于采购的原材料存在贬值的风险或者说是该部分原材料制成品销售价格存在下跌的风险

续表

	条件		风险敞口	风险点
情形三	月采购数量 < 月销售数量	多销售部分源于未采购部分	销售数量 – 采购数量	风险在于对应提前销售产成品部分的原材料存在价格上涨的风险
情形四		多销售部分源于已采购部分	无风险敞口	无风险

（2）保值模式以及保值目标

该购销模式的风险主要来源于采购和销售的数量差异。

对于表 10 – 1 中的情形二，可以采取卖出套期保值模式，结合期现套利模式进行交易。保值目标是规避采购的原材料贬值的风险或者说是该部分原材料制成品销售价格下跌的风险。

对于表 10 – 1 中的情形三，可以采取买入套期保值模式。保值目标是规避提前销售产成品部分的原材料存在价格上涨的风险。对于该部分我们将在购销模式 3 中详细介绍。

（3）套期保值具体模式

由于采用月均价采购和销售将下跌和上涨幅度平均化了，因此在保值的过程中需要将保值量也平均化，避免出现过量保值的情况。

在实际操作中，这种购销模式仍然存在一些不同，虽然是均价采购：如果月初就已经全部到货或者月中集中到货，而销售是均匀销售；如果采购是均匀采购、销售也是均匀销售，但采购数量大于销售数量。这些在实际的操作中均会存在一定的差异。

如果按照完全保值的理念，那么月均价采购月均价销售的模式下，只要保证采购和销售数量一致就不存在风险。因此按照完全保值的理念操作过程中只要将差值部分在期货头寸上找足即可（按照月度理解），在日保值额度操作上，每日的建仓额度为日采购量与日销售量差值累积值的平均值，这样能够与均价采购和销售的模式对应上，避免扩大或者缩小保值额度。但实际上，之所以采购量大于销售量，说明看涨后市，因此在保值的时候应该结合行情进行卖出套期保值操作，宜进行日内卖出套期保值操作。但日内卖出套期保值操作对操作的要求比较高，灵活的保值方式只需要根据行情调整期货头寸即可。

【例 10 – 2】 以下以某企业 2010 年主要产品采购与销售情况为例加以说明，见表 10 – 2 至表 10 – 4。

表 10 - 2　　7 个交易日相关产品期货价格　　单位：元

日期	期货结算价（连三）：锌	上海金属网：平均价：锌：0#	锌精矿价格
2010 - 05 - 28	16 160.00	15 700.00	10 700.00
2010 - 05 - 31	16 125.00	15 700.00	10 700.00
2010 - 06 - 01	15 975.00	15 600.00	10 600.00
2010 - 06 - 02	15 515.00	15 250.00	10 250.00
2010 - 06 - 03	15 235.00	14 900.00	9 900.00
2010 - 06 - 04	14 635.00	14 350.00	9 350.00
2010 - 06 - 07	13 900.00	13 650.00	8 650.00

表 10 - 3　　企业锌精矿采购与销售数据

日期	采购数量（吨）	销售数量（吨）	采购 - 销售
2010 - 05 - 28	60	40	20
2010 - 05 - 31	40	30	10
2010 - 06 - 01	60	50	10
2010 - 06 - 02	40	50	- 10
2010 - 06 - 03	60	50	10
2010 - 06 - 04	40	60	- 20
2010 - 06 - 07	60	50	10
合计	360	330	30

表 10 - 4　　未做期货结果

项目	金额（元）
采购均价	10 021
采购金额	3 607 714
销售均价	10 021
销售额	3 307 071
期末库存（吨）	30
库存价格	10 021
库存价值	300 643
期末价值	7 200

本例中由于企业未做期货保值，采购销售均价为10 021元，期末存货为30吨，较期初10 700元的销售价格，存货相当于贬值了20 357元（期初价格与均价之差计算，不考虑违约情况，如考虑违约情况，只能按照现价进行销售的话，损失就扩大为61 500元）。

表10－5　　做期货保值期末结果

建仓头寸（吨）	持仓总额（吨）	建仓价格（元/吨）	期货盈亏（元）
20/7＝3	3	16 160	0
30/7＝4	7	16 125	140
40/7＝6	13	15 975	1 455
30/7＝4	17	15 515	6 215
40/7＝6	23	15 235	12 455
20/7＝3	26	14 635	23 895
30/7＝4	30	13 900	45 540

由于采用期货进行保值，期货上存在45 540元的盈利，因此可以弥补现货贬值的损失（见表10－5）。为了和均价销售相对应，保值时将采购与销售的差值进行了期内平均，这样可以平均化，避免扩大或者缩小保值头寸。采用这种购销模式的企业在实际经营中可以采用如下策略进行保值操作：上涨时，以采购量定销售量；下跌时，以销售量定采购量；差异部分在期货上找足。

10.3.3　购销模式3及对应的风险

购销模式3：销售按照月均价结算，但采购是卖方点价。该购销模式由于月均价的确定和卖方点价时间和方式上是不对称的，因此存在销售价格小于卖方点价的风险。

该购销模式的风险敞口相对复杂，见表10－6。

表10－6　　风险敞口分析

	卖方点价时点	风险敞口	风险点
情形一	在销售月后	当月的销售量	由于销售月的销售均价相对确定，因此存在卖方点价过高，导致采购商的销售价格小于采购价格的风险；但也有可能因为采购商承担了这样的风险，由于价格的继续下跌，进一步降低了采购商的采购价，从而获得额外利润

续表

	卖方点价时点		风险敞口	风险点
情形二	销售月中	点价前	点价前的销售量	卖方点价如果按照现货日均价或者近月合约当日结算价进行点价，由于点价价格是日数据，而销售均价是月均价，因此在上涨的过程中，销售价格上涨幅度没有点价价格上涨快，因此存在销售价格小于采购价格的风险；在下跌的过程中，由于销售均价下跌得慢，采购均价下跌快，因此，点价前的风险相对较小。总体而言，当月的月均价正在形成中，因此和销售月均价下跌的风险相比较，点价前的卖方点价价格的上升是主要风险
		点价后	点价前销售量	由于采购方买价确定，存在销售月均价价格下跌风险

（1）保值模式以及保值目标

对于表 10－6 中的情形一：应采取买入套期保值的模式。该保值模式的目标是锁定未来的采购成本。

对于表 10－6 中的情形二：在点价前，应采用买入套期保值的模式；在点价后，应采用卖出套期保值的模式。该保值模式的目标是在点价前相对地锁定采购成本，在点价后锁定销售价格。

（2）套期保值具体模式

①规定卖方点价必须在销售月之后，推荐采购方采用该模式，这种方式对于采购方来说风险相对容易控制。

保值模式：买入套期保值，目标是锁定采购成本。

保值时点和头寸：在这样的大前提下，采购方的操作相对要容易一些。传统的保值模式是采购方可以根据当天的销售量确定期货头寸，期货头寸是当月销售量累计值的月平均即可。当月的期末头寸能够和销售数量相对应，这样期货头寸的建立可以认为是均匀建立，可以看作是在期货上均匀地锁定采购成本。这种模式的优势是和销售均价相对应，均匀地锁定采购成本，相对稳健地赚取加价利润；缺点是很可能会损失掉由于行情接着下跌带来的超额利润。因此在实际的操作过程中，可以将传统的保值方式和行情的研判结合起来，头寸也可以适量调节。

建仓条件：具体建仓条件需要根据基差因素、行情走势以及企业对风险的态度等因素综合确定。在具体保值操作当日建仓时应尽量选择当日均线下方进行买入套期保值操作；而在趋势的选择上应尽量选择基差小或者出现正值的时候进行保值操作。

平仓条件：传统的平仓方式是在卖方点价的同时进行平仓操作。关键在于同时的定义。在实际的操作过程中，并不能保证完全是同时，因此可以根据采购方的风险偏好、行情等因素具体判定。如果行情有继续上行的可能，可以适量平仓，适量留仓；也可以保守一些在点价当日或者附近日子全部平仓。平仓位置应该尽量选择均线上方进行。

②卖方在当月点价。

保值模式：这种前提下，保值模式相对复杂。分点价前和点价后两种情形保值：

- 点价前：采购方可以根据当天的销售量确定期货头寸，期货头寸是当月销售量累计值的月平均即可。这种操作延续到点价的时候，卖方点价时，平仓期货头寸，并进行卖出套期保值操作。

- 点价后：卖出套期保值的操作是在点价之后进行，传统的保值方式是点价当天就需要平仓买入保值头寸并且建立卖出套期保值头寸。卖出套保头寸数量是点价前已经卖出的现货数量，这样能够锁定这部分的加价利润空间。之后的现货销售可以根据点价价格和市场价格比较进行，如果市价高于点价，那么采购现货并进行销售；如果市价低于点价价格，那么不进行采购和销售。

该模式在上涨的行情中对采购方是有利的，但是再跌的行情中，由于采用均匀锁定成本的方法，一般锁定的成本也会相对高一点。而卖出套保能够有效规避销售均价下跌的风险。

③卖方点价时点不确定。

保值模式：综合 a 和 b 进行保值。

企业的经营形式多种多样，特别是采购和销售的模式也是多种多样的。本部分只是选取了其中常用的购销结算模式进行分析，而且同一企业可能存在多种结算模式，那么就需要我们在制定套期保值方案之前，详细了解企业的运作模式，深入分析企业经营风险所在，针对企业的风险提出相应的期货解决方案。

11

利用国际期货进行海外 EPC 经营项目的风险管理

在国际工程总承包中，EPC 模式以其自身的各种优点，代表了现代工程项目管理的主流。本部分我们从 EPC 工程总承包模式的含义说起，主要讨论采购对项目带来的风险，同时介绍如何通过期货市场来规避海外 EPC 经营项目中的风险。

11.1 EPC 合同

所谓 EPC 合同，即设计—采购—施工合同，是一种包括设计、设备采购、施工、安装和调试，直至竣工移交的总承包模式。这种合同模式起源于 20 世纪 60 年代。传统承包模式中，材料与工程设备通常是由项目总承包单位采购，但业主可保留对部分重要工程设备和特殊材料的采购权。在 EPC 合同模式下，承包商的工作范围包括设计（engineering）、工程材料和设备的采购（procurement）以及工程施工（construction）直至最后竣工，并在交付业主时能够立即运行。

从 EPC 的实践看，即使业主付出的合同价格要高一些甚至高出很多，他们仍愿意采用这种由承包商承担大部分风险的做法。对承包商来说，虽然这种合同模式的风险较大，但只要有足够的实力和高水平的管理，就有机会获得较高的利润。

虽然使用 EPC 合同承包商可以获得更大的利润，但是承包商却不得不面对比传统承包合同条件下大得多的风险。分析清楚 EPC 工程总承包项目下风险的成因，采用何种策略化解这些风险就成了承包商不得不认真思考的问题。

11.2 EPC 项目的风险成因

总体来说，EPC 项目风险的成因可分为三类：客观风险成因、道德风险成因、技术能力不足风险成因。

11.2.1 客观风险成因

客观风险成因包括：自然灾害成因、社会政治成因和经济成因。

(1) 自然灾害成因

EPC 工程工期长，遭遇各种自然灾害的机会极大。

(2) 社会政治成因

①战争和内乱。这可能使建设项目终止或毁约，或者建设现场直接遭受战争的破坏，而使承包商和业主都遭受损失。

②国有化、征用、没收外资。这往往使项目的外方业主蒙受重大损失。

③EPC 工程总承包项目合同履行过程中，项目所在国法律、政策发生变化，可能使承包商承担额外的责任，造成较大的履约风险。

(3) 经济成因

①汇率浮动。业主对承包商的付款都是使用承包商所在国以外的货币，这就使承包商不得不承担国际市场汇率波动的风险。

②通货膨胀。通货膨胀使工程造价大幅度提高，承包合同多数都为固定总价条款，必然使承包商承担额外支付的风险。

③衡平所有权。承包商在自己国家以外的国家承包 EPC 项目必须了解和熟悉各个不同国家“衡平法”原则保护其所有权的规定。例如，在承包工程方面，有些国家规定外国公司的投标价格必须比当地公司的投标价低若干百分点才能将该工程授予外国公司，或者规定外国公司必须与当地公司联合才能参加投标。

11.2.2 道德风险成因

(1) 业主不付款或拖延付款

某些国家在财力枯竭的情况下，对政府的工程项目简单地废弃合同并宣布拒付债务。一些 EPC 工程项目的业主可以采取多种方法来故意推迟已完工工程付款。拖延支付和扣留最后一笔工程质量保证金，也是承包工程中经常碰到的事情。

(2) 分包商故意违约

有的分包商，在项目分包阶段故意报出低价，一旦授标给他，则利用各种可能的手段寻求涨价，甚至以工程质量或工期作为要挟承包商的手段，承包商一旦处理不当，就会使承包商面临工程质量不合格或工期拖延从而招致对业主承担违约或支付额外费用的风险。

(3) 承包商参与工程的各级管理人员有不诚实或违法行为

这必然对工程的质量、进度、成本等造成不良影响，使承包商面临支付额外费用或承担违约责任的风险。

11.2.3 技术能力不足或其他因素的风险成因

由于承包商技术能力薄弱，缺乏管理人才和经验或者筹集资金的能力不足，或者承包商和其分包商都具备履行合同的技术、财务、认知和管理能力，但由于其主观重视不够或其他原因，而对工程中的任何一部分疏忽大意、过失或不够谨慎小心等行为，也是给承包商增加风险发生的概率或扩大发生风险事件的损失程度的因素。

11.3 EPC 项目可能产生的风险损失

11.3.1 经济损失

这里的“经济损失”，是指承包商因履行了合同责任范围外的责任义务或为避免非承包商所应承担的风险而造成额外成本支出。包括：

- 业主付款拖延或拒付部分/全部合同款：
- 由于承包商违约导致的业主不付款或迟付款；
- 由于业主的原因而由承包商承担其不付款或迟付款；
- 由于合同以外第三者的影响而导致业主对承包商的不付款或迟付款，如分包商违约等；
- 承包商与业主都无法预见和控制的意外事件的发生而导致的业主不付款或迟付款。

11.3.2 企业信誉、信用损失

如由于某种原因导致公司信誉受损，如被业主、金融机构列入黑名单等。这种风险对承包商的经营管理工作带来极大的负面影响，甚至会使其面临破产的危险。

11.4 EPC 项目的风险管理

一般地说，承包商企业对 EPC 工程总承包项目管理程序分为三个阶段：风险识别、风险分析、风险控制和处理。

11.4.1 风险识别

风险识别是指承包商企业对所承包的 EPC 工程项目可能遇到的各种风险的类型和产生

原因进行判断分析，以便承包商对风险进行分析、控制和处理。这个阶段风险管理的主要任务，一是判断承包商在 EPC 工程总承包项目中存在着什么风险；二是找出风险的成因。承包商对每个具体项目所要面临的风险及其成因的分析应分三步进行：

第一步，了解项目本身的一些情况，如项目来源、资金来源、技术水平、有关标准要求、工期、承包商的工作范围和业主的风险承担范围等资料，同时更重要的还应了解项目的背景资料、业主的资信情况等。对上述材料的分析，可以发现很多具体的风险成因。

第二步，风险的形式估计。风险的形式估计就是要明确项目的目标，采用的策略、方法及实现项目目标的手段和资源，以确定是否适应项目及其环境的变化。

第三步，风险识别的结果。风险识别之后要把结果整理出来，写成书面报告，为风险分析、风险控制和处理做准备。风险识别的结果应至少包括下列内容：风险来源、风险的分类或分组、风险特征、对项目管理的要求。

风险的识别技术，主要有德尔菲法又叫专家意见法、专家会议法（和前一种统称集体经验法）、故障树法和筛选—监测—诊断法等方法。

11.4.2 风险分析

EPC 工程承包中对于风险分析评价主要从以下几个方面进行：

政治。考察工程所在国家的政治局势是否稳定；研究其与邻近国家的潜在的战争危险，研究其国内政治派别，民族、宗教纠纷的历史与现状，分析国内政治斗争的发生及后果。

经济。考察工程项目所在国家的经济形势、国家预算、建设规模以及能力，研究其财政政策和货币政策，考察其外汇管理体制以及对外资的管理办法等。

市场。考察工程项目所在国家主要生产和生活物资近几年的价格浮动趋势，研究其通货膨胀情况，研究其建筑市场发展状况、国际承包公司和本国工程公司已承包工程的价格水平和支付条件等。

业主。调查拟投标项目业主的情况（政府或私人的），了解其资金来源及可靠程度，了解统一业主的其他项目的管理与支付情况，研究业主的监理工程能力以及其对质量、进度、标准的要求。

合同。研究招标文件的一般合同条件和特殊条件，并将这些条件同国际通用的合同条件进行对比研究，分析其差异，重点研究合同条件中的支付、税收、外汇、价格调整等条款，分析其有关各种限制性说明等等。

自然条件。调查拟投标项目的现场条件，包括外部条件（如道路、供水、供电、通信及交通运输等），地形、地质、水文、地震、气象以及周围的环境条件，特别要考察建设地区的自然灾害历史，如洪水、沙暴、干旱等。

通过以上各个方面调查研究，分析发生各种风险的可能性及危害程度，对风险做出客观的综合评价，为制定和采取减轻和转移风险的措施提供依据。

在 EPC 工程总承包项目风险分析方法方面，各企业主要采用经验估计法、概率分析法、敏感分析法等方法来衡量不同的风险及对风险采取不同的对策。

11.4.3 风险控制和处理

风险控制和处理的基本方法主要有风险预防、风险转移、风险分散和风险自担。

风险预防是指事先采取相应措施，防止风险的发生，它是处理风险的一种主要方法。

风险转移是指企业以某种方式将风险转嫁给他人承担。一般来说主要有三种途径：一是将风险转移给客户，比如承包商利用分包合同或采购合同转移自身承担的风险；二是将风险转移给担保人，比如卖方信贷项目要求业主提供银行保函；三是将风险转移给保险公司，一旦发生损失则保险公司承担一部分风险。

风险分散分为外部分散和内部分散两种。外部分散是指企业通过同外部企业合作，将风险分散到外部去，从而减少其风险损失额。如联合体投标，就是将项目的整体风险分散给多个主体承担，从而降低单个主体承担的风险。内部分散是指企业通过调整内部资金结构，将有些项目风险损失分摊到另外一些项目上去，从整体上调整一定时期内的风险损失率。

风险自担是指企业以自身的财力来负担未来可能产生的风险损失。风险自担包括两方面的内容：一是承担风险，二是自保风险。承担风险和自保风险都是由承包商自身的财力来补偿风险损失，其区别主要在于自保风险需要建立一套正式的实施计划和一笔特定的基金。当损失发生时，直接将损失摊入经营成本。有些风险虽然也会带来损失，但由于损失规模较小，对企业经营活动影响不大，因而企业可以采用直接承担风险的办法加以处理。自保风险是指企业处理那些损失较大、无法直接摊入经营成本的风险的一种手段，即每年从企业的盈利中，按照一定比例提取风险基金，作为风险准备金，用以应付意外的风险损失。提取风险基金并不能减少企业的风险，而是增强了企业承担风险的能力。

11.5 EPC 项目的经济风险

国际总承包工程的经济风险成因主要表现在货币、汇率、通货膨胀等方面。而任何经济风险成因的出现都会使承包商项目的收入发生波动，对承包商的影响极大。

11.5.1 汇率风险

汇率风险是指在不同币别货币的相互兑换或折算中，因汇率在一定时间内发生未预料到的变动，致使有关金融主体的实际收益与预期收益或实际成本与预期成本发生背离，从而蒙受经济损失的可能性。

汇率风险主要有交易风险、经营风险与折算风险三种。

（1）交易风险

交易风险是指在运用外币进行的交易中，从合同签订之日到债权债务得到清偿这一期间内，企业由于汇率变动而蒙受损失的可能性。交易风险是一种常见的汇率风险，企业在以外币进行贸易结算、贷款或借款以及伴随外币贷款、借款而进行外汇交易时，都有可能产生交易风险。

（2）经营风险

经营风险是指由于外汇汇率变动影响企业的投入和产出而使公司在未来一定时期内的收益和现金流减少的可能性。收益变化幅度的大小，主要取决于汇率变动对企业产品价格、销售数量以及成本可能产生影响的程度。

（3）折算风险

折算风险是指由于汇率变动而引起资产负债表某些项目金额变动的风险。折算风险的产生主要有两种情况：一是由于经济活动发生日与财务决算日的汇率不一样，所以，外币债权债务经过折算后往往会产生很大的账面损益。二是企业在其他国家设有子公司或分支机构，在合并报表时，需要将子公司或分支机构的收入和费用项目采用交易发生日的即期汇率折算本国的记账货币，并且采用资产负债表日的即期汇率折算资产负债表中的资产和负债项目。按照上述规定折算产生的外币财务表折算差额，在资产负债表中所有者权益项目下单独列示。折算带来的汇兑损益不涉及实际的现金流量，带有会计性。

防范汇率风险的金融工具主要包括：

远期，是指根据合同规定的汇率和约定的日期办理交割，这样就相当于把未来兑换的汇率固定了下来。例如中国进出口银行提供的远期结售汇，是指银行与境内客户协商签订远期结售汇合同，约定将来办理结汇或售汇的外币币种、金额、汇率和期限，到期外汇收入或支出发生时，即按照该远期结售汇合同订明的币种、金额、汇率办理结汇或售汇的交易。远期结售汇的交易方式分为固定期限的远期交易和择期交易。择期交易是指在做远期结售汇时，不规定具体的交割日期，只规定交割的期限范围。远期结售汇交易币种主要为美元、欧元、日元、港币等货币。远期结售汇业务的交易期限最长不超过 12 个月，其中择期交易的选择期最长不超过 1 个月。远期结售汇办理包括签订《远期结汇/售汇协议书》、申请审核、交易成交、到期日审核与交割以及展期五个方面的工作。远期结售汇不适合用于时间较长的项目，因为其期限较短。

货币掉期，又称货币互换，是指交易双方约定在未来某一时期相互交换某种资产的交易形式。更为准确地说，掉期交易是当事人之间约定在未来某一期间内，相互交换他们认为具有等价经济价值的现金流的交易。实际交易中掉期使用得较多，尤其是在项目资金部分来自贷款时。

货币期权，是指买方在支付了期权费后即取得在合约有效期内或到期时以约定的汇率购买或出售一定数额某种外汇资产的权利。

货币市场交易中的借款法则，是指先在货币市场借入相应金额资金，然后在日后收回款项时再还回。

福费廷业务，是指银行应收款人或持票人的请求，无追索权地买入本行或他行承兑的远期汇票或本票。承包商可以通过办理此业务，将应收账款卖给银行，银行从全部工程款扣除部分费用。

目前应对外汇风险的金融产品种类日益广泛，所处国家不同，金融产品会有所差异，承包商应当根据项目情况和自身情况进行合理的选择。金融工具是一把双刃剑，采用金融工具虽然对抵销汇率风险有一定的帮助，但也不能完全依靠这种方法，仍需要与其他手段配合使用。

11.5.2　通货膨胀

通货膨胀是一个威胁到全世界的问题，在某些发展中国家情况更为严重，年通货膨胀率甚至高达百分之几百。由于通货膨胀使材料价格、当地劳动力价格等不断上涨，工程造价大幅度增高，承包商承包合同多数为固定总价条款，必然使承包商承担额外支付的风险。有些承包商仅仅从工程所在国短期内的物价波动幅度来分析通货膨胀风险是不妥当的，至少是不够全面的。应当看到，即使工程所在国的经济情况在某一时间内似乎是相对稳定的，作为工程承包商，往往需要从其他国家进口某些当地短缺的材料和设备，它们可能受到国际市场的影响。而且，当地的供应商常常也会利用新开工程较多、供应能力短期内难以提高等理由来涨价。因此，承包商不仅要注意工程所在国的经济形势，还必须掌握国际市场和所在国市场各种物价浮动的趋势。

利率风险管理的工具主要包括：远期利率合约、利率掉期、利率期权、掉期期权、结构性产品。工程承包企业可以和银行签订利率掉期协议，将贷款利率由浮动利率转变为固定利率，消除利率变动的风险，以保证企业未来利息支出的稳定和获得预期收益。需要说明的是，企业与银行之间的掉期交易和原来企业的贷款是完全相互独立的合同，在执行利率掉期协议时，企业与银行之间只支付浮动利率和固定利率之间的差额。以上差额被称之为携带成本，即工程承包企业支付的代价。在进行利率掉期业务时，企业应在利率曲线平坦、携带成本较低时与银行做利率掉期交易，此时应是企业进入市场的良好时机。

利率期权和货币期权类似，与其他工具相比提供了很好的灵活性。企业选择利率期权时可以要求银行按企业实际贷款情况，量体裁衣设计期权方案。工程承包企业若使用掉期期权有两点主要功能：在企业没有签订贷款前，利率有可能向有利的方向变化，可使用掉期期权对贷款保值；对或有的敞口风险，用掉期期权保值处理，特别对招标和投标项目，掉期期权既可是企业在项目成功取得的情况下固定资金成本，也可在项目不成功或项目放弃的情况下不受固定利率借款的承诺约束。

11.5.3 经济萧条或国民经济趋于恶化

如果一国经济出现不景气或长期不景气，将构成很大的经济风险，在该国从事 EPC 项目，必然会出现该国相关配套能力不足的问题。

11.5.4 海关清关手续繁杂

有时承包商在合同执行过程中，大量物资需从国外进口，一方面，有的承包商不了解当地法规、政策；另一方面有些国家清关手续繁杂，实行当地人代理制，海关办事效率低，工作人员作风不廉洁，以致造成物资供应不及时，影响工程施工，甚至造成工程拖期。

11.5.5 没收保函

在国际承包工程中，当事一方为避免因对方违约而遭受损失，通常要求对方提供可靠的担保，这是国际上公认的正常保障措施。对于承包商来说，若对保函业务不太熟悉，很容易在这方面遭受到风险损失。实际上，有些风险是由于承包商不慎违约造成的结果，也有一些是业主或总包的无理索款甚至是欺诈行为造成的。例如某公司在北也门从科威特公司手中分包的某医学院工程的两百多万美元的履约保函，曾经因总包要求没收而引发长达十年的官司。

11.5.6 衡平所有权

承包商在自己国家以外的国家承包 EPC 项目必须了解和熟悉各个不同国家“衡平法”原则保护其所有权的规定，多数发展中国家制订了保护其本国利益的措施。例如，中东一些国家实行责任人制，外国公司必须通过当地公司（担当责任人）才能承揽工程；一些国家规定合资公司中对外股份的限制，以保证大部分利益应当归于本国。在承包工程方面，有些国家规定外国公司的投标价格必须比当地公司的投标价低若干百分点才能将该工程授予外国公司，或者规定外国公司必须与当地公司联合才能参加投标。也有些国家虽然允许外国公司单独投标，但规定必须将获得工程的某些部分工作或不低于 30% 的工程分包给当地公司等等。有时业主还指定分包商，甚至限定分包价格，但总的合同责任仍由总承包公司承担，这就使得总承包公司不仅要支付额外的费用，同时还增加了替当地分包商承担违约责任风险的可能性。

12

企业综合定价系统的设计方案

12.1 当前复杂金融背景下商品定价理论的变化

日趋加快的经济全球化趋势给不少国家特别是发展中国家的经济安全带来了许多新的挑战，大宗商品定价权问题就是其中之一。近年来，国际市场商品价格的波动给我国的经济利益造成巨大伤害。作为一个农业大国，由于我国的大豆产量减少，使得我们国家在大豆价格方面没有话语权。面对国际大豆价格上涨，我们国家只能被动地接受国际价格，从而引发了食品油价格的快速上涨，进而引起了物价的上涨，给我国百姓生活增加了压力。我国是一个钢铁生产大国，每年都要进口大量铁矿石，然而我国在铁矿石价格方面却没有话语权。钢铁和石油等价格的上涨，我国似乎也只能被动接受。然而在我国储存量比较丰富的稀土资源，作为拥有重要战略资源的稀土大国——中国，却一直面临着稀土贱卖的尴尬境地。“稀土不稀”，我们反而受制于他人，以致我国出台了规范稀土产业的一系列旨在保护我国资源的政策，却遭到习惯于掌握定价权的欧美等国的指责。面对我国经济逐渐回暖从经济危机走出的情况下，国际大宗商品价格波动的不确定性，给我国经济的回升带来一些不稳定因素。

在国际市场上，大宗商品贸易定价方式主要有两种：一种是以作为全球定价中心的国际期货市场的期货合约价格为基准价格来确定国际贸易价格；另一种是由国际市场上的主要供需方进行商业谈判以确定价格。以上两方面的问题是在大宗商品定价权领域中表现得最为突出的问题，其成因比较复杂，涉及经济贸易、金融市场、企业管理等领域，是由内外多方面的影响因素共同作用而形成的。这两个问题的提出与大宗商品国际贸易定价机制有关。目前，在国际市场上，几乎所有的大宗商品都已形成一个定价中心。这些定价中心形成的期货价格是国际贸易定价的基准价格，其波动直接影响我国有关商品的进出口价格。因此，国际期货市场风云变幻对我国经济和国内市场的影响非常大，这决定了我国期货市场需要进一步发展以适应新的经济贸易形势。然而，国内期货市场目前在微观结构和功能发挥等方面依然存在很多缺陷，至今还未能在国际定价过程中发挥应有的影响力，政府的调控能力和管理效果以及企业的风险管理能力也因之受到很大制约。

国际上进出口的很多大宗商品的定价都离不开期货市场的身影，从期货市场的角度来研究铁矿石的定价权问题，在当下我国金融市场全面开放和蓬勃发展之际，将会极具现实意义和长远价值。我国长期以来在大宗商品定价上没有话语权，很大程度上是因为国内的期货市场不成熟，缺少一个对价格制定具有影响力的机构，因而只能被动地接受国际市场的定价。在期货市场越来越对定价权产生影响的同时，我们也发现仅仅解决宏观问题并不能解决企业在微观层面盈利等问题，企业依旧需要对每日价格进行判定，对趋势进行判断。因此，定价系统的推出对摸索一条将期货市场与企业日常经营相结合的道路又推进了一步。

12.2 定价系统设计的理论依据

12.2.1 中金智能化定价系统介绍

中金智能化定价系统能提供完备的分析工具、测试平台，在短时间内形成各类量化图表化直观测试报告，定量地从年回报率、盈利能力、风险量化等诸多方面对投资方法的实际价值进行客观评价。

该系统所具备的优势包括：

- 强大的系统测试平台；
- 统一的测试、应用工具；
- 参数指引；
- 资讯系统；
- 组合条件；
- 阶段统计排序；
- 更多的画线工具；
- 板块分类；
- 数据管理更加完善；
- 技术指标增加买入规则；
- 成交明细表显示；
- 时段统计中允许直接输入起止日期；
- 体贴、人性的工作环境。

12.2.2 金融投资理念与策略

（1）金融投资理念

- 宏观、全局的/历史的眼光；

- 系统的观点/抽象的思维特点。

(2) 金融投资策略

- 没有完美的交易系统；
- 思维的前后一致性；
- 对待交易的态度——大智若愚；
- 知道自己适合做什么；
- 简以制胜——系统交易工具的选择；
- 投机者的交易心理、人生态度和境界。

(3) 智能交易的优点

- 克服交易员生理和心理的局限；
- 投资高手总结市场运动规律的结晶。

12.2.3 中金智能化定价系统的创新性

中金智能化定价系统创新点（见图 12－1）表现在：
- 颠覆传统 K 线技术理论的基础；
- 从军事、航天领域移植并完全应用于金融市场的“精确制导及跟踪技术”；
- 精算数学定价模型“揭示和模拟未来金融市场的环境状况”。

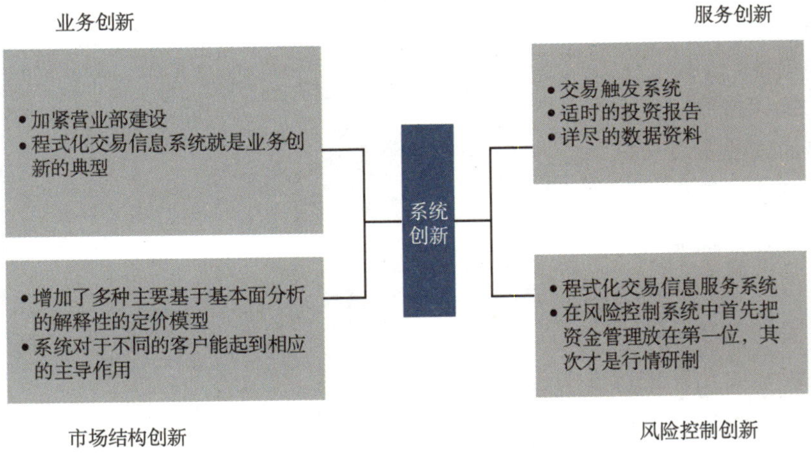

图 12－1　中金智能化定价系统创新设计

12.2.4 中金智能化定价系统套期保值比率及保值有效性

中金智能化定价系统在保持传统业务主体地位的基础上加入了自行研制的智能化的套

期保值系统与日常交易系统。

（1）相关主要模型

①传统回归模型（OLS）；
②双变量向量自回归模型（B－VAR）；
③基于协整的误差修正模型（EC）。

（2）相关主要研究方法

①平稳性检验或单位根检验（Unit Root Test）；
②协整检验（Co integration Test）；
③误差修正模型（Error Correction Model）。

（3）基于条件异方差的 EC 与 VAR 模型

①相比于 B－VAR 模型，基于协整的误差修正模型（EC）融合了更多的信息量，比如考虑到时间序列数据的协整性，将前一期的基差作为变量添加到方程中，从而提高了拟合的有效性。

②在 B－VAR 与 EC 模型中，假定误差项方差是不变的，但是在现实经济中，时间序列数据方差常常有大的误差与小的误差成群出现的现象。在方差随时间变化的情况下，采用最小二乘法得到的估计量虽然可以保证无偏性和一致性，但不再是有效的。

③ EC－GARCH 模型在 EC 模型的基础上，考虑了回归方程可能出现的方差时变性，因此理论上得到的套期保值效果会优于前者。

12.2.5 中金智能化定价系统设计思路与流程

（1）自动程式化交易的基本组成模块

- 行情判断模块；
- 交易策略模块；
- 风险控制模块；
- 资金管理调配模块；
- 信息采集与输出模块。

（2）系统化交易发展层次过程

- 供给和需求决定价格的上升和下跌；
- 建立一个应对市场开发的客观方法论；
- 选择匹配以上方法论的数学和逻辑的模型；
- 根据以上模型建立一个计算机程序；

- 评价建立的计算机模型是否与所用方法论吻合。

(3) 科学界定并检验程式交易系统报告

- 净利润率；
- 胜率；
- 最大单次盈利与最大单次亏损；
- 最大连续盈利次数与最大连续亏损次数。

(4) 注意事项

- 交易系统只是一个提示交易机会的系统；
- 盈利的系统只是盈利额大于亏损额的系统；
- 好的交易系统是资金稳定增长的系统；
- 优秀交易者必须有坚定不移的自律精神。

12.2.6 风险测算模式

风险测算模式包括：策略性（Strategy - based）模式，价格敏感度（Greek）模式，风险价值（VaR）模式，市场间理论性保证金系统（TIMS）模式，标准投资组合风险分析（SPAN）模式和理论分析与数字模拟（STANS）模式。

其中，VaR 值简要地给出了在某段时间内，一定的置信度水平下与一定的目标水平之上，预期的最大损失（或最坏的损失）。

计算方法：

①从实际的经验来的分布中求 VaR 值；

②以正态曲线逼近分布求值，在这种情况下，VaR 由标准离差求得；

③验证 VaR 模型准确性的方法。

投资组合就是对一定数量的风险因素持有量的组合。投资组合的 VaR 可以由其包含的各种有价证券的风险组组合得出。

12.3 金融定价系统实际运用

12.3.1 企业套期保值模式

企业参与套期保值策略制定的流程如图 12 - 2 所示。

传统研究模式：定性分析基于市场经验的判断；定量分析依据 Var、GARCH、蒙特卡洛模型、CAMP、MM 套利模型……多种类数量化金融工程计算。

智能化研究模式：研究方法集成，选择最优。例如：研究风险最小化的套期保值比率

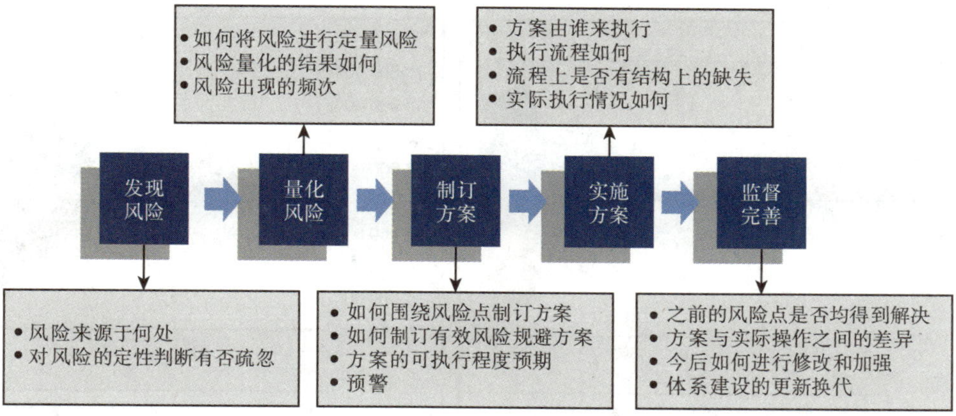

图 12－2　铜企业经营流程与套期保值体系

及报纸绩效模型：传统回归模型（OLS）、双变量向量自回归模型（B－Var）、协整误差修正模型（EC）、条件异方差的 VAR 与 EC。

12.3.2　案例分析

【例 12－1】涉外贸易公司期货应用策略：运用期货价格规避海运风险，在 1 月和 4 月需要进行海外贸易的套期保值，每次海运量为 3 000 吨，海外成本较国内低，因此在成本上有优势，同时在期货市场进场点的选择上也有相应的优势。将系统判断与物流运输相结合，得到相应的策略在超过成本和利润预期加合之后即考虑卖出保值，保值时间长度为 1 个月左右。当系统出现蓝色信号之后，加大保值力度（见图 12－3、图 12－4）。

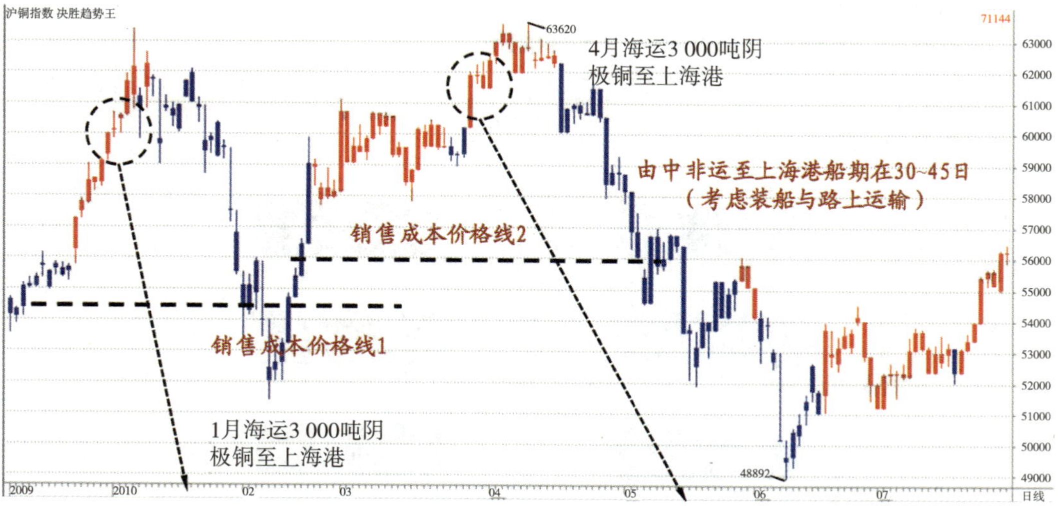

图 12－3　海运企业利用系统进行套期保值

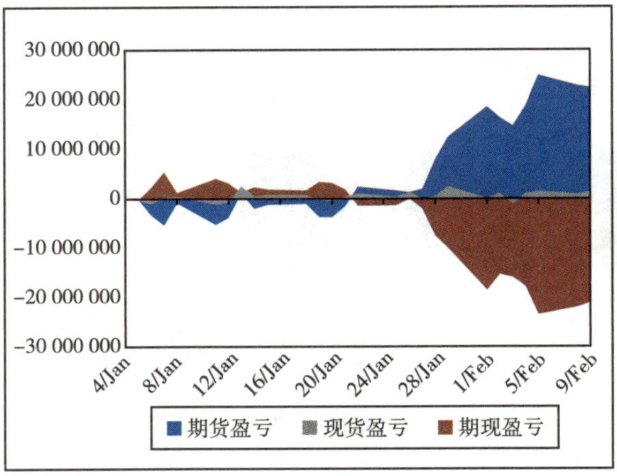

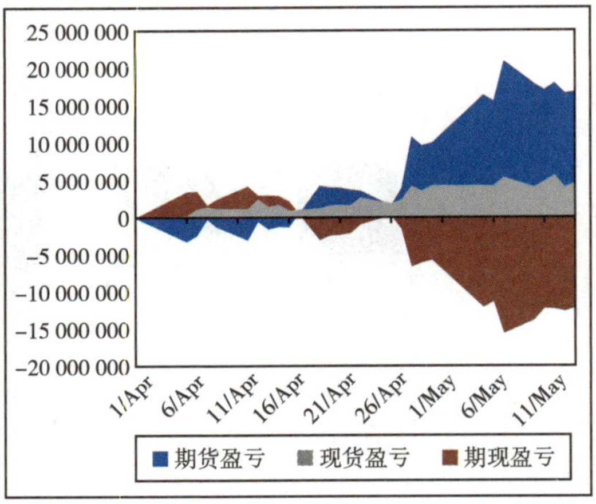

图 12－4　期货市场与现货市场盈亏情况

【例 12－2】针对 EPC 工程承包项目的思考。采购在工程总承包业务中占据主要地位，原因包括：

- 设备、材料采购的费用约占工程总费用的 50%～60%；
- 采购纳入设计程序能保证采购货物的质量和设计质量；
- 由工程公司采购能降低成本，并加快工程进度；
- 采购价格：基于采购协议合同确定，实际采购价格若为开口定价模式，即以现货价格定价从贸易商采购相关品种，则形成风险敞口；
- 采购量：基于合同规定，也可能出现量供应滞后；
- 当市场价格呈现上涨趋势，贸易商有时会出现拖欠定价的模式，采购不通畅；
- 运输环节主要涉及采购区域半径。

中金智能定价系统能通过对不同合约与指数的价格走势，结合企业采购和库存计划进行定价操作。针对螺纹钢该品种，我们运用近月合约、主力活跃合约和螺纹钢指数进行市场判断。化繁就简的思路如图 12－5 所示。

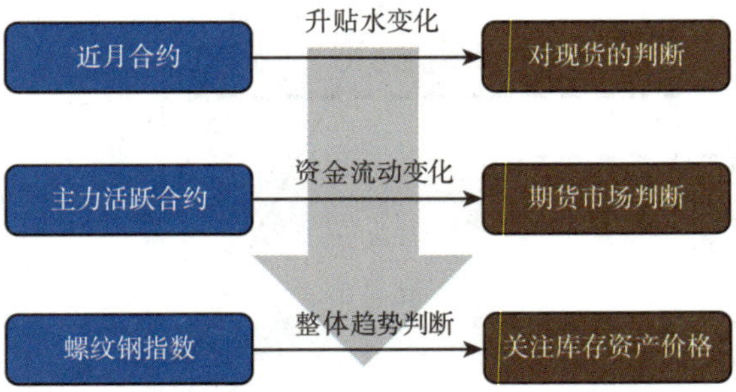

图 12－5　各种合约与市场价格波动模拟关系

结合图 12－6 和图 12－7，做出以下趋势判断：

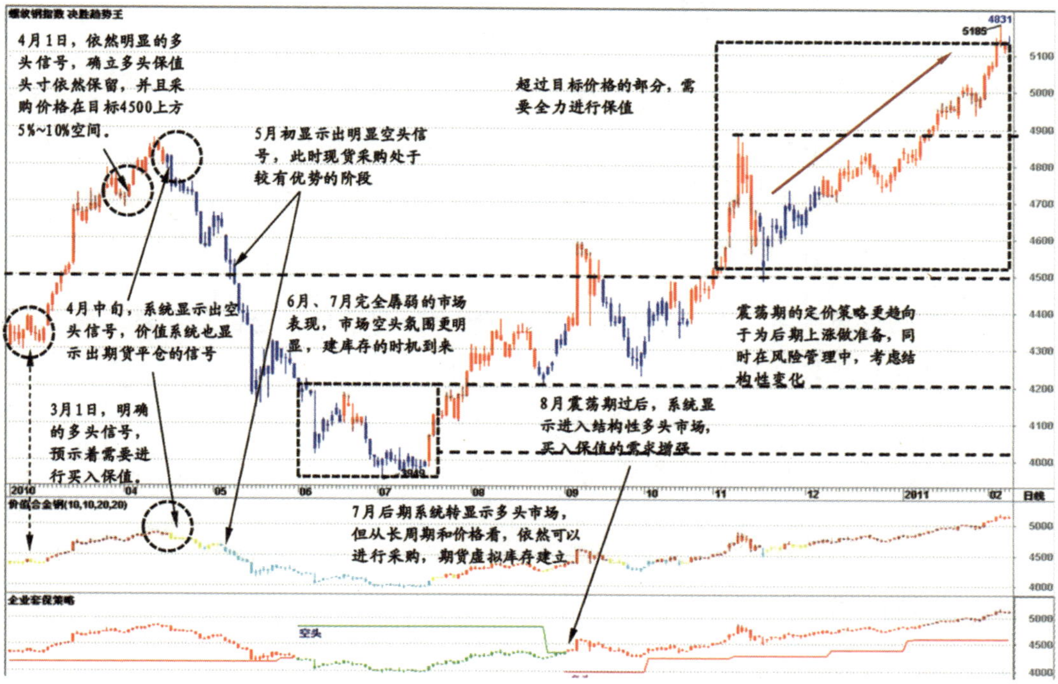

图 12－6　螺纹钢指数对市场的指引作用

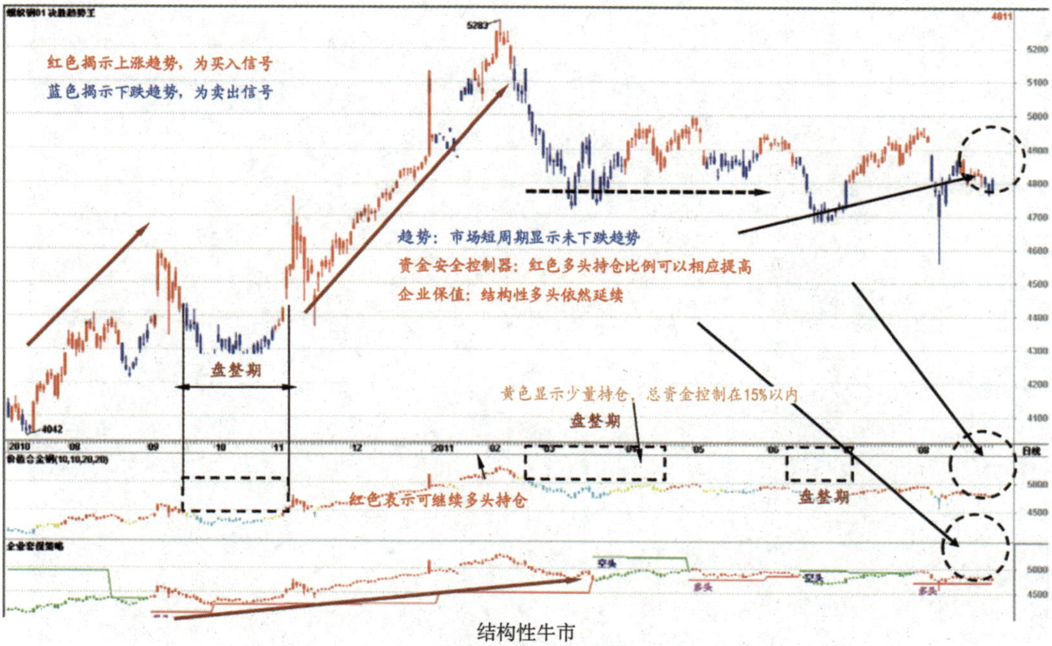

结构性牛市

图 12－7　螺纹钢期货合约的短周期趋势意义

（1）现货市场趋势判断

①螺纹钢现货采购谨慎；

②期现价差存风险，现货有转变升水可能。

(2) 期货市场趋势判断

①趋势判断：在下调过程中下调，多头仓位控制需要更为谨慎；
②资金管理：根据采购状况减持少量多头仓位，实现期货市场平衡。

(3) 库存管理判断

采购材料转化为库存，对于长周期库存管理而言，目前库存仓位的调整也属于微调期，应避免大量的建仓与减持。

12.4 金融定价系统操作指南

(1) 系统操作指南

登录系统，选择品种，进入K线图（见图12－8）。

名称	最新	涨跌	涨幅	总量	持仓	持仓走势
黄豆A801	3259	15	0.46	11752	49870	4792
黄豆A803		0	0.00	0	22	0
黄豆A805	3336	10	0.30	2718	10498	1876
黄豆A807	3355	20	0.60	28	150	-4
黄豆A809	3396	24	0.71	46	116	26
黄豆A611		0	0.00	0	0	0
黄豆A701		0	0.00	0	0	0
黄豆A703		0	0.00	0	0	0
黄豆A705	3031	5	0.17	5306	133692	-2144
黄豆A707	3129	-3	-0.10	10	276	-10
黄豆A709	3223	5	0.16	81730	375854	3584
黄豆A711	3205	10	0.31	172	1542	-2
黄豆A统计	3184	8	0.26	101762	572020	8118
黄豆B801	3437	-8	-0.23	6	16	0
黄豆B803		0	0.00	0	0	0
黄豆B705		0	0.00	0	2	0
黄豆B707	3370	53	1.60	6	6	0
黄豆B709	3425	34	1.00	6	78	0
黄豆B711	3452	73	2.16	4	6	4
玉米801	1659	-2	-0.12	6884	37354	-1026

图12－8　行情表界面

鼠标右键点击K线下面指标，选择“删除指标”只保留K线图（见图12－9）。

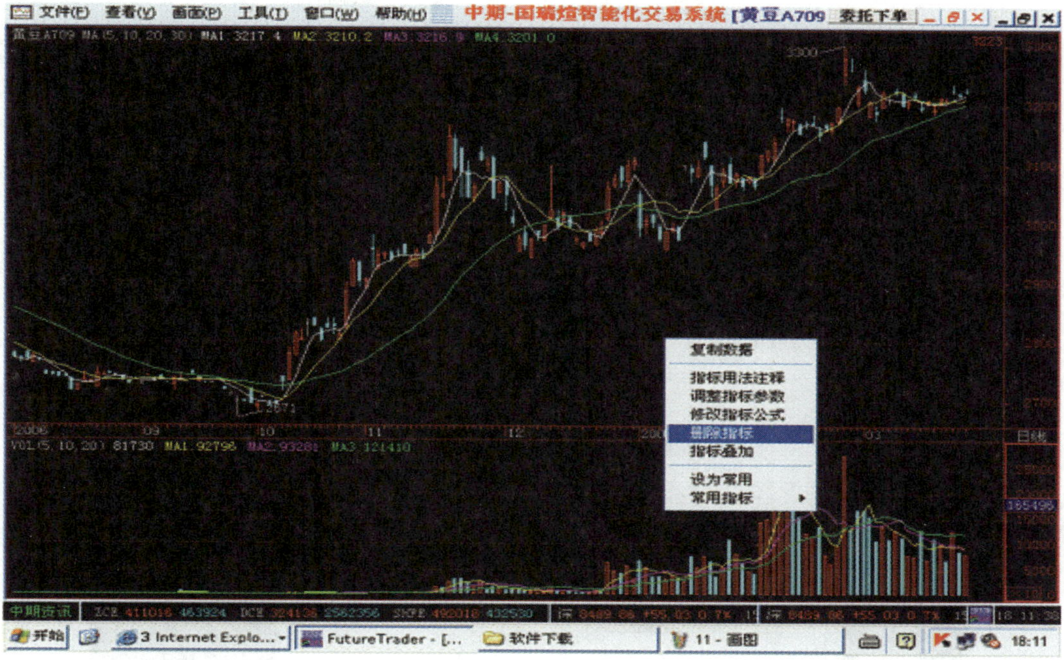

图 12－9 系统 K 线系统

在 K 线图点击鼠标右键，选择“画面组合”—“3 图组合”（见图 12－10）。

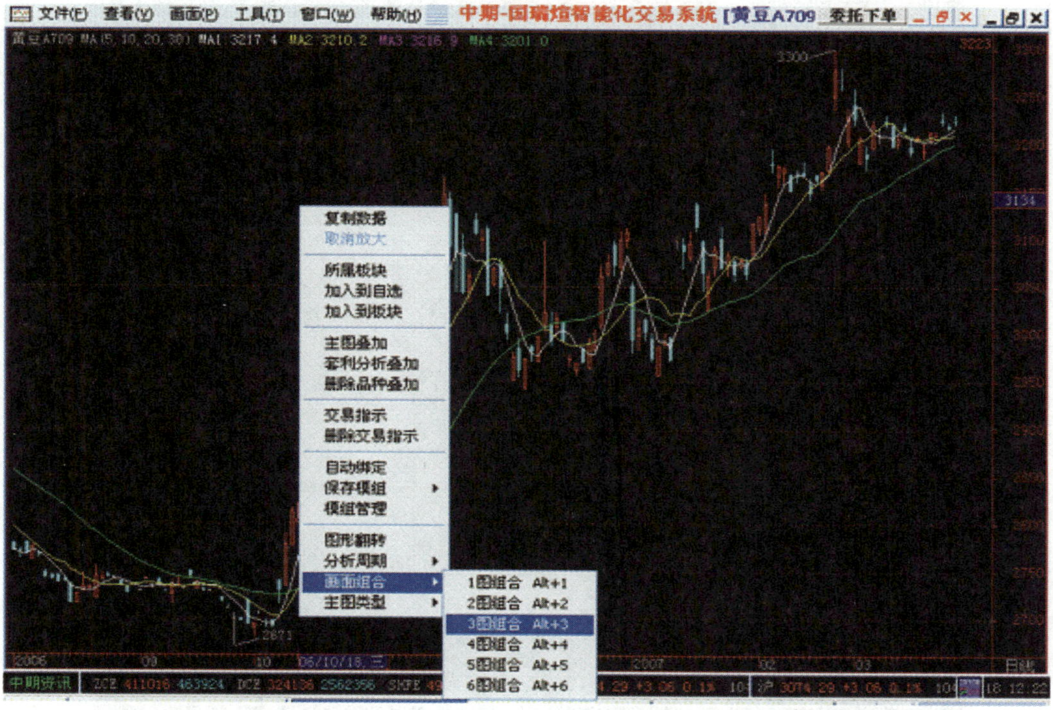

图 12－10 多画面组合 K 线图

点击“指标”—选择“中期国瑞煊智能化交易系统”—选择“决胜趋势王”“价值合金钢”“企业保值策略”三个系统指标。

然后利用鼠标右键的“删除指标”和“画面组合”功能，将这三个指标排列好，从上到下依次是“决胜趋势王”—“价值合金钢”—“企业保值策略”（见图 12－11），顺序很重要！

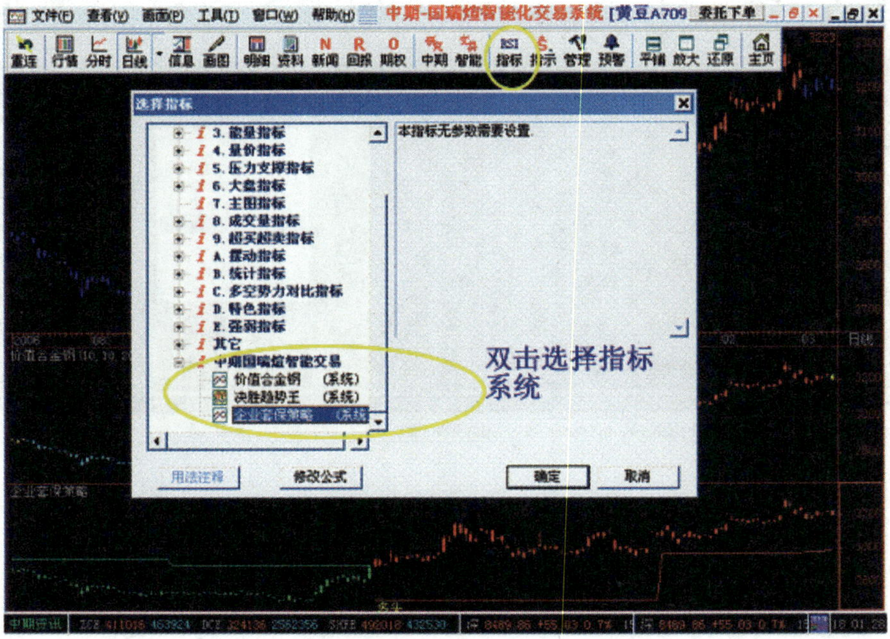

图 12－11 系统指标选择

主图、副图和叁图之间关系见图 12－12。

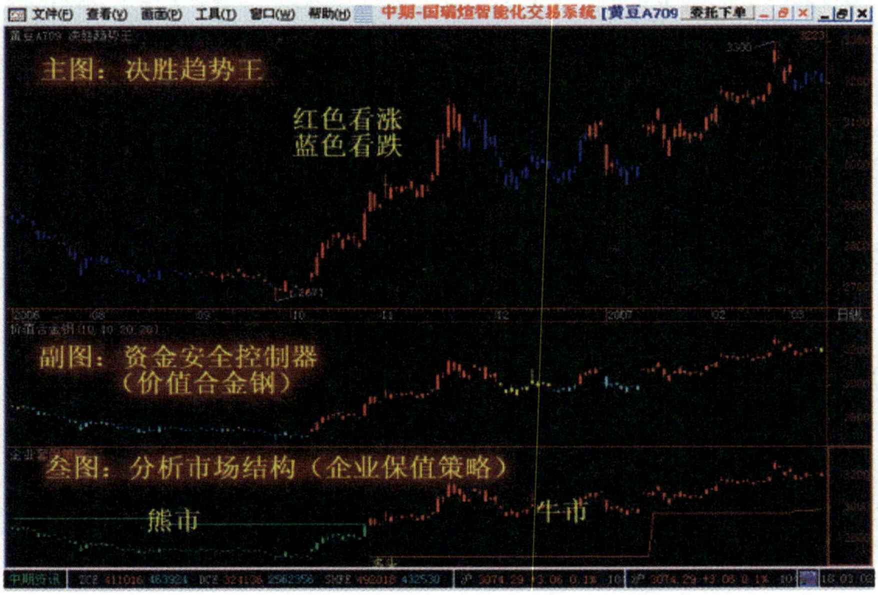

图 12－12 主图、副图和叁图之间关系

（2）智能定价系统分析（三个系统，三图分析，三位一体，趋势分析和风险控制并重）

主图：决胜趋势王，红色 K 线揭示上涨趋势，买入信号。蓝色 K 线揭示下跌趋势，卖出信号。交易操作以决胜趋势王为主。

副图：资金安全控制器，结合决胜趋势王操作。黄色代表少量持仓，最好能够控制在总资金的 15% 以内；红色代表多头持仓比例可以提高；绿色代表空头持仓比例可以提高。副图和主图信号不一致时，以主图信号为主，持币或少量持仓。

叁图：整体市场结构分析（企业套保策略）：分析中长期的主要趋势。

红色代表目前处在牛市阶段，主基调看涨，在利用决胜趋势王操作时，以做多为主。

绿色代表目前处在熊市阶段，主基调看跌，在利用决胜趋势王交易时，以做空为主。

市场结构分析和主图决胜趋势王信号不一致时，一般代表目前处于震荡或短期回调阶段，可以根据主图小单量操作，此时，目标利润应控制在 20% 以内。避免逆市操作。

（3）实战案例（2006 年 3 月—2007 年 2 月，时时价格走势，节选部分品种）

【例 12 –3】期货案例，见图 12 – 13 至图 12 – 17。

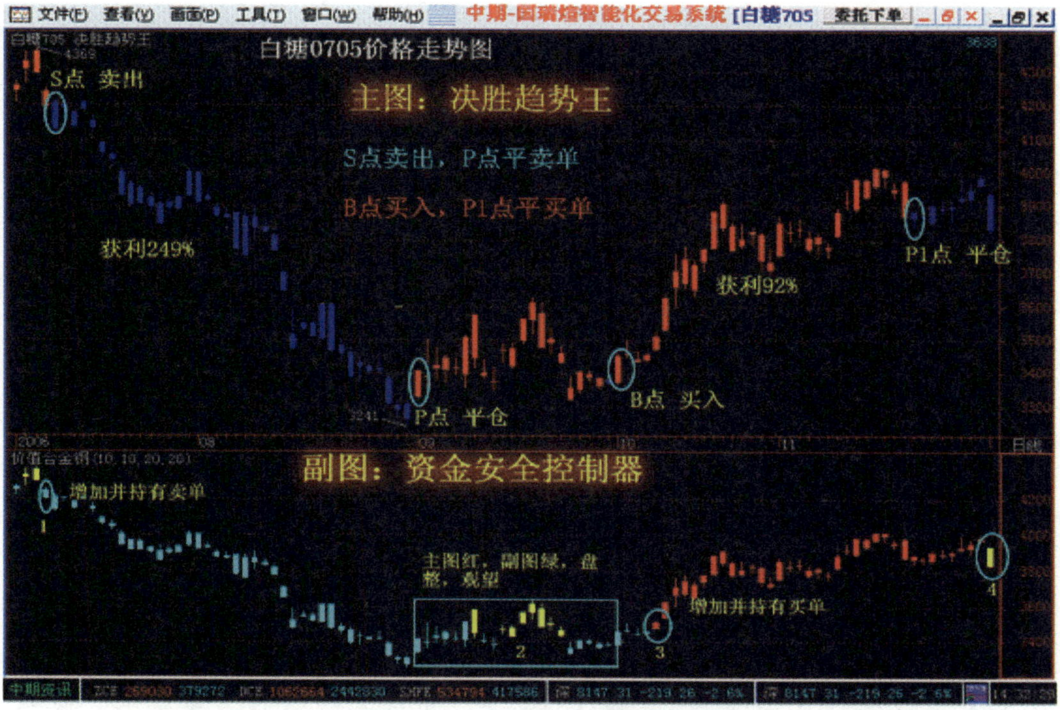

图 12 – 13　白糖系统图组分析

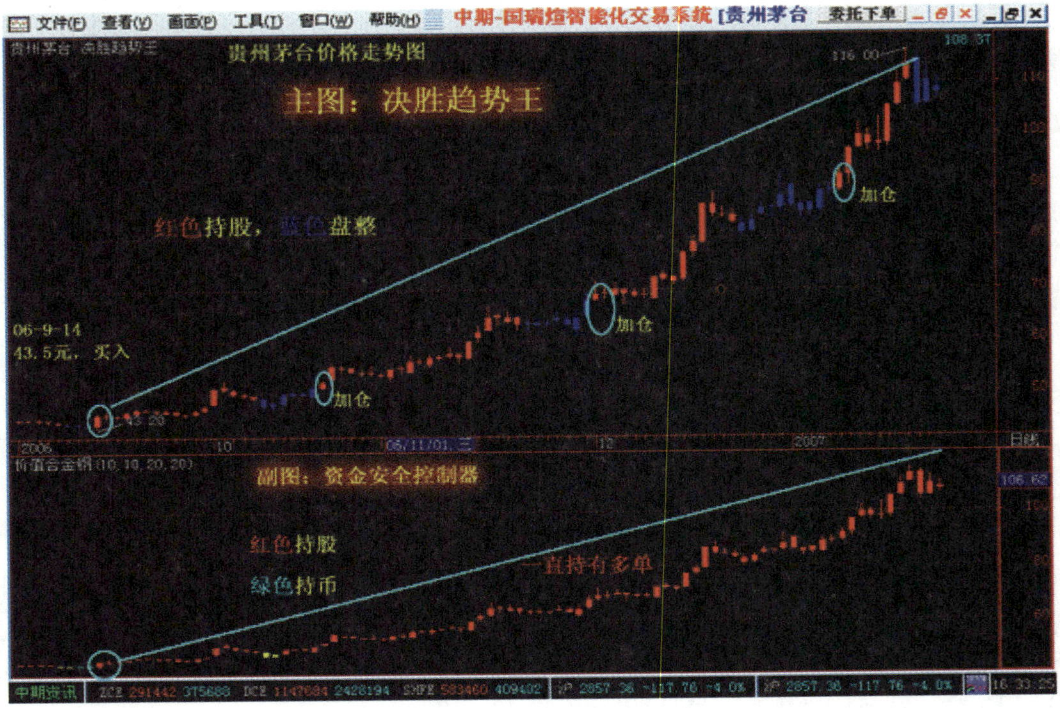

图 12－14　贵州茅台系统股票分析

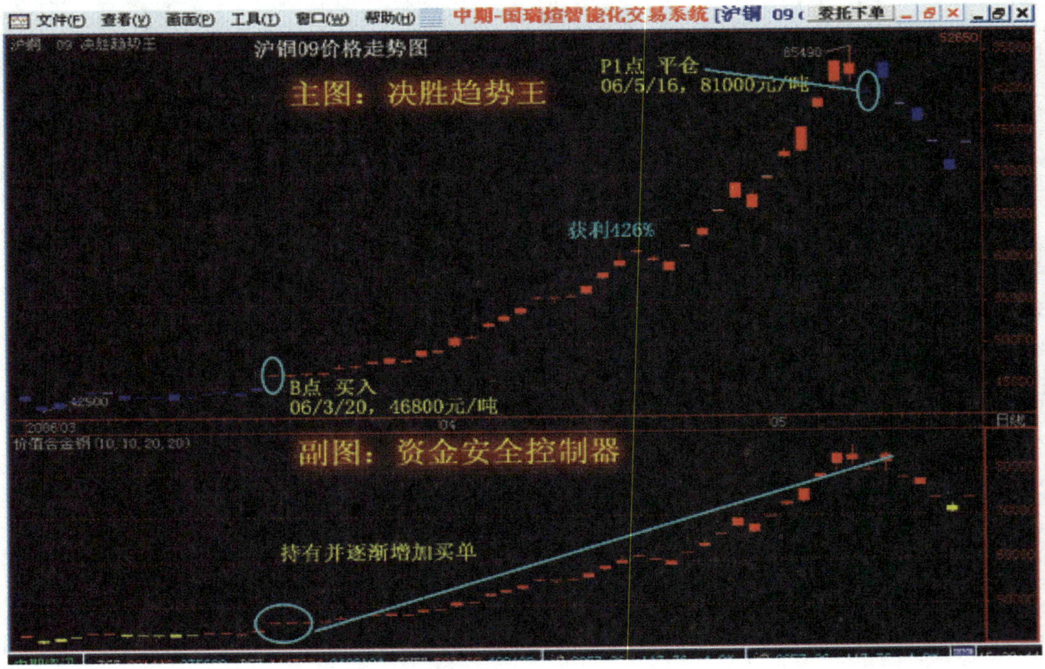

图 12－15　沪铜主力合约系统分析

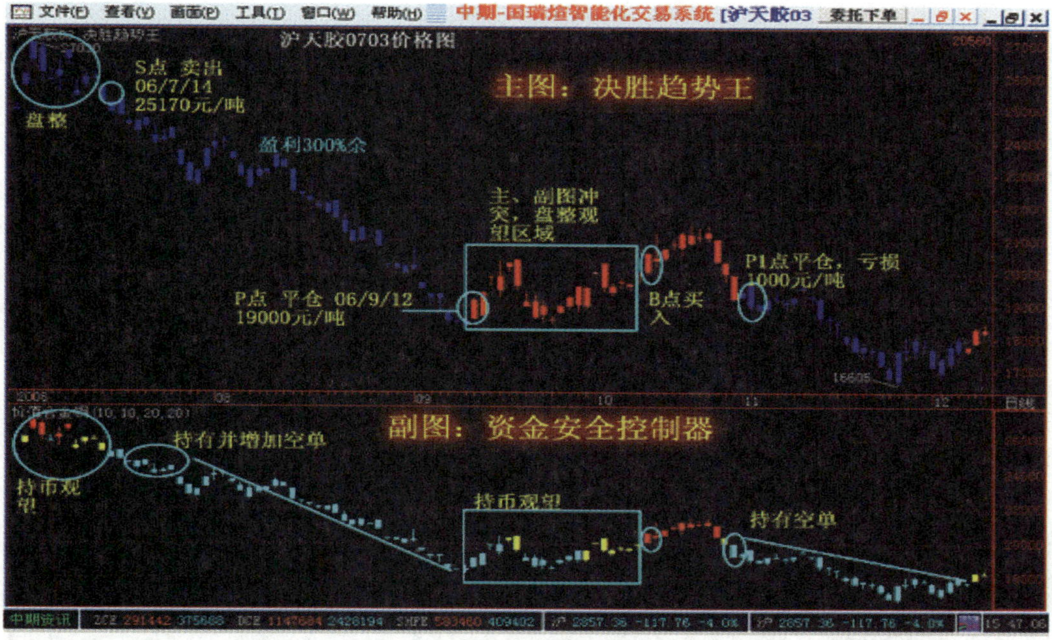

图 12－16 沪胶主力合约系统分析

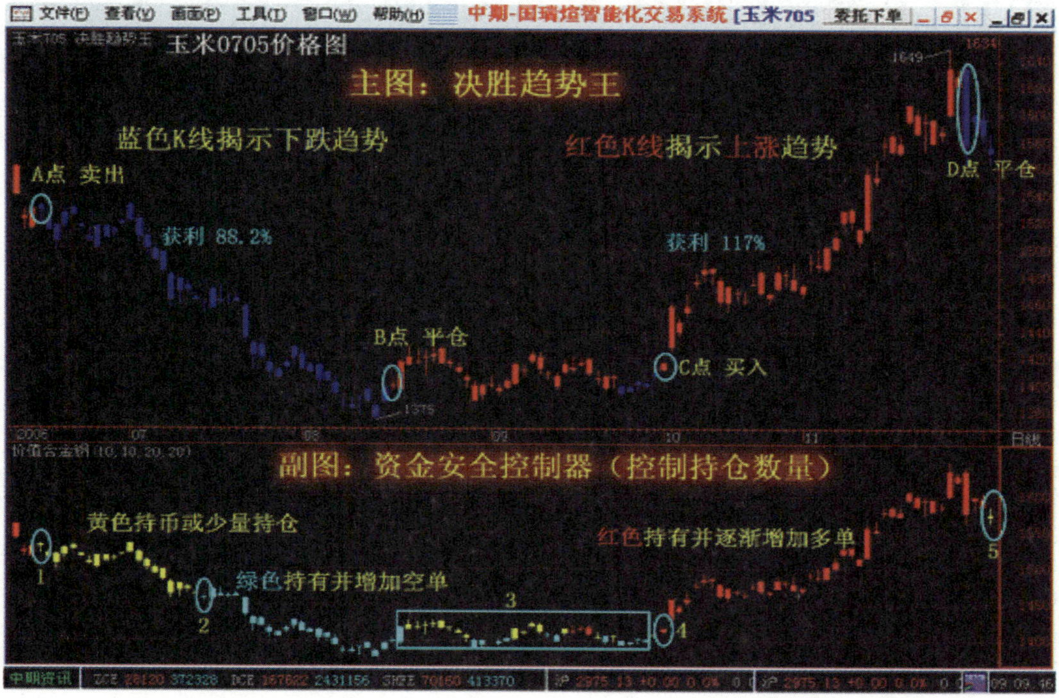

图 12－17 玉米主力合约系统分析

玉米操作解释（见图 12－17）：

第一次操作：

A 点：2006 年 6 月 16 日，玉米 0705 合约价格 1 530 元/吨，出现第一个卖出信号，卖出。

B 点：2006 年 8 月 16 日，价格 1 400 元/吨，出现平仓信号，平仓。获利 1 300 元/手，收益率 88.2%。

第二次操作：

C 点：2006 年 10 月 9 日，价格 1 410 元/吨，出现买入信号，价格结束盘整后，进入上涨趋势，买入。

D 点：2006 年 11 月 29 日，价格 1 620 元/吨，出现平仓信号，价格转入下跌或者震荡区域，平仓。获利 2 100 元/手，收益率 117%。

【例 12－4】证券案例，见图 12－18。

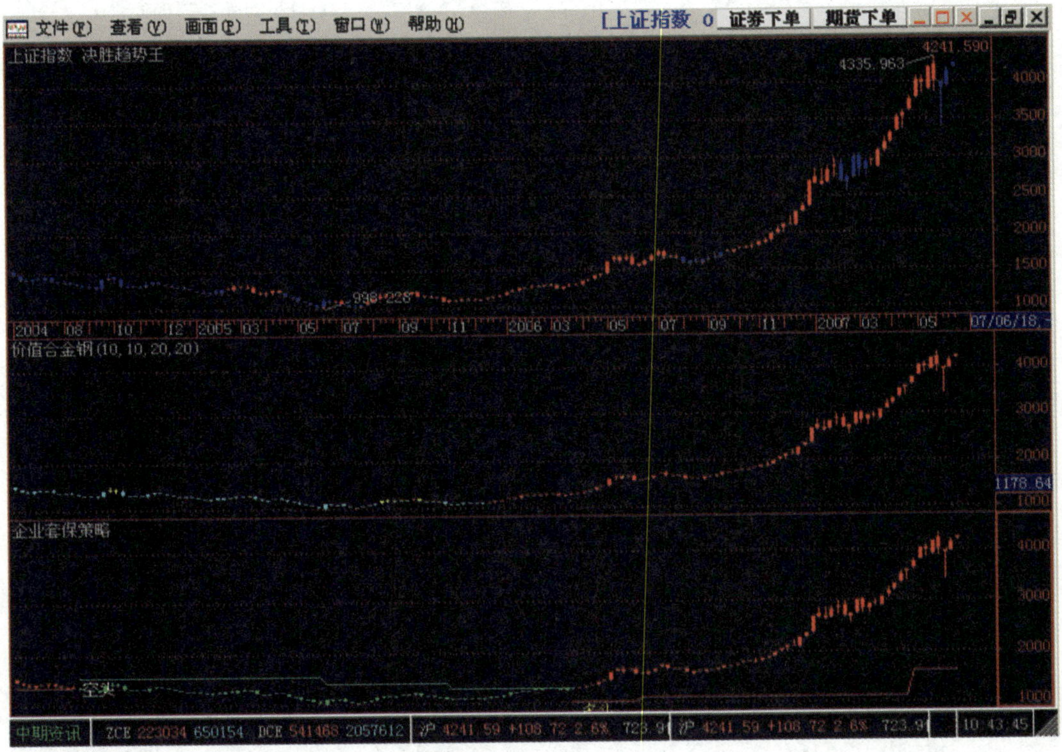

图 12－18　上证指数系统分析

13

以原油为基础的能化产业链分析

能源化工行业与其他大宗商品的重要差异在于具有“错综复杂”的产业链，相关品种多，下游需求广阔。或者说，石化产业的关联度非常高，具有鲜明的产业链传递效应。

能源化工行业的产业链普遍以一次能源中的石油、天然和煤炭作为源头，然后逐级向下拓展，经历中间体、中游化学品和下游消费品等多个阶段。其中，以石油为源头的能源化工产业链占据了世界能源化工行业的主导，在我国，煤炭为源头的产业链也较为重要。下面以原油链条为例进行简述，通常，我们可以将其链条简单划分为石油开采业、石油炼制业、石油化工和化工制品等阶段（见图 13－1）。

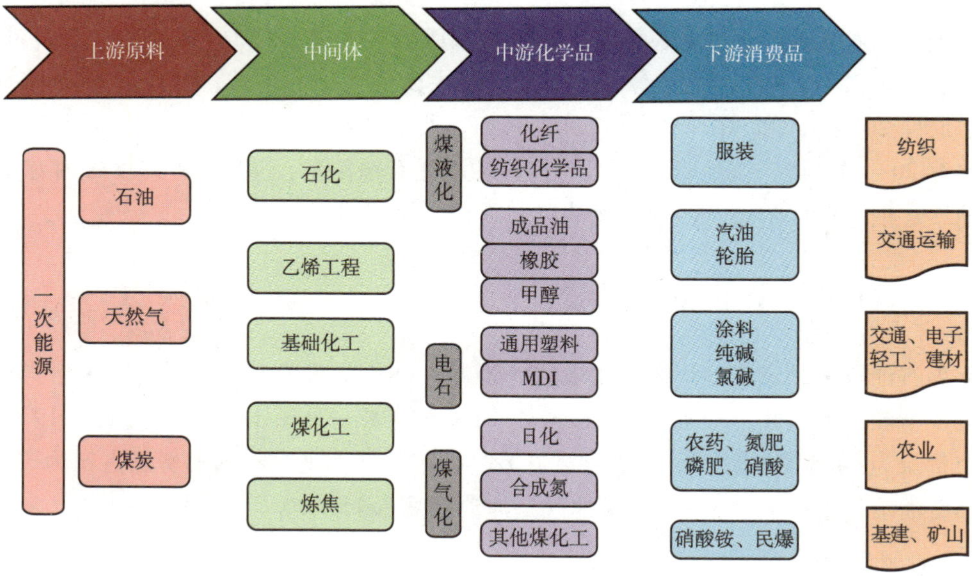

图 13－1　能源化工产业链概览

13.1　原油基本面分析

作为重要大宗商品的原油，商品属性主要体现在供求关系上，而供需也是油价上涨的最根本动因。随着全球经济持续增长，产量与需求之间的关系成为油价的基本决定因素。

13.1.1 石油储量

世界上海洋面积为3.6亿平方千米，约为陆地的2.4倍。地球上已探明石油资源的1/4和最终可采储量的45%埋藏在海底。今后世界石油探明储量的蕴藏重心，将逐步由陆地转向海洋。

世界石油探明储量如图13－2所示。

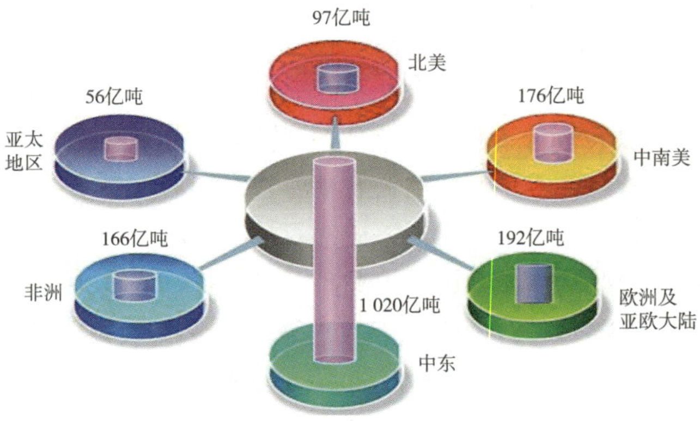

图13－2 世界石油探明储量

石油的分布从总体上来看极端不平衡：从东西半球来看，约3/4的石油资源集中于东半球，西半球占1/4；从南北半球看，石油资源主要集中于北半球；从纬度分布看，主要集中在北纬20°～40°和50°～70°两个纬度带内。波斯湾及墨西哥湾两大油区和北非油田均处于北纬20°～40°内，该地带集中了51.3%的世界石油储量；50°～70°纬度带内有著名的北海油田、俄罗斯伏尔加及西伯利亚油田和阿拉斯加湾油区。

13.1.2 石油可采储量与消费

世界石油资源分布极不均衡，仅中东地区就占68%的可采储量，其余依次为美洲、非洲、俄罗斯和亚太地区，分别占14%、7%、5%和4%（见图13－3）。按照2019年全球石油消费量为44.5亿吨计算，消费主要在发达国家：亚太地区石油消费量占比为37.3%；北美洲石油消费量占22.93%；欧洲地区石油消费量占15.82%（见图13－4）。

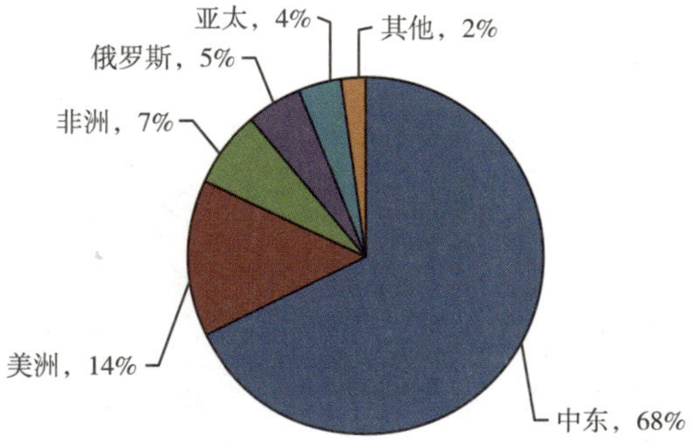

图13－3 世界石油可采储量占比

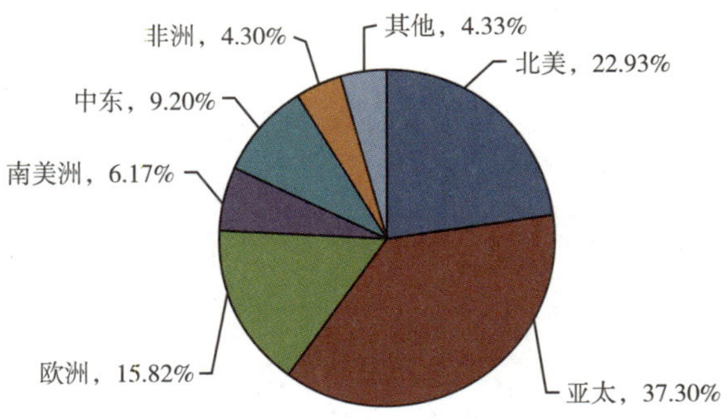

图13－4 2019年全球地区原油消费占比

13.1.3 原油价格的决定因素

(1) 原油供给决定石油价格的短期波动

纵观历史，原油大幅上涨主要有四个时期：1860—1865 年，1973—1980 年，2002—2008 年以及 2010—2012 年，且其中 1973—1980 年和 2002—2008 年两次的原油价格上涨均源于全球 GDP 的快速增长尤其是全球工业增加值的增长。在此期间，原油产量的增长率变动较小，1984 年以后基本保持在 -1.6% ~4% 的较小区间内震荡。我们可以看出，全球原油供给变动不大，原油需求的变化决定了油价的长期波动，而供给只是油价短期上涨的决定因素。

石油供应是影响油价的重要因素，目前世界石油市场的供给方主要包括 OECD（经合组织）和非 OECD 国家。据 2019 年 BP 世界能源组织统计，非 OECD 国家的原油产量占世界原油产量的 72.2%，而原油输出国组织（OPEC）的原油产量占 41.5%。目前全球石油产量排名前 5 位的国家依次为：美国 15 311 千桶/天，占全球总量的 16.2%；沙特阿拉伯 12 287 千桶/天，占全球总量的 13.0%；俄罗斯 11 438 千桶/天，占全球总量的 12.1%；加拿大 5 208 千桶/天，占全球总量的 5.5%；伊朗 4 715 千桶/天，占全球总量的 5.0%。

(2) 原油需求决定石油价格的长期趋势

全球经济的波动带动了原油需求的变化，同时决定了油价的波动周期大致为 15 ~ 16 年：1973—1980 年全球经济快速增长，实际 GDP 年增长率达 3.73%，原油涨到 97 美元/桶；1981—1986 年全球经济出现回落，GDP 年增长率为 3.1%，油价回落到最低点 28 美元/桶；此后的 1987—2001 年，全球经济处于缓慢恢复中，油价在 17 ~ 39 美元间盘整；2002—2008 年，全球 GDP 在房产泡沫带动下恢复上涨趋势，实际 GDP 年增长率达到 4.58%，全球原油供需缺口也拉大到 262 万桶/天，而全球市场笼罩在石油供应不足的担忧之中，导致油价暴涨，并首次突破了 100 美元。2008 年全球金融危机爆发，导致需求大幅收缩，油价快速下行至 40 美元附近。随后在美联储紧急实施量化宽松政策、国内 4 万亿元刺激政策以及 OPEC 减产的共同支撑下，油价触底反弹。此后全球经济复苏叠加美欧制裁伊朗，中东“阿拉伯之春”浪潮导致战乱不断，伊朗和利比亚产量大幅降低导致油价升至记录新高。随着全球经济再度走软以及美国页岩油供给冲击发酵，原油市场供过于求，国际油价从 2014 年开始暴跌。2016 年下半年，发达国家率先进入本轮经济复苏周期，同时主要产油国在 2016 年达成减产协议，在需求和供给共同作用下开启了本轮油价上涨之路。2018 年 4 月以来，需求向好和美国退出伊朗核协议以及重启制裁伊朗引发油价大幅上涨。2020 年受疫情冲击，经济出现下行，石油需求减少，石油价格大幅下跌，甚至一度石油期货价格跌至负数。

13.1.4 重要的原油价格指数

国际上，比较重要的油价有：

WTI（West Texas Intermedium，**西得克萨斯轻质原油**）：原产于北美地区，是美国纽约商品交易所（NYMEX）的期货合约标的，由于美国强大的经济以及金融实力，WTI 原油已经成为全球原油定价基准。基本上所有在美国生产或销往美国的原油，在计价时都以轻质低硫的 WTI 作为基准油。通常来看，该原油期货合约具有良好的流动性及很高的价格透明度，是世界原油市场上的基准价格之一，公众和媒体通常报道的油价，即是指这一价格。

Brent（布伦特原油）：原产于欧洲北海布伦特地区，是伦敦洲际交易所（ICE）大部分原油期货合约的标的油种，影响了全球约 65% 的原油交易量。布伦特原油已经成为该地区原油交易和向该地区出口原油的基准油，即交易原油基本上都参照布伦特原油定价。布伦特原油现货价格可分为两种：即期布伦特现货价（Dated Brent）和远期布伦特现货价（21 day brent）。前者为指定时间范围内指定船货的价格；后者为指定交货月份，但具体交货时间未确定的船货价格，其具体交货时间需由卖方至少提前 21 天通知买方。我国从非洲、俄罗斯、地中海等国家和地区进口的原油均以布伦特原油作为基准进行定价，影响到约占我国进口原油的近 50%。

Dubai（迪拜原油）：原产于阿联酋地区，是含硫原油的主要定价基准，主要为中东出口至亚洲的原油提供定价参考，它往往可以反映亚洲对原油的需求状况，其现货主要在新加坡和东京交易，期货交易量则很小。

目前，我国已经推出人民币计价的原油期货。此外，除石脑油和燃料油外，其他油品的价格仍然由发改委统一定价，采用区间定价的原则：即只有当国际油价的波动超过一定幅度时，才会进行调整。因此，这些油品的价格与国际市场价格的联动性并不太大，且存在滞后期。我国的石油能源的价格形成机制有待进一步完善。

13.2 能源化工产业链的特性分析

13.2.1 能源化工产品生产及市场特点分析

研究能源化工产业链的特性，首先要从能源化工产品自身的生产特点和市场特点进行了解。表 13－1 对能源化工产品期货价格分析的主要关注点——生产特点、市场特点及价格影响因素进行了简要描述。

表 13-1　国内上市能源化工商品期货行业分析内容一览表

品种	生产特点	市场特点	价格影响因素
燃料油	我国燃料油主要由中国石油和中国石化两大集团公司生产，少量为地方炼厂生产。从燃料油生产地域来看，明显呈现地区集中的态势，华东和华北地区的产量远远大于其他地区	燃料油市场化程度较高。供应中，进口资源约占50%以上，80%以上的进口来自韩国、新加坡和俄罗斯。我国燃料油消费主要集中在发电（32%）、交通运输（22%）、化工（25%）等行业。消费主要集中在华南、华东地区，占全国消费总量的80%左右	1. 供求关系，包括国内产量、进口量、库存和需求量；2. 原油价格走势；3. 产油国特别是OPEC各成员国的生产政策；4. 投机因素；5. 外汇、利率等相关市场；6. 地缘政治因素
天然橡胶	橡胶树从种植到可采集一般需要6年时间，采割期大约25~30年，有淡旺季之分。每年2—4月，8—10月为淡季，5—7月，11月至次年1月为旺季。全球天然橡胶生产大国是泰国、印度尼西亚、马来西亚、中国、越南和印度	天然橡胶主要用于轮胎生产，占天然橡胶总消费量的1/2左右；天然橡胶消费量最大的国家是中国、美国和日本。我国天然橡胶流向基本是由南向北流，以上海、青岛和天津为中心向外辐射	1. 供求情况及主要产胶国的出口情况；2. 国际市场交易行情；3. 进口政策及税率水平；4. 季节与气候因素；5. 主要用胶行业的发展状况；6. 金融货币因素；7. 政治因素
LLDPE	国内LLDPE生产主要集中在中石化和中石油，两大集团的产能与产量分别约占全国LLDPE总产能和总产量的87%~88%。产能分布呈南轻北重。世界LLDPE产能主要集中在北美、亚洲、西欧和中东地区，产能之和占87.6%	LLDPE的主要应用领域是包装膜（63%）、农膜（22%）、电线电缆等。亚洲的需求增速最快，将达到年均9.1%；亚洲是全球最大的LLDPE进口地区，其次是北美。国内LLDPE大致的流通格局呈现“由北向南、由西向东”的态势	1. 石化及贸易商库存高低；2. 进口供应量及进口价格；3. 上游原料，包括原油、石脑油、乙烯；4. 下游工厂需求；5. 进口关税、出口退税及相关产业政策；6. 相关产品价格变动，如低压和高压
PVC	PVC自给率高达95%，在我国通用树脂中最高。华东、华北地区是我国PVC的主要产地，产量合计占全国的60%左右。我国电石法生产约占70%，乙烯法和进口单体法生产约占30%。产能主要集中在华北、华中及西北区域	PVC主要用于型材、管材、板材、电线电缆、软制品等，长三角、珠三角是PVC主要消费区域。我国PVC出口迅速扩张，进口逐渐减少，我国90%以上的进口流向了东南沿海地区。PVC国内贸易呈现由西、北方向东、南方向流动	1. 上游原材料影响因素，包括煤炭、焦炭、电力、原油、乙烯、氯乙烯、二氯乙烷、原盐等；2. 房地产行业状况；3. 国内经济走势；4. 塑料制品出口状况；5. 产业政策；6. 出口退税；7. 其他相关领域，如纯碱行业、炼油行业等

续表

品种	生产特点	市场特点	价格影响因素
焦炭	我国是传统的焦炭生产和出口大国，近年来焦炭产量一直占世界焦炭产量50%左右，常年占世界贸易量60%左右。焦炭是我国为数不多的常年排名世界第一的、具有重要影响力的资源型和能源类产品	我国华北及周边地区为焦炭的主产地。消费方面，我国钢铁工业焦炭消费比重上升，技术进步导致焦比略降，华北及周边地区是焦炭主要消费地。焦炭国内贸易流通总体为从北向南、自西向东的格局	1. 煤炭，尤其是炼焦煤决定焦炭的生产成本；2. 钢材的需求和价格影响焦炭的销售价格；3. 国际原油等其他重要能源品的价格；4. 世界以及我国的宏观经济、政策等其他因素
PTA	中国是第一大PTA产能国，产能主要分布在外资、民营和中石化企业。国内聚酯产能高度集中在江苏和浙江两地；全球PTA的生产集中于亚洲、北美和西欧	下游对PTA需求强劲，一直存在缺口；韩国、中国台湾、日本、印度尼西亚、泰国是我国PTA主要进口来源地；进口消费集中在江浙地区	1. 供应量：产量和库存；2. 需求：聚酯增长及纺织增长；3. 石油价格；4. 生产原料价格；5. 棉花市场价格走势；6. 国内外装置检修情况；7. 关税政策

13.2.2 能源化工行业特征

能源化工期货价格走势的分析既要分析各种的个性，也要分析其共性。能源化工行业有以下几个特征：

（1）普遍受到原油走势影响

原油对能源化工品的影响主要有两方面，一是从成本上构成推力，二是对投资者心理产生影响。从大的趋势上看，能源化工品在走势上具有较为明显的趋同性，尤其是原油在一段时间内形成明显上涨趋势时，很容易引发现货市场跟涨，期货市场上大量资金涌入炒作。但是，在油价表现温和时，主导化工品价格走势的是其自身的基本面。因此，原油对化工品能产生多大的影响关键是看原油上涨的幅度及持续时间。

（2）价格波动具有季节性和频繁波动性

化工品在生产上并没有如农产品般有季节性的供应特点，但是在其需求上存在季节性的特点，使得期货价格也会呈现上涨概率较大的季节、下跌概率较大的季节和价格盘整概率较大的季节三种情况。能源化工产业链长，供求关系的变化对期货价格的影响在很大程度上取决于交易者的心理预期变化，从而导致期货价格反复频繁波动。

（3）产业链影响因素复杂多变

石化产业链较为复杂，影响因素众多，且各品种具有各自的特点。无论是分析成本还是供需，都需要对各个环节有清晰认识，忽视了任何一个环节的客观现实都容易产生反应过度或反应滞后。如 PTA 作为上游化工和下游化纤的分水岭，一方面成本受原油波动影响，另一方面受下游纺织需求、直接原料 PX 的供需影响。又如 LLDPE，一方面上下游对其有较为直接的影响，此外，相关品种的供需如 LDPE、HDPE、PP 等，也对其有一定的影响。

（4）价格普遍具有垄断性

分析化工产业终端产品价格不太容易，因为石化领域的“中间体”价格往往由生产企业根据成本加上企业的加工利润报价形成，而买方只能被动接受，所以化工品价格具有垄断性。越是靠近产业链上端的企业，其价格垄断性越强。最典型的是 LLDPE，其生产高度集中，中石化和中石油 LLDPE 占总产量的 85% ~90%。所以，两大集团的定价销售和挂牌销售会对市场产生很大的影响。

13.2.3 原油下游化工产品

石油裂解产品经过化学反应，得到石化中间体或终端化工产品，主要包括三大烯烃（乙烯、丙烯和丁二烯）和三大芳烃（苯、甲苯和二甲苯），以及在其基础上合成的氯乙烯、聚乙烯醇、乙二醇、丙烯腈、苯乙烯、己内酰胺等。终端化工产品是利用石化中间体合成石化终端产品，如合成纤维、塑料、合成橡胶等（见图 13－5）。

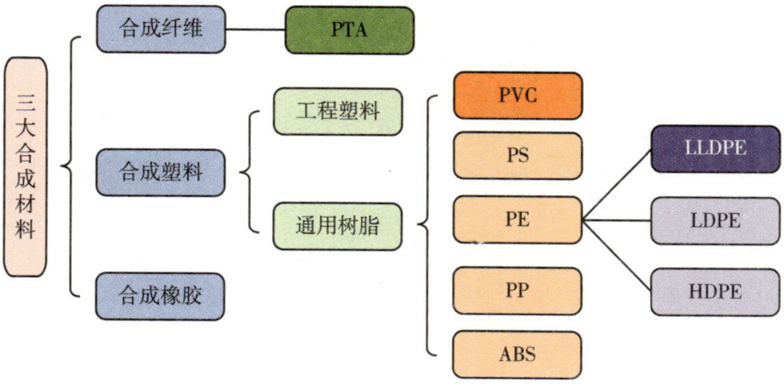

图 13－5 三大合成材料

13.3 中游化工产品生产成本分析

产品生产成本主要包括材料成本、人工成本及制造费用，它没有一个准确的界限，仅是一个价格区间。成本是产品定价主要考虑的三大因素之一，也是期货价格变动的重要因素。在供需关系不变的情况下，成本上扬往往会推动商品价格走高；反之，成本下降往往会使商品价格下降成为可能。在下跌过程中，运用成本分析预测商品价格走势通常较有效率，因为成本能较好地构成底部支撑。当价格处于生产成本区间时，商品的长期投资价值开始显现。以下我们以 2010 年前后 PTA/PVC/LLDPE 的相关数据进行分析。

13.3.1 PTA

（1）成本利润分析

PTA 相关产业链如图 13－6 所示。

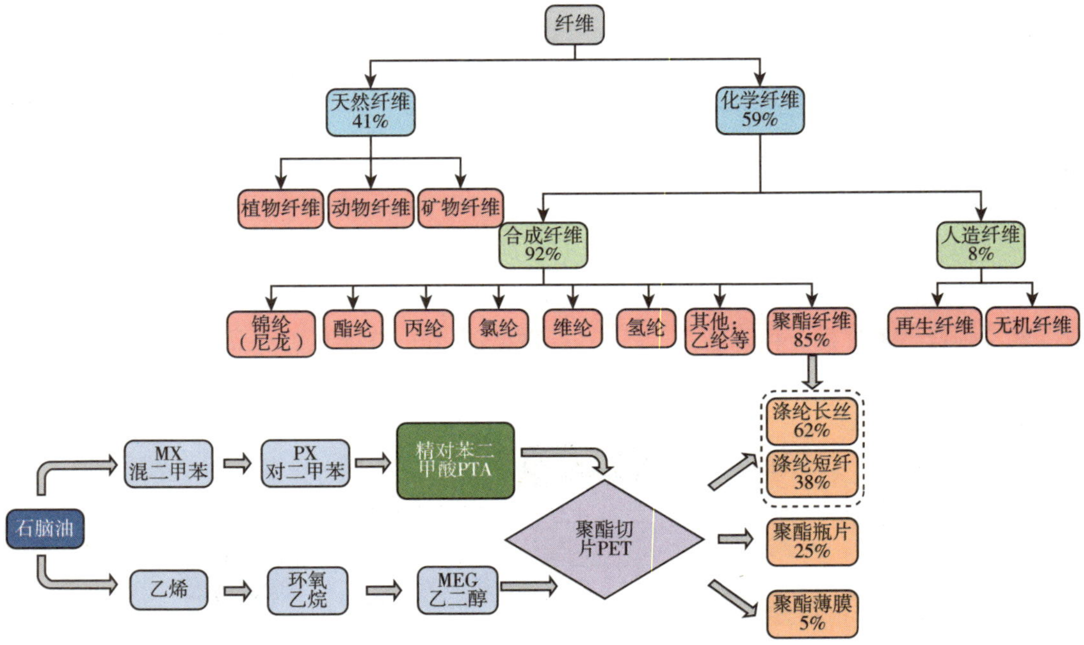

图 13－6　PTA 相关产业链概览

PTA 生产成本计算：

国内 PTA 生产成本＝0.655×PX 价格＋1 200 元

国外 PTA 生产成本＝0.655×PX 价格＋130 美元

从 PTA 的成本利润走势（见图 13－7）分析可知，2010 年前三季度 PTA 利润维持在一个较稳定的水平，2010 年 11 月出现了一个较大的上涨，主要是由于 10 月底至 11 月初 PTA 厂家因装置故障意外停车，合同货告急令 PTA 价格爆发性上涨，上游原料 PX 价格并没有出现较大变化，从而 PTA 利润超出正常范围；2011 年第一季度，PTA 维持较高的利润水平，是由于 2011 年初国内纺织企业陆续开工，原料补库需求渐渐增大，特别是上半

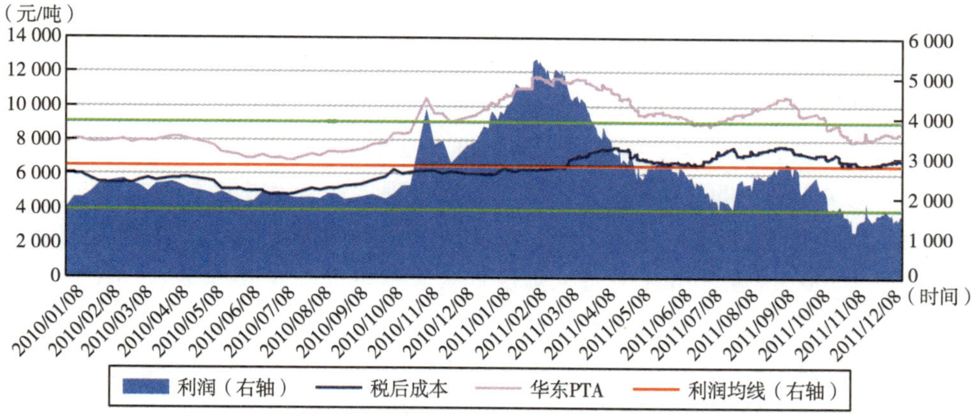

图 13－7 PTA 成本利润走势

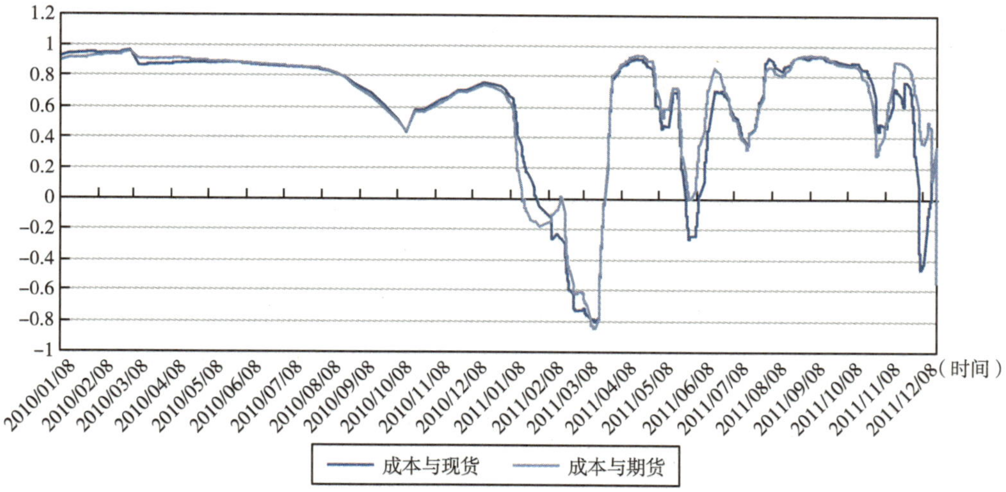

图 13－8 PTA 成本价格与现货价格的相关系数

年聚酯新产能的增加，工厂合同供应缺口较大，现货采购积极性较强，对现货价格起到一定程度的提振。而上游原料 PX 以进口为主，价格变化受国内影响不大，从而利润高于正常的范围；2011 年底国际宏观经济环境出现恶化迹象，市场不确定性风险增加，随着欧债危机的深入，PTA 随之进入下跌通道。另外，PTA 终端纺织产品外贸订单下降趋势已定，下游需求不足，利空明显。PTA 现货进入疲弱状态，而上游原料 PX 价格没有大的波动，利润偏离了正常范围，在上游成本的支撑下，2012 年现货价格将会出现一波上涨行情，从而使利润回归到一个相对合理的区间。

同时，从成本与现货价格、成本与期货价格的相关系数（见图 13－8）也可以看出，在一般情况下 PTA 成本和 PTA 期现价格的相关性较高，但是在少数情况下 PTA 成本和 PTA 期现价格相关性较低，甚至出现负相关。2011 年 3 月、7 月、12 月 PTA 成本和 PTA 期现价格相关系数出现异常，和 PTA 利润出现背离正常区间的时间相近，而且在短时间内得到修复，回归到正常区间。

（2）期现价格关系

从 PTA 期现价格及价差走势（见图 13－9）分析可知，2010 年 10 月底至 11 月初 PTA 厂家因装置故障意外停车，合同货告急令 PTA 现货价格爆发性上涨，PTA 现货价格高于期货价格，期现价差接近－500 元/吨，出现买期货卖现货的套利机会；2011 年 2 月底，期现价差一度达到 700 元/吨的高点，出现卖期货买现货的套利机会；2011 年 9 月底，期现价差再次接近－500 元/吨，出现买期货卖现货的套利机会；2011 年底，PTA 期现价格徘徊在 200 元/吨附近，出现卖期货买现货的套利机会。

从 PTA 期货与现货价格的回归分析可知，PTA 的期货价格和现货价格存在较明显的线性关系，二者的线性拟合度达到 0.984（见图 13－10）。

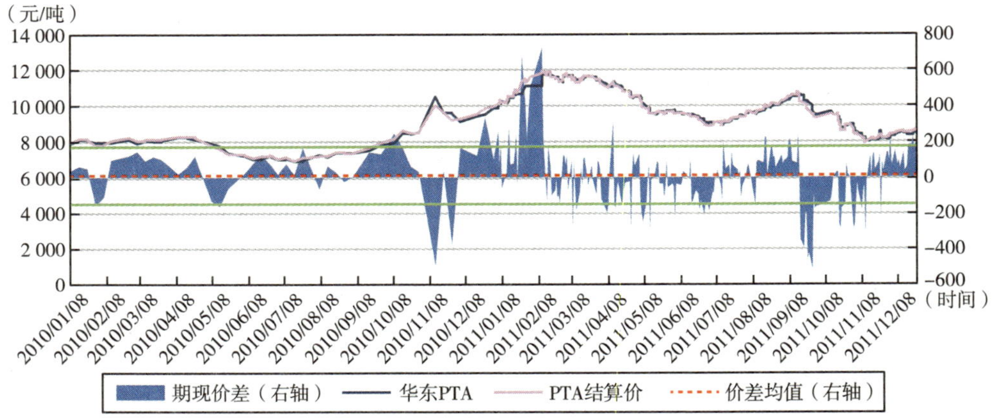

图 13－9　PTA 期限价格及价差

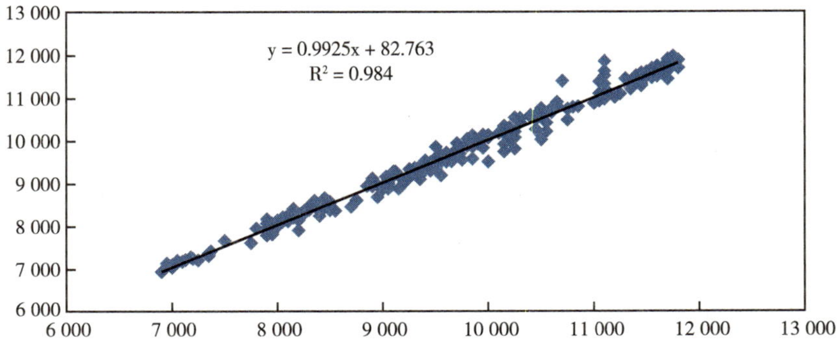

图 13－10　PTA 期现价格回归分析

13.3.2　PVC

（1）成本利润分析

PVC 相关产业链如图 13－11 所示。

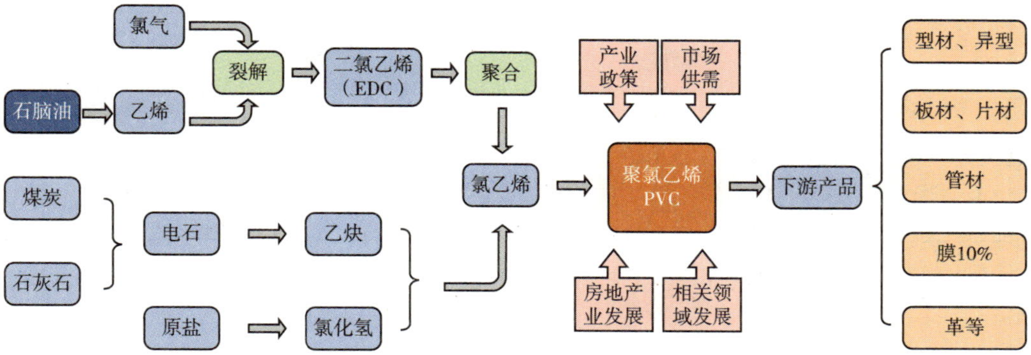

图 13-11　PVC 相关产业链

PVC 生产成本计算：

电石法 PVC 生产成本 =1.45 × 电石价格 +0.76 × 氯气价格

乙烯法 PVC 生产成本 =0.48 × 乙烯价格 +0.65 × 氯气价格

进口单体法 PVC 生产成本 =1.025 × VCM 价格 =1.6 × 1.025EDC

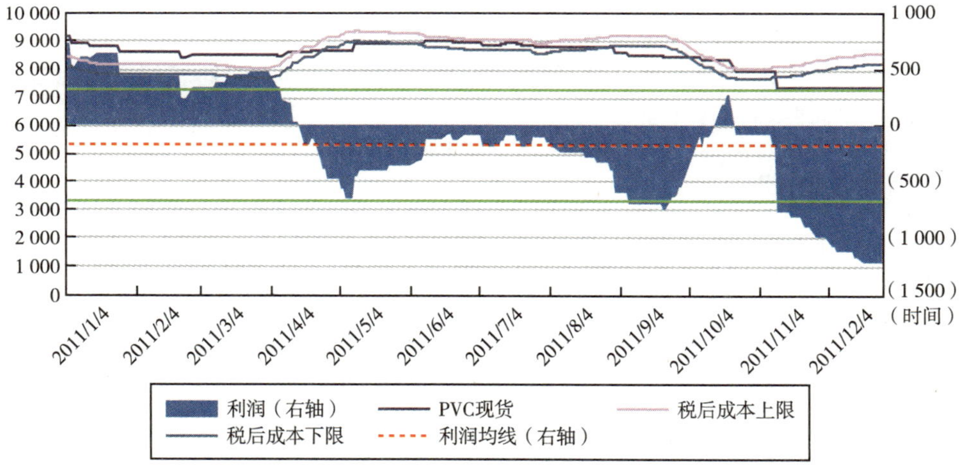

图 13-12　PVC 成本利润走势分析

从 PVC 的成本利润走势分析（见图 13-12）可以看出，2011 年第一季度存在正的利润，二季度开始，PVC 不存在利润空间。我国主要以电石法生产 PVC，2011 年 4 月电石的价格迅速上涨，一直到 9 月电石价格一直维持在高位运行，而 PVC 现货价格维持稳定，加上加工费、人工费用等，使 PVC 的成本价高于销售价格，导致 PVC 行业处于亏损状态；9 月底，由于房地产行业受国家政策的调控，下游需求严重不足，再加上 PVC 产能过剩，从而 PVC 现货价格开始下滑，亏损程度有所好转。但从 2011 年 10 月底开始，随着冬季的来临，煤炭的价格开始上涨，从而带动了电石价格的又一轮上涨，亏损程度开始增大，且严重偏离正常波动范围。

同时，从成本与现货价格、成本与期货价格的相关系数（见图 13-13）也可以看出，

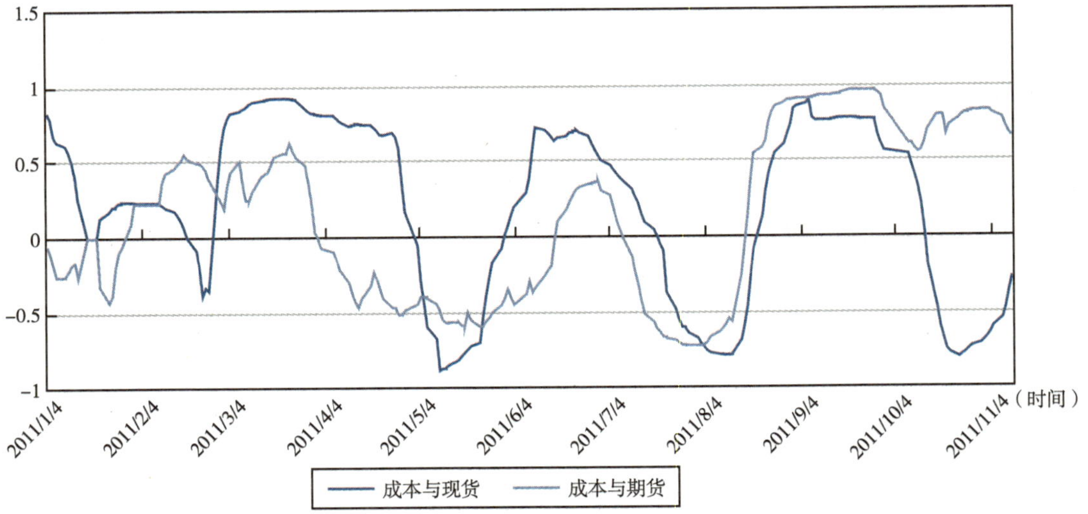

图 13－13　PVC 成本价与现货以及期货价的相关系数

在一般情况下 PVC 成本和 PVC 期现价格的相关性较高，但是在少数情况下 PVC 成本和 PVC 期现价格相关性较低，甚至出现负相关，2011 年 5 月、8 月、10 月 PVC 成本和 PVC 期现价格相关系数出现异常，和 PVC 利润出现背离正常区间的时间相近，而且在短时间内会得到修复，回归到正常区间。

（2）期现价格关系

从这一时期 PVC 期现价格及价差走势（见图 13－14）分析可知，PVC 期货价格不仅受供需面的影响，而且表现出较强的金融属性，受宏观经济的影响较大，在大多数情况下，PVC 期货价格低于现货价格。2011 年 10 月中旬，期现价差接近－2 000 元/吨，出现买期货卖现货的套利机会。

从 PVC 期货与现货价格的回归分析（见图 13－15）可知，PVC 的期货价格和现货价格存在较明显的线性关系，二者的线性拟合度达到 0.8079。

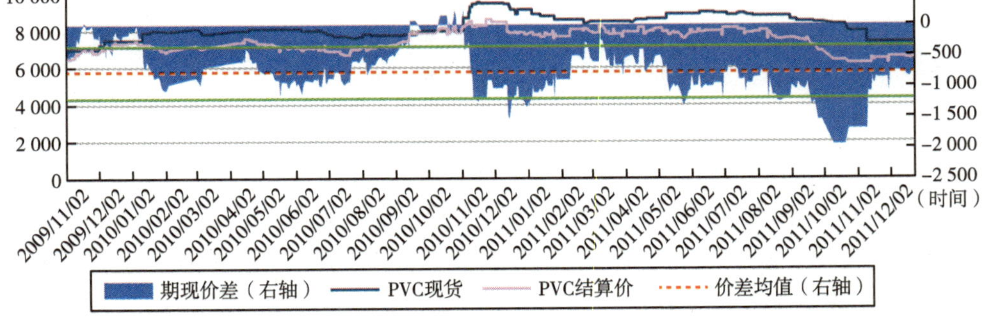

图 13－14　PVC 期现价格以及价差走势

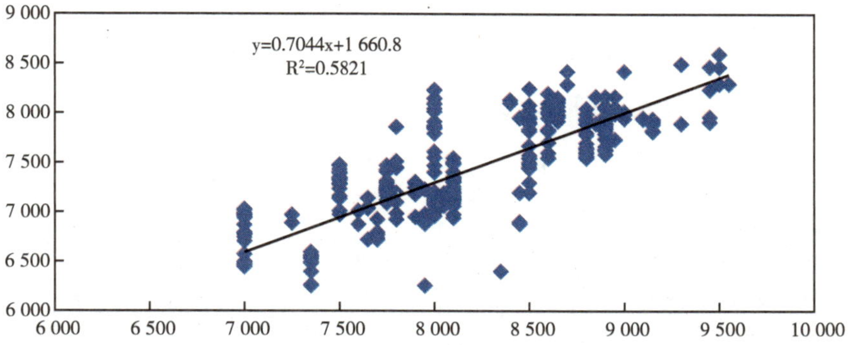

图 13 – 15　PVC 期现价格回归分析

13. 3. 3　LLDPE

（1）成本利润

LLDPE 生产由于是一体化装置（见图 13 – 16），且作为原料的“中间体”缺乏市场流动价，成本推算较为困难，可以借助各环节的区间加工费进行估算。原油→石脑油：加工费区间为 35 ~ 50 美元/吨；石脑油→乙烯：加工费区间为 95 ~ 110 美元/吨；乙烯→聚乙烯：加工费区间：150 ~ 175 美元/吨。通常，原料端用石脑油计算较为合理。

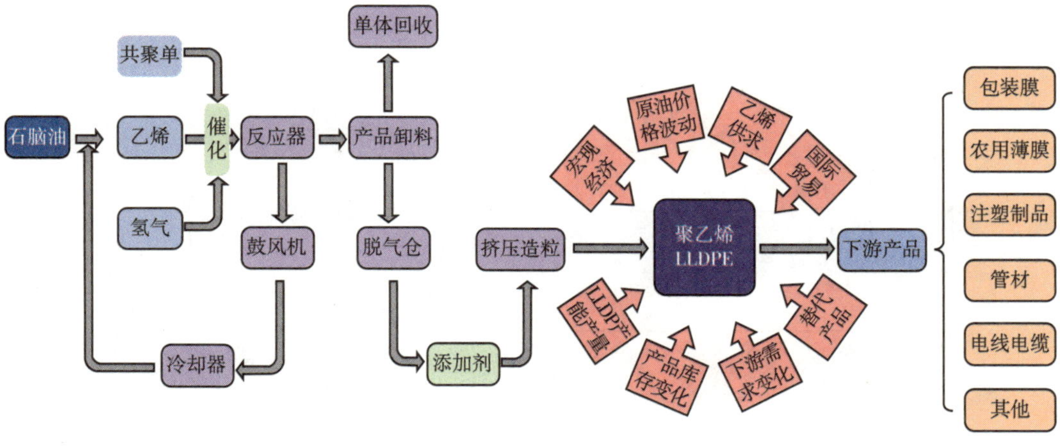

图 13 – 16　LLDPE 相关产业链

从 LLDPE 的成本利润走势分析（见图 13 – 17）可知，与 2010 年相比，2011 年整体的利润空间较小，处于近两年平均水平以下，甚至偏离正常波动水平。2011 年第一季度 LLDPE 现货价格较为稳定，但是上游成本价格不断提高，导致利润水平不断下降，偏离正常区间。3 月以来原油市场受到供应短缺的推动走高，油价一举攀升至两年多以来的高点，原油价格的持续上涨导致塑料上游石脑油的加速上涨。7 月开始进入生产旺季，塑料的价格不断回升，受到宏观面负面消息的影响，原油价格的走低，塑料利润有所回升。8

月开始，受下游需求的减少，塑料供需偏松，导致价格持续下滑，而上游成本的价格较为稳定，从而 LLDPE 的利润空间越来越小，在 2011 年年底，塑料利润严重偏离正常波动范围，预计在 2012 年初随着农膜的需求旺季的到来，LLDPE 的利润空间将会向合理区间回归。

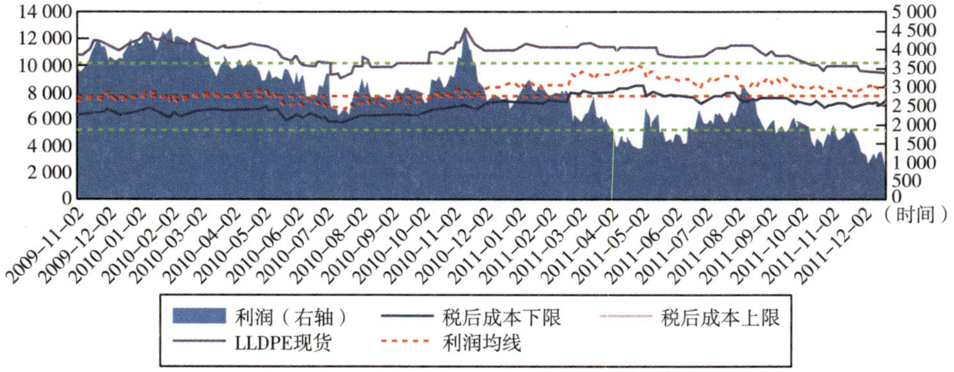

图 13－17　LLDPE 成本利润走势分析

同时，从成本与现货价格、成本与期货价格的相关系数（见图 13－18）也可以看出，在一般情况下 LLDPE 成本和 LLDPE 期现价格的相关性较高，但是在少数情况下 LLDPE 成本和 LLDPE 期现价格相关性较低，甚至出现负相关。2011 年 3 月、8 月、11 月和 12 月 LLDPE 成本和 LLDPE 期现价格相关系数出现异常，和 LLDPE 利润出现背离正常区间的时间相近，而且在短时间内会得到修复，回归到正常区间。

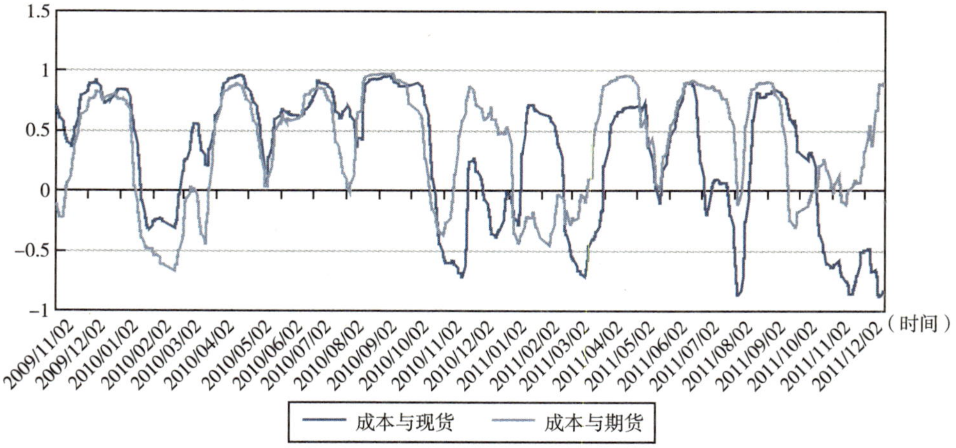

图 13－18　LLDPE 成本与现货以及期货的相关系数走势

（2）期现价格关系

从 LLDPE 2010—2011 年期现价格及价差走势（见图 13－19）分析可知，在大多数情况下，这两年 LLDPE 期货价格低于现货价格。2011 年 5 月中旬，期现价差达到－1 135 元/吨的高点，偏离正常波动区间，出现买期货卖现货的套利机会；2011 年 8 月中旬，期现价差接近－1 200 元/吨，出现买期货卖现货的套利机会；2011 年 9 月底，LLDPE 期现价差

达 -1 500 元/吨，出现买期货卖现货的套利机会。

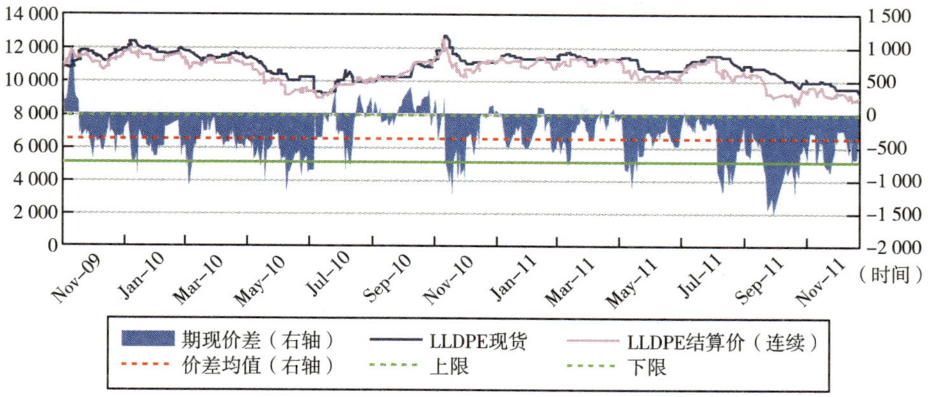

图 13-19 LLDPE 期现货价差走势

从 LLDPE 期货与现货价格的回归分析（见图 13-20）可知，LLDPE 的期货价格和现货价格存在较明显的线性关系，二者的线性拟合度达到 0.8079。

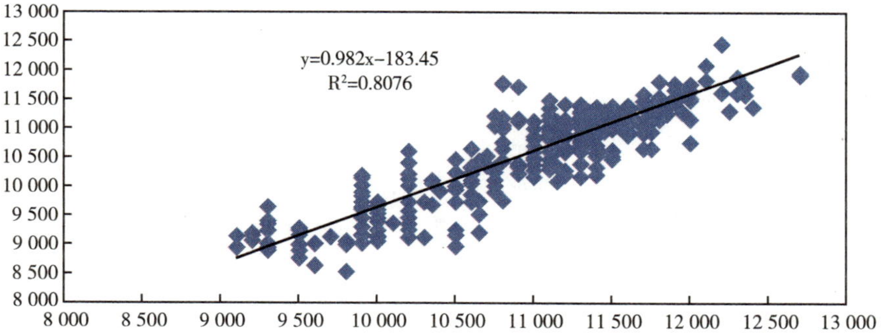

图 13-20 LLDPE 期现货价差回归分析

13.4 化工产品的季节性热点分析

由于能源化工产品的上游是原油、煤炭、乙烯等化工产品，下游是纺织、农膜等存在季节性周期的商品，所以能源化工品的走势大多会受到季节性影响，以下我们就以 2012 年 PTA、LLDPE、PVC 这三个品种为例阐述一下季节性变化对能源化工品价格走势的影响。

13.4.1 PTA

PTA 本身的价格季节性规律并不明显，其价格走势一方面受上游原油价格走势影响，历史上 PTA 有过几波大行情都归因于上游成本的拉动，成本的抬升致使 PTA 价格上涨。就原油的季节性走势看，夏季 7—9 月由于汽油需求高峰期和飓风多发期，需求拉动以及飓风或会造成供应中断，进而导致原油价格在该时期相对坚挺。而四季度的 11—12 月份，则由于上一个需求高峰结束，新的取暖油需求高峰还未到来，因此价格相对较低（见图 13－21）。

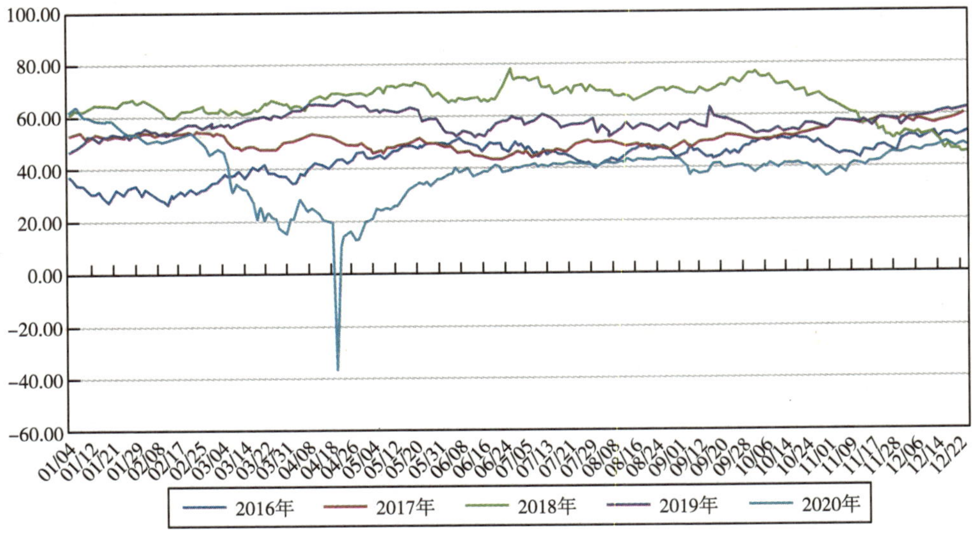

图 13－21　WTI 原油季节性走势

PTA 价格的季节性波动（见图 13－22），同时也受纺织行业的季节性特征影响。聚酯和布匹的生产活动季节性变化明显，每年几乎都存在两个生产高峰期，一个是年初的春季生产高峰，一个是年中的秋季生产高峰，聚酯以及涤纶纤维的生产高峰期较布匹略提前，但提前的时间每年不一致。2 季度和 4 季度是纺织行业旺季，厂家一般在 3—4 月和 9—10 月举办订货会，4 季度的订货力度最强，因此，在 12 月份和 1 月份的涨幅最理想，而年初

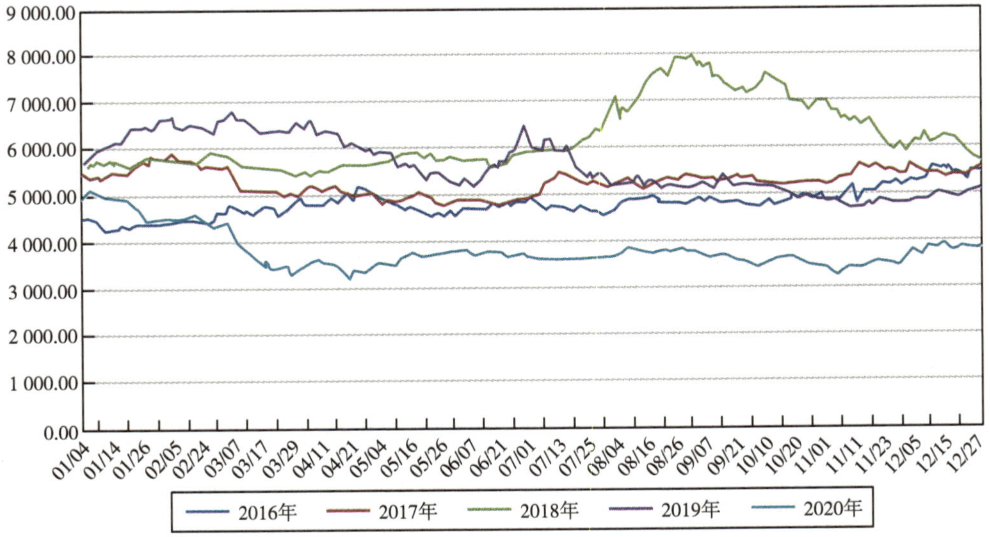

图 13－22　PTA 期货价格季节性走势

的库存量有时会影响到2季度的订货，2季度的涨幅并不乐观。我国纺织服装出口旺季一般集中在7月、8月、9月、12月、1月份。

从PTA的持仓量变化我们可以看出，一、二季度持仓量变化较小，基本上维持在一个较低的水平；第三季度迎来纺织服装的出口旺季，持仓量上升明显；到了11月、12月份达到高点，持仓量大幅增加。可见对PTA的关注多集中在7月、8月、11月、12月这四个生产旺季月份。

13.4.2 LLDPE

LLDPE最大的消费领域是薄膜，占LLDPE消费总量的78%左右，其中包装膜占55%，农用膜占22.5%。

塑料包装是制品包装的第一大行业，由于其优异性能，改变了传统纸张、玻璃、金属类包装格局，塑料包装材料已超过包装材料总量的1/3。各种薄膜、中空容器等，满足了食品、医药和各种日常生活用品包装的需求。LLDPE主要的消费方向在塑料包装。但由于涉及的领域较为广泛，或者说与宏观经济联系紧密，因此，包装膜的需求变化更多的是依赖整个经济和金融市场的变动，相对缺乏LLDPE自身特点。

农膜生产具有明显的淡旺季，这主要是由各类农产品生产的周期所决定的。通常来讲，主要的农膜生产季可粗略划分如下：

春季地膜：每年12月至次年1月是春季地膜生产的开始时间，在2—3月份进入生产旺季，其后的3月中旬至4月底，是春季地膜的销售旺季。进入5月份，多数农膜生产企业停产，机器检修。

棚膜生产：开始于每年的6—7月，进入8月份后，由山东省开始，棚膜销售陆续步入旺季，经销商采购量放大，棚膜的生产也在9—10月份达到最旺的季节。棚膜的生产一般会持续到春节。

大蒜地膜：生产在8月中旬至9月中旬开始，时间大约维持一个月，目前全国大蒜地膜需求量在3万吨左右。

需要注意的是，虽然农膜需求是季节性的（见图13-23），但是，其往往在不同的时

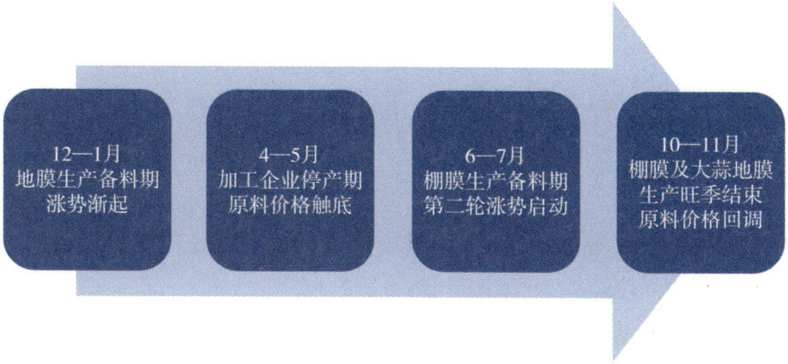

图13-23 农膜消费的周期性特征

节逐步启动，尤其部分厂家可能会预订进口货源，这将在一定程度上减少国内需求。而且，考虑到宏观经济、库存、自然灾害等诸多因素，有时候，农膜需求对行情的拉动也存在一定限制。从 LLDPE 的现货 2008—2011 年价格走势便可看到，其每年 5 月、6 月份的农用膜产量小高峰较难在价格上有所表现。应该说，行情的真正启动，还需要市场氛围、原油、乙烯价格等的良好配合。

由于 LLDPE 的用途中 22% 用于农膜消费，所以农业性生产的季节性旺季对作为原料的 LLDPE 价格走势（见图 13－24）有一定的提振。另一方面，塑料一年中有两个上涨周期，2—4 月份的概率是相对较高的，其中 4 月份上涨概率高达 80%；9 月份之前将面临盘整，此时价格涨跌互现。进入 9 月、10 月份塑料迎来年内第二个较大可能上涨的周期，接近年底的 11 月、12 月至次年的 1 月 LLDPE 有可能下跌，其中 12 月和 1 月下跌概率高达 64%。

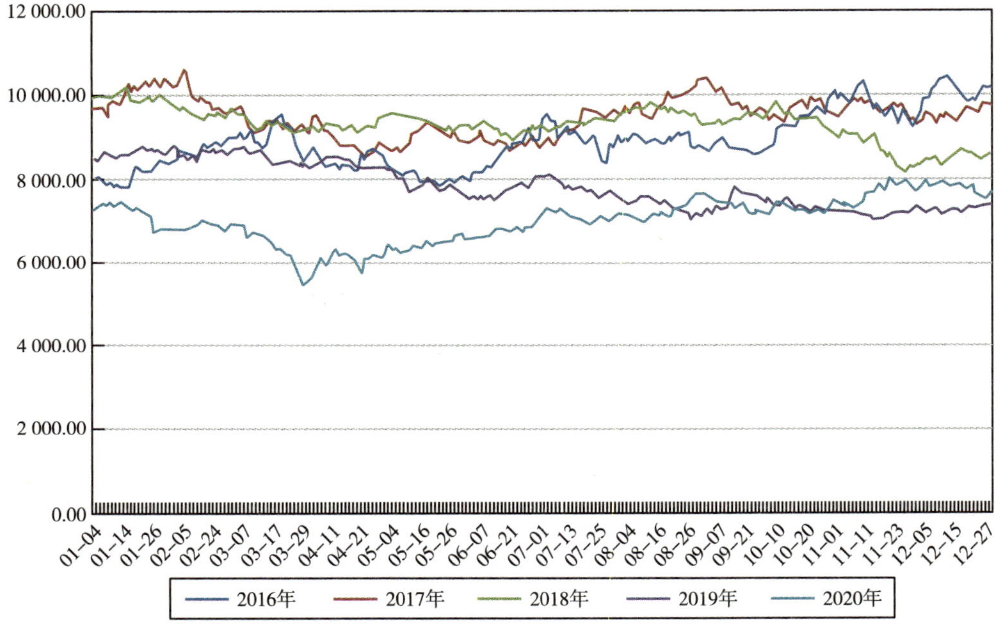

图 13－24　LLDPE 期货收盘价

13.4.3　PVC

PVC 季节性规律：

12 月至次年 2 月，需求萎缩，生产清淡，价格相对较低；

3—5 月，产消两旺，价格开始逐步走高；

7—8 月，高温检修，消费减少，价格平稳振荡；

10—11 月，消费高峰，价格再次走强。

PVC 价格在 12 月和次年 1 月下跌概率较大，平均下跌幅度也是一年中最大的。3—6

月会出现较大的上涨概率，7—9 月面临盘整的概率较大，进入 10 月份，“金九银十”的消费旺季致使 PVC 市场迎来年内第二个较大概率的上涨周期。

受 PVC 下游行业旺季和淡季需求变化的影响，1—2 月 PVC 企业整体的开工率处于全年较低水平。该时期，生产及消费领域都处于淡季，价格整体也处于相对较低水平。进入 3—5 月份，PVC 生产企业开始陆续提高开工率，下游消费企业随着气温的升高，开工率逐渐回升，PVC 价格开始逐步走高，第一个价格上涨阶段到来。7—8 月受高温天气影响，大部分企业选择在这两个月对设备进行检修，而房地产对 PVC 的消费也会阶段性减少，因此 7—9 月 PVC 价格基本上处于平稳振荡阶段。10—11 月，受年末固定资产投资增加、房地产成交放大和圣诞节来临欧美塑料产品订单增加的影响，PVC 需求上会出现一个小高峰，价格也有所上扬。12 月份，随着天气转冷，南方下游需求呈现萎缩的局面，需求开始走低。

为了印证 PVC 季节性规律对其现货价格的影响，我们对自 1996 年以来 PVC 现货价格数据进行统计分析，得出如下结论：PVC 在 1 月和 12 月下跌概率最大，平均跌幅也最大；3—6 月 PVC 上涨概率较大；7—9 月价格大多盘整；10—11 月则迎来年内第二个较大可能的上涨周期。

对于 PVC 下游消费企业而言，可以充分利用其季节性规律，在价格上涨概率大的月份，比如 3—6 月，10 月加大备货量，而在下跌概率较大的 1 月和 12 月采购可采取随用随买的方式，以此来使企业的原料成本低于市场平均成本，从而使产品价格更具市场竞争力。

14

金属镍的现货点价与期货、期权的保值方案综合运用

金属镍具有良好的可塑性、耐蚀性和磁性，因此主要用于钢铁—不锈钢、合金、电池及电镀的生产，普遍用于军工、民用机械制造业和电镀产业等。目前，全球约66%的精炼镍用于制造不锈钢。因此镍是不锈钢的主要合金原料之首，不锈钢的产量和镍需求量息息相关。半个世纪以来，国际上不锈钢产量呈持续增长趋势，尤其是20世纪80年代的日本、欧洲、北美各国，90年代的韩国、中国台湾地区的产能明显增加。

据美国地质调查局（USGS）2019年发布的最新数据表明，世界探明镍基础储量8 900万吨左右，其中约60%为红土镍矿，40%为硫化镍矿。全球所有的镍矿资源中，55%是红土镍矿，28%是硫化镍矿，海底铁锰结核内的镍约17%。世界镍的矿产资源分布极不均衡，主要集中在印度尼西亚、澳大利亚、巴西、俄罗斯、古巴、菲律宾、南非、中国、加拿大、危地马拉、马达加斯加等国，合计约占探明陆基储量的90%以上，其他国家和地区储量很少。从2018年全球镍产量上看，印度尼西亚占24.34%、菲律宾占14.78%、澳大利亚占7.39%和俄罗斯占9.13%（见图14－1）。

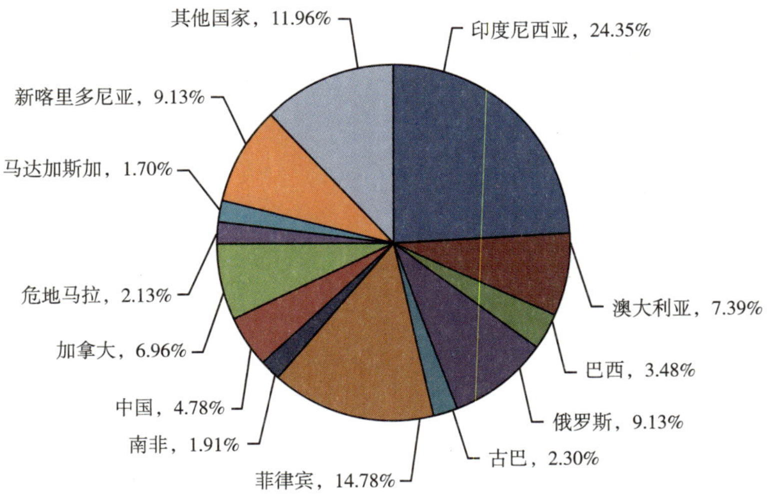

图14－1　2018年全球镍产量分布

世界主要国家镍矿产量/储量统计如表 14 - 1 所示。

表 14 - 1　世界主要国家镍矿产量/储量统计　单位：万吨

国家	2016 年产量	2017 年产量	2018 年产量	2018 年储量	储量占世界比例/%
印度尼西亚	19.9	34.5	56	2 100	23.6
澳大利亚	20.4	17.9	17	1 900	21.3
巴西	16	7.9	8	1 100	12.4
俄罗斯	22.2	21.4	21	760	8.5
古巴	5.2	5.3	5.3	550	6.2
菲律宾	34.7	36.6	34	480	5.4
南非	4.9	4.8	4.4	370	4.2
中国	9.8	10.3	11	280	3.1
加拿大	23.5	21.4	16	270	3
危地马拉	5.4	5.4	4.9	180	2
马达加斯加	4.2	4.2	3.9	160	1.8
新喀里多尼亚	20.7	21.5	21	—	—
其他国家	22.1	24.8	27.5	750	8.5
世界总量	209	216	230	8 900	100

14.1 LME 镍交易

14.1.1 交割

伦敦金属交易所（London Metal Exchange，LME）是一家有着一百多年历史的世界最大的基础金属期货交易市场，年交易额达 2 万多亿美元。

在期货上的销售是指卖方有责任和义务在指定的交割仓库交付买家符合交易所规格的金属商品，反过来，合约到期前未平仓的买方也有责任和义务按照合约最后交易日的结算价买下对应的实物商品。

LME 合约在交割日前保持敞开，交易机制允许交易者在交割日前自由对冲其手上的头寸。卖方可以把在 LME 注册品牌的金属托运至指定交割仓库，并注册成仓单。LME 合约规定，交割仓库和交割金属的品牌由卖方选择。

买方在进行交割时应当牢记，LME 可以作为金属实物的来源之一，可以获得符合交易所规格的金属商品，但无权选择交割地点和商品品牌。交割的金属可能无法满足买方的特定需求，可能在买方装运很不方便的交割仓库。在此情况下，买方需自己寻找另外的手上握有注册仓单的贸易商，在买方认为方便的情况下，说服和该贸易商调换仓单。在金属库存的二级场外市场，品牌调换是经常发生并切实可行的，当然，不同品牌不同等级间存在升贴水。市场并不存在关于升贴水的具体标准，升贴水由市场根据当时的供需关系来决定。

14.1.2 定价

LME 金属合约的官方价格在世界范围内被作为发现价格的主要参考。官方价格在 LME 早上第二节交易结束时产生，由 LME 进行公布。如果把这些官方价格连串起来制成图标，价格形态就反映出全球金属的供需状况。

在每天交易中，“LME 官方结算价格”最引人注目，它是现货卖家于 2 日内在 LME 交割仓库交割注册品牌金属时的交割价格。有色金属也在 LME 外的场外市场进行交易，价格的构成以 LME 官方结算价格为基准，用升贴水的变动来表示。从矿场到终端消费者的产业链中，在不同产业链等级下商品金属从一个公司转移到另一个公司，需要一个合适的价格来定价。一般来说，定价主要基于 LME 现货官方结算价格，但并不存在硬性的规定，合约双方可以商定采用 3 个月卖方结算价格，或者现货、3 个月买卖价格的平均。

由于金属价格是其他商品成本很重要的组成部分，因此金属在不同产业链转移过程中，每个环节都会小心谨慎地对金属进行价格对冲，以避免不确定的风险。在产业链的下游，由于增值税的关系，金属本质上来讲已从物品变成一种产品。

14.1.3 套期保值（价格对冲）

现货贸易商、生产商、消费商在衡量金属暴露的风险后，在 LME 市场进行反向操作，称作套期保值。

（1）交易方式

LME 有三种交易方式：Interoffice trading，Open Outcry trading，LME Select 交易。前两种尤其是第一种交易方式为主要，第三种交易方式是为经纪公司之间进行对冲头寸所开发的一套电子交易系统，并不能直接针对客户。

（2）交易时间

LME 的圈内公开叫价分为上午和下午两节，即 First Session 和 Second Session。上下午两节各分为两个分商品专门小节（又称为 ring trading）和一个各商品混合交易小节（kerb trading）。其交易时间为 Ni：13：00—13：05。

14.1.4 LME 现货交割

(1) 现货金属溢价

LME 在全球有许多仓库分布，仓单的交割是由卖方决定，买方可能被分配到其不想要的仓库的仓单，或者可能拿到其不使用的产品形状或品牌，因此有一个仓单市场。这并不是 LME 控制的活动，也不是在分开市场中来完成，这意味着仓单的溢价是不可保值的。

(2) 仓库库存报告

最近几年 LME 库存报告已经延展了报告内容以增加透明度，内容有所扩充。目前报告数据包括每种金属已经注销仓单但仍然未出库的数据，以前的报告中也有这方面库存的数据，但并未分条列述。

LME 还公布仓单（或库存）大头寸报告。报告中并不列举仓单持有人，而只是简单地指出在总库存中合计占较大比例（区间）的客户数。报告数据综合了每个客户在其所有交易账户上的仓单总数。

14.1.5 基差交易

Spread 这个词本义比较广泛，有人简单地称之为基差。这只是一个方面，它既可以指不同市场相同商品之间的差价，不同市场相关商品之间的差价。

Spread 期差的两个市场或两个概念——Contango 和 Backwardation。Contango——升水：远期价格高于近期价格。正常情况下，市场一般处于 Contango，这是因为远期限交割的货物会有利息和仓储费用，所以高于近期。

但受多头挤兑空头、短期内供需缺口、突然事件等因素影响，三个月期货市场可能出现贴水，也即我们常说的 Backwardation。

14.1.6 点价

(1) 点价的基价——Price Basis

由于 LME 的金属价格代表了全球的基本金属价格，全球的基本金属实物贸易基本以 LME 价格作为点价的基价。

基价的分类：LME 均价（包括月平均价、周平均价和买卖双方商定的一定时间内的平均价），LME 现货结算价，LME 三个月期货结算价、任意价格——any unknown LME price（both cash and three month）。

LME 均价：一般指某一时间段内 LME 官方现货结算价或三个月期货结算价的加权平均，也可以是一定时间段内 LME 收盘价（either offer or bid）的平均价。

（2）点价的基价——LME 官方价格和上海交易的期价

LME 官方价格：由于 LME 是一个 24 小时循环式市场，价格总是处于波动之中，这样就需要一个公认的各方都能接受的当日官方价格，由此产生了每日的官方价格：每日上午第二轮圈内（Ring Dealing）交易中最后一时刻的收盘价或成交价，一般指卖价（offer）。该价格的现货收盘价即为现货结算价（cash settlement price），三个月收盘价即为三个月结算价（three month settlement price）。

实物贸易中的点价运用：在实物贸易中，买卖双方一般在规定的定价期可作价期（QP－Quotational Period）内，预先敲定按照不同种类的基价进行作价。

（3）运用何种点价合适——上海镍价/伦敦镍价

在实物贸易中，运用何种基价适合主要取决于买卖双方事先商定，没有固定的模式。买卖方点价的权利：即由谁来决定在规定期限内点价。通常是买卖双方预先商定，可以是卖方的权利（at sellers option），也可以是买方的权利（at buyers option）。

点价基价的确定：没有固定模式，可以是均价，也可以是现货或三个月期货结算价，也可以是 LME 任意一个价位。通常的做法是：按照货物预计到港的日期——即 ETA，该日期 LME 的现货价作为基价，此基价对买卖双方都比较公平。

14.2 镍进口套期保值

14.2.1 镍进口与国内市场销售

国内从国外进口镍一般分为两种：镍铁和精炼镍。从贸易商和下游生产企业的角度看，

进口镍成本 =（LME 三个月期价格 + 对应月份升贴水 + 到岸升贴水）× 汇率 ×（1 + 增值税率）×（1 + 关税税率）+ 杂费

当进口成本 > 国内现货时，进口企业出现亏损；当进口成本 < 国内现货价时，进口企业出现盈利；把各项参数带入就可以得到国内价格/伦敦价格的均衡比值。当市场上的国内价格/伦敦价格 > 均衡比值，企业出现盈利；当市场上的国内价格/伦敦价格 < 均衡比值，企业出现亏损。因此，国内价格/伦敦价格的比值变化便预示了企业的风险。

金属镍的一般进口流程：①进出口公司收到进出口指令；②取得相关货物资料；③制作商业发票、装箱单、报关单、报关委托书、核销单（必须去外管员处登记，领取核销单）；④把做好的以上单证交给物流公司进行报关；⑤提单确认；⑥取得提单；⑦把正本提单、发票、装箱单寄给外商（见图 14－2）。

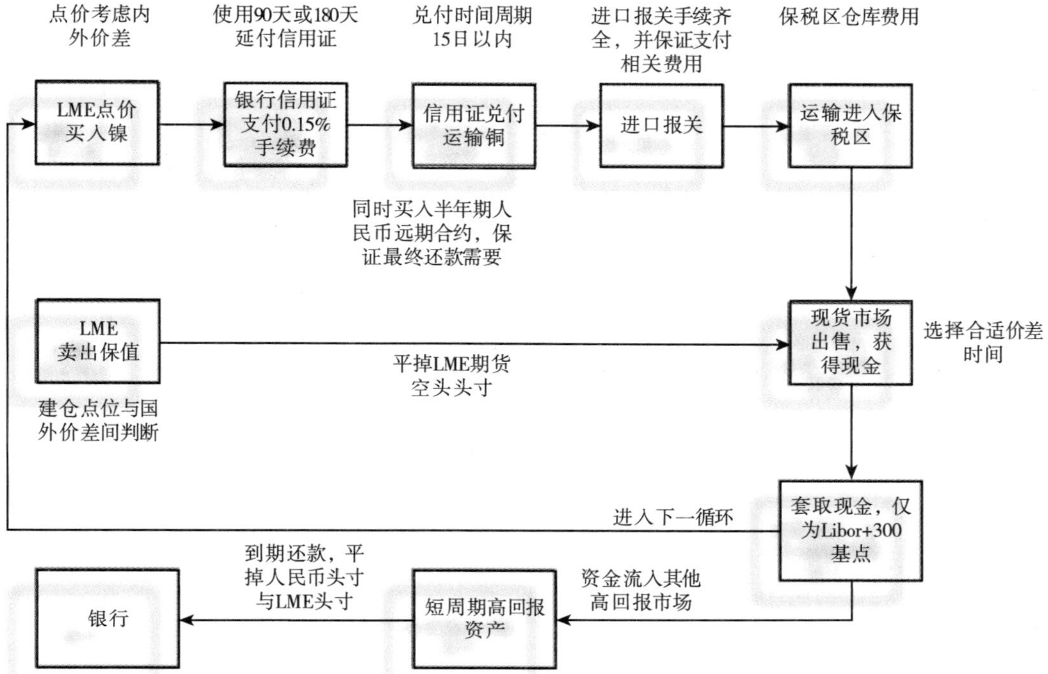

图 14－2　镍进口流程

镍的定价方式也是以 LME 三个月期价均价或者卖价作为定价模式。企业在签订合同之后通常会担心价格下降所带来的风险，尤其是国内大型生产商均采用了“LME 上月期价格＋升贴水＋运输费”的模式进行定价，而同时国内没有镍品种进行对冲，只有通过在 LME 进行卖出保值来规避相关风险。

例如：××××年9月22日，LME 三个月期镍价格为 18 880 美元/吨，国内上海长江现货镍价格为 154 500 元/吨，汇率为 6.3878，关税为 2%，这样计算下来一吨套利为 9 240元/吨，但随后价差立即收缩，之后完全进入亏损（见图 14－3）。中国镍进口量也在 9 月份达到了顶峰（见图 14－4）。这种模式主要是基于卖价的短周期结算方式，以“卖价＋升贴水”的基础跟单贸易。在此时可以考虑以背靠背的影响和下游消费商签署远期合

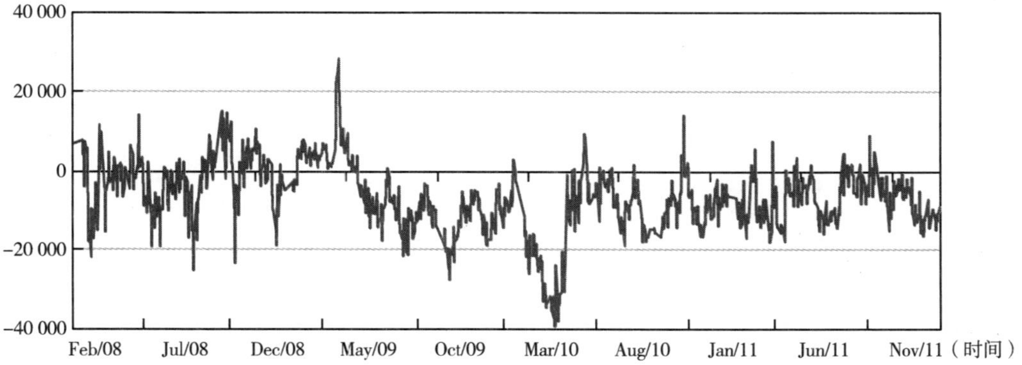

图 14－3　LME 与上海之间跨市套利价差

约，锁定套利利润。这样的套利策略主要以跟踪形势为主，主动性偏弱。

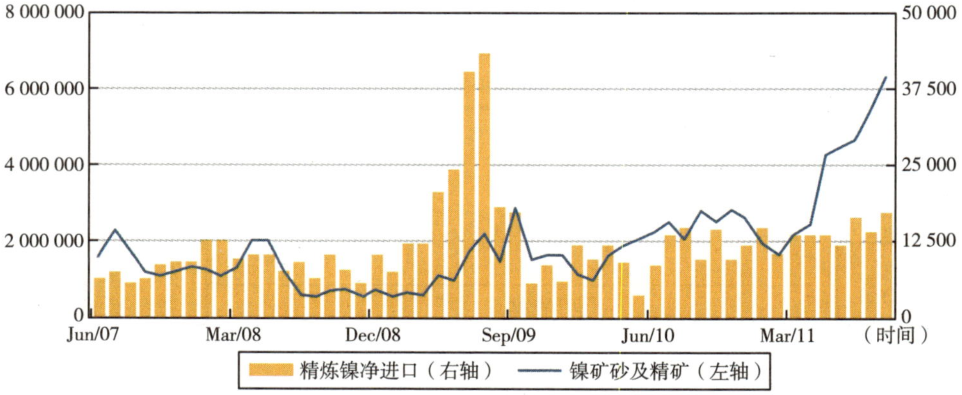

图 14－4　中国镍进口情况

在进货商没有信誉支撑的情况下，供应商更倾向于与贸易商签署长单来规避风险，运用结算模式以月均价为主。

14.2.2　LME 镍套期保值策略

基差是某一个特定地点某中商品的现货价格与同种商品的某一特定期货合约价格间的价差。可以用简单的公式表示为：

基差＝现货价格－期货价格

LME 基差分析如图 14－5 所示。

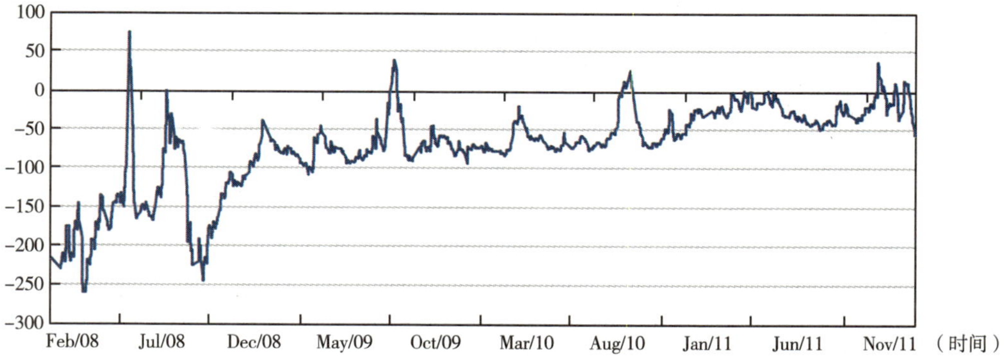

图 14－5　LME 基差分析

一般来说，基差所指的现货商品的等级应该与合约规定的等级相同，并且基差所指的期货价格通常是最近的交割月的期货价格。但需注意的是，特定的交易者可以拥有自己特定的基差。例如，对于一个小麦交易商来说，他所指的基差可能是他实际购买小麦现货的成本与他进行套期保值所持有的某一交割月的期货价格的差额，他所购买的小麦等级可能不同于期货合约规定的标准等级，他所指的某一交割月的期货合约也可能不是最近的交割月的期货价格。

假定原料购进日当月合约结算价为 x_0，卖出保值合约的价格为 y_0，当月月均结算价为 x_1，产品销售日当月合约的结算价 x_2，卖出保值合约的价格 y_2。如果产品在当月成功销售出去，则：

保值效果 $=(y_2-y_0)-(x_2-x_0)=(x_0-y_0)-(x_2-y_2)$

=原料购进日的基差－产品销售日的基差

从这个公式中我们可以看出，基差变化决定保值效果，但是我们也看到这仅仅针对购进原料与销售发生在同一个月的情况，一旦出现跨月，即产品出现隔月的库存，那么保值效果将重新计算：

此时的保值效果 $=(y_2-y_0)-(x_2-x_1)=y_0-x_1+(x_2-y_2)$

我们可以看到此时由于当月结算价 x_1 与卖出保值合约的价格 y_0 已经确定，因此保值效果仅与产品销售时当月合约的结算价与当时所卖出保值合约的价格差有关。

在反向市场结构下随着时间的推移，卖出保值合约价格将逐渐接近当月价格，因此 (x_2-y_2) 也将越来越小，保值效果也就越来越差，这就是基差带来的结构性损失；反之买入保值合约价格则有结构性盈利。而在正向市场上也有同样的效应。

从上面的推算中我们看到，如果保值时间跨月，直接以期货价格作为计价的企业由于基差的存在，换月后现货价格出现跳空，而期货以换月形式完成无法体现出利润，风险也就无从对冲，而这是基差带来的结构性影响。

而以“期货价＋现货升贴水”计价的企业在换月时可以避免一次性结构性影响，但是当在换月后随着升贴水的缩小，结构性影响将逐渐体现出来。

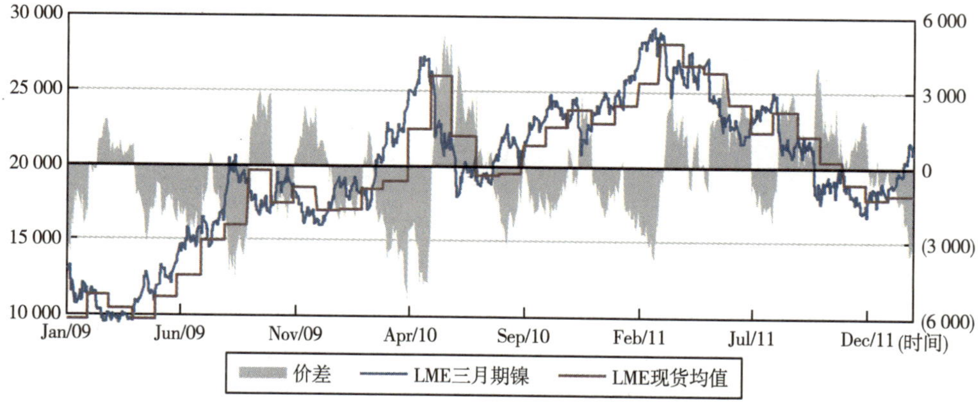

图 14－6　LME 镍均价与期货价格价差

例如：××年 9 月 6 日发现有套利空间，判断日后镍走势出现下滑的可能性较大，此时在 LME 市场以 20 675 美元/吨卖出保值头寸，同时锁定下游买方以现货价格在国内签远期合同，约定时间为 3 周。到 10 月 20 日交易，期货市场价格变为 18 005 美元/吨，平掉空头头寸，现货价格以现货市场价 138 426 元/吨结算，一吨期货市场获利 1 870 美元/吨，现货当时买入价为 20 388 美元/吨，实际现货支付 20 388 ×6. 3903 = 130 285（元），卖出价 138 426 元，获利情况 = 138 426 − 130 285 + 1 870 ×6. 3841 = 20 079 元/吨，从原先套利价差在 9 650 美元/吨，转变为 3 187 美元/吨，虽然套利盈利收窄，但是依然对冲掉相应风险。

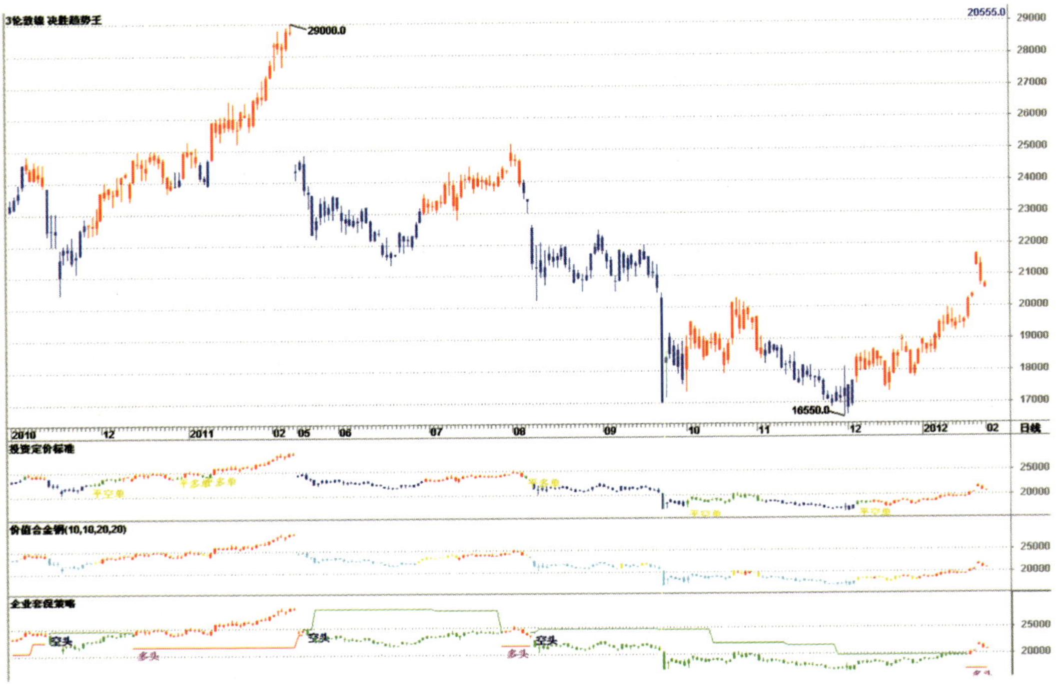

图 14 −7　LME 三个月期镍价格走势

（1）期权套期保值策略

期权交易有四个基本部位：买入看涨期权、卖出看涨期权、买入看跌期权和卖出看跌期权。根据不同的买卖部位，期权的套期保值策略可以分为保护性策略（protective strategy）与抵补性策略（cover strategy）（见表 14 −2）。

表 14 −2　　期权套期保值交易策略表

策略价格风险	期货	期权	
		保护策略	抵补策略
规避价格上涨风险	买入期货	买入看涨期权	卖出看跌期权
规避价格下跌风险	卖出期货	买入看跌期权	卖出看涨期权

①保护性策略与抵补性策略的比较。通过买入期权，为现货部位进行套期保值，可以有效地保护基础部位的风险最大损失是确定的，称为保护性策略；通过卖出期权，为现货部位进行套期保值，权利金可以抵补基础部位的损失，但风险不能得到完全的转移，称为抵补性策略。

保护性策略的优点是：风险局限在执行价格，而获利的潜能是开放的。保值者在进场时能够将损失完全控制在已知的范围之内，不会存在做错方向损失不断扩大的风险，最大的风险和损失就是已经交纳的权利金。而当操作方向正确的时候，获利能够跟随价格的变化而提升；保护性策略不用交纳保证金，可以弥补期货交易中进场时机不佳的缺点，保值者能够承受行情的震荡，不存在追加保证金及被强行平仓的风险。可以保持较好的交易心态，使保值计划得到完整的执行。

保护性策略的缺点在于其成本较高，买入期权需要向卖方交纳权利金，必须在价格的有利变化弥补权利金的损失之后，才会开始出现净盈利。与保护性策略相比，抵补性策略是负成本，但降低风险的能力有限。

②保护性策略的套期保值操作。以直接买入看涨期权为例：套期保值的目标是保护现货或期货多头部位，规避价格下跌的风险，同时保持价格上涨所带来的盈利。这是生产商或贸易企业为了防止价格下跌所采取的保值策略，类似于期货卖期保值策略。该种策略需要向卖方支付权利金，但无须交纳保证金。

③期货与期权比较（见表 14－3）。期权（Options）是一种选择权，期权的买方向卖方支付一定数额的权利金后，就获得这种权利，即拥有在一定时间内以一定的价格（执行价格）出售或购买一定数量的标的物（实物商品、证券或期货合约）的权利。从本质上看，期权交易是一种权利的买卖，是期权的买方支付了权利金后，便取得了在未来某特定时间以特定价格买入或卖出某种特定商品的权利的交易方式。期权的买方行使权利时，卖方必须按期权合约规定的内容履行义务。相反，买方可以放弃行使权利，此时买方只是损失权利金，同时，卖方则赚取权利金。总之，期权的买方拥有执行期权的权利、无执行的义务，期权的卖方只有履行期权的义务。

表 14－3 期货与期权的比较

	期货合约	期权合约
权利义务	买卖双方负有接收或交付商品的义务	买方有执行期权合约的权利而不负有履行合约的义务，卖方则负有履约的义务
风险	风险巨大	买进期权，风险有限
价格保护	价格锁定	得到最高买价或最低卖价
保证金	多空均需支付保证金	只有卖方支付保证金
交割时间	交割月份内	期权合约到期日前任何时间内——美式；最后交易日——欧式
交收与结算方法	交收现货商品	获得期货多头或空头部位

（2）镍期权

以下举例说明镍期权交易。

【例 14－1】 看涨期权：标的物是镍期货，它的期权执行价格为 14 000 美元/吨。A 买入这个权利，付出 100 美元；B 卖出这个权利，收入 100 美元。2 月 1 日，镍期货价上涨至 14 200 美元/吨，看涨期权的价格涨至 150 美元。A 可采取两个策略：

①行使权利：A 有权按 14 000 美元/吨的价格从 B 手中买入镍期货；B 在 A 提出这个行使期权的要求后，必须予以满足，即便日后手中没有镍，也只能以 14 200 美元/吨的市价在期货市场上买入而以 14 000 美元/吨的执行价卖给 A，而 A 可以 14 200 美元/吨的市价在期货币场上抛出，获利 100 美元（14 200－14 000－100）。B 则损失 100 美元（14 000－14 200＋100）。

②售出权利：A 可以 150 美元的价格售出看涨期权。A 获利 50 美元（150－100）。

如果镍价下跌，即镍期货市价低于敲定价格 14 000 美元/吨，A 就会放弃这个权利，只损失 100 美元权利金，B 则净赚 100 美元。

【例 14－2】 看跌期权：1 月 1 日，镍期货的执行价格为 14 000 美元/吨，A 买入这个权利，付出 100 美元；B 卖出这个权利，收入 100 美元。2 月 1 日，镍价跌至 13 800 美元/吨，看跌期权的价格涨至 150 美元。此时，A 可采取两个策略：

①行使权利：A 可以按 13 800 美元/吨的价格从市场上买入镍，而以 14 000 美元/吨的价格卖给 B，B 必须接受，A 获利 100 美元（14 000－13 800－100），B 损失 100 美元。

②售出权利：A 可以 150 美元的价格售出看跌期权，A 获利 50 美元（150－100）。

如果镍期货价格上涨，A 就会放弃这个权利而损失 100 美元，B 则净得 100 美元。

通过上面的例子，可以得出以下结论：一是作为期权的买方（无论是看涨期权还是看跌期权）只有权利而无义务，他的风险是有限的（亏损最大值为权利金），但在理论上获利是无限的。二是作为期权的卖方（无论是看涨期权还是看跌期权）只有义务而无权利，在理论上他的风险是无限的，但收益是有限的（收益最大值为权利金）。三是期权的买方无须付出保证金，卖方则必须支付保证金以作为必须履行义务的财务担保。

LME 镍期货合约如表 14－4 所示，LME 镍期权合约如表 14－5 所示。

表 14－4　　LME 镍期货合约

交易品种	99.80%以上纯度镍
每手交易单位	6 吨（误差范围 ±2%）
交割等级	1 整板　2 阴极镍　3 镍粒　4 镍球
重量	1 低于 1.6 吨（扎）　2—4 150～500 公斤（卷）
可交割日期	3 个月内为任何一个交易日（现货日前两个交易日可建头寸）。 3 个月以上至 6 个月为每个月的星期三。 7 个月以上至 27 个月为每个月的第三个星期三。
报价单位	美元/吨
最小价格波动	5 美元/吨
结算货币	美元、日元、英镑、欧元

表 14－5 LME 镍期权合约

可交割日期	从首月至 27 个月每月一次
交割日期	交割月份的第三个星期三
行使日期	交割月份的第一个星期三
权利金单位	美元/吨
* 行使价格	行使量在 50 美元至 7 450 美元，区间为 50 美元
	行使量在 7 500 美元以上，区间为 100 美元

* 行使价格区间与权利金的最小价格波动可以任何结算货币计。

15

对外贸易企业套期保值方案设计及外汇风险规避

PTA 期货已成为现货市场的风向标，在实体企业经营中不可或缺。在 PTA 产业链中，贸易企业扮演双重角色，既可与实体企业合作套保，又可通过点价方式进行基差交易。2011 年大宗商品市场波诡云谲，PTA 价格也在宏观及供需两个主要方面的交互作用下，凸显出跌宕起伏式的市场格局。如何利用 PTA 期货和外汇衍生工具管理对外贸易企业的经营风险？让我们一起来探讨。

15.1 PTA 基本面分析

2011 年的商品市场，大体看来，PTA 内外盘走势基本一致，上半年整体行情好于下半年，上半年部分生产企业意外故障及需求良好支撑，PTA 价格持续上涨，于 2 月 16 日创下全年最高 11 800 元/吨，而 2011 年较往年不同的是，全球经济危机席卷，终端出口需求萎缩，国内成本压力重重，导致整个下半年 PTA 市场几乎表现出不断下跌的疲惫不堪的极弱之势，期间最高点与最低点的价差达到 3 900 元/吨以上，最大跌幅近 33.1% 。在此基础上，可以将 PTA 的行情详细划分为 5 个阶段（见图 15 – 1）：

图 15 – 1　PTA 主力连续合约价格走势图

第一阶段：延续 2010 年上涨态势。2011 年春节之后国内纺织企业陆续开工，原料补库需求渐渐增大。节后开市大幅上调聚酯涤丝报价，特别是上半年聚酯新产能的增加，工厂合同供应缺口较大，现货采购积极性较强，在一定程度上反映对后市供应缺口的担忧。因此，国内 PTA 现货价格延续了 2010 年上涨态势，国内 PTA 期货价格一方面依靠 PTA 现货价格给予支撑，另一方面受外盘刺激的效果显著。宏观方面，美联储对 2011 年美国经济的复苏更具信心，并继续实施其量化宽松政策来刺激经济发展等则成为市场投机主力做多的较大动因。

第二阶段：宏观利空和基本面疲弱，导致 PTA 期货持续下跌。3 月份开始，虽然纺织进入需求旺季，聚酯涤纶对 PTA 需求旺盛，但随着 PTA 行业金融属性越来越强，外围宏观因素如股指、其他商品期货的走势都会逐渐影响到 PTA 市场，造成 PTA 价格的疲软。一方面，一季度宏观调控动作频繁，加息、提准备金率等对资本市场的多头形成威慑；另一方面，欧元区债务危机再度提及市场，导致美元的上涨，而美元走高也带动了以原油为首的大宗商品价格的下调。与此同时，下游聚酯企业面临产品的高库存、资金面的紧张、人工成本的上涨、人民币不断升值、即将来临的夏季限电高峰及终端纺织品出口退税的多重压力，整个产业链的成本难以转嫁，市场销售持续平淡。

第三阶段：上游成本支撑，导致 PTA 期货震荡上行。继欧债之后，美债问题成为金融市场剧烈波动的主要诱因，美元指数跌破 74 点，大宗商品做多热情再度点燃。国内期市品种大面积上涨，持仓量也上升至 8 个月以来的最高。下游聚酯的需求增长相比 2011 年下半年国内新增 PTA 产能较慢，国内 PTA 供应偏紧的格局得到较为明显的改善。第三季度全球陆续有 PX 厂家停产、PX 供应偏紧、PX 价格的上涨，给 PTA 价格的上涨提供成本支撑。

第四阶段：宏观经济金融属性增强，PTA 震荡加剧。PTA 产品金融属性的增强，导致其行情变动受投资者情绪波动和宏观经济形势波动的影响更强烈，相反，受行业基本面的影响却逐渐弱化，尤其是当宏观经济环境出现恶化迹象、市场不确定性风险增加的情况下，PTA 期货受外围宏观经济格局的影响更大。

第五阶段：国内外货币政策使 PTA 出现阶段性反弹。11 月 30 日晚，中国人民银行决定自 12 月 5 日起，下调存款类金融机构人民币存款准备金率 0.5 个百分点。这是央行 35 个月来首次下调存款准备金率，市场预计紧缩货币政策将正式转向。同日，美联储联合欧洲央行等五大央行，联手将美元流动性互换利率下调 50 个基点。宽松政策之于弱势商品，无疑是一剂强心针，对于流动性再度放松的信号，商品市场出现阶段性反弹。

15.2 PTA 成本分析及周期性特点

15.2.1 PTA 成本利润分析

PTA 生产成本计算：

国内 PTA 生产成本 = 0.655 × PX 价格 + 1 200 元

国外 PTA 生产成本 = 0.655 × PX 价格 + 130 美元

从PTA的成本利润走势（见图15－2）分析可知，2010年前三季度PTA利润维持在一个较稳定的水平，2010年11月出现一个较大的上涨，主要是由于10月底至11月初PTA厂家因装置故障意外停车，合同货告急令PTA价格爆发性上涨，上游原料PX价格并没有出现较大变化，从而PTA利润超出正常范围；2011年第一季度，PTA维持较高的利润水平，是由于2011年初国内纺织企业陆续开工，原料补库需求渐渐增大，特别是上半年聚酯新产能的增加，工厂合同供应缺口较大，现货采购积极性较强，对现货价格起到一定程度的提振。而上游原料PX以进口为主，价格变化受国内影响不大，从而利润高于正常的范围；2011年底国际宏观经济环境出现恶化迹象，市场不确定性风险增加，随着欧债危机的深入，PTA随之进入下跌通道。另外，PTA终端纺织产品外贸订单下降趋势已定，下游需求不足，利空明显。

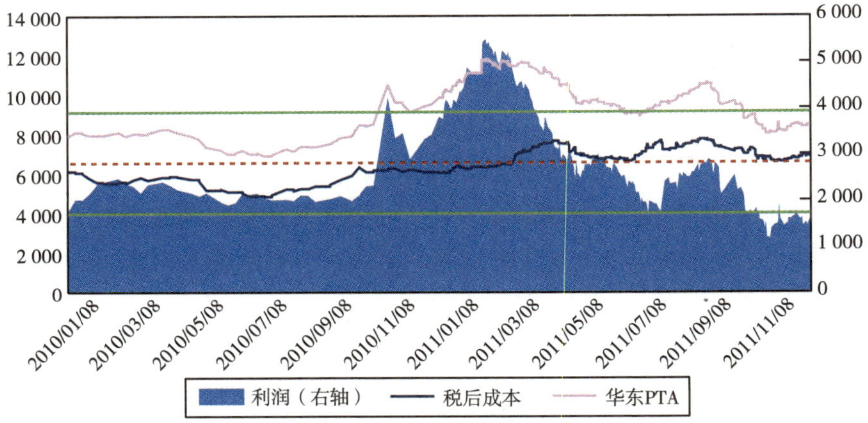

图15－2　PTA成本利润走势分析

同时，从成本与现货价格、成本与期货价格的相关系数（见图15－3）也可以看出，

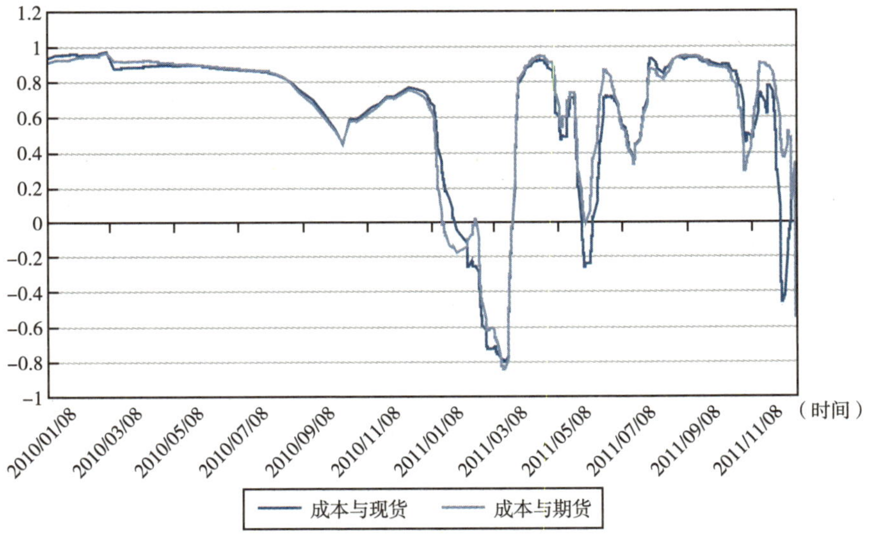

图15－3　PTA成本价格与现货价格和成本价格与期货价格相关系数走势

在一般情况下 PTA 成本和 PTA 期现价格的相关性较高，但是在少数情况下 PTA 成本和 PTA 期现价格相关性较低，甚至出现负相关，2011 年 3 月、7 月、12 月 PTA 成本和 PTA 期现价格相关系数出现异常，和 PTA 利润出现背离正常区间的时间相近，而且在短时间内会得到修复，回归到正常区间。PTA 期现价格关系如图 15－4 所示。

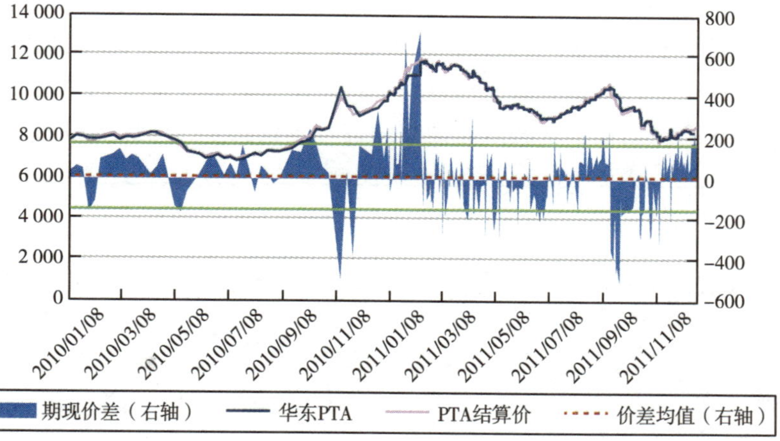

图 15－4 PTA 期现价格及价差走势

从 PTA 期现价格及价差走势分析可知，2010 年 10 月底至 11 月初 PTA 厂家因装置故障意外停车，合同货告急令 PTA 现货价格爆发性上涨 PTA 现货价格高于期货价格，期现价差接近－500 元/吨，出现买期货卖现货的套利机会；2011 年 2 月底，期现价差一度达到 700 元/吨的高点，出现卖期货买现货的套利机会；2011 年 9 月底，期现价差再次接近－500 元/吨，出现买期货卖现货的套利机会；2011 年底，PTA 期现价格徘徊在 200 元/吨附近，出现卖期货买现货的套利机会。

从 PTA 期货与现货价格的回归分析可知（见图 15－5），PTA 的期货价格和现货价格存在较明显的线性关系，二者的线性拟合度达到 0.984。

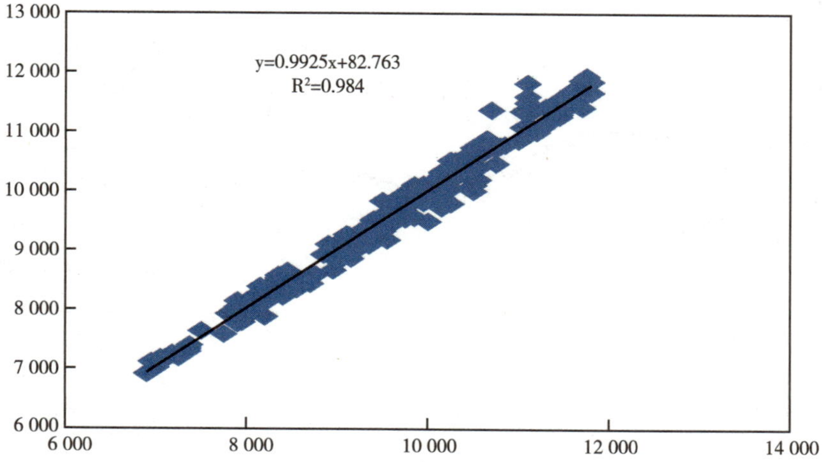

图 15－5 PTA 期现价格回归分析

15.2.2 PTA 季节性周期分析

PTA 本身的价格季节性规律并不明显，其价格走势一方面受上游原油价格走势影响，历史上 PTA 有过几波大行情都归因于上游成本的拉动，成本的抬升致使 PTA 价格上涨。就原油的季节性走势看，夏季 7—9 月由于汽油需求高峰期和飓风多发期，需求拉动以及飓风或会造成供应中断，进而导致原油价格在该时期相对坚挺。而四季度的 11—12 月份，则由于上一个需求高峰结束，新的取暖油需求高峰还没到来，因此价格相对较低。

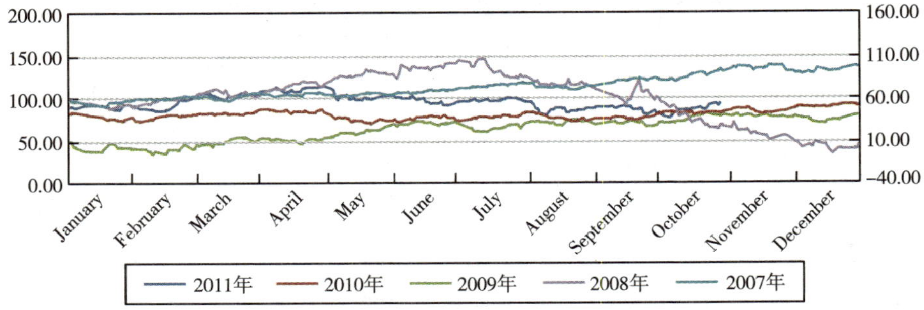

图 15－6　WTI 原油价格季节性走势

PTA 价格的季节性波动，同时也受纺织行业的季节性特征影响。聚酯和布匹的生产活动季节性变化明显，每年几乎都存在两个生产高峰期，一个是年初的春季生产高峰，一个是年中的秋季生产高峰，聚酯以及涤纶纤维的生产高峰期较布匹略提前，但提前的时间每年不一致。2 季度和 4 季度是纺织行业旺季，厂家一般在 3—4 月和 9—10 月举办订货会，4 季度的订货力度最强，因此，在 12 月份和次年 1 月份的涨幅最理想，而年初的库存量有

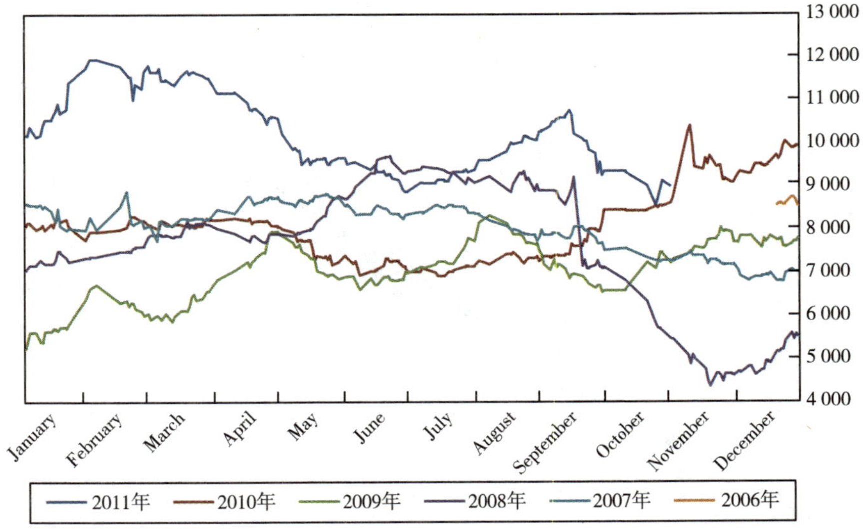

图 15－7　PTA 期货价格季节性走势

时会影响到2季度的订货，2季度的涨幅并不乐观。我国纺织服装出口旺季一般集中在7月、8月、9月、12月份。涤丝纤维销售到纺织服装出口需要经过纺织服装的生产、加工、销售环节，纺织服装出口在旺季的季节性方面往往较上游涤丝纤维延滞2~3个月。国内纺织服装销售旺季相对比较集中在1月、12月份，从时间上来推算，对上游聚酯纤维的采购性需求更可能集中在10月、11月份，聚酯纤维的销售旺季在10月、11月份表现得更加明显。

15.3 期货套期保值

15.3.1 套期保值的概念

套期保值是指在期货市场买进（或卖出）与现货数量相等、头寸价格变动方向相反的期货、期权或者其他衍生品头寸，以期在未来某一时间，通过卖出（或买进）这些头寸来消除因现货市场价格不利变化给投资者带来的损失。

概括来说，套期保值是一种金融工具，它是以规避风险为目的，通过买进（或卖出）适当的金融衍生品这样的投资行为，达到消除或降低投资者未来所面临的现货价格风险的效果。

在资产管理实践中，资产管理人所管理的资产面临两类的市场风险：非系统性风险和系统性风险。非系统性风险又称可分散风险，是指非全局性变化引起的投资收益变动的可能性，这类风险可以通过有效的分散化投资来消除。系统性风险又称不可分散风险，是指由于全局性变动引起的投资收益变动的可能性，系统性风险不能通过分散性投资来消除，只能通过套期保值将风险转移给衍生品市场上的其他参与者。对于股指期货而言，利用与现货部分方向相反的期货部位的对冲交易，投资者可规避股票市场的系统性风险。

15.3.2 套期保值的类别

传统型套期保值中按操作方法的不同可分多头（买入）套期保值和空头（卖出）套期保值。

（1）买入套期保值（long hedge 或 buying hedge）

买入套期保值又称多头套期保值，是指交易者先在期货市场买进期货（Futures），以便在将来现货市场买进时不至于因价格上涨而给自己造成经济损失的一种期货交易方式，因此又称为“多头保值”或“买空保值”。买入套期保值的目的是为了防止日后因价格上升而带来的亏损风险。这种用期货市场的盈利对冲现货市场亏损的做法，可以将远期价格固定在预计的水平上。买入套期保值是需要现货商品而又担心价格上涨的投资者常用的保值方法。

（2）卖出套期保值（Short Hedge）

卖出套期保值又称空头套期保值，是指交易者先在期货市场卖出期货，当现货价格下跌时以期货市场的盈利来弥补现货市场的损失，从而达到保值的一种期货交易方式。空头套期保值为了防止现货价格在交割时下跌的风险而先在期货市场卖出与现货数量相当的合约所进行的交易方式。持有空头头寸，来为交易者将要在现货市场上卖出的现货而从进行保值。因此，卖出套期保值又称为“卖空保值”或“卖期保值”。

15.3.3 套期保值原理

第一，期货交易过程中期货价格与现货价格尽管变动幅度不会完全一致，但变动的趋势基本一致。即当特定商品的现货价格趋于上涨时，其期货价格也趋于上涨，反之亦然。这是因为期货市场与现货市场虽然是两个各自分开的不同市场，但对于特定的商品来说，其期货价格与现货价格主要的影响因素是相同的。这样，引起现货市场价格涨跌的因素，也同样会影响到期货市场价格同向的涨跌。套期保值者就可以通过在期货市场上做与现货市场相反的交易来达到保值的功能，使价格稳定在一个目标水平上。

第二，现货价格与期货价格不仅变动的趋势相同，而且，到合约期满时，两者将大致相等或合二为一。这是因为，期货价格包含有储藏该商品直至交割日为止的一切费用，这样，远期期货价格要比近期期货价格高。当期货合约接近于交割日时，储存费用会逐渐减少乃至完全消失，这时，两个价格的决定因素实际上已经几乎相同了，交割月份的期货价格与现货价格趋于一致。这就是期货市场与现货市场的市场走势趋同性原理。

15.3.4 套保的操作原则

（1）商品种类相同原则

交易者在做套保交易时，所选择的 PTA 交易合约的标的物商品应当与交易者在现货市场上交易的 PTA 是同一种商品。只有商品种类相同，PTA 期货价格与现货价格才会有相近的走势，套保才能达到预期的效果。

（2）商品数量相同原则

商品数量相等原则是指在做套保交易时，所选用的 PTA 交易合约上所载 PTA 的数量必须与交易者将要在现货 PTA 市场上买进或卖出 PTA 的数量完全相等，只有相等时，两个市场的亏损额和盈利额才会相等，进而才能用盈利来弥补亏损，达到完全规避价格风险的目的。

（3）月份相同或接近原则

套保选用的 PTA 期货合约的月份最好与交易者将来在现货 PTA 市场上实际买卖现货 PTA 的时间相同或相近。这是因为 PTA 期货合约临近交割时，PTA 期货市场的价格与现货 PTA 价格的联系最为紧密，会趋于一致。而离交割期较远的 PTA 期货合约的价格与现货 PTA 价格可能会有相对大一些的偏离，这样会降低套保的效果。

（4）交易方向相反原则

套保者必须在现货 PTA 市场和 PTA 期货市场采取方向相反的买卖操作，才能使一个市场的亏损被另一个市场的盈利所弥补，达到规避价格波动风险的目的。如果在两个市场进行同向的操作，就会盈利时都盈利，亏损时都亏损，不但不能实现保值，反而使交易者面临的市场风险加倍扩大。

套保交易的四大操作原则是任何套保交易都必须同时兼顾的，忽略其中任何一条原则都可能影响套保交易的效果。

15.3.5 套期保值中企业的敞口分析

企业进行套期保值时，首先应根据不同的企业类型如生产型企业、贸易型企业及终端消费型企业在期货市场选择保值的类型（见图 15－8），生产型企业属于上游闭口、下游敞口企业，这类型企业原材料大宗采购成本相对固定，但是产品的价格波动较大，因此此

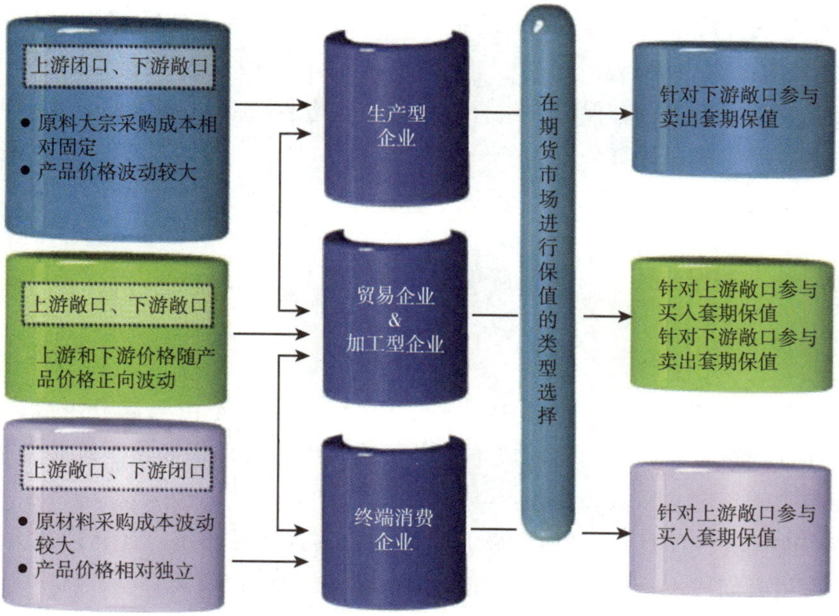

图 15－8　企业套期保值类型选择

类型企业可针对下游敞口参与卖出套保。第二种企业类型为贸易及加工型企业，这类型的企业上下游全部敞口，上游和下游价格随产品价格正向波动，因此可针对上游敞口参与买入套保，针对下游敞口参与卖出套保。第三类企业为终端消费型企业，此类型的企业上游敞口、下游闭口，原材料采购成本波动较大，但是产品价格相对独立，因此针对上游敞口参与买入套期保值是必要的。

（1）风险敞口分析

通过套期保值前后风险的对比来说明套期保值的意义。首先度量无保值情况下的价格风险值，然后计算保值后的基差风险值。由于受套期保值预算约束，则在给定预算条件下分别计算对应持有期的风险情况。

价格风险。根据风险度量理论，持有时间越长，价格波动越大，损失程度大。以标准差来度量风险，设定参数计算价格波动的风险。

基差风险。套期保值的引入，带来了操作风险、信用风险、流动性风险等，但这类风险基本上为企业可控风险，如果管理科学得当，完全可以规避此类风险。

套期保值将价格风险转移为基差风险。基差风险采用价差（或基差）历史波动率来度量。

最优套头比率计算。由于现货波动率和期货波动率不一样，所以现货与期货 1∶1 的保值比例并一定能将风险降低到最低，根据期货和现货的相关性和自身波动率，可以调整适当头寸，求出一个风险最小套头比例。最佳套期保值比率公式：

$$h = \rho \cdot \frac{\sigma_S}{\sigma_F}$$

式中，σ_S 为现货价格的标准差；σ_F 为期货价格的标准差；ρ 为现货价格和期货价格的相关系数；h 为套期保值比率。

套期保值效率：不进行套保投资组合方差与进行套保投资组合方差的差，占不进行套保投资组合方差的比值。计算公式为：

$$He = 1 - \frac{D(\Delta S - \Delta F)}{D(\Delta S)}$$

式中，He 为套期保值效率（套保所规避的风险度）。

（2）成本投入

套期保值是一个商业行为，需要投入一定成本。保值成本由三部分组成：时间成本、交易手续费和其他杂费。其中，时间成本与时间成正比例关系，交易手续费与换月次数成正比，杂费与投入资金总量成正比。

假定持有时间为 T（月），持有活跃月份为主，逐月换月操作，计算公式大致如下：

保证金占用时间成本 = 账户资金 × 无风险利率 × (1/12) × T

交易手续费 = 开仓手续费 + 平仓手续费

总成本 = 时间成本 + 交易手续费 + 其他

（3）保值效率分析

保值的效果有很强隐蔽性，只有在风险发生时保值效果才可充分显现，风险没有发生时则难以评估。为了有效度量保值效果，套保方案一定要给出保值后的规避风险值、保值效率和保值收益率指标。其中：

规避风险值 = 未保值的价格风险值 - 保值后的基差风险

保值效率 = 规避风险/价格风险 ×100%

保值收益率 = 规避风险/投入成本

规避风险值是度量规避风险绝对值的大小；而保值效率是评价保值手段对原始风险的覆盖情况，它不考虑资金成本因素；保值收益率是考虑投入和规避风险大小的比例关系，是投入和回报的一种分析指标。

15.3.6 PTA 套利分析

（1）期现套利

我们以 2010—2011 年 PTA 相关数据为例进行期现套利分析（见图 15 -9）。

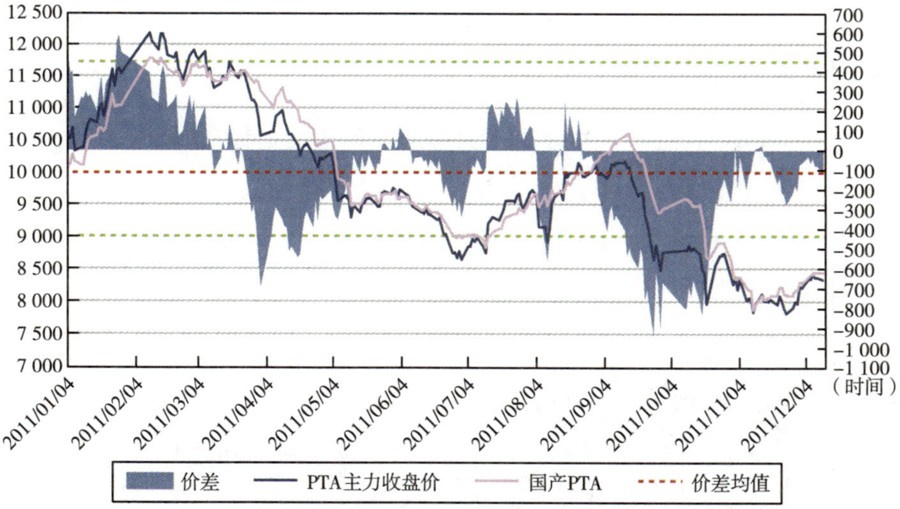

图 15 -9 PTA 现货价格、期货价格及期现价差

从 PTA 的期现价差来看，期现价差年内均值在 -100 附近。2011 年 1 月和 2 月 PTA 的期货价格高于现货价格，出现正向套利，即卖期货买现货；在 4 月、9 月和 10 月现货价格高于期货价格，出现反向套利机会。

表 15 -1 是扣除仓储费、增值税、出入库费、手续费和资金成本后的期现套利结果，期限是到交割时间，结果说明 PTA 不存在无风险期现套利。

表 15－1　　PTA 期现套利分析（截至 2011 年 12 月 19 日）

合约	现货价	结算价	价差	动用资金	资金成本	总成本	套利盈亏	年收益率
PTA1201	8 370	8 534.00	164.00	14 447.346	33.755333	84.784393	79.22	15%
PTA1202	8 370	8 326.00	－44.00	10 498.669	83.0229	122.6229	－166.62	－13%
PTA1203	8 370	8 268.00	－102.00	9 844.096	132.69302	184.69302	－286.69	－14%
PTA1204	8 370	8 244.00	－126.00	9 594.1015	179.32821	242.92821	－368.93	－13%
PTA1205	8 370	8 164.00	－206.00	9 443.8222	229.13559	305.13559	－511.14	－15%
PTA1206	8 370	8 158.00	－212.00	9 362.7964	277.6518	365.6518	－577.65	－14%
PTA1207	8 370	8 108.00	－262.00	9 304.3657	327.75839	428.15839	－690.16	－14%
PTA1208	8 370	8 144.00	－226.00	9 273.7373	376.68143	489.08143	－715.08	－12%
PTA1209	8 370	8 136.00	－234.00	9 248.8837	427.20214	552.00214	－786.00	－12%
PTA1210	8 370	8 122.00	－248.00	9 231.4117	477.82798	615.02798	－863.03	－12%
PTA1211	8 370	8 224.00	－146.00	9 229.877	527.51406	676.71406	－822.71	－10%

（2）跨品种套利

① PTA 和 LLDPE。我们以 2011 年两者指数差与比值的走势来加以说明，见图 15－10、图 15－11。

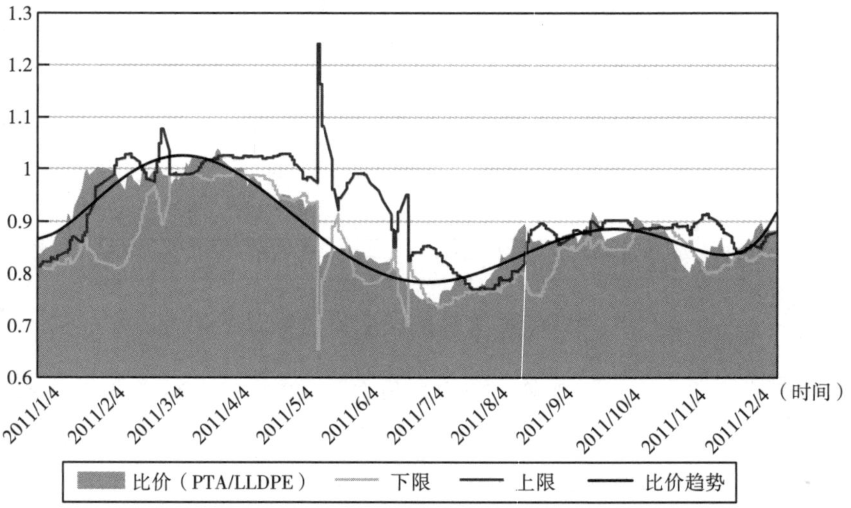

图 15－10　指数差（PTA－LLDPE）及上下限走势

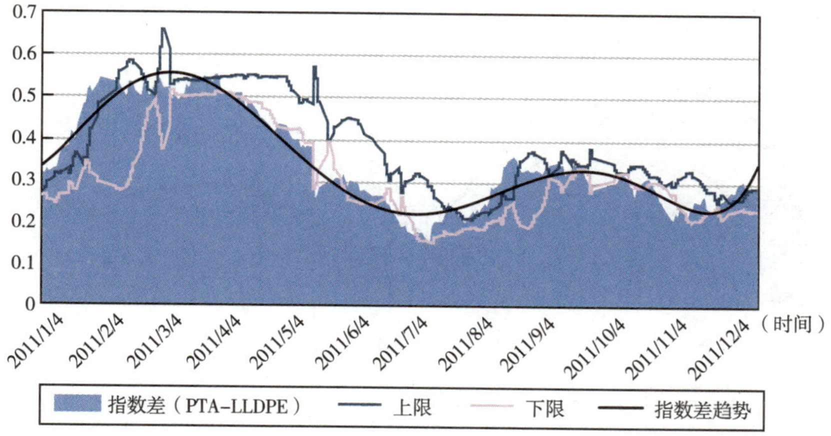

图 15－11　比价（PTA/LLDPE）及上下限走势

从 PTA 和 LLDPE 套利区间来看，指数差和比价指标均可以看出，长周期套利 2011 年 PTA 和 LLDPE 出现 4 次套利机会。第一次：在 3 月存在卖 PTA 买 LLDPE 的套利机会，长期持有套利组合，在 7 月初平仓获利较大；第二次：在 7 月可以反手买 PTA 卖 LLDPE，持有至 10 月初；第二次：在 7 月可以反手买 PTA 卖 LLDPE，持有至 10 月初；第三次：在 10 月初采取卖 PTA 卖 LLDPE 的套利组合，在 11 月底平仓；第四次：在 11 月底采取买 PTA 卖 LLDPE 的套利组合，长期趋势线开始反转向下的时候平仓。当然，也可以在短周期根据指数差和比价的上下限来构造套利策略。

② PTA 和 PVC。见图 15－12、图 15－13。

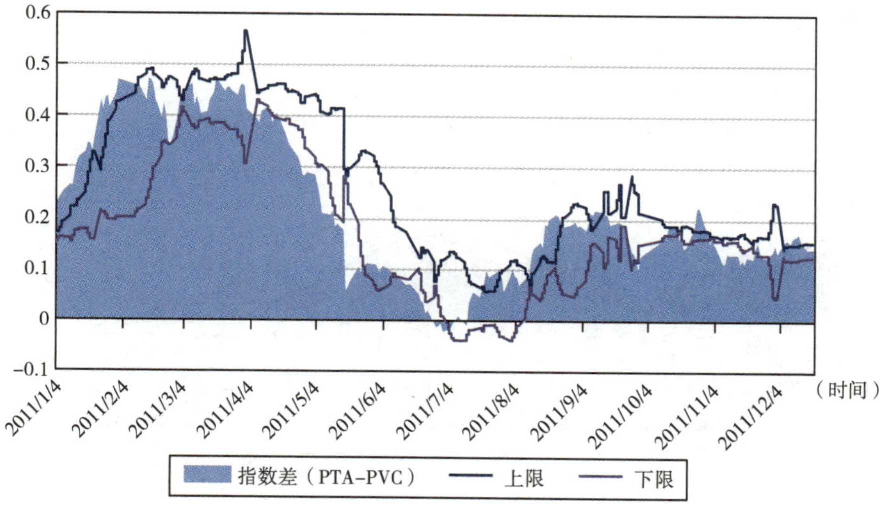

图 15－12　指数差（PTA－PVC）及上下限走势

从 PTA 和 PVC 套利区间来看，指数差和比价指标均可以看出，长周期来看 2011 年 PTA 和 PVC 出现 4 次套利机会，套利时间的开仓点和平仓点与 PTA 和 LLDPE 的套利较为接近。

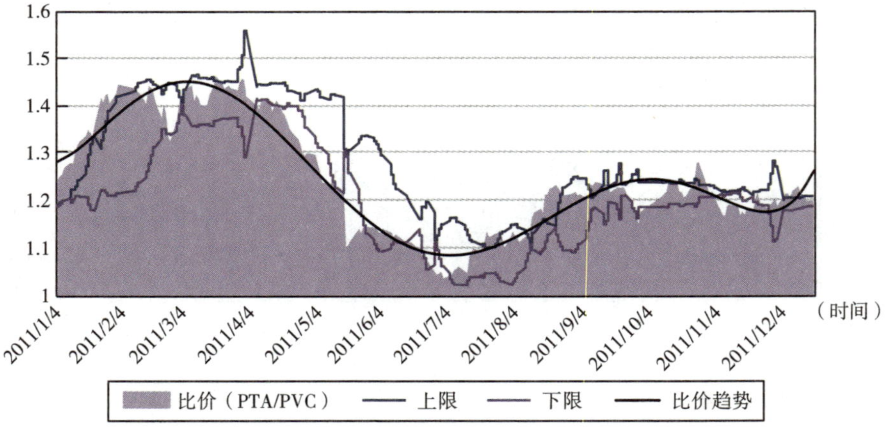

图 15－13　比价（PTA/PVC）及上下限走势

③ PTA 和橡胶。见图 15－14、图 15－15。

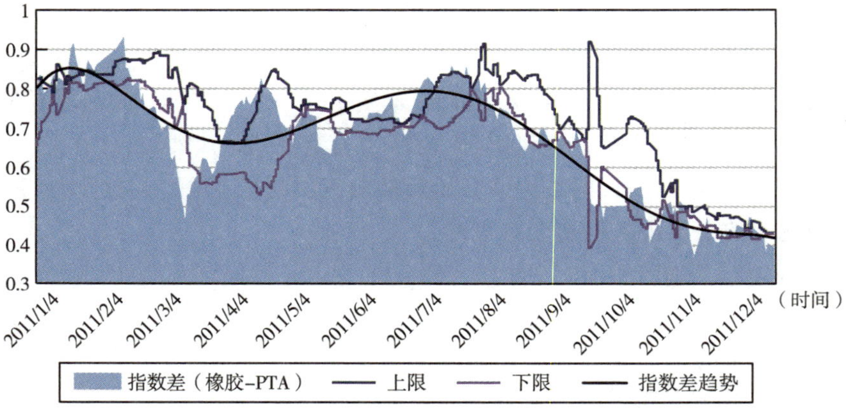

图 15－14　指数差（橡胶－PTA）及上下限走势

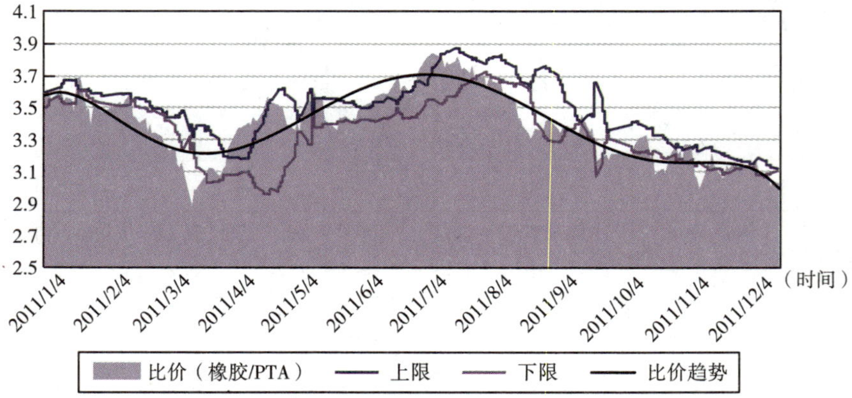

图 15－15　比价（橡胶/PTA）及上下限走势

从 PTA 和橡胶的套利区间来看，指数差和比价指标均可以看出，长周期来看 2011 年 PTA 和橡胶出现 3 次套利机会。第一次：在 2 月初趋势线向下反转的时候采取卖橡胶买

PTA 的策略，在 4 月初平仓；第二次：在 4 月初趋势线向上反转的时候采取买橡胶卖 PTA 的策略，可在 7 月初平仓；第三次：在 7 月初趋势线向下的时候采取卖橡胶买 PTA 的策略，可在趋势线向上反转时平仓。

15.4 贸易类企业套期保值应用

15.4.1 贸易商的套期保值

贸易商不管是从事进口或内贸，都可以通过 PTA 期货避险。

（1）锁定进货成本

贸易商已经跟聚酯厂签订好现货供货合同，将来交货，但尚未进口或购进货源，担心日后购进时 PTA 价格上涨。此时可以买入 PTA 期货。

操作思路：此种避险既可平仓，也可交割。

（2）规避库存风险

许多贸易商在进口 PTA 后，先存放在保税仓库，随着市场行情变化决定出手时机。若 PTA 价格上涨，贸易商的库存都是赚钱的；而价格下跌，则库存风险加大。此时可以通过卖出 PTA 期货避险。

操作思路：平仓和交割都可以。

15.4.2 贸易类企业套期保值的策略

企业套期保值策略主要确定以下方面：目标价位和具体操作策略，即进场策略、出场策略、换月策略和调整策略。正确的策略是保值成功的关键。

（1）目标价位

①单一目标价位策略。所谓单一目标价位策略是指企业在市场条件允许的情况下，在为保值所设定的目标价位已经达到或可能达到时，企业在该价位一次性完成保值操作。这样，不管今后市场如何变动，企业产品的采购价和售价都是锁定的，市场上的价格波动对企业不再产生实质性影响。国际上很多大企业即采用此种策略进行保值操作。

②多级目标价位策略。所谓多极目标价位是指企业在难以正确判断市场后期走势的情况下，为避免一次性介入期市造成不必要的损失，从而设立多个保值目标价位，分步、分期在预先设定的不同目标价位上按计划地进行保值操作。

（2）具体操作策略

①进场策略。进场主要依据以下几个原则建仓：价格与成本价之间价差关系、中金智

能化专家定价系统套期保值交易信号以及合约间期限结构的合理性。

最佳时机：从成本角度来判断买卖时机。主要通过三个价格来进行判断：生产成本价、现货价格和活跃月份期货价格。生产成本与现货价格反映企业的合理利润，持仓成本反映期货投机利润。现货价格与成本价格之间的关系是一个建仓的重要指标。

其次时机：根据交易模型来识别入场策略，目的提高保值效率。由于行情是动态演变的，能够迅速准确地捕捉市场行情结构是提高套期保值及动态套期保值的一项重要手段。中金智能化专家定价系统的投资定价线是目前期货市场为数不多套期保值专家系统，方案可依据该系统进行入场和调整信号指导。企业套期保值线或投资定价线显示多头信号，可以考虑部分头寸建仓，当显示空头市场时，可以考虑放弃建仓，等待时机。

②建仓策略。首先要考虑流动性风险，即合约的活跃程度。其次，建仓价格风险是建仓过程中的主要风险。为了规避建仓价格风险一般可以采用分批建仓策略。可以根据保值项目的资金量大小，考虑单批建仓或多批建仓的方式。分批建仓可以采用金字塔方式建仓。

a. 单笔整买进场。原理说明：操作简单明了，在规定建仓时间内，根据行情走势情况结合技术形态，选择合适价格点位，一次性完成建仓。该模式适合资金规模较小账户（小于 1 000 万元）。

b. 倒金字塔式进场。原理说明：在规定建仓时间内，首先预定建仓批数、每批合约数量，且数量要求随建仓顺序而折半递减。如需要建仓 40 手 PTA 合约，建仓分四批完成，其中第一批数量要为 20 手、第二批为 10 手、第三批为 5 手、第四批为剩余 5 手。该建仓策略优点是缓解对市场的冲击，分散价格风险，降低仓位平均成本。

【操作步骤】 无论单笔整买进场还是倒金字塔式进场，操作步骤统一遵守以下流程（见图 15－16）：

步骤一，根据公司保值目标和进场策略，结合基差情况及期、现价格技术形态，设计进场计划。计划内容根据进场策略略有不同，整买进场主要涉及进场的目标价位，而金字塔式进场则需要涉及首次进场价位和进场次数。

步骤二，填写建仓申请单。

步骤三，按照公司期货管理制度，进入建仓申请审批流程。

步骤四，批准通过，转入建仓过程，相关负责人同时参与；审批不通过，进入步骤一，重新开始流程。

步骤五，将建仓结果签字回执报公司备案，完成整个建仓过程。

③出场策略。出场的原则主要是与用工计划匹配原则，一般控制在用工用料的前 2 周内完成。根据保值项目资金额度大小，一般采用单笔整卖出场或金字塔式出场策略。

a. 单笔整卖出场。原理说明：与进场策略中单笔整买进场模式一样，仅不同的是合约操作方向，该操作为平仓操作。

b. 金字塔式出场。原理说明：与进场策略中倒金字塔进场策略形式相似，要求每次卖出要比上次卖出的价格高且数量依次折半递减。

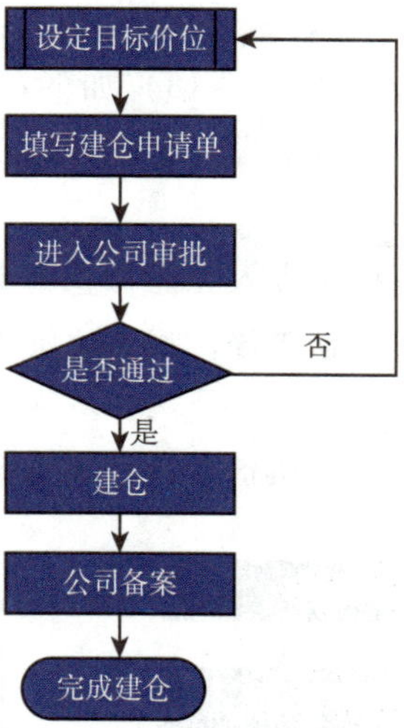

图 15－16　倒金字塔式进场操作步骤

【操作步骤】　出场程序流程（见图 15－17）如下：

步骤一，根据离场策略和行情特点，设计离场计划。

步骤二，填写平仓申请单。

步骤三，根据公司期货管理流程，进入合约平仓申请流程。

步骤四，经公司审批同意，进行平仓过程，相关负责人现场同时操作；审批不通过，返回开始步骤一，重新开始流程。

步骤五，将平仓结果签字回执报公司备案，完成整个平仓过程。

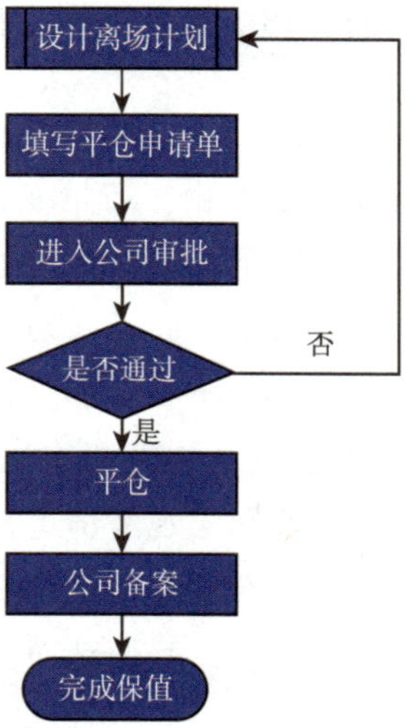

图 15－17　金字塔式出场流程

④换月策略。

原理说明：在规定的换月时间内，将当前月份合约价格与活跃月份价格对比，如果活跃月份价格比当前合约价格低，就立即进行合约移仓，且移动数量依据总合约数量而定，移仓手段是平仓同时，立即开仓。

【操作步骤】 换月操作流程（见图 15－18）如下：

步骤一，根据移仓策略和行情特点，设计移仓计划。

步骤二，填写移仓申请单。

步骤三，根据公司期货管理流程，进入合约移仓申请流程。

步骤四，经公司审批同意进行移仓过程，相关负责人现场同时操作；审批不通过，返回开始步骤一，重新开始流程。

步骤五，将移仓结果签字回执报公司备案，完成整个移仓过程。

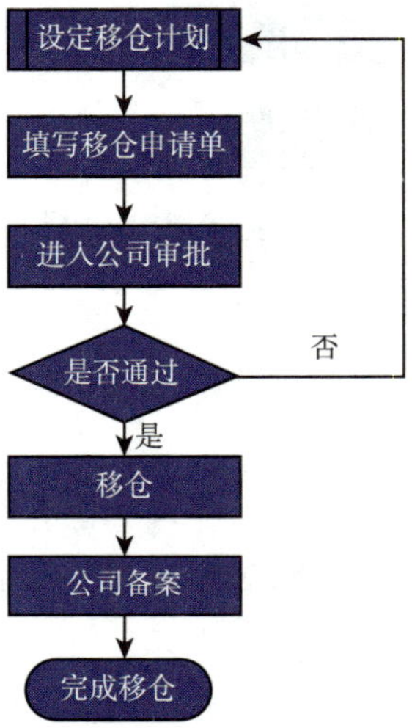

图 15－18　换月操作流程

⑤调整策略。

a. 账户异常调整策略。账户异常主要指由于行情变化过大或者行情变动极端所导致的保证金比例变化，从而导致账户保证金不足，造账户头寸被强制处理的情况。

影响账户资金异常的原因主要来自两个方面：一是市场价格波动过大；二是交易所保证金调整。

b. 市场结构调整策略。结构性牛市或结构性熊市采用中金智能化专家定价系统的企业套期保值线为研判依据，另外考虑行业和宏观经济运行状态。

c. 市场微调策略。主要在市场结构不发生变化时，只是市场上某些异常或扰动，为了提高保值效率，允许部分头寸可以根据市场某些变动而做头寸相应调整。

15.5　汇率风险规避

对于以出口贸易为主的中小型企业，可以考虑的汇率风险规避策略包括：

（1）提前或推迟结算

一般而言，在预期人民币升值的情况下，对于进口付汇企业来说，选择期限较长的合约比较有利，而对出口收汇企业而言则选择期限较短的合约相对有利。企业在签订涉外贸易合同时，应该尽可能将收汇时间提前，同时确定收汇金额和收汇日期，并在合同中加入汇率风险条款。

（2）利用金融工具规避外汇风险

目前国内金融机构为企业提供的汇率避险工具有人民币远期外汇交易、远期外汇买卖、外汇期权、掉期交易、出口押汇、福费廷及结构性存款等。企业应充分了解这些业务的功能，并密切与银行员工沟通以充分利用其来规避汇率风险。

（3）择机交易

无论是进行人民币远期外汇交易或办理即期的结售汇业务，企业都应注意选择合适的交易时机。2005 年 9 月 23 日，中国人民银行发布《关于进一步改善银行间外汇市场交易汇价和外汇指定银行挂牌汇价管理的通知》。通知中调整了银行对客户美元挂牌汇价的管理方式，并扩大了买卖价差幅度，规定银行可在规定价差幅度内自行调整当日美元挂牌价格，即银行对客户美元挂牌价由原来的一日一价调整为可一日多价。在挂牌价波动的情况下，企业应该判断外汇牌价走向以选择合适的交易时机。

（4）恰当选择金融产品

在目前金融产品种类不是很多的情况下，企业可以通过银行提供的外汇结构性存款业务来实现大额资金的保值增值。相对于普通的定期存款来说，结构性存款一般由银行自行或者委托一些国际专业机构进行运作，所以收益相对比较高。

15.5.1 外汇货币掉期

2007 年 8 月，《中国人民银行关于在银行间外汇市场开办人民币外汇货币掉期业务有关问题的通知》正式发布，在银行间外汇市场开办人民币兑美元、欧元、日元、港币、英镑五个货币的货币掉期交易。

（1）掉期交易

掉期是指在外汇市场上买进即期外汇的同时又卖出同种货币的远期外汇，或者卖出即期外汇的同时又买进同种货币的远期外汇，意即在同一笔交易中将一笔即期和一笔远期业务合在一起做。在掉期交易中，即期汇率与远期汇率之差（即升水或贴水）叫作掉期率。

设英镑掉期的即期汇率为£ 1 = $1.7634，3 个月远期英镑汇率为£ 1 = $1.7415，英镑贴水为 $0.0219。在这里可以看出，掉期率不是汇率，仅仅是差价。

掉期率是以基本点形式报价的。在外汇交易报价上，基本点指小数点以下第四位，是报价的最小单位。1 个基本点是 \ frac%，即 0.0001。根据上面的数字，英镑贴水 $0.0219，转化为掉期率就形成了 219 基本点。掉期交易者所关心的是即期汇率与远期汇率的高低，即基本点的大小。因为只有升水或贴水的大小方决定银行是否进行掉期交易。当银行把买即期外汇和卖同种国通货的远期外汇合起来做时，如果该种通货贴水，它要付出一定的成本，如果贴水过大就要考虑该不该做这笔交易。因为银行若需要某种外汇，它也可不做掉期交易而采用直接借款的途径，当然借款要支付利息。

当银行在借款和掉期之间进行选择时，会把借款利息率与掉期率的年率进行比较。掉期率的年率即是升水率或贴水率。根据上面数字，这笔掉期交易的年掉期率为：

\frac{1.7415 – 1.7634}{1.7634}\times\frac\times100% =4.97%

如借款利息率为 5% 或 5% 以上，银行可以从事掉期交易；如果借款利息率在 4.97% 以下，银行就可不做掉期交易，直接借款的成本更小。从这里可以看出，掉期交易的实质还是进行保值。对于银行来说，它从事这笔掉期交易的实质是在从事软货币投机。它先以£ 1 = $1.7634 的高价把英镑卖出去，到期后再以£ 1 = $1.7415 的低价买回来，从中赚取了利润。银行在从事这笔掉期交易时也要把对外贷款利息率与年掉期率进行比较。如果贷款利息率高于 4.97%，它不会从事这笔掉期交易而直接贷款；如果贷款利息率低于 4.97%，它可以从事这笔掉期交易。

在美国商业银行的外汇交易中，大约有 65% 为即期外汇交易，30% 为掉期外汇交易，5% 为远期外汇交易。可见，掉期交易在外汇交易中占有相当的比例。

（2）掉期交易的作用

①有利于进出口商进行套期保值。例如，英国出口商与美国进口商签订合同，规定 4 个月后以美元付款。它意味着英国出口商在 4 个月以后将收入一笔即期美元。在这期间，如果美元汇率下跌，该出口商要承担风险。为了使这笔货款保值，该出口商可以在成交后马上卖出等量的 4 个月远期美元，以保证 4 个月后该出口商用本币计值的出口收入不因汇率变动而遭受损失。除进出口商外，跨国公司也经常利用套期保值，使公司资产负债表上外币资产和债券的国内价值保持不变。

在实质上，套期保值与掉期交易并没有差异。因为在套期保值中，两笔交易的交割期限不同，而这正是掉期交易的确切含义所在。凡利用掉期交易的同样可获得套期保值的利益。但在操作上，掉期交易与套期保值仍有所区别，即在套期保值中，两笔交易的时间和金额可以不同。

②有利于证券投资者进行货币转换。掉期交易可以使投资者将闲置的货币转换为所需要的货币，并得以运用，从中获取利益。现实中，许多公司和银行及其他金融机构就利用

这项投资工具进行短期的对外投资。在进行这种短期对外投资时，它们必须将本币兑换为另一国的货币，然后调往投资国或地区，但在资金回收时，有可能发生外币汇率下跌使投资者蒙受损失的情况，为此，就要利用掉期交易避开这种风险。

③有利于银行消除与客户单独进行远期交易。掉期交易可使银行消除与客户进行单独远期交易所承受的汇率风险，平衡即期交易与远期交易的交割日结构，使银行资产结构合理化。

例如，某银行在买进客户 6 个月期的 100 万远期美元后，为规避风险，轧平头寸，必须再卖出数量及交割日期相同的远期美元。但在银行同业市场上，直接出售单独的远期外汇比较困难。因此，银行就采用这样一种做法：先在即期市场上出售 100 万即期美元，然后再做一笔相反的掉期买卖，即买进 100 万即期美元，并卖出 100 万远期美元，期限也为 6 个月。结果，即期美元一买一卖相互抵销，银行实际上只卖出了一笔 6 个月期的远期美元，轧平了与客户交易出现的美元超买。

15.5.2 外汇货币期货

外汇期货交易是指在约定的日期，按照已经确定的汇率，用美元买卖一定数量的另一种货币。1972 年 5 月，芝加哥商业交易所正式成立国际货币市场分部，推出了七种外汇期货合约，从而揭开了外汇期货市场创新发展的序幕。从 1976 年以来，外汇期货市场迅速发展，交易量激增了数十倍。1978 年纽约商品交易所也增加了外汇期货业务。1979 年，纽约证券交易所亦宣布，设立一个新的交易所来专门从事外币和金融期货。1981 年 2 月，芝加哥商业交易所首次开设了欧洲美元期货交易。随后，澳大利亚、加拿大、荷兰、新加坡等国家和地区也开设了外汇期货交易市场，从此，外汇期货市场便蓬勃发展起来。

目前，外汇期货交易的主要品种有美元、英镑、欧元、日元、瑞士法郎、加拿大元、澳元、新西兰元等。从世界范围看，外汇期货的主要市场在美国，其中又基本上集中在芝加哥商业交易所的国际货币市场（IMM）和费城期货交易所（PBOT）。国际货币市场主要进行澳元、英镑、加拿大元、欧元、日元和瑞士法郎的期货合约交易；费城期货交易所主要交易欧元、英镑、加拿大元、澳元、日元、瑞士法郎等。此外，外汇期货的主要交易所还有：伦敦国际金融期货交易所（LIFFE）、新加坡国际货币交易所（SIMEX）、东京国际金融期货交易所（TIFFE）、法国国际期货交易所（MATIF）等，每个交易所基本都有本国货币与其他主要货币交易的期货合约。

随着中国经济的不断发展与人民币国际化进程的加快，一方面外汇储备不断增加，另一方面汇率改革后的人民币汇率波动加大，我国迫切需要有效管理汇率风险的金融衍生品工具。目前国际上流行的汇率对冲工具有外汇远期合同、掉期和外汇期货，而我国的人民币汇率衍生品目前只有远期和掉期，将来外汇期货的上市只是时间问题。

附录：相关合约细则

郑州商品交易所精对苯二甲酸（PTA）期货合约

交易单位	5 吨/手
报价单位	元（人民币）/吨
最小变动价位	2 元/吨
每日价格最大波动限制	不超过上一交易日结算价的 ±4%
合约交割月份	1，2，3，4，5，6，7，8，9，10，11，12 月
交易时间	每周一至周五上午 9：00～11.30（法定节假日除外），下午 13：30～15：00
最后交易日	交割月第 10 个交易日
最后交割日	交割月第 12 个交易日
交割品级	符合工业用精对笨二甲酸 SH/T 1612.1—2005 质量标准的优等品 PTA 详见《郑州商品交易所精对笨二甲酸交割细则》
交割地点	交易所指定仓库
最低交易保证金	合约价值的 6%
交易手续费	不超过 4 元/手（含风险准备金）
交割方式	实物交割

16

成品油定价机制改革与期货市场

油价关乎每个人的切身利益，大到石油是国民经济的基础和命脉，是工业的血液，小到老百姓买一斤菜，其中涉及化肥、农药和运输等，这些都离不开石油。2020 年以来，由于新冠肺炎疫情的冲击，石油需求下降，价格急剧下跌。随着疫情发展，世界经济充满不确定性，国际油价也暴涨暴跌。国家发展改革委 2009 年发布了《石油价格管理办法（试行）》、2016 年发布了《国家发展改革委关于进一步完善成品油价格形成机制有关问题的通知》，国内成品油价格将根据国际石油价格定期调整。国际石油价格不断走低导致国内成品油价格也出现了较大幅度的下调。但是国际油价低于 40 美元时，汽、柴油最高零售价格不降低。因此，在国际石油价格在 20—30 美元/桶的价格区间波动的情况下，成品油价格并没有做进一步下调。如何改革成品油定价机制问题，高效利用期货市场真正实现成品油定价市场化，是我们面临的重大课题。

16.1　国外成品油价格管理机制

16.1.1　全球主要成品油市场

目前，国际上主要有三大成品油市场，即欧洲的鹿特丹、美洲的纽约以及亚洲的新加坡，各地区的成品油国际贸易主要以这三地的市场价格为基准作价。此外，最近发展起来的日本东京市场对远东地区的贸易也有一定参考意义。成品油用油行业除自身要消耗成品油外，还会对其下游产业产生多次价格传导作用。图 16－1 显示，成品油提价对各个行业均会产生直接或间接的影响和作用，可见其在国民经济发展中的重要作用。

16.1.2　国外成品油价格的形成机制

目前，全球多数国家都实行市场化的成品油定价机制，成品油由政府定价的国家越来越少。欧美等发达国家的成品油价格均由市场形成，美国从 1979 年开始废除了第一次石油危机时采用的政府价格管制政策，重新采用市场定价机制；欧洲主要国家也在 20 世纪 80 年代基本实现了成品油价格市场化；亚洲国家和地区成品油价格市场化改革虽然较晚，

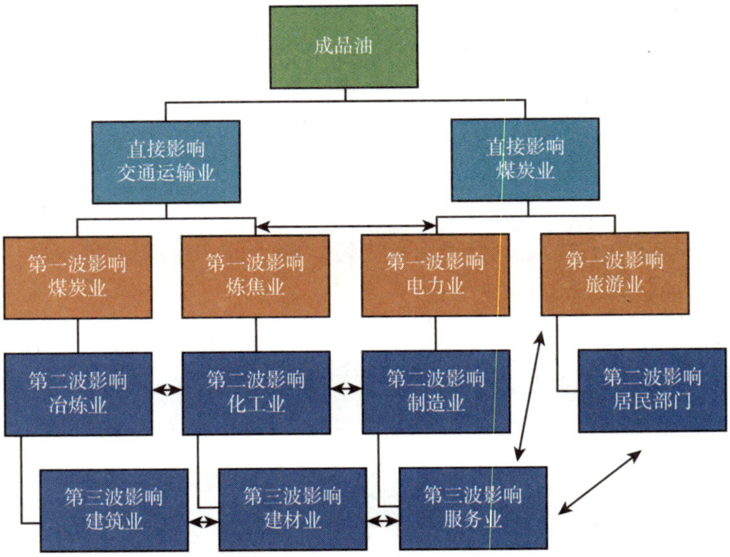

图 16－1　主要用油行业的价格传导

但改革时间较集中，日本、韩国及我国台湾地区已平稳过渡至市场定价时代，印度、越南、马来西亚等国也正在积极探索适合本国的成品油定价市场化改革道路。

以美国为例（见图 16－2），其炼厂所生产的成品油在国内外市场的售价完全由市场决定。美国有两个有代表性的成品油现货市场：一个是墨西哥湾和德克萨斯州地区，另一个是东海岸的油品消费地区。这两个市场的油品价格由供求关系决定，并随着国际市场油价的波动而波动。由于流通环节和销售对象不同，美国国内成品油销售可以划分为三种情

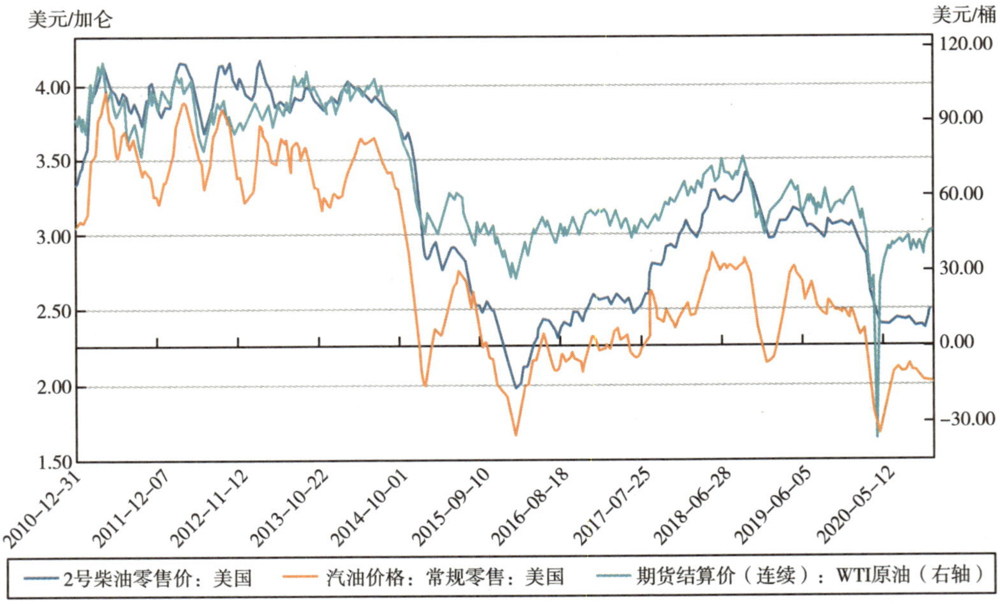

图 16－2　美国成品油价格及原油期货价格走势

况：一是各石油公司通过自己建立的加油站以零售价格在国内市场销售；二是少部分油品以批发价格直接卖给农场、工厂、中间经销商和最终消费者；三是一部分产品直接以国际市场价格出口。无论以哪种方式销售，其最终价格都是由市场来决定的。另外，美国成品油零售价又视地区和季节的不同而有所不同，美国的石油公司每天都要制定各个油库的成品油批发价格。

总体来说，市场化是全球成品油定价的主流模式和趋势。各国的成品油定价机制无论最终采取什么样的定价方法，都坚持与国际市场价格接轨的方向和原则，建立起既反映国际市场石油价格变化，又考虑国内市场供求、生产成本和社会各方面承受能力等因素的成品油定价机制。同时，鉴于成品油定价机制改革的重要性，成品油定价机制的取向只能是在政府主导下逐步实现市场化。

16.2 我国成品油价格体系

16.2.1 成品油储备的战略意义

统计数据显示，我国成品油消费与经济发展之间的弹性系数为0.85，说明我国经济的增长对能源的依赖性很强。受21世纪初金融危机的影响，我国经济增速明显放缓，经济放缓对能源需求的直接影响迅速表现出来，体现出成品油在我国经济发展中的重要意义。

从国际惯例来说，虽然原油在各国的国家储备中一直都是主要品种，但近年来成品油储备也逐渐发展成为国家战略储备的有益补充。比较而言，原油储备在稳定供求关系、平抑油价、应对突发事件、保障国民经济安全等方面发挥着行之有效的作用，而成品油则涉及千家万户、公共事业和农业等众多部门，必须实现较高的安全供应保障。

就我国而言，柴油供给已多次掀起恐慌浪潮。近几年，我国一直面临着油荒问题，这当中除了旺季时炼油能力不足的影响之外，也存在因国内成品油储备周转体系跟不上等原因。随着未来几年国内炼油能力的大幅度提高，成品油储备日渐成为迫在眉睫的问题。在我国提出的十大产业振兴规划中，石化产业调整振兴规划就明确提到了“要落实成品油储备”。在战略性的石油储备中，成品油的储备也是必不可少的一个组成部分。具体来说，我国可逐步建立起分级储备机制，进而不断完善石油体系的战略储备。

16.2.2 我国成品油定价机制改革历程回顾

从1998年6月起，国家对原油、成品油价格形成机制进行了重大改革，改变了以往单一政府制定固定价格的模式。到现在，我国的成品油定价机制改革经历了七个阶段：

第一阶段，1998年6月，国家出台了《原油、成品油价格改革方案》。成品油零售价实行政府指导价，由原国家计委以进口到岸完税成本为基础，加国内合理流通费用制定各地零售中准价，两大石油集团公司在此基础上在 ±5% 的幅度内确定具体零售价格。首次建立了政府调控下以市场形成为主的价格形成机制。

第二阶段，始于 2000 年 6 月，政府对国内成品油价格形成机制进一步改革，国内成品油价格开始进入与国际成品油市场“挂钩连动”的阶段，即国内成品油价格参考国际市场价格变化相应调整，参考的是新加坡成品油市场价格。

第三阶段，始于 2001 年 11 月，参照新加坡、鹿特丹、纽约三地市场价格来调整国内成品油价格。根据基本杂费及国内关税，加上由国家确定的成品油流通费用，形成由国家计委制定的国内成品油零售中准价。两大石油集团可以在中准价 ±8% 的范围内制定具体的成品油零售价。该机制一直沿用至 2006 年初，简称为“三地成品油定价法”。

第四阶段，始于 2006 年 3 月 26 日，国家发改委等部门出台《完善石油价格形成机制综合配套改革方案》，以布伦特、迪拜和米纳斯三地原油价格的加权平均值为基准，再加上炼油成本和适当的利润空间以及国内关税、成品油流通费等，共同形成国内成品油零售基准价。两大公司仍以上下浮动 8% 制定零售价；调价周期将会缩短；中石油、中石化批发给社会经营单位的油价按照零售中准价下调 4.5% 执行。

第五阶段，始于 2008 年 12 月 18 日，《国务院关于实施成品油价格和税费改革的通知》的发布，标志着油价改革进入新阶段。2009 年 5 月 7 日，发展改革委印发了《石油价格管理办法（试行）》的通知，通知规定：当国际市场原油连续 22 个工作日移动平均价格变化超过 4% 时，可相应调整国内成品油价格；当国际市场原油价格低于每桶 80 美元时，按正常加工利润率计算成品油价格；原油价格高于每桶 80 美元时，开始扣减加工利润率，直至按加工零利润计算成品油价格；原油价格高于每桶 130 美元时，按照兼顾生产者、消费者利益，保持国民经济平稳运行的原则，采取适当财税政策保证成品油生产和供应，汽、柴油价格原则上不提或少提。

第六阶段，2013 年 3 月 26 日，《关于进一步完善成品油价格形成机制的通知》（发改价格［2013］624 号）发布，其一，缩短调价周期。将成品油计价和调价周期由现行 22 个工作日缩短至 10 个工作日，并取消上下 4% 的幅度限制。为节约社会成本，当汽、柴油调价幅度低于每吨 50 元时，不作调整，纳入下次调价时累加或冲抵。其二，调整国内成品油价格挂靠油种。根据进口原油结构及国际市场原油贸易变化，相应调整了国内成品油价格挂靠油种。新的成品油定价机制形成后，价格其实是有降有涨的。在这个过程中，政府机关要逐步完善有关机制和管理办法，市场主体也要逐步适应价格上下波动的经常性情况。

第七阶段，2016 年 1 月 13 日，国家发展改革委发布通知，决定进一步完善成品油价格形成机制，设置调控上下限。调控上限为每桶 130 美元，下限为每桶 40 美元，即当国际市场油价高于每桶 130 美元时，汽、柴油最高零售价格不提或少提；低于 40 美元时，汽、柴油最高零售价格不降低；在 40～130 美元之间运行时，国内成品油价格正常调整，该涨就涨，该降就降。

中国成品油价格形成机制自启动改革以来，一直朝着市场化目标逐步推进，逐步从完全由政府行政定价转向以石油市场价格为基础、与国际市场有控制地间接接轨的定价机制。

16.3 我国成品油价格调整现状

自2013年成品油价格机制修改完善以来，运行总体平稳，国内成品油价格更加灵敏反映国际市场油价变化，保证了成品油正常供应，促进了市场有序竞争，价格调整透明度增强，市场化程度进一步提高。2014年下半年以来，世界石油市场格局发生了深刻变化，成品油价格机制在运行过程中出现了一些不适应的问题。鉴于此，2016年进一步完善成品油价格机制，并进一步推进价格市场化。

按照现行成品油价格形成机制，2020年2月，发改委将国内汽油和柴油价格分别下调420元/吨和405元/吨。2020年以来，截至目前成品油价格已经进行了12次调整，其中4次下调，8次上调，汽油累计下调755元/吨，柴油累计下调735元/吨。国内成品油的价格与国际油价进一步挂钩，呈现出上下波动的特征（见表16-1）。

表16-1　2020国内汽、柴油价格调整时间表

月份	调整时间	调整结果	
		汽油	柴油
一月	1月14日24时	不作调整	不作调整
二月	2月4日24时	下调420元	下调405元
	2月18日24时	下调415元	下调400元
三月	3月3日24时	不作调整	不作调整
	3月17日24时	下调1 015元	下调975元
	3月31日24时	不作调整	不作调整
四月	4月15日24时	不作调整	不作调整
	4月28日24时	不作调整	不作调整
五月	5月14日24时	不作调整	不作调整
	5月28日24时	不作调整	不作调整
六月	6月11日24时	不作调整	不作调整
	6月28日24时	上调120元	上调110元
七月	7月10日24时	上调100元	上调100元
	7月24日24时	不作调整	不作调整
八月	8月7日24时	不作调整	不作调整
	8月21日24时	上调85元	上调80元

续表

月份	调整时间	调整结果	
		汽油	柴油
九月	9 月 4 日 24 时	不作调整	不作调整
	9 月 18 日 24 时	下调 315 元	下调 300 元
十月	10 月 9 日 24 时	不作调整	不作调整
	10 月 22 日 24 时	上调 80 元	上调 70 元
十一月	11 月 5 日 24 时	下调 160 元	下调 150 元
	11 月 19 日 24 时	上调 150 元	上调 145 元
十二月	12 月 3 日 24 时	上调 250 元	上调 240 元
	12 月 17 日 24 时	上调 155 元	上调 150 元
	12 月 31 日 24 时		

根据国家和各省发改委数据，在 2020 年 12 月 17 日发改委调整成品油价格后，全国每升汽油零售价平均下调 0. 24 元，柴油下调 0. 26 元。目前 93 号汽油全国平均零售价为 7. 49 元/升，最高的是西藏区 8. 57 元/升，最低是甘肃省 7. 17 元/升。零号柴油平均零售价为 7. 35 元/升，最高是西藏区 7. 85 元/升，最低江西省 7. 07 元/升（见表 16 – 2）。

表 16 – 2　　各省区市和中心城市汽、柴油最高零售价格　　单位：元/吨

	汽油（标准品）	柴油（标准品）
一、实行一省一价的地区		
北京市	7 320	6 375
天津市	7 285	6 340
河北省	7 285	6 340
山西省	7 355	6 395
辽宁省	7 285	6 340
吉林省	7 285	6 340
黑龙江省	7 285	6 340
上海市	7 300	6 345
江苏省	7 340	6 380
浙江省	7 340	6 395
安徽省	7 335	6 390
福建省	7 360	6 405
江西省	7 340	6 400

续表

	汽油（标准品）	柴油（标准品）
山东省	7 295	6 350
湖北省	7 310	6 365
湖南省	7 350	6 425
河南省	7 305	6 360
海南省	7 430	6 475
重庆市	7 500	6 550
广东省	7 365	6 410
广西壮族自治区	7 430	6 475
宁夏回族自治区	7 290	6 340
甘肃省	7 270	6 360
新疆维吾尔自治区	7 065	6 235
二、暂不实行一省一价的地区		
呼和浩特市	7 300	6 355
成都市	7 505	6 575
贵阳市	7 465	6 500
昆明市	7 495	6 530
西安市	7 270	6 350
西宁市	7 250	6 385

注：1. 表中价格包含消费税、增值税以及城建税和教育费附加。

2. 表中汽油和柴油价格为符合第六阶段强制性国家标准 VIA 车用汽油和 VI 车用柴油价格。

3. 汽、柴油第六阶段标准品分别为 89 号汽油和 0 号车用柴油。

4. 供国家储备、新疆生产建设兵团用符合第六阶段质量标准的汽、柴油价格分别为每吨 6 555 元和 5 610元；供渔业、林业、农垦用汽、柴油供应价格暂按供新疆生产建设兵团用油价格执行；其他相关成品油价格政策按《石油价格管理办法》规定执行。

16.4 当前定价机制需改进的方面

现阶段，我国的国内成品油价格形成机制，缩短了调价周期，进一步增强挂靠油种的代表性，完全以调价机制来测算，以信息稿形式公布调价信息，简化了成品油调价操作方式。总体来看，成品油价格基本实现了初步的市场化，有力地推动了石油行业市场经济的建立与发展。但仍然还存在以下需要改进的方面：

16.4.1 关于调价依据与调价周期

新的石油价格管理办法并没有明确指出调价的参考依据，国际油价是一个非常宽泛的概念。到底是盯住布伦特、迪拜和米纳斯三地原油价格，还是某一种价格？是简单平均还是加权平均，权重又是多少？是按照调价前一日的价格为基数，还是前10个交易日移动平均价格为基础？这些都不明确。目前，市场上普遍采用的是以布伦特、迪拜和米纳斯三种原油日均价涨跌幅来计算，大体上可以作为油价变动的参考，但是与有关部门的调价基础会有出入。

虽然我国成品油的定价机制与国际石油价格接轨，但是我国成品油流通市场并没有与国际市场完全接轨，大部分企业不能完全自由进出口成品油，存在贸易壁垒。更为重要的是，成品油价格只考虑了国际原油价格，忽略了国内的影响因素，并没有真正实现成品油价格由市场供需决定，并根据市场的实际情况实时调整。

新的石油价格管理办法将成品油计价和调价周期由现行22个工作日缩短至10个工作日，这一变革缩短了调价周期，加快了调价频率，仍然存在一定的时滞性，调价周期的长度很难把握。调价周期长，容易给市场制造了投机机会，成品油价格出现上调的时间窗口时，各地经常出现囤油现象，从而导致油荒出现。政府对于成品油调价的模糊化处理，从一定意义上来说是为了打击囤积行为，然而投机行为却一直存在。在调价前，部分地区可能出现“油荒”，批零倒挂现象也开始出现，从而倒逼油价上涨。调价周期短的话，调价过于频繁，社会成本高，更为重要的是会把不正常因素导致的国际油价冲击传导到国内。

归根结底，无论定价依据和调价周期设计得多么完美，企业没有自主定价权。

16.4.2 成品油价格未能理顺，以燃料油为主要原料的地方炼厂处境艰难

目前，全国统计在列的炼油厂一共有264家，其中地方炼油厂有177家，总的炼油能力已经达到了4 000万吨。其中，山东和辽宁两省的地方炼油能力最强，产值约占全国的30%，还有不少分布在广东省。

由于国家对原油进口权的限制，国内原油市场几乎被中石化、中石油两大集团垄断，而地方炼油企业只能靠从国外进口燃料油来生产成品油。燃料油主要由石油的裂化残渣油和直馏残渣油制成，其特点是黏度大，含非烃化合物、胶质、沥青质多。目前国内进口的燃料油广泛用于船舶锅炉燃料、加热炉燃料、冶金炉和其他工业炉燃料。但其中质量比较好的油品，如180#燃料油，经过催化裂化之后，仍能生产15%～30%的柴油，而燃料油中的顶级品M100，加入催化材料，甚至还能生产40%～50%的汽油和柴油。

政府对原油进口权的限制，使大部分原油配额都集中在国有企业手中。我国现有的原

油进口政策包括国营贸易和非国营贸易进口资质和配额管理。据统计，原油国营贸易企业5家，非国营贸易进口资质22家，其中2/3以上为中字头企业。国内销售资格企业19家，几乎全部为中字头企业。目前为止，进口原油仍需进入两大集团排产计划，不能直接销售给地方炼油企业。因此，地方炼油不得不依靠进口高价燃料油维护正常生产。但是，燃料油消费税额高，而且燃料油含硫量高，出油率低，炼厂提炼燃料油的成本非常高。

随着中国经济逐渐从全球金融危机中慢慢复苏，地方炼油的燃料油进口量在经济复苏气氛中反弹，进口依赖更加加深。但是，经济的复苏没能帮助地方炼油企业恢复到正常的生产水平。根据统计，2009年山东地方炼油的平均开工率为31%，同比下降2%，广东地方炼油燃料油进口量萎缩，整体开工率仅在10%～20%之间，将近800万吨炼能转为长期闲置。而政府在2009年出台的一系列举措让地方炼油生存难上加难。自从2009年1月1日起，政府将燃料油消费税由0.1元/升提高至0.8元/升，地方炼油利润大幅压缩，成品油销售渠道受到挤压。同年5月，新的成品油定价机制出台，中国的主营炼厂如沐春风，而地方炼油则因市场供求骤变，价格竞争激烈，另外成品油调价趋于缓慢，而进口燃料油成本则跟随原油波动剧烈，获取利润难度进一步增高，难尝喜果。

与此形成鲜明对比的是，受惠于新定价机制与较低的原油成本，在全球炼厂仍笼罩在负利润和低开工的阴影中时，中国的主营炼厂开工率便迅速从63%的低谷回升至85%。

另据统计，中国的主营炼厂在2009年全年大部分时间享受到了可观利润，北方主营炼厂全年平均利润为448元/吨，南方主营炼厂全年平均利润为663元/吨，同比上升186%。而以加工燃料油为主的地方炼油企业长期处于负利润。山东地方炼油全年平均利润为-436元/吨，同比下降97%，广东地方炼油全年平均利润为-152元/吨，同比下降32%。

以上种种结果其成因均在于定价机制本身。首先，从成品油定价机制上，是三地的国际原油价格与国内的成品油最高零售价所形成的联动关系，这虽然在一定程度上避免了调价不及时所导致的冶炼环节亏损，但由于现行定价机制对批发价的监管存在漏洞，在炼油成本上升的情况下，容易出现批零倒挂和炼油企业大量出口成品油的现象，从而促使成品油价格扭曲，导致成品油定价机制不受零售市场欢迎。其次，目前的成品油定价机制依旧以政府定价管控为主，不比市场机制自发决定下的油价更为有效。毕竟，把炼油环节利润、税费等设定为不变值，使得炼油利润无法应对日益严峻的通胀侵蚀；同时国内对炼油以及原油进口的控制，导致了地方炼厂的不平衡发展，市场缺乏有益的竞争，而这种不平衡的格局也反过来影响了定价机制的作用，政府在进行调价的同时还要兼顾到炼厂和消费群体的利益，也就导致了价格调整的低效。

16.5 调整成品油定价机制转向完全市场化是发展方向

成品油价格改革的最终目标是建立市场供求状况与资源稀缺程度决定的价格形成机

制，既反映国际市场油价的变化，又反映国内市场生产消费实际情况，同时要避免国际非正常因素引起的不正常波动传导到国内。因此成品油价格改革应该与成品油流通体制改革相结合，是一个系统工程，一个循序渐进的过程。

16.5.1 缩短调价周期和调整调价幅度

在油价完全市场化之前，市场投机行为会一直存在。对于目前根据机制调价的滞后性所引起的投机套利问题，缩短调价周期和缩小涨跌幅是比较可行的解决方法。从表面上看，减少投机无外乎三种解决方案：一是对定价机制进行模糊处理；二是加强对投机的监管；三是缩短调价周期和减小调价幅度。目前我国采用的就是第一种方法，实践证明，效果甚微。加强投机行为的监管，只是理论上可行，实际操作非常困难，如何确定囤积的油品数量、由谁监管、如何降低监管成本等，都是不容易解决的问题。而调整调价周期，无论是缩短到几天，都会有成规模的价格提前预期，据此出现集体提前囤油的现象。不同之处在于，时间缩短，投机获利会有所减少。

但是缩短调价周期也有一定的风险，油价调整周期太短，容易将国际油价的不正常波动引入国内市场。国内油价调整过于频繁，对国内经济运行会带来不利影响。在与国际油价接轨这个问题上，我们更应清醒认识接轨的目的，如果是“照镜子”般的准确无误地引入国际油价并不妥当。因为，一件地缘事件、一个装置损坏、一个重要的国家领袖的只言片语，都可能是国际金融投机商炒作油价的借口，只有调价周期适当，才可以过滤或熨平这些非正常波动对国内的影响。

从国外各国的成品油定价机制来看，总体来说分为两种：一种是以欧美日为代表的发达国家完全由市场决定价格；另一种则完全由政府定价。在完全竞争化的市场里，炼厂所生产的成品油在国内外市场的最终售价，完全由供求关系决定。政府主要作为管理者，建立并确保公平竞争的交易环境，通过油品储备、利率等间接经济手段管理价格。我国成品油价格形成机制介于两者之间，比如我国成品油价格是有“公式”约束的，是间接反映供求关系的。目前国外大环境方面，国际油价波动相当频繁，完全放开国内油价时机尚未成熟，容易重现前几年国际油价大起大落时对国内很多行业和企业造成的冲击；国内环境不成熟在于供求矛盾仍突出，因此在现阶段，采取有控制的市场化调整是有必要的。日本的油价机制是在 20 世纪 90 年代形成的，也经历了由政府定价到逐渐放松管制，最终实现市场竞争形成价格的改革过程。中国油价完全市场化还需要时间，但是调整调价周期和减小调价幅度，或许会让我们的成品油价格形成机制更合理。

16.5.2 降低市场门槛，引入市场竞争

市场上对于成品油价格的怀疑其中一部分来源于对石油企业的加工利润的质疑。事实上，目前的成品油调价机制中已经说明成品油价是由原油结算价、基本税费、生产与流通

环节的合理利润构成。根据国际原油的结算价以及基本税费等不难推测出石化企业的加工利润。

从本质上说，如果在一个完全竞争的市场上，石油企业加工利润多少，并不在于石油企业是否公布，市场参与者多了，供应量增加了，关键就看市场是否认可这种利润了。而前面我们提到的国内的市场格局，地方炼厂和中石化、中石油等国营炼厂的油源以及成本存在差距，导致了双方不是同在一条起跑线上，也正是目前的这种市场格局导致我国的成品油市场容易出现供需矛盾，这也是政府迟迟不肯放开油价，让其自由调整的原因。因此政府相关部门强化市场竞争，降低石油市场的准入门槛，改变现状。市场竞争越公平，市场价格就越合理。

在这方面，全国工商联的建议为，考虑由全国性行业商会组织，根据企业资金规模、原油加工量、节能减排指标等方面筛选出部分符合一定条件的民营企业参与，统一对外询价，组织进口，以降低进口成本。放宽民营进口权，并不需要一步到位。在拥有进口非国营贸易原油的企业中，包括了中国化工、中海油等国有企业，可以先以他们试点，让这些企业进口的非国营贸易原油直接投入使用或者进行贸易，然后再推进至一般的条件较好的民营企业，这样也会对整个石化行业产生“鲶鱼效应”。

总结以上分析，可以看出，调整我国的成品油定价机制，不是一项一蹴而就的事情，还需要考虑到国际国内的大环境，以及市场的参与状况，特别是要改变石化市场的竞争状况不是短期内就能完全改变的，而这是变政府控制价格为通过市场竞争形成价格的前提条件。在改变这种市场状况前，盲目的缩短调价周期和缩窄调价幅度，甚至直接放任市场完全竞争形成价格，不仅会给市场带来频繁波动的风险，另一方面也会造成市场运行低效，成品油价格更加不能合理反映市场的真实需求。所以，我们认为，逐渐培育良好的竞争性市场，放低市场门槛，引入市场竞争，逐步推进定价机制的改革，将是个循序渐进的过程，也是完善成品油定价的正确选择。

16.6 利用期货市场完善我国油品定价机制

16.6.1 进一步改进定价机制

相对以前的定价体系，《管理办法》有明显的改善，也使得我国的油价变动更为贴近国际市场，但长远来看，我国成品油定价机制还需要继续改进。至于定价机制本身，还需要提高其透明度。

由于我国成品油出厂价格以国际市场原油价格为基础，再加上国内平均加工成本、税金和适当利润等来确定，因此，国内油价的变动与国际油价的变动较为一致，但却相对滞后。《管理办法》中，规定每半个月进行一次价格的调整，这就可能出现下面的情形：在价格刚刚调整过后，市场行情却发生逆转，但此时无法进行价格的再一次调整。因此，我国油价应朝着更为及时反映国际市场的变动，并缩小时间差的方向继续改进。基于此，我们建议可调整调价周期，将其缩短，如变动为每周（5个交易日）进行一次调整，使成品油价格的调整与市场节拍更为协调。

16.6.2 完善原油期货市场建设，尽快上市汽油及柴油期货

石油作为一种战略性的基础资源产品，关系到国民经济的方方面面，其不可再生性和地域分布的不均衡性，使得石油价格的波动对国家经济发展异常敏感。目前，我国已成为世界第二大石油消费国、第三大石油进口国和第五大石油生产国。但是，作为石油进口大国和消费大国，由于没有参与国际原油的期货交易，我国在国际石油市场上没有话语权。同时，国外大的资本机构操纵原油期货，也使得我国相关油品企业参与境外套保的风险被放大。

随着我国期货行业的日益良好发展，以及现货与期货市场日益密切的结合和相互促进，在我国建立完整的石油市场体系的条件日趋成熟起来。逐步发展石油期货市场，形成以我国石油价格为重要参考的石油价格体系，将有利于在国际市场上争夺石油定价权，增强政府对市场宏观调控的能力。同时，也有利于建立现代石油流通体制，解决我国战略石油储备问题。

当然，这不是一个一蹴而就的过程。我国采取的策略是：从燃料油期货起步，积累经验，创造条件，推动原油期货上市，在时机和条件成熟的情况下，逐步上市多品种的石油期货。上海期货交易所的燃料油期货已健康运行多年，为我国建立完整的石油市场体系提供了宝贵的经验和参考。2018年中国原油期货在上海期货交易所正式上市交易，从酝酿到正式上线，历经17年的探索，作为中国期货市场对外开放的第一个品种，将有利于形成反映中国和亚太地区石油市场供需关系的价格体系。可以加快推出原油结算价交易机制（TAS）、稳步推进原油期货期权、推进保险参与交易、推动上海价格在现货贸易中的使用。同时，应该持续完善规则制度，尽力降低交易成本，不断深化市场服务，为境内与境外、实体与金融、机构与个人在内的所有投资者提供更好的服务。随着中国期货市场的不断发展及对外开放程度不断提高，上海期货交易所应该以原油为基础，加快研究推出低硫燃料油、成品油、天然气等能源品种，着力构建中国能源价格体系，打造我国原油期货市场完整的链条，为市场提供更完善、更丰富的定价和避险工具。只有这样，才能把虚拟经济和实体经济紧密结合起来，也可进一步完善我国期货市场，进而促进国民经济稳健发展。

16.6.3 加强企业的风险控制和管理

在积极推动石油系列期货品种上市的同时，我们还应该关注企业的风险控制与管理。目前，我国企业已走向非洲、中东等地开采、进口石油，而由于我国没有石油期货市场，

相关油品企业只能选择在境外能源衍生品市场进行套期保值，但是，企业在境外套期保值存在巨大风险，面临着监管、信息不对称等一系列风险。同时，我国企业在境外套保失利，与其自身也有莫大的关系，这些企业套保出现亏损，有着一定的共性，如套期保值选用的工具不当、在场外市场而不是场内市场参与了以外资投行为对手的交易，甚至偏离套期保值宗旨而转向了投机交易等。因此，相关企业需要进一步加深对套期保值的正确认识，进一步控制风险与规避风险。

16.6.4 推动国内期货行业参与境外期货交易

经过多年的实践与磨炼，国内期货公司尤其是优质期货公司已经基本摸索出一套符合国内市场规律的风险防范和化解机制，在对复杂风险事件的处理上比大多数现货企业更富有经验。同时，这些期货公司还培养储备了大批素质良好的期货交易与市场分析人才。应当充分利用这些宝贵的资源，积极推动国内期货行业境外期货代理业务的开展。

目前，监管部门对国内期货公司代理境外期货业务十分重视，进行了大量调研工作，有关试点即将展开，这预示着我国大型国有企业参与国际期货市场的套期保值可以通过国内期货公司来进行代理，这在保护企业交易头寸方面，有了一定的保障。

总体来说，目前我国的成品油管理试行办法已经与国际接轨，但在具体实施中，则是有利有弊，如果能充分利用并发展我国期货市场，不失为对成品油定价管理的有益补充。

16.7 利用期货市场规避成品油价格风险

目前，我国已有原油、燃料油、沥青、PTA 等与石油相关的期货品种上市交易，国家将进一步推动产品创新，构建完善的石油期货品种体系，这也为成品油的上中下游的企业提供套期保值，规避经营风险提供可能。

成品定价机制的理顺，客观上为成品油的整个产业链打开了道路，将会提升石油期货的关注度和市场参与度，进而提高交易积极性，令石油期货的作用能够再次发挥，为国内的炼油企业提供规避风险的金融工具，并提高我国在油品定价体系中的地位，成为全球影响力的能源产品定价中心。

17

轮胎企业保值方案

17.1 风险管理与控制

一个好的套期保值策略需要考虑很多潜在的风险因素，在进行保值操作之前，必须对这些因素做出深入的分析，对各种可能的情况下保值价值的估算及对未来经营的影响做出审慎的评估。具体说来，在企业的套期保值中，通常会遇到下述的风险：对冲比率风险、融资风险、操作风险等。

17.1.1 对冲比率风险

对冲比率，是指针对未来可能发生交易的商品数量和金额，套期保值者在建立交易头寸时所确定的期货合约的总价值与所保值的现货合同总价值之间的比率。确定合适的套期保值比率是减少交叉套期保值风险，达到最佳套期保值效果的关键，企业在金融衍生工具交易上参与的头寸过大，往往会演变成衍生品投机行为；头寸过小，则又达不到对冲风险的要求。一般来说，在套期保值中，企业通常采取 1∶1 的对冲比率策略。也就是说，如果企业在未来需要购买 100 万美元的商品，为了规避未来价格上升的风险，则其现在需要在期货市场签订价值 100 万美元的期货合约。这样，即使企业所持有的期货头寸价格下跌，但是这同时也意味着可以预期企业未来实际交易的购买成本同样下降。

17.1.2 融资风险

企业从经营活动、投资活动以及筹资活动中得到的现金流必须足够支付企业维持生产经营活动的最低支出。因此，拥有良好的现金流对于企业至关重要。

融资风险也是特别重要的一项风险因素。例如，企业做多期货合约，以规避将来商品价格高升的风险。但是，在企业未来实际交易进行之前，如果价格不升反降的话，为了仍然持有原有的合约，企业需要支付更多的保证金。在合约金额很大的情况下，这笔保证金也是不小的一笔开支。因此，企业在进行套期保值之前，显然要对这种情况有充分的估计，要确保一旦需要追加保证金之时，企业能够有相应的资金来源。如果准备不足，企业就可能暴露在这种融资需求的风险之下了。

17.1.3 操作风险

一旦确定对企业未来的经营活动进行保值避险，就一定要在战略的层面上实施，严格按照预先设定的保值策略进行，避免正常的保值避险变质为投机。因此，需要双方完全、及时地交流和沟通，为此，应制订相应的交流计划，如每周做沟通、每月做汇报等交流方式，以便降低风险。

17.2 轮胎制造行业动态套期保值体系设计

17.2.1 标准套期保值模型

天胶价格的上涨带来的成本增加，是轮胎制造行业需要面对的一个较大的风险。作为天胶的消费行业，可以根据买进套期保值的模型，设计一套期现交易的方案，从而规避企业在经营过程中面对的价格波动过程中的经营风险。

我们作如下定义，见表 17－1。

表 17－1

时间	现货市场	期货市场	基差
T1	S1（确定用胶量）	F1（买进）	B1
T2	S2（买进原材料）	F2（卖出）	B2

则根据基差定义，B1＝S1－F1，B2＝S2－F2，由于价格上涨，S1＜S2，F1＜F2。

在 T1 时刻，轮胎制造公司确定未来某笔订单用胶量，预算参考胶价为当前现货价格 S1。为了对冲未来原材料价格上涨带来的风险，同时在期货市场买进相应数量的天胶合约，价格为 F1。

在 T2 时刻，为了满足该项目开工后天胶消耗，买进相应数量的天胶现货，价格为 S2。同时在期货市场卖出平仓 T1 时刻买进的合约，价格为 S2。

则在该经营过程中，盈亏应为期货市场的盈利和现货市场亏损的总和。

$(F2 - F1) + (S1 - S2) = (S2 - F2) - (F1 - S1) = B1 - B2$

可以看出，价格上涨带来的风险已经转移成为基差变化带来的风险，而基差的变化绝对小于价格的变化，该保值方案实施后，成功地转移了轮胎制造行业从签订订单到生产、销售过程中天胶价格上涨带来的风险。

17.2.2 新型套期保值

（1）有效保值和无效保值

套期保值是在期现两个市场同时反向交易，通过一个市场的盈利来弥补另一个市场的亏损，从而将轮胎制造企业的部分经营风险从价格波动转化为基差波动。虽然企业已经通过套期保值规避经营活动中的风险，但是仍然出现了保值效果的差别。

有效保值指期货头寸的平仓盈利弥补了大部分现货成本上涨带来的损失，此时的保值头寸可以认定为有效保值。而当现货价格朝向企业经营有利的方向波动的时候，期货保值头寸的平仓亏损则降低了企业经营的利润，此时的保值头寸可以认定为无效保值。

通过图 17 - 1 和图 17 - 2 的对比可以看出，企业参与保值交易前后的利润状况是不一样的。同样参与保值的企业，不同保值效果的保值方案对企业的利润仍然有较大的影响。合理的保值方案，能够实现企业最小风险可控基础上的利润最大化。

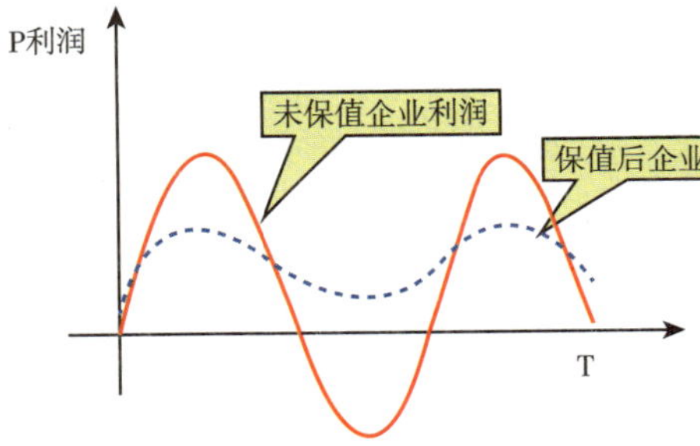

图 17 - 1 企业参与保值前后的利润对比

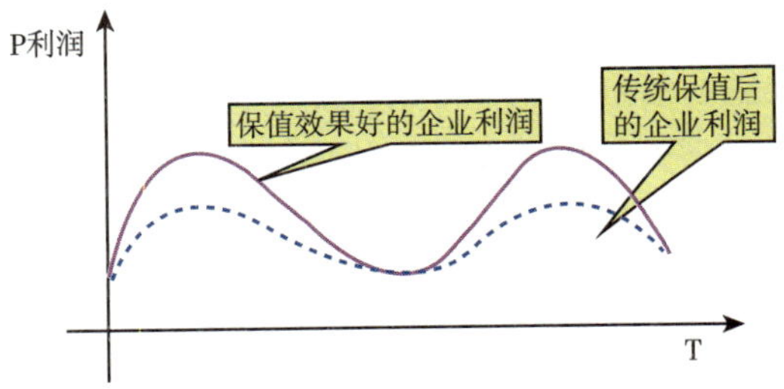

图 17 - 2 企业保值效果对比

在价格上涨趋势中，天胶的生产（销售）单位是不需要保值的；而消费企业，如轮胎制造企业，则要根据企业经营计划进行买入保值，以锁定原材料成本。

在价格跌破趋势线，符合趋势反转标准时，天胶的生产单位则需要进行卖出保值操作；对于轮胎制造企业，则需平掉前期买入的保值头寸，保留未来低成本购入天胶的机会。此时在期货市场买进天胶保值头寸面临亏损，降低了因原材料成本下跌带来的额外利润，因此认定为无效保值。

由此可以看出，新型套期保值是企业在实际经营过程中，充分利用期货市场，兼顾原材料购进及成品销售双向保值的有效保值与无效保值的识别，从而实现在企业经营过程中的利润最大化、风险最小化的经营目标。

（2）有效保值的判定

A 点决胜趋势王给出上涨信号，根据企业经营计划建立买入套期保值头寸，而此时卖出保值为无效保值（见图 17 - 3）。

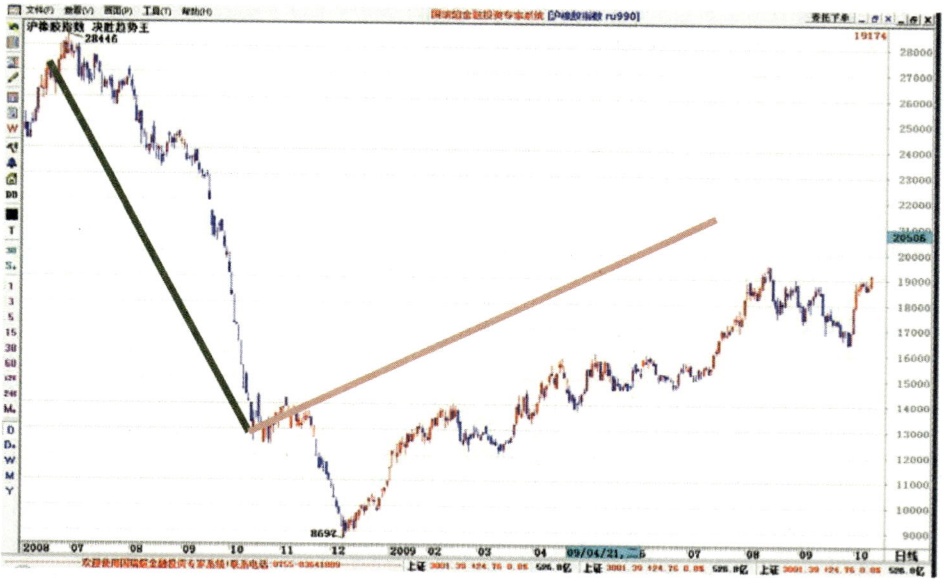

图 17－3　天胶指数

B 点决胜趋势王给出下跌信号，此时买入保值头寸需要平仓出局，卖出套期保值则需要建立保值头寸（见图 17－4）。

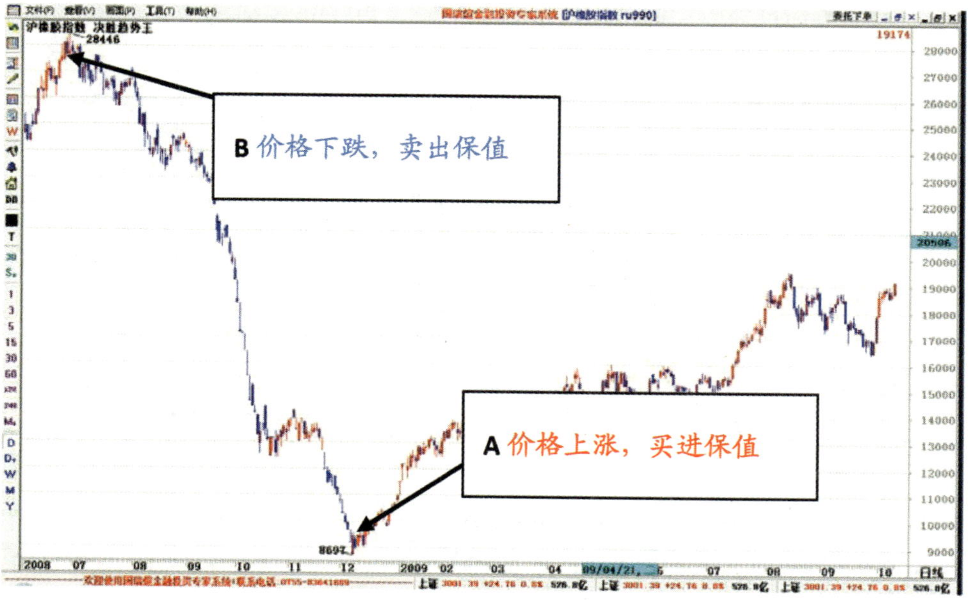

图 17－4　套保判定示意图

17.3 轮胎制造企业综合保值体系设计

根据前述有效保质及无效保值理论，可充分利用上海期货交易所的天胶期货，设计轮胎制造行业实际经营过程中的动态保值体系设计。

17.3.1 借助智能化交易手段降低无效保值比例

在天胶期货上涨行情中，原材料价格成本不断上涨，此时根据订单和产能具体情况，需要在期货市场进行买进保值，并根据价格波动情况，动态调整保值力度。如天胶转入结构性空头市场，则买入保值头寸需要平仓出局。天胶价格的预期下跌将带来原材料成本的降低，此时期货市场的买进保值头寸将会面临较大的亏损，并降低因原材料生产成本降低而带来的企业生产利润。因此，认定为无效保值，需要适当降低保值比例或者不参与保值交易。

17.3.2 虚拟库存

天胶价格上涨的过程中，销售利润增加，但是在电子市场回购橡胶的成本也随之增加，同时面临着价格下跌的风险（见图 17－5）。

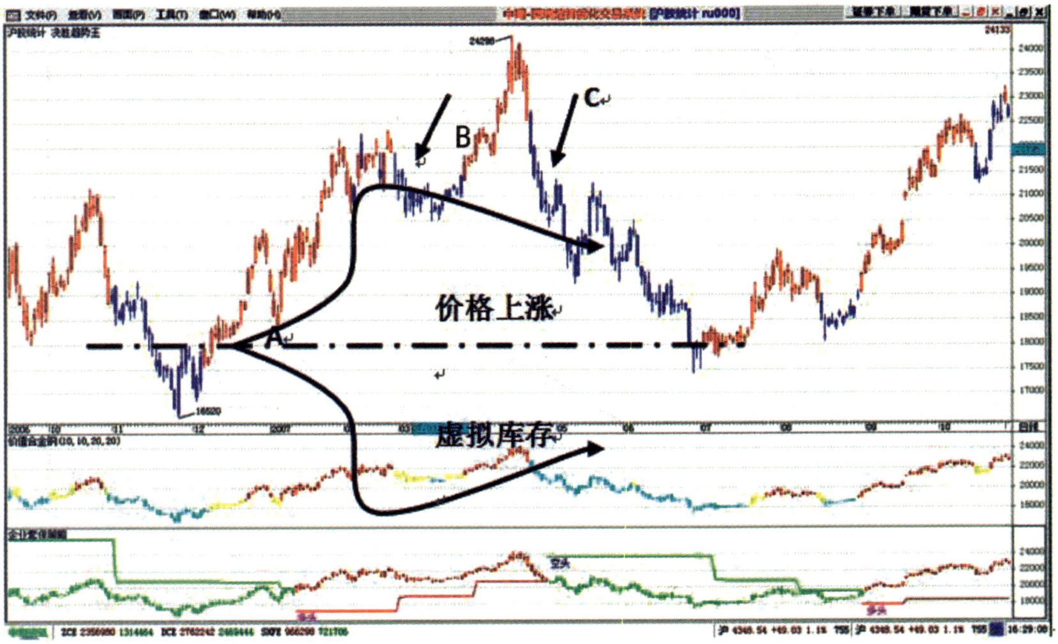

图 17－5 橡胶价格

A 点决胜趋势王、价值合金钢、企业保值策略均给出上涨信号。在参与保值交易的同时，可根据企业生产销售计划，在期货市场买进相应月份和数量的合约。通过交割预期来弥补不断生产销售引起的库存下降。

B 点趋势王给出短线下跌信号，但市场结构性上涨趋势并没有改变，此时可根据合约到期时间和实际经营计划，对虚拟库存进行部分数量的平仓，同时回购现货橡胶，轮补库存。

C 点决胜趋势王、价值合金钢、企业保值策略均给出下跌信号，橡胶处于结构性空头市场。此时应平掉虚拟库存全部持仓。

通过虚拟库存头寸，可以解决回补库存在上涨行情中的成本增加，同时由于只需支付相应保证金，减少了资金占用。

17.3.3 注意事项

①具体合约选取需要考虑当期且需要根据持仓周期考虑换月成本。

②实际头寸的建立，根据临近交易日的交易情况，逐步建立或对冲。

③现货交易可以通过期货交割来完成，交割数量须为 5 吨的整数倍。

17.4 保值效益分析

套期保值是企业的一种规避风险行为，是一种风险管理工具。从企业运营和财务角度来看，即投入多少成本，规避多大风险，进而给出一套可量化的财务指标，为公司财务管理和战略决策提供量化依据。

通常，可以将每次套期保值活动视为项目运作，依据项目运作特点，对企业的套期保值进行分析。

为了便于统一计算，先假定以下参数设置，见表 17－2。

表 17－2　　参数设置

参数名称	参数值
计算日期	××年 6 月 2 日
合约价格	15 342（元/吨）
无风险利率（3 个月存款）	1.98
投入资金	100 万
保证金比例	8%
交易手续费	15 元/手
其他费用	5 000 元

17.4.1 风险敞口分析

轮胎制造是橡胶行业下游企业，针对天胶价格波动是一个单边敞口风险。价格风险由轮胎制造企业完全承担。企业处理这种单边价格风险，常有两种办法：一是通过购买保险，二是进行价格对冲即套期保值。前者在国内目前没有完全展开，套期保值是目前唯一的选择。

以下我们通过套期保值前后的风险对比，来说明套期保值的意义。首先度量无保值情况下的价格风险值，然后计算保值后的基差风险值。由于受套期保值预算约束，即在给定预算条件下，分别计算对应持有期的风险情况，根据上述参数假定条件，投入 100 万保证金可以进行价值 1 250 万元、合计 815 吨天胶的对应 163 手期货合约。

（1）价格风险

按 815 吨现货计算价格损失风险，根据风险度量理论，持有时间越长价格波动越大、损失程度大。以标准差来度量风险为例，现给出合同持有期分别为 1、2、3、4、5 个月的合同每吨价格波动情况。

（2）基差风险

同时，套期保值引入，带来了操作风险、信用风险、流动性风险等风险，但这类风险基本上为企业可控风险，如果管理科学得当，完全可以规避此类风险，在此，不作为可行性必要性决策条件考虑。

套期保值将价格风险转移为基差风险。基差风险采用价差（或基差）历史波动率来度量，见图 17－6。

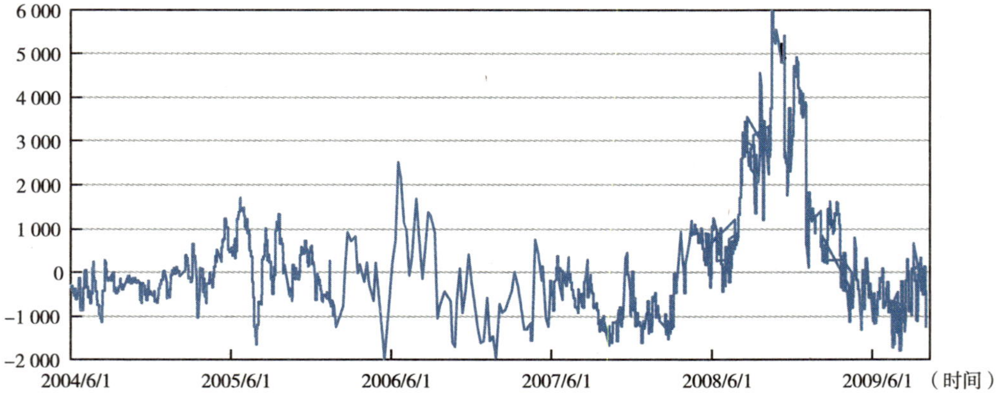

图 17－6 价差（或基差）走势图

表 17－3 给出不同持有期限的套期保值的风险值。

表 17－3　　　　套保前后的风险值比较

	计算项	计算模型	计算值	现货损失值（815 吨规模）
保值前（现货价格风险）	1 月	标准差	557	45
	2 月	标准差	532	43
	3 月	标准差	1 232	100
	4 月	标准差	1 408	114
	5 月	标准差	1 425	116
保值后（基差风险）	1 月	标准差	115	9.3
	2 月	标准差	87	7
	3 月	标准差	69	5.6
	4 月	标准差	55	4.4
	5 月	标准差	50	4

（3）最优套头比率计算

由于现货波动和期货波动率不同，所以现货与期货 1∶1 的保值比例并不一定能将风险降低到最低。根据期货和现货的相关性和自身波动率，可以适当调整头寸，求出一个风险最小套头比例。下为最优套头比例的计算公式。

最佳套期保值比率公式：$h = \rho \cdot \frac{\sigma_S}{\sigma_F}$

式中，σ_S 为现货价格的标准差；σ_F 为期货价格的标准差；ρ 为现货价格和期货价格的相关系数；h 为套期保值比率。

套期保值效率：不进行套保投资组合方差与进行套保投资组合方差的差，占不进行套保投资组合方差的比值。

$$He = 1 - \frac{D(\Delta S - \Delta F)}{D(\Delta S)}$$

式中，He 为套期保值效率（套保所规避的风险度）。

计算的最优套头比例为：0.8077397，即 80 张合约对冲 1 000 吨现货天然橡胶。

17.4.2　成本预算

套期保值是一个商业行为，需要投入一定投入成本。保值成本由三部分组成：时间成本、交易手续费和其他杂费。其中，交易手续费与换月次数成正比，杂费与投入资金总量成正比。

假定持有时间为 T（月），持有活跃月份为主，逐月换月操作，根据设置的参数计算公式如下：

保证金占用时间成本 = 账户资金 × 无风险利率 ×（1/12）× T

= 1 000 000 × 1.98 × T/1 200

交易手续费 = 开仓手续费 + 平仓手续费

=（开仓价格 × 10 吨 × 0.0003）× 手数 ×（T）+（平仓价格 × 10 吨 × 0.0003）× 手数 ×（T）

= 15 342 × 10 × 163 × 0.0003 × T + 15 342 × 10 × 163 × 0.0003 × T

总成本 = 时间成本 + 交易手续费 + 其他

持有 1 ~5 个月的成本计算结果见表 17 -4。

表 17 -4 单位：元

持有期限（月）	时间成本	交易手续费	其他费用	总成本
1	1 650	15 004	5 000	21 654
2	3 300	30 009	5 000	38 309
3	4 950	45 013	5 000	54 963
4	6 600	60 018	5 000	71 618
5	8 250	75 022	5 000	88 272

17.4.3 保值效率分析

保值的效果有很强的隐蔽性，只有在风险发生时保值效果才可充分显现，风险没有发生时难以评估。

为了有效度量保值效果，方案给出保值后的规避风险值、保值效率和保值收益率指标。其中：

规避风险 = 未保值的价格风险值 - 保值后的基差风险

保值效率 = 规避风险/价格风险 ×100%

保值收益率 = 规避风险/投入成本

规避风险是度量规避风险绝对值的大小；保值效率是评价保值手段对原始风险的覆盖情况，它不考虑资金成本因素；保值收益率是考虑投入和规避风险大小的比例关系，是一种投入和回报的分析指标。

通过计算，给出不同持有期限的保值绩效见表 17 -5。

表 17 –5

持有期限	价格风险（元）	投入成本（元）	规避风险（元）	风险效率（%）	风险收益率（倍）
1	45	21 654	35. 7	79. 33	16
2	43	38 309	36	83. 72	9
3	100	54 963	94. 4	94. 40	17
4	114	71 618	109. 6	96. 14	15
5	116	88 272	112	96. 55	12

17. 5　保值方案实施

17. 5. 1　基本配置

轮胎企业套期保值方案的基本配置见表 17 –6。

表 17 –6

要素名称	数值及说明	备注
保值类型	买入套期保值	
合约品种	天胶	
产品与合约相关系数	0. 8	
保值比例（保值比率）		
合约头寸（保值数量）	163 手/815 吨	投资 100 万元
资金使用比例	50%	
市场结构	50%	牛市完全保值，熊市 50% 头寸
市场浮动调整比例	5%	
是否进行交割	是	
是否主力合约模式	否	
最早进场时间	待定	进场时间敞口 2 周
最晚进场时间	待定	
最早出场时间	待定	与生产计划匹配
最晚出场时间		与生产计划 1 周内调整
采用换月策略		
采用进场策略		
采用出场策略		

保值工具及操作说明：

①合约头寸计算方式＝[（账户总资金×资金使用率）/保证金比例]/每手合约价值

＝[（1 000 000×50%）/0.08]/（15 342×5）

＝81（手）

②进场策略、退场策略、换月策略各项采用模式由下面策略模型中列举选项。

③市场浮动调整比例指可以根据市场行情灵活调整的头寸占所有头寸的比重。

④资金使用比例指保值头寸保证金占总账户资金的比例。

17.5.2 进场策略

（1）进场原则及时机

进场主要依据以下几个原则建仓：价格与成本价之间价差关系，投资专家系统套期保值交易信号、各个合约期限结构的合理性。

最佳时机：主要从成本角度来判断买卖时机。主要通过三个价格来进行判断天胶生产成本价、天胶现货价格和活跃月份期货价格。生产成本与现货价格反映企业的合理利润，持仓成本反映期货投机利润的。

现货价格与成本价格之间的关系是一个建仓的重要指标。当现货价与成本价差值在200元以内都是比较理想的建仓时机。

建仓临界点：H＝成本价＋厂家合理利润＋持仓合理利润

其次时机：根据交易模型来识别入场策略，目的提高保值效率。由于轮胎制造企业为天然买入套保，当行情走弱，采取保值，一般称为无效保值；当行情走强，采取保值，视为有效保值。利用有效保值和无效保值的处理，从而提高保值效率。

但行情同时也是动态演变的，能够迅速准确地捕捉市场行情结构是提高套期保值及动态套期保值的一项重要手段。期货市场上的套期保值专家系统一般都经过长时间的市场考验，套保方案可依据该系统进行入场和调整信号指导。企业套期保值线或投资定价线显示多头信号，可以考虑部分头寸建仓；当显示空头市场时，可以考虑放弃建仓，等待时机。

（2）建仓策略

建仓价格风险是建仓过程的主要风险。为了规避建仓价格风险一般可以采用分批建仓策略。可以根据保值项目的资金量大小，考虑单批建仓或多批建仓。分批建仓可以采用金字塔方式建仓。

①单笔整买进场。原理说明：操作简单明了，在规定建仓时间内，根据行情走势情况、结合技术形态，选择合适价格点位，一次性完成建仓。该模式适合资金规模较小账户（小于1 000万元）。

②倒金字塔式进场。原理说明：在规定建仓时间内，首先预定建仓批数，每批合约数量，且数量要求随建仓顺序而折半递减。如需要建仓 1 000 手天胶合约，建仓分四批完成，其中第一批数量要为 500 手、第二批为 250 手、第三批为 125 手、第四批为剩余 125 手。该建仓策略优点是缓解对市场的冲击，分散价格风险，降低仓位平均成本。

（3）操作步骤

无论单笔整买进场还是倒金字塔式进场，操作步骤统一遵守以下流程（见图 17－7）。

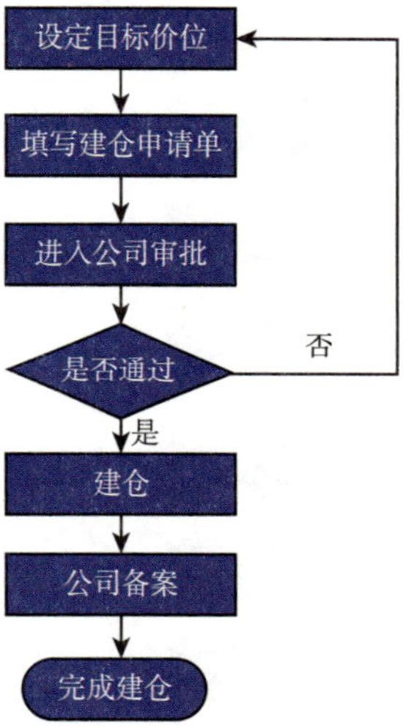

图 17－7　倒金字塔式进场操作流程

步骤一，根据公司保值目标和进场策略，结合基差情况及期、现价格技术形态，设计进场计划。计划内容根据进场策略略有不同，整买进场主要涉及进场的目标价位，而倒金字塔式进场则需要涉及首次进场价位和进场次数。

步骤二，填写建仓申请单。

步骤三，按照公司期货管理制度，进入建仓申请审批流程。

步骤四，批准通过，转入建仓过程，相关负责人同时参与；审批不通过，进入步骤一，重新开始流程。

步骤五，将建仓结果签字回执报公司备案，完成整个建仓过程。

17.5.3　出场策略

（1）出场原则

出场的原则主要是与用工计划匹配原则。一般控制在用工用料的 2 周内。

（2）出场策略

根据保值项目资金额度大小，一般采用单笔整卖出场或金字塔式出场策略。

①单笔整卖出场：与进场策略中单笔整买进场模式一样，不同的是合约操作方向，该操作为平仓操作。

②金字塔式出场：与进场策略中倒金字塔式进场策略形式相似，要求每次卖出要比上次卖出的价格高且数量依次折半递减。

（3）操作步骤

离场程序流程见图 17－8。

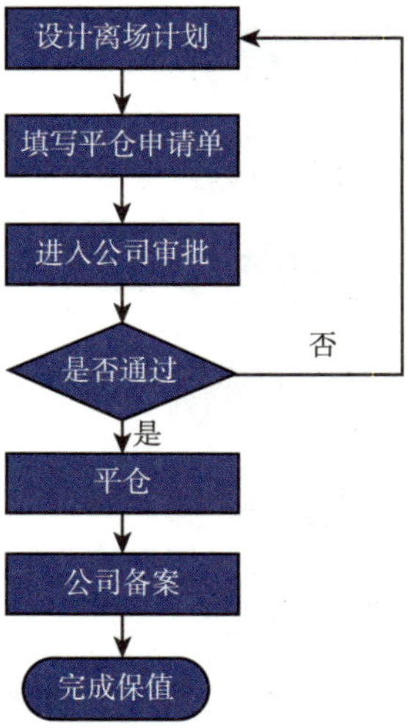

图 17－8　离场流程

步骤一，根据离场策略和行情特点，设计离场计划。

步骤二，填写平仓申请单、平仓申请单见附表。

步骤三，根据公司期货管理流程，进入合约平仓申请流程。

步骤四，经公司审批同意，进行平仓过程，相关负责人现场同时操作；审批不通过，返回开始步骤一，重新开始流程。

步骤五，将平仓结果签字回执报公司备案，完成整个平仓过程。

17.5.4　换月策略

逐笔换月：在规定的换月时间内，将当前月份合约价格与活跃月份价格对比，如果活跃月份价格比当前合约价格低，就立即进行合约移仓，且移动数量依据总合约数量而定，移仓手段是平仓的同时立即开仓。

【操作步骤】

移仓程序见图 17－9。

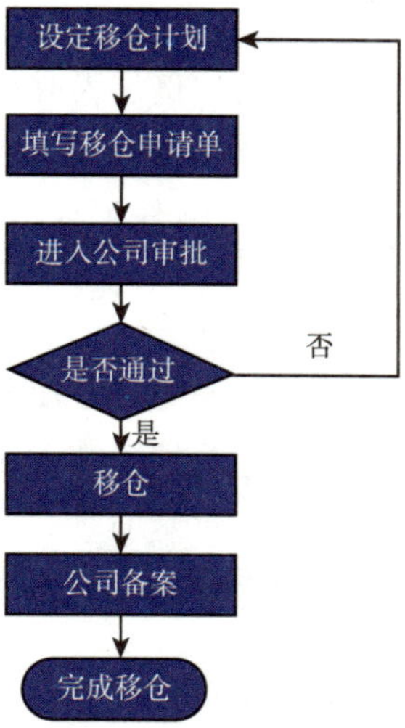

图 17-9　移仓操作流程

步骤一，根据移仓策略和行情特点，设计移仓计划。

步骤二，填写移仓申请单。

步骤三，根据公司期货管理流程，进入合约移仓申请流程。

步骤四，经公司审批同意，进行移仓过程，相关负责人现场同时操作；审批不通过，返回步骤一，重新开始流程。

步骤五，将移仓结果签字回执报公司备案，完成整个移仓过程。

17.5.5　调整策略

（1）账户异常调整策略

账户异常主要指由于行情变化过大或者行情变动极端所导致的保证金比例变化，导致账户保证金不足而造账户头寸被强制处理的情况。

账户资金异常的原因主要来自两个方面：一是市场价格波动过大；二是交易所保证金调整。

根据方案基本配置条件，价格压力影响情况见表 17-7。

表 17-7

合约头寸	建仓均价	保证金比例	占用保证金
163	15 342（元/吨）	8%	100 万元
163	15 342（元/吨）	10%	125 万元
163	15 342（元/吨）	15%	187.5 万元

其中，8% 是常规保证金比例，即可以理解为建仓时的保证金比例，其他都是特殊情

况下被强制调整的保证金情况。

当价格下跌期货头寸亏损时，资金使用比例过大时的一般处理办法是追加保证金或考虑适当减掉部分头寸。

当资金使用率由50%变化至80%，应进入保证金不足预警处理流程。

（2）市场结构调整策略

当市场处于牛市行情时，行情上涨对轮胎制造企业非常不利，所以在该行情下应该最大限度地对冲价格上涨风险；而在熊市时，行情下跌对轮胎制造企业非常有利，企业可以尝试部分保值或不保的策略，享受价格下跌带来的收益。

行情的结构性牛市和结构性熊市采用国瑞煊投资专家系统的企业套期保值线为研判依据，另加行业和宏观经济运行状态。

本案依据市场结构调整策略如下：结构性牛市使用最优头寸的100%仓位；结构性熊市使用最优头寸50%仓位。

（3）市场微调策略

当市场结构未发生变化，只是市场上有某些异常或扰动时，为了提高保值效率，允许部分头寸可以根据市场某些变动而做相应调整。由于轮胎制造现货的使用阶段性和不连续性特点，根据行情的各个品种升贴水情况，适当调整仓位可以有效提高保值效率。

调整策略：微调头寸占总头寸的比例：5%；

调整依据：当某一个合约与相邻合约出现相对显著性贴水时，或绝对贴水低于该合约的持仓成本，可以考虑将活跃月份的合约移仓至该合约上。

附件一：

生产计划	中金智能化专家定价系统研判市场结构	保值操作策略			未保值
		期货市场	现货市场	效果	
6月1日制订7月生产计划，现货价格14 320元；规定6月25日或之前平仓购入现货	6月8日系统显示出多头市场	• 6月8日以均价15 669元买入××手期货头寸 • 6月15日以均价15 083元平仓××手：期货市场亏损（586×5）××元	6月25日以15 290元买入相应现货，相对月初14 320元亏损（970×5）××元		• 如在6月1日以14 320元买进××吨橡胶，则利息成本约10.27元，存储成本××元 • 若在6月25日以现货价格15 290元买进相应现货，净亏损（970×5）××元

续表

生产计划	中金智能化专家定价系统研判市场结构	保值操作策略			未保值
		期货市场	现货市场	效果	
7月1日制订周期为1个月的计划，7月1日现货价格14 800元；规定7月25日或之前平仓购入现货	7月1日系统显示出多头市场	• 7月1日以均价15 476元买入××手期货头寸 • 7月24日以均价17 184元平仓××手：期货市场盈利（1 708×5）××元	7月24日以16 090元买入相应现货，相对月初14 800元亏损（1 290×5）××元	期货市场盈利（1 708×5）××元，抵消现货市场亏损（1 290×5）××元，期现市场净获利（418×5）××元	• 如在7月1日以14 800元买进××吨橡胶，则利息成本约10.27万元，存储成本××元 • 若在7月24日以现货价格16 090元买进相应现货，净亏损（1 290×5）××元
7月1日制订周期为2个月的计划，7月1日现货价格14 800元；规定8月25日或之前平仓购入现货	7月1日系统显示出多头市场	• 7月1日以均价15 476元买入××手期货头寸 • 投资定价标准线显示震荡，继续持仓，至8月25日以均价18 388元平仓××手：期货市场盈利（2 912×5）××元	8月25日以17 810元买入相应现货，相对月初14 800元亏损（3 010×5）××元	期货市场盈利（2 912×5）××元，部分抵消现货市场亏损（3 010×5）××元，期现市场净亏损（98×5）××元	• 如在7月1日以14 800元买进××吨橡胶，则利息成本约10.27元，存储成本××元 • 若在7月24日以现货价格17 810元买进相应现货，净亏损（3 010×5）××元
7月1日制订周期为3个月的计划，7月1日现货价格14 800元；规定9月25日或之前平仓购入现货	7月1日系统显示出多头市场	• 7月1日以均价15 476元买入××手期货头寸 • 投资定价标准线显示震荡，继续持仓，至9月2日，投资定价标准线和决胜趋势王同时显示空头信号，以均价17 385元平仓××手：期货市场盈利（1 909×5）××元	9月2日以17 385元买入相应现货，相对月初14 800元亏损（3 250×5）××元	期货市场盈利（1 909×5）××元，部分抵消现货市场亏损（3 250×5）××元，期现市场净亏损（1 341×5）××元	如在7月1日以14 800元买进××吨橡胶，则利息成本约10.27万元，存储成本××元 若在7月24日以现货价格17 385元买进相应现货，净亏损（3 250×5）××元

续表

生产计划	中金智能化专家定价系统研判市场结构	保值操作策略			未保值
		期货市场	现货市场	效果	
9月1日制订周期为3个月的计划，9月1日现货价格18 050元；规定12月25日或之前平仓购入现货	9月1日系统显示出空头市场	不保值			

18

国储粮食轮储的市场化与期货市场保值解决方案

18.1 我国农村经济发展战略

经济同化与融合是当代世界经济发展的潮流，中国也不例外，大北京、大上海、大深圳经济圈等都是国内经济融合的产物。大经济圈的形成客观上为处于经济圈但又有相对劣势的地区提供了发展机遇。要利用好这一机遇，前提是建立相适宜的区域经济策略，农村经济的发展也应该顺应区域经济发展的历史要求。区域农村经济战略是中国农村经济可持续发展战略的一种重要表现形式，它的发展对于提升农村经济的竞争力，增强农村经济发展的后劲，及至整个社会主义新农村建设均具有至关重要的作用。简而言之，区域农村经济战略围绕“三农”展开，其目标就是确保农产品稳定供给，确保农民收入稳步增长，确保农村社会和谐发展。然而区域农村经济战略的实施是一项系统而烦琐的工程，如何借鉴发达国家的有益经验，充分发挥期货市场在区域农村经济发展中服务“三农”的重要作用，如何建立一个运转协调、灵活高效的期货市场服务“三农”的机制就显得非常必要。

18.2 农产品期货在农村经济发展战略实现中的作用

农村人口在我国总人口中占有相当大的比重，“三农”问题始终是我国经济改革和发展过程中的大问题。农产品期货不仅能分散农业风险，同时也能优化农业种植结构，提高农民收入，越来越为我国理论界和决策部门所重视。近年来“中央一号”文件多次提到要发挥期货市场的重要作用，“中央一号”文件连续多年对“保险 + 期货”做出重要指示，提出逐步扩大“保险 + 期货”试点。相关文件的出台有助于解决困扰我国经济发展的“三农”问题，极大地促进我国农业市场化的进程，同时也能为农产品期货市场带来更大的发展机遇，使期货市场的功能与作用得到更好的发挥。具体而言，我国农业市场化进程的加快必将吸引社会资本的介入，期货市场作为资本与现货的结合点，将进一步推动我国农业结构的调整，增强对我国农业发展的价格导向作用。以上这些又将反过来促进我国期货市场的发展，特别是我国农产品期货的发展。因此，从理论上对有关农业期货的研究进行梳理和探索，并在实践上有序稳妥地推进是当前农村经济发展过程中亟待解决的重大课题。

18.3 粮食流通改革历程与背景回顾

粮食是人类赖以生存的基本生活资料，我国是一个拥有 14 亿人口的大国，粮食作为一种具有战略意义的特殊商品，直接关系到国民经济的发展和社会稳定的大局。

新中国成立以来，我国粮食流通政策经历了数次演变。始于 20 世纪 80 年代初的粮食流通体制改革，是我国持续时间较长、涉及面较广的一项改革。80 年代初，我国恢复和开放了粮食集贸市场，重新实行粮食议价经营；80 年代中期废除了粮食统购制度，实行合同定购与议购双轨制；90 年代初建立了国家粮食储备制度；90 年代中期出现粮食生产连年增长，我国告别了长期的粮食短缺，实现了供求紧平衡的历史性转折。1998 年，国家推出了“三项政策一项完善”为重点的新一轮市场化改革。2001 年国务院批准浙江等 8 省市实施粮食市场化改革，并实行“保护产区，放开销区，省长负责，加强调控”的新的管理政策。2004 年 5 月，国务院下发了《关于进一步深化粮食流通体制改革的意见》，对新一轮粮食流通体制改革做出了全面部署。到目前为止，长期以来以高度集中统一管理为特征的旧粮食流通体制已基本打破，主销区粮食市场全部放开，产销平衡区和大部分主产区也相继全部或部分放开粮食收购市场，实现粮食购销市场化和市场主体多元化，为国家粮食安全做出了极其重要贡献，为保障国家经济发展奠定了无比坚实的基础。

粮食体制改革呈现出较好的影响：

一是粮食综合生产和供给能力大大增强。粮食总产量由 1949 年的 1 132 亿公斤发展到 2020 年的 6 695 亿公斤，全国粮食人均占有量达到 480 公斤，国有粮食企业库存增加，中央和地方储备粮得到进一步充实。

二是粮食消费呈刚性增长。随着人口不断增加和人民生活水平的日益提高，以粮食为原料的饲料、酿造等工业迅速发展，社会对粮食的需求量越来越大。

三是粮食供需总量基本平衡，结构矛盾依然突出。近几年，全国每年的粮食消费在 7 000 亿公斤以上，总产量在 6 600 亿公斤左右，供需呈紧平衡状态。结构上，南方优质稻、玉米供应趋紧，北方玉米剩余量增加。

粮食流通政策是粮食流通产业发展的方向和准则，对保护粮食生产者的积极性，促进粮食生产，提高粮食综合生产能力，规范粮食收购、储存、加工、运输、销售等经营活动，维护正常的粮食流通秩序，维护粮食经营者、消费者的合法权益，保障国家粮食安全具有重要意义。实践证明，加强粮食流通政策研究，切实搞好粮食流通管理，意义重大。

18.3.1 我国粮食流通体制的现状、隐忧和对策

国以民为本，民以食为天。长期以来，我国几代中央领导集体高度重视粮食事业，维

护粮食安全是其执政理念中永恒不变的主题。特别是自2004年实行的国有粮食企业产权制度改革，使我国粮食流通体制与社会主义市场经济体制实现了完整对接，为推动我国国民经济又好又快发展迈出了具有里程碑意义的一步。

于2004年底完成的国有粮食企业产权制度改革，是党中央、国务院审时度势做出的一项战略抉择，把主要依靠吃政策饭的粮食企业彻底推向市场，成为推进我国农村综合改革的重要内容。因此，也使我国粮食流通体制呈现出一些新特点：

第一，政企分开，各级粮食局纳入财政全额供养序列。国有粮食企业实行产权制度改革以后，使粮食局的职能由管人、管钱、管物、管经营变为行政管理和行业指导，定位于经济调节、市场监管、社会管理和公共服务，不但与我国行政管理体制改革的目标高度吻合、更加具有宏观意义，而且使其不再扮演所属企业的“大老板”角色，也就不能再无原则地向企业收取各种管理费用。在这种背景下，各级政府先后把粮食局纳入了财政全额拨款序列。这在我国公务员管理制度日臻完善的今天，无疑是粮食行政管理人员的“福音”，彻底解除了他们的后顾之忧，增强了他们为粮食事业发展而尽职尽责的原动力。

第二，产权明晰，企业经营能力稳步提高，粮食局的出资人地位凸显。在此次改革中，由于明确了企业产权归属，从体制层面对企业资产的所有权和经营权进行了鲜明界定，从根本上增强了企业经营者的责任感和使命感，节本增效、促销增效、管理增效成为他们的核心价值观念，从而使企业的经营能力稳步提高。以河北省平泉县为例，通过租赁方式取得经营权的11家粮食企业自2004年以来无一亏损，有的甚至出现了效益翻番的现象。与此同时，受同级政府委托，国有粮食企业资产或通过国资委管理、或通过在粮食局内部设立国有粮食企业资产管理中心等方式，使一些地方的粮食局成为同级政府的“出资人”，确保了企业资产的保值增值。

第三，市场监管有力，促使各类粮食经营主体平等竞争。由于2004年的改革把国有粮食企业推向了市场，取消了各项政策优惠条件，加之粮食和工商行政管理部门强化市场监管，使公有制和非公有制粮食经营主体处在了同一起跑线上，形成了平等竞争的格局。这与我国不断完善的社会主义市场经济体制是相吻合的，为推动粮食经济做大做强提供了体制保障。

第四，市级以上政府粮食储备充裕，有效维系了粮食安全。2004年以来，省市两级政府按照“产区保持三个月销量、销区保持六个月销量”的原则，建立了地方粮食储备，为维护拥有14亿人口大国的粮食安全提供了保障。

第五，银行信贷风险系数变小，促进了农业发展银行的持续发展。一些粮食企业民营化转轨以后，新的企业经营者更加重视诚信建设，注重优化信贷环境，从而有效地降低了银行的信贷风险，形成了企业与银行良性互动的格局。

第六，企业财务挂账得到有效清理和剥离，妥善解决了企业历史包袱。按照国务院国发［2006］16号文件精神，各级政府对原国有粮食企业的政策性财务挂账全部剥离到同级粮食局集中管理，对经营性亏损挂账也进行了多种探索性处置，从而使改革后的粮食企业得以轻松上阵。

18.4 我国粮食种植成本与收益分析

辽宁省沈阳市是粮食主产区，其中稻谷和玉米产量占粮食作物总产量的95%以上。我们以沈阳地区2009年稻谷、玉米的种植成本调查为例，参照国家最低粮食收购价格，估算种植粮食的收益，以探索增加效益的有效方法。

18.4.1 粮食种植成本

粮食种植成本包括种子、化肥、农药和除草剂、育苗、机械用工、人工、水费、电费等从播种至粮食入仓整个生产环节的费用。2009年稻谷、玉米种植成本调查覆盖沈阳市8个县（市）、区。稻谷种植成本调查了19个乡（镇），52个村，186户农户；玉米种植成本调查了28个乡（镇），57个村，169户农户。数据汇总采用加权平均法计算，单位面积的实际费用见表18－1。

表18－1　　稻谷、玉米种植成本调查

品种	种地形式	调查农户数 户	种植面积 公顷	种植成本 元/公顷
稻谷	自家地	128	119.27	9 696.60
	租用地	58	229.13	15 779.55
玉米	自家地	145	128.47	5 072.25
	租用地	24	33.80	9 064.35

18.4.2 粮食质量和产量

(1) 粮食质量

本次粮食质量调查覆盖沈阳市8个县（市、区）、63个乡镇、140个村、420户农户的420块农地。扦取初级样品420个，整理混合成稻谷样品70份，代表数量116 629吨；玉米70份，代表数量116 969吨。稻谷出糙率平均为79.4%，为二等；整精米率平均为68.5%；不完善粒平均为2.9%；收获自然水分平均为20.1%；标准水分千粒重平均为22.7克。玉米容重平均为740克/升，为一等；不完善粒平均为1.5%；标准水分千粒重平均为323克；收获自然水分平均为29.6%。

（2）粮食产量

沈阳市当年遭受旱灾，粮食产量受到一定影响，但各县区影响程度不一样，对稻谷影响较小，平均产量 8 580 公斤/公顷；对玉米影响不一致，有的县区影响较小，有的县区部分地块有绝收现象，平均产量 6 461.25 公斤/公顷。

18.4.3 粮食销售收益

（1）销售价格

现在粮食收购市场已经放开，粮食价格由市场定价，但是国家为了维护农民利益，出台了最低收购价格，这个价格基本是市场的指导价格。2009 年国家出台了中晚稻谷最低收购价格，晚粳稻谷中等质量的收购价为 1.9 元/公斤。玉米中等质量的收购价为 1.52 元/公斤，相邻等级之间差价按 0.04 元/公斤掌握。

（2）销售收益

粮食销售收益指收获粮食的销售款额，以元/公顷计。依据收获粮食等级和国家最低收购价格确定，收获粮食收益情况见表 18－2。

表 18－2　　粮食收益情况

品种	收获等级	销售价格 元/公斤	产量 公斤/公顷	销售收益 元/公顷
稻谷	2	1.98	8 580.00	16 988.4
玉米	1	1.60	6 461.25	10 338.0

（3）种粮效益

种粮效益指粮食销售收益与种粮成本的差额，不包括国家的良种补贴和综合直补，以元/公顷计。粮食种植效益见表 18－3。

表 18－3　　粮食种植效益

品种	种植方式	销售收益 元/公顷	种粮成本 元/公顷	种粮效益 元/公顷
稻谷	自家地	16 988.4	9 696.60	7 291.80
	租用地		15 779.55	1 208.85
玉米	自家地	10 338.0	5 072.25	5 265.75
	租用地		9 064.35	1 273.65

表 18－2 中的粮食收益和表 18－3 中的种粮效益都是按照粮食达到标准水分时推算出来的。国家确定的最低收购价格是指粮食质量达到国家质量标准中等水平的价格。一般收购的粮食质量指标与国家质量标准有差异，所以粮食的具体收购价格水平，根据等级、水分、杂质等情况，按照国家有关规定执行。稻谷和玉米销售款计算公式如下：

稻谷销售款＝粮食重量×单价×[1－(水分扣价＋水分扣量)＋水分增价－(杂质扣量＋杂质扣价)＋杂质增价－生霉粒扣价－不完善粒扣价－黄粒米扣价－整精米率扣价－谷外糙米扣价]

玉米销售款＝粮食重量×单价×[1－(水分扣价＋水分扣量)＋水分增价－(杂质扣量＋杂质扣价)＋杂质增价－生霉粒扣价－不完善粒扣价]

18.5　粮食市场的特点及其对储备粮轮换经营的要求

自 2004 年 5 月国务院发布《粮食流通管理条例》后，我国粮食市场逐步全面开放，目前已初步体现大市场、大流通的新格局。粮食市场呈现出来的新特点及其对储备粮管理和轮换经营的要求主要表现为：

①粮食购销主体多元化，购销主体的单一性和同定性已经不复存在。除国有粮食企业外，其他行业的国有企业、集团公司、股份公司、民营或个体经营主体采用多种形式经营粮食，经营范围不断扩大。尤其是一些资金雄厚、经营策略灵活的非国有粮食企业发展很快，发展速度令人瞩目，其在设施设备、经营资金、营销渠道和营业总额等方面的发展均已超过国有粮食企业。从总体来看，目前国有粮食经营企业仍有其独特的优势，如拥有比较先进的储藏设施、厚实的专业技术、广泛的营销网络及国家宏观调控的政策支持。这种情况下，储备粮经营企业应把经营重心放在如何利用行业优势参与市场竞争，灵活选择和运用营销方式，努力适应市场竞争环境，以做活做好储备粮轮换经营为目标，推进承储企业从管理储备粮逐步向经营储备粮的理念转变。

②粮食产、销区域复杂化，产、销区域的划分已经不太明显，粮食购、销也没有明显的旺季和淡季之分。粮食收购不一定在粮食收获季节出现购价最低、购量最大的情况；粮食销售不一定在非粮食收获季节出现销价最高、销量最大的情况。这就要求储备粮轮换要看准时机，快进快出，避免拉长战线，错过最佳轮换时机，失去最好的销售价格机会。

③粮食加工和经营一体化，涌现一批购、储、产、销一条龙相对独立的社会性企业。对这些企业来说，粮食既是加工原料，又是经营商品，可以使用、储存，也可以直接销售。这些企业资金雄厚，可以投入大量资金经营粮食，其销售渠道也比较广阔和固定。而国有粮食企业在某些方面，比如粮食市场网络方面和粮食储藏方面仍有较强的竞争力。如果二者能联合起来，相互利用对方的优势，如双方合作开展轮换购销业务，这对储备粮承储企业来说，是一种可靠的尝试。

④市场对粮食的需求越来越趋于品种多样化，对于粮食企业储备粮管理来说，是一种

新的挑战。一方面，由于储备粮储存要求的各项粮食质量指标较高，有的市场竞争力很强的粮食品种没有被纳入储备品种范围，有的则是近期刚刚被纳入储备范围；另一方面，按国家有关规定，除普通稻谷、玉米、小麦外，其他粮食品种已不被列入人民生活基本用粮，因而也不被列入储备粮品种。储备粮品种单调，竞争力太低，这给储备粮轮换工作带来一定的困难。

18.5.1 储备粮自主轮换的主要风险

（1）调控风险

①超过轮空期，库存粮食数量短期失控。储备粮自主轮换必须执行储备粮管理办法，承储企业每次轮换粮食不得超过库存粮食的1/3，轮空期不得超过4个月。造成轮换过程超过轮空期一般有两个因素：一是由客观因素造成。承储企业已经根据年度轮换计划制订具体轮换方案，并签订轮换购销合同，但在合同履行过程中出现各种客观状况，致使轮入粮食不能按计划时间入库。二是由主观原因造成。这种情形往往是因为承储企业过多地考虑企业得失，当市场价格不利于轮出或轮入粮食时有意拖延轮换时间，影响粮食及时补库，造成库存亏空。

②粮食加工（经营）受阻，库存粮食计划品种短期失控。这种风险主要出现在成品粮的城市承储粮库，有的是因为加工品种与实际需要脱节，有的是因为原料不足影响计划加工，有的是因为辅助环节出了问题耽误加工生产等。总之，一旦成品粮品种尤其是“大路”品种失控，将对粮食市场供应造成较大影响。

（2）资金风险

储备粮自主轮换方式可以根据市场情况和企业情况采取先购后销、先销后购或同时购销三种方式。一般情况下，采用后两种方式轮换无须超规模贷款，粮食采购后能及时安排调运，资金风险较小。当粮食产销地顺价差异不大，或企业计划在粮食收获季节提前采购下年轮换的储备粮时，则需要采取先购后销的方式轮换，这就会产生两个风险：一是超规模采购及超规模贷款，贷款计划的审批风险较大；二是异地采购异地储存（因为先购后销往往导致企业仓容爆满，部分外采粮食需暂时存放在采购地），企业和农发行对资金的监控存在一定的难度。

（3）市场风险

市场行情受多种因素影响，而自然条件因素和政策干预因素是企业无法预测的。无论采取先购后销的办法还是采取先销后购的办法轮换，都不能完全避免市场风险带给企业的经营亏损。采取先购后销办法轮换时，企业需承担后期销售价格低于采购价格、超规模采购资金利息和仓库占用费用等风险；采取先销后购办法轮换时，企业需承担后期收购价格高于销售价格、轮入粮食超过架空期而导致企业受罚的风险。

(4)经营风险

企业不能控制的经营风险除市场原因引起的风险外，主要包括三个内容：一是轮入新粮和轮出旧粮的品质差异导致的价格损失；二是粮食保管过程中粮食自然损耗和粮食出入库损耗导致的数量损失；三是粮食出、入库正常费用支出导致的费用增加。当企业不能从采购营运中获取补偿，也没有得到或不完全得到财政的轮换费用补贴时，这三个风险就成为企业轮换储备粮最基本的经营亏损。

18.5.2 储备粮应对风险应采取的措施

应对储备粮自主轮换的风险，必须在构建同家粮食安全保障体系的基础上，建立和完善国家与地方分级负责的粮食储备制度，由各级政府分担国家粮食安全责任。同时要建立、健全粮食安全应急方案，防范市场风险，确保粮食供应。除此之外，还需有具体的应对风险的对策。

(1)建立粮食收购基地，利用稳固的贸易关系和充足的粮源，确保轮入粮食能满足宏观调控的需要

建市粮食收购基地，主要目的是保质保量地完成储备粮轮换任务，保证粮食及粮食收购资金安全。在粮食产区选择实力雄厚、信用可靠的粮食经营企业作为固定的合作伙伴，共同经营粮食收购业务，一可以在收购季节购进粮食，早做准备，即使粮食轮出时市场价格不能达到预期日标也可避免重大损失；二可以保证粮食质量，有利于粮食安全保管；三可以保证储备粮轮换需求量。建立粮食收购基地的经营模式可采取联合投资组建有限责任公司经营，把经营业务做稳做大做强；也可采取委托收购形式，通过租用仓库、锁定粮源、规定双方的权利和义务、建立成本核算和资金管理制度、制定严谨的业务操作办法、派出业务人员全程监控、综合调配运力的方式，实施储备粮采购。

(2)灵活选择轮换方式，根据市场需求选择最佳轮换机会，把储备粮轮换业务做活

通过直购和直销、拍卖和招标购销业务进行储备粮轮换是比较传统的轮换方式，近年来涌现出来的委托轮换、加工（经营）轮换、合作轮换、集中轮换和优势轮换等方式，使储备粮轮换工作越做越活。企业应该根据粮食市场的特点和企业对轮换结果的期望，选择不同的轮换方式。

①市场比较疲软、需要轮换的储备粮较少、企业经营能力不足或轮换业务在企业全部工作中仅占很小比重时，可以选择委托轮换。委托轮换可以在保本的基础上，把经营风险转嫁给轮换经纪人。轮换经纪人最好选择生产经营正常、资金雄厚、信誉度高的以粮食为主要原料的生产经营单位。

②粮食市场比较看好、企业处于粮食集散中心而实力又比较强，或设有粮食加工工厂

（设施）的，可以选择加工（经营）轮换。加工（经营）轮换通过产销结合，流水轮出、适时轮入的办法，能较好地把握好轮出和轮入的时间与数量，实现增效轮换。

③贸易伙伴中有与本企业的业务功能不甚相同，或具有雄厚的经营实力的粮食购销企业的，可以选择合作方式轮换。合作轮换可以充分利用双方经营优势，强强合作，把轮换业务做到最好。

④在一些储备点分散、企业经营经验参差不齐的地区，可以选择集中轮换方式，统一部署、统一价格、统一操作，避免同行之间恶意竞争，引起不必要的市场混乱，造成不必要的亏损。

⑤利用储备粮经营企业的技术优势、品种优势、品质优势和仓库优势还可以选择优势轮换。利用粮库储藏优势争取最佳轮换价格和最佳出、入库时间，用优质粮轮换的速度带动其他粮食品种的轮换，用优质粮轮换的所得利润弥补其他粮食品种轮换所发生的亏损，达到增效轮换的目的。

（3）建立和健全异地代储管理机制，通过计划管理规范异地代储业务，堵塞风险漏洞

把异地代储业务作为储备粮动态轮换的组成部分，按储备粮代储企业和仓库的基本条件调查选点，由储备粮行政管理机构审定代储资格，下达采购和代储计划，统一核算代储费用。代储业务由委托企业和代储企业共同运作。委托企业一般是非粮食产区城市的粮食需求量较多、储备规模较大的中央或地方直属粮食储备库。委托企业要依据异地采购计划或异地代储计划与代储企业签订代购代储合同，并指导代储企业严格按照储备粮管理办法，建立健全各项管理制度，实行“一符四无粮仓”标准，专仓储存、专人管理、专账记载，规范经营。

（4）介入期货贸易，适时开展套期保值业务，提高承储企业抗风险能力

借鉴和运用期货贸易，科学、有效地利用期货、现货市场，积极参与市场竞争、规避市场风险。同时还可以开展交叉保值、期权交易等业务，激活企业期货贸易。发展期货贸易，要严格遵守交易规则，以满足储备粮轮换需要为原则，合理控制交易数量和交易期限。同时要制定相关管理办法，明确相关职责，规范业务行为，完善风险控制和惩罚措施。

（5）强化银企合作，既满足轮换资金需要，又保证资金安全

①储备粮轮换资金实行封闭管理。粮食采购业务双方尽可能都在农发行开户，采购资金通过农发行一条线封闭运行。

②加强农发行对资金的监控力度，建立和完善外采粮食签订四方（采购单位及所在地农发行、销售单位及所在地农发行）采购协议书制度，方便农发行对资金的使用进行全程监控。

③在农发行以外的其他银行开户的企业（单位或个人）实施采购，原则上应采取先货

后款的方式。

（6）通过行政调剂和政策扶持，为企业解决储备粮动态轮换的困难，减少轮换风险

一是行政管理辖区内原粮和成品粮轮换品种的平衡问题。由于成品粮储存期限很短，可以通过行政调剂，使辖区内首先轮出提供成品粮轮换所需的原粮，成品粮轮入首先消化需要轮出的原粮，轮换尽可能在辖区内对接。

二是轮换费用补贴问题。目前中央储备粮轮换有部分费用补贴．地方储备粮自主轮换则只有个别地方和品种有补贴。建议财政根据储备粮轮换行为产生基本费用和损失的三种情形，即粮食保管自然损耗、粮食出入库实际损耗和新旧粮食品质差异损失，按至少1年1次轮换的计划来计算给企业的费用补贴，以减轻企业经营亏损风险。

三是制定储备粮异地代储管理办法，规范异地代储行为，支持企业开展异地代购代储业务，相关部门给予有效的支持、指导和监督。

18.6 中央储备粮轮换套期保值的可行性

随着我国期货市场体系建设的逐步完善和发展，期货市场的两大基本功能日益显现。中储粮系统对市场的驾驭能力不断增强，初步具备了开展套期保值的内外部环境和软硬件基础。

（1）快速发展的期货市场为开展套期保值提供了外部条件

期货市场1848年兴起于美国芝加哥，通过一百多年的快速发展，已经成为全球资本市场的重要一环。近几年来，我国期货市场由于政府监管力度的加强，各项法规制度的配合出台，无论是从市场代理量还是成交额都取得了很大的进步。特别是农产品市场，如大豆，豆粕，玉米，豆油等，成交非常活跃。期货市场良好的发展态势为中央储备粮入市开展套期保值提供了契机和空间。

（2）现行的储备管理体制为开展套期保值提供了内部条件

现行的中央储备粮承储企业与以往的仅承担保管责任、财务报账制的企业在体制上已大不相同，中央储备粮直属库是中储粮第三级管理单位，负责库存中央储备粮的保管和轮换等工作，是独立核算、自负盈亏的法人实体，具备了参与期货交易的主体资格。

（3）中央储备粮承储企业具有仓储和实物优势

中央储备粮承储企业具有现代化的仓房和专业的保管队伍，可以为期货实物交割服务。在主产区的部分库点已经成为指定的期货交割库，成为期货交割库以及具备现货的优势更有利于承储企业开展套期保值。

（4）中央储备粮承储企业具有资金优势

中央储备粮垂直管理体系使得资金的集中和调度更加高效，在系统内部可以缓解套期保值的资金压力。同时中央储备粮购销资金实行农发行封闭运行管理，双方共担风险，农发行在确保能够监管到位的前提下，也会支持承储企业开展套期保值。

（5）中央储备粮承储企业具备一定的人力基础

中储粮经过几年来的运作，不断地了解和参与市场，已经基本具备了一支能够分析判断市场的现货购销队伍。为预测现货价格走势，承储企业对期货市场也有所了解，具备一定的专业基础。

（6）现行的轮换管理办法有利于开展套期保值业务

中央储备粮轮换计划下达后，承储企业可以在年内择机轮换，即自主选择时机开展库存粮食销售和在规定架空期内采购粮食补库。所以承储企业既可以进行买入套期保值，也可以进行卖出套期保值，还可以根据期现货市场走势实现无风险利润。

18.7 中央储备粮轮换套期保值的主要方式

中央储备粮承储企业对期货市场的利用主要体现在以下几个方面：

（1）买入套期保值操作

买入套期保值是指先在期货市场上买入与其将来买入的现货商品数量相等、交割日期相同或相近的该商品期货合约。当买入现货商品时，卖出该商品的期货合约，用对冲后的期货盈利来弥补因现货市场价格上涨所造成的损失。买入套期保值是那些准备在将来某一时间内必须购进粮食时价格仍能维持在目前自己认可的水平的承储企业采用的保值方法，它规避了实际购入粮食时价格上涨的风险。

（2）卖出套期保值操作

卖出套期保值是指先在期货市场上卖出与其将要卖出的现货商品数量相等、交割日期也相同或相近的该种商品的期货合约，当实际卖出该种现货商品的时，将原先所卖出的期货合约平台，用对冲后的盈利弥补因现货市场出售现货所发生亏损。这是那些准备在未来某一时间内在现货市场上销售粮食的承储企业为了日后在现货市场销售粮食时所得到的价格仍能维持在当前合适的价格水平上而采取的保值方法，它规避了在现货市场上卖出粮食时价格下跌的风险。

（3）开展期转现业务

期货转现货是指持有同一交割月份合约的多空双方之间达成现货买卖协议后，变期货部位为现货部位的交易。达成协议的双方获得交易所批准后，分别将各自持仓按双方达成的平仓价格由交易所代为平仓。同时双方按达成的现货买卖协议进行与期货合约标的物种类相同、数量相当的现货交换。期转现比“平仓后购销现货”更便捷，它可以节约期货交割成本；可以灵活商定交货等级、地点和方式；可以提高资金的利用效率，同时规避了现货履约的风险。

（4）为订单农业规避风险

当前产区很多承储企业为锁定粮源，开展了订单农业。但是实践过程中常常遇到合同履约率低和自身经营风险。粮食企业可以利用期货市场的规避风险功能，采用套期保值的做法，实现预期利润，提高合同履约率。承储企业在与农民签订订单时，在期货市场卖出等量的期货合约，规避现货价格波动的风险。到农产品收获时，若价格下跌，则可用期货市场的盈利弥补订单的损失。

以上几种操作方式基本可以解决中央储备粮轮换所面临的主要市场风险。此外，企业自身根据实际情况，还可以开展交叉保值、基差交易、期权交易等业务。

18.8 中央储备粮开展套期保值业务存在的主要风险分析

尽管中央储备粮承储企业进入期货市场套期保值可以实现有效的风险管理，但是期货套期保值并不能消除所有风险，而且操作不当还可能产生新的风险。主要表现在以下四个方面：

（1）保证金风险

由于期货交易实行每日无负债结算制度，在期货价格波动过程中，当未平仓合约的保证金余额低于规定的最低余额时，如果企业不能在第二天开盘前补足浮动亏损部分，交易所将按照规定对企业持有的期货头寸进行强行平仓，直到该交易账户释放出足够的交易保证金为止。因此，套期保值交易同单纯的投机交易一样，同样面临期货价格波动引起的风险。如果被强行平仓，浮亏变为实亏，企业的套期保值也就失败了。

（2）基差风险

基差风险是期现价格背离扩大的风险。期货套期保值并不能把全部风险转移出去，只是避免了现货价格变动这一相对较大的风险，而要承担基差变动这一相对较小的风险。因此，当期货与现货价格严重背离，套期保值方案也就规避不了价格波动风险，从而导致在期货市场和现货市场双双亏损，产生了更大的风险。

（3）交割风险

套期保值不一定是在期货市场抛实盘或接实盘。保值者只要能达到规避现货市场风险的目的，仅需通过平仓了结期货持仓即可。但中央储备粮承储企业是粮食购销的现货商，很可能根据期现货价差或补库期限选择实物交割。这就面临两方面的风险，一是持有的现货不一定能顺利注册为期货标准仓单而产生的履约风险；二是要交割入库的粮食可能已经不宜于继续作为中央储备粮储存而产生的质量风险。

（4）投机风险

在期货市场中，套期保值者以放弃获得最大利润的机会为代价，同时以避免可能遭受最大损失的风险为补偿，从而实现其稳妥经营战略。但是由于期货投机可能的巨额利润诱惑，而且期货套期保值与期货投机二者的交易动机从根本上都是为了获利，在实际操作上难以区分，或者并不严格执行既定的套期保值方案，放弃套期保值的宗旨，导致期货操作名为套期保值，实为投机，在市场方向发生变化或判断失误时给企业带来风险。

18.9 中央储备粮开展套期保值需要解决的问题

中央储备粮为顺利地开展期货套期保值业务，必须解决好以下几方面问题：

（1）转变观念，逐步介入期货市场

当前，中央储备粮承储企业对现货市场的运作已十分熟悉，并形成了路径依赖，要改变这种现状必须加大宣传力度，鼓励企业根据市场行情走势适时介入期货市场套期保值。同时，选择条件较好的承储企业开展试点，摸索经验，逐步推广。

（2）规范管理，出台套保管理办法

中央储备粮承储企业点多面广，并具有高度的同质性，不可能所有库点同时开展套期保值业务。必须针对套期保值业务的具体实施出台相应的管理办法，明确三级管理组织的相关职责、资格的认证、业务规则、风险控制办法以及惩罚措施等，规范指导承储企业有序开展套期保值业务。

（3）加强培训，组建一支专业化的期货操作团队

期货市场是商品市场的高级形式，操作人员必须具备专业的知识。中储粮要加大对现有经营队伍的培训投入，或引进专业人才，尽快建立一支专业的、专家型的期货市场研究团队，指导承储企业开展套期保值业务。

中央储备粮承储企业根据轮换业务实际，开展套期保值业务是中储粮适应粮食购销市场化形势发展需要，必将提高承储企业的抗风险能力，促进中储粮的市场化运作走向成熟，实现国家宏观调控目标。

19

利用股指期货设计阿尔法基金产品及风险管理

19.1 基于股指期货的基金产品

19.1.1 国内基金产品概况

自 1998 年中国证券投资基金设立以来，截至 2020 年 11 月，我国共有公募基金管理机构 146 家，公募基金产品 7 783 只，公募基金规模达 18.75 万亿元。尤其是 2020 年公募基金发行规模已经逼近 2017 年至 2019 年 3 年基金发行总规模之和。公募基金在促进资本市场价格发现、优化资源配置、支持实体经济发展、维护金融市场稳定、为居民创造财富等各方面发挥着重要作用。然而，由于之前金融衍生品的的缺位，造成基金产品设计同质化严重、投资风格趋同、证券市场"羊群效应"明显，尤其是在股市下跌时基金只能被动卖出股票，投资者只能被迫接受损失或赎回基金，这一方面影响了基金公司业绩的持续性，进而影响其资产管理规模和利润；另一方面，追求长期稳定收益的投资者的需求不能得到满足。尤其是随着国内金融市场的进一步开放、金融行业混业经营趋势更加明显，都对基金公司设计更加个性化、风险收益特征更加鲜明的新产品提出了更高要求，基金专户理财的开闸，则为基金先行推出新产品提供了良好的契机。

随着以沪深 300 股指期货为代表的金融衍生品于 2010 年 4 月 16 日的成功上市，国内金融市场上终于迎来了对冲系统性风险的工具，基金除了可以利用股指期货进行避险保值、资产配置、流动性管理外，最重要的就是设计新产品。从国际经验看，金融衍生品正在改变着金融市场的风貌。期货、期权等衍生品与基础资产工具可以通过多元化组合，形成不同的金融产品，金融衍生品已成为现代金融创新的基础工具。当前，国内基金的主要投资对象限定为：股票、权证、债券（包括国债、金融债、企业债）以及存款、票据等固定收益类工具，与国外相比，投资对象单一，这导致基金资产配置的雷同，进而极大限制了现有基金的投资风格的差异化。而股指期货具有价格发现、资产配置、对冲风险、套利、投机获利等功能和作用，其上市后，基金产品设计得到了极大丰富，不仅可以满足投资者的个性化需求，对促进整个金融市场的稳定健康发展都有重要意义。

截至 2020 年 9 月，国内共有 7 644 只公募基金，其中股票型（含指数型）基金 1 325

只，混合型基金 3 040 只，货币基金 333 只，债券基金 1 678 只。当前基金的投资范围仍较狭窄，主要投资对象仍为股票、债券，当然这和我国金融衍生品严重匮乏有很大关系（见表 19－1）。

表 19－1　　公募基金资产统计表（2020 年 9 月底）

类别	封闭式	开放式							合计
		股票基金	混合基金	货币市场基金	债券基金	QDII	其他	开放式合计	
基金数量（只）	1 106.00	1 325.00	3 040.00	333.00	1 678.00	162.00		6 538.00	7 644.00
份额（亿份）	22 120.97	11 414.60	24 607.77	72 865.40	24 384.90	1 059.25		134 331.92	156 452.89
净值（亿元）	23 342.51	17 755.76	35 992.59	72 931.58	26 838.43	1 186.30		154 704.66	17 8047.16

19.1.2　金融产品设计原理及海外基金的衍生品运用情况

（1）金融产品设计的一般原理

国外经济学家较早从理论方面对金融产品设计原理进行了论述。比如，Harris（1989）认为，创新金融产品的经济动因是现金流管理，从时间和空间两个方面优化现金流，实现预期效用最大化。空间方面优化现金流源于市场的不完全性，现有证券所产生的现金流的并集尚未构成满集，或是与投资者偏好所要求的风险结构不匹配，或是源于市场的摩擦性，如进入限制、交易成本、税收、信息不对称性、道德风险；时间方面优化现金流源于市场的套期保值要求，即通常意义上的期货品种和风险对冲品种创新。从顾客角度来分析就是工具需求，“工具需求是指套期保值者需要减小价格风险的工具和投机者需要获取收益的工具”（Pennings，1998）以及投资者需要规避风险的工具。Anderson 和 Harris（1986）应用博弈论研究寡头市场结构中金融中介机构的创新时机选择行为模型，基本思路是金融中介机构面临三种产品市场结构，即已有领先者、没有领先者却有竞争者、没有领先者没有竞争者时创新时机选择子均衡的存在性和唯一性。

国内方面，研究基金产品设计的较少，奕文等（2000）研究了如何有效借鉴国外开放式基金运作经验，开发适合国内机构投资者与普通投资者的不同风格的基金产品，文中指出，国内应率先开发的开放式基金品种有：指数基金、高科技基金、生物医药行业基金、蓝筹基金、债券基金等。陈可等（2007）认为，金融产品设计的一般路径是：首先对客户进行分类，了解他们的风险—收益偏好，确定资金在短期和长期内的投资收益目标；其次，在全球范围内确定各个国家的投资权重，并根据不同类别市场的风险收益特征，结合客户的偏好和目标，确定各类市场资产的配置比例。在构建期货合约组合时，投资经理人主要考虑产品的流动性、收益性、风险性和头寸大小。在操作层面上，还要考虑建仓时机的选择，然后用投资组合理论构造符合设计目标的资产组合；最后，要对产品进行风险管理。

（2）海外基金的衍生品运用情况

从国外学者对衍生品在基金中的应用情况的研究来看，Koski 等（1999）研究了当时美国共同基金使用金融衍生品的情况，结论表明，当时使用具有低交易成本及杠杆特征的衍生工具的共同基金比例并不高，仅占偏股型基金 20% 的比例；共同基金在金融衍生品的使用目的上，占首位的是为了避险进行套期保值，其次是为了资产配置和提高投资效率，极少数曾用于投机；在使用金融衍生品的效果上，投资组合并没有因为加入衍生工具而呈现超额收益率及高风险的收益率特征。Charles Cao（2001）根据开放式基金的资产负债表，研究了共同基金中的衍生品运用情况，他们发现，全球基金、特殊的股票型基金使用衍生品情况较多，这两类基金的风险收益特征明显不同于其他基金。他们发现基金经理们用金融衍生品进行择时操作，历史收益明显与衍生品运用成正比，但临近年末两者关系转换为反比，还发现，衍生品运用效果在 1988 年股市大崩盘等极端波动时效果最为显著。Frino（2006）通过检验 2003 年至 2006 年澳大利亚的 275 只基金的衍生品使用情况，认为不同类型的衍生品使用效果是不同的，总体来看金融衍生品对于改善基金绩效还是有促进作用的。

从近年对美国基金参与股指期货的统计情况来看，美国基金参与股指期货的机构比较广泛，包括养老基金、共同基金、对冲基金、期货基金、投资银行、保险公司等。考察每类基金 3 年的业绩排名前十位的基金运用股指期货等金融衍生品的情况，考察的数据为 2006 年 3 月 31 日基金的股指期货等金融衍生品投资占净资产的百分比。大盘基金参与金融衍生品的比例为 53%，中盘基金参与金融衍生品的比例为 60%，小盘基金参与金融衍生品的比例为 23%。参与金融衍生品的基金中，大盘基金投资的比例都不超过 5%；中盘基金除个别比例较高外，投资的比例都不超过 2%；小盘基金投资比例普遍偏低，大部分不超过 1%。可见主要是大、中盘证券基金参与股指期货等金融衍生品市场，并且参与的程度不深。

19.1.3 基于股指期货的创新型基金产品设计

（1）合成指数基金

指数基金是消极基金管理中一种颇为流行的方式，其目标是复制选定的市场指数的构成情况。指数基金可以通过按指数中各成分股的权重购买所有的指数成分股的方式建立，或者选用构成股票指数的一部分公司的成分股来代表全部成分股。后者可以用相对较少的交易次数来把握指数构成中的主要部分，这样虽然可以降低交易成本，却易引起跟踪误差(tracking error)，即一篮子股票价值的变动与股票指数的变化并不完全相关。当构成指数的成分股或其成分股的权重发生变动，就需要买卖不同公司的股票，并且这种调整需要不断地进行以使基金结构保持动态平衡，这样复制成本会相当高。

而当股指期货推出后，基金可以通过长期持有股指期货合约的多头，同时搭配国债等无风险证券建立投资组合，并使其与选定的市场指数有相同的收益—风险状况。在国外，股指期货以其较低的交易成本，在指数化投资中得到了广泛的运用，美国指数基金运用股指期货的比例大约为40%。

根据股指期货的持有成本定价模型：

$$F_t = S_t \cdot e^{(r-d)(T-t)}$$

其中，F_t 为 t 时刻股指期货合约的理论价格，S_t 为 t 时刻沪深300指数现货价格，$T-t$ 为股指期货合约到期时间（以年计），r 为无风险利率，d 为股息率。Stoll 和 whaley (1990) 对其进行推导得出：

$$r_{s,t} + d = r_{f,t} + r$$

其中，$r_{s,t}$表示现货第 t 期的收益率，$r_{f,t}$为期货第 t 期的收益率。上式表明，在股指期货持有成本定价模型成立的假设下，现货的收益率与股息之和等于期货收益率与无风险利率之和，这就是运用股指期货合成指数基金的理论基础。

合成指数基金可以通过现金、股指期货多头来建立，但如果积极管理资产组合，使其收益大于无风险利率，指数基金将获得超额收益，这就是增强性指数基金。积极管理资产组合获得超额收益的策略包括：投资较高风险的固定收益产品、期现互转套利策略、期现合理配置策略、精选优质组合策略等。比如，股指期货上市后定价一旦与持有成本定价模型有较大套利空间，可以采取期货、现货合理配比的方式来合成指数基金，具体而言，当合约定价过高时，可以较大部分持有现货组合；而当合约定价过低时，则应倾向于较大持有期货组合。由于股指期货的结算制度强制期现价格最后趋于一致，所以以上策略是可行的，如能合理配置，基金超出跟踪指数表现是不难的。

（2）合成新指数

由两指数期货组成的加权价差交易可以合成新指数期货合约。两种指数期货，其中一个指数期货的指数股票篮子的股票是另一指数股票篮子股票的子集，则这两种指数期货的价差交易可以用来合成不包括子集股票而由另一部分股票组成的新的股票篮子对应的指数期货合约。

复合指数期货主要是用于基金倾斜战略。利用指数期货可以以较低的成本使基金扩大或缩小其暴露于某一市场波动风险的头寸大小。基金的倾斜度取决于交易的期货配比比例。

（3）阿尔法基金和可转移阿尔法基金

阿尔法基金的目的是建立一个能够充分利用基金经理人选股技巧的投资组合，同时使基金业绩不受系统风险的影响，即用股指期货空头分散掉整个组合的系统性风险（Beta风险），使组合不论大盘涨跌，都能获得绝对收益，其收益率为无风险利率加上由于基金经理人的选股技巧而获得的超额利润率。该基金面临的风险是由选择的股票组成的投资组合的非系统性风险。阿尔法基金的设计原理来源于资本资产定价模型（CAPM），投资组合的预期收益表示为：

$$E(r) = r_f + \beta(r_m - r_f)$$

对于某投资组合，其阿尔法收益可以表示为：

$$\alpha_i = r_i - [r_f + \beta_i(r_m - r_f)]$$

上式中等号右边第一项为投资组合的收益，第二项（中括号内部分）为投资组合的市场收益，两者之差即为该投资组合取得的超出市场的收益。

除了阿尔法策略之外，国外还有“可转移阿尔法”策略，即在不影响组合战略资产配置的情况下，利用金融衍生工具将一种投资战略产生的积极收益转移到另一种投资战略的基准收益之中。股指期货正是完成该策略的一种理想工具。该基金的具体操作方式及风险控制策略将在下文中详细阐述。

（4）保本基金

保本基金是提供了很好的保本策略的工具。如果在保本策略中加入股指期货，将会有效提高保本效率，并且带来更高的潜在收益。

保本基金基本上都采用“固定比例组合保险”（CPPI）技术的投资策略，即根据组合价值超出保本价值的程度，基金经理人通过增加或减少股票头寸来给投资者增值。这种方法涉及较大的资金流动，以及交易和市场冲击成本等。推出股指期货后，在调整投资组合时，可以通过卖出股指期货对现货投资组合进行保值。

另外，还可以通过贴现本金投资固定收益类产品的收益来投资股指期货。简单来说就是，假设一个保本基金的保本周期为3年，经过计算，该基金经理可以拿出本金的10%来尝试投资股指期货，其余约90%的本金投资固定类收益产品，3年后90%的本金再加上固定类产品收益总额共计为100%本金。根据相关规定，保本基金“每日所持期货合约日最大可能损失不得超过基金净资产扣除用于保本部分资产后的余额”。这一规定又给予了这个基金更多的投资策略，在套期保值和套利的基础上，保本基金还可以适当利用股指期货进行方向性的交易。

（5）套利基金

由于股指期货上市初期套利机会比较多，因此还可以设计基于套利策略的基金产品。应用较多的为期现套利，比如，当市场上股指期货的交易价格大于其理论价值时，基金管理人便可以卖出股指期货，买进指数成分股或ETF来复制指数；如果期间出现了股指期货价格被低估的情况，应及时获利平仓；如果没有出现上述情况，则可维持该投资组合到股指期货结算日以达到获利目的。在指数权重股有重大事件及指数成分股密集分红时，也会出现较多的套利机会。影响套利效果的主要因素有：现货指数跟踪误差、股息不确定性、交易成本和冲击成本测算的准确度等。另外，由于股指期货交易实行每日无负债结算制度，因此在期货头寸亏损时，投资者可能被要求将保证金补足到规定的水平。如果投资者资金周转不足，可能无法及时补足保证金而被强行平仓，套利计划可能由此落空。因此，投资者应对股指期货的变动保证金数量有充分预估，做好资金管理非常重要。实际运行中需要建立程序化交易系统，根据系统捕捉到的套利信号进行自动交易，并对各个风险参数进行实时调整与更新。除了期现套利外，套利基金还可以进行跨期套利，甚至在股指期货产品丰富后进行跨品种套利。

19.2 阿尔法（Alpha）策略

19.2.1 阿尔法策略的定义

Alpha的概念来自20世纪中叶，经过学者的统计，当时约75%的股票型基金经理构建的投资组合无法跑赢根据市值大小构建的简单组合或是指数。不少学者将此现象归因于市场的有效性，也就是由于金融市场聚集了众多的投资者，这些投资者时刻紧盯着市场，一旦市场出现套利机会，他们就会迅速做出行动以使市场回复均衡。在一个有效的金融市场，任何寻找超额收益的努力都是徒劳的，投资者只能获得基准收益率。

随着后半世纪衍生品的诞生，不少基金取得了令人炫目的收益率，这说明通过积极的投资管理是可以获得超额收益率的。高收益率基金的诞生使得投资者不再满足于消极投资策略带来的回报，投资者希望能够获取超越基准指数的收益率。

Alpha就是高于经β调整后的预期收益率的超额收益率（见图19－1）。其最初是由William Sharpe在1964年所著的《投资组合理论与资本市场》中首次提出，并指出投资者在市场中交易面临系统性风险和非系统性风险，公式表达如下：

$$E(R_p) = R_f + \beta(R_m - R_f)$$

其中，$\beta = Cov(R_i, R_m)/Var(R_m)$，E(Rp)表示投资组合的期望收益率，$R_f$为无风险报酬率，$E(R_m)$表示市场组合期望收益率，β为某一组合的系统风险系数。资产定价模型（CAPM）主要表示单个证券或投资组合同系统风险收益率之间的关系，也即是单个投资组合的收益率等于无风险收益率与风险溢价之和。

Alpha就是于市场风险无关的那部分收益，也就是说Alpha与市场不相关，不管市场是上涨还是下跌，Alpha都可以为正，而且Alpha也可以被分离出来。

Alpha策略就是寻找一个Alpha的来源，通过衍生品（股指期货、互换）剥离其含有的Beta，获得与市场相关性较低的Alpha，围绕Alpha进行投资的相关策略。

总体来说，Alpha策略优于传统的投资方法。Alpha策略的优势包括：

①投资策略的拓宽，不再局限权益类，还可以包括对冲基金、私募股权和房地产等。

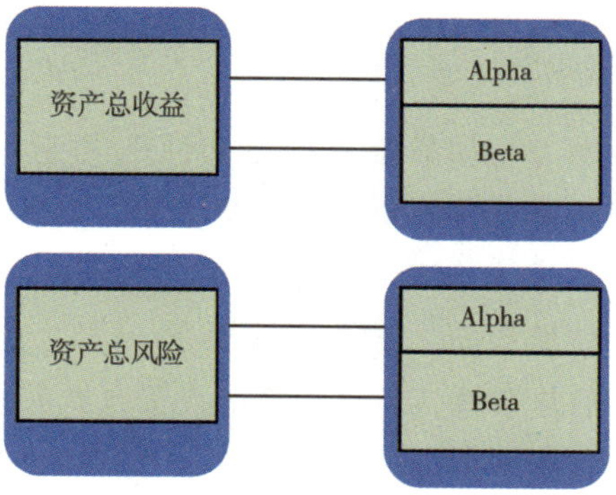

图 19－1　资产收益分解图

②更加精细的风险管理：分离 Alpha 和 Beta，进行风险预算。

③增加灵活性，可以选择符合风险目标的资产组合。

④提高有效性。不同的 Alpha 之间相关性很低，可以有效组合。

⑤较低的费用。付较低的费用以获得 Alpha，同时降低获得市场收益的风险。

资产定价模型（CAMP）认为，在有效的市场里，只有承担系统风险才可以得到一定的收益补偿，非系统风险无法获得补偿，所以一种证券的预期收益主要由其 β 值决定。β 值越高的证券，预期收益就越高；β 值越低的证券，预期收益就越低。

经验表明，由于新兴市场的有效性较弱，专业投资者容易在这种市场利用专业管理、积极操作、资金规模等优势获得较高的阿尔法收益，从而跑赢大市。

19.2.2　阿尔法策略的分类

一般来说，Alpha 策略分为两类，一类是传统阿尔法策略，另一类是可转移阿尔法策略。传统阿尔法策略就是最原始的阿尔法策略；可转移阿尔法策略是通过借入资金来获取高收益，通过多样化投资来提升单位风险的收益。

（1）传统阿尔法策略

①提供正 Alpha 收益的策略。产生 Alpha 的方式主要有两类，一类是某些类别资产自身就能够提供 Alpha，另一类是通过资产组合提炼出 Alpha。固定收益资产属于第一种，而通过衍生品与基金、股票、商品等的组合构成的策略则为第二类。第一种方法较为简单，一般投资者都可以实现；第二种方法则要求投资者具有较高的研究分析能力，在国外市场普遍应用于对冲基金之中。

20 世纪 80 年代以来，随着布雷顿森林体系的瓦解、金融自由化的扩展、石油危机和债务危机的爆发以及信息技术的飞速发展，国际金融市场上的风险急剧增加。为了规避、转移和分散风险，金融创新层出不穷，期货期权被市场广泛认可，各类衍生金融工具应运而生，场外交易蓬勃发展。对冲基金在信用保证金制度提供的杠杆下，游走于场内和场外市场，借助于商品和金融市场提供的丰富产品和交易手段，实现了传统的股票和债券所不具有的多样化和超额收益。

随着经济繁荣增长，金融市场和投资者的复杂性随之变化，为满足市场投资者的需求，金融工具和金融产品创新在过去的几十年里发展迅速。在多样化的金融产品中，另类投资（Altemative Investmenis）加入传统的投资类别中，扩大了投资者选择的范围。广义来讲，另类投资是指有别于传统投资方式如股票债券投资为主的共同基金的另类投资方式，它充分运用了金融市场的复杂性，包含积极的投资方式和复杂的投资管理策略。针对投资者风险收益需求，通过利用实物商品和衍生商品之间的机会，以及融资杠杆放大收益的作用进行动态投资，多方面满足投资者提高收益的需要。另类投资包括风险投资、私人股权、杠杆投资、房地产投资以及对冲基金。20 世纪 80 年代以来，国际金融市场创新不断，除传统投资工具股票和债券以外，各类衍生品诸如远期、期货、掉期、期权发展起来，场内市场发展远远低于场外市场的交易规模。这为各种各样的对冲基金交易策略提供了丰富的工具。对冲基金可以同时利用金融和非金融（商品）市场，并且可以在这些市场采用多头、空头、价差掉期、信用掉期和期权头寸，投资组合理论证明了扩大投资品种的范围可以为组合带来多样化利益，对冲基金所采用工具的多样化是传统的股票、债券和房地产投资策略没有的。

“对冲”的原意是指保护自己免于价格不利变动，往往采取对冲头寸的策略。现在的对冲基金是一种不再强调基金是否对其组合进行对冲，是一类广泛的投资工具，无论是规模、策略、组织结构、经营模式以及其他一些特征差异很大。可以认为对冲基金是个大的家庭，几乎可以等同于利用衍生品市场进行投资的私募基金的概念。

对冲基金的特点如下：

- 追求绝对收益。对冲基金的目标主要是提供绝对而非相对收益，它们追求各种市场环境下的绝对收益，其投资策略也具有很大的灵活性。

- 高业绩费和激励费。高业绩费和激励费是对冲基金的显著特征，业绩费一般按照实现收益增加值的一定百分比收取，为 5% ~15%，单只对冲基金的业绩费用可达 30%，管理费是管理基金资产金额的 1% ~3%。

- 缺少流动性。因为对冲基金策略的特殊性，其往往对资金稳定性有严格的规定。

- 投资门槛较高、基金经理直接入股。因为对冲基金的高风险性，它的客户主要是机构投资者。为了约束对冲基金管理者的道德风险，一般基金经理会被要求直接入股。

就获取第二种 Alpha 收益的具体策略而言，主要涵盖：

a. 多/空策略，就是将基金部分资产买入股票，部分资产卖空股票或者股指期货。对冲基金经理可以通过调整多空资产比例，自由地调整基金面临的市场风险，往往是规避其不能把握的市场风险，尽可能降低风险，获取较稳定的收益。

b. 套利策略，就是对两类相关资产同时进行买入、卖出的反向交易以获取价差。在交易中一些风险因素被对冲掉，留下的风险因素则是基金超额收益的来源。由于采用产品不一，因此套利策略又可以分为：股指套利、封闭式基金套利、统计套利等。

c. 事件驱动型策略，就是投资于发生特殊情形或是重大重组的公司，如发生分拆、收购、合并、破产重组、财务重组、资产重组或是股票回购等行为的公司。事件驱动策略主要有不良证券投资和并购套利，其他策略常与这两种策略一并使用。

d. 趋势策略，通过判断证券或市场的走势来获利而不再是将市场风险对冲掉后依靠选择证券的能力来获利，而且有时还大量采用杠杆交易以增加盈利。类型上可以分为全球宏观基金、新兴市场对冲基金、纯粹卖空基金、交易基金及衍生品基金。

②Alpha 的存在性、稳定性。从直觉感受和投资实践上，无疑是存在 Alpha 的，只是支持强式有效市场理论的学者认为不存在 Alpha。但也有学者从其他角度证明了长期来看 Alpha 并不存在。Don M. Chance（2005）建立了一个理论模型，认为寻找 Alpha 的过程是徒劳的，将会损害组合的收益，并增大方差，而这些损失与交易成本无关。当基金投资者的效用函数为对数效用，并且不变相对风险厌恶（CRRA）时，潜在的 Alpha 越大，基金管理人越自信，基金持有者的潜在损失越大。当基金管理人进行卖空或是在组合中运用杠杆时，这种损失会加大。因此作者认为，寻求 Alpha 不仅不能带来非负的收益，而且几乎能确定地带来损失，即使基金管理人能在一半的时间内获取正 Alpha。据此作者认为对冲基金等高投机性质的组合将会带来更大的损失。

但是我们认为 Alpha 的稳定性问题与超额收益的持续性问题是等价的。关于 Alpha 稳定性的争辩，学者们看法不尽相同。NoelAmenc 和 Lionel Martellini（2003）用多种模型检验了对冲基金经理能否获得超额收益。结果表明，当采用市场外生变量构建模型，即使纳入信用风险和流动性风险的代理变量后，对冲基金也可以显现出正的 Alpha。但如果考虑到整个收益率分布或是用市场内生变量建模时，对冲基金并无显著的正 Alpha。作者认为，积极管理策略的阿尔法，即便存在，也是难以确切度量的。另类投资在未来应该更多关注于被动化的指数投资。Richard Heaney、Terry Hallahan、Thomas Josev 和 Heather Mitchell（2005）认为当积极管理策略强调识别出可获利的交易策略时，并不能保证有稳定的正 Alpha。他们采用了 1995 年 7 月至 2005 年 1 月澳大利亚市场国际基金的数据，发现 Alpha 具有时变性。很少有国际基金在这一区间段内能显示出持续的正 Alpha，而各个基金 Alpha 的时变性具有同步性。Craig L. Israelsen（2006）考察了九类不同风格基金在不同阶段的阿尔法及其标准差，他认为至少长期来看，各种策略的 Alpha 并不能保证长期为正。

③历史表现（绩效检验）。Thomas Schneeweis、Hossein Kazemi 和 Raj Gupta（2006）检验了 Eurex 期货合约在可转移 Alpha 策略中作为 Beta 部分覆盖的运用效果。作者检验了多种 Alpha 来源，包括可转换套利、受困证券、新兴市场、股票多/空头、股票市场中性、事件驱动、并购套利、全球宏观以及期货管理等策略。作者采用了 1992—2005 年 DAX 指数和 1998—2005 年 Dow Jones EURO STOXX 50 指数的数据。结果表明，大多数情况下组合绩效得到了提高。一个分散化的对冲基金组合，利用 DAX 指数期货，可以得到 11.66% 的年化回报，这比 DAX 指数 8.54% 的年化回报高 300 多个基点；一个分散化的对冲基金组合，利用海通期货研究所 Dow Jones EURO STOXX 50 指数期货，可以得到 9.13% 的年化回报，这比 Dow Jones EURO STOXX 50 指数 7.31% 的年化回报高近 200 个基点。Bill Dewalt 和 Phil Schneider（2006）针对几种可能产生 Alpha 的策略进行了检验。结果表明，LIBOR 套利策略能带来的年化 Alpha 约为 0.5% ~1.0%；市场中性策略的年化 Alpha 约为 1.5% ~3.0%；对冲基金的基金（FoHF）年化 Alpha 约为 1.5% ~3.0%；货币市场的年化阿尔法约为 2.0% ~4.0%；多策略对冲基金的年化 Alpha 约为 2.0% ~8.0%。Joan Warner（2006）考察了在美国市场上采取可转移阿尔法策略的效果。计算截止日为 2004 年 12 月 31 日。其中，组合 1 为普通积极管理组合，由 60% 股票、30% 债券和 10% 现金构成；组合 2 为可转移 Alpha 组合，由 40% 的杠杆为 1.5 的股票（期货）、30% 债券、10% 商品和 10% 绝对收益品种，后两者为 Alpha 的来源。股票为 S&P 500 指数（指数期货），商品为高盛商品指数，绝对回报为 S&P 对冲基金指数。可以发现，可转移 Alpha 策略有较高的收益和较低的风险。

（2）可转移 Alpha 策略

①可转移 Alpha 策略的定义。“可转移 Alpha”一词随个人理解的差异而有着不同的定义，但我们可以归纳出它的一般特征。可转移阿尔法策略都会使用衍生品来达到所需资产或是市场指数头寸暴露，这称之为“β”。因此，经风险调整后的“α”可以来源于其他资产类别或是通过积极管理策略。简而言之，可转移阿尔法策略是通过借入资金来获取高收益，通过多样化投资来提升单位风险的收益。多样化投资的好处源于投资者一方面通过衍生品，以较低的成本暴露所需头寸，而多出来的资金可以投资于与所暴露头寸资产类别相关性较小的资产类别。举个例子，假设一个投资者有 1 万元资金，他本来计划全部投资于股市，以获取市场基准的收益率。现在有一个可转移阿尔法策略可供他选择，他可以买入 1 000 元股指期货，并把杠杆设置为 10 倍，这样此投资者暴露在股市的头寸仍然为 1 万元，投资者把剩余的 9 000 元用来买入提供 α 的某债券资产。综合来看，运用可转移阿尔法策略之后，投资者的组合收益为股市的收益与投资于债券的收益之和。

可转移阿尔法策略是一种分离和实现不相关资产类别中收益率的方法。一般来说，可转移阿尔法策略需要能使用杠杆的资产，比如期货合约等。这个策略最理想的应用条件为市场存在有效资产类别，这些资产拥有非常小的 α，而 β 在多数情况下能够解释回报中的大部分。可转移阿尔法策略是把某类资产积极投资产生的阿尔法转移到另一类资产上，这类资产往往是消极地进行投资的衍生品合约。产生阿尔法的资产类别必须是风险中性的，阿尔法部位的投资实际上相当于产生被动资产类别收益的一个抵押。从这个意义上来说，阿尔法部位被用衍生品投资的 β 部位覆盖。

可转移阿尔法策略的理论基础源于市场上一部分资产类别是有效的，投资者无法通过积极管理提升此类资产的收益率。为了获得超额收益率，投资者只能通过积极管理那些并非有效的资产类别。

②可转移阿尔法策略与传统阿尔法策略的区别（见图 19 -2）。传统阿尔法策略与可转移阿尔法策略的主要区别就在于资金管理者的建仓方向。传统阿尔法策略首先构建无风险利率部位的仓位，接着覆盖市场风险，最后才是阿尔法部位的仓位。因为建仓顺序的原

因，投资者无法决定可供阿尔法部位操作的仓位，只能被动按照原计划，将剩余的资金运用到提供阿尔法的策略中。可转移阿尔法策略与传统阿尔法策略刚好相反，资金管理者为了提高资金运用效率，首先考虑把资金投入提供阿尔法的策略中，接着通过衍生品覆盖所需的 Beta 部位，最后才考虑无风险利率资产。

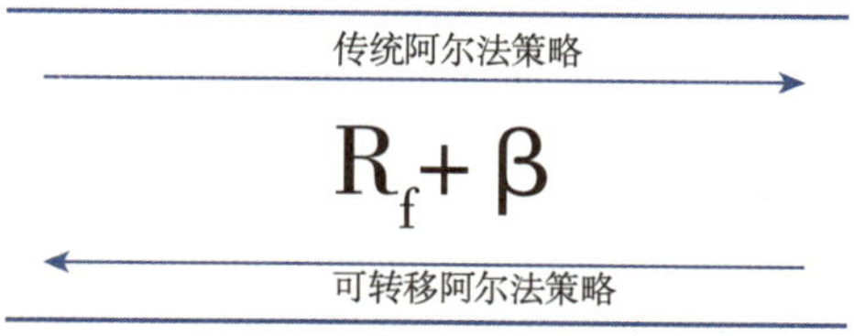

图 19－2　传统阿尔法与可转移阿尔法策略的区别

③可转移阿尔法策略的优势：

a. 可转移阿尔法策略能够更加有效地使用资金，这部分资金可以投入到阿尔法部位资产中。在不改变 Beta 部位风险暴露的情况下，可转移阿尔法策略依靠增加阿尔法部位资金投入量，提升组合的收益率。这个策略在大多数时候适用于追求相对收益目标的投资者，而对于追求绝对收益目标的投资者未必合适。另一方面，投资者改善 Beta 部位的成本也很低廉。他们只需支付通过积极管理赚取阿尔法的费用，而无须为提升有效资产的收益率支付大量费用。

b. 更广泛的投资领域。可转移阿尔法策略资产类别的选择不仅仅局限于传统的股票、债券等，投资者还可以使用期货、期权等衍生品进行投资，通过多样化的投资来提升单位风险的收益。同时，还可以使用这些资产类别来模拟对冲基金的策略。

c. 收费低廉。与对冲基金相比，可转移阿尔法策略一般收取 1%～1.5% 的费用，赚取的利润无须分红。另一方面，投资者改善 Beta 部位的成本也很低廉。他们只须支付通过积极管理赚取阿尔法的费用，而无须为提升有效资产的收益率支付大量费用。

d. 所需要的初始投资资金少，没有容量限制，操作更加透明。追求高 α 的对冲基金对初始投资资金会设置门槛，一般只有机构投资者才能参与。对冲基金对其规模也会严格限定，每年只会在规定的时间公布相关信息，可转移阿尔法策略操作则更加透明。

④可转移阿尔法策略的缺点：

a. 可转移阿尔法策略使用了杠杆。杠杆的使用虽然提升了获得超额收益的潜能，但也扩大了潜在损失的边界。

b. 可转移阿尔法策略的 α 是否稳定。海外很多运用可转移阿尔法策略投资的基金在推介的时候总是避免提及 α 的稳定性问题。如果一个可转移阿尔法策略并未像之前所预想的那样，提供稳定为正的 α，而是负的 α，那么此策略还不如全部投资于 β 部位的策略。

c. α 与 β 部位资产类别相关性波动的风险。可转移阿尔法策略要求 α 部位与 β 部位的资产具有低相关性的特性。尽管根据历史数据检验得出 α 部位与 β 部位的资产具有很低的相关性，但未来 α 部位与 β 部位的资产相关性有可能存在陡升的风险，此时可转移阿尔法策略会偏离本意，而是通过更高的 β 部位暴露市场风险而提升组合的收益率。

⑤可转移阿尔法策略的主要风险：

a. 作为抵押的 α 部位表现低于预期的风险。

b. 期货、期权等金融市场成本陡升的风险。

c. 市场剧烈波动，使用衍生品覆盖的 β 部位大幅追加保证金的风险。

d. 操作失误带来的风险。

⑥构建阿尔法部位的方法。阿尔法部位的构建主要有两类方法，一类是固定收益资产，另一类就是对冲基金。

阿尔法部位的构建流程如图 19－3 所示。

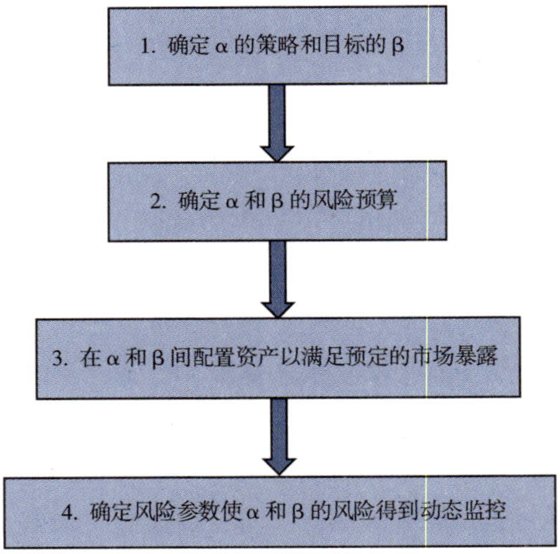

图 19－3　可转移阿尔法策略构建流程

19.2.3　阿尔法策略在股指期货中的应用

阿尔法与可转移阿尔法适合各类机构投资者：公募基金、私募基金、券商、保险等机构。不同投资者根据对市场走势的判断、结合自身风险偏好，可在阿尔法或可转移阿尔法策略中做出选择。熊市阶段或牛市中的短中期下跌阶段，适合采用阿尔法策略，而牛市阶段或熊市中的短中期上涨阶段，适合采用可转移阿尔法策略。此外，风险偏好低、追求绝对回报的投资者更适合阿尔法策略，而风险偏好略高、追求相对回报（如战胜市场基准）的投资者可采用可转移阿尔法策略。

关于阿尔法策略与可转移阿尔法策略中可投资资产，由于目前国内市场可运用的品种有限，大多数国外流行的资产配置尚不能应用。从可行性来看，阿尔法部位可选择的品种包括：基金（开放式、封闭式）组合与期货空头购建的组合；股票优选组合与期货空头购建的组合；固定收益产品；商品期货。Beta 部位可选择的品种包括：期货；期货与 ETF 等组合。值得说明的是，对于公募基金利用股指期货设计的基金产品，由于法律法规限制，阿尔法部位不能采用基金（或组合）。

证券市场中一些资产管理者并不追求绝对回报，它们追求相对回报，只要能战胜特定的标的，它们就达到了设定的目标。这种情形下，运用可转移阿尔法策略能达到资产管理者目标。

我们以 2011 年为例。2011 年是中国股市比较低沉的一年，大盘跌幅高达 24%，基本上所有基金的收益都为负值。如果在这一年，基金选择了阿尔法策略，结果又会怎么样？

我们从市场中任意选择了 15 只 ETF 基金，然后分别对它们使用阿尔法策略，其收益结果大大不同。

我们采用如下具体方法来构建阿尔法策略：

①根据前半年的 ETF 基金与沪深 300 指数的交易数据，通过市场模型计算出 β 系数。

②下一个月卖出 β × 开放式基金市值的股指期货。

③通过买入具有 α 的基金，卖出 β 比例的股指期货，我们可以提炼出 α，这部分 α 就是来自于基金经理卓越的投资技能和优秀的选股能力。

15 只 ETF 基金使用阿尔法策略前后的收益情况见表 19 - 2。

表 19 - 2　　15 只 ETF 基金使用阿尔法策略前后的收益表

	实际收益率	应用 α 策略收益	资产配置 α 收益	经理人操作 α 收益	总 α 收益
易方达深证 100ETF	-26.48%	-4.59%	16.32%	5.57%	21.90%
易方达上证中盘 ETF	-28.45%	-6.07%	14.39%	7.99%	22.38%
华夏中小板 ETF	-37.00%	-22.06%	0.61%	14.34%	14.95%
南方深成 ETF	-26.68%	-6.53%	14.52%	5.63%	20.15%
交银 180 治理 ETF	-17.50%	4.25%	25.03%	-3.28%	21.75%
博时超大盘 ETF	-14.00%	7.49%	27.65%	-6.15%	21.49%
华宝兴业上证 180 价值 ETF	-11.37%	11.27%	31.64%	-9.00%	22.64%
华夏上证 50ETF	-13.91%	8.76%	29.79%	-7.12%	22.67%
工银上证央企 50ETF	-18.81%	2.30%	22.99%	-1.88%	21.11%
鹏华上证民企 50ETF	-24.06%	-4.93%	14.16%	4.97%	19.13%
建信上证社会责任 ETF	-15.25%	4.68%	23.97%	-4.04%	19.94%
海富通上证周期 ETF	-12.47%	9.43%	29.15%	-7.26%	21.90%
南方小康产业 ETF	-21.48%	-0.53%	20.23%	0.72%	20.95%
华安上证 180ETF	-20.50%	1.69%	23.38%	-1.19%	22.19%
华秦柏瑞红利 ETF	-16.32%	5.79%	26.82%	-4.71%	22.11%

由表 19 - 2 的结果我们可以看出，采用阿尔法策略后，所有基金的收益都得到大大的改善，很多基金的收益甚至变为正值。

此外，我们还发现大部分基金的阿尔法收益都在 20% 左右，但是其分拆后的阿尔法收益却相差很大。比如易方达上证中盘 ETF 和华宝兴业上证 180 价值 ETF 两只基金的阿尔法收益在22%以上，但易方达的经理人操作阿尔法收益接近8%，而华宝兴业经理人操作阿尔法收益却是-9%，这说明易方达上证中盘ETF基金选股优异，基金经理操作优异；而华宝兴业上证180价值ETF选股更加优异，基金经理操作欠佳（见图19-4、图19-5）。

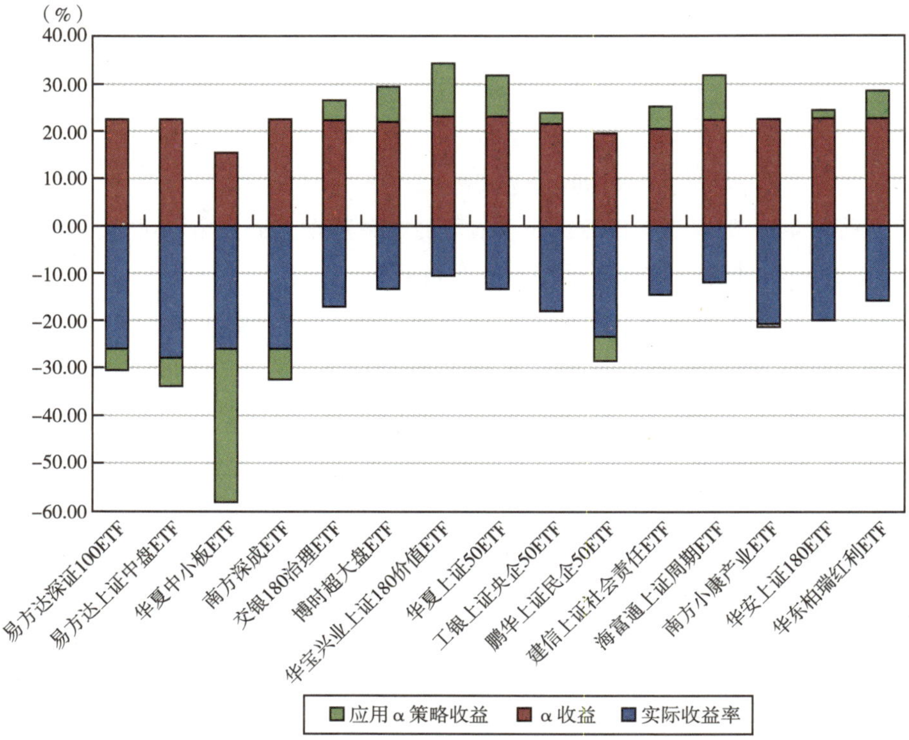

图19-4　15只ETF基金使用阿尔法策略前后的收益图

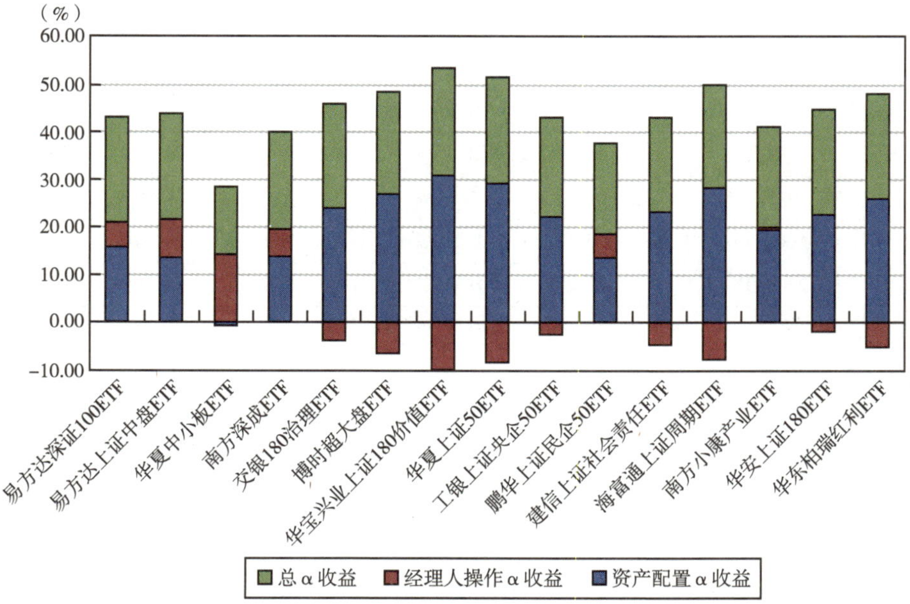

图19-5　15只ETF基金使用阿尔法策略收益组成图

19.3 风险管理

股指期货必将给我国基金业带来巨大改变，但同时应该看到股指期货采用保证金制度、当日无负债结算制度，其风险具有高杠杆、非线性、不对称、高维度等特性，如果使用不当将会导致极大的风险，这样的例子在国外已经屡见不鲜。基金在运用股指期货时必须进行严格的风险管理。这包括把现货头寸与期货头寸结合起来进行统一的风险管理，对基差变动、保证金变化、套期保值比率、预期收益与风险等进行动态预测与监管，建立专门的衍生品交易部门与风险管理部门。

如何根据市场风险的变化动态进行仓位控制，是产品运作能否成功的关键。因为股指期货交易的当日无负债结算制度，即每日交易结束后，按当日结算价对所有合约的盈亏、交易保证金及手续费等费用进行计算和划转，如果结算后资金全部被保证金占用，可用资金小于0，若此时未能按规定及时补足保证金，则面临强行平仓的风险，其后果可能是不能持有部分合约，从而导致以上投资策略失败的概率加大。

根据期货的保证金制度，我们容易得出仓位C、期货合约价值Q、保证金水平M以及初始投资额I之间的关系：

$$C = \frac{Q \cdot M}{I}$$

期货投资可能的损失可以由下式来表达，X为基金经理可以承受的最大的损失占本金的比例，V为期货价格在一定置信水平下的逆向波动：

$$I \cdot X = Q \cdot V$$

从而有：

$$C = \frac{X \cdot M}{V}$$

上式说明了期货投资中的仓位管理与三个因素有关：可以接受的损失X、保证金水平M以及市场可能的逆向波动V。X是根据投资目标事先确定的，M也可以确定，唯一的变量就是期货价格可能的逆向波动V，而其是可以通过风险模型进行量化的。因此通过对V的动态度量，我们就可以实现基金运作中的期货仓位动态管理。

现有的风险指标有很多，但总体说来可分为三类：第一类是投资收益率的方差、标准差为基础的风险计量指标；第二类是以Hurst指数为计量的投资风险指标；第三类是以收益率的下偏距为基础的风险计量指标，包括单边离差均值、目标半方差和VaR方法等。

在风险计量的各种方法中，VaR方法最为引人关注。VaR表示在一定置信水平和持有期内金融资产或组合价值的最大损失。与传统的风险度量方法相比，VaR的概念简明、易于理解等特点使其在现代金融风险管理中得到了广泛的应用，其中最著名的当属J. P Morgan（1995）以VaR为核心的RiskMetric风险管理系统。《新巴塞尔协议》建议金融机构使用VaR管理金融资产的风险。VaR含义用公式表示为：

$$\text{Prob}(\Delta P < \text{VaR}) = \alpha$$

其中 Prob 为资产价值损失小于可能损失上限的概率，ΔP 为某一金融资产在一定持有期 t 的价值损失额，α 为给定的概率——置信水平。在正态性假设下，某投资组合的 VaR 可以如下计算：

$$\text{VaR} = Q_0 \cdot \alpha\sigma\sqrt{\Delta t}$$

其中，Q_0 为投资组合期初价值，α 为反映置信水平的标准正态偏差因子，σ 为投资组合的波动率，t 为持有期。

在 VaR 的计算中，波动率是一个非常重要的参数，市场运行中经常有波动聚集现象，Bollerslev（1986）提出的广义自回归条件异方差（GARCH）模型能很好地刻画这种现象，标准的 GARCH（1，1）形式为：

$$y_t = x_t\gamma + \varepsilon_t$$

$$\sigma_t^2 = \omega + \alpha\varepsilon_{t-1}^2 + \beta\sigma_{t-1}^2$$

式中，ε_t 是扰动项，由于 σ_t^2 是以前一期的信息为基础的预测方差，所以它被称为条件方差，由三部分组成：均值 ω、用均值方程的残差平方的滞后来度量从前期得到的波动性的信息 ε_{t-1}^2（ARCH 项）以及上一期的预测方差 σ_{t-1}^2（GARCH 项）。

经过几十年努力，经济学家又对上述模型进行了扩展和完善，形成了一个 GARCH 族模型。虽然对金融价格的波动性研究理论不仅仅限于 GARCH 族模型，如 R/S、SV 类模型、混沌理论等都是比较前沿的研究理论，但是我们认为 GARCH 族模型比较简练，相对而言比较简单实用，而且能够较好地模拟和刻画金融价格的波动性特点。然后结合 VaR 理论，可以建立比较好的风险控制体系。

20

农业发展银行套期保值政策研究

20.1 农业发展银行资金参与期货市场的措施及途径分析

20.1.1 通过仓单质押贷款参与期货市场

在国内，仓单质押贷款业务被视为金融与物流合作的一种金融创新产品慢慢得到推广。仓单一般包括标准仓单和非标准仓单，其中标准仓单是与期货市场密切相关的，所以本文主要讨论农业发展银行（以下简称“农发行”）通过标准仓单质押贷款参与期货市场的模式。

标准仓单质押贷款，是指期货标准仓单持有人以所持有的标准仓单作质押，向银行等金融机构获取信贷支持的一种贷款方式。仓单质押贷款对于仓单持有人来说，是一个获取资金进行再投资的机会；对于贷款发放银行来说，则是一种非常有效的贷款业务创新，因为质押标的的流动性和价值稳定性都是银行所必需的。我们建议农发行标准仓单质押贷款的模式有：

（1）农发行、期货公司、农业企业签订三方协议

①农发行、期货公司、农业企业签订三方协议；

②农业企业将标准仓单质押于期货公司在期交所的席位下，同时签署“已质押”字样，期货公司负责监督标准仓单在贷款期间不得交割、挂失和注销；

③农业企业将期货公司的质押证明及标准仓单持有凭证转移至银行，农发行收后向借款人发放贷款；

④如农业企业无法还款，农发行将通过期货公司处置仓单。

（2）农发行、农业企业、期货公司、交割仓库签订四方协议

①农发行、农业企业、期货公司、交割仓库签订四方协议；

②企业将纸质标准仓单交给农发行，农发行实现占有权；

③农发行和农业企业共同到交割仓库办理质押登记，注明该仓单不得挂失、注销；

④如农业企业无法按时还款，农发行将委托期货公司处理标准仓单偿债。

（3）农发行与农业企业、期货交易所签订协议锁定标准仓单

①农发行、农业企业、期货交易所签订三方协议；

②农发行与企业共同到期货交易所办理登记手续锁定标准仓单，注明在贷款期间企业不能将标准仓单进行交割、转让、出售和注销；

③企业到期不能归还贷款时，银行委托期货交易所处置仓单。

（4）套期保值保证金专项贷款

①农发行与企业、期货公司达成三方协议；

②期货公司作为双方的中间人，承担担保和监管的责任，主要保证标准仓单在交易所提交给期货公司后交给银行质押，保证银行的专项贷款专门用于交割，不得挪作他用。

20.1.2 通过套期保值贷款参与期货市场

借鉴国际上先进的做法，我们设计出适合农发行的套期保值贷款方案。套期保值贷款还款基础是期、现货两个市场相反头寸对冲后的相对盈利。套期保值贷款需要农发行、贷款企业和期货公司签订一个三方协议（见图 20－1），贷款企业分别在银行和期货公司开设贷款账户和套期保值账户。通常情况下企业贷款只用于期货市场，贷款账户等同于套期保值账户。但是不排除企业短期内现金流出现问题，所以农发行应该允许企业使用小部分信贷资金用于现货采购。这种情况下，农发行提供的贷款账户就由两个子账户组成，其一是企业用于参与期货市场套期保值业务的套期保值账户，其二是企业用于购买现货原材料的现货账户。农发行在贷款后只能对套期保值账户进行监管。

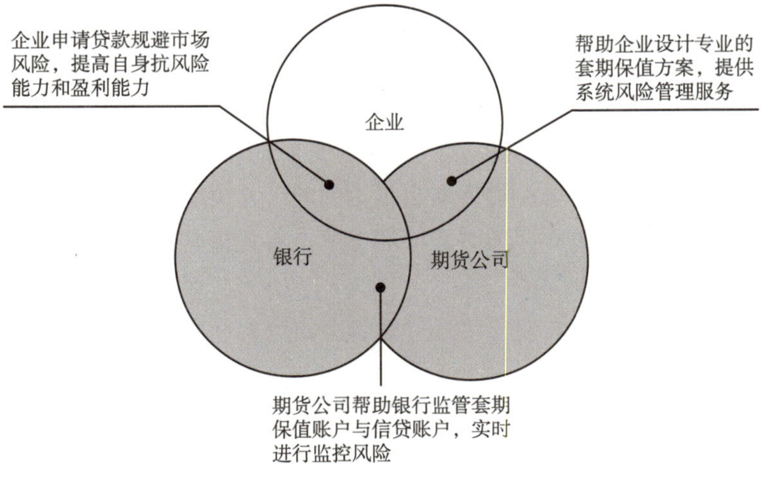

图 20－1　银行、企业和期货公司的三方协议

（1）贷款操作流程

①贷前审批、开户。在套期保值贷款的初期，需要银行、贷款企业和期货公司签订一个三方协议，即贷款企业分别在银行和期货公司开设贷款和套期保值两个账户。

②资金划拨。在建立银行贷款户和期货公司套保户后，套期保值贷款直接打入在期货公司开立的套期保值期货交易保证金户。

③账户管理。银行对套期保值贷款者的贷款账户和在期货公司的套期保值账户进行统筹管理是保证贷款质量的关键。套期保值账户的累计利润应该交经纪公司管理，客户自己不可以随意调出期货账户的盈利，直到该账户关闭、贷款还清。

④信息沟通。在进行账户监控和管理的同时，基于银行是非期货业务专业服务机构的考虑，银行应该注重与期货公司之间的合作，可以要求期货公司提供套保客户的交易情况，了解其贷款客户套期保值账户的头寸状况、资金情况等。此时，银行在关注贷款者如何使用贷款的同时还会关注还款资金来源。

⑤风险控制。银行可以与期货公司签订风险控制协议，利用期货公司的风险控制系统，将套期保值客户的风险控制在要求的范围之内。银行应该与期货公司、套期保值客户一起研究交易策略。期货公司要根据客户的具体情况，研究预测基差的变化、交割月份的选择、套保比例、进场时机、套保的运作成本和预期利润等方面的数据，为套保客户提供全面的信息。银行和客户在制订了交易策略后，应该严格执行。

（2）套期保值贷款项目贷前风险评估

贷前风险评估包括了普通贷款风险及套期保值方案风险。本设计赋予普通贷款风险权重为70%，套期保值方案风险权重为30%，风险分值计算方法为：

总风险分值 = 普通贷款风险分值 ×70% + 套保风险指标分值 ×30%

普通贷款风险大致可分为：项目风险、资金风险、市场风险、财务风险、法律/体制等风险、行业风险及地区风险等。针对套期保值，我们设计了套期比、仓位、套保时间、保证金额度、抵押资产信贷比例五个具有代表性的参数，作为衡量套期保值风险的指标。

20.1.3 湖北模式

湖北省农业资源非常丰富，是粮、油、棉生产大省，在各种农业资源中，与已上市期货品种关联度较高的品种就有菜籽油、棉花、早籼稻和小麦。在市场经济的背景下，湖北省相关部门在期货市场服务农业的深度和广度上都有突破和创新，为国内其他地方提供了很好的借鉴与启示。为此，本节对湖北农发行资金支持期货市场的发展模式进行分析与探讨。

（1）农发行对涉农企业套期保值业务给予信贷支持

期货公司与农发行合作，可以有效地对涉农企业进行期货知识培训，引导企业合理利用期货市场规避农产品价格波动风险。但企业在进行套期保值的过程中还存在资金壁垒，此时，农发行将对涉农企业套期保值业务给予信贷资金的支持。在涉农企业套期保值操作过程中，风险控制与监管需要农发行与期货公司进行合作，形成“三方监管”风控体系。在“农户＋涉农企业＋农发行＋期货公司”合作模式下，农发行与期货公司及涉农企业签订了“三方监管”协议，期货公司协助农发行对企业套期保值账户进行严格监管，可以杜绝企业利用信贷资金进行期货投机（见图20－2）。

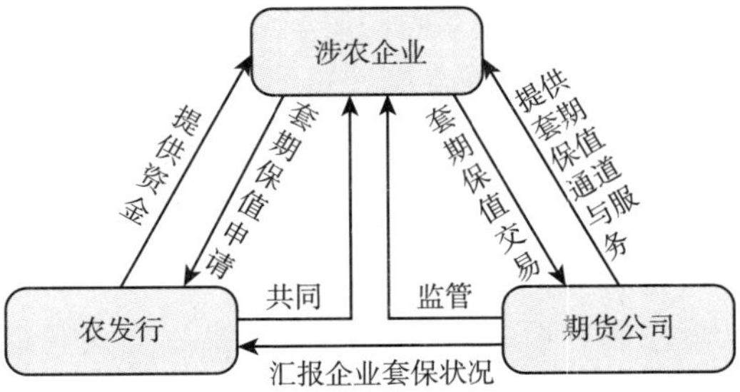

图20－2　“三方监管”风控体系

（2）期货公司为企业提供合理的套期保值策略

在企业套期保值过程中，选择适当的时机入市是套期保值成功的重要保障。期货公司及时搜集市场信息，并根据企业实际情况来设计套期保值策略。

（3）“涉农企业＋银行＋期货公司”模式中企业套保业务流程

在“涉农企业＋银行＋期货公司”的合作模式中，涉农企业首先与农发行和期货公司签订三方合作协议，然后向农发行提出套期保值业务申请，农发行在审核通过后，企业方可在期货公司开户进行套期保值业务（见图20－3）。在企业套期保值业务中，所需保证金由农发行信贷提供，且企业不得利用信贷资金进行投机。期货公司有义务向农发行及时报告企业套期保值账户的持仓、保证金、风险系数等信息。期货公司与农发行对企业套期保值进行联合监管与风险控制，确保保值效果。企业可以选择在套期保值到期前对持仓进

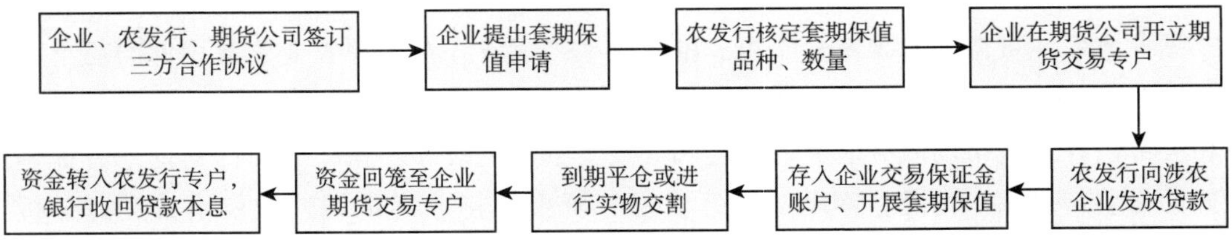

图20－3　涉农企业套期保值业务审核与操作流程

行平仓，也可以在到期后进行实物交割，期货公司将协助企业进行实物交割的相关事宜。企业套期保值结束后，将资金转入农发行返还贷款和利息。

20.1.4 其他模式探讨

除了目前讨论比较多的仓单质押贷款和套期保值贷款等模式，农发行参与期货市场还存在以下政策制定及监管等参与方式：

①参与证监会有关期货市场监督管理政策法规的研究及农产品期货品种上市问题的论证等工作；参与交易所交易规则、结算管理等制度办法的制定、风险处置手段的选择等工作；参与期货公司对入市主体的资格审查等有关工作。

②参与开户企业套期保值方案的设计，监督开户企业套期保值的执行。

③成为期货交易的结算银行，由粮食企业、期货经纪公司和农发行三方签订协议，通过农发行委托系统或期货经纪公司委托系统，完成粮食企业的资金在农发行财务资金存款账户与在农发行的期货保证金账户之间的相互划转，实现期货保证金的封闭运行。

④参与粮食期货交割库的监管和实物交割过程的监督。

⑤开展银期通结算业务。农发行开展的银期通业务是指农发行账户系统与期货经纪公司的期货交易系统相对接，以银行管资金、期货经纪公司管交易的模式，为粮食企业提供通过农发行或期货经纪公司的委托系统，以电话委托、网上委托等方式办理粮食期货交易和期货交易结算。

⑥根据农发行的职能调整，开展其他相关业务。

20.2 案例及模型研究

20.2.1 信贷资金参与期货市场的实际案例分析

（1）路易达孚的套保模式调研

①路易达孚的套期保值业务。路易达孚是一家跨国性的集团公司，是世界最大的棉花贸易商，辐射全世界棉花主产区，年贸易量超过150万吨。同时，它本身也拥有自己的生产基地甚至工厂，如棉花企业轧花厂，因此路易达孚在期货市场上的操作多空方向均有。路易达孚依托遍及全球的信息网络获得第一手产品信息，能够灵活地入市进行套期保值操作。路易达孚的套期保值操作如图20－4所示。

路易达孚在套期保值上的优势为：一方面拥有高素质的专业研发人才。路易达孚在期货市场上的投入很大，他们拥有一支专业技能很高的队伍，对棉花等农产品进行深层研究。另一方面，拥有全面、准确、及时的信息系统。路易达孚的信息网遍及全球，可以说

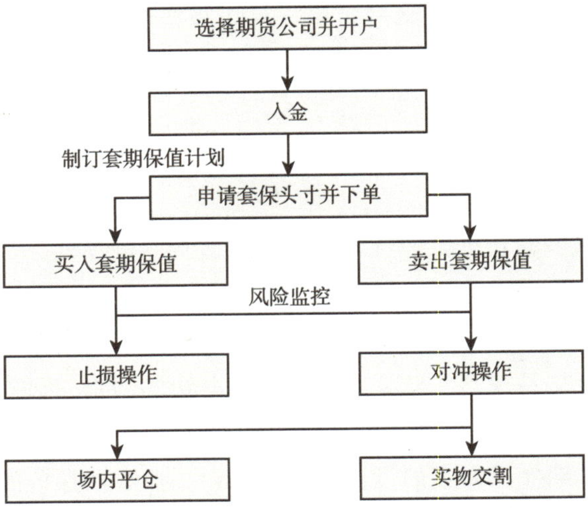

图 20－4　路易达孚的套期保值操作基本流程

只要是产棉花的地方，就有路易达孚的观测站和观测员。这些观测员对当地的种植情况、天气状况进行实时监控，并向总部传送信息，总部汇总全球棉花产地的种植生长情况、气候变化等信息，因此路易达孚能比较精确地掌握全球棉花的实际供求情况，从而及时做出正确的市场决策。

②路易达孚调研给予我们的启示。通过对路易达孚的套期保值贷款的调研，我们看到，基于路易达孚良好的信用保证，商业银行为路易达孚提供了充足的贷款资金；同时，国外商业银行对期货市场及套期保值业务的认识深刻，并将其作为企业内部业务问题，没有限制企业套期保值的操作。那么我们在引导中国企业的套期保值贷款业务时，就要从以下几个方面入手：

第一，各层面对期货套期保值的认识，是推广套期保值贷款业务的前提（见图 20－5）。

• 优化公司的内部管理。企业可以通过现货和期货两个渠道完成销售任务。一方面参考期货市场价格确定现货销售价格；另一方面，作为现货销售的补充，在期货价格理想时，直接通过期货交割实现部分销售。

• 增强对市场价格的掌控能力，保证生产和销售的顺利完成。期货市场价格发现功能令企业能够把握商品的销售时机，并通过期市进行保值。

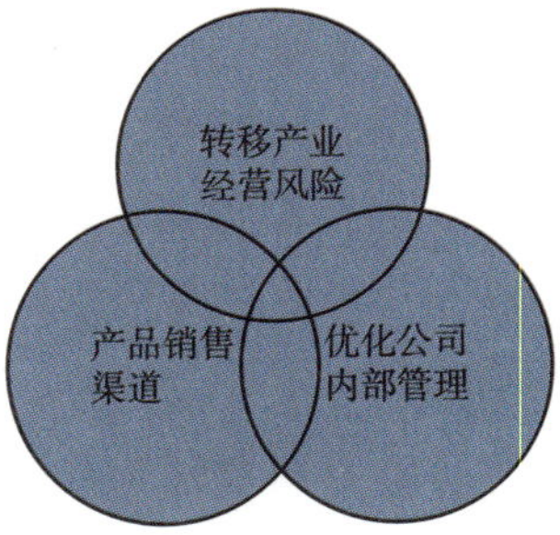

图 20－5　加强对套期保值认识的各个层面

• 转移产业化经营的风险。企业可以利用"订单 + 期货"模式，有效转移产业化经营的风险。目前我国已有涉农企业利用"公司 + 农户""期货 + 订单"的订单农业模式，以公司为核心，用订单的方式把小农户整合在一起，化零为整，使分散的农户也能够间接利用期货市场保值避险。

第二，加强企业信用建设是保证套期保值贷款安全的关键。我国由于各种历史原因，企业在信用评级方面做得不到位，造成了商业银行大批的坏账现象，也成为套期保值贷款的重要阻碍。如果企业信用好，信用评级做得到位，无论是套期保值还是其他业务发生风险事件，都能保证银行信贷资金的及时归还。因此，我国应尽快加强信用体系建设，建立起完备的信用评级制度及信用记录平台，改善信用环境。

（2）以银丰集团为例探讨农发行参与套期保值模式

银丰集团是湖北省棉花行业的龙头企业，该集团是湖北省供销社下属的综合性企业集团。自棉花期货上市以来，银丰集团通过棉花期货套保、套利交易实现了企业的稳健经营，成为企业在期货市场进行风险管理的典型案例。

①银丰集团与农发行进行套期保值业务合作的基础。银丰集团"企业 + 合作社 + 棉农"的模式便利了套期保值操作。银丰集团通过"企业 + 合作社 + 棉农"的模式构建货源网络，建立棉花专业合作社，与棉农结成了"互惠双盈，共同发展"的新型合作关系，便利了套期保值操作。产前，合作社与棉农签订订单，让棉农放心种棉；产中，合作社为棉农提供市场信息、生产技术和物资供应服务，指导棉农科学种棉；产后，合作社加强质量控制和提供各类售棉服务（见图 20－6）。

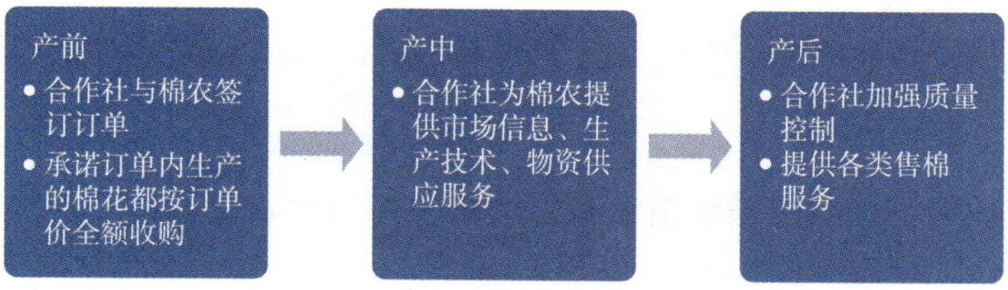

图 20－6　银丰模式各环节示意图

②银丰集团与农发行的套期保值贷款模式。农发行湖北省分行与银丰集团长期保持合作关系，在银丰集团进行套期保值探索的道路上给予了很大的支持，也形成了一套比较成熟的企业、期货公司和农发行的三方合作关系。

农发行湖北省分行在支持银丰公司参与期货套期保值方面的具体做法是：第一，与期货公司、棉企签订三方监管协议，保证银丰公司通过期货市场保值交割后的货款足额及时偿还农发行；第二，监督银丰公司的籽棉收购、存货、销售等现货交易行为；第三，根据银丰经营规模的需要提供足额的资金支持；第四，通过期货公司监督银丰公司的期货持仓头寸、资金动向等行为，保证贷款资金安全。其中在企业、期货公司和农发行的三方合作中，仓单质押是重要环节。

近年来，由于银丰公司严格遵守套期保值的原则，成功地锁定了利润，能够按时归还

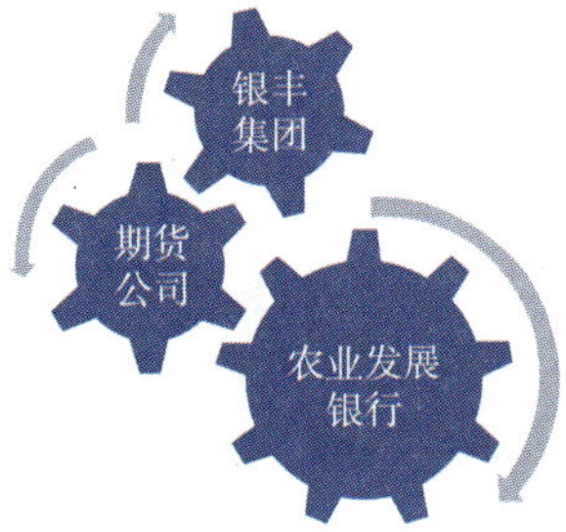

图 20 - 7　套期保值贷款模式之三方合作

全部贷款，农发行湖北省分行也愿意多贷款，从而形成了银行与企业之间存贷款的良性循环，这为公司进一步扩大经营规模搭建了更好的资金平台。

③银丰公司与农发行合作方式上的突破。银丰公司作为农发行套期保值业务的试点企业，在套期保值贷款业务上取得了突破性的进展，发展空间更加宽阔、深远。

首先，银丰集团在套期保值贷款业务上，贷款流程简化、效率提高。之前，在银丰集团与农发行湖北省分行、中国国际期货的三方合作模式中（见图 20 - 7），鉴于信贷资金不能违规进入期货市场的规定，农发行的信贷资金不能直接进入企业的套期保值账号，而是由农发行把贷款打入企业在农发行的户头，再由银丰在农发行的户头，打入保证金账户（保证金第三方存管）。而现在，作为套期保值贷款试点企业，农发行的资金可以直接打入企业保证金账户，从时空上流程简化，提高了贷款到位效率。

其次，银丰集团套期保值业务的新进展，体现在较为宽松的监管环境上。大多数企业进行套期保值贷款业务需要与农发行签署三方协议，并受农发行的严格监控。作为农发行套期保值试点企业，银丰集团则不需要签署三方协议，在套期保值的操作上具有一定的灵活性和自主性。

（3）其他商业银行参与套期保值业务贷款模式探讨和研究

①兴业银行的仓单质押贷款案例分析。兴业银行一直十分重视期货业务的发展，从 2008 年就开始着手研究标准仓单质押贷款业务，并通过集中开展业务调研，研究形成标准仓单质押贷款业务管理办法和操作细则，提交郑商所并获得批准，从 2009 年 3 月初兴业银行宣布标准仓单质押贷款管理办法和操作细则正式生效。2009 年 6 月，兴业银行开立上期所标准仓单账户质权人用户，并于当月正式开展上期所标准仓单质押贷款业务。2010 年 4 月，兴业银行在大商所的特别通道也正式开通，实现国内三家商品交易所质押通道的“全覆盖”。

兴业银行仓单质押贷款业务具有以下特点：一是可以有效解决标准仓单占压资金所造成的流动性问题，或在没有其他抵、质押品或第三方保证担保的情况下，为客户提供资金购买标准仓单，使客户能够在期货价格较低时完成原料采购，从而锁定价格，降低成本；二是既可以以已有标准仓单做质押，也可以以拟交割所得标准仓单做质押；三是未获得标准仓单前，可提前申请授信，以实现快速放款；四是一次授信，循环使用贷款；五是既支持短期贷款业务，也支持承兑、保证及信用证等其他短期业务品种；六是上期所、郑商所和大商所的标准仓单均可作为质押物向兴业银行申请融资；七是可采用变现标准仓单的方式偿还贷款，降低客户资金周转的压力。

②民生银行的新型期货仓单质押融资业务。民生银行根据标准仓单的有价证券特征，直接利用和借鉴期货交易所的一些规范管理机制控制资金风险，创造了更符合企业需要的新型标准仓单质押（过户）业务模式。新型标准仓单业务的主要内容是：银行通过发行产品筹集资金，购买信托公司单一信托计划，信托公司到期货公司开设期货交易账户，仓单客户把仓单质押（过户）给信托公司，信托公司按照一定的质押率把信托资金给仓单客户。

标准仓单的质押率一般为仓单价值的75%，根据发行时仓单品种的现货价格区域状况可以进行调整。比如，对于目前价格从历史价格和生产成本看相对处于低价区域的，仓单价值下降空间较小，相对安全的，可以提高质押率到80%。仓单质押融资采取三方风险监控模式，以银行为主导，期货公司、信托公司联合进行风险监控，每日可以通过期货公司提供的网上交易系统进行盘中实时监控，当仓单价值跌到风险警戒线，可以要求客户补充新的仓单或偿还一部分资金；如果不能及时补充，可以直接处置仓单。

民生银行衍生产品业务部在充分整合行内的各项资源的基础上，实现了商业银行在标准仓单质押融资业务授信观念和模式方面的转变，形成该业务多项业内领先的特点。例如，信用额度循环使用，免去重复审核的烦琐程序；审核过程中弱化传统信贷业务中的借款企业评级，全力支持企业发展；便捷、高效的放款机制；融资模式多样灵活，满足客户多样化需求；支持异地授信等诸多市场领先的优势。民生银行的标准仓单质押融资业务的推出将有力地推动商业银行、企业、期货公司实现多方共赢。

民生银行的标准仓单融资业务丰富了期货公司为客户服务的内容，有利于银行与期货业的合作双赢。

20.2.2 农发行资金参与期货市场的主要制约因素分析

(1) 政策限制分析

农发行参与期货市场，不可避免地要面对政策上的监管风险。首先，我国对信贷资金参与期货市场持一直保守态度，《证券法》与《商业银行法》中都有银行资金不得进入资本市场的规定。其次，信贷资金怎样“合规”地进入期货市场仍有待商榷。2007年我国颁布了《期货交易管理条例（草案）》，规定“任何单位或者个人不得违规使用信贷资金、财政资金进行期货交易”，在监管部门未对“合规进入期货市场”有明确的定义前，信贷资金进入期货市场必将面临政策上的风险，随时被“合规”捆住手脚，很难有创新之举。

(2) 农发行参与期货套期保值的风险分析

农发行参与期货套期保值，除了要面对政策性风险外，还承担着一般信贷安全和套期保值方面的风险。

①一般的信贷安全。随着经济的迅速发展，我国商业银行信贷风险已成为金融领域面临的突出问题，具体说来，信贷风险主要有操作风险、担保风险、道德风险三类。操作风险控制的重点在于强化流程管理，对现有流程进行检查和梳理；对新开发的产品进行分析及调研，避免盲目投入和高风险投入；严格制订业务手册；建立信用数据库等措施，防范控制风险等。担保风险控制的重点在于：银行必须健全保证人担保制度，加强对保证人的风险审查，对其偿债能力进行深入分析；加强对抵押物、质押物的分析；对评估机构和评估人员的资格和声誉进行调查和规范。道德风险控制的重点是：有效防范道德风险必须内外部、制度和人及产生道德风险的各层次进行综合防范。

②套保过程中面临的各种风险。在套期保值过程中，期货价格和现货价格总是存在一定程度的背离，从而使套期保值的交易行为具有一定的风险。套期保值风险主要体现在以下几个方面：

基差风险：在实际运用中，由于供需不平衡以及仓储等原因，特别是存在逼仓的情况下，可能导致基差变化较大，从而产生基差风险。

决策风险：套期保值决策的做出要根据对市场趋势的判断及企业自身的生产特点等综合考虑。在实际操作中，对期货市场的进入时机和进入点位置的判断非常重要，判断不准确就会产生决策风险。

财务风险：企业进行套期保值时，往往期货头寸数量较大，而且由于生产经营的连续性，头寸持有的时间也相对较长，即使套期保值方向正确，也容易产生财务风险。一方面可能会面临追加保证金的极大风险，另一方面面临股东的压力，特别是临近报表公布日期，企业往往被迫对期货头寸平仓。

流动性风险：期货市场的不同合约之间活跃程度不同，其流动性也不同，如果进行套期保值的期货合约流动性差，企业只能选择比较接近的合约进行替代，到期时进行移仓。如果不同月份之间基差比较小，则对保值效果影响不大；如果基差出现异常，则会严重影响套期保值效果，从而产生流动性风险。

交割风险：交割风险主要来自以个方面：交割商品是否符合交易所规定的质量标准；交货的运输环节较多，在交货时间上能否保证；在交货环节中成本的控制是否到位；交割库是否会因库容原因导致无法入库；替代品种升贴水问题；交割中存在增值税问题等。

投机风险：一些企业初期进入期货市场的目的是为了套期保值，但由于后来对头寸未能进行有效控制，超出其生产或加工的规模，导致套期保值转为了期货投机，最终损失惨重。

③监管风险。针对农发行的三方合作模式，套期保值的监管风险属于信贷资金的操作风险范畴，也体现了套期保值的投机风险。其监管风险主要源于企业在多家期货公司开户

产生的交易风险。如果企业在多家期货公司开户，农发行则不能有效地监控其在期货市场的交易情况。因此，从贷款安全的角度来看，如果要防止投机活动，防范投机风险，必然需要交易所方面的配合。

（3）基于套期保值贷款的信用评价模型

在套期保值贷款业务中，目前各商业银行和政策性银行在信用评价时，并未将套期保值的因素作为指标进行量化，仅仅停留在资料审核的程度上，即考察企业的套期保值方案的可行性。只有建立一套科学系统的套期保值信用评价模型，银行才能有依据地对套期保值贷款业务进行审批。本节将尝试以传统企业评价模型为基础，加入套期保值元素，建立套期保值贷款的信用评级模型。

①信用评级模型的指标选取。

a. 选择评价指标的原则有：

全面性原则：对企业信用评价的目的是要考核企业的信用状况，判断银行收回款项的可能性，信用评价的结果必须是企业信用的全面体现。指标体系要全面反映贷款申请企业在社会经济活动中的契约能力，因此需将套期保值因素量化地加入到信用评价模型中去。

层次性、逻辑性原则：在确定指标评价体系时，应将一些非重要变量删除，以构成最佳变量子集。在本节中，主要是考量套期保值因素，因此要简洁明了地实现具有层次性、符合逻辑的套期保值信用评价模型。

指标数据的易得性原则：评价模型中的各项指标数据，必须容易获得。一般根据贷款企业所提交的资产负债表、损益表、现金流量以及其他报表获得，一些定性指标则可以根据银行所建立的信贷档案资料或进行调研获得，否则该模型将失去实用性。

b. 具体评价指标的设计：

一般信用评价模型的指标层次结构如图 20－8 所示。

加入套期保值指标：在套期保值贷款业务信用评级中，在原有信用评级的基础上，需考虑套期保值的因素，主要从两部分入手：第一，企业参与套期保值的表现以及套期保值账户关闭后的还款情况，相关数据分别由期货公司端和银行端提供，并就企业的表现进行打分和综合评级，评级报告由银行告知客户（最新评级综合历史评级作为企业下次套期保值贷款额度的参考标准）；第二，本次套期保值的风险测评，即对当期套保操作方案的考核。

c. 指标间权重的设计。建立指标权重集，旨在根据每一层次中各个因素对信用风险影响的重要程度，分别给予相应的权数。这里我们主要讨论在整个信用评价模型中套期保值作为测评指标所占的比例，其次是套期保值因素内部的测评指标权重分析。

在企业信用等级评估指标体系中，层次分析方法经常被运用。层次分析法的基本思路是通过决策者对将负责问题分解为若干层级和若干因素，在各要素间简单地进行比较和计算，以获得不同要素和不同候选方案的权重，从而为选择最优方案提供决策依据。

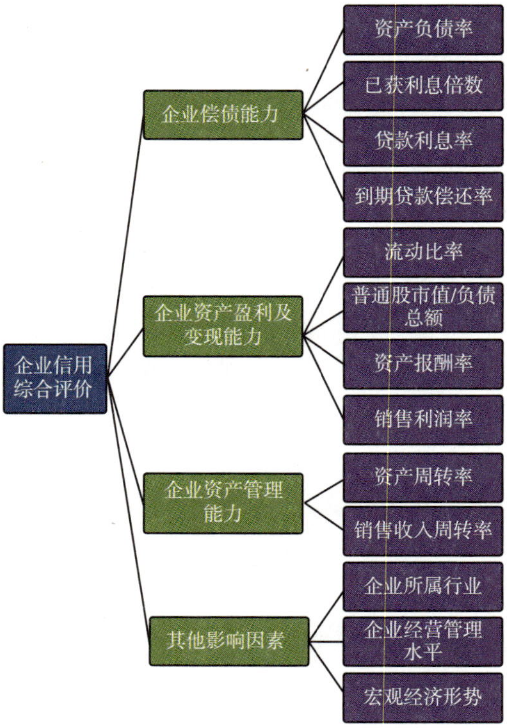

图 20－8　一般信用评价模型的指标层次结构

一是建立套期保值指标体系（见图 20－9），指标表示为 B1、B2、B3 等。

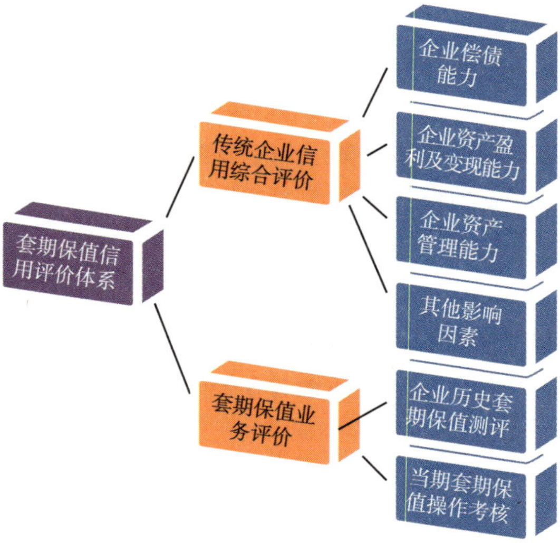

图 20－9　套期保值信用评价体系

二是构造专家评分矩阵。假定以元素 O 为准则，对一下层指标要素进行两两比较来去顶矩阵元素值。首先给出比较标准的判断尺度，见表 20－1。

表 20－1　　判断尺度确定标准

判断尺度	定义
1	对 O 而言，B_i和B_j同样重要
3	对 O 而言，B_i和B_j稍微重要
5	对 O 而言，B_i和B_j重要
7	对 O 而言，B_i和B_j重要得多
2、4、6	介于上述两个相邻半段尺度的中间

根据标准尺度，由专家给出具体指标的相对重要程度表后，得到专家评分矩阵

$A = \lfloor a_{ij} \rfloor_{n \times n}\ a_{ij}\ a_{ji} = 1$

式中，n 代表具体指标的个数，a_{ij}即B_i与B_j的比较尺度，如果B_i和B_j稍微重要，赋值判断尺度为 3，则 $a_{ij}=3$，$a_{ji}=\frac{1}{3}$。根据多位专家的意见，对判断矩阵进行加权平均，最终得到企业信用等级评价指标体系判断矩阵。

同时，需满足$a_{ij}=\frac{a_{ik}}{a_{kj}}$，即矩阵具有一致性，表示对因素之间重要性的判断是没有矛盾的。

接下来就是相对重度的计算，即对专家给出的判断矩阵进行处理，先计算出判断矩阵的特征向量，然后进行归一化处理，得到各指标的相对权重。

具体计算如下：求特征向量 X 的分量：

$$X_i = \left(\prod_{j=1}^{n} a_{ij}\right)^{\frac{1}{n}} \qquad (i = 1,2,\cdots,n)$$

归一化处理的方法如下：

$$X_O = \sum_{i=1}^{n} X_i \qquad (i = 1,2,\cdots,n)$$

归一化结果，即相对重要程度，

$$X_i^0 = \frac{X_i}{X_O} \qquad (i = 1,2,\cdots,n)$$

例如，对于涉农企业套期保值贷款信用等级 O 指标下，企业传统评价指标B_1，历史套期保值指标B_2，当期套期保值指标B_3，征询专家意见给出的判断矩阵如表 20－2 所示。

表 20－2　　根据专家意见得出的判断矩阵

O	B_1	B_2	B_3
B_1	1	0.2143	0.2143
B_2	4.667	1	1
B_3	4.667	1	1

通过计算，归一化结果为：（0.7，0.15，0.15）。那么在这次专家评审中，传统评价指标占70%的权重，历史套期保值指标和当期套期保值指标权重都为15%。

这里我们需要注意的是，在建立套期保值贷款评价中，不仅仅是对套期保值因素对传统评价指标进行权重分析，还需要对套期保值因素内部进行独立的权重分析，即进行多层次的权重分析。

②建立企业信用评价模型。贷前风险评估主要由两大风险部分组成，一是普通贷款风险部分，二是套期保值方案风险部分。在这里，我们以上文的专家评价结果为例，设计赋予普通贷款风险权重为70%，套期保值风险权重为30%，其中，历史套期保值操作评价权重15%，套期保值方案风险权重为15%（见表20－3），风险分值计算方法为：

总风险分值＝普通贷款风险分值×70%＋历史套保评价×15%＋套保风险指标分值×15%

普通贷款风险大致可分为：项目风险、资金风险、市场风险、财务风险、法律、体制等风险、行业风险及地区风险等，不同银行有各自衡量标准。

企业历史套期保值操作评价主要考察企业在进行套期保值中，是否保持套期保值的原则，以及交易中对抗风险事件的能力等，可由期货公司和银行各自打分评估。

针对当前套期保值，设计具有代表性的参数，作为衡量套期保值风险的指标。具体风险指标的区间，银行应该与期货公司协商后，针对不同客户进行调整。

套期比：企业原材料保值的比例，即企业利用多少期货市场的头寸保值原材料的价格波动。

仓位：企业套期保值方案中设计的初始保证金占用比例。

套保时间：原则上企业的套保时间应该和企业生产运营的周期相匹配，保值时间越长，贷款的风险就越大。

保证金额度：企业实际贷款额进入保证金账户的实际额度。

抵押资产信贷比例：抵押比例为贷款金额比上抵押物价格。抵押比例越高，贷款风险相对来说越大。

表20－3　　企业信用评价评分规则列表

普通贷款风险分析（权重：70%）									
	普通贷款风险分值计算	普通贷款风险分值							
历史套期保值评价（权重15%）									
序号	风险因素	分值	标准						
			A	B	C	D	E	评分	备注
1	交易方向和数量是否符合套期保值原则								银行与期货公司综合评分

续表

序号	风险因素	分值	标准					评分	备注
			A	B	C	D	E		
2	套保效果								银行与期货公司综合评分
3	还贷情况								
套期保值方案风险分析（权重 15%）									
序号	风险因素	分值	标准						
			A	B	C	D	E	评分	备注
1	套期比								
2	仓位		低于10%	10%～20%	20%～30%	大于30%			
3	套保时间		小于3个月	3～6个月	6～12个月	大于12个月			
4	保证金额度								
5	抵押资产信贷比例								
6	套保方案风险分值计算	套保方案风险分值							
总风险分值计算		总风险分值							总风险分值 = 普通贷款风险分值 × 70% + 历史套保评价 × 15% + 套保方案风险分值 × 15%

在开展套期保值贷款业务的过程中，风险控制非常重要。银行推出的清算体系可为期货公司设置交易风险和经营风险的隔离层，而期货市场的持续快速发展也为银行提供了新的风险管理方法与手段。

③当前我国银行信贷风险质量管理存在的主要问题：

首先，信用风险管理机构方面存在问题。在我国商业银行中，负责信用风险管理的主要是贷款部门的贷款员，对期货市场没有深刻理解，这远不能满足实际信用风险管理工作的需要。而国外从事套期保值业务的商业银行设有专门的期货部，能提供专业性的套期保值指导和控制，值得我国银行业学习。

其次，信贷管理机制不健全。我国目前贷款的审批和发放主要凭借个人主观意愿，无论是贷前调查还是贷时审查，缺乏科学而完整的客观评价。

最后，信贷管理方法和手段落后。我国银行机构进行企业信用分析时，采用定性方法较多，缺乏科学系统的定量分析，信用风险分析主要停留在传统的比例分析阶段，缺乏建立在统计分析和人工智能等现代科学方法基础上的信用风险量化测量工具，不注重贷款企业的利率风险、价格风险等规避手段，不对企业提出套期保值要求。

总之，我国银行机构的信贷风险管理多为被动式管理，应提升信贷从业人员对期货市场的了解，促进套期保值业务的发展，优化信用评价结构，最终保障贷款的安全。

20.3 农发行资金支持期货市场的政策建议

20.3.1 逐步放开政策限制，允许信贷资金进入期货市场

近年来，套期保值贷款发展迅速，从仓单质押贷款，到目前流行的三方合作模式，受制于信贷资金严禁进入期货市场的规定，信贷资金迂回进入期货市场，套期保值贷款流程复杂且冗长，不利于套期保值贷款业务的推进。

从国际惯例来看，银行以抵押贷款方式为企业套期保值交易提供融资，银行的信贷风险防范不但是可行的而且是可靠的。目前，我国金融监管政策的放松为银期合作提供了发展空间。近年来，农发行通过套期保值贷款试点企业，摸索信贷资金参与期货市场的模式，获得了各方的肯定。就整体而言，小部分的试点企业，远远不能满足市场对套期保值贷款的需求，也不能与期货市场的发展势头匹配。在新的发展阶段，我国现行的相关政策法规应尽快完善，套期保值贷款业务尽早与国际惯例接轨，从而为农发行资金参与期货市场稳定健康发展营造良好的环境。在此，建议在健全风险控制体系的前提下，适当放宽入市限制，考虑将现行规定中禁止金融机构参与期货交易，禁止银行信贷资金进入期货市场的规定取消，引导相关企业利用期货市场来规避风险。

20.3.2 加大交易所的协调组织力度，保障农发行资金在期货市场的平稳运行

期货交易所是推动农发行资金参与期货市场的重要环节，在此过程中，期货交易所可以对三方的行为进行协调和沟通，起到推动套期保值和规避风险的作用。

（1）选择理想的农业企业作为套期保值试点企业，并积极展开套期保值的大范围推广

期货交易所应从企业规模、现货来源、加工规模等方面考察企业实力，作为选择试点的参考标准，通过从实战中积累经验来形成符合农业企业特点和需求的套保模式，并总结

农业企业套期保值的经验教训，完善套期保值的模式和流程，以积极辅助农业企业利用期货市场规避风险。

（2）期货交易所要配合农发行降低仓单风险，实现对贷款企业参与套保交易的监控

农发行在三方协议中，对商品入库生产仓单的过程存在监管空白区，交割仓库遍及全国各地，无法实地实时监控，需要郑商所方面的支持和配合。

（3）期货交易所要对企业在期货公司开户情况进行监控

针对企业在多家期货公司开户，导致农发行无法监控企业全部的期货交易的情况，需要交易所给予相应支持，配合农发行准确得到全方位的交易信息，防范风险发生。

20.3.3 发挥农发行政策性银行的特性，落实套期保值贷款的审贷措施

农发行应配合政府通过扶持农业企业参与套期保值，帮助企业规避和抵消部分现货市场价格波动风险，以促进企业实现长期稳定发展。

首先，农发行与交易所互相协作，从信贷风险的角度考虑，选择资金规模较合适的农业企业作为第一批套期保值贷款试点企业。其次，建议农发行实行差别利率，由点到面拓展。在试点工作取得阶段性进展后，可考虑扩大农业企业套期保值的服务对象。一方面，要综合考虑成本风险要素，全面分析农业企业的信用度、承受力、成长性，按贷款方式、信用等级、贷款期限等指标，确定综合资金成本率，计算保底利率。另一方面，要实行差别定价原则，对不同借款人实行差别利率，并在风险变化时进行调整。通过合理控制利率水平来降低农业企业利率价格水平，减少企业的融资成本，体现政策性银行的特点。

国外商业银行在对企业进行套期保值贷款时，或是信用贷款，或是抵押贷款，不干涉企业的套期保值流程，给予企业灵活操作的空间，即便是发生风险事件，企业从信用角度或是财产抵押方面也能保障贷款安全。目前国内对于套期保值贷款大多采取仓单质押的方式，或是期货公司、银行和企业三方合作的方式，银行对企业的套保流程都有很严格的监控体系，对企业的套保操作也有很多限制。虽然实际的操作中对于那些信誉良好的大型企业的监控比较宽松，但一定程度上还是干涉了企业的经营，不利于套期保值的有效运行。

随着期货市场的规范化发展，中国企业信用建设的完善，以及企业自身对套期保值的驾驭能力的提高，农发行宜适当放松对套期保值操作的监管，给予企业灵活操作的空间，才能更好地实现套期保值防范市场风险的作用。

20.3.4 完善期货市场功能，降低套保贷款的系统风险

随着农发行在套期保值贷款业务上逐渐成熟，贷款规模正日益扩大，在东北三省、河

北、河南、湖北、安徽等主要农业产区，涉农企业利用农发行信贷资金参与期货套期保值的规模增加明显。农发行信贷资金参与期货市场的数量巨大，仅湖北省农发行支行每年就有上亿元的规模，2015 年 4 月农发行成为期货保证金存管银行，这也是政策性银行首次从事期货保证金存管业务。不仅能够简化目前套期保值的流程，提高操作效率，便于农发行实时监控贷款企业的实际交易情况，且更有利于农发行进行风险管理。此外，获得期货保证金存管资格，实现与期货公司的银期合作，农发行还能获取更多的经济利益，有利于提高农发行参与套期保值业务的积极性。农产品期货市场的功能发挥有助于降低农发行资金参与套期保值所面临的系统风险。根据我国农产品期货市场的发展现状，可以采取增设农产品期货交割库、研发推出新产品等措施来促进农产品期货市场的功能发挥。

20.3.5 加强银期企三方合作的风控体系建设，防范信贷风险

（1）完善套期保值业务的三方合作模式

由于期货投资的特殊性以及银行贷款的高风险性，在三方经营模式的运行中，各关联方尤其要注意对风险的控制。这就要求各方制定完善的监管制度，严格按照要求进行事前、事中、事后的风险管理。农发行根据账户管理所需建立管理团队，期货公司建立结算、交易、风险评估团队以配合业务对接。对于套期保值账户监管要做到全面、细致。同时，农发行需要设置应急预案，对于出现的违规操作也要严格处理。

（2）建立科学有效的贷前风险和信用评价体系

农发行通过完善套期保值企业的风险和信用评价体系，从而确定套期保值贷款的适用对象、额度、期限和利率，以及循环贷款保证的额度。同时，农发行方面应加强对客户的全方位调查和持续跟踪，了解借款经营动态和资信情况，减少借贷双方的信息不对称，从而将银行的信贷风险降到最低。

（3）加强对贷款账户资金来源的风险控制

农发行信贷资金进入期货市场，首先从农发行账户打入企业账户，再由企业账户打入保证金结算账户，从源头规避信贷资金直接进入期货市场的嫌疑，做到合规合法。通过信贷资金入账停留时间的控制，来防止经营性信贷资金用于期货市场。用于销售或采购的资金，需采用实货实付的机制，信贷资金打入企业账户只能停留一天，而在银行监控下打入企业合作方，可从根源控制信贷资金的去向。

（4）积极与期货公司合作，完善对企业的贷后监管

通过期货公司的第三方监管和反馈，农发行能快速掌握企业在期货市场的交易情况，对企业期货交易的合理性和安全性等信息进行监控，更加合理地控制贷款走向。农发行可

根据期货公司和企业自身提供的期货保值头寸等信息，及时对贷款的额度、期限进行调整，决定是否持续追加贷款以及对企业进行必要的行为监督和控制。

20.3.6 加大涉农企业参与农业保险的进程，从根本上保障信贷资金安全

农业企业要想在信贷尤其是套期保值贷款业务方面取得金融部门的大力支持，需要有稳定农业生产和收益的有效保障措施。农业保险正是化解农业生产风险、保障农业生产者利益的一种有效手段，通过加快涉农企业参与农业保险的进程，有利于保障信贷资金安全，并吸引信贷资金参与套期保值贷款业务。

可通过有效结合农业参保和套期保值贷款业务的互为补充特性，来促进两项业务的有序进展。目前涉农企业不仅要适应市场经济的发展，还面临着强大的国外竞争对手，因此需改善传统的农业经营模式，不断吸取国外农业发展的成功经验，以缩小我国农业与国外发达国家的距离。经过几十年的探索和实践，我国政府逐渐认识到保险对农业的重要性，农发行作为国家政策性银行，也循序渐进引导涉农企业参保。例如，2009 年 12 月发布的《关于明确粮油合同收购贷款等商业性贷款特别规定的通知》中，在粮油合同收购贷款条件中，明文对参加了自然灾害保险粮食生产大户给予优先贷款支持。虽然农发行没有像美国那样对保险实施硬性规定，但从贷款管理上逐步引导企业参与保险规避风险，也是很大的进步。

在发放套期保值贷款过程中，应充分发挥农发行的政策引导作用，分别对企业是否参保来区别对待套期保值贷款的审定环节及利率要求。从农发行来看，可以从套期保值贷款条件入手，要求套期保值贷款企业参与农业保险，或者要求所有贷款企业参与农业保险，推广农业保险，加快我国农业的现代化管理进程，并保障套期保值贷款的安全性。

21

交易所不同区域仓单升贴水与套期保值操作成本分析

21.1 期货交割制度介绍

21.1.1 期货交割制度

一般商品期货的交割制度包括期货合约中规定的交割日、交割品的升贴水、交割仓库、交割的风险控制、交割成本的确定等。

根据交割制度规定，最后交割日是每个合约完成交割的最后一天。在这一天闭市前，所有卖方客户必须将标准仓单交到交易所，所有买方客户必须补足全额货款，否则视为违约。

交割品的升贴水包括替代交割商品的质量升贴水和注册仓库的地区升贴水差异。我国现行的升贴水制度有它的缺陷，交易所的升贴水标准不是由市场供求关系形成的，而且制定后一成不变，没有充分反映消费者的需求变化，因而制约了交割量，限制了期货与现货的进一步融通。此外，交割仓库的分布也影响着交割的成本和升贴水。

期货交割过程涉及的成本很多，包括隐性成本和显性成本。隐性成本又叫机会成本，比如利率等；显性成本就是一般的费用，比如仓储费、交易费、检验费、运输费等。

指定交割仓库是指经交易所审定注册的，为期货合约履行实物交割的指定交割地点。

21.1.2 期货交割形式

我们以大商所现有期货转现货、滚动交割和集中交割三种实物交割方式为例来看。黄大豆 1 号、黄大豆 2 号、玉米、豆粕和豆油均可采用期货转现货、滚动交割或集中交割方式。

（1）集中交割

集中交割是指在最后交割日卖方把标准仓单、买方把货款全部交到交易所，由交易所一次性集中完成期货合约所载商品所有权的转移，了结买卖双方到期未平仓合约的交割形式。集中交割的流程如图 21－1 所示。

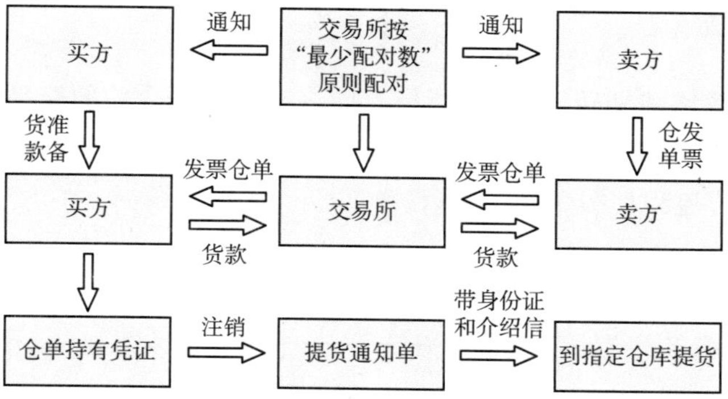

图 21－1　集中交割流程

（2）滚动交割

滚动交割指在合约进入交割月后，由持有标准仓单和交割月单向卖持仓的客户通过会员主动提出交割申请，并由交易所组织匹配双方在规定时间完成交割的交割形式。滚动交割流程如图 21－2 所示。

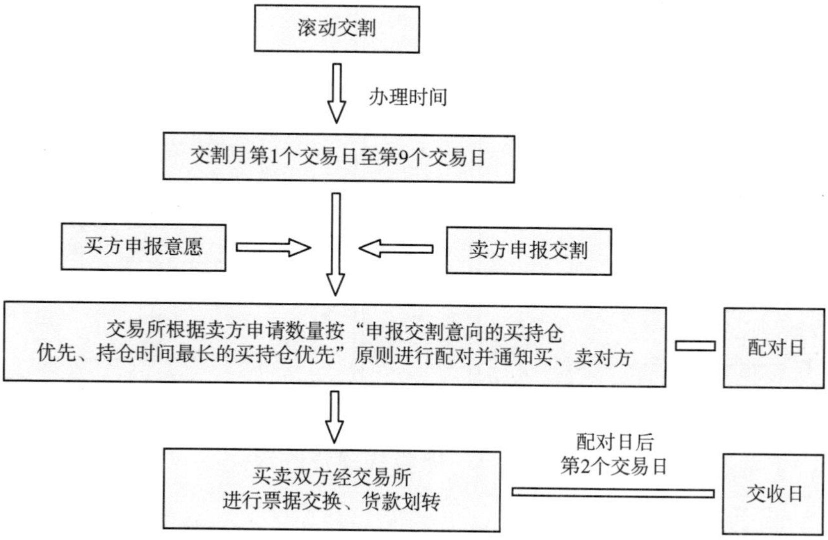

图 21－2　滚动交割流程

除了上面的流程外，客户在滚动交割中还应该注意：①进入交割月后，只有同时持有标准仓单和交割月单向卖持仓的客户才可以委托会员提出滚动交割申请；②滚动交割流程的第 1 日是配对日。交易所对提出交割申请的相应持仓和仓单予以冻结，其卖持仓对应的交易保证金不再收取；③滚动交割违约是指在规定期限内买方未能如数解付货款的情况。

(3) 期货转现货

期货转现货（简称“期转现”）是指持有同一交割月份合约的交易双方通过协商达成现货买卖协议，并按照协议价格了结各自持有的期货持仓，同时进行数量相当的货款和实物转移。期货转现货流程如图 21－3 所示。

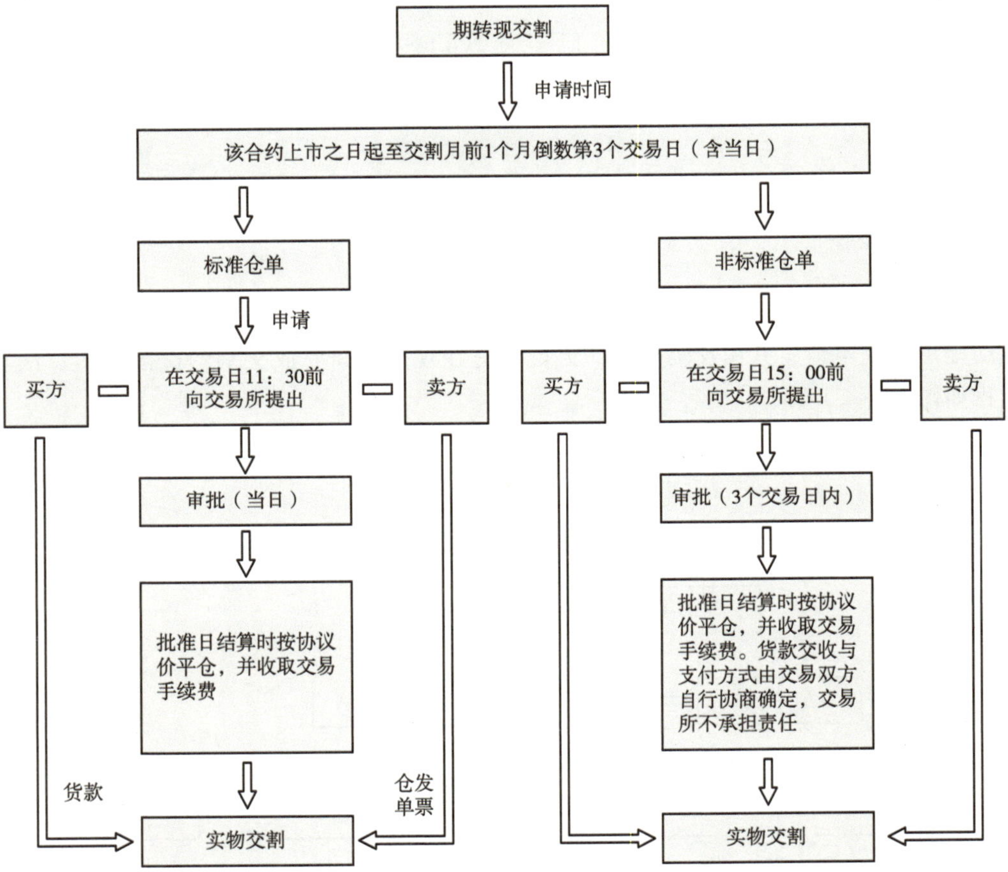

图 21－3 期货转现货流程

同时，买方在最后交割日闭市前必需补足全额货款；卖方在最后交割日闭市前必需缴齐对应的标准仓单，否则将被视为交割违约。

(4) 三种交割方式的比较

三种交割方式的比较见表 21－1。

表 21－1　　三种交割方式的异同

	期货转现货	滚动交割	集中交割
办理时间	合约上市之日起至交割月份前1个月的倒数第3个交易日（含当日）	交割月第1个交易日至第9个交易日	最后交易日
配对时间	在可办理时间内以买卖双方协商的日期为准	卖方提出滚动交割申请当日	最后交易日闭市后
配对原则	买卖双方协商	“买方优先”原则；“申报交割意向的买持仓优先，持仓时间最长的买持仓优先”原则	“最少配对数”原则
结算价格	买卖双方协议价	配对日结算价	交割结算价
主要特点	双方协商进行，分为非标准仓单期转现和标准仓单期转现	卖方优先原则：符合条件的卖方提出申请后保证当天配对成功，被配对买方要按期付款	最后交易日收市后配对，交易所集中办理交割

21.2　套期保值成本分析

套期保值也要付出一定的成本。投资者最终决定是否进行套期保值以及如何进行套期保值，取决于规避风险带来的利益和付出成本之间的关系。套期保值者的成本有：

21.2.1　手续费

期货交易要缴纳交易手续费，下面以国内已经上市的农产品期货品种为例，说明交易手续费的情况，见表 21－2。

表 21－2　　国内农产品期货品种交易手续费

品种	交易手续费
玉米	3 元/手
黄大豆 1 号	4 元/手
黄大豆 2 号	4 元/手
豆粕	3 元/手
豆油	6 元/手
棕榈油	6 元/手

续表

品种	交易手续费
强麦/硬麦	2元/手
棉花	8元/手
白糖	4元/手
菜籽油	4元/手
早籼稻	2元/手

如果投资者要进行实物交割的话，还需要考虑交割手续费。

21.2.2 资金占用方面的成本

占用资金是要支付利息的，这就构成期货交易资金的机会成本。

（1）交易保证金

进行期货交易首先要缴纳交易保证金，保证金的要求一般只是合约价值量的5%～10%，而且套期保值者可以用标准仓单和国库券质押保证金。

（2）追加保证金

交易者要准备可能出现的追加保证金，期货交易结算的逐日盯市制度可能会增加套期保值者的成本，这是因为现货交易的利润或损失必须等到实物买卖时才进行清算，而期货持仓从入市当天开始就每日结算。以空头套期保值为例，如果价格上涨，期货持仓损失，套期保值者必须追加保证金以满足要求。虽然此时现货市场因价格上涨而有利，但在进行现货交割前，现货价格上涨带来的利润仅仅是账面利润，而期货市场上存在浮亏，套期保值者在期货市场上需要先追加保证金来弥补期货持仓的损失。

21.2.3 交割费用和成本

以大商所为例，客户在大商所进行期货交割的费用包括：

卖方注册仓单并交割的费用＝检验费＋相应的仓储及损耗费＋交割手续费

买方交割并出库变现费用＝相应的仓储及损耗费＋交割手续费

（1）检验费和交割手续费

大商所按照规定收取相应的检验费和交割手续费（见表21－3）。其中，检验费由检验货物的客户支付给仓库（豆2由客户支付给检验机构，仓库不收取）；而交割手续费则由大商所收取。

表 21－3　　各品种检验费和交割手续费

品种	检验费	交割手续费
黄大豆 1 号	2 元/吨	4 元/吨
黄大豆 2 号	3 元/吨	4 元/吨
玉 米	1 元/吨	1 元/吨
豆 粕	3 元/吨	1 元/吨
豆 油	3 元/吨	1 元/吨

（2）仓储及损耗费

在黄大豆 1 号、黄大豆 2 号、玉米、豆粕和豆油仓单注册后将按照规定标准收取仓储及损耗费（见表 21－4）。

表 21－4　　各品种仓储及损耗费收取标准

仓储及损耗费	5 月 1 日—10 月 31 日	11 月 1 日—4 月 30 日
黄大豆 1 号	0.5 元/吨·天	0.4 元/吨·天
黄大豆 2 号	0.5 元/吨·天	0.4 元/吨·天
玉米	0.6 元/吨·天	0.5 元/吨·天
豆粕	0.5 元/吨·天	
豆油	0.9 元/吨·天	

注：黄大豆 1 号、黄大豆 2 号、玉米、豆粕的仓储及损耗费包括储存费、保管损耗、熏蒸费三项费用，豆油的仓储及损耗费包括储存费、保管损耗两项费用。

大商所代仓库从会员账户上扣除仓储及损耗费。需要明确的是：仓单转让当天的仓储及损耗费由转入方承担；滚动交割交收日、最后交割日当天的仓储及损耗费由买方承担；仓单质押、仓单冻结、仓单冲抵保证金后，均照常收取仓储及损耗费。

（3）入出库费用和杂项作业服务费

按照规定，各指定交割仓库在每年 10 月 1 日之前将下一年度入库、出库最高费用标准上报交易所；大商所核准后，将会在 11 月 1 日之前公布该仓库下一年度入出库费用的最高限价格。指定交割仓库杂项作业服务收费实行最高限价，各指定交割仓库杂项作业服务最高收费标准由交易所制定并公布。

（4）包装物规定

交易所对不同交割品种包装物的要求见表 21－5。

表 21－5　　　　交易所对不同交割品种包装物的要求

品种	包装物	价格	包装物大小	规格	质量要求	卫生要求
黄大豆1号	麻袋	黄大豆1号包装物价格包含在合约价格中	长：107 ±5cm 宽：74 ±3 cm	（1）包装物数量按每吨11条麻袋计算；（2）麻袋重量按每条0.9公斤计重	（1）不破、不漏；（2）可用机器或手工缝口，其中机器缝口必须达到两头锁紧双趟标准；手工缝口必须达到双线16针以上（含16针）标准	无毒害物质污染，无油污，无霉变，无严重的煤灰、石灰、铁锈、泥土、水渍等污染
黄大豆2号包粮		由交易所确定并在合约上市时提前公布				
豆粕	新的编织袋	包装价格包含在合约交易价格中	长：1 075mm ~ 1 225m 宽：625mm ~ 725mm	豆粕包装物不计算件数；同一客户同一批次入库的豆粕包装要求规格统一	不破、不漏、新的编织袋，每一袋包装上必须印有品名、厂家名称、厂家地址、厂家电话、重量的标识，并在编织袋上缝制印有生产日期的标签	
玉米包粮	麻袋	价格由交易所确定并在合约上市时提前公布	长：107 ±5cm 宽：74 ±3 cm	按每吨12条麻袋计算；麻袋重量按每条0.9公斤计重	不破、不漏，麻袋缝口可以是机器缝口或手工缝口。机器缝口必须达到两头锁紧双趟标准；手工缝口必须达到双线16针以上（含16针）标准	

21.3　仓单升贴水及对套期保值成本的影响

21.3.1　仓单升贴水

交割地之间的升贴水是指同一商品在不同交割地间的价格关系。期货交易所一般指定一个基准交割地，在其他地方交割时对基准交割地实行升贴水。例如，海南中商所确定橡胶的基准交割地在海口，如果选择在上海进行交割，则橡胶升水 200 元/吨。交割地之间的升贴水标准主要依据两个交割地之间的运输费用以及当地生产水平来确定，国内期货交易所目前在这个环节上做得比较好，升贴水标准制定得比较合理。

21.3.2 不同区域仓单升贴水对套期保值成本的影响分析

企业进行套期保值的过程中，交割成本是需要考虑的重要因素。其中，由于不同区域交割库形成的升贴水对交割成本影响不容忽视。

以豆粕为例。豆粕因其是养殖饲料的主要原料，其交割仓库主要分布在河北、天津、江苏、山东及广州等沿海地区，并因其运输费用及当地供需情况的不同，产生一定的升贴水费用。目前江苏连云港及河北、山东大部分交割库贴水，贴水幅度在 30～50 元/吨。主要是因为当地油厂集中，供给充足。对于卖出保值的企业来讲，贴水会影响其套保效果，具体来看，豆粕的检验费 3 元/吨，交割费为 1 元/吨、检验费 0.5 元/吨·天，一般豆粕套保时间跨度为 3 个月，即 3 个月 1 吨豆粕的存储费在 45 元，以益海（连云港）粮油工业有限公司交割库为例，贴水 30 元/吨，交割成本约为 75 元/吨，贴水占比 40%，比重较大。可见贴水幅度较大，会拉低交割结算价，从而直接加大套期保值交割成本，从而影响企业参与期货交易的积极性。当然对于采购商或消费企业来说，贴水会降低企业采购成本。

相对来讲，升水会提高买入保值客户的采购成本、同时提高卖出保值的销售价格。

当然，由于品种区域分布的特点，套保客户还需要在不同交割库中衡量交通运输成本，与交割库的升贴水结合起来考量套保成本。

21.4 交割库设置原则及建议

21.4.1 交割库的选择应当考虑更多因素

仅仅为了控制行情而频繁变更交割库，并不利于期货市场的长期发展和繁荣。期货市场的繁荣应当建立在期货市场的功能充分发挥的基础上，否则，这种繁荣是虚假的、短暂的。在过分短视的市场控制手段下，由于库容的频繁变动和库址的反复变更，交易者的收益和风险很难预测，不利于交易者正确选择交易策略。交易者在比较以后，觉得投资于其他市场更加有利，就会退出期货市场，市场的流动性从长期来看必然减少，市场必然逐步萎缩。因此。单从交割库的设立来说，应当考虑市场的长远发展，因此，设计库容，选取库址时应当考虑如下因素：

（1）应当有利于套期保值者参与

套期保值是期货最基本的功能，这个功能不充分发挥，期货市场是失去了存在的意义。期货以保证金交易的形式，让套期保值者以较低成本进行价格保险，这是期货最初发展的原因。由于买入套保与卖出套保的双方在交易时间、价量匹配上出现不一致，使得投机者有运作的空间，为市场提供流动性，使连续交易成为可能。只有大量的套保者出现，才能够在公平交易的基础上为投机者提供更多的风险匹配服务而获取利润。如果通过把套保者挤出去，引入大量投机者对赌，这样的市场就不是真正意义上的期货市场。目前，我国农产品期货的真正套期保值者很少，一则由于参与套保的门槛高，审核和控制严格，大部分有套保需求的农户、流通者很难进入。二则由于注册标准仓单进行交割的成本高，使空方处于不利地位，如果交易所设立交割库远离产地和集散中心，势必增加这些空头套保者的运输成本，更增加了他们入市后被挤榨、被逼迫的风险，从而减少了他们的入市愿望。在这种情况下，多头投机者倒是十分愿意参与，因为这种形势对他们极其有利。因此，农产品期货市场的投机资金与实际套保资金之比很高，投机气氛很浓，这与交易所对某些品种交易不活跃是因为投机不足的判断相悖。因此，为了使大量套保者加入期货市场，对农户进行适当的组织，使其交易规模扩大，取得套保资格，或者降低套保者的进入门槛；此外，交易所在设立交割库等方面，应尽量考虑降低运输成本和信息成本，使这些套保者觉得参与套保的效果显著，操作简易。

（2）应当有利于降低社会成本

任何产品成为商品以后，都要经历从产区出发的路线。因此，交割库设立在产区，就可以避免因误配导致产品在某些路线上来回往复地进行运输，降低总的运输成本。在因期货价格偏离现货价格太远，而导致多余的交割以后，产品即使要运往交割库区以外的区域销售，也不会增加多余的运输成本。如果集中到一个或两个点交割，交割时，已经付出较高的运输成本，出现多余交割以后，要运往其他区域销售，又要付出运输成本，这样就会增加总的运输成本。因此，将交割库分散设立于产区或进口港口区域，更有利于节约总的社会成本。

（3）应当有利于抗操纵

期货市场的操纵是一个值得注意的问题。从合约设计、交易机制的设计以及各个交易环节的监控，都必须考虑抗操纵。交割库的设立，从库容到库址的选择，直接影响了期货市场的抗操纵能力。交割库库容过少，多头就可以较少资金量拉升价格压榨空头，如果空头进行反操纵，加大交易量，就可能增加交割量，在交割阶段，空头可能因库容不足，不能注册足够的仓单交割而被迫承担高价对冲合约或违约成本。只要资金足够多，在库容不足时，多头逼仓总是占优策略。当交割库集中或远离基础商品产地，也会增强多头的逼迫能力。频繁的逼迫，会产生两个不良后果：期货价格与现货价格过度偏离，相关性过小，使得期货的价格发现功能和套保功能失效。长期如此，期货将成为昂贵的对赌工具。因此，交割库库容越少、越集中、越远离商品产地或集散地，市场抗操纵能力就越弱。

21.4.2 期货交割库设立建议

(1) 农产品交割库尽量设在产区

农产品交割库尽量设在产区，这样更有利于农户参与套期保值的积极性，更有利于期货市场的价格发现和引导决策功能，有利于稳定农产品价格。

(2) 交割库不宜过分集中

芝加哥等农产品期货中心原来将交割库集中设立在交割地点，但是他们发现，这些农产品期货价格偏离现货价格严重，结果，定价中心转移到了现货批发中心而不是期货市场，这一情况使他们不得不将交割库适当分散。我国期货市场正处于发展时期，要点也是规范、扩大市场，应当从经验上、理论上吸取教训，恰当地设立交割库，完善期货的交割环节。

(3) 在品种上市时，要充分估计好交易量和交割量，恰当地设计库容

频繁地变更库容，使期货价格波动大，也会让交易者对交易所的监管能力感到怀疑，使日后交易所的监管难度加大。关于交易所担心某些品种的流动性不足，和交割量偏大的问题，我们认为：不能寄希望于交割库的变更。如果为了引入更多的投机资金来活跃交易而减少库容，使交割库更加集中，实质上是纵容多头逼迫，无异于饮鸩止渴。问题的解决应当依靠引入更多套保者参与。其次，应当改革我国的期货品种上市制度，加大交易所品种上市自主权，依靠更多的品种来降低交易者的参与成本，使参与者积极性提高。

附录：农产品期货不同区域仓单升贴水情况

附表 1　　大连商品交易所豆粕指定交割仓库名录及升贴水情况

序号	交割仓库名称	地址	装运站	交割专区	基准库/非基准库	与基准库升贴水（元/吨）
1	江苏省江海粮油贸易公司张家港储运部	江苏张家港市金港镇西五街桥1号	船舶：张家港江海粮油码头	江海张家港库区	基准库	0
2	中国华粮物流集团南通粮油接运有限责任公司	江苏南通市任港路62号	船舶：南通粮油接运公司码头	南通粮油接运库区	基准库	0

续表

序号	交割仓库名称	地址	装运站	交割专区	基准库/非基准库	与基准库升贴水（元/吨）
3	南京铁心桥国家粮食储备库	江苏省南京市雨花台区铁心桥镇吴尚村	铁路：上海铁路局南京南站 船舶：秦淮新河南京市粮食局铁心桥国储库码头	南京铁心桥库区	基准库	0
4	中国外运陆桥运输有限公司	江苏省连云港市墟沟中华东路18号	铁路：墟沟站，中国外运连云港第一储运公司专用线 船舶：连云港码头	外运陆桥库区	非基准库	-30

附表2　大连商品交易所豆粕指定交割仓库（厂库）名录及升贴水情况

序号	交割厂库名称	地址	装运站	标准仓单最大量（吨）	日发货速度（吨/天）	基准库/非基准库	与基准库升贴水（元/吨）
1	中粮新沙粮油工业（东莞）有限公司	广东省东莞市麻涌镇新沙港科技工业园区	铁路：广深铁路下元站新沙港专用线	20 000	1 350	非基准库	0
2	统一嘉吉（东莞）饲料蛋白科技有限公司	广东省东莞市麻涌镇新沙港科技工业园区	铁路：广深铁路下元站新沙港专用线	12 000	800	非基准库	0
3	广州植之元油脂有限公司	广州市珠江新城华夏路8号国际金融广场28楼	铁路：增城市新塘火车站 船舶：东州湾码头	18 000	1 200	非基准库	0
4	中粮东海粮油工业（张家港）有限公司	江苏省张家港市金港镇东海路1号	船舶：张家港东海粮油专用码头	60 000	4 000	基准库	0
5	金光食品（宁波）有限公司	浙江省宁波市北仑区黄河北路1号	船舶：宁波金光粮油码头有限公司	18 000	1 200	基准库	0

续表

序号	交割厂库名称	地址	装运站	标准仓单最大量（吨）	日发货速度（吨/天）	基准库/非基准库	与基准库升贴水（元/吨）
6	张家港江海粮油工业有限公司	江苏张家港市金港镇宝岛路1号	船舶：张江港江海粮油码头	27 000	1 800	基准库	0
7	益海（连云港）粮油工业有限公司	江苏省连云港市墟沟大港路	铁路：中云（济）港务局四公司八道专用线 船舶：连云港65号泊位	48 000	3 200	非基准库	-30
8	中粮黄海粮油工业（山东）有限公司	山东省日照市岚山港北	铁路：岚山站黄海粮油铁路专用线 船舶：岚山港	12 000	800	非基准库	-30
9	山东新良油脂有限公司	山东省日照市海滨五路南首新良路1号	铁路：日照站 船舶：日照港集装箱公司	12 000	800	非基准库	-30
10	邦基三维油脂有限公司	山东省日照市经济开发区海滨五路	铁路：日照站 船舶：日照港	15 000	1 000	非基准库	-30
11	龙口新龙食油有限公司	山东省龙口开发区新港路39号	船舶：龙口港码头	15 000	1 000	非基准库	-30
12	益海（烟台）粮油工业有限公司	山东省烟台市港湾大道100号	铁路：烟台港内专用线 船舶：烟台港	15 000	1 000	非基准库	-30
13	秦皇岛金海粮油工业有限公司	河北省秦皇岛市海港区海滨路35号	铁路：秦皇岛南站 船舶：秦皇岛港	60 000	4 000	非基准库	-50
14	九三集团天津大豆科技有限公司	天津市天津港保税区新港大道266号	铁路：天津新港站 船舶：天津港	45 000	3 000	非基准库	-50
15	东莞市富之源饲料蛋白开发有限公司	东莞市洪梅镇樱花台盈工业区	船舶：富之源码头	22 500	1 500	非基准库	0

续表

序号	交割厂库名称	地址	装运站	标准仓单最大量（吨）	日发货速度（吨/天）	基准库/非基准库	与基准库升贴水（元/吨）
16	路易达孚（霸州）饲料蛋白有限公司	河北省霸州市开发区地方货场西物资库（岔河集乡津保路北）	铁路：霸州站	12 000	800	非基准库	-50
17	南通来宝谷物蛋白有限公司	江苏省南通市跃龙南路 214 号	船舶：南通狼山港	30 000	2 000	基准库	0
18	中纺粮油（湛江）有限公司	湛江市霞山区友谊路 1 号港务局 1 区	铁路：湛江站 船舶：湛江港	30 000	2 000	非基准库	0
19	嘉吉粮油（南通）有限公司	江苏省南通市经济技术开发区同兴路	船舶：营船港	37 500	2 500	基准库	0
20	中纺粮油（东莞）有限公司	东莞市麻涌镇新沙工业园区	船舶：新沙港	15 000	1 000	非基准库	0
21	东莞嘉吉粮油有限公司	东莞市麻涌镇新沙工业园区		15 000	1 000	非基准库	0
22	嘉吉粮油（阳江）有限公司	广东省阳江市阳江港沿港大道 3-6 号	船舶：阳江良港	18 000	1 200	非基准库	0

附表 3　　大连商品交易所玉米指定交割仓库名录及升贴水情况

序号	交割仓库名称	地址	装运站/港	基准库/非基准库	与基准库升贴水（元/吨）
1	吉粮集团大连运销总公司	大连市甘井子区甘海路 4 号	铁路：甘井子站吉粮集团大连运销总公司专用线	非基准库	-10
2	辽宁大连吴家国家粮食储备库	大连市金州区站前街道吴家村	铁路：金州站	非基准库	-10
3	大连北良港务有限公司	大连经济技术开发区海青岛柳柴沟	铁路：金州站北良港专用线	基准库	0

续表

序号	交割仓库名称	地址	装运站/港	基准库/非基准库	与基准库升贴水（元/吨）
4	大连北海储运有限责任公司	大连市甘井子区革镇堡棋盘村	铁路：革镇堡站北海专用线	非基准库	-10
5	大连华腾物流有限公司	大连甘井子区革镇堡	铁路：革镇堡站五矿专用线	非基准库	-10
6	大连金禾仓储有限公司	大连甘井子区大连湾镇毛莹子村	铁路：金州站	非基准库	-10
7	大连经济技术开发区湾港储运有限公司	甘井子区大连湾镇新街四号	铁路：金州站大连湾专用线	基准库	0
8	大连港集团有限公司	大连市开发区新华路1号	铁路：金桥站大窑湾港专用线	基准库	0
9	营口港务集团有限公司	营口市鲅鱼圈区新港大路1号	铁路：鲅鱼圈站	非基准库	-5
10	锦州港股份有限公司	锦州经济技术开发区锦港大街一段1号	铁路：高桥镇高天地铁转锦港专线	非基准库	-10
11	辽宁锦州锦阳国家粮食储备（中转）库	锦州经济技术开发区兴海路西段	铁路：高桥镇锦阳粮库专用线	非基准库	-20
12	锦州中孚仓储有限公司	锦州经济技术开发区阜新路	铁路：高桥镇中孚专用线	非基准库	-20

附表4　　大连商品交易所豆油指定交割仓库名录及升贴水情况

序号	交割仓库名称	地址	交割专区	基准库/非基准库	与基准库升贴水（元/吨）
1	中粮北海粮油工业（天津）有限公司	天津市塘沽区胡北路869号	本罐区	非基准库	100
2	泰州市过船港务有限公司	江苏省泰兴市经济开发区通江西路45号	本罐区	非基准库	50

续表

序号	交割仓库名称	地址	交割专区	基准库/非基准库	与基准库升贴水（元/吨）
3	丰益（上海）生物技术研发中心有限公司	上海市浦东新区高东路 118 号	本罐区	非基准库	50
4	金光食品（宁波）有限公司	浙江省宁波市北仑区黄河北路 1 号	本罐区	非基准库	50
5	张家港保税区东方华谷油脂贸易仓储有限公司	张家港保税区物流园区中华北路	本罐区	非基准库	50
6	中粮新沙粮油工业（东莞）有限公司	广东省东莞市麻涌镇新沙港后工业区	本罐区	基准库	0
7	中储粮油脂工业东莞有限公司	广东省东莞市麻涌镇新沙港后工业区	本罐区	基准库	0
8	中粮东洲粮油工业（广州）有限公司	广东省增城市新塘镇东洲湾码头	本罐区	基准库	0
9	益海（广州）粮油工业有限公司	广州经济技术开发区东江大道 2 号	本罐区	基准库	0
10	中储粮镇江粮油有限公司	江苏省镇江市谏壁镇粮山村	本罐区	非基准库	50
11	中粮东海粮油工业（张家港）有限公司	江苏省张家港市金港镇东海路 1 号	本库区	非基准库	50
12	嘉里粮油（天津）有限公司	天津港保税区津滨大道 95 号	本罐区	非基准库	100

附表 5　大连商品交易所豆油指定交割仓库（厂库）名录及升贴水情况

序号	交割厂库名称	地址	标准最大仓单量（吨）	基准库/非基准库	与基准库升贴水（元/吨）
1	天津龙威粮油工业有限公司	天津港保税区海滨五路 136 号	15 000	非基准库	100
2	华东油脂工业（泰兴）有限公司	江苏省泰兴市经济技术开发区沿江路 12 号	9 000	非基准库	50
3	仪征方顺粮油工业有限公司	江苏省仪征市油港路 3 号	12 000	非基准库	50

附表 6　郑州商品交易所白砂糖指定交割仓库名录及升贴水情况

	仓库名称	升贴水（元/吨）11/12 榨季	地址
401	广西中糖物流有限公司	0	广西北海市深水港旁
402	广西南宁国家粮食储备库	0	广西南宁市新阳路 292 号
403	广西柳州国家粮食储备库	0	广西柳州市柳太路 11－1 号
404	广西荣桂贸易公司	0	提货：钦州市钦州港经济开发区勒沟作业区
405	广西储备物资管理局九三一处	0	广西南宁市五一西路 15－2 号
406	广西鼎华商业股份有限公司	0	南宁市五一西路 48 号
407	广西柳州桂糖有限责任公司	0	柳州市航生路 9 号
408	昆明国家粮食储备有限公司	－100	云南省昆明市东郊小石坝黄龙山
409	云南广大铁路物资储运有限公司	－170	云南祥云火车站、大理东火车站
410	湛江糖库储运有限公司	0	湛江市霞山区南山村
411	佛山市华商物流有限公司	80	广东省佛山市南海区小塘工业大道（小塘段）45 号
412	上海东方通海物流有限公司	180	上海市凉闵行区吴泾镇通海路 315 号
413	天津中糖华丰物流有限公司	220	天津市西青区中北镇东姜井村南
414	浙商糖酒集团有限公司	220	杭州市拱康路 158 号
415	营口港务集团有限公司	200	辽宁省营口市鲅鱼圈新港大路 1 号
416	中国糖酒集团成都有限公司	50	德阳市旌阳区经济集中发展区
417	中糖世纪股份有限公司湖北分公司	170	武汉市解放大道 1127 号富商大厦六楼
418	佛山市顺德区中糖储备糖库	80	佛山市顺德区大良沙头
419	东莞市制糖厂有限公司	80	东莞市中堂镇
420	日照凌非华商仓储有限公司	90	日照市西安路南首
421	青岛中糖海湾物流有限公司	190	青岛高新区新产业团地（青岛市城阳区红岛街道北）
422	中国储备棉管理总公司天津直属库	220	天津市东丽区华明镇北坨村北
423	中国华粮物流集团青山港口库	170	湖北省武汉市青山区建设一路四号

续表

	仓库名称	升贴水（元/吨）11/12 榨季	地址
424	武汉市大花岭粮食储备库	170	武汉市江夏区大桥街环岭路 18 号
425	广东湛江金海粮油有限公司	0	广东省湛江市霞山区新尚路 13 号
426	徐州恒富仓储管理有限公司	210	徐州市下淀路 160 号
427	安徽中谷国家粮食储备库	210	合肥市双凤经济开发区中粮工业园
428	中储发展股份有限公司郑州南阳寨分公司	220	郑州市兴隆铺路 9 号
429	中糖世纪股份有限公司河南分公司	220	新郑市和庄镇道西北 4 号
430	海口港集装箱码头有限公司	30	海南省海口市滨海大道 96 号海口港第二作业区内
431	云南新储物流有限公司	-100	云南省昆明市凉亭路 156 号
432	广西黑五类物流有限公司	0	广西南宁市江南区五一西路 48 号沙井仓库
433	广西荣桂贸易公司来宾仓储分公司	0	广西来宾市盘古大道
103	河北藁城永安国家粮食储备库	240	藁城市永安路 18 号
110	陕西西瑞粮食储备库有限公司	160	西安市丰禾路 56 号
112	天津市军粮城机米厂	220	天津市东丽区军粮城大街 193 号
207	河北藁城国家粮食储备有限责任公司	240	藁城市永安路新桥西 169 号
208	邢台国家粮食储备分库有限责任公司	240	河北省邢台市守敬南路 119 号

附表 7　郑州商品交易所 1 号棉花指定交割仓库名录及升贴水情况

	仓库	升贴水（元/吨）	地址
301	河南储备物资管理局四三二处	0	河南省获嘉县史庄镇南
302	南阳市棉花储运有限公司	0	河南省南阳市光武西路万商街 9 号
303	河南豫棉物流有限公司	0	河南郑州管城区南曹乡小李庄火车站
304	衡水市棉麻总公司储备库	0	衡水市人民西路西段 98 号

续表

	仓库	升贴水（元/吨）	地址
305	菏泽市棉麻公司	0	菏泽市长江路东段
306	中国储备棉管理总公司徐州直属库	0	江苏省徐州市铜山县新区二堡
307	湖北银丰仓储物流有限责任公司	-100	湖北省武汉市东西湖区余氏墩
308	芜湖市棉麻有限责任公司	0	芜湖市褐山路79号
309	山东省禹城棉麻有限公司	0	禹城市人民路777路
310	中国储备棉管理总公司绍兴直属库	0	浙江省绍兴市亭山工业园区
311	南通棉麻有限公司	0	江苏省南通市崇川区崇川路46号
312	山东省棉麻有限公司	0	济南市章丘双山街道办事处明埠路北首西侧
313	滨州中纺银泰实业有限公司	0	山东省滨州市高新区小营办事处虎跃三路十四号
314	江阴市协丰棉麻有限公司	0	江阴市华西村物流园（沿江高速华西出口处）
315	中国储备棉管理总公司盐城直属库	0	盐城市开放大道316号
316	连云港新苏豫棉花储运有限公司	0	连云港开发区（猴嘴）沿新西路16号
317	湖北储备物资管理局三三八处	-100元	湖北省孝昌县卫店镇三三八处
318	湖南银华现代农业物流股份有限公司	-100元	常德德山经济开发区海德路

附表8　郑州商品交易所菜籽油指定交割仓库名录及升贴水情况

仓库编号	仓库名称	地址	升贴水
604	中粮粮油安徽有限公司	安徽省合肥市双凤工业区中谷园	0
606	益海嘉里（武汉）粮油工业公司	湖北省武汉市东西湖区慈惠农场良种站	0
607	中粮祥瑞粮油工业（荆门）有限公司	湖北省钟祥市莫愁湖经济开发区	0
611	泰州市过船港务有限公司	江苏省泰兴市经济开发区沿江路2号	0
614	湖北奥星粮油工业有限公司	湖北省老河口市城东工业园区汉江大道中段7号	0
615	荆州金楚科技有限公司	湖北省荆州市开发区三湾路72号	0
616	益海（广汉）粮油饲料有限公司	四川省（德阳市）广汉市湘潭路一段80号	280
617	岳阳鲁良新元粮油工业有限公司	湖南省岳阳市城陵矶港长江路2号	0

续表

仓库编号	仓库名称	地址	升贴水
618	中储粮镇江粮油有限公司	镇江市京口区谏壁镇粮山村	0
619	中储粮合肥油脂库	合肥市蒙城北路双凤经济开发区	0
620	西安油脂公司油脂仓库	西安市北二环余家寨	140
621	中粮粮油工业（九江）有限公司	江西省九江市沿江路95号	0
622	中央储备粮四川新津直属库	四川省成都市新津县普兴镇	280
623	中兴能源（湖北）有限公司	湖北省洪湖市经济开发区文泉东路58号	0
201	南京铁心桥国家粮食储备库	南京市栖霞区石埠桥河西里1号	0

附表9　郑州商品交易所早籼稻指定交割仓库名录及升贴水情况

编号	仓库名称	地址	升贴水（元/吨）
701	江西中储粮万年直属库	江西万年县城六零南大道82号	0
702	湖南金霞粮食产业有限公司	湖南省长沙市开福区金霞路二段289号	0
703	湖南金健粮油实业发展有限责任公司	湖南省常德市德山开发区崇德路	0
704	湖南永州下河国家粮食储备库	湖南省永州市冷水滩区零陵路411号	0
705	中国华粮物流集团城陵矶港口库	湖南岳阳城陵矶桂花园路1号	0
706	江西樟树国家粮食储备库	江西樟树市药都北大道15号	0
707	江西省温圳粮库	江西省进贤县温圳镇城北大道169号	0
708	九江市粮油总公司储备仓库	江西九江市滨江路577号五丰大厦9楼	0
709	浙江嘉善银粮国家粮食储备库	浙江省嘉善县开源路298号	80
711	江西中储粮吉安直属库	江西省吉安市青原区学苑路19号	0
712	湖南益阳粒粒晶粮食购销公司	湖南省益阳市赫山区兰溪镇	0
713	湖南赤山国家粮食储备库	湖南省沅江市南嘴镇沅南路8号	0
714	万福生科（湖南）农业开发股份有限公司	湖南省桃源县陬市镇桂花路1号	0
715	广西宾阳黎塘镇国家粮食储备库	广西宾阳县黎塘镇永安东路228号	60
716	中央储备粮南昌直属库	江西省南昌市庐山中大道911号支路	0
717	江西省粮油集团新干购销有限公司	江西省新干县城南工业园	0
610	湖南粮食中心批发市场	湖南省长沙市新河路470号	0
424	武汉市大花岭粮食储备库	湖北武汉市江夏区大桥街环岭路18号	-40

附表 10　郑州商品交易所硬白小麦指定交割仓库名录及升贴水情况

	仓库名称	地址	升贴水
201	南京铁心桥国家粮食储备库	南京市雨花台区铁心桥镇吴尚村	40
202	江苏省扬子江现代粮食物流中心	江苏省靖江市经济开发区新港园区	40
203	中国华粮物流集团南通粮油接运有限责任公司	南通市任港路 62 号	40
204	中央储备粮徐州直属库	江苏省徐州市铜山新区	0
205	中谷江阴工贸储运有限公司	江苏省江阴市经济开发区定山路	40
207	河北藁城国家粮食储备有限责任公司	藁城市永安路新桥西 169 号	60
208	邢台国家粮食储备分库有限责任公司	邢台市守敬南路 119 号	50
209	河北柏乡国家粮食储备库	河北省柏乡县镇内（柏镇路南侧）	50
210	德州天马粮油食品集团有限公司	德州经济开发区湘江路 1 号	60
212	河南濮阳国家粮食储备库	河南省濮阳市石化路东段	0
213	河南新乡铁西国家粮食储备库	新乡市卫滨区立东路 3 号	0
214	河南安阳安林国家粮食储备库	安阳市柏庄镇青春村	0

创新篇

22

理财产品设计及风险管理

22.1 国内理财产品市场需求分析

改革开放40多年来，我国国内生产总值的持续快速增长强有力地带动了我国居民个人财富水平的迅速提高。来自中国人民银行的统计数据表明，截至2020年第三季度末，我国居民储蓄存款总额已经突破90万亿元人民币。GDP、人均收入、存款余额等这些对人民生活水平、生活质量和个人财富积累产生重大影响的指标都大幅度增长。

因此，为了更好地满足中国城市家庭对于金融理财产品和服务的需求，需要深入研究中国城市家庭的特征和潜在需求，清楚地了解居民的想法和需要，并针对不同类型的家庭制定不同的产品策略，研发出适应这些家庭需求的产品，帮助其实现个人金融资产的流动性、安全性和盈利性的最佳组合。

22.1.1 国外理财品市场发展现状

在国外，个人理财业务称之为财务策划。是指财务策划师通过收集整理客户的收入、支出、资产、负债等数据、倾听客户的希望、要求、目标等，在律师、会计师、税务师等专家的协助下，为顾客制订储蓄计划、保险投资对策、税金对策、继承、经营策略等方案，并帮助实施。

瑞士是世界上个人理财业务的发源地，资产管理业在瑞士已经有了一百多年的历史，该国银行在海外享有“资产管理人”的美誉，他们的私人理财业将目标居民定位于那些拥有富裕的私人资产和很高收入的独立私人顾客，银行为其保守秘密，并制订包括投资、信托、信贷、税金、遗产在内的综合理财计划和资产管理服务。

目前，个人理财业务已经成为发达国家商业银行业务领域最重要的组成部分。据报道，其年平均盈利增长约12.15%，资产管理费约占收入的45%，经纪费约占20%，而净利息收入仅约占25%，远远优于一般的银行零售业务。

在发达国家，个人理财几乎深入到每一个家庭，分为生活理财和投资理财两种方式。生活理财，是设计如何把自己的未来妥善安排好，以不断提高生活品质，即使到年老体衰时，也能起码保持现有的生活水平。投资理财，则是指不断调整存款、股票、基金、债券等的投资组合，以取得最好的回报。在这种方式中，每个人只要将自己的财产规模、生活质量、预期目标和风险承受能力等有关情况告诉银行，对方就能为你量身定做一套符合每个人特点的理财方案，并代理操作。

金融超市在发达国家和地区已十分普遍，不但在某种程度上影响着个人传统的消费行为，而且也成为一家银行形象的标志。范围包括债券、信托基金、资金管理、信贷咨询、投资组合等。银行的一切经营行为以居民为中心，只要居民有要求，银行就千方百计开展业务来满足，并自喻为“金融百货公司”，其经济效益、社会效益都非常好。

22.1.2 国内理财品市场发展现状

自1996年中国银行深圳分行在国内首家推出银行个人理财中心以来，各家商业银行越来越重视对个人金融服务市场的开拓和占领，并将其视之为进一步拓展银行零售业务功能的最主要内容，纷纷推出各具自身特色或以不同品牌命名的理财服务，如农行上海分行“95599金钥匙理财中心”，农行广州分行“金达理财中心”，工行上海分行“杨韶敏个人理财工作室”，招商银行推出的“金葵花”理财系列等。而刚跨入中国外汇零售业务门槛的外资银行，更欲凭借其丰富的个人理财业务运作经验和雄厚的实力，以个人理财业务作突破口，打开中国零售业务市场的局面。花旗银行作为中国首家被批准从事全面外汇业务的外资银行，其在上海推出的个人外汇业务，最大的特色便是理财；汇丰银行内地首个“卓越理财中心”已于2002年6月在深圳开幕，8月又在上海开设了内地第二个理财中心。

目前国内个人理财业务市场已初步形成以四大国有银行和招商银行为领先、其他股份制银行积极介入、外资银行后发制人的格局。随着外资银行在数年后允许经营人民币零售业务，势必形成新的竞争格局。所有这些，预示着国内个人理财业务市场的巨大潜力和美好前景，也让人看到这一市场的竞争正日趋硝烟弥漫。

22.1.3 国内理财品市场存在问题

（1）市场发展处于起步阶段

尽管目前各商业银行对理财业务热情高涨，现时期我国个人理财业务仍处于起步阶段，市场缺乏培育，这主要表现在：理财服务的档次低，差异性不强。现阶段，各银行普遍是将个人理财业务作为吸收和稳定存款的一项重要手段。理财业务项目虽然名目繁多，但实质上仅仅是在储蓄产品上进行功能扩展，基本上是将银行传统业务捆绑组合在一起为客户一次性办理，服务差异性不强。虽然这种形式较之原来分散服务是一种进步，但还不是真正意义上的理财服务，且带有产品推销的痕迹。目前同业理财服务的通病是“讲财产增值多，讲服务增值少”，而拘于政策因素限制，银行的投资手段和范围十分有限，很难真正满足客户财产增值的需要。

（2）国民理财观念的制约

当前国民的理财观念，普遍体现为“财不外露”“自己的钱自己打理”“宁愿省着花钱也不考虑科学花钱”等。此外，国人对理财的认识也存有一定的偏差，多看重理财如何在短时间内尽快让自己的财富增值，而忽略理财对个人资产的长远综合计划和安排。

（3）法律保障的制约

目前国内还没有任何关于规范银行为客户提供理财服务行为并保障客户资产安全的法律法规，使许多客户不放心将钱交给银行代为打理，而只愿将银行作为自己钱财代为保管的角色。

（4）人才的制约

理财服务是一项高智力的中介服务业务，涉及市场、资本、金融、贸易等多个领域，需要具备广泛而又系统专业的金融知识，通晓各种金融商品和投资工具，同时又要求从业人员具备熟练的操作技巧，对市场变化具有敏锐的洞察力以及良好的个人信誉。但实际上，我国的专业理财人员很少，而且他们的观念、素质和专业能力等与国外相比有较大差距，与客户的期望也有较大距离。

（5）竞争方式的制约

目前各银行的营销重点主要是打价格战，而在服务、产品和人才方面仍较弱，从而使理财服务存在严重的同质化现象。各家银行推出理财产品或服务时，尽管名字千差万别，实质上经常是把个人业务产品、国际业务产品或同业银行业务产品进行重新排列组合，再以一系列新颖名称展示给客户，而且不少理财品种对客户条件有较多限制，因而缺乏广泛的适应性。

因此，我国的个人理财业务市场是刚进入成长期的、发展空间广阔而待开发、培育的市场。如何提高客户对理财业务的认识，把客户潜在的巨大需求转化为切实可利用的资源，进而为个人金融领域的发展寻找突破的空间，是个人理财的当务之急。而深入进行市场细分，锁定目标客户群，针对其需求和特点加大营销和推广力度，有效进行理财产品和服务的组合，突出高水准服务特色，不断引导、培养和满足他们的需求，则是理财业务达致更高层次的唯一途径。

22.1.4 国内理财品市场需求现状分析

我国居民金融资产存量结构的变化。自改革开放至2008年，我国居民金融资产存量结构发生了很大的变化，各类型资产在居民金融资产中的比重变化出现了不同的特点，表现在现金资产随着居民收入的增加在总资产中的比重大幅度下降，储蓄存款在总金融资产中的比重有较大幅度提高，同时，国债、股票等有价债券在居民金融资产中从无到有，主要数据见表22－1。

表22－1　　我国居民金融资产存量结构　　单位：亿元，%

		1980年	1991年	1999年	2003年	2008年
现金	绝对额	277	2 383	11 397.15	12 128.99	34 218.96
	比重	31.8	17.5	12.3	12.2	8
储蓄存款	绝对额	399.5	9 110	56 974.7	61 476.2	217 885.35
	比重	45.8	66.7	61.5	61.8	50.94
国债	绝对额	0	685	7 937.86	6 796.4	20 852.48
	比重	0	5	8.6	6.8	4.85
股票	绝对额	0	112.6	7 132.47	8 780.67	121 366.44
	比重	0	0.8	7.7	8.8	28.39
其他债券	绝对额	0	419	774.26	898.65	6 301.87
	比重	0	3.1	0.8	0.9	1.48
外币资产	绝对额	0	410.4	4 264.01	4 687.95	5 529.37
	比重	0	3	4.6	4.7	1.3
保险准备金	绝对额	15	80	1 617.83	1 860.5	12 077.66
	比重	1.7	0.6	1.7	1.9	2.83
其他金融资产	绝对额	180	450	2 562	2 818	9 400.73
	比重	20.7	3.3	2.8	2.8	2.22
合计	绝对额	871.5	13 690	92 660.18	99 447.36	427 542.86
	比重	100	100	100	100	100

从表22－1中我们可以看出，我国居民在收入水平低时对资产流动性要求高，现金资产比重大。随着收入的增加，居民开始关注资产的收益性，有价证券等投资性资产持有比重上升。不过，从总体上看，由于分配制度的原因，一部分人先富起来，而广大居民的收入水平还不高，加之社会保障制度改革存在一些不确定因素，广大居民的预期收入不会过快增加，而预期支出却很大，因此，居民的储蓄意愿较强。居民储蓄存款在金融资产中的比重一直处于较高水平，其余金融资产所占比重上升缓慢。我国居民在目前的收入水平及收入增长预期下，储蓄存款荏苒是居民在安排金融资产结构时的首选，占比重最大的就是储蓄存款，在有价证券中，国债具有储蓄功能，风险小，而股票和其他债券市场投机性强，风险较大。

居民财富水平的提高强有力地推动了理财的产生。在国民收入总量高速发展和财富水平上升的同时，出现了收入分配的结构性调整，出现了贫富差距加大和财富集中度提高的现象。根据2002年国家统计局《中国首次城市家庭财产调查》显示，我国金融资产出现向高收入家庭集中的趋势，户均资产最多的20%的家庭拥有金融资产总值的66.4%，从事经营活动的家庭户均资产为非经营家庭的3.5倍。居民整体财富水平的提高和富裕人群的出现奠定了理财服务的市场需求基础，成为金融理财最重要的推动力。

随着中国金融体制改革的深入以及金融市场对外开放的加快，金融竞争在加剧，从而也推动了金融创新的加速，其突出表现为众多金融新产品、新工具的诞生。目前，居民的金融资产已由简单的现金和存款发展到股票、债券、基会、保险、信托、外汇等，甚至房产、黄金、衍生金融工具和各种各样的收藏品都进入了人们的理财范围，如图22－1所示。面对日益增多和同趋复杂化的金融产品普通居民由于金融知识相对有限，再加上时间精力的因素，客观上需要专业的理财服务，这也催生了个人理财业务的市场需求。

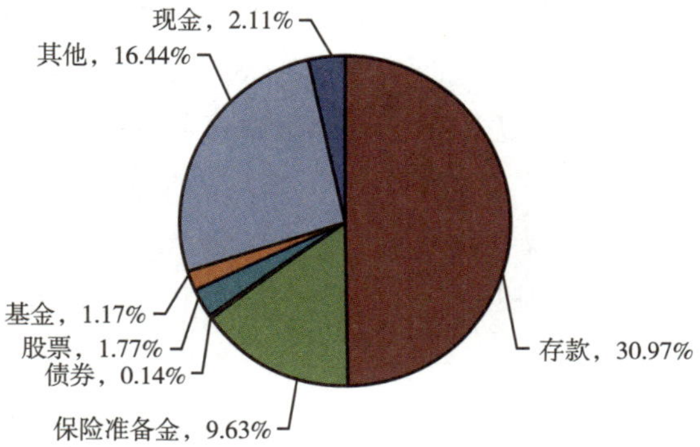

图22－1　2019年居民金融资产结构

22.2　国内理财产品市场特征和趋势分析

22.2.1　我国理财产品的特征

理财（Financial Planning）最早源自20世纪30年代初美国保险业推销保险产品引入的一个概念。根据2005年9月银监会颁布的《商业银行个人理财业务管理暂行办法》和《商业银行个人理财业务风险管理指引》来看，其定义为，商业银行在个人综合理财服务活动中，可以向特定目标客户群销售理财计划。该定义更倾向于银行方向的定义，客户方向的定义因其广泛性和复杂性，更像银行理财服务的定义，而不仅仅是产品的定义。

理财产品属于金融产品，但又不同于一般的金融产品。理财产品具有技术性和服务性双重性质。金融产品的易模仿性使其无差异化现象已经越来越普遍，而服务则不然，它不依赖于技术而存在，没有生命周期性的限制，能够获得客户的青睐与忠诚，服务难以轻易模仿的独特性，是理财业务实实在在的经营行为和获取收入的方式。此外，理财产品还具有以下几个特征：一是商业银行自行设计发行，突出银行在设计、投资方面的主动性和自觉性；二是制式产品，合同的制定有严格的要求和统一的标准；三是按照约定用途进行投资和管理，无论是银行、信托公司都必须严格执行资金使用用途，不能中途变更。

22.2.2 我国理财产品的分类

根据基础资产或投资方向分类，银行理财产品可以分为债券和货币市场类、信托类、外汇类、股票类、商品类、混合类、QDII类、结构类八类产品。

债券和货币市场类理财产品是指银行将资金主要投资于货币市场，一般投资于央行票据市场和企业短期融资券、短期国债、金融债以及协议存款等期限短、风险较低的金融工具。由于其风险小，也是早期银行理财产品的唯一品种。

信托类理财产品也被称为银信合作理财产品，主要投资于基础设施领域及工商企业领域的信贷投资，或其他信用等级较高的金融机构担保或回购的信托产品。2007年采用信托模式的产品已经占到全部人民币产品的47%。2008年，信贷类理财产品全年共发行了2 575款，市场占比达48.8%，几乎占据了全年理财产品的半壁江山。

外汇类理财产品是银行将客户资金投资外汇市场，期限以3～6个月为主，挂钩利率和汇率的理财产品。外币理财产品挂钩美元、欧元、澳元、港币居多，收益率往往随着外汇市场波动而大幅波动。在外汇理财方面，中外资银行中一些风格谨慎、外汇市场掌控能力强的银行业绩较好。

股票类理财产品是银行将客户资金投资于股票市场，包括打新股产品、FOF、联接境外股票或境内A股和B股的产品。但银监会《关于进一步规范商业银行个人理财业务投资管理有关问题的通知》使理财资金与股票隔离，银行不得不寻求其他突破方式。

商品类理财产品是银行将理财资金投资于商品市场，这种商品是有特殊的价值的，比如黄金、高档酒类、艺术品、邮币卡。有人对美国市场20年来的投资收益进行过分析，结果表明，储蓄性投资收益的年均增长率为4%，股票市场投资年均收益率为17%，而艺术品投资收益的年均增长率为37%。目前，银行的这类产品还比较少。

混合类理财产品是多种挂钩资产混杂的理财产品。正因为混杂，很多分析上将其归为结构类，但其结构和交易机制还是相对简单。上述其他产品在设计中经常会有不同比例的投资市场，并没有体现出结构的复杂性，还是单一性的结构产品。混合类产品的基础资产主要是股票和其他资产（商品、信用风险债券等）的组合，与股票相关的产品占全部混合产品的一半以上。混合类产品总体上收益较高、风险较低，具有较高的投资价值。

QDII理财产品，即合格的境内投资机构代客境外理财。这类产品自出现以来，由于对这些标的物的市场走势、金融危机的蔓延广度与深度没有及时的预期或预期方向错误，从而遭受巨大亏损，并因此引发了投资者对其银行信用的质疑。中资银行QDII产品跌幅因其创新较少而远远低于外资行，最大经验是“不进入不熟悉市场”，反映了银行谨慎经营的理念。

结构性理财产品，是指将固定收益证券的特征与衍生交易特征融为一体的一类新型理财产品。其表现特征是该类产品收益一部分固定，而另一部分则与其挂钩资产的业绩表现相联系。结构性的特点是收益高，风险大，结构复杂，产品种类众多。结构性产品包括3个最基本的要素：固定收益证券、衍生产品和挂钩标的资产。

所有理财产品的实质都是银行与非银行金融机构融合的产物。其中，信托类、债券类、外汇类等产品因为投资标的物是原来银行传统主业经营的主体，因而更多附着了银行产品的特征，如保本、短期、稳健、安全、风险锁定、流动性好等，是名副其实的“银行”理财产品；而QDII、结构类、股票类等其挂钩标的物是银行外资本市场、基金市场、衍生产品市场等市场资产，银行只是这类市场中最初投资者（理财产品购买者）与最终机构投资者（如投资银行、基金等）之间的一个桥梁与中介，因而这类产品更多带有公开市场产品的竞价特征，如不保本、期限长短不一、波动幅度很大、安全性低、风险发散、不可赎回等，是典型的“银行外”市场理财产品。

22.2.3 我国理财产品发展趋势分析

银行理财产品是商业银行在金融市场变化过程中，随竞争的加剧而出现的金融创新产品。在当今环境下，银行理财产品已经不再是当初仅为客户销售的金融产品，而是商业银行为获得核心竞争力针对客户所设计的金融产品和服务的有机结合体。它需要考虑客户对收益和风险的偏好程度，需要有满足客户的个性化设计，需要有准确、清晰的品牌辨识度等。从与理财产品相关的三个维度：客户需求、市场发展、银行竞争可以总结分析得出银行理财产品的六大发展趋势：①理财产品多样化趋势；②理财产品个性化趋势；③理财产品非保本化趋势；④理财产品结构复杂化趋势；⑤理财产品品牌化趋势；⑥理财产品短期化趋势。

（1）理财产品多样化趋势

理财产品从出现到发展，本身就在承袭着一个多样化的趋势。首先表现在产品品种的多样性。2004年10月，中国光大银行推出“阳光理财B计划”，标志着人民币理财业务的开始。从2004年9月到12月的短短3个月时间里，国内银行理财产品发行了76只，而2009年则发行了7 430只，5年增长97倍，理财产品数量不断增多，这正是产品多样性的表现。而改革开放几十年来，随着我国经济的持续快速发展，居民财富也在不断积累，根据中国统计年鉴的资料显示，城乡居民储蓄平均每年增长达20%以上，2020年，城乡居民存款余额已达212.57万亿元。由此可见，我国居民的收入水平有了很大程度的提高同时有一定的空闲资金，因此如何理财也就成为一种迫切需要。此外，我国居民个人金融资产占全部金融资产的比重也由20世纪90年代初的40%左右上升到目前的60%多，并且呈现不断增长的态势。

（2）理财产品个性化趋势

我国的普通投资者实际上大部分都是理财产品的目标客户，但各个层次的客户又有不同的需求。商业银行在进行目标客户甄选时，需要进行完整的投资理财规划，根据客户的需求来进行设计、销售。因此，客户需求分析是进行产品定制化设计的基础，需求分析得出的结论将使银行理财产品需求持续增加，个人的需求会体现出很大的不同。需求分析是满足未来高端客户服务的必然途径，也是理财产品大规模发售的必须动作。同时，随着银行业混业经营的推进和国内金融衍生品市场的发展，银行理财产品将获得更为广阔的投资渠道和发展前景。理财产品在投资渠道的选择上将实现行业配置多元化、热点分散化、区域多元化，高端客户需要的理财产品更加凸显需求的个性化，挂钩高风险的期货、期权等结构复杂的高级理财产品将会不断涌现，个性化结构型产品的创新将会层出不穷。不同的客户有不同的理财需求，即使同一客户在不同人生阶段，其理财需求也不同。因此，商业银行应理解客户当前的需求，并根据客户的不同需求，提供差异化的理财产品，满足客户个性化的需求。如在客户不同阶段提供差异化的理财产品：银行可以为处于青年期的客户提供消费支付业务，手机银行、电话银行、刷卡消费、网上支付等产品；可以为处于新婚期的客户提供基金买卖、投资理财咨询等产品；为处于抚育期的客户提供教育储蓄等理财产品；为处于事业期的客户提供家居保险、个人税收筹划、综合理财等产品；为处于老年期的客户提供医疗保险、代客理财、保本基金等产品。

（3）理财产品非保本化趋势

由于理财产品在我国出现的时间较短，大部分居民对银行产品、功能的认识还只停留在存、贷款上，对银行理财产品知之甚少。在大部分人心中，银行就是保证资金安全的地方，存入银行的钱会有利息，利息只能多，不会少。我国居民的这种理财意识还停留在传统的认识上。不过理财产品非保本化是未来的趋势。一方面，从银行角度分析，随着根据理财产品的规模化、快速化扩张，必将使人们对银行的理财功能有更多的了解和认识。同时银行的理财宣传，银行为客户所做的理财规划，有助于客户理财意识的觉醒，一旦我国居民的传统理财意识得到改变，必定会给理财产品带来特征上的巨大转变。另一方面，从居民角度分析，在当今我国银行普遍低储蓄利率的形势下，和 CPI 相比，银行存款本金的购买力实质上是在下降，居民内心有迫切提升存款本金购买力的动机，因此高收益的理财产品能够得到客户的青睐。

（4）理财产品结构复杂化趋势

各类市场都在不断发展，所能够提供的产品越来越多，但是不同的市场、产品其流动性、风险性、收益性都是不同的，客户的需求需要进行更细致的分析，以匹配更加复杂多样的市场产品。从国际银行结构性理财产品发展情况看，随着金融市场的不断发展，美国结构性理财产品挂钩标的不断呈现出更加多样性和新颖性的特点，不仅包括传统挂钩标的，如利率、汇率、股票、股指、基金等，而且能够根据客户需求推出个性化产品。

（5）理财产品品牌化趋势

根据发达国家或地区的经验，未来银行收益中，传统业务所占比重会越来越小，理财业务所占的比重会越来越高。在市场经济中，竞争是一种常态，作为关乎国家经济命脉的金融行业，无论是传统的国有四大商业银行，还是新兴的商业银行，其发展如何，其竞争力如何，直接关系到国家、地方的金融安危。而理财业务的收益状况将直接影响商业银行的效益，决定商业银行的竞争力。这也就不难解释为什么理财产品在我国起步很晚，但是发展却非常迅速。在目前我国理财产品已进入成长期的环境下，理财产品同质化问题严重，如何才能在竞争中脱颖而出，吸引消费者，抢占市场份额成为目前各银行探索的重要方向。

（6）理财产品短期化趋势

短期化源自两方面的要求，一方面是客户的要求。经济危机对客户的信心打击重大，越来越多的客户要求能实现理财产品尽快转为现金，而不是等待市场的变化。因为如果金融市场发生剧烈波动，银行理财产品可能难以实现预期目标，甚至会影响到客户投资本金，出现被“套牢”的可能。而短期产品既有比同期存款高的收益率，又具有很强的流动性，从而能确保投资安全性和收益兼得。另一方面，从市场竞争来看，短期化有助于银行更好地应对市场变化，特别是宏观政策和监督政策变化多样的情况下，期限越短越容易调整产品发展方向，越不容易受到市场政策的干扰。

22.3 基于 FOF 的理财产品设计方案

Alpha 策略适合各类机构投资者：公募基金，私募基金、券商、保险等机构。不同投资者根据对市场走势的判断、结合自身风险偏好，可采用不同的 Alpha 策略。Alpha 策略一般在以下两种情况下采用，其一，熊市阶段或牛市中的短中期下跌阶段；其二，风险偏好低、追求绝对回报的投资者。以下是基于 FOF 的 Alpha 的套利方案。

22.3.1 Alpha 策略流程分析

Alpha 策略中可投资资产的品种有限，大多数国外流行的资产配置尚不能应用。从可行性来看，Alpha 部位可选择的品种包括：开放式基金、封闭式基金、优选股票等构成的组合，再与期货空头进行对冲。主要流程如下：

现货优选模型。确定 Alpha 部位配置的资产，需依据模型测算并动态调整。针对股票组合，可利用多因素模型等进行测算、验证后确定。针对基金组合，可利用信息比率等方法进行测算及验证。

Beta 测算及预测。随着现货部位市值的时变，依据一定历史数据测算的 Beta 值也时变。历史 Beta 并非现实的 Beta。我们不仅需要在多种 Beta 预测方法中动态选择、修正 Beta 预测方法，而且需要根据预测 Beta 与实际 Beta 之间的偏差调整应对冲的期货头寸及价值。

期货保证金。除规定的初始保证金外，为应对市场不利变化，还需留有足够的备用保证金。如果备用保证金过低以至于不能应付追加保证金的要求，则期货部位面临被平仓的风险，从而导致对冲失败；备用保证金过高，则降低资金使用效率。

收益与风险。Alpha 部位收益包括三部分：现货组合收益、期货空头收益、成本与费用。具体看，期货对冲现货部位的效果取决于以下因素：第一，基差风险，较大的基差风险将降低对冲效果；第二，Beta 预测准确性，由于预测 Beta 并非真实的 Beta，因此 Beta 预测误差将在一定程度上影响对冲效果；第三，Beta 调整频率，调整频率越高，对真实风险的对冲越充分，但交易费用也随之增大。Beta 对冲频率取决于交易成本、Beta 变化幅度等因素的平衡。

22.3.2 具有超额 Alpha 收益的 FOF 基金选择

FOF 基金选择的标准，依据模型确定可能产生 Alpha 的资产类别，本节主要从开方式、封闭式股票型基金中选择。在不同选择期内，依据优选模型动态构建现货组合。本节主要依照选择期内收益与信息比率的加权均值作为选择标准。为了使优选组合有更强的延续性，参照并依照具体情况改进了台湾“4 4 3 3”法则。在不同持有期内，建立优选组合的现货头寸，并利用期货空头进行对冲或调整空头部位，以获得 Alpha。

时间区间选择与数据整理。考虑到沪深 300 指数的数据长度，以及上市基金的数量，我们实证样本区间选择为 2008. 12. 17—2011. 12. 16。在此基础上，进一步将样本区间动态划分为 5 个时间区间段：2008. 12. 17—2009. 12. 16、2009. 12. 17—2010. 6. 16、2010. 6. 17—2010. 12. 16、2010. 12. 17—2011. 6. 16、2011. 6. 17—2011. 12. 16；股票型基金数据选择的是复权净值，沪深 300 数据选择日收盘价，股指期货数据选择主力合约收盘价。异常数据和缺失数据处理方式是线性插值。

具有超额 Alpha 收益的 FOF 基金选择结果。我们从 441 只股票型基金中，选择存续时间超过 3 年的基金，共 150 只，然后依照选择期内收益与信息比率的加权均值作为选择标准。以连续 2 个时间段内综综合值排名前 30 位中的 5 只基金作为具有超额 Alpha 收益的 FOF 基金。其结果见表 22 -2。

表 22 -2　　不同时间段的具有超额 Alpha 收益的 FOF 基金

时间区间	2010. 6—2010. 12	2010. 12—2011. 6	2011. 12—2011. 12
1	华商盛世成长	天治创新先锋	南方隆元产业主题
2	华夏复兴	华商盛世成长	博时特许价值
3	华夏中小板 ETF	光大保德信红利	华泰柏瑞红利 ETF
4	大成策略回报	富国天合稳健优选	广发聚丰
5	海富通风格优势	南方高增长	兴全全球视野

22.3.3 Alpha 套利策略实施

(1) 期货部分资金设置与成本计算

期货初始保证金为 15%，备用保证金也为 15% 左右。期货追加保证金数量与期货持有时间正相关。这里假设追加保证金比率不变的理由在于：第一，为处理方便；第二，隐含假设现货 Alpha 收益可用于满足保证金要求。

本策略成本主要包括两个方面，第一是 Beta 调整导致的成本。由于预测 Beta 与实际 Beta 有一定偏差，因此需要定期依据 Beta 变化，对期货多头仓位进行调整。第二是移仓成本。现在股指期货主力合约是近月合约，则每月现有合约到期需移仓，将带来建仓、调仓成本。不过为了研究方便，暂时略去成本部分。

（2）Beta 值的计算、调整

在前面的研究中，我们已经比较过了 OSL、VAR、ECM、Garch 等模型计算 Beta 值的效果，其差异并不大，并且 OSL 有时要明显优于其他几种方法。因此本策略主要采用的方法是最小二乘法。

计算 Beta 采用的时间区间为前 100 个交易日，调整方式是每个月调整一次（见表 22－3）。当 FOF 基金中更换基金组合的时候，我们采用新数据重新计算 Beta 值，并采用同样的更新方法。

表 22－3　　不同时间段的 Beta 初值

时间区间	2010.6—2010.12	2010.12—2011.6	2011.12—2011.12
Beta 值	0.9262	0.9388	0.9945

（3）Alpha 策略实施结果及相关检验

我们通过“股票基金组合＋股指期货”组合构建 Alpha 策略，其结果如图 22－2、图 22－3 所示。

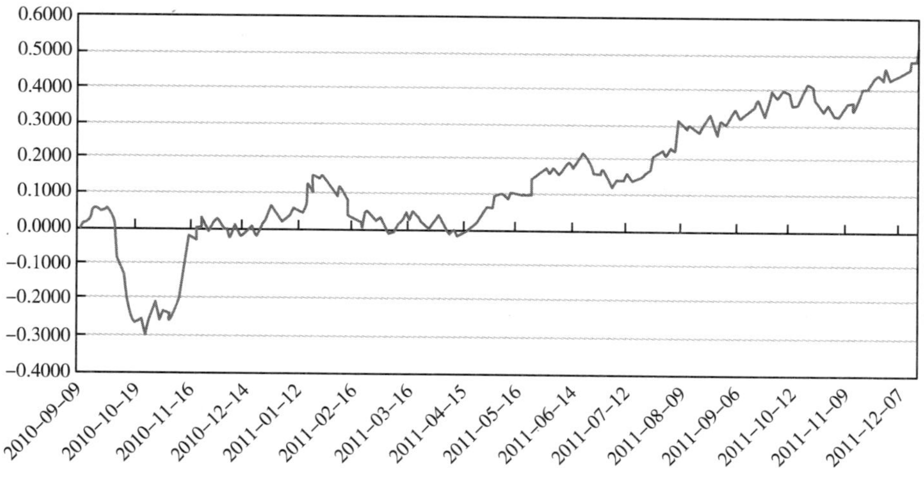

图 22－2　FOF 基金相对沪深 300 的超额收益图

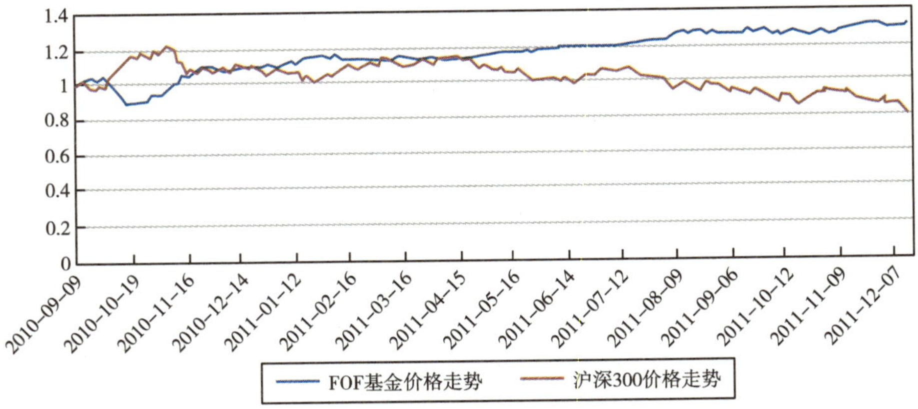

图 22-3 FOF 基金与沪深 300 走势图

22.4 理财产品风险管理方案

《巴塞尔新资本协议》中对操作风险的界定是："操作风险是指由不完善或者有问题的内部程序、人员及系统或外部事件所造成损失的风险。"从广义上来说，操作风险覆盖了商业银行经营管理方面除信用风险、市场风险、决策风险等风险之外的所有风险。巴塞尔委员会早期文件中指出："最重要的操作风险涉及内部控制和公司治理的失败。"这句话明确了操作风险产生的体制上的根源。洛仑兹·格里茨（1998）认为，操作风险产生于日常的操作与工作流程。操作风险与业务活动的密切相关性使操作风险表现出相关复杂性，这是由于业务活动的复杂多样所决定的。在 Rabobank（拉博银行）全面管理的操作风险框架中，所有的风险都被纳入管理框架，而且最后各种风险均受到操作风险的影响。

而操作风险管理的关键是对过程控制，而不是结果。因此，从操作实务出发提出对高端理财产品业务进行"全流程操作风险管理"：一是业务全流程，以高端理财产品的业务流程为主线对所面临的操作风险进行识别评估研究；二是风险管理全流程，即从风险识别、风险评估、风险防范、风险监控整个风险管理流程进行管理。

22.4.1 充分识别监控

汇丰银行关于操作风险内部控制的一条主要内容是："有效识别、评估操作风险，使稀缺资源（资金和时间）用于管理关键的或最严格的操作风险"。只有对操作风险有效识别和评估，才能制定有效的防范措施。

建立健全的操作风险损失数据收集制度。对操作风险事件进行评估的依据是发生的可能性和影响程度，这两个数值的确定应该由历史数据确定，所以应建立操作风险损失数据库及收集制度，通过内部稽核制度、内审制度以及风险暴露多种渠道收集数据。

重视近失损失的管理。近失损失是指对那些可能发生但可以进行成功预防的事故的估计损失。在操作风险损失数据收集中，应重视近失损失数据的收集和管理，比如在内部稽核和内部检查中发现的不合规事项、违规操作、被成功预防的风险事件等。只有这样，才能使操作问题在演变成大问题并进而发展成操作损失之前能得到及时的控制。

设置风险预警指标。应设计全行型的关键指标检测理财产品风险，比如资产集中度、交易对手集中度、针对特定产品的客户投诉集中度、某类产品的收益率是否低于预期收益率等。

22.4.2 以客户为中心

高端客户管理在高端理财产品的全流程管理中，应该位于产品研发更加靠前的位置，而且贯穿于理财产品管理的整个流程。很多风险防范工作，在高端客户的日常维护中就应该进行，比如非法资金与非法交易行为识别、客户风险偏好评价等。

设计销售与客户需求及风险承受能力一致的产品。在产品设计之初，就要明确目标客户群体，应根据市场和客户设计产品，确保产品风险等级与客户风险承受能力相匹配，确保产品特性与客户的认知能力相匹配。

对高端客户进行充分尽职调查和风险偏好评价。一是，充分的尽职调查。按照“了解你的客户”原则，工作人员须对客户开展尽职调查，充分了解客户的财务状况、投资目的、投资经验、风险偏好等情况，建立客户资料档案。二是，将客户风险偏好等级评定作为建立客户关系的必要条件。个人理财业务人员需对评估结果进行分析，结合客户各种综合信息，对客户资产组合以及客户对于投资风险的认知、风险偏好和承受能力进行分析，对客户的投资取向进行总体评价，最终给出客户评估报告，作为客户的基础资料信息纳入客户信息管理中。三是，客户重大变化时应重新测试。个人理财业务人员应注意日常对高端客户信息的积累，定期或在客户本人或家庭发生重大变化时对客户进行重新评估，并及时向客户通报有关评估情况，相应调整投资组合策略。

充分的风险提示和信息披露。《管理暂行办法》和《风险管理指引》分别规定了商业银行在开展个人理财顾问服务和综合理财服务时必须履行相应的风险揭示和信息披露义务，否则将可能会遭到客户的索赔请求并受到银监会的处罚。客户经理须准确掌握产品的重要特性和与产品有关的重要事实，并将这些内容充分、清晰、准确地向客户揭示，说明最不利的投资情形和结果。

严格执行客户保密制度。一是建立严格的分层分级客户信息管理制度，对银行高端客户管理人员及其他接触个人高端客户信息的人员，商业银行应将信息安全管理落实到个人并签订《信息保密协议》。二是利用技术手段控制客户信息泄密，商业银行应严格规范网络和电脑的使用权限，做好内部网和外部网的使用管理工作，通过设置下载次数和下载权限等有效手段控制敏感信息的下载和打印。三是与第三方机构合作时明确保密义务，商业银行在与第三方机构合作协议中，明确在客户信息的管理和使用上双方的权利和义务，第三方机构不得私自使用、公布和泄露银行客户信息。在向第三方提供客户信息时，应隐匿掉工作单位、联系电话等重要信息。四是问责制度。银行高端客户管理人员及其他接触个人高端客户信息的人员，因故意、过失而泄露客户信息造成重大客户流失的，或因泄露、滥用银行内部文件、商业秘密等信息给商业银行造成损害，应该依照有关协议、制度及文件追究责任。五是客户身份识别管理。在办理代理交易业务之前，客户须与银行签订《代理交易协议》，确认客户身份及在银行的资产状况、进行账户认证、设置个性化问题等，在明确双方权利义务后，银行方可为客户提供代理交易业务。电话录音文件及相关原始凭证须按规定备份、存档，各类交易原始业务凭证，须统一纳入账务核算机构凭证管理和会计凭证管理。

22.4.3 以产品为基础

产品设计分类管理。针对各类型理财产品制定差异性的审批和管理流程，同时建议根据理财产品的风险特性、银行风险偏好及风险承受能力，对理财产品按照鼓励类、控制类和禁止类三类分别进行管理。

开发和销售与自身风险控制能力匹配的理财产品。银行理财产品的设计和运作并不局限于单一的银行体系，而是综合了多个市场、多种金融工具的投资组合，是商业银行综合服务能力的重要体现。而国内衍生品市场规模和品种有限、我国商业银行定价能力受限，所以对复杂的结构性理财产品，一些银行会在海外市场寻找具有设计能力和做市能力的国际大投行提供支持，但对于理财产品在国际金融市场的运作过程及结果，不应超越银行自身的投资管理水平和风险控制能力。

产品成本测算中应充分考虑风险资本占用及中后台支持成本。一是操作风险资本占用上，应根据产品风险等级设定不同的操作风险资本占用计算系数，如果产品风险控制成本超过产品的风险可能给银行造成的损失，那么银行就应该考虑是否开发此类产品，或采取更加经济的风险控制手段；二是充分考虑中后台支持成本，主要包括信息技术开发成本、会计核算成本、售后服务成本等中后台配套支持成本。三是根据成本收益测算，合理定价，合适的价格能帮助银行迅速占领市场，但同时价格又是一把双刃剑，定价过高有可能失去客户，定价过低又会损害自身利益。所以定价在发展个人理财业务中处于非常重要的位置。

优选合作机构，实行准入制度。应建立对合作机构进行综合评价体系，综合考虑合作机构的研发能力、管理经验、资金实力、市场占有率、股东背景等，高端理财产品风险管理中最重要的是岗位的不兼容以及不同岗位的积极配合。

22.4.4 重视售后管理

高端理财产品的价值实现主要是在售后管理中，商业银行应定期对存量理财产品进行全面清理和风险评估，定期向客户提供产品运营情况、收益情况报告。

定期对存量理财产品进行全面风险评估。定期结合宏观经济环境和融资客户经营管理状况对理财产品兑付风险逐一进行评估，预测确实无法按时足额兑付、需要信贷承接的产品金额，进行风险预防处理。

定期向客户提供产品运营情况、收益情况报告。应加强与客户的联系，定期提供产品运营情况，并及时向客户披露对投资者权益或者投资收益等产生重大影响的突发事件，做好信息披露，充分保障客户金融信息知情权。

严格保管客户原始文件。如果评估结果不符合购买条件的客户执意购买，务必向客户充分揭示风险，向客户当面说明有关产品的投资风险和风险管理的基本知识，请客户抄写声明并签字确认主动购买意愿，并注意严格保存有关客户评估记录和相关资料。

23

基于资产管理公司的全面解决方案

23.1 资产管理公司商业运营背景

对于国内期货市场，鉴于个人投资者水平的差异，引入期货资产管理模式，为个人投资者提供期货交易建议或直接管理个人投资者的期货投资账户，对投资者和期货市场的健康发展都是有益的。

期货行业的高风险性和专业性决定了其准入门槛较高，对普通投资者的知识结构和技巧要求较传统的股票市场高。有专家称："从国际成熟期货市场发展经验看，期货市场是一个专家市场，而不是一个大众投资市场。"随着社会分工的日趋细化，非专业化的个人投资者将逐渐被淘汰，而专业化的理财服务则会成为具有强大生命力的新兴产业。

在不久的将来，资产管理业务仍将以商品交易顾问（CTA）为主要形式和载体。CTA是国际期货行业中的一种基金管理方式，是指向个人筹集资金组成基金，从事期货投机交易，获取利润，形成职业化的客户资金管理。当前，以CTA业务为主的期货投资咨询的金融增值业务占据了国际期货市场的主流。而据不完全统计，金融增值业务收入已经占据国际投行70%以上比重。

期货CTA业务在国内处于发展的萌芽阶段，尚未受到监管机构的认可，主要是依靠优秀的交易团队进行统一管理，实现受托资产的持续稳定增值。随着国民经济的高速发展，大众投资者的投资需求越来越明显，资产管理业务也具有宽广的增长空间。

23.2 资产管理公司的组织架构

资产管理公司的组织架构如图23－1所示。

资产管理公司须制定完善的组织体系和业务管理制度进行有效的运作和风险管理。从部门治理框架上明确设计形成相互制衡的管理治理结构，是内控制度设计的前提条件。制度明确界定管理决策层对股东负责、风险控制委员会对管理决策层负责并垂直监控包括管

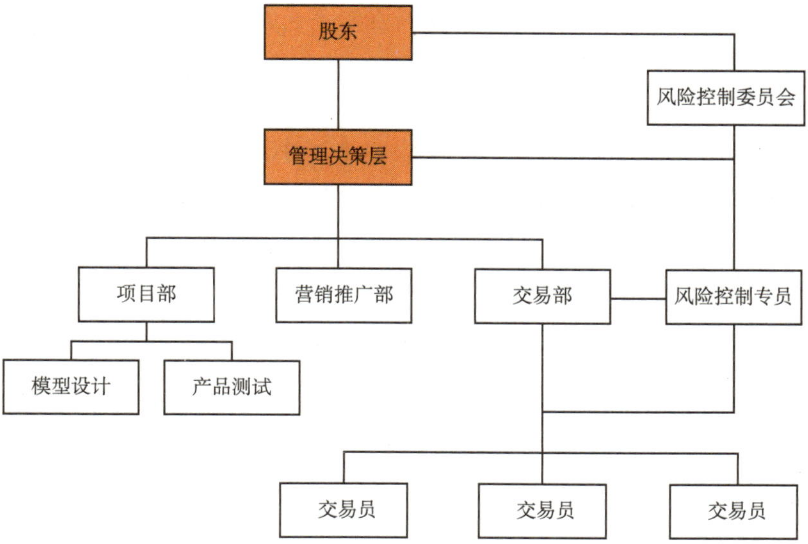

图 23－1　资产管理公司的组织架构

理决策层在内的所有岗位，做到监控层与经营层分开，形成内部的监督制衡机制。主要内容包括：控制权的配置与行使、管理层的职责与行使、风险控制和经营层分离、管理层对经营层的职责与考核、奖惩等方面。

23.2.1　管理决策层

管理决策层是商业运作的最高管理机构，主要决定审议批准商业运作的经营项目、人力资源、财务管理，是风险控制委员会的最高权力机构。管理决策层决定聘任或解聘总经理、副总经理、财务主管等高管人员并决定其报酬，审议和批准内控制度等重大事项，审定资本金投入或撤出方案，决定运作部门合并、分立、解散和清算等重大事项。管理决策层受股东层聘任，对股东层负责，是期货资产管理公司日常经营管理的最直接的负责人和决策人。

23.2.2　风险控制委员会

风险控制委员是公司最高的风险决策机构，负责公司整体的风险控制并制定风险控制原则，对管理决策层、部门总经理负责。主要负责合规审核、风险监督、期货 CTA 商业运作经营管理的监督、交易运作的监督、事后风险处理、制度的合理性及合法性审核等，防弊纠错，消除隐患。风险控制委员会形成的决议为公司控制风险的最终决议，执行人员当无条件执行。

风险控制专员由风险控制委员会指定人员组成，并对风险控制委员会负责。风险控制专员根据风险控制委员会制定的原则具体监控交易员的交易风险，及时有效地化解风险，包括对不遵守本制度的交易员所交易头寸实行强制平仓，对期货资产管理公司潜在的重大交易风险向风险控制委员会提出意见。

动态控制：对于交易员的持仓进行动态监督，尤其在市场处于单边行情时，期货资产管理公司所有资金的持仓方向很可能趋于一致，此时对于期货资产管理公司而言，潜在风险巨大，风险控制专员须及时负责汇报、督促减仓、召开会议讨论等。

动态管理：每天对整体持仓进行汇总，包括整体持仓的浮动盈亏状况、持仓方向，计算公司总体资金的风险率，制定风险警示报告。

定期汇报：也是对交易员考核的重要一环。每周向风险控制委员会组成人员汇报当前资金风险状况、总体持仓状况、每个交易员一周内交易状况等，并负责绘制每日公司交易资金总额曲线和利润总额曲线，交由总经理审查后存档，以供总经理对公司总体资金状况有全面了解。

23.2.3 交易部

交易部是交易的核心部门，负责制定整个期货投资策略和直接交易，直接关系着受托资产的整体盈利能力。交易团队主要由交易员、监控员、管理员构成。

交易员：每天提供交易日志，并定期向投资人提供收益报告。严格按照交易日志提供的投资方案进行交易，交易员在盘中严格执行交易计划，按计划入市，止盈止损。了解所有的交易规则，严格按照规则办事，避免出现任何错误。如果市场行情发生突发变化或接近账户总体风险限额时，交易员必须及时将交易及持仓状况向管理员汇报。

监控人员：当账户浮动亏损或者实际亏损达到总资金一定比例时，风险监控员需提出建议，提醒交易员适当休息或者改善交易方式，或者停止交易并总结，同时监督交易员贯彻、执行交易计划。当交易员有侥幸心理，不执行交易计划的时候，监控员协同交易员执行计划并上报管理员。严格检查交易员的交易日志，检查资金持仓状况，发现问题及时上报。

管理员：不断完善交易系统，提高系统性能；制定奖惩制度，统一组织协调并审议交易计划，但不干涉交易员执行计划；定期总结资金运作状况。

23.2.4 项目部

项目部是产品设计部门，为交易部提供投资建议和策略，开发期货资产管理产品及客户服务产品，是资产管理业务发展的设计中心和测试中心。

项目部对创新业务及各类期货资产管理产品开发设计提供研究支持，参与基金、信托、咨询等将来可能准入的其他业务模式的创新产品设计与开发；进行投资策略的构造与检验等应用性研究。

23.2.5 营销推广部

营销推广是联系客户的纽带和桥梁，也是对客户进行二次开发的主要职能部门。营销推广部的主要职责是为现场客户提供全方位服务，为非现场客户提供咨询和技术服务；管理各类客户报表，接受并处理客户投诉，为客户排忧解难；为客户风险控制提供帮助，为客户提高信任度、延长存活时间、提供共性化和个性化服务；化解客户不良情绪，树立正面形象，争取客户口碑相传，增添公司美誉度；深入研究产品、政策、促销、渠道、广告等问题，搭建市场系统，并使之完善强化；能够肩负产品推广和品牌推广使命，完成销售目标。

23.3 期货资产管理交易架构及其流程

23.3.1 选择及分配交易模式

测试客户的风险偏好和承受能力，主要是通过让客户了解各个理财产品的潜在风险和收益，进而让客户选择自己可以承受和愿意接受的理财产品。

23.3.2 分配交易资金

客户选择适合的理财产品，按照相应资金管理的原则进行资金分配，为即将进行的交易做好准备工作。

23.3.3 进行交易

客户选择理财产品后，分配交易资金，交易人员根据事先制定好的交易模型进行交易。

交易员在进行日常的交易时，要密切关注市场情况，当市场出现极端事件或行情时，需及时向上级汇报，上级领导做出处理意见，交易人员进行处理。

23.3.4 制作交易报表并汇报

根据每日的交易情况，制作当日交易报表，整理归档并汇报上级部门。

在操作存续期间，当账户资金规模出现较大变动时，交易经理需要对账户资金的运作进行调整，以达到更好使用资金的目的。

23.3.5 期末结算

当理财产品结束时，交易部门对运作资金进行整理，结算。

23.3.6 整理资料进行归档

资产管理期货交易流程如图23－2所示。

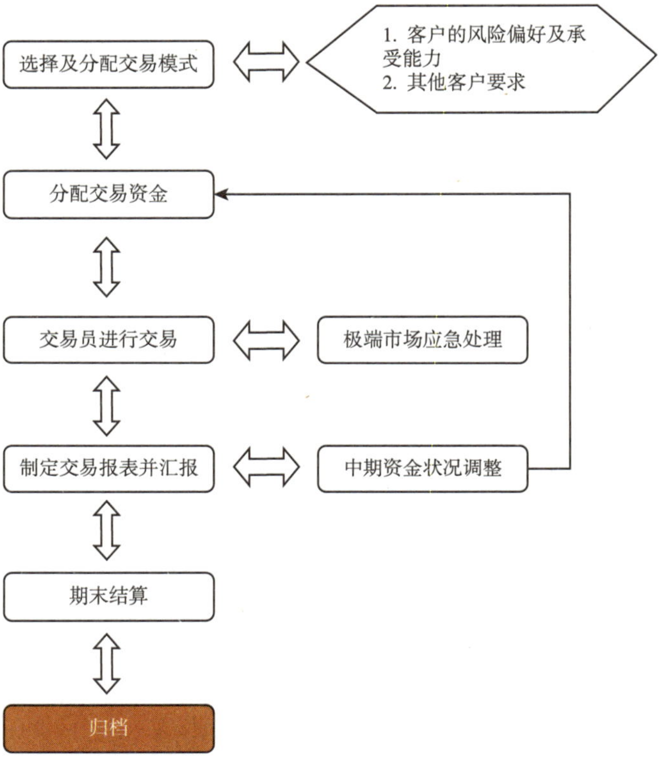

图23－2 资产管理期货交易流程

23.4 期货资产管理产品设计及交易产品

24.4.1 期货资产管理产品设计部门

期货资产管理产品设计部门，为交易部提供投资建议和策略，开发期货资产管理产品，是业务发展的设计中心和测试中心。

资产管理产品设计部门岗位设置及其职责见表23－1所示。

表 23－1　资产管理产品设计部门岗位设置及其职责

部门/岗位	职责
产品设计经理	1. 市场调研：研究行业以了解客户需求、竞争状况及市场状况，发现创新或改进产品的潜在机会 2. 产品定义及设计：编写产品需求文档（PRD），描述产品的愿景、目标市场、竞争分析、产品功能、产品基本架构、应用实例、销售及支持需求等 3. 产品生命周期管理：指在产品经历概念化→发布→成熟→退出市场整个生命周期中的产品管理活动。全程跟踪产品运作反馈、优化产品
产品设计研究员	1. 对创新业务及各类产品开发设计提供研究支持 2. 参与基金、信托、咨询等各创新产品设计与开发 3. 投资策略的构造与检验 4. 投资策略的应用研究

23.4.2　资产管理产品设计的六步骤

第一步，产品发起。产品的发起需满足“三有”：

有市场需求：市场呈现单边上涨或下跌等较好把握时机的时候，投资者多数稳健但又想参与更高收益的投资。

有机会：股市、楼市等投资方式收益存在较大不确定性时或投资收益较低，甚至会出现不少亏损时，相对而言，期货市场即可做多又可做空，尤其是在经济不景气的时候，期货投资的收益可观且风险相对可控。

有实现空间：散户的期货交易经验欠缺，风险管理意识较为薄弱等使得其将资金交给专业的期货资产管理代为操作有可能。

第二步，合规审核，接受法律与合规部的审核。通过前期的市场机会和战略可行性分析，使用较低的成本和较短的时间，构造产品基本模型，塑造产品概念，评估市场的规模、市场的潜力和可能的市场接受度，正式立项开始。

第三步，产品的组织、测试和试运行。这一步骤很关键，先是选择合适的信托公司或银行作合作伙伴，考察实力，商讨收益分成；其次对历史业绩、品牌美誉度、风控环节、操作能力、组织架构、人员配备等多方面审核过关，再考虑成本；再次是选择提供交易通道的期货公司，作为提供通道的经纪商以及独立第三方对全部账户的风险进行把关。最后是进行测试和试运行。理财类的产品需要大量的历史数据支持。这主要包括：①历史数据测试。尽可能地选取更多的历史数据测试，在测试过程中发现模型的特性，提出修改优化意见并继续测试，提交测试报告。②模拟运行。历史数据测试达到预期效果后，可进行模拟运行。模拟运行完全按照模型设计结构运作，根据运作情况提出修改优化意见及模拟运行报告。修改优化意见如被采纳则循环进行历史数据测试。模拟运行达到预计效果后，可进行试运行。试运行完全按照模型设计结构运作，根据试运行情况提出修改优化意见及试运行报告。

第四步，产品操作前期审核。这个环节会进行操作系统、销售计划、目标客户等要素分析，细致到这款产品的信息要透明到什么程度。

第五步，产品开发审核小组的综合审核。这个小组以期货 CTA 的经营层为核心，市场销售、产品设计、风险管理等部门相关负责人为成员，全面复核前四个环节。只要之前任何一个地方有问题，均需返回重来。因而，有时需要如此反复多次才能通过。

第六步，产品陈述审核。涉及产品陈述的所有宣传材料，都要经法律与合规部的审核，遵循“所见即所得”原则，确保表达客观准确。

23.4.3 交易产品体系

资产管理产品设计从运作模式上定义，目前产品设计面向客户分为两个主类：固定收益型和递增收益型。而实际上，这两大分类主要是基于内部交易原则和交易风格设计的不同，依托计量经济学知识计算风险收益关系来界定。

（1）固定收益型产品

固定收益率产品指利用统计套利技术、趋势套利技术等参与国内期货品种交易的固定收益类资产。相对来说，这类产品的收益不高但比较稳定，风险相对较低。可以按照银行定期存款、国库券等金融产品的特性来理解“固定收益”的含义。

统计套利指从基本面出发，寻找期货品种间的一般经济联系，用统计计量方法计算其价差价比的合理区间，以套利交易方式为基本方法，适时进场交易。统计套利是一种理性交易思想与实际交易经验相结合的方法，国内商品统计套利包括跨期套利、跨品种套利等。其他常见套利交易模型还包括结构性套利、趋势套利等。通过历史账户的深度分析，套利交易属于低风险稳定收益的交易模型。

（2）递增收益类理财产品

①递增收益类理财产品的设计标准。按照投资者承受风险程度的不同，不同类型的产品可以根据不同级别的资金使用率、交易模型策略等划分为保守型理财产品、稳健型理财产品和成长型理财产品。投资者可自由选择不同风险度的产品，获得相应预期收益。

②递增收益类产品体系的分类。

a. 组合期货投资策略。由于现代金融学的发展，定价理论在高流动性的成熟市场上得到广泛应用。基于各种定价模型建立的程序化交易体系，提高了期货资产管理的交易效率。组合期货投资基金可以借助于现代金融学的投资方法，如数理统计中的多元线性回归模型、Markowitz 投资组合理论，均值—方差分析、趋势高低点算法等进行多品种分散投资，降低风险（见图 23－3）。

长青共同基金	成立日期	初始资金	最新权益	初始净值	最新净值	收益率
瑞鑫基金五期	2009-5-21	1,058,244	1,289,523	1.000	1.219	21.86%

图 23－3　国内多商品投资组合模型历史收益

b. 单品种组合投资策略。根据不同行业客户需求，可面向产业客户发行的单一期货品种的组合交易基金。借助程式化交易手段，实现单一品种的不同波动率、不同周期的期货组合投资。分散投资风险，稳定收益。根据客户不同需求及品种波动特性，可设计天胶、白糖等大宗活跃商品的组合基金，对冲行业价格波动风险（见图 23－4）。

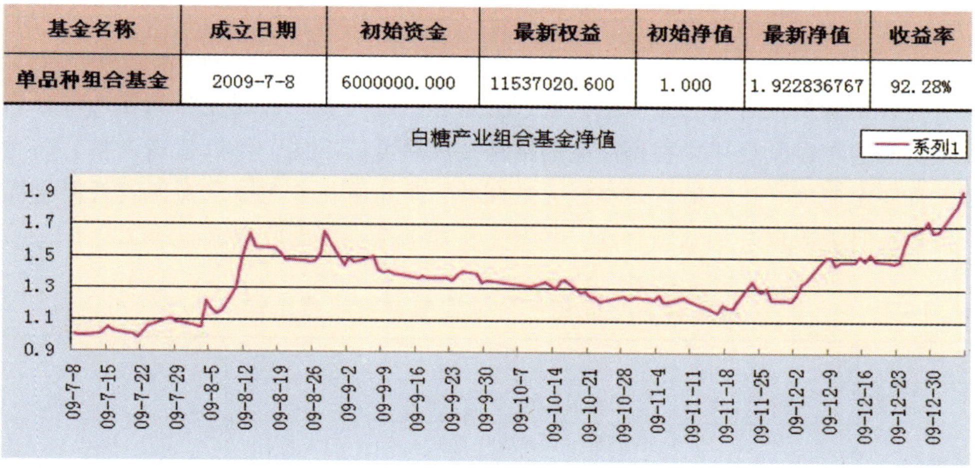

基金名称	成立日期	初始资金	最新权益	初始净值	最新净值	收益率
单品种组合基金	2009-7-8	6000000.000	11537020.600	1.000	1.922836767	92.28%

图 23－4　白糖产业组合交易模型

c. 特定组合投资策略。以农产品为例，可以设计以农产品为投资方向的专项投资产品。农产品是人类生活的必需品，近几年由于全球经济的一体化进程，加上各个国家滥发纸币及全球金融生态灾难的频发，导致农产品价格暴涨暴跌，已严重影响了每一个国家的宏观调控及每一个家庭的日常生活，因此科学地投资农产品基金将会给投资者带来生计上的保障和资产上的保值与增值。

农产品平衡策略运用“价值低估时买进、价值高估时卖出、价值平衡时放弃”的投资策略，品种涵盖郑州、大连商品交易所上市的主要农产品交易品种，具体有玉米、大豆、豆粕、豆油、棕榈油、白糖、强麦、菜籽油、棉花。实现分散风险、稳定收益的目的（见图 23 -5）。

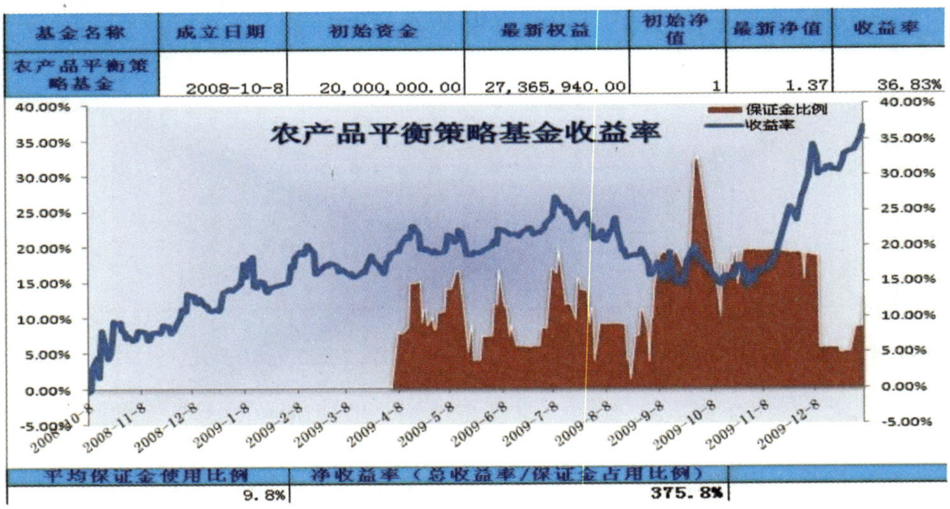

图 23 -5　国内农产品平衡投资策略模型历史收益

23.5　我国期货基金收益分配模式

参照国外期货资产管理利益分配机制，特定客户定向资产管理业务的收入可分为两部分：管理费和业绩激励费用。根据产品的结构及风险度的不同，可以适当调整。同时考虑建立风险准备金制度，以保障资产委托人的利益，防止受托方为追求高额收益而忽视风险因素。可以按月或季度分期结算收费，或者委托期满后一次性收费（见表 23 -2）。

表 23 -2　　特定客户定向资产管理业务参考收费结构

申购费率	金额（M）	费率
申购费率	0≤M<50 万元	1.50%
	50 万元≤M<200 万元	1.20%
	200 万元≤M<500 万元	0.80%
	M≥500 万元	不超过 0.60%
赎回费率	持有期限	赎回费率
	183 天（6 个自然月）	0.50%
	365 天（12 个自然月）	0.20%
	548 天（18 个自然月）	0.10%
	730 天以上（24 个自然月）	0
管理费用	到期结算盈利	盈利部分的 30%

说明：考虑到国内期货交易的特殊性，每 6 个自然月相邻交易日为开放日，可以追或赎回。

23.5.1 期货基金收益构成

参照证券基金的运作模式，期货基金的收益主要包括买卖期货合约价差收入、存款利息收入和其他收入，如因运用期货基金财产带来的成本或费用的节约计入收益。

期货基金的净收益为基金收益扣除按照有关规定可以在基金收益中扣除的费用后的余额。

23.5.2 期货基金收益分配原则

①每份基金份额享有同等的分配权。

②如果基金投资当期出现净亏损，则不进行收益分配。

③基金当年收益先弥补以前年度亏损后，方可进行当年收益分配。

④基金收益分配后基金份额净值不能低于面值。

⑤在符合上述基金分红条件的前提下，本基金方可进行收益分配。

23.5.3 期货基金收益分配费用

收益分配采用红利再投资方式免收再投资的费用。收益分配时发生的银行转账等手续费用由基金份额持有人自行承担；如果期货基金份额持有人所获现金红利不足支付前述银行转账等手续费用，登记结算机构自动将该基金份额持有人的现金红利按红利发放日的基金份额净值转为基金份额。

23.5.4 期货基金运作费用

期货基金运作过程中，从基金财产中支付的费用包括：基金管理人的管理费；基金托管人的托管费；因基金的期货交易或结算而产生的费用；基金份额持有人大会费用；基金的资金汇划费用；基金收益分配中发生的费用；其他费用。

对于开放式基金，期货基金管理费按前一日基金资产净值的1.5%年费率（可变）计提。计算方法如下：

$H = E \times 1.5\% \div$ 当年天数

式中，H为每日应计提的基金管理费；E为前一日基金资产净值。

期货基金管理费按每日计提，按月支付。由基金管理人向基金托管人发送基金管理费划付指令，基金托管人复核后于次月首日起5个工作日内从基金资产中一次性划付给基金管理人。

在通常情况下，基金托管费按前一日基金资产净值的0.25%（可变）年费率计提。

计算方法如下：

$$H = E \times 0.25\% \div 当年天数$$

期货基金托管费每日计提，按月支付。由基金管理人向基金托管人发送基金托管费划付指令，基金托管人复核后于次月首日起5个工作日内从基金资产中一次性划付给基金托管人。

23.6　收益稳定性分析诊断与风险度测量

23.6.1　收益稳定性——赫斯特指数H值

自英国科学家赫斯特研究并提出了用重标极差法（Rescaled Range Analysis）求出时间序列曲线的赫斯特指数以反映数据间的时间相关性以来，又有许多学者开始运用这一稳健的分析方法来研究全球金融市场，如Marco Corazza、A. G. Malliaris运用R/S分析法研究全球主要的6种农产品期货，发现H值均大于0.50，这说明这些品种收益率分布不是标准正态分布，6种农产品期货价格的时间序列是具有持久性和循环趋势。

赫斯特指数可以用来分析期货资产管理交易账户的收益率，从账户日结收益和整体稳定性两方面考察。

我们以2008年10月8日至2009年8月1日某资产管理交易账户每日收益净值为例来加以说明，见图23－6。

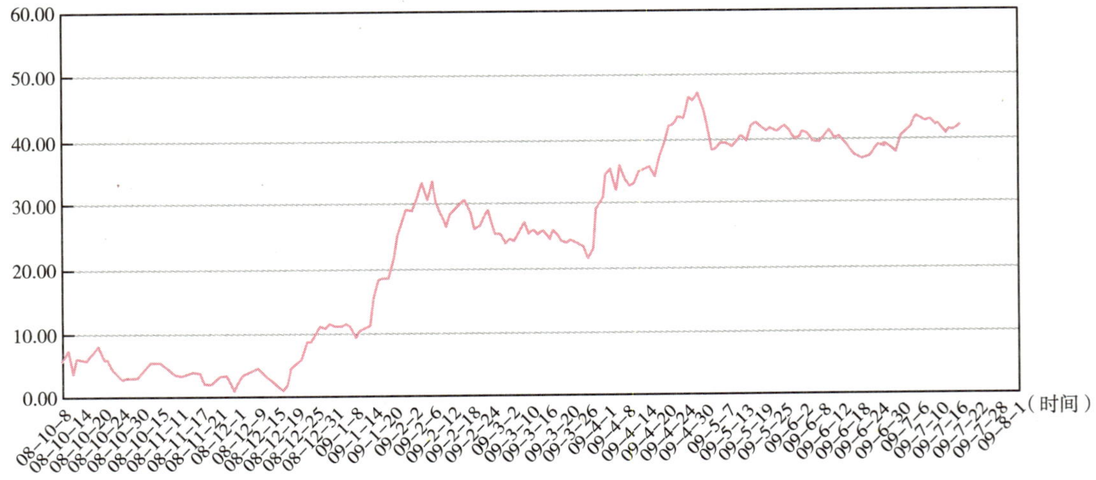

图23－6　资产管理交易账户每日收益净值

通过计算，其赫斯特指数值为0.615，说明此账户交易模式可以保持趋势性较强的正向盈利水平，并且具有抵御突发风险事件的能力，可以在遇到突发事件出现亏损时，根据统计指标及时作出应对，减小和避免亏损。此账户的交易模式和资金按比例分配手段，保证了交易的稳定性和客观性，每笔盈亏都比较平均，不会出现比较大的盈亏。该账户在保持稳定增长的同时，力求风险的最小化，较好地控制风险。

23.6.2 账户风险性测量

可以分别用表 23－3 中 5 种指标，以收益率为依据，从不同角度测量资产管理账户的风险状况。

表 23－3　　资产管理账户风险状况测量

	观测数	均值	离散系数	偏度系数	峰度系数	VaR 值
截至 09－5－7	14	0.002	2.293	0.476	－0.764	50 952

①均值：此账户在存续期 95 天内相对于 60 万元的初始账户资金，其日收益率为 0.002，略低于采用其他投资策略的账户。

②离散系数：

$$离散系数=\frac{标准差}{均值}$$

反映收益率的离散程度，此交易账户离散系数为 2.293，小于标准值 3.0，说明账户收益率集中在一定区间内，比较平稳，风险小，整体收益率亦如此，说明此账户可以保证比较稳健的收益。

③偏度系数：账户偏度为 0.476，有一定的右偏形态，但不明显，即收益率分布呈现出均值 0.002 右边有相对较长的尾，即盈利的分布比较分散，高水平和低水平的盈利都存在，而亏损值比较集中，且都是低水平的亏损，对整体账户的影响相对较弱，从而说明该账户出现较大正收益的可能性远大于出现极端亏损的可能性；从柱状图（见图 23－7）的分布看，该账户盈利的次数远大于亏损的次数，账户整体显示胜率较高，且盈利亏损值较集中，表现出交易风格较高的稳定性。

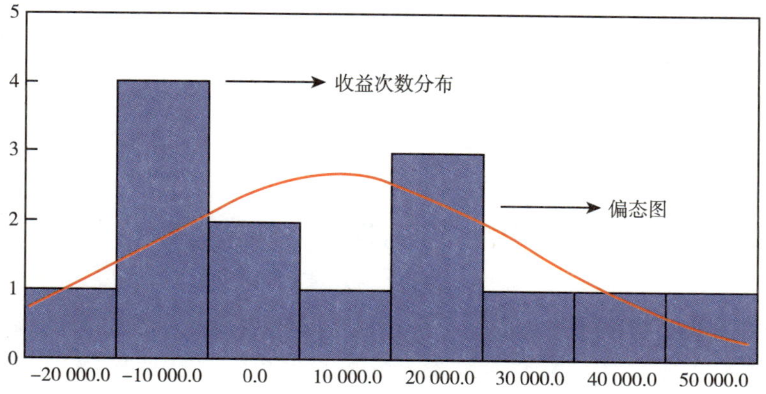

图 23－7　资产管理账户收益分布图

说明：横轴为收益率，纵轴为各收益率范围的次数。

④峰度系数：此账户峰度远小于标准正态分布的峰度系数0，说明收益率的峰值低于标准水平，即不会出现较大的盈利和亏损，账户风险小。

⑤VaR值：衡量此交易账户收益下隐藏的风险。通过此账户2008年9月18日到2009年5月7日期间的收益数据测算出60万初始资金的VaR值为50 952，即95%置信水平下此交易账户可能的最大亏损为5万元（出现此亏损的概率只有5%），相对于总资金存量，其最大亏损约为8.33%。

23.7 期货资产管理的风险控制

23.7.1 期货资产管理风险管理的基本原则

①定性描述与定量分析相结合的原则。公司建立具体的风险控制指标体系，并以主要绩效指标进行风险衡量和考核，使风险控制具有客观性和可操作性。

②全面性原则。风险管理是期货资产经营管理的重要组成部分，风险控制必须覆盖公司运作的各项业务、各个部门和各个岗位，渗透到决策、执行、反馈等各个业务环节。

③防火墙原则。投资、研究、交易、财务等各项业务应在物理上和制度上适当隔离，投资决策和交易执行应严格分离。

从国外成熟的金融投资市场的发展经历看，一家成功的期货资产管理公司，其核心竞争力就在于拥有一套完整的、行之有效的风险控制管理体系，以及拥有一个优秀的理财团队。

从期货资产管理的角度分析，把资金按照一定的分配标准分散投资到市场的各个品种中，既提高资金利用率又能有效降低投资风险。通过严格的风险控制管理原则对各个品种的运作情况进行即时跟踪、评估、晋级、淘汰等手段，达到优化资源配置，并通过提留风险公积金、增加投资份额、奖励机制等方式最终将系统性风险降至最低，以达到稳定获利的目的，成为期货资产管理公司的核心竞争力量之一。

期货资产管理完善的交易体系，应该包括风险控制体系、交易体系和监控体系三个方面，个人是不可能完成的，必须要由团队完成。团队的成员进行细致的分工，互相制约，计划的制订者和计划的执行者必须要分开。

23.7.2 期货风险管理的基石——保证金模式

衍生品交易是基于保证金进行的，保证金制度是衍生品交易与结算的核心制度，也是衍生品市场风险管理的基石。保证金制度也被称为期货市场防范风险的“第一道门槛”，在控制市场风险中具有至关重要的地位。一个成功的期货市场必定伴随着一个有效的保证金控制体系，上达监管机构，下至交易客户，而交易所、结算机构、经纪公司和其他相关的金融机构则首当其冲。保证金制度主要包括保证金水平设置、保证金调整权限安排、清算机构设置、保证金等级区分等。其中，最重要的是保证金水平设置。保证金水平设置直接体现市场风险控制的水平及有效性。国际上保证金设置方法基本上可划分为策略基础保证金（Strategy - Based Margin）和风险基础保证金（Risk - Based Margin）。

（1）策略基础保证金

策略基础保证金是将一个组合的各个投资按照市场价值比例计算，即使一些投资的保证金能相互抵销，这些可抵销的投资必须符合事先的明文规定，而与各投资间的实际相关性无关。策略基础保证金没有考虑各投资的波动性。传统的保证金设置方法即属于策略基础保证金，它具有静态、一刀切的特点。这一模式已被使用了多年，尤其是早期的期货市场。由于它基本忽视了各项投资间的实际相关性，因而往往会要求过量的保证金。但因其具有计算简单快捷的优点，故至今为止仍然有一定的市场。

（2）风险基础保证金

风险基础保证金是指在计算组合保证金时，以投资的风险价值而非市场价值为基础，并且考虑了投资的波动性、各投资间的相关性在抵销保证金时的作用。

这两种保证金设置方法的重要区别是对组合投资中各投资价值相关性的处理，策略基础保证金基本忽视了各项投资间的实际相关性，而风险基础保证金则考虑了这种相关性。因此，一般情况下，相对于策略基础保证金，风险基础保证金可以在控制市场风险基础上有效降低投资成本。近年来，风险基础保证金模式得到市场的日益重视。美国联邦储备会（Fed）有关保证金的研究报告证明，这一模式与策略性模式相比，可以在同样控制市场风险的基础上有效地降低投资成本。

23.7.3 风险处理控制流程及操作规范

风险处理控制流程如图 23 - 8 所示。

对账户的实时监控，实时监督各交易员对交易规则的执行情况。

①一旦发现交易员的某个客户账户头寸超过其固定的投资上限（一般为 30%），则立即通知该交易员进行减仓以降低资金利用比例，并要求交易员于当日收盘以前处理完毕。若交易员未能按要求降低其资金使用比例，则风险经理有权强制实行减仓或平仓行为，记录减仓获平仓行为，同时将情况上报至风险总监。

②一旦发现交易员没有按照预先制定的交易规则进行交易，如套利型基金进行了单边的趋势投机交易，或者是单品种基金进行了多品种组合交易，又或者是组合的比例不符合预先设定的要求，则立即通知该交易员停止当前的交易模式，调整到符合交易规则的交易模式，记录上述具体情况并上报至风险总监。

③根据基金净值的变化相应调整投资的策略，并严格监控其执行。当基金单位净值≥

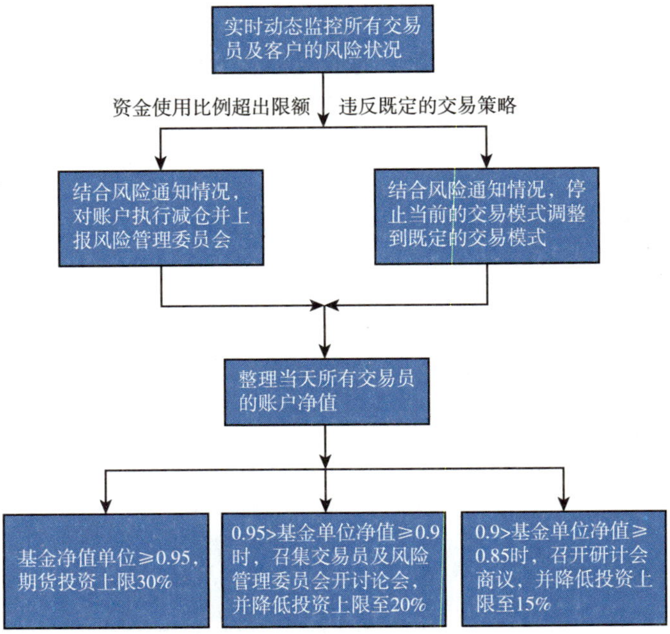

图 23－8　风险处理控制流程图

0.95，期货投资上限为30%不变；当出现0.95>净值单位净值≥0.9时，及时召集交易员及风险委员会就基金的策略及风险管理进行讨论，并相应降低期货投资上限至20%；当0.9>基金单位净值≥0.85时，再次就基金出现大幅亏损的情况召开研讨会，商议提高基金收益率并适度严控风险的对策，相应地降低期货投资上限至15%；0.85>基金单位净值>0.80，将资金使用比例的上限调整为10%，实时关注交易员的操作并控制风险；基金单位净值=0.80，立即通知交易员停止交易，并将所有头寸清空。

④定时对各种类型的产品和账户进行风险评估，如计算相应的风险值，并根据风险调整后收益率等数据提出意见以供交易员和基金经理参考，如出现某账户或某类产品风险值过高，将召集管理层或风险管理委员会进行商讨，以降低相应的风险值。

风险处理操作规范：

①风控人员需严格按照规定监控和处理交易员管理的账户风险。

②风险处理应按照基金净值排序，优先处理基金净值低的账户。

③减仓或强制平仓手数：根据交易规则计算超出限额的资金，然后计算出相应手数进行强平。有多个品种时，优先平掉交易方向不利的头寸。若有风险合约封住停板，应优先处理能够成交的其他持仓品种。

④客户有入金或者交易员自行减仓后仍未满足资金使用比例限额要求的，风险总监仍将减仓直至满足标准。

⑤对套利型基金强平时应对其头寸进行等数双边平仓。

⑥遇法定节假日，因保证金比例临时提高，可按照原风险处理办法执行。

24

中金商品指数

24.1 中金商品指数概述

24.1.1 中金商品指数的结构与功能

（1）商品指数

商品指数能够反映商品价格整体趋势，并作为一个基准，及时、准确地反映广泛多样化的商品投资情况。国外最著名的 CRB 商品指数目前有 19 个商品期货合约组成，反映国外商品指数整体波动情况。

商品指数对现代经济和金融市场的发展具有重要意义。首先，商品指数是政府部门和企业了解、把握商品期货的重要依据。其次，商品指数可以作为期货市场的一个品种进行交易。最后，建立商品指数有助于繁荣期货市场、争夺定价话语权。商品指数合约能够将很多无法实物交割的商品纳入使用现金交割方式的套期保值范围中来，使得“期货市场服务于国民经济”作用更加凸显。

（2）中金商品指数的编制目的与意义

中金商品指数（CIFCO－CI）是基于我国期货市场上上市交易的 20 种商品期货价格计算而来，每种商品在中金商品指数当中所占的权重由中金商品指数委员会根据既定的规则确定，每年调整一次。该权重的计算主要依据期货市场交易的成交量数据，成交量越大的商品在商品指数中所占的权重也会越大。

中金商品指数旨在综合反映各商品期货价格的总体运行走势，以审视我国商品期货市场的总体表现。它的推出顺应市场需求，能够反映我国商品期货的动态走势，为政府测度经济景气和通货膨胀水平提供先行指标，不断满足广大投资者和研究者分析及决策的需要，同时也为中金公司推出商品 ETF 等金融衍生产品拓展空间。

商品指数 ETF 可以作为市场中的一个交易对象，为投资者提供新的投资或避险工具。商品指数同证券、国债收益的低相关性保证了它在投资组合中的风险对冲功能。研究表明，将商品指数 ETF 纳入传统的以股票和债券为主的投资组合之中，能够达到分散投资、降低风险的目的。投资者还可以利用商品指数 ETF，把握中长期趋势；也可以利用对冲以及套利技术，在指数 ETF 与品种之间进行保值或套利。

（3）中金商品指数的结构体系及其特点

中金商品指数的独特之处在于它既能够及时反映国际商品价格的变动趋势，又具有中国特色，反映我国国情，反映中国经济的变化趋势。

这首先体现在品种选取上。中金商品指数完全采用在中国期货市场交易的品种报价，这些品种本身就是对中国经济具有重要意义、最代表中国当前发展需求的品种。另外，中金商品指数的走势能够很好地反映出中国经济与全球经济的关系。例如，在 2008 年底到 2009 年初，中金商品指数就领先 CRB 等国际权威指数率先反弹，恰恰体现出中国经济先于全球经济复苏的宏观基本面。

中金商品指数结构体系如下：

①一级指数。中金商品指数包括的品种：铜、铝、锌、螺纹钢、线材、PTA、PVC、橡胶、塑料、燃料油、豆一、豆粕、强麦、棉花、玉米、豆二、硬麦、白糖、豆油、菜籽油、棕榈油、早籼稻。

②二级指数：中金金属指数、中金工业品指数、中金农产品指数。

- 工业品指数包括的品种：PTA、PVC、橡胶、塑料、燃料油。
- 农产品指数包括的品种：豆一、豆粕、强麦、棉花、玉米、豆二、硬麦、白糖、豆油、菜籽油、棕榈油、早籼稻。
- 金属指数包括的品种：铜、铝、锌、螺纹钢、线材。

③三级指数：钢材指数（螺纹钢，线材）、有色金属指数（铜，铝，锌）、贵金属指数（黄金）；

能源指数（燃料油）、化工指数（PTA，PVC，塑料）、橡胶指数（橡胶）；

豆类指数、谷物指数 、软商品指数 、油脂指数。

24.1.2 中金指数设计思路与编制方法

（1）研究思路

在对国际主要商品期货价格指数编制方法和交易体系的全面研究的基础上，借鉴国外成熟经验，结合我国期货市场发展的实际情况，提出中金商品期货价格指数的总体设计和运作构想；进一步对中金指数的品种、权重、编制方法和修正方法进行全面的、系统的考虑；以三大交易所上市的期货品种为对象编制出商品指数。

（2）研究方法

考虑到当前我国商品指数领域研究的比较少，我们在对商品指数的编制上应侧重于国外成熟的经验。在研究方法上，应采取实证分析和规范分析相结合，以规范分析为主；定性分析和定量分析相结合，以定量分析为主。

（3）主要研究内容

①指数的基本理论和方法研究。包括指数科学概念的提炼、指数的综合和分析功能研究、指数的基本编制方法。

②国际商品期货价格指数的编制和交易特点。目前，国外的商品期货市场较为成熟，已开发出许多商品期货价格指数。其中，最具代表性的如美国的商品研究局的 CRB 期货指数和 CME（芝加哥商业交易所）的 GSCI（高盛指数）等，因此需要对国际商品期货价格指数的编制和交易特点进行全面深入的梳理。

③指数的总体设计方案。指数的设计需着眼于国内，反映国内商品价格走势，具有国内范围的可投资性，这是基于我国期货市场品种成熟度考虑。设计目前期货市场包括大部分品种指数的总体原则是：编制商品指数要真正实现价格发现、节约成本（以指数为标的的交易成本）、实际可投资。遵照上述原则，具体划分为以下 7 项：

a. 基期的选择：将基准日定为 2000 年 1 月 4 日。

b. 指数品种选取原则。指数的成分取决于基础商品在生产中的重要性，由于在我国期货品种的推出过程中各个交易所已经考虑到了相应品种在国民经济中的基础性作用，因此本指数不再对所包括的商品期货构成成分在品种上进行限制。此外，为反映经济发展过程中商品需求和消费结构的变化，商品指数的构成品种将根据实际情况的改变进行调整。

c. 合约的选取。本指数的计算将选取相应品种的所有可交易合约。

d. 计算方法与步骤。收集各个品种全部期货合约历史价量的官方数据，并进行整理，计算均价。

以 2000 年 1 月 4 日为起始时间，对各个板块品种的均价和持仓量按日历时间进行合并整理。对各板块中的品种价格计算均值。最后，对金属板块指数、农产品指数和工业品指数取算术平均值，得到中金商品综合指数。

中金商品综合指数 =（金属板块指数 + 农产品指数 + 工业品指数）/3

需要注意的是，由于贵金属板块金融属性较强，反映国民经济发展特性的能力有限，一旦加入综合指数，将对综合指数造成扭曲，因此不列入中金商品综合指数，仅在贵金属板块中进行计算。

e. 指数调整周期的确定。为剔除品种权重和合约的改变对指数产生的波动，在每年的 12 月需要对我国期货市场上的交易品种进行评估，并决定次年的品种。

f. 指数调整系数的计算。对商品品种增减调整遵循以下规则：新品种上市时，以上市日为基准日，在综合指数上添加新品种的权重；品种退出时，减去退出品种的权重。

g. 收益计算。在完全抵押的基础上，获得的利润完全进行再投资，为了使得期货投资能够与股票和债券市场的投资相比较，指数基金投资者需采用完全抵押的方式。

（4）商品指数委员会评估与调整制度

设立中金商品指数委员会，委员会由资深商品期货专家组成，并邀请外部业界专家提供客观意见和专业建议。考虑到目前中国期货市场的发展变化日新月异，委员会商议讨论的频率应高于目前国外每年举行一次的惯例，暂定为每半年举行一次正式会议对指数进行讨论。

24.1.3 商品指数验证性报告

中金商品期货指数与 CRB 指数基本保持一致的走势（见图 24－1、24－2），中金商品期货指数以中国期货市场品种的价格为数据源，构造方法与 CRB 相同。中金商品期货指数实际上是对中国期货市场商品价格的反映，在保持与国际市场商品指数 CRB 一致的同时，对于中国期货市场动向有更为敏锐的体现。

图 24－1 中金商品指数与 CRB 指数

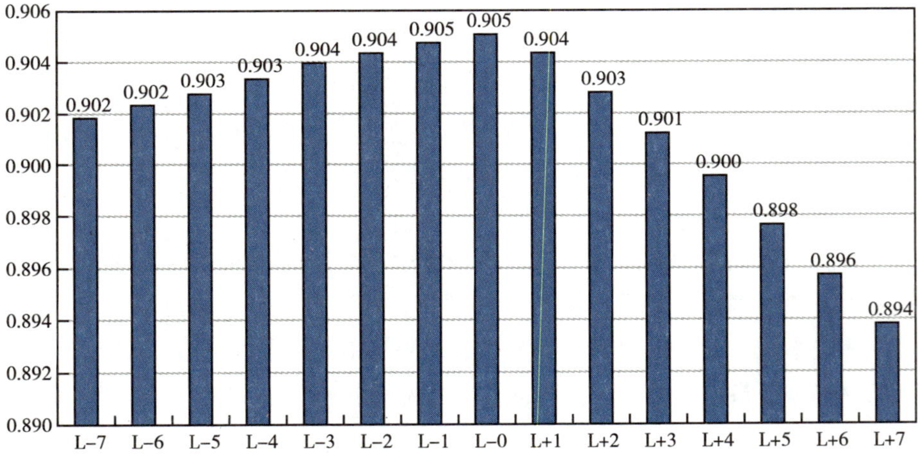

图 24－2 中金商品指数与 CRB 指数的相关系数

24.1.4 中金商品指数的发展前景展望

中金商品指数（见图 24－3）未来有两大发展方向，一是开发收益率指数、采用境外市场交易的品种编制全球商品指数以更加全面有效地反映全球商品市场动态变化、开发现货指数以及以外币计价的商品指数，为经济研究和预测、决策活动提供参考。二是发行商品指数投资基金，如商品指数 ETF 等，帮助投资者对冲通货膨胀风险，并获得投资分散化收益的好处。中金商品指数基金将以可投资的中金商品指数系列为跟踪对象，力求高效、稳定地取得与跟踪指数系列一致的收益。

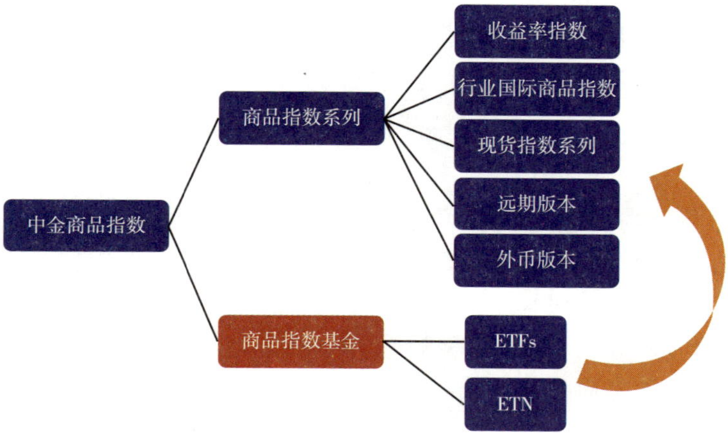

图 24－3 中金商品指数产品设计框架

24.2 商品指数理论研究

24.2.1 指数内涵及应用领域

指数作为古老且为大家熟悉的经济分析方法，能够为广大投资者分析经济形势及各级政府部门进行宏观计划和决策提供依据。在经济全球化和投资者需求日益多样化的今天，指数本身作为金融创新的一个重要组成部分，其应用领域突破了传统简单价格动态对比的范畴，已逐渐演变成综合反映由多种经济现象在不同时间和空间条件下平均变动的相对数。从当前国际指数编制涉及的范围看，由传统的实物商品价格指数向各类股票价格指数、固定收益证券指数、基金指数、商品期货指数、房地产指数等新型指数产品过渡已是大势所趋。

24.2.2 指数功能研究

通过对指数概念的研究中，我们可提炼出指数的两种功能作用，即指数的综合功能和指数的分析功能。指数的综合功能作用，就是综合不同种类的商品数量或价格，并反映它们的总动态；指数的分析功能作用，就是分析多因素现象的总量指标或平均指标在动态对比中各因素的变动情况，并测定其总动态的影响方向和影响程度。

24.2.3 价格指数编制方法

（1）简单指数法

简单指数法，是指不用权数编制价格总指数的方法。简单指数法的实质是排除各商品的重要性和影响力而单独地就价变研究价变的方法。常见的简单指数法有如下表现形式：

①简单综合法。这种方法是将报告期各项商品价格总和，与基期各项商品价格的总和进行比较。其计算公式如下：

$$K = \frac{\sum P_1}{\sum P_0}$$

式中，K 是价格指数，P_1 是报告期价格，P_0 是基期价格。

这种方法存在着不小的缺陷：由于各种商品的价值不同，使计算的结果受着价值高的商品价格影响，存在着隐伏加权，即个别高价商品的价变能够支配与左右总指数的高低，掩盖了一些低价商品价变对总指数的影响。

②简单算术平均法。简单算术平均法是各项单项商品价格指数之和与指数项数的平均，计算公式如下：

$$K = \frac{1}{N}\sum \frac{P_1}{P_2}$$

这种过渡到以相对指标为基础的计算方法，克服了简单综合法的缺陷。但是这种方法是视各商品的权数为 1 的条件下计算的，显然这与商品的重要性和价格变动的实际影响不不符。

③简单几何平均法。简单几何平均法是商品单项价格指数乘积的几次方根，计算公式如下：

$$K = \sqrt[N]{\prod \frac{P_{1i}}{P_{0i}}}$$

式中，$\prod \frac{P_{1i}}{P_{0i}}$ 是各项价格指数的乘积。这种方法在同一资料条件下，其计算的结果适中，数值介于简单算术平均法与简单调和平均法所计算的数值之间。实践中有一些应用。

（2）加权综合指数法

由于选择同度量因素的时期不同，加权综合指数法有两种表现形式：

①以基期数量为同度量因素，又称常数加权或固定加权综合法。这种方法于 1864 年由德国学者 Laspeyres 首创，简称拉氏公式：

$$K = \frac{\sum P_1 Q_0}{\sum P_0 Q_0}$$

利用这种公式计算的指数，其权数有两种表现形式，一是以计算期的临近前期流转量为权数；另一种是以固定基期流转量为权数。利用这种公式计算指数，不论基期权数选择哪一时期，其共同的优点就是权数资料比较容易取得，计算指数比用现期权数方便。

②以报告期数量为同度量因素，又称变数加权综合法。这种方法于 1874 年由德国学者 Paasche 主张，简称派许公式：

$$K = \frac{\sum P_1 Q_1}{\sum P_0 Q_1}$$

利用这种公式计算的指数，由于使用计算期权数计算，把商品价格变动，纳入现实商品流转中观察，故计算的指数和价格变动对购买者货币收支的影响额具有较强的现实意义。

（3）加权平均指数法

加权平均指数法是在计算单项商品价格指数的基础上，以商品流转额为权数，进行加权平均计算指数的方法。商品流转额包括价格与流转量二因素，由于计算指数时价格和流转量都有计算期和基期的区别，所以还出现 P_0Q_0 和 P_1Q_1 两种方式。公式如下：

①加权算术平均指数法：

$$K = \frac{\sum \left(\frac{P_1}{P_0} P_0 Q_0\right)}{\sum P_0 Q_0}, \quad K = \frac{\sum \left(\frac{P_1}{P_0} P_1 Q_1\right)}{\sum P_1 Q_1}$$

②加权调和平均指数法：

$$K = \frac{\sum P_0 Q_0}{\sum \left(\frac{P_0}{P_1} P_0 Q_0\right)}, \quad K = \frac{\sum P_1 Q_1}{\sum \left(\frac{P_0}{P_1} P_1 Q_1\right)}$$

P_0Q_0 是基期权数，P_1Q_1 是现期权数。实际编制指数时选用哪一个比较合适，没有绝对的答案，要针对研究目的具体判断。如果目的是充分反映市场现实价格的动态，自然以采用现期权数富有实际意义；如果目的是研究市场价格变动的趋势与规律，则以采用固定基期权数为好。

24.2.4 金融商品价格指数体系探讨

统计指数既可以综合反映不同种类商品和劳务的数量的总动态，也可以综合反映不同种类商品和劳务的价格的总动态。我们将一系列具有内在联系且相互贯通的价格指数所组成的整数，称为价格指数体系。

目前，从国外在特殊金融商品价格指数领域研究的情况看，西方国家尤其是美国，对股票价格指数和债券价格指数编制已有较长的历史，而且，近年来在基金指数和商品期货指数的研制上，其编制方法也在不断地改进和完善。如道·琼斯公司就有完整的金融商品价格指数体系，包括道·琼斯商品期货价格指数。然而，不可忽略的是，目前我国商品期货指数的研究仍有待突破。

24.2.5 我国商品期货市场指数化的市场、技术条件分析

商品期货指数的研制是我国期货市场发展到一定阶段的必然产物，也是代表我国期货市场开始走向成熟的一个重要标志。我国当前的商品期货市场是否具备指数化市场和技术条件，这里就该问题结合我国期货市场发展的历史进程加以分析：

我国期货市场发展的历史进程可划分为以下四个阶段：

第一阶段（1988—1990 年）方案研究设计阶段。1988 年初，国务院发展研究中心、国家体改委等部门，联合组成期货市场研究工作小组，开始结合我国的实际情况提出发展我国期货市场的基本战略方针和实施步骤。

第二阶段（1990—1995 年）试点阶段。该阶段是我国期货市场的产生和飞速发展时期，期货市场的功能开始初步显现出来。

第三阶段（1995—2001 年）调整规范阶段。在试点阶段期货市场快速发展的同时，出现了大量交易所和期货经纪公司一哄而上、盲目发展的倾向，期货市场投机气氛浓重，操纵市场行为猖獗，违规行为不断发生。1995 年年中管理层做出了整顿期货市场，实行会员制改造和重新审核登记期货公司与非期货公司会员的决定，此后，我国期货市场进入了一个长期的结构调整和规范发展阶段。

第四阶段（2001 年至今）国际化准备阶段。伴随着一系列结构调整和管理措施的陆续出台并逐步贯彻实施，在“法制、监管、自律、规范”政策的引导下，我国期货市场开始步入一个健康发展、繁荣稳定的新阶段。在经济总体走向国际化的大背景下，我国期货市场必然会在完善自身的同时走向国际化。

综上对我国期货市场发展历史四阶段的剖析，可以看出，经过三十多年的发展，我国商品期货市场已初具规模，可以说，编制商品期货价格指数的客观条件已基本具备。与此同时，经济全球化趋势使得大宗商品的国际市场价格波动对我国经济的影响日益增强。在此背景下，研究和推出我国自己的商品指数的现实意义日益凸显。此外，世界经济发达国家其代表性的商品期货价格指数已经积累了丰富的市场经验和研究成果，为我国编制商品期货指数提供了很多可供借鉴的经验，增强了研究工作的可行性。

24.3 中金商品指数应用研究

24.3.1 中金商品指数与国际主要商品指数的关系

（1）中金商品指数与国际权威商品指数的拟合度

中金商品指数的编制完全采用了国内上市的期货品种报价，其中，有色金属、燃料油

等部分品种的价格波动与国际市场报价联动紧密，而农产品、钢材等品种的报价则与本土市场供求等变动状况联系紧密。因此，中金商品指数既在趋势上与国际主流商品指数保持一致，又与中国经济紧密联系，保持部分独立性，反映本国经济基本面的变化特征（见图 24－4）。

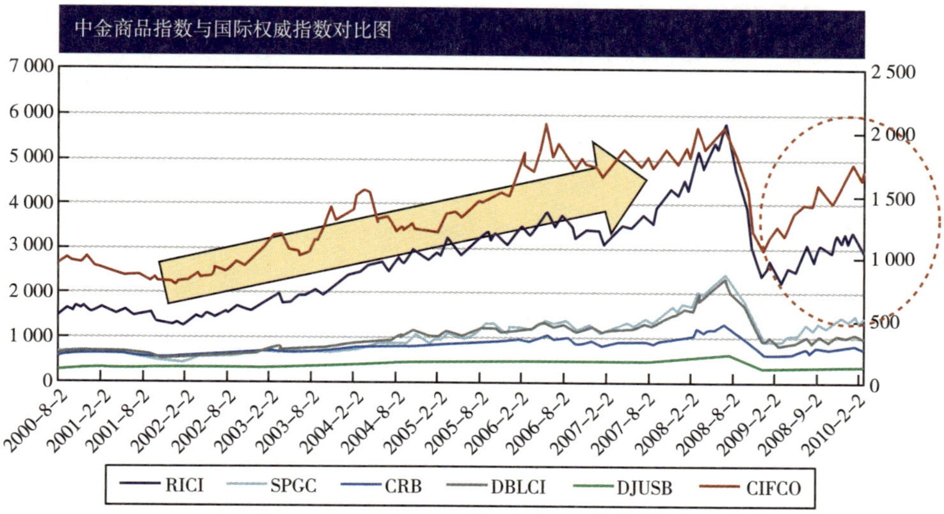

图 24－4　中金商品指数与国际权威商品指数之间比较

中金商品指数与国际权威商品指数的拟合度较好，与标准普尔商品指数（SPCI TR）、罗杰斯商品指数（RICI）的相关系数达到 0.9 以上。与 CRB 指数、德意志银行流通商品超额收益指数（DB ER）、道琼斯－USB 商品收益率指数（DJUSB TR）的相关系数也达到 0.86 以上。中金商品指数与国际权威商品指数的长期趋势一致（见表 24－1）。

表 24－1　中金商品指数与国际权威商品指数之间相关性比较

	SPGC	CRB	RICI	DB	DJUSB	CIFCO
SPGC	1.000					
CRB	0.898	1.000				
RICI	0.972	0.952	1.000			
DB	0.961	0.940	0.981	1.000		
DJUSB	0.878	0.976	0.902	0.933	1.000	
CIFCO	0.901	0.865	0.926	0.880	0.885	1.000

与 CRB、SPGC、DBLCI 相比，中金商品指数的波动更加剧烈。我国作为发展中国家，价格波动率与成熟市场相比应当更大，这种差异与我国经济发展阶段吻合，也与期货市场容量等因素相关。

（2）中金商品指数与 CRB 的关系

中金商品指数对 CRB 指数有较强的跟踪效果，此基础上进行的 GRANGE 因果分析也说明了 CRB 在长周期下的主导地位（见图 24 －5）。

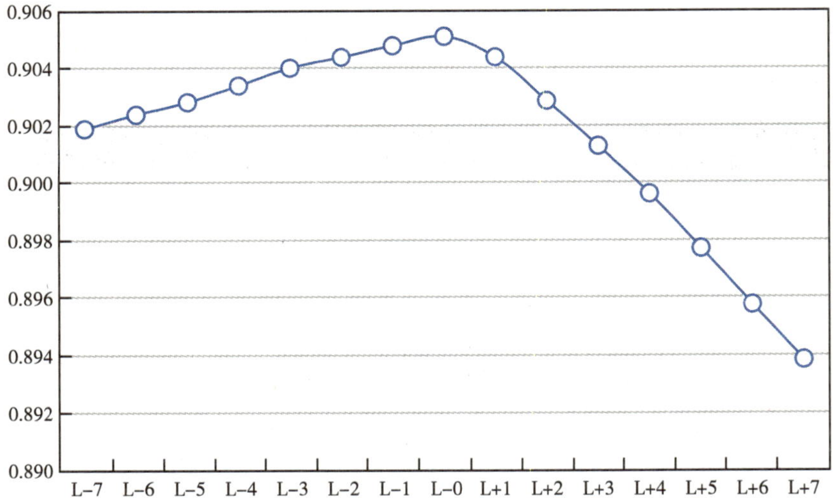

图 24 －5　中金商品期货指数与 CRB 指数领先滞后关系

经交叉相关矩阵计算，中金商品期货指数与 CRB 的同期相关系数在 0.9 以上，观察从滞后期的相关系数，L－7 等表示 CRB 在第 t 天的价格与中金商品期货指数在第 t＋7 天的价格的相关性，以此类推。

CRB 对中金商品期货指数各期的作用均强于后者的反作用，这与国内部分商品价格走势跟随国际价格有关。中金商品期货指数在保持与 CRB 指数一致走势的同时，更贴近中国商品市场，反映国内商品价格与国际商品价格的联系。

根据对相关性的判断，我们可以确定中金商品期货指数对 CRB 指数有较强的跟踪效果，此基础上进行的 GRANGE 因果分析也说明了 CRB 在长周期下的主导地位（见表 24 －2）。

表 24 －2　　中金商品指数与 CRB 的领先滞后因果检验

中金商品期货指数 t 期对 CRB 指数 t 期、t＋1 期…t＋7 期的影响		
Null Hypothesis:	F－Statistic	Probability
ZQ00 does not Granger Cause CRB00	113.444	0.000　√
ZQ00 does not Granger Cause CRB01	0.938	0.391
ZQ00 does not Granger Cause CRB02	2.247	0.106
ZQ00 does not Granger Cause CRB03	7.993	0.000　√
ZQ00 does not Granger Cause CRB04	2.393	0.092
ZQ00 does not Granger Cause CRB05	2.069	0.127
ZQ00 does not Granger Cause CRB06	2.084	0.125
ZQ00 does not Granger Cause CRB07	3.694	0.025

续表

CRB 指数 t 期对中金商品期货指数 t 期、t+1 期…t+7 期的影响		
Null Hypothesis:	F - Statistic	P
CRB00 does not Granger Cause ZQ00	3.931	0.020 √
CRB00 does not Granger Cause ZQ01	2.335	0.097
CRB00 does not Granger Cause ZQ02	9.727	0.000 √
CRB00 does not Granger Cause ZQ03	1.915	0.148
CRB00 does not Granger Cause ZQ04	4.788	0.008 √
CRB00 does not Granger Cause ZQ05	2.316	0.099
CRB00 does not Granger Cause ZQ06	5.179	0.006 √
CRB00 does not Granger Cause ZQ07	2.557	0.078 √

同期看，中金商品期货指数由于对行情特征更为敏感，投资参考价值较大，而长期看，CRB 指数对中金商品期货指数后期的波动起到较大影响。

24.3.2 中金商品指数与重要经济指标的相关性研究

商品指数的走势历来是成熟市场经济国家央行制定货币政策的重要参考依据。国际发达经济体的央行通常采用经济运行的先行指标体系和相应的宏观经济监测预警及政策分析系统作为判断经济形势、选择调控方向、力度以及时机的依据。国外央行常常把期货市场的价格指数作为通胀预期的早期预警指标，以此作为制定货币政策的重要参考依据之一。

我们通过分析中金商品指数系列与利率、CPI、PPI、RPI 及 PMI 的领先滞后性发现，中金商品指数通过反映我国商品价格趋势，能够发挥其预警功能，将对完善我国宏观经济先行指标体系、改善央行的宏观调控效果具有重大的现实意义。

（1）中金商品指数与利率

由图 24-6 可以看出，中金商品指数的走势与银行隔夜拆借利率走势基本吻合。Shibor 利率类似于美国联邦基准利率，也是国债利率的基础，市场化程度高，中金商品指数与 Shibor 利率的这种相关性可以作为央行未来利率市场化改革的参考。

（2）中金商品指数与 CPI

由图 24-7 可以看出，中金商品指数和 CPI 走势基本一致，该商品指数能提前 6 个月预警 CPI 走势。通过时差相关检验，CPI 与滞后半年的中金商品指数相关性最大。

（3）中金商品指数与 PPI

以 2003 年 7 月至 2004 年 3 月 31 日农产品指数为例，指数提前半年准确预警 PPI 走

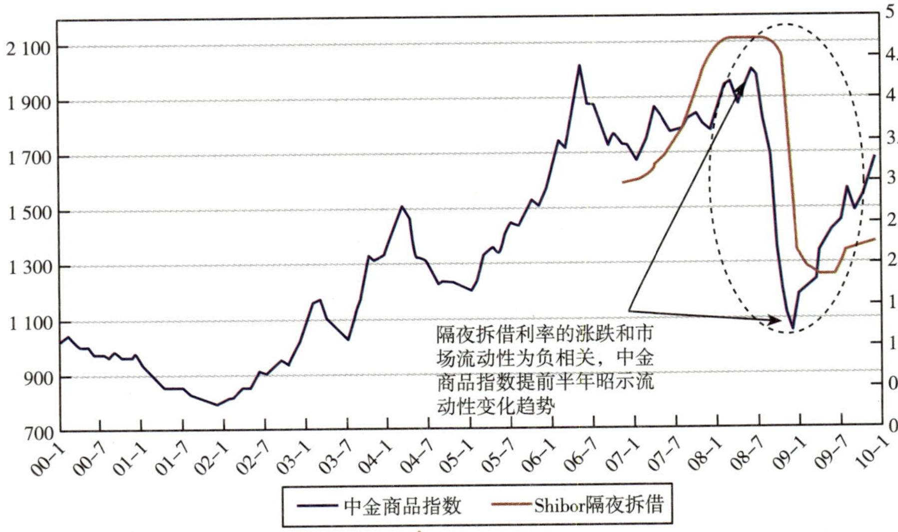

图 24－6　中金商品指数与 Shibor 关系

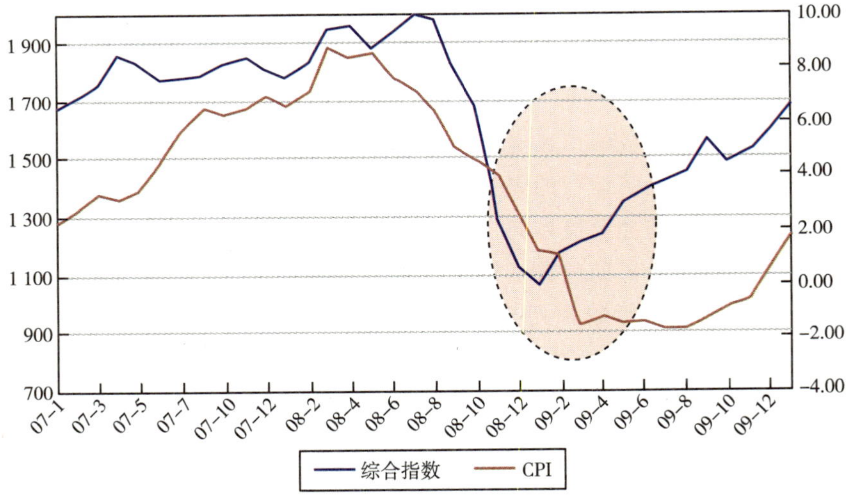

图 24－7　中金商品综合指数与 CPI 指数

势。从图 24－8 来看，PPI 的走势和农产品指数高度吻合，也符合农产品对生产者物价影响最大的国情。

（4）中金商品指数与 RPI

由图 24－9 可以看出，中金商品指数保持对 RPI 趋势的正确预测，并始终领先于 RPI，而 RPI 的增长则是反映个人消费的增加以及社会商品经济的良好发展，是预测未来消费对 GDP 贡献度的窗口。

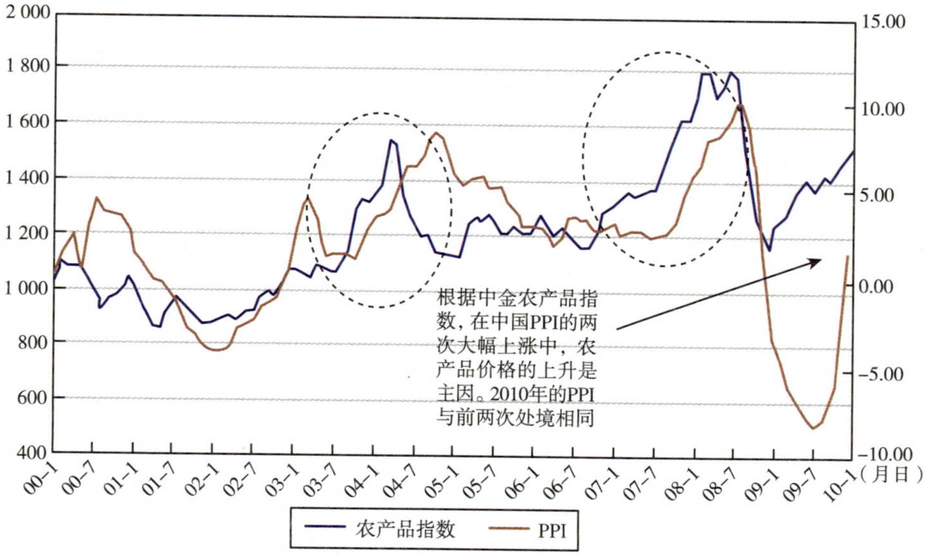

图 24－8　中金商品指数与 PPI

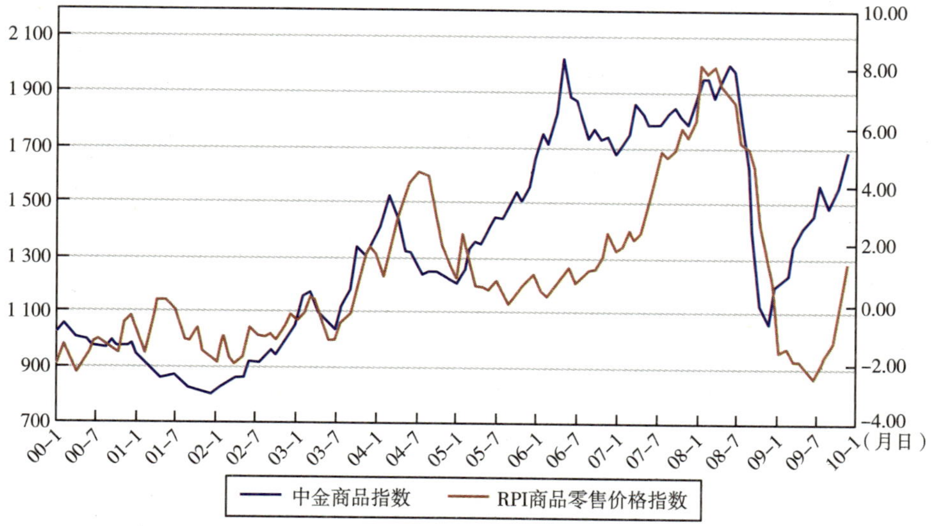

图 24－9　中金商品指数与 RPI

（5）中金商品指数与 PMI

采购经理人指数（PMI）是目前各国权威的宏观经济先行指标，中国采购经理人指数是业内人士预测宏观经济的重要参考，在业界被广泛使用。从图 24－10 来看，中金商品指数与 PMI 在趋势上保持一致。

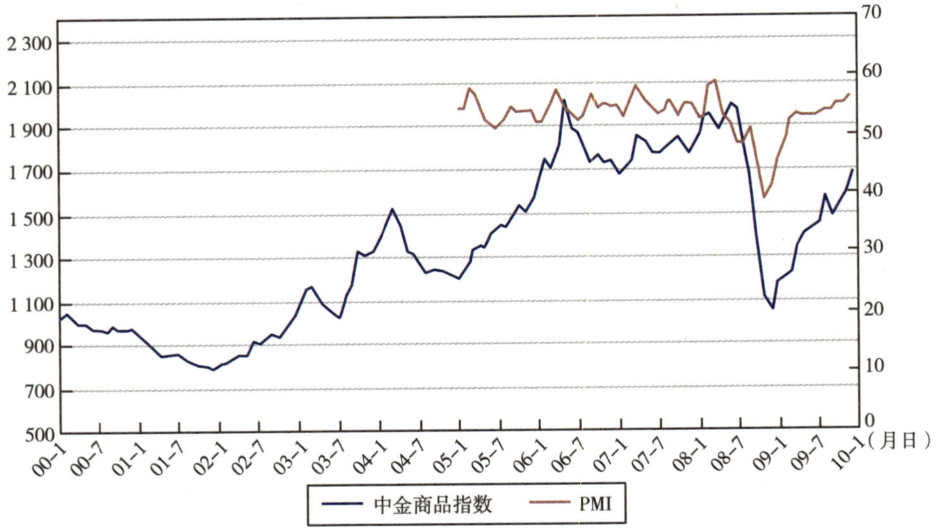

图 24-10　中金商品指数与 PMI

24.3.3　中金商品指数与重要经济指标数量研究

众所周知，期货市场具有价格发现功能，即宏观经济指标对未来现货价格的走势预测具有先行性。国际商品期货指数对宏观经济的预测一直是国外投行宏观经济研究的重要手段。而在我国，缺乏权威的商品期货指数，资本市场对宏观经济的把握缺少共识，中金商品指数的推出弥补了这一空缺。

本节采用 OLS、ECM、GARCH 模型，揭示中金商品指数与宏观经济指标之间的数量关系。为中金商品指数基金的推出奠定理论基础。选择的宏观经济指标主要包括 GDP、Shibor、CPI、PPI 以及 M2。

（1）模型理论

通过模型计算，找到中金商品指数与宏观经济指标之间的最优比率，而该比率则是中金商品指数与宏观经济指标间的线性关系的斜率。S 代表现货，即宏观经济指标；F 代表期货，即中金商品指数。

① OLS。对中金商品指数与宏观经济指标的估算通过最小二乘法（OLS）进行，并以此为基础发展出另外三种方法。根据 OLS 回归模型，有如下的回归方程：

$$\Delta \ln S_t = \alpha + \beta \Delta \ln F_t + \xi_t$$

此方程中的 β 即寻找的最优比率，

$$\beta = Cov(\Delta \ln S_t, \Delta \ln F_t)/Var(\Delta \ln F_t) = h^*(t)$$

② B-VAR。上述 OLS 回归方程中的残差项会影响到最优比率的估算，为了消除残差项序列相关的影响，Herbst，Kare，Marshall 以及 Myers，Thompson 发明 B-VAR 模型计

算 β:

$$\Delta\ln S_t = \alpha + \beta\Delta\ln F_t + \sum_{i=1}^{m}\gamma_i\Delta\ln S_{t-i} + \sum_{j=1}^{m}\theta_j\Delta\ln F_{t-j} + \xi_t$$

B－VAR 模型中的 $\sum_{i=1}^{m}\gamma_i\Delta\ln S_{t-i}$ 及 $\sum_{j=1}^{m}\theta_j\Delta\ln F_{t-j}$ 两项的出现消除了残差项的自相关性。β 为最优比率:

$$\beta = h^*(t) = \frac{Cov(\Delta\ln S_t, \Delta\ln F_t \mid \Delta\ln S_{t-i}, \Delta\ln F_{t-i})}{Var(\Delta\ln F_{t-1} \mid \Delta\ln S_{t-i}, \Delta\ln F_{t-i})}$$

③ ECM。尽管 B－VAR 模型解决了 OLS 模型的“残差项 ξ_t 自相关”问题，但是 B－VAR 模型并没有考虑到宏观经济指标之间的协整关系。此协整关系对最优比率的估算有重大影响。基于以上原因，ECM 模型应运而生。与 B－VAR 模型相比，ECM 中增加了一个误差修正项 Z_{t-1}。

$$\Delta\ln S_t = \alpha + \beta\Delta\ln F_t + \sum_{i=1}^{m}\gamma_i\Delta\ln S_{t-i} + \sum_{j=1}^{m}\theta_j\Delta\ln F_{t-j} + \omega Z_{t-1} + \xi_t$$

其中 β 为最优比率。

④ EC－GRACH。在 ECM 模型提出的三年后，Lien 提出了 EC－GRACH 模型，并在两点上对之前的模型做出重要修改：宏观经济指标变动的条件方差；宏观经济指标变动与现货价格变动的协方差为变量。

EC－GARCH 模型不仅考虑宏观经济指标与现货价格变动之间的协整关系，同时考虑了宏观经济指标变动的方差以及现货价格变动方差之间的互相影响。

EC－GRACH 模型中的回归方程与 ECM 一致，最优比率 $h^*(t)$ 公式如下：

$$\begin{cases}\Delta\ln S_t = \alpha + \beta\Delta\ln F_t + \sum_{i=1}^{m}\gamma_i\Delta\ln S_{t-i} + \sum_{j=1}^{m}\theta_j\Delta\ln F_{t-j} + \lambda Z_{t-1} + \xi_t \\ \beta = h^*(t) = \dfrac{Cov(\Delta\ln S_t, \Delta\ln F_t \mid Z_{t-1})}{Var(\Delta\ln F_{t-1} \mid Z_{t-1})}\end{cases}$$

（2）数据选择与处理

①数据的选择。为了方便中金商品指数与各宏观经济变量进行比较，将各变量转化为相同基期进行比较，若某些宏观数据在基期时并没有记录，则将基期推后到下一个数据点。研究的样本区间为 2000 年 1 月至 2010 年 1 月。GDP 月度数据难以获得。在此采用月度工业增加值数据除以工业值占 GDP 的比重换算而得 GDP 月度数据，然后除以 CPI 指数得到实际的月度 GDP 数据。调整后的序列：GDP 月度数据、CPI 月度数据、PPI 月度数据、Shibor 月度数据。对应的中金商品指数数据则是当月算术平均值。实证研究的数据频率为月。

②数据的处理。中金商品指数/宏观经济指标变化率的计算公式分别是：

$$\begin{cases}\Delta\ln S_t = \ln(S_t/S_{t-1}) \\ \Delta\ln F_t = \ln(F_t/F_{t-1})\end{cases}$$

式中，S_t 代表 t 时期中金商品指数，F_t 代表 t 时期宏观经济指标。

（3）单位根检验、协整检验

由于在实证研究中，需要使用到 OLS 及 ECM 模型，那么首先需要验证数据是否符合模型假设条件——数据平稳性测试。而在之后的 GARCH 模型估算中，该模型要求对数据的协整性进行测试。

① ADF 检验。在对中金商品指数与宏观经济指标之间的协整关系进行检验之前，首先必须对中金商品指数和宏观经济指标序列的平稳性进行检验——ADF 检验。只有当数据满足 ADF 检验条件，才能进一步检验其协整性。由表 24－3 的 ADF 检验结果可知，在 1% 的置信水平下，中金商品指数和宏观经济指标是非平稳的。进一步对中金商品指数序列的一阶差分 IF 和宏观经济指标的一阶差分 IS 进行检验，在 1% 的置信水平下，中金商品指数的一阶差分与宏观经济指标的一阶差分均是平稳的。

表 24－3　原始数据的 ADF 检验与协整检验

变量	ADF 值	1% 临界值	5% 临界值	10% 临界值	是否平稳
中金指数	1.039046	－3.49892	－2.86521	－2.56878	否
GDP	2.020195	－3.49895	－2.86523	－2.56879	否
CPI	3.57936	－3.43892	－2.86521	－2.56858	否
PPI	3.319046	－3.49895	－2.86563	－2.56879	否
Shibor 月	2.039046	－3.43892	－2.86521	－2.56878	否
M2	1.133046	－3.43892	－2.86552	－2.56879	否
变量一阶差分	ADF 值	1% 临界值	5% 临界值	10% 临界值	是否平稳
中金指数	－24.9163	－3.43894	－2.86522	－2.56825	是
GDP	－6.3429	－3.49895	－2.86523	－2.56834	是
CPI	－10.9163	－3.43892	－2.86521	－2.56858	是
PPI	－9.39154	－3.49893	－2.86563	－2.56879	是
Shibor 月	－21.2018	－3.43892	－2.86521	－2.56213	是
M2	－18.8131	－3.43892	－2.86552	－2.56878	是
指数与变量误差项	ADF 值	1% 临界值	5% 临界值	10% 临界值	是否平稳
Resid－GDP	－9.18417	－3.43893	－2.86523	－2.56818	是
Resid－CPI	5.56121	－3.43895	－2.86523	－2.56879	是
Resid－PPI	－17.3065	－3.43894	－2.86523	－2.56879	是
Resid－SHIBOR	－10.3969	－3.43895	－2.86523	－2.56879	是
Resid－M2	－21.9038	－3.43825	－2.86523	－2.56879	是

②协整检验。对中金商品指数和各个宏观经济指标的回归方程的残差项进行平稳性检验。根据表 24－3 的检验结果可以看出，回归残差 Resid 的 ADF 检验值小于 1% 显著性水平下的 T 值，说明中金商品指数与宏观经济指标序列是协整的，二者之间存在着长期稳定的均衡关系。这充分说明，样本期间中金商品指数的运行是有效的，对宏观经济指标实现了价格发现的功能。

（4）最优比率的估算

表 24－4 至表 24－6 是在不同模型下中金商品指数与各宏观经济指标之间最优比率的计算结果。需要说明的是，由于中金商品指数具有先行性，实验将中金商品指数数据滞后两个月，最优比率的估算结果是滞后两月的中金商品指数和各个宏观经济指标之间的数量关系。

表 24－4　　OLS

宏观经济指标	GDP	Shibor 月	CPI	PPI
最优比率	1.383127	0.105485	0.205973	0.198864
标准误差	1.010313	0.093309	0.112986	0.157524
调整后 R^2	0.29997	0.592166	0.69416	0.578134

表 24－5　　ECM

宏观经济指标	GDP	Shibor 月	CPI	PPI
最优比率	1.433121	0.110956	0.257208	0.214202
标准误差	1.014707	0.114934	0.149686	0.19061
调整后 R^2	0.275742	0.575753	0.624757	0.35348

表 24－6　　GARCH

宏观经济指标	GDP	Shibor 月	CPI	PPI
平均值	1.45557	0.117447	0.274546	0.252227
最大值	2.184694	1.00969	0.552473	0.376445
最小值	0.63375	0.00508	0.00449	0.007311
标准差	3.010313	2.495357	4.757866	2.757852

（5）结论

至此我们可以得出结论：在商品期货价格指数与各宏观经济变量的三个模型中可以看出商品期货价格指数与 GDP、利率、CPI、PPI 以及货币投放量之间都是同方向变动。

采用协整检验、Granger 因果检验等方法研究商品期货价格指数与宏观经济变量之间的关系。协整检验结果得出商品期货价格指数与GDP、利率、CPI、PPI以及货币投放量等宏观经济变量之间都存在长期的协整关系。在商品期货价格指数与各宏观经济变量的模型中可以看出，在这种均衡关系中，商品期货价格指数和GDP、利率、CPI、PPI以及M2之间的关系是正相关的。

从这个角度看，商品价格指数的走势成为宏观经济走向的一个缩影。期货指数在国民经济预警体系中具有重要的作用。

总体而言，期货市场与宏观经济变量之间存在长期均衡关系，商品期货价格指数可在一定程度上反映我国经济发展的整体趋势及水平。我国期货市场与宏观经济的发展是一致的，我国期货市场的不断发展壮大促进了国民经济的发展。

24.3.4　中金商品指数的行业应用

中金商品指数体系三级指数与国民经济各个行业息息相关，体现了期货市场服务国民经济的作用。

（1）钢材价格与相关行业存在高度相关性

黑色金属采选业景气程度与铁矿石价格高度正相关，黑色金属采选业景气程度与钢材价格正相关，黑色金属冶炼及压延加工业景气程度由铁矿石价格与钢材价格共同影响，铁矿石价格的上涨抑制了黑色金属冶炼及压延加工业的毛利率，因成本上升无法完全通过价格转嫁出去（见图24－11）。

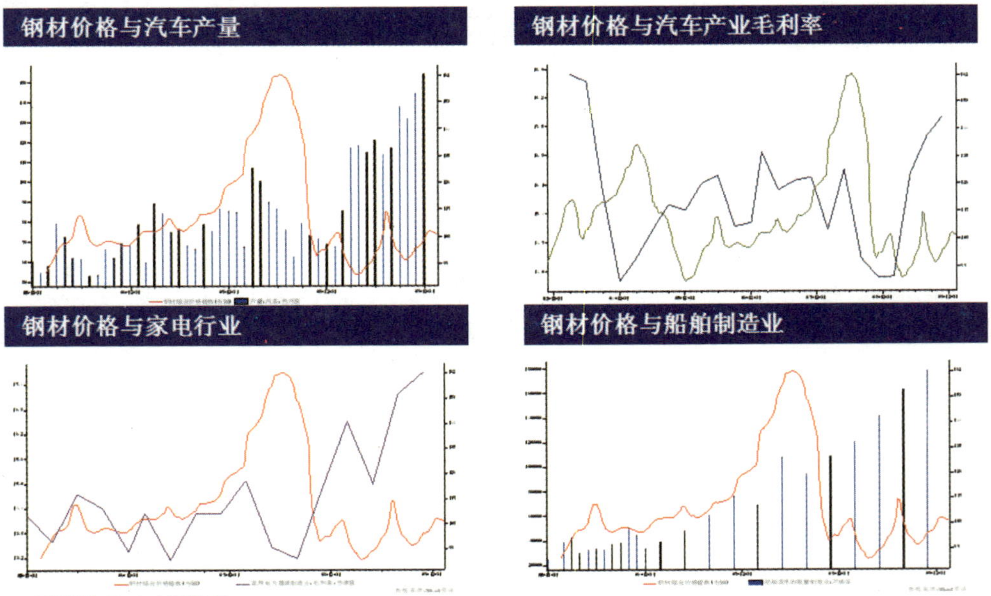

资料来源：Wind，中期研究院

图24－11　中金商品指数与其他行业指数比较

(2) 钢材指数能够反映铁矿石价格变化的影响

钢材指数与铁矿石价格相关性较高，能够反映铁矿石价格变动对钢材价格的影响，钢材指数对铁矿石价格变化相对更加敏感。例如，2009 年 9 月初铁矿石价格企稳回升，钢材指数在一个月后对铁矿石价格做出了反应；而在 2010 年 1 月初，铁矿石价格和钢材指数价格几乎同时达到近期高点，出现了一波下跌行情（见图 24－12、图 24－13）。

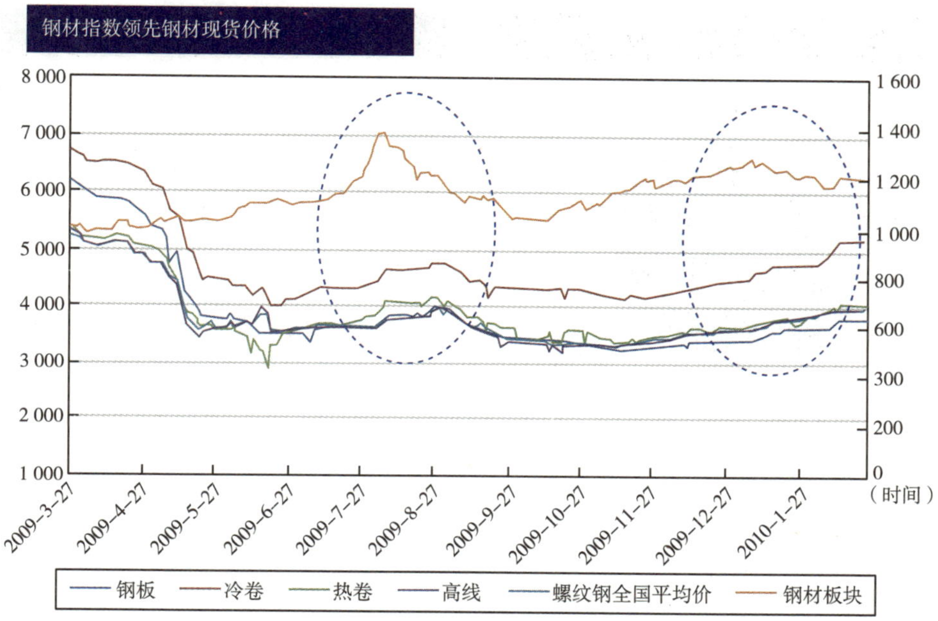

图 24－12　中金指数之钢材指数与钢材现货价格关系

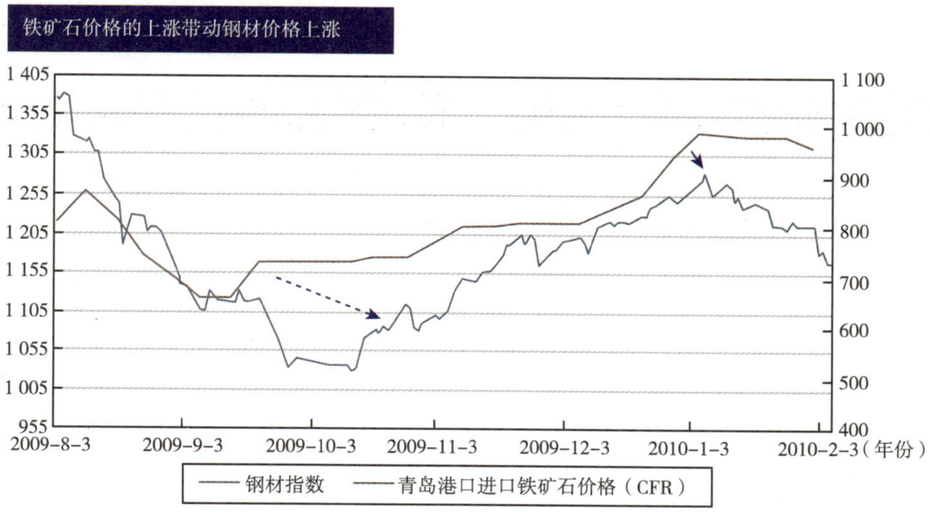

图 24－13　铁矿石指数与钢材价格指数关系

（3）粗钢产量与矿石价格

中国是主要粗钢生产国，粗钢产量占全球产量比重约为47% ~51%，但重要原材料铁矿石需要进口，中国需求对铁矿石市场意义重大。全球铁矿石供应呈寡头垄断竞争：铁矿石资源分布在澳大利亚力拓、必和必拓和巴西淡水河谷手中。由于产钢企业无法完全将铁矿石价格的上涨完全转嫁，铁矿石成本的上涨抑制了中国粗钢产量的增长（见图24-14）。

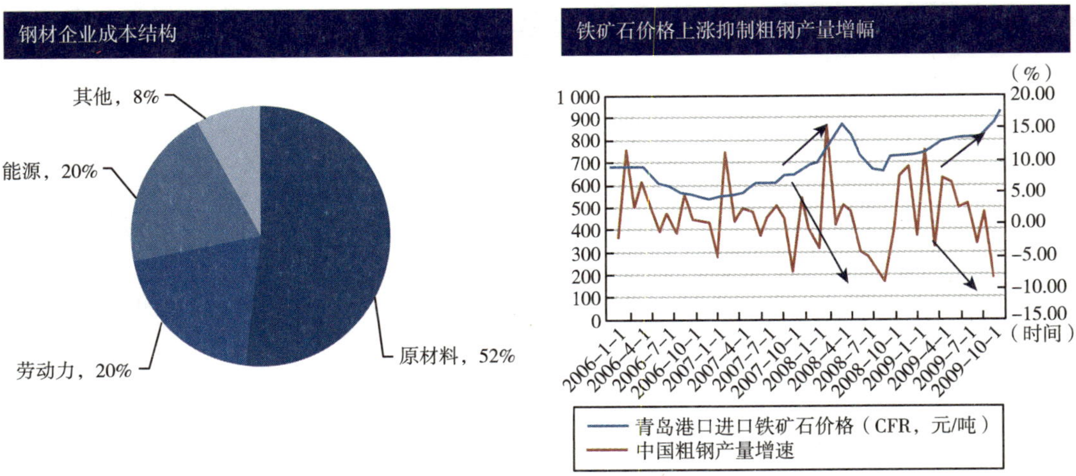

（a）（b）

图24-14　钢材成本与铁矿石价格上涨之间的关系

（4）能源指数与原油价格密切相关

中金商品指数三级指数中能源指数以上海期货交易所上市的燃料油品种价格编制（见图24-15）。由于我国原油品种的缺乏，国内燃料油价格走势主要参考NYMEX的原油走势，能源指数与WTI原油和新加坡航空煤油现货价格相关性均在0.8以上。同时我国能源

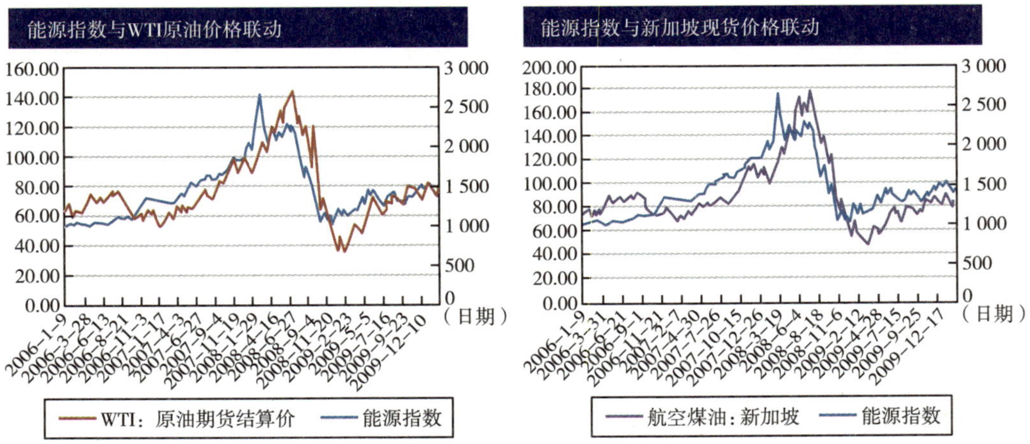

图24-15　能源指数与原油价格之间关系

指数明显领先 NYMEX 及新加坡航空煤油现货价格。

随着中国经济的不断发展，中国对原油的需求不断增加，由于中国原油产能扩展弹性有限，每年的增量原油需求主要依靠进口原油满足，因此整个经济对原油价格的依赖程度不断增大，所以中金能源指数的开发具有历史意义。由于我国原油期货品种较单一，指数设计上存在一定的局限性，中金商品指数将会不断完善各分类指数系列，设计推出结合国外原油商品期货的指数系列，能够真实反映国际市场原油价格走势的变动情况，满足境内外投资者的需求。

24.4 商品指数基金研究

24.4.1 商品指数基金

(1) 指数基金概况

根据有效市场假说，在信息有效的市场里，市场的有效集中表现在证券价格上，价格的有效性又可解释为：价格在任何时候都是证券投资价值的最佳评估。事实上，投资者作为一个整体，由于他们构成了市场，他们的回报不可能超过股市平均水平（见表 24 - 7）。为此，基金管理人就不需要用基本分析法来寻找价值被低估的股票，也不用技术分析法来预测股市走势，适当的投资策略就是消极的投资策略，也即采用指数化投资方法。采用指数法投资的基金被称为指数基金。

表 24 - 7　一般股票基金相对于标准普尔 500 指数的表现

时间	绩效优于指数的基金所占比例	绩效优于指数的基金数	基金总数（只）
5 年	31%	230	754
10 年	18%	69	388
25 年	41%	82	198
35 年	36%	34	95

(2) 指数基金特点

指数基金是一种以拟合目标指数、跟踪目标指数变化为原则，实现与市场同步成长的基金品种。指数基金一般被归类为被动管理的基金，因为其投资组合的变化完全取决于指数的变化。指数基金的主要特性如下：

①低成本运作。指数基金的优势在于其低成本运作。在充分效率的市场中，在考虑了成本之后，投资者不可能持续取得高额的风险调整收益。基金的运作是有成本的，主要包

括管理费、交易成本和销售费用三个方面（见表 24－8）。

表 24－8　　等额基金的指数法与积极管理法的年成本比较

成本	指数法	积极管理法	指数法节约成本
管理费	0.2000	0.5000	0.3000
经纪人佣金	0.0100	0.0195	0.1850
转移成本	0.0130	0.0225	0.0213
买卖价差	0.0350	0.6750	0.0640
对收益影响	0.2600	1.6000	1.3740

②分散和防范风险。一方面，由于指数基金广泛地分散投资，从而有利于分散风险；另一方面，由于指数基金所跟踪的指数一般都具有较长的历史可以追踪，因此，在一定程度上指数基金的风险是可以预测的。

③监控较少。由于运作指数基金不用进行主动的投资决策，所以基金管理人基本上不需要对基金的表现进行监控。指数基金管理人的主要任务是监控对应指数的变化，以保证指数基金的组合构成与之相适应。

（3）商品市场基金

在过去数年中，“投资基金”构成了商品市场每日交易的重要组成部分，它们成为市场内的活跃因素，并左右商品的价格走势。其中最值得注意的是商品交易顾问（CTA）基金和指数基金。

商品指数基金采用“买入并持有”的投资策略，即按照期货合约的名义价值购买期货合约。商品指数基金参与市场的方式是采用“全部抵押的方式”，即首先将全部资金投资于短期国债，以获取固定收益，再以短期国债作为抵押参与期货交易。商品指数基金不采用卖空策略，也不使用资金杠杆。

一般来说，商品价格不论是在短期还是在长期波动性都很高。大多是投资者总是希望从价格的波动中赚取差价。但是，商品指数基金的投资风格相对保守，并不随价格波动而改变投资策略。所以，商品指数基金又被称为“冷钱”。它们追随商品价格指数的收益，并致力于资产投资的多样化。为了资产投资的多样化，其资金运作的频率较低，所建立的头寸时间跨度平均为两年，对市场采取长期的看法。

24.4.2　中金商品指数 ETF 构想

早在 2006 年 9 月中国证监会官员就曾在国际金融衍生品论坛中表示我国要大力发展包括股指期货、商品指数期货等在内的金融衍生产品。同时商品指数基金投资品种可以吸引国内外机构投资者参与，改变目前以中小投资者为主的现状，提高市场流动性和市场份额，在强化商品市场规避风险的同时，弱化以往商品市场投机过度的现象。

ETF 作为融合多种产品优势的金融工具，它具有跟踪误差小、流动性高、功能多样等特点，在全球范围内发展势头迅猛。ETF 最早产生于加拿大，而其发展与成熟则主要在美国。1993 年，美国股票交易所推出第一只真正意义上跟踪标普指数的 ETF—SPDR。ETF 推出以后受到投资者热捧，规模不断攀升，已成为美国普通家庭和机构投资股市的首选品种。据统计，截至 2019 年 10 月，全球挂牌交易的 ETF 超过 6 900 只，资产规模达 5.79 万亿美元，已成为美国、欧洲及亚太地区证券市场的重要推动力量，受到个人与机构投资者的广泛青睐。在国内，2001 年上交所在研究产品创新时提出 ETF，直到 2004 年上交所推出国内第 1 只 ETF——上证 50ETF，ETF 大幕才正式拉开。截至 2019 年底，国内 ETF 产品近 300 只，资产规模达 7 700 亿元，ETF 已彻底成为过去 20 年来金融市场最成功的创新产品之一。

商品 ETF 是指数化被动型系列投资品种，以商品期货合约为投资标的，提供当前市场上尚未出现的能够提供商品价格波动为风险收益特征的投资工具，是向交易所场内投资者提供的良好的交易型基金产品。商品指数 ETF 被动复制指数的投资管理方式与期货市场现有的套利保值、投机和套利等主流投资方式，在交易行为上有本质区别。境外尚没有跟踪中国商品指数的 ETF 产品，如果能抢先推出，将会占据有利的先发优势，该产品需要解决的核心问题是境外资金如何投资境内期货市场。

（1）市场背景

ETF 是一种在交易所挂牌交易的开放式指数基金，其投资目标是复制所跟踪的标的指数表现。ETF 既可以像股票一样在二级市场上随时买进卖出，又可以像开放基金一样申购赎回。与普通开放式基金不同，申购赎回 ETF 所交换的是一篮子股票而不是现金。

由于采用实物交换的模式，ETF 无须为应对申购赎回保留相当的现金头寸，也大幅减少了申购赎回带来的交易，有效地降低了基金的跟踪误差。相比开放式基金每天按照收盘净值结算，ETF 在开始时间内具有实时的指示性净值和交易价格。

ETF 产品覆盖各个主要市场和资产类别，投资者可以通过 ETF 直接获得对这些市场的参与。投资者可建立各种 ETF 的多头、空头来体现对各市场的方向的判断。ETF 可用于构建核心组合，或者将低相关性的元素加到投资组合中。

ETF 具有较高的流动性，便于在某一市场上快速建立头寸。在对个股缺乏把握的情况下，可以通过特定主体 ETF 参与市场热点。投资者可以向基金管理公司申购或赎回 ETF 基金份额实现衍生产品的功能，同时保留现货的交易方式。

投资者在任何时候都可查询到 ETF 的持仓明细。ETF 在交易所开市的任何时间都可以买卖，且价格实时更新。ETF 由于存在套利机制，微小的价格冲击便会激发做市商套利以提供流动性。

ETF 的交易成本通常低于股票；申购赎回费用和基金管理人费用也要明显低于主动型基金。ETF 的平均跟踪误差低于开放式指数基金的水平，投资者可以将所持 ETF 借出降低持仓成本。

（2）业务机会

ETF 产业链中的参与者有指数编制商、基金管理人、托管人、做市商和代办券商/经纪人等。其中指数编制商编制和发布标的指数；基金管理人管理基金资产，确保其跟踪标的指数；托管人办理申购赎回，完成基金的清算；做市商可以直接向管理人申购赎回 ETF 份额，通过一二级市场价差套利，维持 ETF 二级市场流动性；代办券商/经纪人代理一般投资者买卖 ETF 份额和股票，以及向管理人申购赎回 ETF 份额。

①三大主要业务：

a. 指数提供。指数供应商编制和发布指数，为 ETF 提供追踪标的。标的指数的受认可程度是一个 ETF 能否成功的关键，指数供应商的主要盈利来源是指数使用费。

b. 基金管理。管理人的职责是确保 ETF 有效追踪标的指数。管理人通过提取管理费获利，由于开发投入和维护费用具有较强的刚性，基金规模越大、盈利能力越强。

c. 销售交易。代理客户交易及申购赎回 ETF，可以赚取佣金，国内 ETF 的交易量尚有较大成长空间，经纪收入增长潜力很大。做市商为 ETF 提供买卖报价，通过一二级市场价差套利，是风险较低且利润可观的自营业务。

②指数提供者。

a. 指数供应商。对 ETF 按照其资产规模收取指数使用费，对期货、期权等衍生产品按照每张合约收取使用费。中国概念指数分为境内标的和境外标的。中证指数公司是沪深交易所联合设立的专业指数公司，目前在国内市场上占据绝对主导地位。目前已经推出了沪深 300、中证 100、中证 800 等规模指数，沪深 300 行业指数以及中证风格指数等指数系列。沪深300 是最具影响力的沪深两市综合指数。新华富时是 FTSE 在境内的合资公司，较受境外投资者认可，目前已推出 A50、A200、A600 等规模指数，以及 A600 行业指数等境内指数系列。

境外标的是指以中国赴海外上市公司为成分股编制的指数。FTSE、MSCI、恒生指数公司、中证等指数供应商均提供中国在海外上市的指数系列。较具有代表性的指数有 HSCEI 恒生国企指数、新华富时中国 25 指数。

b. 基金管理人。基金管理人通过收取管理费获利，基金规模决定了管理人的盈利情况。管理人需要面向各类投资者进行市场营销，使其利用 ETF 进行资产配置或短线交易。

管理人的首要职责是使得基金净值能跟踪标的指数的表现，应对各种重大事件，维护基金持有人的利益；安排协调合作伙伴，包括交易所、做市商、托管银行等；市场推广，扩大基金规模。管理人需要有数量化投资交易系统、有经验的指数投资团体、完善的估值/清算系统以及同外部的数据接口、较强的营销能力，包括机构和个人投资者。

c. 做市商。做市商为 ETF 提供二级市场流动性，利用一二级市场价差套利。当 ETF 价格高于净值时，做市商申购 ETF 并卖出套利；当 ETF 价格低于净值时，做市商买入 ETF 并赎回套利。

基金上市前做市商以自有资金认购，成立种子基金，维持二级市场报价，提供流动性，控制折溢价处于合理范围，协同基金管理人进行市场推广，提高交易活跃程度。做市商通常需要高效的程序化交易系统、广泛的借券渠道、有经验的交易员。为香港境内 ETF 做市需要有 QFII 额度来购买境内，并具有规模较大的资产负债表以及较高的信用评级。

（3）在香港发行境内商品 ETF 的探讨

产品可采用 50 中国基金等现有境外境内 ETF 的通用模式，较为成熟，且容易为投资者接受。ETF 基金通过持有一篮子境外机构发行的境内挂钩凭证实现跟踪境内指数的目标。做市商可以买入境内挂钩凭证向基金管理人申购 ETF 份额，也可以买入 ETF 向基金管理人赎回境内挂钩凭证。发行凭证相当于卖空境内，需要通过 QFII 买入境内，需要通过 QFII 买入境内以对冲风险。

做市商、QFII、凭证发行人可以由三家不同的机构分别担任，也可以由一家独立完成。

基金直接持有境内挂钩凭证而非 A 股本身，是由于现在 QFII 管理办法和境内账户设计等原因导致。挂钩凭证增大了基金净值对标的指数的跟踪误差，也使投资人暴露于凭证发行人的信用风险。改进的方法包括开放式的 QFII 管理办法，以及设立完全抵押的 SPV 等。

目前 QFII 的管理办法接近封闭式，境外投资人必须一次性将资金汇入，在封闭一定时期后才可汇出，汇出的额度既被取消。若境外开放式基金通过 QFII 直接持有 A 股，则其赎回时资金未必能按其要求汇出境外，且汇出所取消额度也不能再为后续投资者所有。境内的非交易过户有演个的限定，做市商很难将其持有的 A 股直接过户到基金账户下。

挂钩凭证是解决以上问题的有效手段，但它增大了基金净值对标的指数的跟踪误差，也使投资人暴露于凭证发行人的信用风险。改进方法是为 ETF 申请特殊的 QFII 额度，可以开放式的根据需求灵活汇入汇出，减小 QFII 提供者的资金压力和融资成本。设立 SPV，为 SPV 申请 QFII 额度，通过 SPV 持有 A 股和发行挂钩票据，并将所有权利抵押给基金，降低基金持有人所承担的信用风险。

①申购和赎回操作：

a. 申购操作：

T 日时，做市商决定申购 ETF 份额，向境外托管人提出申请，托管人予以确认并通知管理人。做市商向 QFII 下单，买入一篮子 A 股，并通知凭证发行人发行相应凭证，以及安排凭证发行人和 QFII 进入掉期交易。QFII 向境内经纪人下单，买入境内。

T+1 日时，做市商与凭证发行人完成凭证的交收与清算，做市商获得境内挂钩凭证。境内托管行完成 QFII 账户的清算，做市商下指令购入的一揽子境内进入 QFII 账户。

T+2 日时，境外托管人将做市商持有的境内挂钩凭证过户给 ETF，境外托管人将做市商所申购 ETF 份额过户给做市商，并完成现金替代部分的清算。

b. 赎回操作：

T 日时，做市商决定赎回 ETF 份额，从港交所买入 ETF 份额，向境外托管人提出申请，托管人予以确认并通知管理人。做市商向 QFII 下单，卖出一篮子 A 股，并通知凭证发行人买回凭证，凭证发行人和 QFII 解除掉期交易。QFII 向境内经纪人下单，卖出境内。

T+1 日时，境内托管行完成 QFII 账户的清算。

T+2 日时，境外托管人将基金持有的境内挂钩凭证过户给做市商，并完成现金替代部分的清算。做市商将同凭证发行人完成境内挂钩凭证的清算。

②发行人要求：

a. 规范性。依法成立并注册；非私人公司；签署制定的《上市协议》。

b. 关键性。适宜处理或有能力发行并管理结构性产品发行以及上市事宜者。可考察发行人过往的发行管理经验，对结构性产品可能的责任是否具有相关经验，发行人风险管理体系以及程序等。拥有并保持 20 亿资产净值，同时具有以下特征：不低于首三个最佳的投资评级级别；由香港金融管理局或港交所所接受海外监管机构监管；为一政府或国家或其信誉所支持的机关；拥有香港 6 号牌或 9 号牌。

c. 补充性。由以上一名复合规范性和关键性条件的法人无条件以及不可撤销的担保；以港交所所能接受的方式做出担保，担保人一般需为发行人所属集团的最终控股公司。

③操作流程：

T 日前发行人向港交所提交上市材料，申请发行 MAP。获得港交所批准后，香港登记公司将于 T-1 日收盘后向发行人账户中增加所申请数额的 MAP 份额。

T 日开盘时发行人作为 MAP 唯一的持有人和卖方，通过交易系统向港交所挂出卖出订单，需要购买 MAP 的投资者按照发行人的挂出卖价买入 MAP。

T 日成交后当发行人挂出的订单成交后，即发行人卖出了 MAP，需要承担卖空风险，发行人需要即使按照卖出的量，通过 QFII 买入 A 股以对冲境内 MAP 的风险。

（4）中金商品指数构想

商品指数发展历程如图 24-16 所示。中金商品指数 ETF 计划以中金商品指数为基准（如中金商品指数），通过建立商品投资组合来跟踪该指数，追求与指数相同收益率，属于

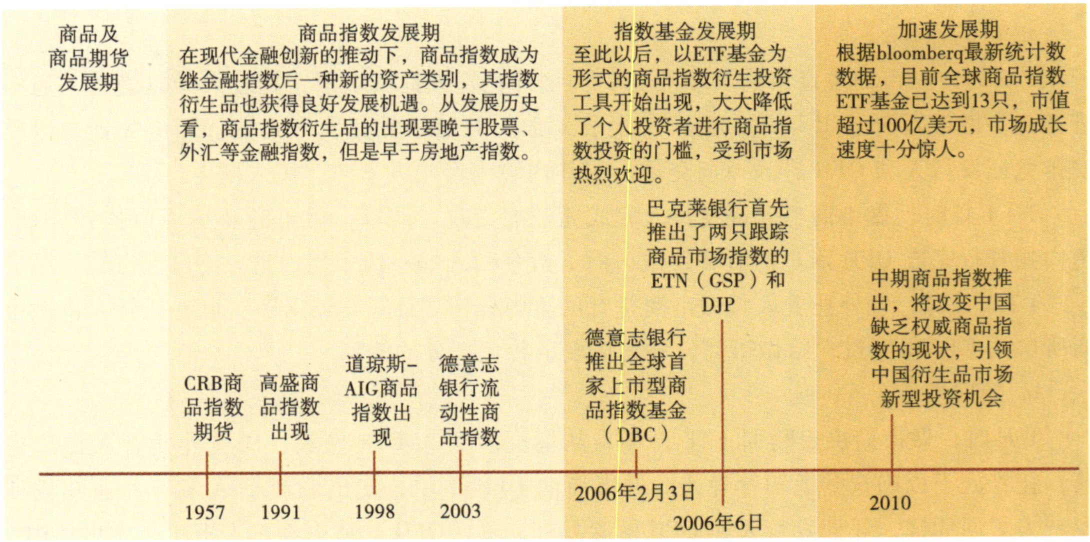

图 24-16　商品指数发展历程

被动性投资。基金份额以期货合约市场价格为依据计算，采取“全部抵押”的方式，申购资金将首先用于投资短期国债，以获取固定收益，再以短期国债作为抵押参与期货交易。这种操作模式不仅资金利用率高，同时风险高度分散，收益相对稳定。同时基金管理费用和手续费相对低廉，也适合中小投资者参与。

25

利用大宗商品指数进行地方区域经济风险预警

经济运行先行指标体系和相应的宏观经济监测预警及政策分析系统，是国际发达经济体中央银行通常采用的方法。国外中央银行把期货市场的价格指数作为通货膨胀预期的早期预警指标，以此作为制定货币政策的重要参考依据之一。

随着我国期货市场的不断规范和发展，借鉴国外先行指标体系，从期货市场价格发现功能的视角出发，编制并研究我国期货指数，发挥其预警功能，将对完善我国宏观经济先行指标体系、改善人民银行的宏观调控效果具有重大的现实意义和理论价值。

25.1 大宗商品指数的预警作用

国际上，CRB 指数一直在经济领域发挥着重要的指标作用。不仅经济学家们对其非常重视，各种类型的投资者（包括商品期货的投资者）对其也非常在意。CRB 指数涵盖的商品都是原材料性质的大宗物资商品，在反映世界商品价格的总体动态上有着特殊的作用。研究表明，CRB 指数是一种能够较好反映通货膨胀的指标，它与通货膨胀指数在同一个方向波动，同时，与债券收益率也在同一方向上波动。在一定程度上，反映了经济发展的趋势。

就国际成熟的期货市场来说，一般情况下，某种商品期货的成交量大小足以代表该种商品在国民经济中的重要程度，但是在中国，因为期货市场上投机者比例远远高于世界上其他期货市场，我们认为仅用成交量来决定商品权重有一定的问题，所以现在中金商品指数中商品权重由商品期货成交量和该商品的表观消费量共同决定。表观消费量能够基本刻画出一种商品在实体经济中的使用数量，从而反映其对国民经济的重要性，而期货市场上由投资人相互交易而来的价格和所对应的成交量数据则在一定程度上可以反映投资人对该种商品一段时期内需求状况的预期。中金商品指数将这两方面结合起来确定商品权重，有助于更为公正客观地反映各种商品在国民经济中的地位和期货市场上投资人对其的价值评估。

最初开发中金商品指数的目的，在于给国内期货市场的整体价格水平提供一个参考。当指数问世之后，公司分析师在计量分析过程中发现，中金商品指数对于 CPI 指数的走势有提前 3 ~6 个月的预警功能，之后就以此为基础定期为政府部门提供系列报告，作为政府宏观物价管控的参考。

25. 1. 1　中金商品指数和 CRB 指数走势趋于一致

通过分析 CRB 指数和中金商品指数的走势可以看出，CRB 指数和中金商品指数的相关系数高达 0. 893，尤其是自 2008 年全球金融危机以来，中金商品指数和 CRB 指数表现出高度的相关性。将中金商品指数和 CRB 指数做回归分析，回归的拟合度高达 82. 36%，也表现出高度的相关性（见图 25 - 1、25 - 2）。

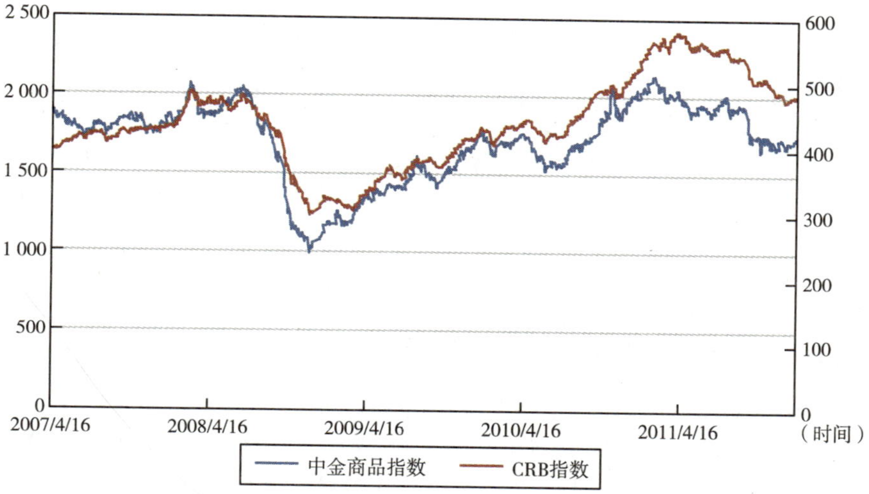

图 25 - 1　中金商品指数与 CRB 指数

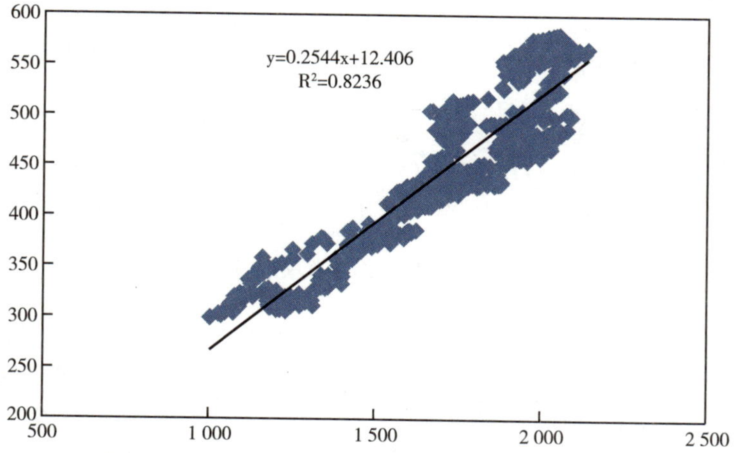

图 25 - 2　中金商品指数与 CRB 指数相关性分析

25. 1. 2　中金商品指数和美元指数高度负相关

通过分析中金商品指数和美元指数的走势可以发现，美元指数和中金商品指数呈高度的负相关，相关系数高达 - 0. 877（见图 25 - 3）。

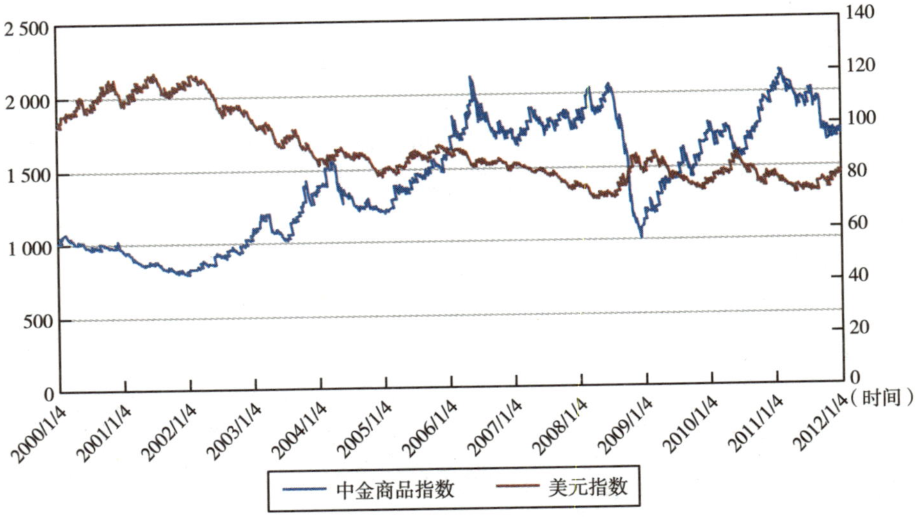

图 25－3　中金商品指数与美元指数

25.1.3　中金商品指数正确预判利率走势

中金商品指数与银行隔夜拆借利率走势比较吻合，并且在 2008 年底率先企稳回升，这样可以充分显示市场对利率走势的先导作用（见图 25－4）。

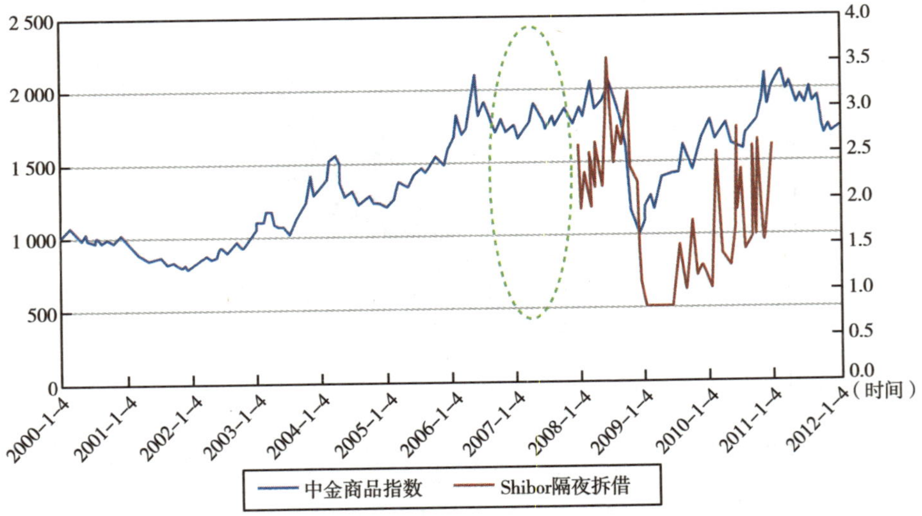

图 25－4　中金商品指数与 Shibor

隔夜拆借利率的涨跌和市场流动性为负相关，中金商品指数提前半年昭示流动性变化趋势。Shibor 利率类似于美国联邦基准利率，中金商品指数与 Shibor 利率的这种相关性可以作为央行未来利率市场化改革的参考。

25.1.4 中金商品指数先行于 CPI 半年

从中金商品指数和 CPI 走势来看，中金商品指数和 CPI 基本一致，尤其是 2007 年以来相关性较高。通过 Granger 因果关系检验，发现中金商品指数领先于 CPI。通过时差相关检验，CPI 与滞后半年的中金商品指数相关性最大。2009 年中金商品指数率先反弹，而后 CPI 与 7 月反弹，两者时差刚好为 6 个月。因此，中金商品指数能提前 6 个月预警 CPI 走势（见图 25－5）。

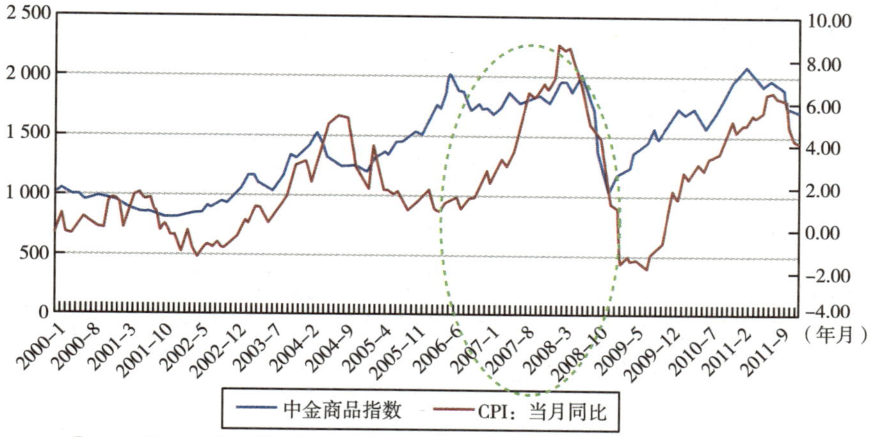

Pairwise Granger Causality Tests
Date:01/19/12 Time：13:37
Sample：1144
Lags：2

Null Hypothesis：	Obs	F-Statistic	Prob.
CPI does not Granger Cause ZS	142	1.45230	0.2376
ZS does not Granger Cause CPI		5.41817	0.0054

图 25－5 中金商品指数与 CPI

25.1.5 中金农产品指数先行于 PPI 半年

根据中金农产品指数和 PPI 的走势可以看出，PPI 的走势和农产品指数高度吻合，也符合农产品对生产者物价影响最大的国情。在中国 PPI 的三次大幅上涨过程中，农产品价格的上升是主因，指数提前半年准确预警 PPI 走势（见图 25－6）。

25.1.6 中金商品指数与 PMI 趋同

采购经理人指数是目前各国权威的宏观经济先行指标，中国采购经理人指数（PMI）是业内人士预测宏观经济的重要参考，在业界被广泛使用。从图 25－7 来看，中金商品指数与 PMI 在趋势上保持一致。

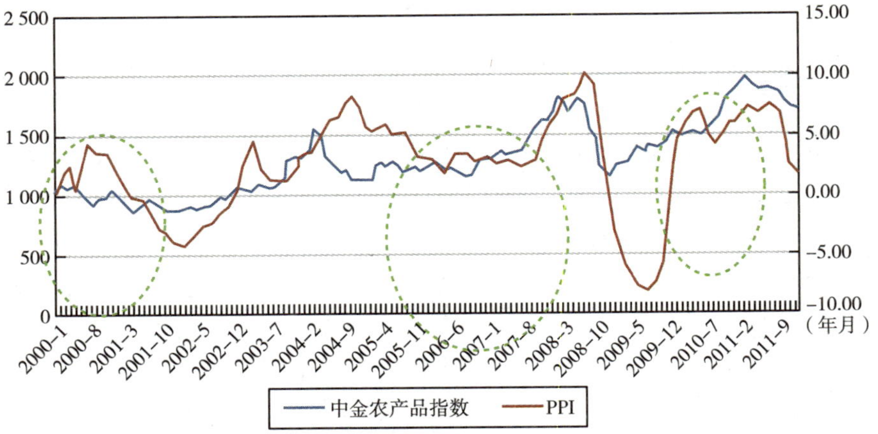

图 25-6　中金农产品指数与 PPI

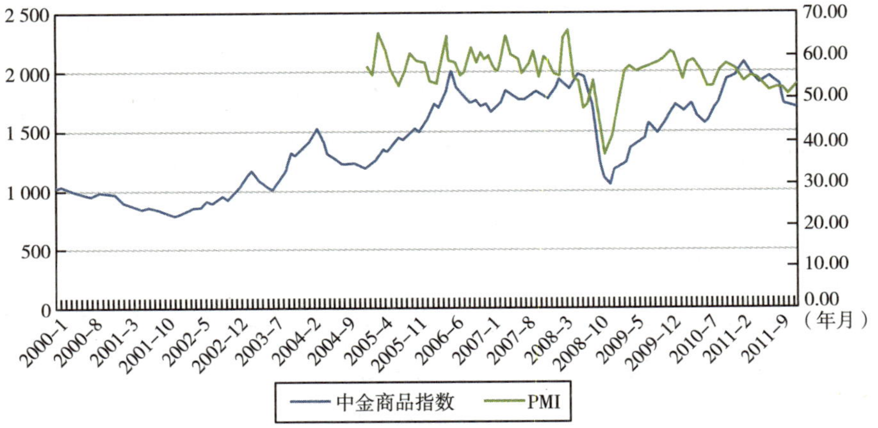

图 25-7　中金商品指数与 PMI

25.2　企业参与期货市场

市场经济在运行过程中不可避免地存在着商品价格波动的风险，影响企业生产和经营的正常运行，使企业的生产和经营无法事先确定成本，锁定利润。如何转移商品价格波动风险就成为企业在市场竞争中必须解决的问题。企业对期货市场的利用主要体现在以下几个方面：

25.2.1　买入套期保值操作

买入套期保值是指先在期货市场上买入与其将来买入的现货商品数量相等、交割日期相同或相近的该种商品期货合约，当买入现货商品时，卖出该商品的期货合约，用对冲后的期货盈利来弥补因现货市场价格上涨所造成的损失。买入套期保值是那些准备在将来某一时间内必须购进商品时价格仍能维持在目前自己认可的水平的企业采用的保值方法，它规避了实际购入商品时价格上涨的风险。

25.2.2 卖出套期保值操作

卖出套期保值是指先在期货市场上卖出与其将要卖出的现货商品数量相等、交割日期也相同或相近的该种商品的期货合约，当实际卖出该种现货商品的时，买进与原先所卖出的期货合约，用对冲后的盈利弥补因现货市场出售现货所发生亏损。这是那些准备在未来某一时间内在现货市场上销售商品的企业为了日后在现货市场销售商品时所得到的价格仍能维持在当前合适的价格水平上而采取的保值方法，它规避了在现货市场上卖出商品时价格下跌的风险。

25.2.3 开展期转现业务

期货转现货是指持有同一交割月份合约的多空双方之间达成现货买卖协议后，变期货部位为现货部位的交易。达成协议的双方获得交易所批准后，分别将各自持仓按双方达成的平仓价格由交易所代为平仓，同时双方按达成的现货买卖协议进行与期货合约标的物种类相同、数量相当的现货交换。期转现比“平仓后购销现货”更便捷，它可以节约期货交割成本，可以灵活商定交货等级、地点和方式，可以提高资金的利用效率，同时规避了现货履约风险。

25.2.4 为订单规避风险

很多企业为锁定货源，开展了订单生产。但是实践过程中常常遇到合同履约率低和自身经营风险。企业可以利用期货市场的规避风险功能，采用套期保值的做法，实现预期利润，提高合同履约率。企业在与客户签订订单时，可以在期货市场卖出等量的期货合约，以规避现货价格波动的风险。

25.2.5 进行套利操作

套利是期货交易的一种方式，它的全称是“套期图利”，也叫“套利交易”或“价差交易”。套利是指在买入或卖出某种期货合约的同时，卖出或买入相关的另一种合约，并在某个时间进行实物交割或分别将两种合约同时平仓的交易方式。套利者所关注的是合约之间的相互价格关系，而不是绝对的价格水平或趋势，他们买进自认为是“便宜的”合约，同时卖出那些“高价的”合约。

套利最大的特点是风险较小。进行套利交易时，由于所买卖的合约是同类或相关商品，所以它们的价格变动方向基本上是一致的，这样买入期货合约的损失会因卖出合约的盈利而抵销，或者卖出合约的损失会因买入合约的盈利所弥补。因此，套利交易可以为避免价格剧烈波动而引起的损失提供某种保护，其承担的风险远远小于单向持仓的投机交易。

套利者一般是利用不同交割月份/不同商品/不同期货市场之间的差价进行套利的，因此可以相应地分为跨期套利、跨商品套利和跨市套利。

以上几种操作方式基本可以解决企业对现货价格变化所面临的主要市场风险。此外，企业自身根据实际情况，还可以开展交叉保值、基差交易、期权交易等业务。

25.3 云南省的资源优势

25.3.1 云南有色金属王国

(1) 云南有色金属基本情况

云南素有“有色金属王国”的称誉，12 种有色金属矿产分布广，矿种齐全，超大型及大中型矿床数量多。1994 年除铝以外的有色金属矿产储量为 3 990 万吨，在全国同年同类储量之中，居第 1 位的有锡、铅、锌，居第 3 位的有铜、镍、钴（见图 25－8）。

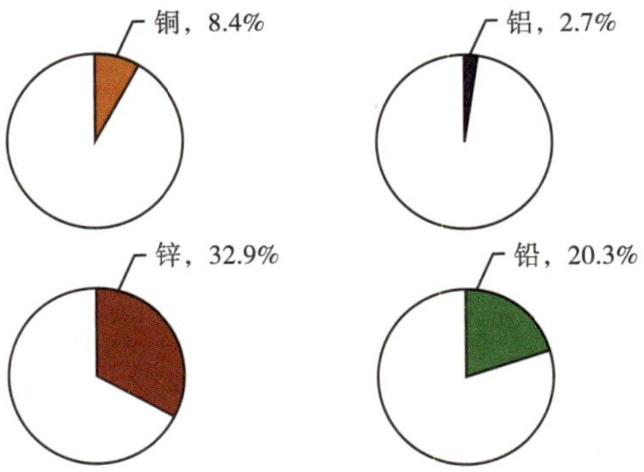

图 25－8 云南金属矿产分布在国内占有独特的优势

锡矿：探明储量 235. 65 万吨（保有储量 125. 24 万吨），分布在滇东南及滇西（澜沧江以西）地区，储量分别占全省的 84% 和 16%。个旧锡矿具特大型矿床规模，探明储量达 172. 11 万吨，保有储量 64. 61 万吨；滇西锡矿带探明储量 23. 15 万吨，主要矿区有腾冲小龙河、梁河来利山及云龙铁厂锡矿，探明储量分别为 6. 56 万吨、2. 04 万吨和 3. 89 万吨。

铅锌矿：探明储量 2 764. 86 万吨（保有储量 2 431. 43 万吨），主要分布在兰坪县、滇东南及滇东北 3 个地区，储量分别占全省的 60%、23% 和 10%。兰坪金顶铅锌矿属特大型矿床，探明铅锌储量 1 574.61 万吨；大型矿区 7 个，有马关都龙锡锌矿、个旧锡矿共生铅锌矿、澜沧老厂银铅矿及建水荒田、会泽矿山厂一七〇厂等。

铜矿：探明储量 855.39 万吨（保有储量 695.05 万吨），76.5% 的储量集中富铜矿带，次为滇东南（占 12%）及滇西北地区（占 6%）。大型铜矿有东川铜矿（探明铜储量 270.98 万吨）、大红山铜矿（155.65 万吨）及易门铜矿（80.60 万吨）。

锑矿以硅酸镍为主，分布在墨江与元江交界地带。锑矿 85% 储量集中在广南木利（储量 17.39 万吨）、西畴小锡板及巍山笔架山 3 个大中型锑矿中。铝土矿分布在文山州及昆明地区，以前者矿石质量及开发条件较好。钨、汞、钼、钴、铋等矿产多属共生、伴生矿产。

全球铜矿分布情况见图 25－9，中国铜产量的分布状况见图 25－10，全球铝土矿一览见图 25－11。

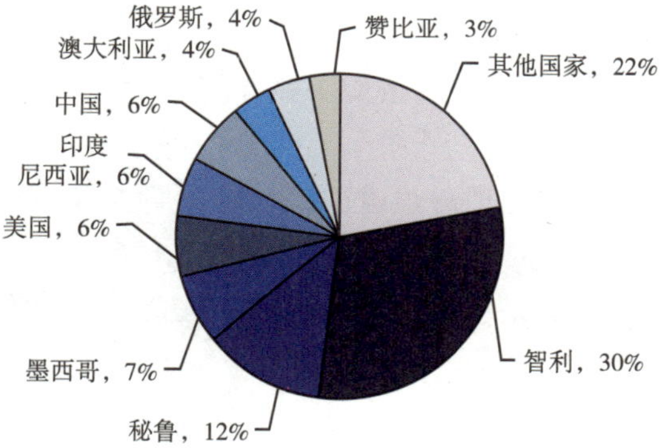

图 25－9　全球铜矿分布情况

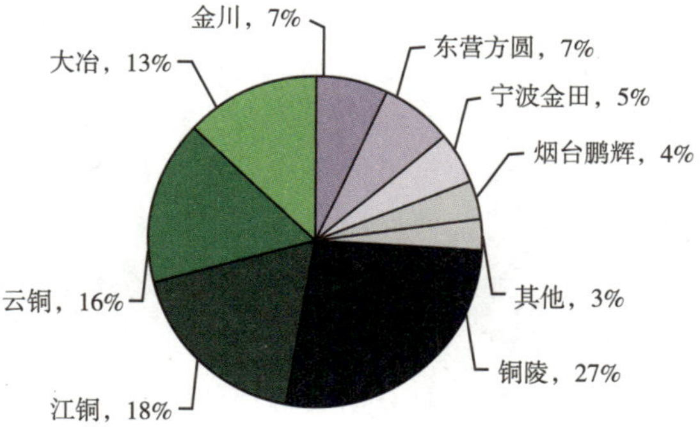

图 25－10　中国铜产量的分布状况

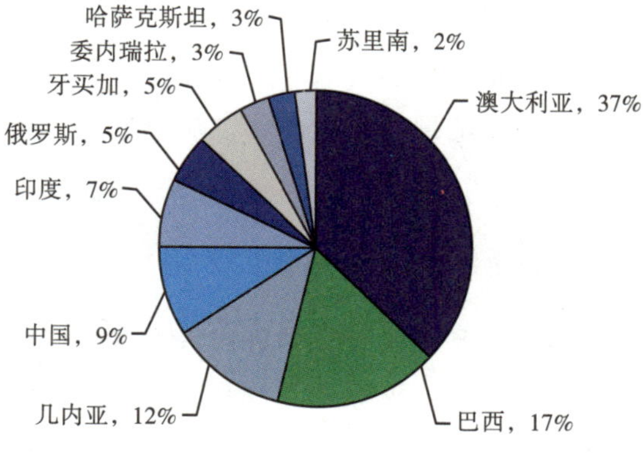

图 25－11　全球铝土矿一览

全球铝土矿资源主要集中在亚太地区、非洲中东部以及南美洲。其中，澳大利亚是全球最大的铝土矿生产国，约占全球总产量的 37%，中国铝土矿产量占比为 9%。

（2）有色金属套保

有色金属工业企业从原材料采购、加工到产品的销售有一定的时滞，当金属价格剧烈波动时，企业就面临着价格突然下跌的风险，使得本应赚到的加工利润缩水，甚至带来较大的亏损。通过套期保值可以使企业获得应得的加工利润，让企业健康良性发展。

由于金属普遍都具有较高的货值，价格具有较大的市场波动性，目前金属工业企业的经营只能凭经验判断和捕捉行情。另外，因为买卖时机、买卖数量等因素，很难做到所有头寸都是背对背锁定的，即净库存的敞口是常在的，加之公司的经营需要在安全的前提下逐渐扩大，因此要采取一些必要的金融手段进行风控。对商品、利率、汇率等的套期保值，就是必备的手段。

一般而言，企业参与套保的整体思路可以归纳为：

①企业必须清楚套期保值对企业生产经营的作用，惟有如此才能合理地给套保一个准确的定位（保值手段/服务手段/交割手段）。

②当套保成为企业经营中的关键环节后，才能设置相应的保值目标（保多少，赚多少）。

③为了实现特定的保值目标，企业必须为之配套相应的组织、制度和设计相应的流程。

例如，某金属工业企业对套保在企业生产经营的作用理解很透彻，想通过期货市场来规避现货价格剧烈波动所带来的风险。某金属年经销量 2 万吨左右，价格波动 1 万元/吨，即 2 亿元。如果企业能利用期货市场规避这一风险，这是一笔庞大的财富，对企业今后的发展非常有利。

那么，某企业对期货套保的定位就很明确：企业在期货市场不是以营利为目的的投机行为，而是积极在期货市场参与套期保值，用以规避现货价格剧烈波动所带来的风险，使得企业的收益最大化。其实期货市场就是一个工具，是为企业转移和规避价格风险而设立的，企业参与期货市场即是用于转移和抛售风险的。

期货市场和现货销售一样，是企业不可或缺的一部分，其重要性不言而喻。只有把期货业务提升到和现货采购销售同等的地位，企业才会从思想上、行为上重视其作用，才会切实地感受到它的重要性。

建议金属工业企业把期货业务当作重点中的重点来抓，建立相应的流程和配套制度，安排具体专业人员负责实施。

在具体实施上，保值策略主要是以购买或销售现货为主，同时积极利用期货保值，建立期现联动机制，真正实现期货现货“两条腿”走路。

金属工业企业进行套期保值的总目标是期现结合、整体联动、逐笔对应、分别保值，保证企业获得稳定的利润，让企业的收益最大化。

实施期现结合、整体联动就是把期货和现货经营结合起来，通过期货市场来规避现货价格波动带来的风险，用一个市场的盈利来弥补另一个市场的亏损，保证企业赚取应得的利润。

目前，金属工业企业产品主要是背对背现货买卖，渠道较单一。货源不稳定，销售和采购不能有任何时间差，为了实现期现整体联动，必须把二者结合起来，综合考虑。

建议企业实行逐笔对应、分别保值的策略，即：期货头寸需依照采购或贸易销售的安排进行制订。这样核算起来也很方便，如果每笔套保都能保证企业的利润，那么整个套保业务就是成功的。

在进行逐笔保值的时候要遵守净头寸合理原则：净头寸就是期货头寸数量与库存数量的差。例如：在大势为牛市中，企业在期货市场上卖出保值的数量理论上要小于其当时的库存量，这样使得企业的净头寸（库存数量－期货头寸数量>0）为现货净多；在大势熊市中，企业在期货市场上卖出的保值数量大于其当时库存量，即企业的净头寸（期货头寸数量－库存数量>0）为期货净空。这样，由于企业持有大于其库存数量的期货空头头寸，在期市上的盈利远大于现货市场上的亏损。

25.3.2 制糖业——云南省特色优势产业

云南作为我国第二大产糖省，食糖产量占全国食糖总产量的近20%，承担着我国食糖主要供应者的重要使命。云南糖业是继“两烟”之后的重要的特色优势产业；糖业涉及面广，全省16个州市中，产糖州市有11个；对地方经济贡献明显，对糖农增收的贡献突出。

(1) 云南省食糖产业的现状与特点

第一，把握机遇的意识在增强，对发展生产的投入在加大。

在我国工业化和城镇化不断推进的过程中，面对食糖消费的刚性增长、土地资源的稀缺、劳动力资源的稀缺，食糖消费的增长始终将快于食糖产量的增长已经成为共识。为保障我国的食糖消费安全，国家已经把立足国内生产为主、通过发展生产来保证食糖供应提到议事日程，把食糖与“粮、棉、油”同列为我国重要的农产品，显示了国家对发展食糖的重视。而产不足需的市场状况为我们提供了发展糖业的更好的环境。糖业发展进入了战略机遇期。面对历史性发展机遇，云南省糖业为把握机遇，明显加大了投入。表现在全省制糖工业在大面积开始改扩建，大面积着力于糖料基地的建设、大力加强循环经济的投入、大力完善物流设施的建设。

第二，全省制糖企业整合的速度在加快，企业的集中度明显提高。

全省制糖企业经过整合重组，产业集中度大幅提高，全省制糖企业由整合前的78户，重组为26户，平均每户企业（法人单位）日处理甘蔗能力由1 800吨提高到7 307吨，形成了年产糖10万吨以上的制糖企业8户，其中：云南英茂、临沧南华年产糖40万吨以上。

第三，生产向优势区域转移明显，资源优势转化为经济优势意识加强。

根据糖业发展形势，云南省制糖企业加快了发挥资源优势的步伐，主要体现在糖料种植区域的优化、宜蔗区域种植面积的扩大、种植模式的改变、境外替代种植规模的稳步扩大，新建糖厂的布点和规划。云南省拥有发展潜力的临沧市、文山州发展势头强劲，德宏州、普洱市、保山市、西双版纳州依然拥有进一步发展的空间，境外替代种植和“走出去”依然拥有逐步发展的广阔空间。随着循环经济项目的推进，全省将形成一批糖纸一体化、有机肥、液态肥、酵母、酒精、活性炭、木糖、畜牧养殖等有竞争力、有规模、有市场、有效益的项目。

第四，糖料种植面积稳步扩大，遇到困难和挑战不少。

甘蔗收购价格提高以后，各制糖企业科学规划、狠抓糖料种植，部分产糖区的农民种植甘蔗的积极性有提高，一些宜植蔗区域土地得到开发，新种植区域有所扩大，面积有所增加。境外甘蔗种植面积也有增加。但是，在多产业并举、比较效益相对不足、多作物竞争的形势下，种植面积仍然有波动的可能，境外替代种植，由于周边国家政局不稳、国家配额管理限制，发展困难明显。

（2）云南省糖业面临的转变

云南省的糖业发展正面临着如下转变：粗放经营向集约化经营的转变；小、散、弱向规模化经营的转变；单一产品生产向循环经济方向转变；低成本时代向高成本时代转变；单一立足国内生产向进一步发挥区位优势和着力向糖业的“走出去”“桥头堡”建设转变。

（3）云南糖业应对措施

①市场结构决定市场价格趋势。

a. 当前的市场结构：生产者、中间商、终端使用者和投机机构。

b. 市场参与者的认识：

生产者：供需关系决定价格，资源掌控者具有定价权；

中间商：在供需基本面基本确定的情况下，低位买入为主；

终端使用者：在供需基本面基本确定的情况下，低位买入套保；

投机机构：以宏观经济为主要判断基础，是市场波动的主导者。

c. 不同的市场具有不同的定位和作用：

期货市场：通过市场博弈发现价格，市场交易者根据自身定位套期保值；

电子交易市场：以糖业圈内交易者为主，以实物交割为主，是生产者、中间商、终端使用者的现货交易、交割平台；

现货交易市场：以实物交易为主，价格受电子交易市场影响较大。

d. 市场已经发生变革，必须适应。在国内食糖资源已经趋向供不应求，需要以进口资源弥补的时候，糖圈人士必须充分学习金融知识，重视商品的金融属性对产品定价的作用；适应市场的变化意味着我们的交易方法和思维方式必须改变。

②抓住市场的机遇。糖是一个特殊的期货商品，其基本走势和供求关系基本一致而和宏观经济环境关联度不大；当投机过度成为一种思维错误时，资源将比资金稀缺，此时是一个机会；进口资源的弥补具有时间窗口，进口之前和进口之后价格的表现将截然不同，同时必须密切关注政府行为。

（4）云南糖业套保案例

在世界市场 15 种农副产品中，食糖是价格波动最大的商品。食糖价格波动有两个特点：价格波动周期性强，波动幅度较大；糖料生产的波动是食糖市场波动的根本原因。

图 25－12、图 25－13 是云南省某糖业企业参与套保实例。

图 25－12　昆明白砂糖现货价格走势

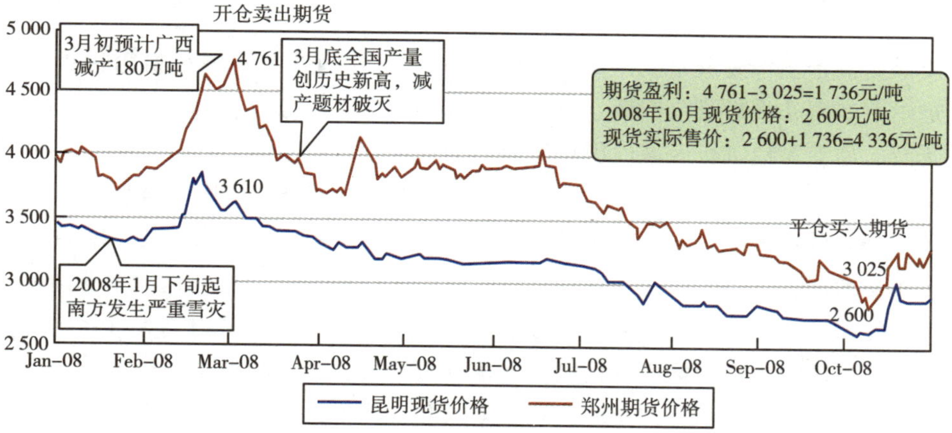

图 25－13　白糖期货价格与昆明现货价格走势

套保结果：

2008 年 3 月上旬至 2008 年 10 月上旬，企业参与期货套保，共获利 1 736 元/吨；

2008 年 10 月初，企业开始销售现货，这时市场现货价格为 2 600 元/吨；

由于企业在期套保上获利 1 736 元/吨，所以企业现货的实际售价为 4 336 元/吨，成功地规避了食糖价格下跌带来的风险。

利用期货规避食糖价格风险：利用期货市场实现现货销售，对冲现货下跌风险；利用期货市场能帮助企业成功规避系统风险，进行风险管控，保证企业持续稳定发展。

25.3.3 橡胶——云南省优势资源

(1) 云南省橡胶概况

中国是世界第六大产胶国（见图 25-14），但是由于市场需求过大，因此存在供需缺口。云南地区是我国第二大产胶省份，仅次于海南，其产量占全国的 36%（见图 25-15）。

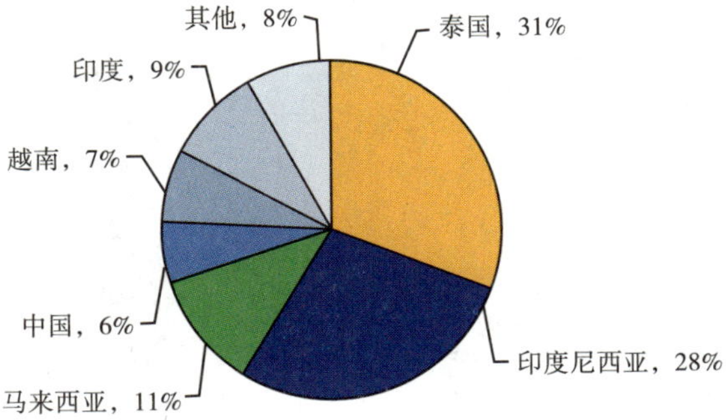

图 25-14 全球橡胶产量分布

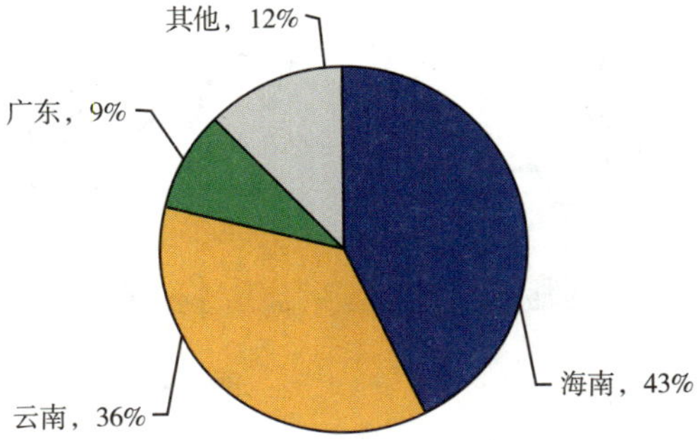

图 25-15 中国橡胶产量分布

云南是我国种植橡胶最早的地区，1904 年就首次在盈江县新城凤凰山种植。1951 年后，经过中苏专家几次对云南南部、西南部热区产胶植物和橡胶宜林地资源的调查，并在河口、景洪、德宏等地进行区域性引种试验，为育苗、开垦定植、抚育管理摸索和积累了经验。从 1956 年起，形式布点建立国营农场，发展橡胶生产。云南省橡胶生产的发展大致经历了四个阶段：第一阶段，调查勘察，引种试种，为确定种植方向提供科学依据，为生产发展作技术准备；第二阶段，根据云南各植胶区自然特色，分别建立以普通实生树为主的生产性胶园，系统摸索大面积生产栽培技术，同时大量引进国内外无性系，作系比鉴定和试种；第三阶段，大力推广种植国内外优良无性系，针对云南各植胶区特点和芽接树品种特性，改进栽培技术；第四阶段，对云南植胶条件再认识，进一步总结经验教训，抗寒高产植胶技术日臻完善。经过前三个阶段共 27 年的科学试验和生产实践，突破了世界传统植胶区的局限，把橡胶树北移到云南地处北纬 21°09′~25°的滇南、滇西南海拔100~1 000 米左右的热区大面积种植成功，这是世界植胶史上的创举。在此基础上，再经过第四阶段 17 年的科技进步，创造了具有特色的云南热带北缘高海拔植胶区大面积高产综合技术，在单位面积干胶产量方面获得重大突破。平均每公顷产干胶 1 605 千克，居全国之冠，达到世界先进水平。

云南农垦橡胶生产的发展，是在不断加深对云南热带北缘高海拔地区独特的橡胶环境条件认识的基础上，经过科研、生产、设计、教育、管理等各方面长期密切配合，吸取国内外的科技成果和其他垦区的先进经验，立足于本省的实际，不断探索创新的结果。在云南热带北缘高海拔地区植胶，纬度比世界传统植胶区北移 6~10 度，海拔提高了 200~800

米，年均温、大于10℃积温、年降水量都低于世界植胶国和我国海南省南部，但水热条件的有效性高，基本能满足橡胶树生长发育习性的要求。雨季高温与高湿结合，胶树生长旺盛；旱季低温与干旱结合，利于胶树越冬；昼夜温差大，利于同化物的合成和积累；清晨气候凉爽，利于胶树排胶。冬季气温低是云南植胶的最大障碍，曾出现过13个较强冷冬。由于地形地貌对光、热、水、风的再分配作用明显，不仅形成低温寒害的过程和性质有所不同，就是同一地区、同一山头的不同海拔、坡向、坡度、坡位等小环境对胶树的生势和寒害程度、症状亦明显不同，病虫害的发生为害亦与此有密切关系，这些就是云南植胶自然条件的独特之处。在加深认识的基础上，通过大量科学试验，总结创造了一套具有云南特色的，既能发挥植胶条件的有利因素，又可避免或减轻寒害和病害等不利因素的影响，不仅使橡胶树大面积北移成功，而且获取大面积高产的综合技术，包括山地胶园基本建设技术；选择、培育和推广良种技术；芽接带干过冬萌动芽定植技术；植胶环境类型小区区划及环境、品种、措施三对口技术；橡胶树营养诊断指导施肥技术、橡胶树病害综合防治技术；适合云南橡胶树产排胶特点的高产割胶技术等。

随着橡胶抗寒高产综合技术的全面推广，效果极为显著。特别是1979年后，云南农垦按综合技术新种植的胶园，保存率达95%以上，林间整齐，在甲、乙、丙等宜林地都能按生长七、八、九年达到开割标准，使胶园投产面积逐年增加，单产和总产大幅度提高。

(2) 企业成功利用期货成功规避风险的案例

以云南农垦集团有限责任公司为例，通过套期保值，云南农垦集团达到以下效果：第一，橡胶现货可以参考期货价格定价，以期货作为现货销售补充，进而优化公司的内部管理；第二，通过期货市场的价格变化及时调节生产节奏，以起到价格发现的功能，增强对市场控制力，保证生产和销售量；第三，根据期货市场变化，调节订单数量，来转移产业化经营的风险；第四，提高生产质量，打造品牌实力，从而提升云南农垦产品的品牌效应。

上期所橡胶价格走势如图25－16所示。

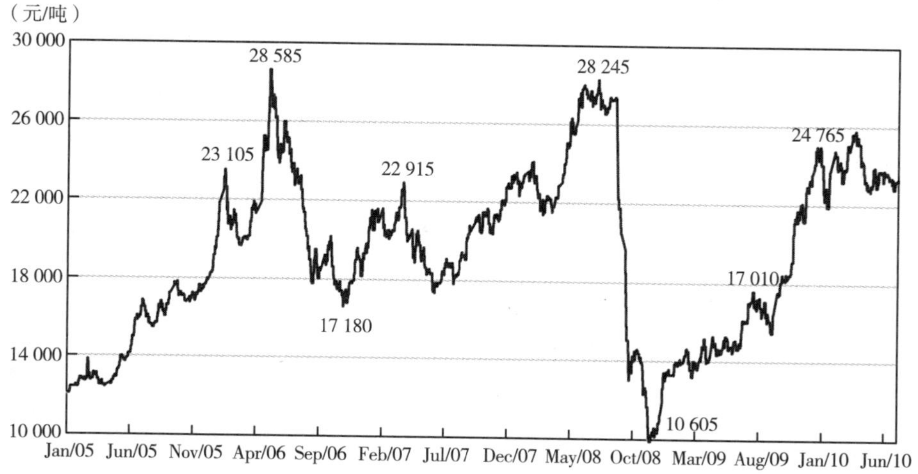

图25－16　上期所橡胶价格走势

25.4 云南省资源禀赋的优势该如何运用

通过大宗商品指数，可以预测短期和长期国内外宏观经济形式的变化，通过中金商品指数和利率、CPI、PMI 的量化分析，可以预测我国的宏观经济景气程度，以及政府在货币政策和财政政策上将要采取什么样的措施，从而可以预测商品市场的景气程度。通过分析子类商品指数金属指数、农产品指数、工业指数，可以预测各产业价格变化的方向，通过期货市场来规避企业可能会面临的价格波动风险，进而可以为云南调整经济结构、转变经济发展方式服务。

期货市场对云南地区资源优势具有以下引导作用：

（1）提高云南资源地区及企业在大宗商品定价权方面的话语权

①通过期货市场发出云南声音；
②通过期货市场调控及锁定企业利润；
③通过期货市场，促进云南资源行业及企业整合；
④通过期货市场，在国际上反映、体现并保障云南利益；
⑤通过期货市场，将云南资源的开发利用与资源保护性开采有机结合起来。

（2）衍生品能为提升云南省经济协同效应做出贡献

运用期货提升云南整体效应：通过期货市场的市场化功能，强化金融市场与实体经济的对接，提高云南经济发展中的资源保护性开发的效能，在有限的资源开采、加工、利用的条件下，最大程度地提高云南经济的整体效益。

运用金融手段服务云南：通过期货等金融手段的广泛应用，让云南的各级管理者及决策者学会熟练地组合应用期货等衍生品为代表的金融服务业及虚拟经济为实体经济服务等金融手段。

26

利用期货市场协助银行进行信贷风险管理

26.1 运用保值思想进行企业资产配置和风险管理

衍生品市场为我们企业现代化管理提供了可能，传统的企业管理最上层是融资体系，中间是原材料，现在我们的企业需要建立一个配套的工程，即风险管理流程与现货以及融资进行三方配套，我们可以称之为现代企业的创新革命管理。现代企业的创新革命管理，能够适应未来复杂的经济形势。中国企业必须有一个衍生品配套的金融工程管理体系，配套整个上市公司的企业架构管理。传统的商品期货已经为我们指出了一条道路，股指期货的推出为我们打开了新的一扇门。今后随着利率期货、外汇期货及期权产品的不断推出，企业可以使用的风险管理工具将会更加完善。

企业可以用股指期货对冲股市系统性的风险，可以用商品期货对冲原材料波动的风险，可以用利率期货风险对应融资风险，用外汇期货的方式对冲人民币升值的风险，从而构成了企业管理的新模式。我们应当对中国期货市场的功能和作用充分利用，把握未来衍生品市场发展的命脉，使之更好地为国民经济服务，为企业的长远发展服务。

26.1.1 世界500强企业利用衍生品情况分析

我国衍生品市场正在蓬勃发展，但我国企业利用衍生品保值的能力尤其是在海外市场的交易能力较低，巨额亏损的事件频频出现。实际上，衍生品早就是国际上通用的风险管理工具。世界500强企业利用衍生品状况的调查报告中显示，2008年前，世界500强企业明确报告利用衍生品进行风险管理的多达471家，占比为94.2%，正是衍生品的避险功能成就了世界500强企业的核心竞争力。这些企业中，绝大部分同时利用多种衍生品工具对冲不同风险，其中，使用外汇类工具对冲外汇风险的比例为93.6%，使用利率类工具对冲利率风险的比例为88.3%，使用商品类、股权类、信用类工具的比例分别为50.9%、30.3%和21.4%。

按照国家来看，在世界500强企业中中国企业使用衍生品工具的比例为62.07%，而日本、法国、英国、加拿大及荷兰等国500强企业利用衍生品的比例为100%，各国普遍水平也在80%以上（见图26－1）。由此可见，如何利用现有的商品期货以及股指期货规避企业的经营风险，更好地管理企业的市值和股东价值已经成为中国企业发展的前沿课题。

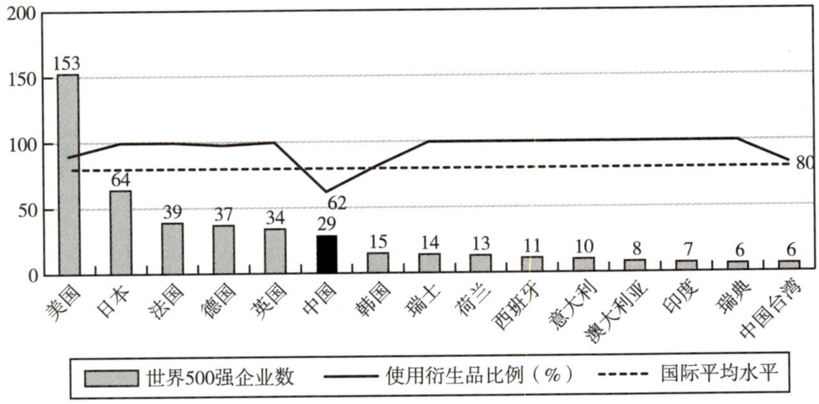

图26－1　全球衍生品运用情况

26.1.2　如何提升中国企业的内在价值

回顾中国企业在过去几年和现在所处的现状，我们看到，大量的银行、上市公司不是在考虑用最优的成本通过技术创新获取利润，而是拼命想办法融资、圈钱。随着全球经济的进一步复苏，新兴国家的整个货币政策将要面临的变化实际上已经非常明显，收紧流动性的政策力度将会越来越显著，利率上浮对于企业融资成本的上升问题成为企业的当务之急。

如何提升企业的内在价值，提升企业的收入利润，传统上来说可以通过技术创新来实现。但是目前企业的产品升级更新换代比较快，企业研发投入也会出现这样那样的许多问题，只凭借技术创新很难达到理想的效果。所以，企业需要从单纯依靠技术创新的盈利模式转变成通过对市值的综合管理创造出新附加利润的现代化管理模式，在这种管理模式下，企业可以利用金融市场的一些金融工具进行市值的保值，这涉及现代企业管理模式的变革。

一个企业从生产过程到销售市场来获取利润是主流模式。很多大企业不愿意做期货，除了屡战屡败的海外衍生品交易所产生的心理影响之外，更多的是因为商品期货不能完全解决企业管理问题，只能解决局部的原材料成本管理问题。同样，我们的融资体系也不能解决，比如企业以现在60亿元的市值去银行授信，3A级企业打八折后获得30亿元贷款，但如果这部分上市公司的权益从60亿元下跌到20亿元，到30亿元与银行的负债相匹配的时候，银行就要冻结企业账户。所以现代企业要求我们具备整个投行的眼光或者流程化的服务模式、市值的管理加上生产成本的调节，综合地对企业进行管理，这需要庞大的知识市场的建立、整个知识市场的发展以及专业市场的发展共同作用。

在这种背景下，我们的企业如何利用股指期货，包括融资融券及创业板是值得研究的。传统的商品期货的功能是为企业提供套期保值工具来控制原材料价格上涨的成本，为了调节库存及产成品销售售价的锁定，是通过企业内部管理模式设计的。我们引出了如何利用股指期货进行广义的资产配置，来满足不同上市公司对于市值管理的需求。目前我们已经上市的股指期货是一个良好的开端，投资者有了创新意识，但是投资者教育还存在一定缺陷。股指期货上市初期市场参与主体以个人投资者及私募基金为主，拥有大量资金的机构投资者比如公募基金、社保基金还没有能够参与交易，上市公司尤其是国有控股的大型上市公司参与股指期货的办法还没有出台，由于这种制度限制，目前企业丧失了一些机会，但是从长远发展眼光来看，上市公司参与股指期货是必由之路。

利用衍生品对冲市场风险见图 26－2。

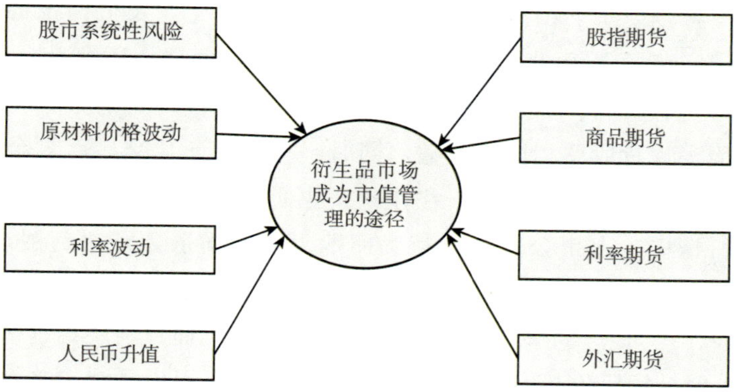

图 26－2　利用衍生品对冲市场风险

26.2　股指期货在上市公司市值管理中的运用策略

26.2.1　股指期货能对上市公司市值进行有效保值

市值管理可以说是一项系统的战略管理工程。用经济学语言来表达，所谓市值是上市公司股本乘以股价之积，而股价是个变数，它直接传导市场的真实波动，在股本一定的情况下，公司的市值因股价的波动而变化。所谓市值管理，就是上市公司综合运用多种科学的价值经营方法和手段，以达到公司价值创造最大化、价值实现最优化的战略管理行为。公司价值（股东价值）和企业的利润无非来自两个方面，一方面是生产经营利润，另一方面是资本市场收益。生产经营利润是指企业从事产品生产销售、提供劳务等活动所获得的利润，资本市场收益是指通过投资股票、债券等投资工具或者进行资本并购等资本项目运作产生的收益。而股指期货在市值管理中发生作用的领域，旨在保护或提升企业资本市场收益方面。

我国 A 股市场曾经从 6 000 点跌到 1 600 多点，由于当时市场没有有效的做空机制，机构及个人投资者没有任何抵御风险的能力。在这种情况下，如何对抗系统性的风险是我们市值管理的重要理论基础，这里我们提出利用股指期货进行套期保值以对抗系统性风险的应用，主要体现在以下两个方面：

第一，基于股权结构的管理。在熊市行情中，股价下跌会导致企业市值缩水，此时利用股指期货进行空头保值操作，可以有效规避股市下跌的系统性风险，起到保护公司市值的作用。上市公司的股东，在市场出现系统性风险导致所持个股股价下跌时，往往不希望减少自身的持股比例，希望保住自己的绝对控股或相对控股地位，或是担心自己抛售加剧股价下挫而不愿意出售股票时，可以通过做空股指期货，对冲股价下跌带来的风险，从而在不影响持股比例的情况下，较大程度地保证资产的规模。所以空头套期保值策略的运用尤为关键。

我们知道期货市场上有两股投资力量：保值者和投机者，由此产生了两种投资策略，一种是多头，另一种是空头。由于目前政策规定，适用于企业及机构投资者比较可行的方法就是空头保值锁定市值下跌的风险。对于企业的市值管理，还存在一个多投套保的概念。企业可以利用自有资金，通过买入股指期货的方式替代现货的方式，做一种趋势性投资，由此获得与购买现货股票相同的收益。同时，利用保证金交易后剩余的大量资金，仍然可以投资部分其他资产，比如债券，往往比企业使用全额资金购买一揽子股票的股息收益更高。在牛市行情中，上市公司在增持、回购上市公司股票或进行战略性收购过程中，如果利用多头套期保值，也就是在股指期货市场买入期货，也能避免由于时间效应产生的损失。当上市公司预计在为来某个时点增持或回购公司股票，而目前距离这个时点仍有一段较长的时间，并且此时公司股价与大盘指数都处于相对低位，可以预测未来大盘走势呈现稳步攀升的态势时，企业就非常有必要进行股指期货的买入套期保值操作，用较少的资金买入适量的股指期货，待增持或回购资金到位后，在期货市场平仓，同时买入公司股票。

第二，基于对自身资产配置的需求。部分业绩突出的上市公司，自身拥有巨额的投资资产，出于资产配置的需求，对持有的股票资产需要进行保值。例如，在一波政策因素主导的暴跌行情之前，企业已经买入了一部分长期看涨的新能源股，并且预测未来这个行业有充分增长的可能，能够使企业获得丰厚的 α 收益，在整个大盘回调过程中，企业可以选择不卖出股票，而是卖空股指期货获得利润。在牛市行情中，我们引入趋势投资的概念，也就是利用股指期货与大盘走势的联动性和股指期货自身的杠杆特性，使用较少的资金获得与投资股票或基金同样的收益，从而提高资金的使用效率。例如，大盘从 1 600 点到 2 700 点左右，近期进行了反复的震荡，但整体呈上升趋势，企业投资资产，或者是一些私募公司可以用 18% 的保证金购买沪深 300 的组合，获得整个企业的投资收益，取代传统的直接买卖股票的方式。这样做的另一个好处是，如果企业持有战略资源的股票，在不丧失控股权的前提下，可以利用股指期货进行股权置换。

26.2.2 市值管理案例分析

中国人寿保险（集团）公司属于国有性质企业。截至 2009 年，其第一大股东为中国人寿保险（集团）公司的国有法人股，持股比例为 68.37%，由于该股东的国有性质，必须维持较高比例的控股地位。中国人寿2009年财务年报披露的数据显示，截至2009年年底，投资资产为11 720.93亿元，较2008年同期增长25.0%，其中，股权型投资的比例由2008年同期的8.01%提升至15.31%。在2007年股权投资比例为14.74%，表明股票市场的走向对股权投资比例起到关键作用。2009年的数据显示，在整体的管理资产中，投资性的资产占了整个资产的64.9%，投资基金比例为5.52%，投资股票比例为7.88%，两项之和将近13%，所以风险市场的投资占了13%（见图26－3）。这几万亿的风险资产，如果通过加息进入上升阶段，债券收益率某种程度上是要贬值的，这种资产结构就需要通过股指期货来进行合理保值。

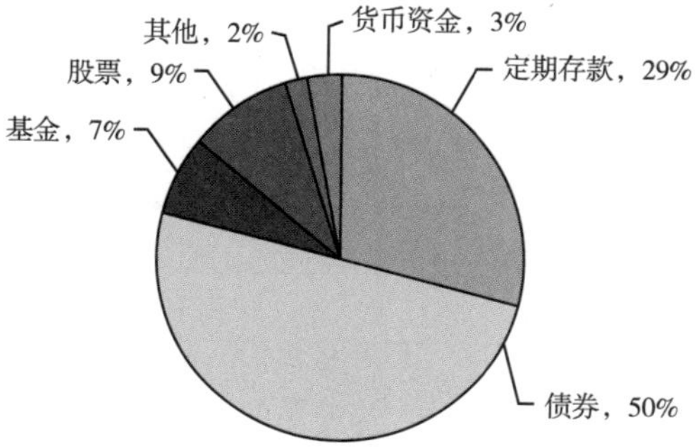

图26－3　中国人寿资产分布情况

从中国人寿持有上市公司股权情况来看，截至2009年共持有9家A股上市公司股权，其中以银行、地产及大盘蓝筹股为主，在2009年的投资业绩表现良好，期末都出现了盈利。但是我们发现2010年4月底至5月初大盘的恐慌性深幅下跌最主要的因素就是由于房地产调控政策的密集出台，损失最惨重的也就是银行及地产类的股票，石化双雄等大盘蓝筹股表现差强人意。所以，如果企业不能及时调整股权投资规模，巨额的股权投资也可能面临巨额的损失。

26.2.3　具体保值策略及保值效果测算

通过对中国人寿年报的分析，我们认为由于其自由资金中所持有的风险市场的投资比例较高，可以使用沪深300股指期货、恒生指数期货分别对A股及H股进行保值。针对中国人寿A股市场股权投资同样可以利用沪深300股指期货进行风险对冲。本节我们对利用沪深300股指期货对中国人寿自身市值的保值策略及效果进行简单分析。

Beta系数，是评估证券系统性风险的工具，用以度量一种证券或一个证券投资组合相对于总体市场风险的波动性，即反映一种投资对象相对于指标的表现情况。目前我国上市的股指期货标的物为沪深300指数，所以对于Beta值的测算，我们可以以沪深300为指标。从套期保值的效果考虑，Beta值越接近1，表明证券或证券组合与沪深300的拟合度越高，保值效果理论上越明显。

假设中国人寿大股东在2010年4月中预期未来2个月指数将出现较大幅度调整，但不愿意抛售股票，故对其持有头寸中的5%进行套期保值，即对其持有头寸中约10亿股进行保值。以2010年4月16日28.74收盘价计算，市值为278.4亿元，根据前3个月中国人寿与沪深300指数走势测算其beta系数为0.9，做空IF1006合约（2个月后平仓，所以选择6月合约），价位为3 441.6点，需要卖出合约数为：

$$卖出合约 = 0.9 \times \frac{278.4 \times 100\,000\,000}{3\,441.6 \times 300} = 25\,025(手)$$

假设到2010年6月15日，IF1006合约下跌至2 900点附近，下跌541.6点，跌幅为15.7%，中国人寿股票下跌至23元，跌幅16.49%，总体的投资盈亏见表26－1。

表26－1　投资盈亏表

证券简称	初始投资金额	占该公司股权比例	期末账面金额
中信证券	3 027.37	5.44%	11 442.77
建设银行	1 718.95		1 763.82
民生银行	5 448.00	4.16%	7 342.06
工商银行	2 774.91		3 845.08
中国石化	2 810.62		3 805.13
万科A	2 813.08	2.11%	2 508.78
招商银行	2 020.63		2 409.17
深发展A	2 104.97	3.06%	2 315.26
中国建筑	2 037.97	1.51%	2 143.80

从以上投资盈亏表可见，通过空头保值策略，使得现货市场的市值缩水远远小于不做保值的效果。股东既没有卖出股票丧失自己的控股地位，也没有在下跌过程中造成自己的资产减少。

26.3　利用期货市场协助银行进行信贷风险管理

26.3.1　开展保值的企业与银行合作模式

期货公司与银行的融资合作主要是标准仓单质押贷款，这在国外发达国家是一种很流行的银期合作业务。世界银行在给发展中国家发放援助性的农业、工业原材料等贷款时，就要求接受贷款的国家或企业参与相关的期货市场进行保值。银行开展套期保值贷款业务既符合中国资本市场发展方向，又满足当地企业的融资需求。

银行、贷款企业和期货公司签订一个三方协议，贷款企业分别在银行和期货公司开设贷款账户和套期保值账户。银行对套期保值贷款者的贷款账户和在期货公司的套期保值账户进行统筹管理。套期保值账户的累计利润应该交经纪公司管理，客户自己不可以随意调出期货账户的盈利，直到该账户关闭，贷款还清。银行可以与期货公司签订风险控制协议，利用期货公司的风险控制系统，将套期保值客户的风险控制在要求的范围之内。

（1）发达国家商业银行套期保值贷款经验

套期保值贷款是发达国家一种很流行的银期合作业务。境外商业银行对企业贷款前都要求他们通过期货市场对大宗商品进行保值，以降低银行贷款的风险。银行对是否参加期货套期保值的企业的信贷支持力度也不同，对参加套期保值的企业最高可提供90%的信贷资金，而对没有参加套期保值的企业最高提供70%的信贷资金。美国社会公认套期保值对银行的重要性，银行利用其特殊地位通过提供资金、建议等多种方式协助套期保值者利用期货市场以提高贷款质量。

（2）我国商业银行发展套期保值贷款的必要性

第一，提高银行信贷资产质量，稳定企业生产经营，优化期货市场投资者机构。

在我国，自有资金严重不足是绝大多数企业的特点，企业的日常生产经营在很大程度上依赖于银行信贷资金的支持。缺乏套期保值贷款使企业因资金紧缺而无法进行套期保值，最终出现了银行信贷资金供需两难的尴尬局面：一方面，“慎贷”思想指导下，十几万亿的居民储蓄存款找不到合适的投资渠道，主要靠投资国债和赚取存贷利差运营的银行业集聚了大量的金融风险，过高的呆账、坏账率成为目前我国国有银行最大的安全隐患；另一方面，众多企业由于得不到银行信贷资金的支持，无法进入期货市场通过套期保值交易来平稳自身的生产经营，期货市场因缺少足够的套期保值者而无法正常发挥对国民经济发展保驾护航的作用。

套期保值贷款具有风险小、周转快、利润丰厚的特点。首先，套期保值企业都是具有现货背景的，若企业能够在现货市场及时买卖或坚持到期货市场行情调整，那么套期保值不可能出现不可承受之损失，企业偿还银行贷款的风险很小，减少了银行的呆账、坏账。其次，这种贷款期限较短，资金周转较快。企业在现货市场及时补仓的时间一般不会超过3个月，这对于银行也是最佳的贷款期限。银行分享贷款收益的稳定性决定了银行参与期货市场的必要性。同时，由于交易买卖灵活，套期保值者可选择最有利的时机进行价格决策，从而提高了收益率。一笔质量好的贷款往往会变得更好，也有助于他们进一步获得更多的贷款。套期保值贷款必将吸引、帮助更多企业进入期货市场对产品进行风险管理，从而增加套期保值者比例，提高期货市场稳定性，发挥期货市场功能。

第二，有利于商业银行转变经营机制，应对竞争，促进银期合作。

根据《服务贸易总协定》国民待遇原则，自2005年1月1日起，外资金融机构在服务地域和服务对象上与中资金融机构完全一致。然而，我国的金融机构，尤其是银行将面临越来越多的挑战，这是因为我国现阶段对银行业实行的是较为严格的“分业经营”制度，经营范围狭窄，利润来源也比较单一。随着存贷利差的逐步缩小，存贷款业务利润逐步萎缩。银行必须改变经营模式单一、风险管理手段匮乏的现状，充分利用期货市场将是商业银行转变经营机制的有效手段之一。

进入期货市场不仅可以拓展银行存款的来源，发展新的客户群体，而且通过提供高附加值的服务，有利于促进银行大力发展中间业务。银行需要寻求包括期货公司在内的各金融机构的合作，以求扩大自身业务，寻求新的有效的利润增长点，增加收入来源，壮大自身实力，应对实力雄厚的外资金融机构的竞争。银期合作符合当前银行业的发展趋势，必将成为各家商业银行多元化发展战略的重要组成部分，同时有利于银行制度创新，有效提升商业银行竞争力，实现银行价值最大化的客观要求。

26.3.2 企业、期货公司合作方案设计

仓单中小企业融资在实践中有多种做法，为了满足企业的需求，便利中小企业融资和经营，银行也在不断创新，不断在仓单中小企业融资模式的基础上拓展新的中小企业融资模式。

（1）仓单质押贷款的基本模式

仓单质押贷款，是制造企业或流通企业把商品存储在仓储公司仓库中，仓储公司向银行开具仓单，银行根据仓单向申请人提供一定比例的贷款，仓储公司代为监管商品。开展仓单质押业务，既解决了借款人流动资金不足的困难，同时通过仓单质押可以降低银行发放贷款的风险，保证贷款安全，还能增加仓储公司的仓库服务功能，增加货源，提高仓储公司的经济效益。

仓单质押贷款的流程如下：

①企业向银行提出贷款申请，按照银行要求把货物存放在银行指定的仓储公司；

②仓储公司向银行提交企业交存货物的仓单，进行质押，承诺将保证货物的完好，并严格按照银行的指令行事；

③银行向企业发放贷款；

④企业实现货物的销售，购买方（客户）将货款汇入银行的企业账户；

⑤仓储公司根据银行的指令，向购买方移交货物；

⑥企业归还银行的贷款本息。

仓单质押贷款实质是存货抵押贷款，由于银行难以有效地监管抵押物，就需要借助第三方仓储公司形成的仓单以及仓储公司提供的保管、监督、评估作用实现对企业的融资。在实践中，以仓单质押模式为基础，通过拓展仓储仓单的范围、强化仓储公司担保职能、以未来仓单作质押等，又可以形成异地仓库仓单质押贷款、统一授信担保贷款和保兑仓融资等模式。

（2）异地仓库仓单质押贷款

异地仓库仓单质押贷款是在仓单质押贷款中小企业融资基本模式的基础上，对地理位

置的一种拓展。仓储公司根据客户需要，或利用全国的仓储网络，或利用其他仓储公司仓库，甚至是客户自身的仓库，就近进行质押监管，提供仓单，企业根据仓储公司的仓单向银行申请借款。

异地仓库仓单质押贷款充分考虑客户的需要，可以把需要质押的存货等保管在方便企业生产或销售的仓库中，极大地降低了企业的质押成本。

（3）审核企业仓单质押融资资格

仓单质押融资申请条件：

①申请人为从事或主要从事金属的生产、加工和贸易的企业法人；

②有稳定的销售渠道和销售收入；

③以指定的仓库开出的仓单质押给银行，并承认银行对仓单享有优先受偿权；

④愿意与银行签署有关法律文件，并承担有关文件的义务与责任；

⑤无不良信用记录。

（4）仓单质押融资流程

①银行对申请企业进行资格审查，审查合格则给予企业授信；

②企业、银行、仓储管理公司签订监管协议；

③企业将指定货物存入仓储公司，仓储公司对所监管的货物开出非标准仓单给企业；

④企业将非标准仓单背书质押给银行，并向银行存入价格风险保证金（一般为20%～30%）；

⑤银行向企业贷款。

26.3.3 银行开展套期保值贷款的操作方法

由于我国金融业实行分业经营而不是混业经营，大多数银行不能直接成为交易所会员或期货经纪商，而只能通过设立专门的期货服务部门或与期货公司签订第三方合作合同，为企业间接提供信贷支持（见图26－4）。

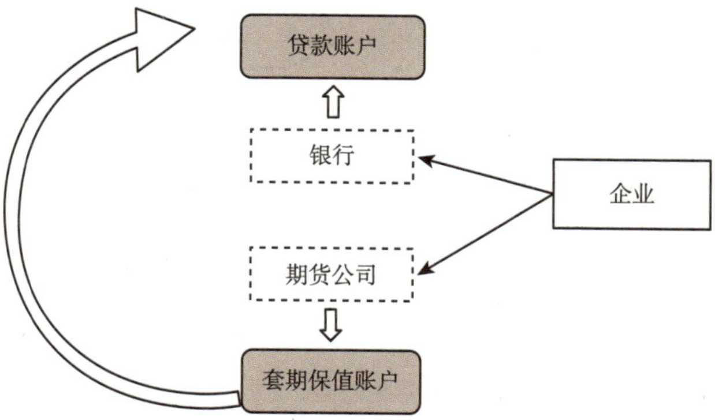

图26－4　银行、企业、期货公司合作进行套期保值

(1) 套期保值贷款项目具体操作流程

①开户，在套期保值贷款的初期，需要银行、贷款企业和期货公司签订一个三方协议，即贷款企业分别在银行和期货公司开设贷款账户和套期保值账户两个账户。

②资金划拨，在建立银行贷款户和期货公司套保户后，套期保值贷款直接打入在期货公司开立的套期保值期货交易保证金户。

③账户管理，银行对套期保值贷款者的贷款账户和在期货公司的套期保值账户进行统筹管理是保证贷款质量的关键。套期保值账户的累计利润应该交经纪公司管理，客户不可以随意调出期货账户的盈利，直到该账户关闭，贷款还清。

④信息沟通。在进行账户监控和管理的同时，基于银行是非期货业务专业服务机构的考虑，银行应该注重与期货公司之间的合作，可以要求期货公司提供套保客户的交易情况，了解其贷款客户套期保值账户的头寸状况、资金情况等。此时，银行在关注贷款者如何使用贷款的同时还会关注还款资金来源。

⑤风险控制。银行可以与期货公司签订风险控制协议，利用期货公司的风险控制系统，将套期保值客户的风险控制在要求的范围之内。企业应当与期货公司一起研究、制订交易策略。期货公司要根据客户的具体情况，研究预测基差的变化、交割月份的选择、套保比例、进场时机、套保的运作成本和预期利润等方面的数据，为套保客户提供全面的信息。客户在制定了交易策略后，即应该严格执行。

(2) 套期保值贷款项目银行审贷流程

①受理和准入。需审查以下方面情况：企业基本面；企业财务状况；项目情况；抵押担保；套期保值方案。

②贷款风险评估。贷款风险评估由两大风险部分组成，一是普通贷款风险部分，二是套期保值方案风险部分。风险分值计算方法为：

总风险分值 = 普通贷款风险分值 × 权重 + 套保方案风险分值 × 权重

a. 普通贷款风险分析：

- 项目风险：宏观政策风险、技术风险、项目进展、建设条件落实情况；
- 资金风险：投资概预算、资本金比例、资本金落实、其他融资落实；
- 市场风险；
- 财务风险：内部收益率、投资利税率；
- 还款资金风险：偿债覆盖率、现金流偏差、借款人综合偿债能力；
- 法律、体制等风险；
- 行业风险；
- 地区风险。

b. 套期保值方案风险分析（见表 26－2）：

- 套期比；

- 仓位；
- 套保时间；
- 保证金额度；
- 抵押资产信贷比例。

表 26 –2　　套期保值审核具体指标体系

套期保值方案风险分析									
序号	风险因素	分值	标准						
			A	B	C	D	E	评分	备注
1	套期比								
2	仓位		低于10%	10% ~ 20%	20% ~ 30%	大于30%			
3	套保时间		小于3个月	3 ~ 6个月	6 ~ 12个月	大于12个月			
4	保证金额度								
5	抵押资产信贷比例								
6	套保方案风险分值计算	套保方案风险分值							
总风险分值计算		总风险分值							

26.3.4　套期保值与贷款账户管理咨询方案

（1）银行建立专门团队监管套期保值账户及信贷账户

根据协议（银行、期货公司与企业三方签署协议中明确的套期保值账户保证金额度及比例，银行贷款账户抵押品及信贷额度）的条款，银行根据账户管理所需建立管理团队，期货公司建立结算、交易、风险评估团队配合监管实施，企业交易操作及管理团队进行业务对接。

套期保值账户监管包括但不限于《套期保值账户内部监管方案》，涉及内容包括：审批权属、授权制度、业务流程、风险管控制度、报告制度、信息披露、档案管理、保密制度、应急预案、责任追究等。同时包括《套期保值账户外部监管方案》，涉及内容包括：业务流程、风险管理制度、报告制度（期货公司针对企业与银行双方的报告）、信息披露、档案管理、保密制度、应急预案等。《套期保值账户内部监管方案》适用于企业，《套期保值账户外部监管方案》涉及期货公司为银行提供的咨询服务，适用于银行。

当遇到以下两种情况时，银行应当启动应急预案：第一，企业套期保值仓位过高，期货市场存在市场风险；第二，企业的注册仓单折算价值低于贷款总额，存在信贷风险。

（2）还款模式的确立

企业还款有两种方式，提前还款及到期还款（见图 26－5）。

正常情况下，企业应当按照协议约束的期限及利率期满后即刻清偿所有款项。

在启动应急预案时，企业当出现以下两种情况时可能面临提前还款：情况一，仓位异动后，如发现违规操作，损失严重且无法及时追加保证金，银行有权要求企业强行平仓，并提前部分或全部还款；情况二，抵押品价值缩水至贷款金额时，如果套期保值账户出现亏损，银行有权要求企业提前还款。

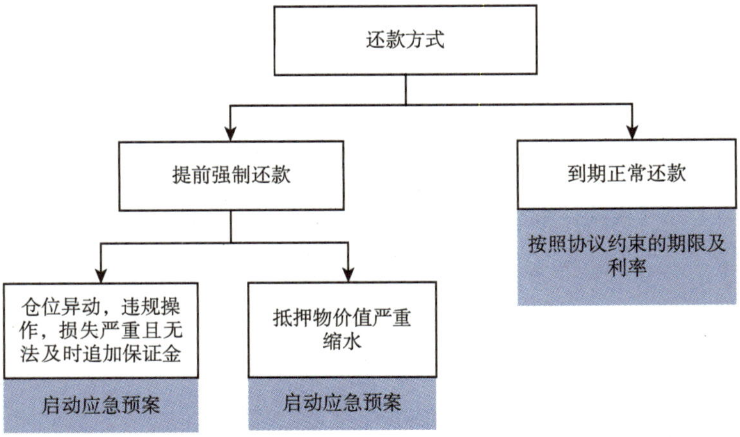

图 26－5　企业还款程序

（3）贷款利率的确定

在央行制定的基准利率基础之上增加一定的浮动利率，浮动利率应根据企业不同的资信评级给予企业不同的贷款利率。

（4）还款时期的确定

贷款期限的确立应该根据企业套期保值策略的期限制定，大体上与企业套期保值的时间相等，原则上不得超过套期保值结束后的 15 日。

26.3.5　企业贷款套期保值案例

【案例 1】铜材企业套期保值的必要性。

2010 年 1 月初，铜价上涨迅猛，最高突破了 60 000 元/吨，市场蕴含巨大的下跌风险。若铜冶炼企业不参与套期保值，只能调整生产计划来规避铜价下跌的风险；若企业参与套期保值，则可在正常生产计划的同时还能避免价格下跌带来的风险。具体结果见表 26－3。

表 26－3 现货市场与期货市场套期保值

	现货市场	期货市场
2009 年 1 月 5 日	长江 1#铜价格 58 950 元/吨	期货价格：59 520 元/吨 卖出：20 手沪铜主力 1004 合约
2010 年 2 月 10 日 （期现价格均下降）	卖出：100 吨铜 价格：52 900 元/吨	买入平仓：20 手沪铜主力 1004 合约 价格：54 250 元/吨
套保结果	亏损 6 050 元/吨	盈利 5 270 元/吨
	现货期货市场对冲后净亏损 780 元/吨，大大小于不套保的 6 050 元/吨	

表 26－3 中，现货价格与期货价格均下跌，当现货价格下跌幅度大于期货价格下跌幅度时，企业在现货市场上的部分损失能被期货市场上的盈利弥补，企业因参与期货市场而减少损失；当现货价格下跌幅度小于期货价格下跌幅度时，企业不仅能利用期货市场上的盈利弥补现货市场上的全部损失，还能因参与期货市场获利。

可以看出，企业参与套期保值能够使企业减少损失甚至获得更高收益，使企业降低风险，稳定生产。

【案例 2】某油脂公司的标准仓单质押融资。

某油脂经销企业，公司年销售额突破 2 亿元，公司每年需要大量采购大豆，资金支出较大。某银行经过分析后认为，油脂公司为当地的龙头企业，资金运作能力较强，年销售规模较大，有较好的开发价值。大豆价值稳定，属于油脂加工的初级原材料，交易较为活跃，可以作为质押物。经过研究后，银行设计采用标准仓单质押方式融资。

某国有银行某分行接受油脂公司提出的用大豆标准仓单质押贷款的申请，授信金额为 700 万元银行承兑汇票。该行与郑州商品交易所一道，起草《仓单质押贷款担保协议书》，分别与借款人、经纪公司、担保回购方签订一式四份的《仓单质押贷款担保协议书》及一系列附属文件，对授信金额、期限、利率、质押率、标准仓单的质押冻结和解冻、保证金比率（不高于 70%）、资金用途等均作了明确规定。标准仓单的质押价格以中国郑州粮食批发市场《中华粮网》公布的同期同品质的平均价格为准。为控制质押仓单所列商品价格波动或因交易所品质鉴定、注销再生成标准仓单而按期货合约标准重新检验带来的风险，协议规定了警戒线和处置线。

警戒线：指在质押标准仓单市值总和与贷款本息之比小于等于 75% 时，借款人在接到银行书面通知后 7 个工作日内，采取追加质押物、更换质押物或部分（或全部）归还贷款措施，否则银行有权宣布贷款提前到期。

处置线：在质押标准仓单市值总和与贷款本息之比小于等于 70% 时，银行有权宣布贷款提前到期，要求借款人立即偿还贷款本息，若借款人不偿还，由担保回购方代其偿还。

标准仓单质押业务操作流程如下：

第一步，按照一般法人客户的授信管理办法，对客户进行风险等级测评，给予一定的授信额度。

第二步，在授信额度内办理具体业务时，首先，签订合同（四方协议、质押合同、承兑协议等）；其次，存入保证金（承兑金额的 30% 以上）并下达资金冻结通知书予以冻结；最后，给郑州商品交易所下达《标准仓单持有凭证》冻结通知书，由郑州商品交易所出具《标准仓单持有凭证》冻结确认书，将客户在经纪公司的价值为客户除保证金以外的差额部分的标准仓单予以冻结。

第三步，银行将由郑州商品交易所出具的上述数额的标准仓单凭证作为重要空白凭证下达入库单进行入库保管。

第四步，按照正常程序和审批权限为客户办理一定额度的银行承兑汇票，并将所有档案整理归档。

第五步，跟踪管理，经常关注该品种的期货行情走势和现货市场价格变动情况，看是否达到预设的警戒线，每周了解标准仓单冻结情况，以便发现问题并及时处置。

第六步，承兑到期，如果企业资金及时到位，顺利解付汇票，银行下达资金解冻通知书，同时向交易所下仓单解冻通知书解冻仓单，该笔业务结束。如果借款人在接到银行书面通知后 7 个工作日内不能将除保证金之外的资金汇入银行账户，银行将实施前述的警戒线和处置线措施，确保资金安全，避免出现承兑垫款风险。

27

期货公司创新型客服体系的建设

27.1 国内期货市场现状

近年来我国期货市场呈现出健康平稳运行的良好态势。期货市场规模稳步扩大，商品期货品种创新有序推进，成功上市股指期货，形成了较为完备的期货品种体系，市场法规和各项制度逐步健全，期货交易所、中介机构的管理水平和抗风险能力不断增强，期货市场服务国民经济的功能大大提升。

期货市场法规制度不断健全。目前，以国务院《期货交易管理条例》为核心的、符合中国实际的期货市场法规体系已基本形成。期货开户实名制、期货市场统一开户制度、期货公司净资本风险监管制度、期货公司分类监管制度、期货保证金安全存管监控制度、期货投资者保障基金制度、投资者适当性制度以及正在推进建设的期货市场运行监测监控系统和股指期货跨市场监管制度等基础性制度建设，为期货市场的规范平稳运行提供了坚强保障。

我国商品期货市场产品体系和市场规模不断扩容，为资产配置和财富管理夯实了投资基础。截至 2020 年 11 月末，我国已上市的商品期货及期权品种合计达 78 个，基本覆盖农产品、金属、能源、化工等国民经济重要领域，加上已经成功上市的国债期货、股指期货等金融衍生工具，至今已经形成商品期货与金融期货、期货与期权、场内与场外联动的品种新体系和发展新格局，为现货企业和金融机构利用期货进行套期保值和管理风险提供了必要的条件。

市场规模稳步扩大。根据中国期货业协会最新统计资料表明，截至 2020 年 11 月末，全国期货市场交易规模较上月增长，以单边计算，当月全国期货市场成交量为 640 501 544 手，成交额为 464 918.50 亿元，同比分别增长 63.99% 和 70.26%，环比分别增长 35.09% 和 40.21%。1—11 月全国期货市场累计成交量为 5 379 951 101 手，累计成交额为 3 824 539.94 亿元，同比分别增长 50.45% 和 45.57%，继续保持较快增长势头，是全球第一大商品期货市场，在国际期货市场的影响力不断提高，期货市场投资者开户数达到 115.28 万户，2018 年客户保证金接近 3 900 亿元。法人企业客户持仓和套期保值持仓的比例明显提高。

期货市场功能不断深化。近年来相关品种期货价格与现货市场的关系不断加深，如铜、铝等品种套期保值交易已经成为行业常规的经营手段，国内90%以上的铜加工企业参与了铜的期货交易，国内大豆贸易商50%以上参与了期货交易。商品期货市场在完善现货流通秩序、推动农业产业结构调整、促进粮食流通体制改革以及改善现货企业管理等方面都发挥了日益重要的积极作用。

随着国内期货市场服务国民经济的功能增强，期货市场也出现了一些新的特点：

①期货私募兴起。虽然国内期货 CTA 还未推出，但是近年来随着期货市场品种、规模、法规制度的健全，越来越多的机构投资者参与到市场中来，尤其是许许多多的期货工作室——期货市场的私募基金如雨后春笋般拔地而起，参与到国内商品期货和股指期货的投资中。

②期货市场客户需求多样化。随着国内期货市场的壮大，投资者越来越多，客户的需求也日益呈现多样化的趋势，现有客户已不局限于传统的数据信息分析，而更偏向于个性化的、一体化的服务体系。

③当期货市场成为资本市场的一部分后，产品设计更复杂和多样化。国务院出台的《关于推进资本市场改革开放和稳定发展的若干意见》，大力推进期货业的改革和发展，同时，股指期货的推出，使得我国期货市场与证券市场等国内资本市场融为一体，期货市场成为国内资本市场的一部分，客户群体的扩张以及与资本市场的融合，使得现有期货产品的设计不仅仅局限于期货市场本身，而应该与银行、保险、证券等相互结合，产品的设计更加多样化和复杂化。

27.2 国内期货市场客服现状

国内期货市场的客户服务目前主要包括以下几部分：

①信息公告，主要包括每日交易所得涨跌停板幅度、保证金调整幅度以及手续费收费标准、出入金提示、客户满意度调查表、持仓限制等常规的提示。

②网上业务办理，主要包括：开户指南、风险提示、表格下载、账单查询、网上开户、模拟交易等。

③资金存取，包括：财务出入金、银期出入金、银期转账提示、保证金账户，包含资金存取详细细则说明。

④软件下载，主要提供交易行情软件的下载链接。

⑤软件操作指南，包括：金仕达 V6、中期快抢手、澎博闪电手、文华“一键通”、其他问题，包含各个交易行情软件的说明书等具体操作指南、图示。

⑥服务产品，包含所能提供的报告、服务计划、积分计划等（见表 27－1）。

表 27－1

定期产品　　>>了解详情请进

基础	每日财经新闻/商品周刊（策略性）/行业周刊（信息性）/宏观/品种月报
深度	品种年报/宏观(季度/半年/年报)/宏观(季度/半年/年报)
每日报告	每日交易指导/每日商品价格预测区间/金属（黄金、钢材）早报/能源日报/橡胶日报
每周	每周天胶相关性指标统计/天胶产业周报
每月	公司月报/CRU金属月报

非定期产品　　>>了解详情请进

·基础	信息点评及跟踪（宏观、产业、品种）/即时策略分析
·深度	个性化投资方案（保值方案等）/专题报告/产业报告/调研报告/课题研究/理财顾问产品

短信服务　　>>了解详情请进

·每日外盘短信:	每日早上7点半-8点，收到前一交易日外盘主要合约的收盘情况
·每日宏观短信:	每日8：30前，将国内外重要宏观状况作一概括
·每日橡胶短信:	每日晚7：00左右，对天胶的市场结构、现货作一概括，附主要观点

"英明"服务计划　　>>了解详情请进

英明"服务--(积分1000分以下）

即时行情服务\模拟交易服务\交易通道服务\银期转账服务 账户查询服务\

电话咨询服务\资讯服务\短信服务\特色服务\积分服务客户所在营业网点提供的其他服务。

"英才"服务计划　　>>了解详情请进

"英才" 服务---(积分1000分以上或权益300万以上）

享受所有 英明 服务　个性化产品定制 套利策略

优先获邀参加我公司组织的精彩活动（如行情沙龙、专题报告会） 短信发送相关信息短评 生日贺礼

"英杰"服务计划　　>>了解详情请进

"英杰" 服务---(积分在3000分以上或权益500万以上)

享受所有"英才"服务\更多交易软件可供选择：金仕达V6、快枪手、澎博闪电手、文华一键通、易盛

特别交易通道\帐户分析报告\大客户经理一对一服务\盘中实时交易指导

⑦期货助手，包含交易所细则、账单解读、期货术语、单位换算、重要时间表和交易时间等基础的交易相关知识。

⑧应急处理，包含公司交易故障应急流程。

⑨常见问题，包括：开户问题、软件问题、交易问题、银期问题、财务问题。主要集中在开户、软件使用、银期转账等方面的问题答疑。但是随着国内期货市场逐步融入国内整个大的资本体系中去，客户的数量越来越多，背景各异，期货市场客户服务仍局限在传统的静态的客户服务模式。虽然当前期货公司已成立大客服体系，但这个体系仍是按区域分布，仍然未解决客户在当前市场的信息处理、服务和风险控制等方面的服务。因此，顺应期货市场现状，期货公司客户服务应包含整体投资决策、信息处理、服务和风险控制等一体化的动态客户服务模块。

27.3 国际金融服务业的客户分类

标准化分类：企业套期保值、投机。

按客户交易特点分类：短线、趋势、套利。

（1）短线

如果客户持仓时间大概在几天或者以下，则属于短线方式，再细分还可以分成隔夜短线、日内波段、日内炒单。

（2）趋势

如果客户持仓时间在数十天以上，可以归为趋势交易。大的趋势每年可能有1～2次，小的趋势每年可能有数十次。

（3）套利

常见的套利有跨期、跨品种、跨市套利几种方式。按照交易频率再细分，还有趋势套利、高频套利。

27.4 客户交易诊断系统

客户交易诊断通过展示客户在某个交易期间成交及平仓盈亏情况，来揭示客户交易成败的主要原因，并在此基础上统计分析客户的每笔交易情况，透析客户交易过程中的薄弱环节，提出个性化的交易建议，构建完善高效交易策略。

以下举例说明。

27.4.1 案例资料

客户账号：2261266。

交易期间：2007 年 8 月 1 日—2007 年 8 月 31 日。

交易对象：菜籽油、橡胶、锌、铜。

27.4.2 总体盈亏分析

案例客户在一个月的交易期间的总体盈亏情况见表 27－2、图 27－1。

表 27－2

金额单位：元

交易对象	获利金额	亏损金额	净盈亏	成交手数
菜籽油	6 200	－7 240	－1 040	11
橡胶		－3 200	－3 200	4
锌		－6 550	－6 550	1
铜		－16 500	－16 500	1
合计	6 200	－33 490	－27 290	17

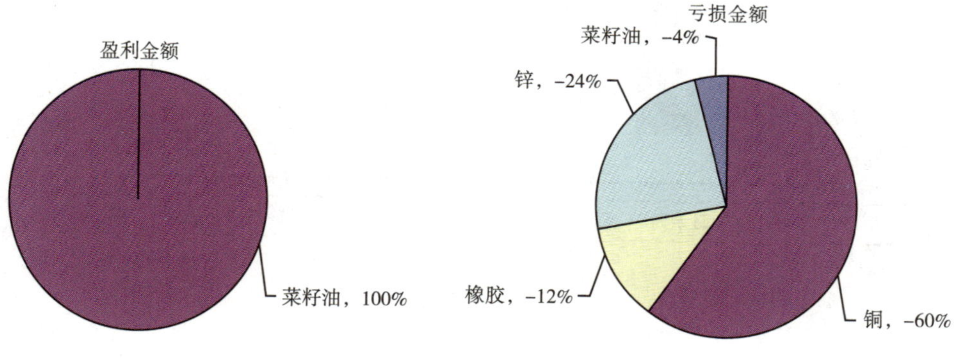

图 27－1

品种分析：2007 年 8 月，该账户共交易了 4 个品种，全部亏损，净盈亏约为－27 290元。本月份没有获利品种，在亏损品种中，菜籽油、橡胶、锌和铜分别占据了总亏损的 4%、12%、24% 和 60%。从交易频率看，菜籽油、橡胶、锌和铜分别占总成交手数的 64.71%、23.53%、5.88% 和 5.88%。综合而言，本月该账户盈利对象乏善可陈，而亏损对象则主要由于铜和锌的单笔亏损过大。投资组合及风险收益配置欠均衡合理。

时间分析：该账户在大部分时间均能保持稳定获利，并把亏损限制在一定区间，只是在8月做多1手铜和锌时，未能及时止损，使得亏损幅度加大（见图27－2、图27－3）。

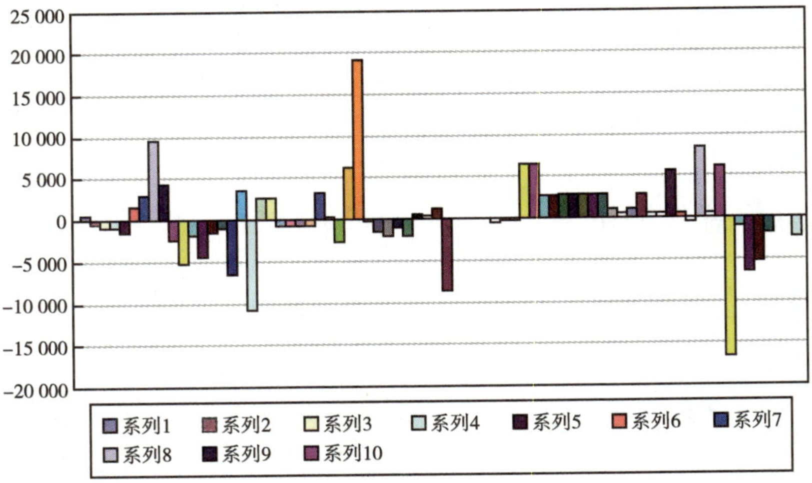

图27－2　累计平仓盈亏

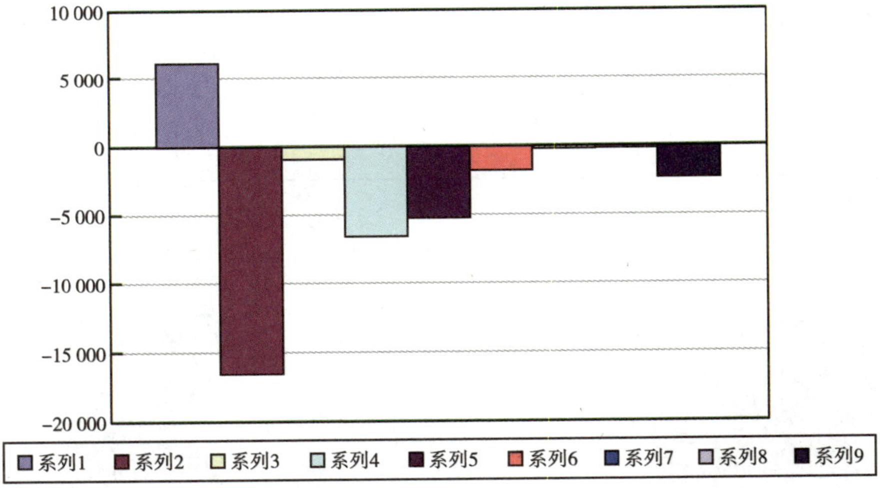

图27－3　8月平仓盈亏

27.4.3　交易明细统计分析

案例客户在一个月期间的交易明细资料见表27－3。

（1）胜率分析

该账户在8月份整个交易期间共交易17手，其中获利4手，亏损13手，因此胜率为4/13＝30.77%，低于50%，接近于市场平均胜率（一般在35%左右）。

表 27－3

客户账号	2261266	交易对象	ALL
交易期间	2007－8－1 至 2007－8－31		
净盈亏总额	－27 290		
获利总额	6 200	亏损总额	－33 490
交易手数	17	胜率	30.77%
获利手数	4	亏损手数	13
单手最高获利	1 550	单手最高亏损	－16 500
平均每手获利金额	364.71	平均每手亏损金额	－1 970.00
平均盈亏比	－0.23	平均每手盈亏	－1 605.29
连续获利的最高次数	1	交易天数	23
连续亏损的最高次数	5	平均单日亏损	－1 456.09
获利平均持仓天数	21	亏损平均持仓天数	14
最大平仓亏损	－16 500	单日最大亏损	－16 500
成交手数	17		

(2) 单笔盈亏分析

该账户单手最高获利为 1 550 元而单手最高亏损为 16 500 元，是平均每手获利的 10.65 倍，每手亏损的 8.38 倍；单日最大亏损 16 500 元，是平均单日亏损（－1 456.09 元）的 11.33 倍，这是由于交易模型调整亏损所致，建议坚持不懈地保持系统交易，设定并坚决执行交易模型指令。

(3) 平均盈亏比分析

该账户平均每手获利 364.71 元，平均每笔亏损－1 970 元，平均盈亏比（即平均每笔获利/平均每笔亏损）为 0.23。说明平均亏损是平均获利的 3 倍多。

(4) 连续盈亏次数分析

连续最高亏损的次数是 5 次，是交易模型胜率较低及调整所致。一般而言一旦连续亏损超过 3 次以上或者单日亏损超过 10%，系统交易者要注意提高交易信号精度。建议积极适应市场变化提高交易系统胜率。

（5）持仓时间分析

该账户获利单的平均持仓时间是21个交易日，亏损单的平均持仓时间是14个交易日。说明账户盈利时操作者能够坚定持仓，亏损时则能及时出场，这也是该账户资金管理得当的另一个表现。

综合以上分析，该账户8月份亏损的最主要原因是交易模型短期发生调整，而资金管理依然得当，持之以恒地保持系统交易，才是交易成功的真谛所在。可以进一步改善的地方：一是要加强交易模型研究和使用，提高操作胜率；二是要改进交易管理，提高整体交易绩效；三是要把握保证金杠杆使用效率，提高资金使用效率！

27.5 建立客户风险预警系统

期货交易的保证金杠杆作用，使得期货价格波动大，这决定了期货市场的高风险性。由于期货投资是资本市场中的一个特殊组成部分，其保证金交易的杠杆原理使得其风险和收益的波动程度大大高于其他投资品种，相应的期货投资的风险管理也有其独有的特性。期货市场的高风险性决定了一项风险事件的发生不仅仅影响客户的整体资产状况，更可能会影响到整个期货公司的持续经营，甚至导致公司倒闭，这种例子在历史上也曾出现过。因此，建立期货公司客户的风险预警是期货客户服务的重点和核心，是期货客户服务的生命线和永恒主题，也是动态创新型客服体系的竞争力所在。

以先进的风险管理理念为指导，以全球的风险管理体系、全面的风险管理范围、全程的风险管理过程、全新的风险管理方法、全员的风险管理文化、全部的风险管理概念为核心开展期客户的风险预警体系的建设，已成为动态创新型客服体系谋求持续发展和竞争优势的最重要方式。

除了我们在本节前述所提到的客户交易诊断系统，根据客户实际的历史交易状况，使用统计分析指标，揭示整体收益水平下潜在最大的风险，提出个性化的诊断建议，帮助客户调整、完善交易策略外，建立行业风险监测预警体系是另一个重要的风险预警模式。

行业风险监测预警是国家和地区研究制订计划、规划的重要工具，同时也是正确引导期货投资者投资的有力指针。宏观经济监测预警体系的搭建能够使投资者对宏观经济的预期更加合理化与精确化，同时也更加便于投资者理解国家宏观调控的政策导向，从而降低投资者投资风险，促进期货行业良性发展。

从整体宏观出发建立行业风险监测预警可以在宏观面、行业面起到给客户提示风险的作用，在具体的客户交易过程中，如何做到实时动态监控客户的风险，并随时预警呢？这就需要建立客户交易过程风险监控服务体系（见表27-4）。

针对我国期货市场快速发展中面临的现实问题，通过研发，我们在加深理解国外先进的保证金计算及风险管理系统的基础上，并通过数理模型对国内保证金计算及风险管理系统与国外成熟市场先进的保证金计算及风险管理系统进行较为深入透彻的比较分析，并据

表 27－4　　综合警情指数冷热状态显示

指标名称	2006年		2007年								
	11	12	1	2	3	4	5	6	7	8	9
1. CPI	正常	正常	正常	正常	正常	正常	正常	正常	趋热	趋热	趋热
2. M2	趋热	趋热	趋热	趋热	过热	过热	过热	过热	过热	过热	过热
3. 财政收入（增速）{剔除春节因素}	趋热	趋热	趋热	过热	过热	过热	过热	过热	过热	过热	过热
4. 金融机构人民币各项贷款	趋热	趋热	趋热	趋热	趋热	趋热	趋热	趋热	趋热	趋热	趋热
5. 发电量（增长率）{剔除春节因素}	过热	过热	过热	过热	过热	过热	过热	过热	过热	过热	趋热
6. 工业增加值增速（按可比价计算）	趋热	过热	过热	过热	过热	过热	过热	过热	过热	过热	过热
7. 进出口总额{剔除春节因素}	趋热	趋热	趋热	趋热	趋热	趋热	正常	正常	正常	正常	正常
8. 工业企业产品销售收入	过热	过热	过热	过热	过热	过热	过热	过热	过热	过热	过热
9. 固定资产投资完成额（累计增长率）	趋热	趋热	趋热	正常	正常	正常	趋热	趋热	趋热	趋热	趋热
10. 消费品零售额增速	趋热	趋热	趋热	趋热	趋热	趋热	趋热	趋热	趋热	趋热	趋热
综合判断	趋热	趋热	趋热	趋热	趋热	趋热	趋热	趋热	过热	过热	趋热
	01	03	03	08	01	04	04	04	07	07	05

图示：●（过热），○（趋热），○（正常），◎（趋冷），⊗（过冷）。

此开发出适合国内期货市场的“衍生品实时风险监控与管理系统（RIMS）”，主要目的是针对交易者亏损的原因进行系统跟踪剖析，衍生品风险传导的途径，可以用反推的逻辑将风险分层揭示，即此一级的风险由哪一层传导过来（见图 27－4）。

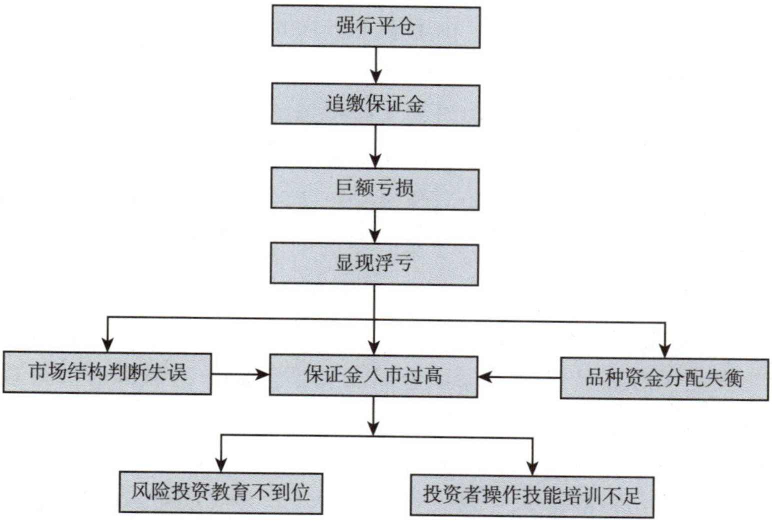

图 27－4

期货客户风险的传导流程为：风险事件发生，也即出现强平，公司要求客户追缴保证金，其原因是客户账户出现巨额亏损，巨额亏损的发生一般都是由小浮亏慢慢演变而来，究其原因乃是保证金入市过高而产生的，而保证金入市过高的根本原因在于市场结构判断失误、品种资金分配失衡、风险投资教育不到位、投资者操作技能培训不足等所造成。所以预先监控客户的保证金动态变化可以辨别客户的风险源头，从而达到风险的预警与管理。

【实际运用举例】

（1）投资组合

表 27 -5

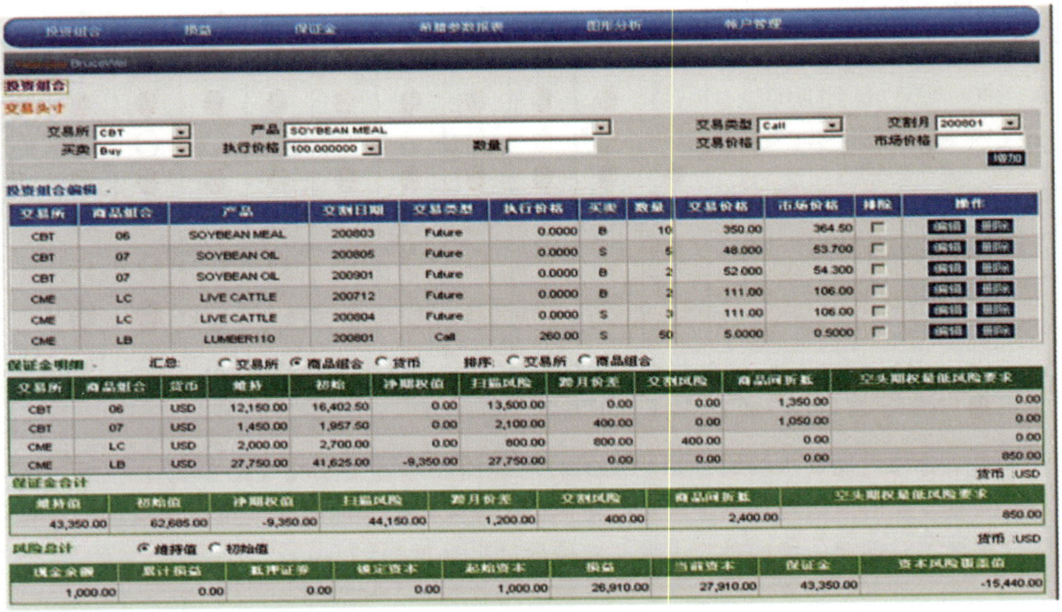

投资组合编辑

交易所	商品组合	产品	交割日期	交易类型	执行价格	买卖	数量	交易价格	市场价格	排除	操作
CBT	06	SOYBEAN MEAL	200803	Future	0.0000	B	10	350.00	364.50		编辑 删除
CBT	07	SOYBEAN OIL	200805	Future	0.0000	S	5	48.000	53.700		编辑 删除
CBT	07	SOYBEAN OIL	200901	Future	0.0000	B	2	52.000	54.300		编辑 删除
CME	LC	LIVE CATTLE	200712	Future	0.0000	B	2	111.00	106.00		编辑 删除
CME	LC	LIVE CATTLE	200804	Future	0.0000	S	3	111.00	106.00		编辑 删除
CME	LB	LUMBER110	200801	Call	260.00	S	50	5.0000	0.5000		编辑 删除

保证金明细　汇总：交易所 商品组合 货币　排序：交易所 商品组合

交易所	商品组合	货币	维持	初始	净期权值	扫描风险	跨月价差	交割风险	商品间折扣	空头期权最低风险要求
CBT	06	USD	12,150.00	16,402.50	0.00	13,500.00	0.00	0.00	1,350.00	0.00
CBT	07	USD	1,450.00	1,957.50	0.00	2,100.00	400.00	0.00	1,050.00	0.00
CME	LC	USD	2,000.00	2,700.00	0.00	800.00	800.00	400.00	0.00	0.00
CME	LB	USD	27,750.00	41,625.00	-9,350.00	27,750.00	0.00	0.00	0.00	850.00

货币 USD

保证金合计

维持值	初始值	净期权值	扫描风险	跨月价差	交割风险	商品间折扣	空头期权最低风险要求
43,350.00	62,685.00	-9,350.00	44,150.00	1,200.00	400.00	2,400.00	850.00

货币 USD

风险总计　维持值 初始值

现金余额	累计损益	抵押证券	锁定资本	起始资本	损益	当前资本	保证金	资本风险覆盖值
1,000.00	0.00	0.00	0.00	1,000.00	26,910.00	27,910.00	43,350.00	-15,440.00

表 27 -5 所示界面由五部分组成，由上至下依次是交易头寸、投资组合编辑、保证金明细、保证金合计和风险总计。

交易头寸的作用是让个人投资者和机构风险经理输入自己的头寸，当填写完必要的头寸信息时，点击增加按钮，新的头寸就会被保存并参与保证金的计算。

投资组合编辑是个人投资者和机构风险经理更改投资组合信息的工具，可以对头寸的诸如买卖、数量、交易价格、当前市价（实时系统则由市场数据供应商提供）等信息进行编辑。如果用户不希望计算投资组合中的某一头寸，只要点击该头寸的编辑按钮，勾选“排除”这一项，然后点击提交即可。

保证金明细罗列了各商品组合的保证金以及保证金的各组成部分。可以根据交易所、商品组合或者货币进行汇总，还可以根据交易所或者商品组合进行排序。

保证金合计则对整个投资组合的保证金进行了汇总。

风险总计则列出了用户的资产、需要缴纳的保证金及风险覆盖情况。

（2）保证金

①资本与保证金。表 27 -6 给出了用户维持保证金、初始保证金和可以充当保证金的资产。通过表 27 -6，个人投资者和公司风险经理可以了解自己的投资组合总共所需的维

持保证金和初始保证金，以及与总资本的比较。

表 27－6

投资组合　损益　保证金　希腊参数报表　图形分析　帐户管理

BruceWei

保证金 > 资本与保证金

资本明细

结算货币	USD
现金余额	1,000.00
累计损益	0.00
抵押证券	0.00
总资本	1,000.00

维持保证金：

保证金要求	43,350.00
- 现有净期权价值	-9,350.00
实际保证金要求	52,700.00
净清盘价值（含证券）	-8,350.00
净结果	-51,700.00

初始保证金：

保证金要求	62,685.00
- 现有净期权价值	-9,350.00
实际保证金要求	72,035.00
净清盘价值（含证券）	-8,350.00
净结果	-71,035.00

查看详细

②扫描区间风险。表 27－7 给出了每个商品组合的扫描风险信息。在典型的衍生品风险算法中，考虑了每一头寸的风险值随着价格和波动率变化而变化的 16 种情景，最后一栏的“情景值”给出了每种情景的风险，其中损失最大的情景对应的损失就是扫描风险。表中的“情景”栏给出了有关 16 种情景的定义。

表 27－7

投资组合　损益　保证金　希腊参数报表　图形分析　帐户管理

BruceWei

保证金 > 扫描区间风险

交易所	商品组合	区间	扫描风险	有效情景	情景	情景值
CBT	06	0	13500.00	13		
					01-Price:0.00;Vol:1.00;Wt:1.00	0.00
					02-Price:0.00;Vol:-1.00;Wt:1.00	0.00
					03-Price:0.33;Vol:1.00;Wt:1.00	-4500.00
					04-Price:0.33;Vol:-1.00;Wt:1.00	-4500.00
					05-Price:-0.33;Vol:1.00;Wt:1.00	4500.00
					06-Price:-0.33;Vol:-1.00;Wt:1.00	4500.00
					07-Price:0.67;Vol:1.00;Wt:1.00	-9000.00
					08-Price:0.67;Vol:-1.00;Wt:1.00	-9000.00
					09-Price:-0.67;Vol:1.00;Wt:1.00	9000.00
					10-Price:-0.67;Vol:-1.00;Wt:1.00	9000.00
					11-Price:1.00;Vol:1.00;Wt:1.00	-13500.00
					12-Price:1.00;Vol:-1.00;Wt:1.00	-13500.00
					13-Price:-1.00;Vol:1.00;Wt:1.00	13500.00
					14-Price:-1.00;Vol:-1.00;Wt:1.00	13500.00
					15-Price:3.00;Vol:0.00;Wt:0.32	-12960.00
					16-Price:-3.00;Vol:0.00;Wt:0.32	12960.00
CBT	07	0	2100.00	11		
					01-Price:0.00;Vol:1.00;Wt:1.00	0.00
					02-Price:0.00;Vol:-1.00;Wt:1.00	0.00
					03-Price:0.33;Vol:1.00;Wt:1.00	699.00

③扫描风险参与因子。表 27－8 给出了各商品组合中，各月份头寸的扫描风险，通过这样的图表，个人投资者和公司风险经理可以了解到风险最大的头寸，对扫描风险贡献最大的月份是需要重点关注的。

表 27－8

投资组合　损益　保证金　希腊参数报表　图形分析　帐户管理

BruceWei

保证金 > 扫描风险参与因子

交易所	商品组合	产品	类型	月份	净头寸	活跃值	扫描风险值
CBT	06	SOYBEAN MEAL	Future	200803	10.000	1,350.00	13,500.00
CBT	07	SOYBEAN OIL	Future	200805	-5.0000	-700.00	3,500.00
CBT	07	SOYBEAN OIL	Future	200901	2.0000	-700.00	-1,400.00
CME	LC	LIVE CATTLE	Future	200712	2.0000	-800.00	-1,600.00
CME	LC	LIVE CATTLE	Future	200804	-3.0000	-800.00	2,400.00
CME	LB	LUMBER110	Call	200801	-50.000	-555.00	27,750.00

（3）希腊参数报表

希腊参数方面的分析又称作“敏感度分析”，主要分析标的资产价格变动、时间流逝、利率或者价格波动率对投资组合带来的风险。

①风险分析策略。表 27－9 给出了投资组合进行风险分析时所需要的一些参数。

表 27－9

希腊参数报表 > 风险分析策略

交易所: CBT　商品组合: 06

价格波动范围: 周标准方差											
-6	-5	-4	-3	-2	-1	+1	+2	+3	+4	+5	+6
-13.50	-11.25	-9.00	-6.75	-4.50	-2.25	2.25	4.50	6.75	9.00	11.25	13.50

合约	价格	平价波动率	天数
200803	327.70	0.35	64

交易所: CBT　商品组合: 07

价格波动范围: 周标准方差											
-6	-5	-4	-3	-2	-1	+1	+2	+3	+4	+5	+6
-1.17	-0.97	-0.78	-0.58	-0.39	-0.19	0.19	0.39	0.58	0.78	0.97	1.17

合约	价格	平价波动率	天数
200805	47.42	0.23	106
200901	47.20	0.25	275

交易所: CME　商品组合: LB

价格波动范围: 周标准方差											
-6	-5	-4	-3	-2	-1	+1	+2	+3	+4	+5	+6
-10.00	-8.33	-6.67	-5.00	-3.33	-1.67	1.67	3.33	5.00	6.67	8.33	10.00

合约	价格	平价波动率	天数
200801	246.00	0.26	23

交易所: CME　商品组合: LC

价格波动范围: 周标准方差

②商品组合风险分析——明细。表 27－10 中，标的资产价格变化时，投资组合对应的 delta、gamma、vega、Theta 和价值量。其中，“价格变化”栏表示标的资产价格变化的幅度。个人投资者和公司风险经理可以根据该表数据预测未来不同情境时敏感度参数和资产价值的变化。

表 27. – 10

投资组合　损益　保证金　希腊参数报表　图形分析　帐户管理

BruceWei

希腊参数报表 > 商品组合风险分析 > 明细

交易所:CBT　商品组合:06　合约:200803

价格变化	价格	Delta (-1.00 Vols)	Delta (0.00 Vols)	Delta(+1.00 Vols)	Gamma	Theta	Vega	价值(-1.00 Vols)	价值(0.00 Vols)	价值(+1.00 Vols)
13.50	341.20	10.0000	10.0000	10.0000	0.0000	0.0000	0.0000	341,200.00	341,200.00	341,200.00
11.25	338.95	10.0000	10.0000	10.0000	0.0000	0.0000	0.0000	338,950.00	338,950.00	338,950.00
9.00	336.70	10.0000	10.0000	10.0000	0.0000	0.0000	0.0000	336,700.00	336,700.00	336,700.00
6.75	334.45	10.0000	10.0000	10.0000	0.0000	0.0000	0.0000	334,450.00	334,450.00	334,450.00
4.50	332.20	10.0000	10.0000	10.0000	0.0000	0.0000	0.0000	332,200.00	332,200.00	332,200.00
2.25	329.95	10.0000	10.0000	10.0000	0.0000	0.0000	0.0000	329,950.00	329,950.00	329,950.00
0.00	327.70	10.0000	10.0000	10.0000	0.0000	0.0000	0.0000	327,700.00	327,700.00	327,700.00
-2.25	325.45	10.0000	10.0000	10.0000	0.0000	0.0000	0.0000	325,450.00	325,450.00	325,450.00
-4.50	323.20	10.0000	10.0000	10.0000	0.0000	0.0000	0.0000	323,200.00	323,200.00	323,200.00
-6.75	320.95	10.0000	10.0000	10.0000	0.0000	0.0000	0.0000	320,950.00	320,950.00	320,950.00
-9.00	318.70	10.0000	10.0000	10.0000	0.0000	0.0000	0.0000	318,700.00	318,700.00	318,700.00
-11.25	316.45	10.0000	10.0000	10.0000	0.0000	0.0000	0.0000	316,450.00	316,450.00	316,450.00
-13.50	314.20	10.0000	10.0000	10.0000	0.0000	0.0000	0.0000	314,200.00	314,200.00	314,200.00

③商品组合风险分析——希腊参数。期权的执行价格变化时，期权的价格、delta、theta、gamma 和 vega 等值都会发生变化。表 27 – 11 反映了这些数据。通过该表，个人投资者和公司风险经理可以观察投资组合的某些指标是否符合要求，并可以根据数据对投资组合做出调整，使相应的指标达到要求，这对规避风险、争取利润最大化是很有好处的。

表 27 – 11

希腊参数报表 > 商品组合风险分析 > 希腊参数

交易所　商品组合:06　合约:200803

价格:	327.70	公平价值	0	期权 Delta:	0
波动率:	0.32	持有成本	0	标的物 Delta:	10
天数:	64	Theta:	0	净 Delta:	10
看涨多头:	0	Gamma:	0		
看涨空头:	0	Vega:	0		
看涨净头:	0				
看跌多头:	0				
看跌空头:	0				
看跌净头:	0				

200802

	195.00	200.00	210.00	220.00	230.00	240.00	250.00	260.00	270.00	280.00
看涨头寸	0	0	0	0	0	0	0	0	0	0
看跌头寸	0	0	0	0	0	0	0	0	0	0
净头寸	0	0	0	0	0	0	0	0	0	0
看涨价值	132.70	127.70	117.70	107.70	97.70	87.70	77.70	67.80	58.15	48.90
看跌价值	0.05	0.05	0.05	0.05	0.05	0.05	0.10	0.30	0.70	1.40
看涨Delta	0.9977	0.9976	0.9974	0.9972	0.9969	0.9966	0.9932	0.9819	0.9615	0.9291
看跌Delta	-0.0023	-0.0024	-0.0026	-0.0028	-0.0031	-0.0034	-0.0068	-0.0181	-0.0385	-0.0709
vega	0.8097	0.8401	0.9060	0.9799	1.0636	1.1596	2.1229	5.0077	9.4012	15.2561
gama	0.0001	0.0001	0.0001	0.0002	0.0002	0.0003	0.0005	0.0012	0.0022	0.0036
看涨theta	-11.5727	-11.8017	-12.2569	-12.7077	-13.1533	-13.5923	-15.3200	-19.8314	-26.3282	-34.5114
看跌theta	-1.8800	-1.8605	-1.8186	-1.7723	-1.7208	-1.6628	-2.8935	-6.9077	-12.9074	-20.5937

	290.00	300.00	310.00	320.00	330.00	340.00	350.00	360.00	370.00	380.00
看涨头寸	0	0	0	0	0	0	0	0	0	0
看跌头寸	0	0	0	0	0	0	0	0	0	0
净头寸	0	0	0	0	0	0	0	0	0	0

④波动性分析见图 27－5。

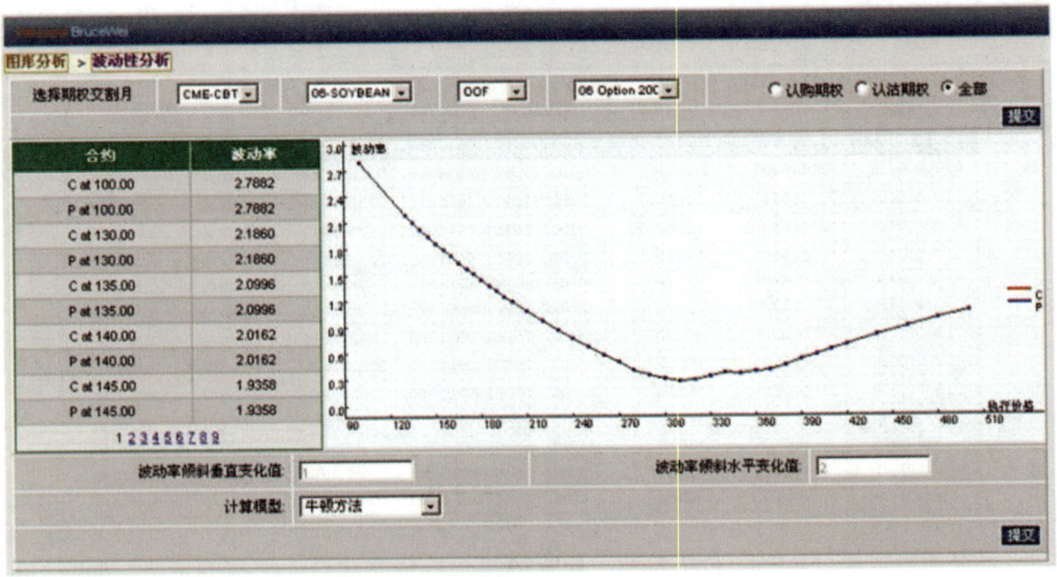

图 27－5

⑤情景分析见图 27－6。

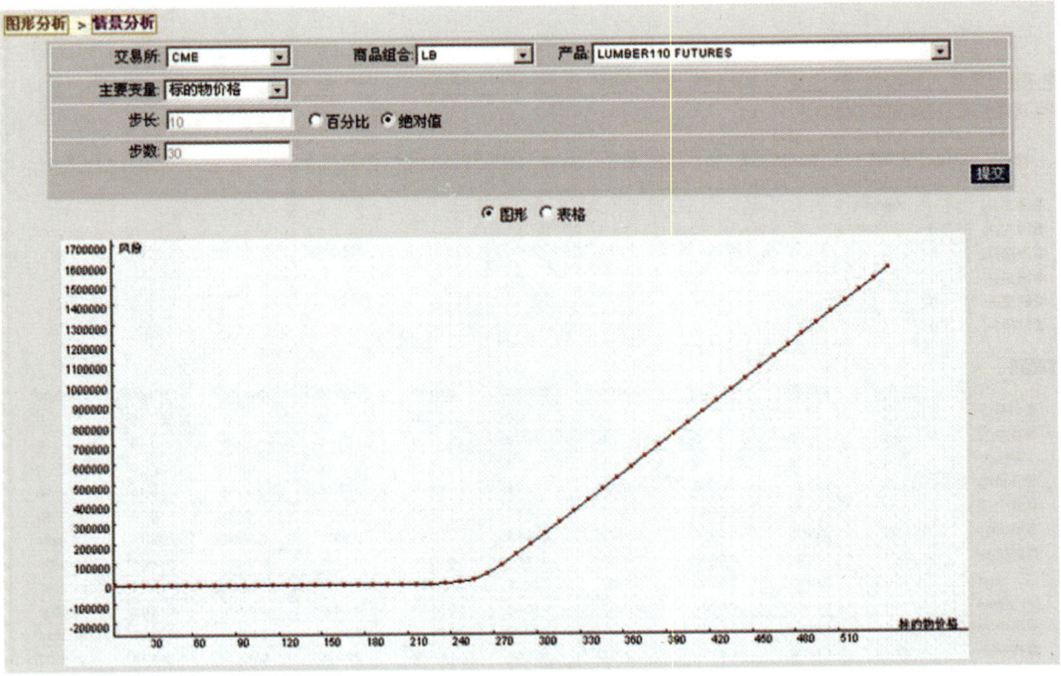

图 27－6

图 27－6 显示的是标的资产的价格变化对“LB”这种商品组合造成的影响。

某账户持有黄金期货组合的风险评估和分析见图 27－7、图 27－8。

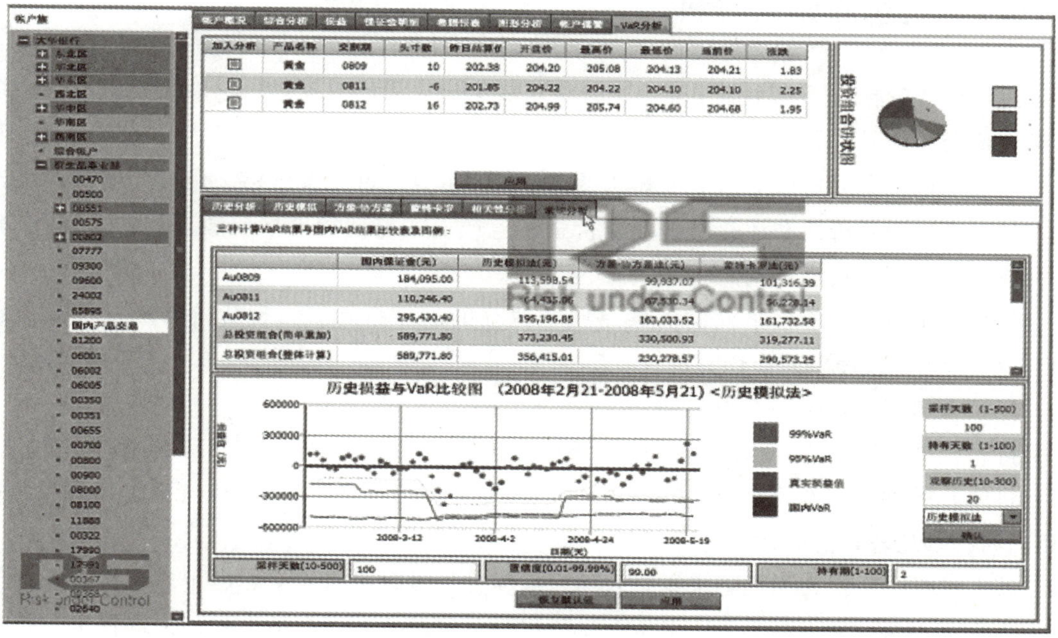

图 27－7

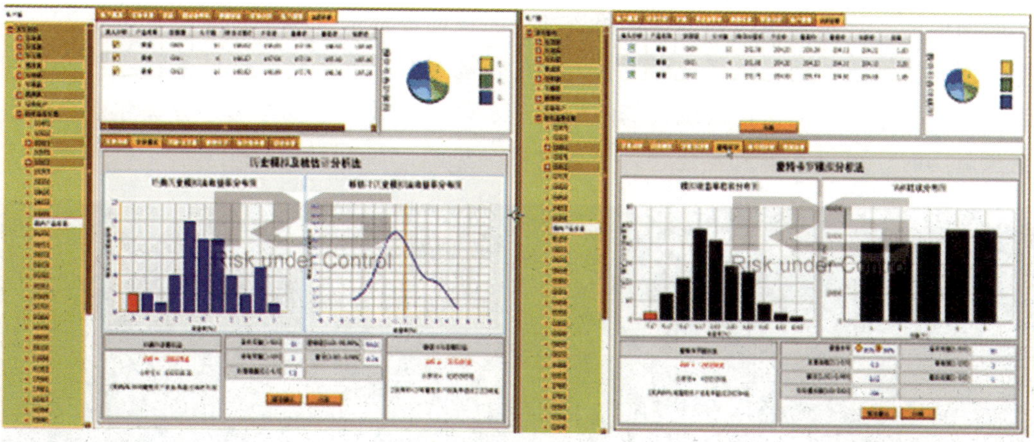

图 27－8

27.6 对企业套期保值跟踪服务及生产规划的提醒

对企业套期保值的跟踪服务及生产规划的提醒，主要是针对套期保值企业保值需求，提供完整操作策略，如进场原则及时机、进场策略、出场策略以及根据行情发展情况进行动态仓位调整策略。下面以螺纹钢下游产业，一家房地产公司螺纹钢的保值设计说明。

27.6.1 进场原则及时机

进场主要依据以下几个原则建仓，价格与成本价之间价差关系，国瑞煊投资专家系统套期保值交易信号，各个合约期限结构的合理性。

最佳时机：主要从成本角度来判断买卖时机。主要通过三个价格来进行判断螺纹生产成本价、螺纹现货价格和活跃月份期货价格。生产成本与现货价格反映企业的合理利润，持仓成本反映期货投机利润的。

现货价格与成本价格之间的关系是一个建仓的重要指标。当现货价与成本价差值在200以内都是比较理想的建仓时机。

厂家合理利润：100~200元每吨。

持仓合理利润：4.5元/吨，一般活跃月份据3个月，所有每手135元的持仓成本。

目前，螺纹钢成本价在3 200~3 400元/吨左右。当价格低于3 735元（3 400+200+135）时，是比较理想的建仓时机。

其次时机：根据交易模型来识别入场策略，目的提高保值效率。由于房地产企业为天然买入套保，当行情走弱，采取保值，一般称为无效保值，当行情走强，采取保值，视为有效保值。利用有效保值和无效保值的处理，从而提高保值效率。

但行情同时也是动态演变的，能够迅速准确地捕捉市场行情结构是提高套期保值及动态套期保值的一项重要手段。国瑞煊投资智能系统的投资定价线是目前期货市场为数不多套期保值专家系统，而且该系统经过长时间的市场考验。方案将依据该系统进行入场和调整信号指导。企业套期保值线或投资定价线显示多头信号，可以考虑部分头寸建仓，当显示空头市场时，可以考虑放弃建仓，等待时机（见图27-9）。

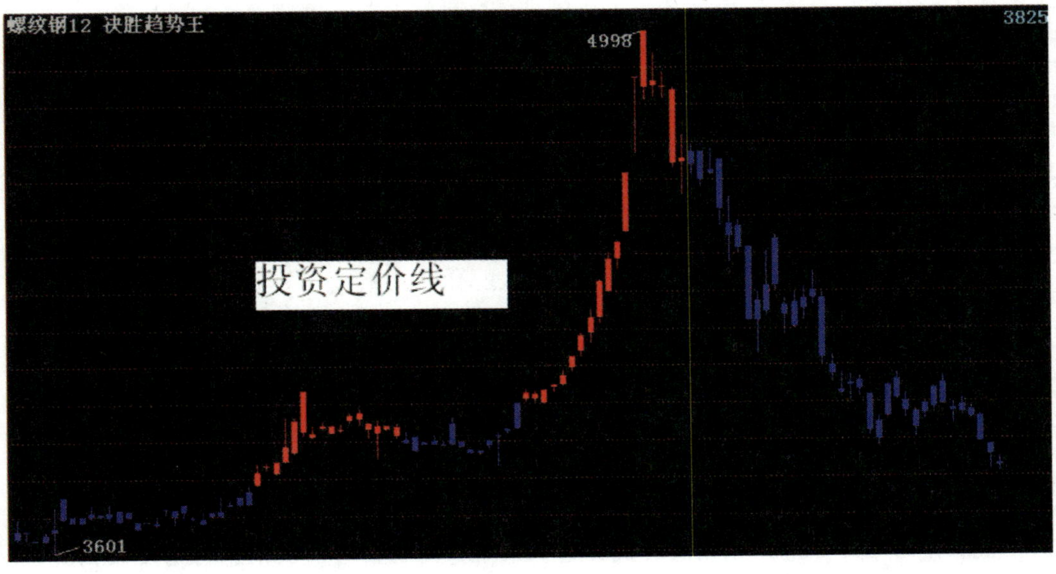

图27-9

27.6.2 建仓策略

由于螺纹钢成交量为目前国内品种最活跃的合约品种，日成交量基本上在200万张左右，日交易额在100亿元左右，流动性的风险基本上可以不用考虑。

建仓价格风险是建仓过程的主要风险。为了规避建仓价格风险一般可以采用分批建仓策略。可以根据保值项目的资金量大小，考虑单批建仓或多批建仓的方式。分批建仓可以采用金字塔方式建仓。

账户异常定义：主要指由于行情变化过大或者行情变动极端所导致的保证金比例变化，从而导致的账户保证金不足而造账户头寸被强制处理的情况。

影响账户资金异常的主要来自两个方面：一是市场价格波动过大；二是交易所保证金调整。根据方案基本配置条件，价格压力影响情况如表27-12所示。

表27-12

合约头寸	建仓均价	保证金比例	占用保证金	可用保证金	价格最大波动
165	3 800（元/吨）	8%	50万元	50万元	下跌303元
165	3 800（元/吨）	10%	62.7万元	27.3万元	下跌165元
165	3 800（元/吨）	15%	94万元	6万元	下跌65元

其中，8%是常规保证金比例，即可以理解为建仓时的保证金比例，其他都是特殊情况下被强制调整的保证金情况。

当价格下跌期货头寸亏损时，资金试用比例过大时的一般处理办法是建议追加保证金或考虑适当减掉部分头寸。

当资金使用率由50%变化至80%，应进入保证金不足预警处理流程。

（1）市场结构调整策略

当市场处于牛市行情时，行情上涨对房地产企业非常不利，所以在该行情下应该进行最大限度对冲价格上涨风险；而在熊市时，行情下跌对房地产企业非常有利，企业可以尝试部分保值或不保的策略，享受价格下跌带来的收益。

行情的结构性牛市或结构性熊市采用国瑞煊投资专家系统的企业套期保值线为研判依据，另外还要考虑行业和宏观经济运行状态。

本案依据市场结构调整策略如下：结构性牛市使用最优头寸的100%仓位；结构性熊市使用最优头寸50%仓位。

图27-10为国瑞煊投资专家系统套期保值信号指标。

（2）市场微调策略

主要在市场结构不发生变化，只是市场上出现某些异常或扰动，为了提高保值效率，

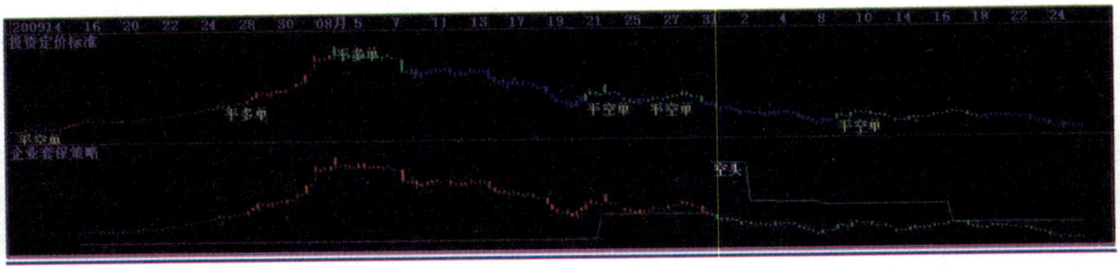

图 27－10

允许部分头寸可以根据市场某些变动而做相应调整。由于房地产螺纹现货的使用阶段性和不连续性特点，根据行情的各个品种升贴水情况，适当调整仓位可以有效提高保值效率。

调整策略：微调头寸占总头寸的比例：5%。

调整依据：当某一个合约与相邻合约出现相对显著性贴水时，或绝对贴水低于该合约的持仓成本，可以考虑将活跃月份的合约移仓至该合约上。

27.7 连通 Bloomberg、Reuters 全球事件数据实时播放

接通 Bloomberg、Reuters 信息源：将 CNN、Bloomberg、Reuters 日内 TOP 新闻或热点新闻作为数据源实时录入客服体系服务端，充当信息源，客服人员以同声转播或短暂滞后转播方式，确保我们新闻的全球性、时效性和权威性。

提供盘中消息文字和视频解读：采用文字、语言以及视频方式，正对盘中波动过大走势，进行信息和原因分析，针对风险大账户进行提醒。

重大突发新闻的手机短信发送：重大突发新闻可以采用手机短信方式发送，确保在线用户和非在线用户对重大突发事件的及时了解和动态掌握。

开盘前新闻点播：收集和整理国内外重大新闻，尤其是外盘新闻。可以仿效国内最顶级交易员培训机构 T3 唯实的做法，将研究院的视频直接连接到客服体系，客户可以方便灵活地点看新闻。

27.8 对私募以及个人提供产品设计、风险管理（评估）、策略服务等一揽子体系服务，提供一系列客户解决方案

27.8.1 风险管理与评估：对客户的交易方式进行总结，提供风险评估

对一般的投资者采用一些传统的指标来进行评估，例如：最大资金回撤、浮动最大资

金回撤、单笔最大亏损、最大连续亏损次数、平均每笔交易亏损等指标。

综合盈利考虑的话，有夏普率、K 比率、盈利亏损比、平均盈利亏损比等指标。

对负责系统和机构的风险评估，最常用的是 VAR 风险评估。

一般的客户交易，不同资金管理方案对风险影响很大，需分别评估常见的资金管理模型：

Fixed size

Fix Dollar Amount of Equity

Kelly Formula

Fixed Risk/Fixed Fractional

Optimal f

Profit Risk

Fixed Ratio

Margin Target

Max Drawdown Method

Maximum Possible

27.8.2 提供产品设计

为不具备编程条件的客户提供交易策略的程序化代码实现和历史测试，给客户提交测试报告与完整的代码。包含对常见交易平台（文华财经平台、交易开拓者 TradeBlazer 平台、Multicharts 平台，TradeStation 平台）的支持。

例如：对最常见的 MACD 指标产生交易信号交易，测试 1 手铜，1 小时图周期，TB 平台代码以及 2005 年 9 月至 2010 年 11 月的资金曲线（未加入固定止损和追踪止损等功能）如下（见图 27 - 11、表 27 - 13）：

```
Params
   Numeric Fast Length (12);
   Numeric Slow Length (26);
   Numeric MACD Length (9);
   Numeric Lots (1);
Vars
   Numeric Series MACD Value;
   Numeric Series Avg MACD;
   Bool Condition1;
   Bool Condition2;
Begin
   MACD Value = XAverage (Close, Fast Length) - XAverage (Close, Slow Length);
   Avg MACD = XAverage (MACD Value, MACD Length);
```

```
Condition1 = Cross Over (MACD Value, Avg MACD);
Condition2 = Cross Under (MACD Value, Avg MACD);
if (Condition1)
  {Buy (Lots, Next Open, True);}
if (Condition2)
  {Sell Short (Lots, Next Open, True);}
End
```

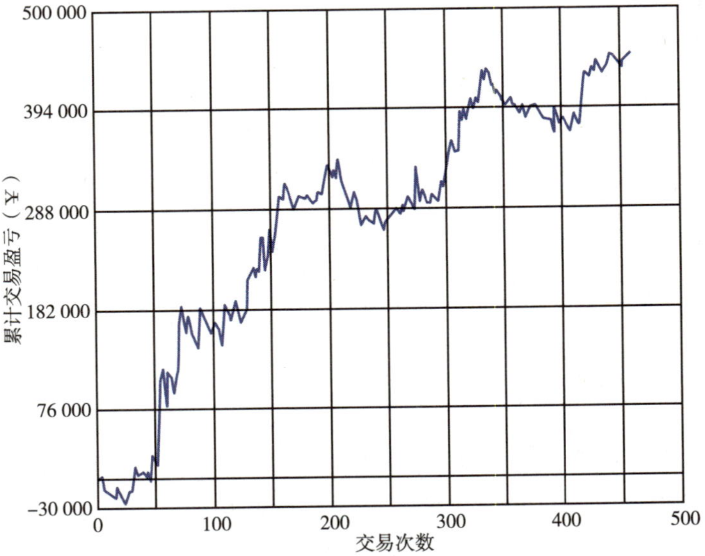

图 27－11　累计交易盈亏曲线图

表 27－13

交易汇总	交易分析	交易记录	平仓分析	阶段总结
		性能概要		
统计指标		全部交易		
净利润		449 193.70		
总盈利		1 641 833.96		
总亏损		(1 192 640.26)		
总盈利/总亏损		1.38		
期末持仓盈亏		20 639.15		
交易次数		459		
盈利比率		39.65%		
盈利次数		182		
亏损次数		277		

续表

交易汇总	交易分析	交易记录	平仓分析	阶段总结
持平次数		0		
平均利润		978.64		
平均盈利		9 021.07		
平均亏损		(4 305.56)		
平均盈利/平均亏损		2.10		
最大盈利		48 854.59		
最大亏损		(29 610.51)		
最大盈利/总盈利		0.03		
最大亏损/总亏损		0.02		
净利润/最大亏损		15.17		
最大持续盈利次数		5		
最大持续亏损次数		7		

27.8.3 策略服务

建立策略库，对策略程序化测试和分级，为不同的客户根据不同的风险偏好，提供不同种类的程序化策略和投资组合，并且提供全程的交易指导和跟踪服务。

策略库分为：中长线策略、短线策略、日内波段策略、日内炒单策略、套利策略五大类。

目前策略库已有具体策略几十个，包括 DB 策略、博士策略、网格策略、没牙策略、统计套利策略、Enigma 策略、Dream 策略、AuroraRealms 策略、两仪四象策略、旭日策略、Woestave 策略、Frostmourn 策略等。

下面简单列举几个具有代表性的交易策略和模型代码以及部分测试结果，后面计划未来逐步扩充策略库至数百个策略，以便构建完整的丰富投资组合体系。

(1) 期货交易大师斯坦利克罗均线交易模型的 TB 平台代码

```
Params
    Numeric Lots (1);
    Numeric m1 (4);
    Numeric m2 (9);
    Numeric m3 (10);
    Numeric m4 (18);
```

```
        Numeric m5 (20);
        Numeric m6 (50);
    Vars
            Numeric ma4;
            Numeric ma9;
            Numeric ma10;
            Numeric ma18;
            Numeric ma20;
            Numeric ma50;
    Begin
            ma4 = AverageFC (Close, m1);
            ma9 = AverageFC (Close, m2);
            ma10 = AverageFC (Close, m3);
            ma18 = AverageFC (Close, m4);
            ma20 = AverageFC (Close, m5);
            ma50 = AverageFC (Close, m6);
            If (Close [1] < Close)
            {If ((Close > ma10 && ma10 > ma20 && ma20 > ma50) || (Close > ma4 && ma4
> ma9 && ma9 > ma18)) Buy (Lots, NextOpen, True);}
            If (Close [1] > Close)
            {If ((Close < ma10 && ma10 < ma20 && ma20 < ma50) || (Close < ma4 && ma4
< ma9 && ma9 < ma18))
    Sell Short (Lots, NextOpen, True);}
    End
```

(2) 世界期货实盘交易大赛冠军非阿里的四价交易模型——文华财经平台代码

```
        kpj: =VALUEWHEN (TIME =0900, OPEN);
NN: =BARSLAST (DATE < > REFX (DATE, 1));
J1: =REF (HHV (HIGH, 45), NN);
J2: =REF (LLV (HIGH, 45), NN);
j3: =REF (CLOSE, NN);
ZG: =HHV (HIGH, NN);
ZD: =LLV (LOW, NN);
dt2: =CROSS (HIGH, REF (ZG, 1)) &&TIME > =0915&&TIME < 1455;
kt2: =CROSS (REF (ZD, 1), LOW) &&TIME > =0915&&TIME < 1455;
DT1: =CROSS (HIGH, J1) &&kpj < j3 * 1.015&&TIME > =0900&&TIME < 1455;
```

KT1：=CROSS（J2，LOW）&&kpj>j3*0.985&&TIME>=0900&&TIME<1455；
dt3：=CROSS（HIGH，LLV（LOW，BARSSK）+300）；
kt3：=CROSS（HHV（HIGH，BARSBK-300），LOW）；
（DT1 AND BARSLAST（DT1）>NN）OR dt2 OR dt3，BK；
（KT1 AND BARSLAST（KT1）>NN）OR kt2 OR kt3，SK；
TIME>=1455 OR（KT1 AND BARSLAST（KT1）>NN）OR kt2 OR kt3，SP；
TIME>=1455 OR（DT1 AND BARSLAST（DT1）>NN）OR dt2 OR dt3，BP；

文华财经平台，1 手螺纹用于指数 5 分钟周期测试 2010 年 2 月至 11 月的收益曲线（红线）见图 27-12。

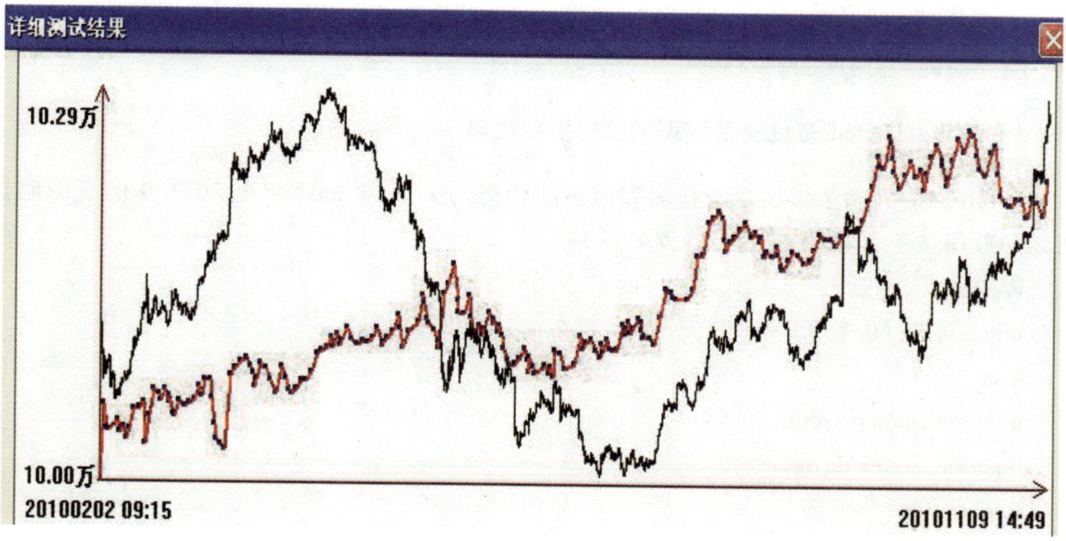

图 27-12

测试天数：280　　测试周期数：8 043
指令总数：418　　平均交易周期：33
初始资金：100 000　　最终权益：102 466
总收益率（盈利/初始资金）：2.47%　　盈利：2 466.04
扣除最大盈利后收益率：1.85%
扣除最大亏损后收益率：2.80%
可靠性（胜率）：49.58%　　成交额：10 454 814
期望收益（平均 R 乘数）：0.13R　　总手续费：0
总交易次数：240
盈利次数比例：49.58%　　亏损次数比例：50.42%
平均利润率：0.01%　　平均每次盈利：10
标准离差率：1 192.1%　　标准离差：122.48
多头次数：124　　空头次数：116

多头盈利次数：60
空头盈利次数：59
盈利次数：119
亏损次数：121
总盈利：12 394（12.39%）
总亏损：-9 928（-9.93%）
平均盈利率：103（0.10%）
平均亏损率：-81（-0.08%）
最大盈利额：613（0.61%）
最大亏损额：-336（-0.33%）
平均盈利周期：28
平均亏损周期：21
最大盈利周期：44
最大亏损周期：41
最大连续盈利次数：8
最大连续亏损次数：5
最大连续盈利：718（0.72%）
最大连续亏损：-554（-0.55%）
空仓总时间：1997
最长空仓时间：69
空仓时间/总时间：24.83%

（3）DualThrust 短线交易模型的 TB 平台代码

FutureTrue 网站多年实盘收益名列前茅的代码与 1 手铜 2007 年至 2011 年的日图测试曲线和数据如下（见图 27-13、表 27-14）：

```
Params
numeric K (0.7);
Vars
numeric Spread value;
numeric Series daynum;
Begin
Spread-value=max (closed (1) -LowD (1), highd (1) -closed (1));
if (barstatus = =0)
{
day num =0;}
}
else if (barstatus = =1 and day! =day [1])
{
day num =daynum +1;
}
Else
{
day num =day num [1]
}
if (day num >0)
{
```

```
if (high > opend (0) + K * spreadvalue)
{
buy (1, min (opend (0) + K * spreadvalue + 2 * minmove * pricescale, high));
}
if (low < opend (0) - K * spreadvalue)
{
sellshort (1, max (opend (0) - k * spreadvalue - 2 * minmove * pricescale, low));
}
}
End
```

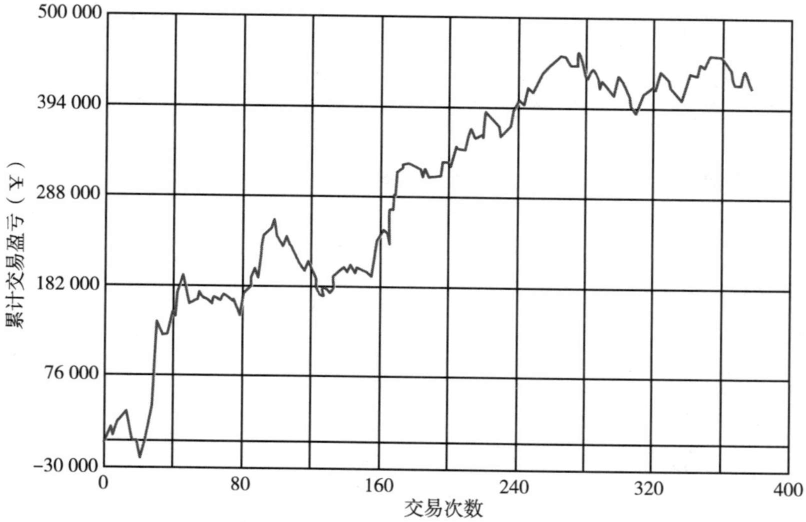

图 27-13 累计交易盈亏曲线图

表 27-14

	性能概要
统计指标	全部交易
净利润	419 582.83
总盈利	1 314 561.54
总亏损	(894 978.71)
总盈利/总亏损	1.47
期末持仓盈亏	6 675.00
交易次数	378
盈利比率	44.71%
盈利次数	169

续表

	性能概要
亏损次数	209
持平次数	0
平均利润	1 110.01
平均盈利	7 778.47
平均亏损	(4 282.19)
平均盈利/平均亏损	1.82
最大盈利	60 746.76
最大亏损	(19 461.49)
最大盈利/总盈利	0.05
最大亏损/总亏损	0.02

(4) 波动性突破短线交易模型的 TB 平台代码

```
Params
  Numeric n1 (30);
  Numeric n2 (30);
Vars
  NumericSeries zg;
  NumericSeries zd;
  NumericSeries gd;
Begin
  if (date < >date [1])
  {
zg = high;
zd = low;
  }
  Else
  {
zg = max (zg [1], Highest (high, n1));
zd = min (zd [1], Lowest (low, n2));
gd = zg - zd;
}
  if (zg > zg [1] &&gd > gd [1] &&time >0.0930)
  {
```

```
BuyToCover;
buy (1, close);
   }
   if (zd<zd [1] &&gd>gd [1] &&time>0.0930)
   {
Sell;
SellShort (1, close);
   }
   Commentary("zg:" +text(zg));
   Commentary("zd:" +text(zd));
   Commentary("zg-zd:" +text(gd));
   SetExitOnClose;
End
```

波动性突破交易模型在橡胶15分钟图上2010—2011年1手基准测试曲线和数据见图27－14、表27－15。

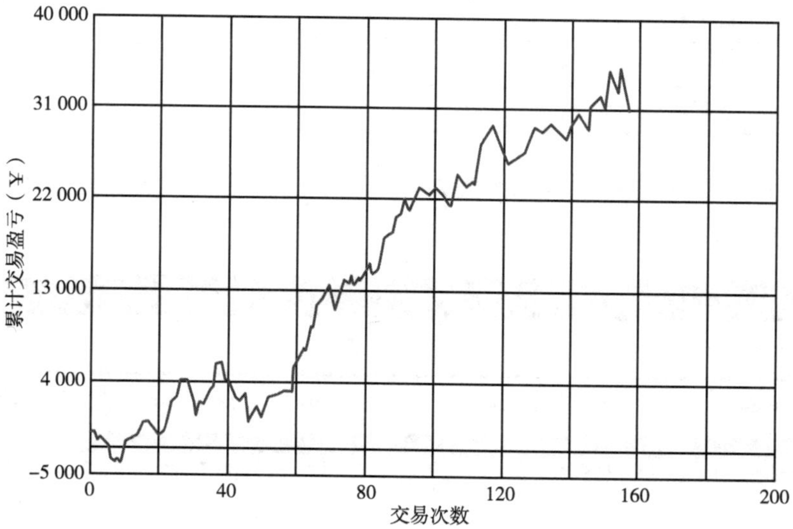

图27－14 累计交易盈亏曲线图

表27－15

	性能概要
统计指标	全部交易
净利润	33 094.39
总盈利	78 768.33
总亏损	(45 673.94)
总盈利/总亏损	1.72

续表

	性能概要
期末持仓盈亏	(1 004.51)
交易次数	157
盈利比率	53.50%
盈利次数	84
亏损次数	73
持平次数	0
平均利润	210.79
平均盈利	937.72
平均亏损	(625.67)
平均盈利/平均亏损	1.50
最大盈利	3 702.35
最大亏损	(2 998.29)
最大盈利/总盈利	0.05
最大亏损/总亏损	0.07
净利润/最大亏损	11.04

改进版（2010 年 9 月改进版）的剑刺日内突破交易模型，螺纹指数 TS 平台参数设置，止损 22 点，追踪止损 24 点（见图 27－15）。

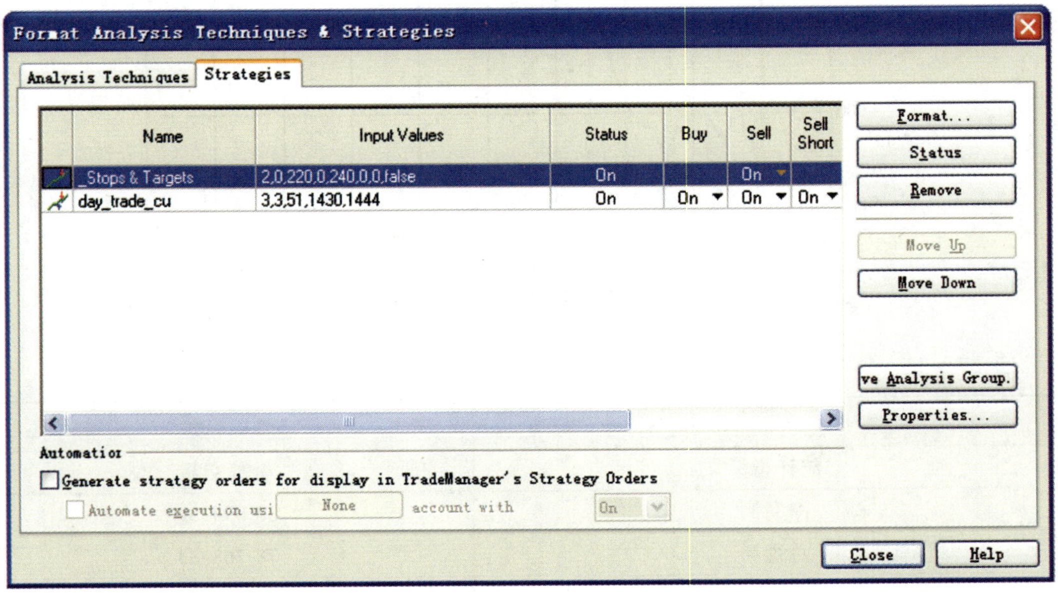

图 27－15

1 手螺纹 2009 年 3 月至 2011 年 11 月 15 分钟图周期，测试资金曲线见图 27 - 16。

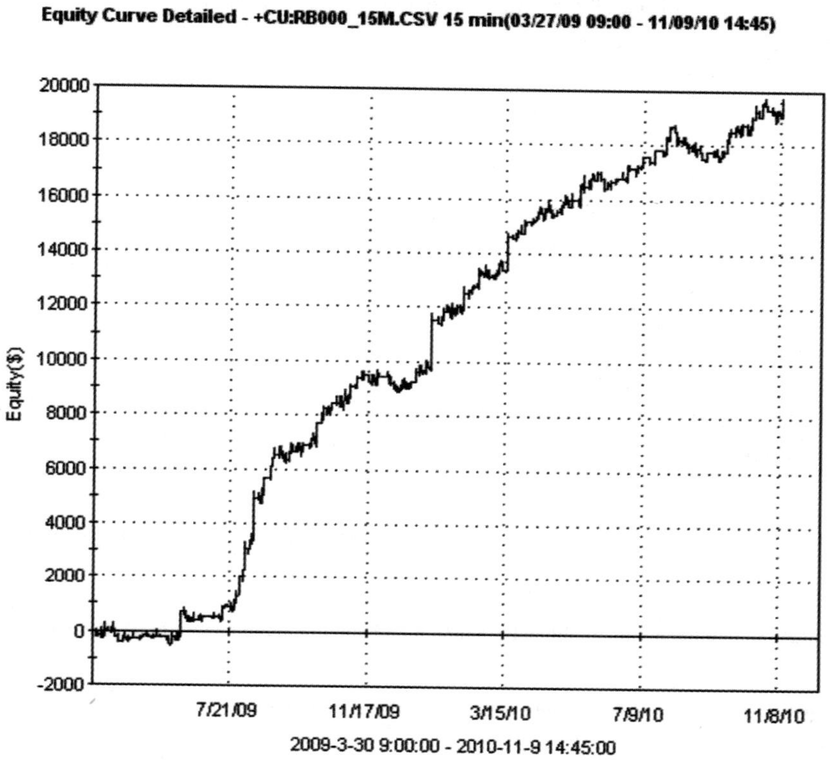

图 27 - 16

(5) 快速海龟策略的日内交易模型 TS 平台代码

该策略加入了信号过滤改进的四周法则，用于沪铜 15 分钟图。日内交易模型 TS 平台核心部分代码如下：

```
iflnum = 0 and snum = 0 then
begin
    if  Time > = ttt and Time < = ttt2    and perc < perclev then
        Buy  ( "ChTrLE" ) next bar at HighestFC ( High, channelx )  +  x stop;
    if  Time > = ttt and Time < = ttt2    and perc < perclev then
        Sell Short ( "ChTrSE" ) next bar at LowestFC ( Low, channelx )  - x stop;
End;

if lnum = 1 or snum = 1 then
begin
if  Time > = ttt and Time < = ttt2    and perc < perclev then
```

```
        Buy  ("ChTrLE2") next bar at HighestFC (High, channely) + x stop;
    if  Time > = ttt and Time < = ttt2    and perc < perclev then
        Sell Short ("ChTrSE2") next bar at LowestFC (Low, channely) - x stop;
End;

SetDollarTrailing (DollarTrailingAmt);

IF Time > = ExitOnCloseMins and MarketPosition = 1 then
   Sell this bar at close;

IF Time > = ExitOnCloseMins and MarketPosition = - 1 then
   Buy To Cover this bar at close;
```

交易 1 手铜，用于铜指数 15 分钟图周期，2009 年 10 月至 2010 年 11 月的测试收益曲线及统计绩效见图 27 - 17、表 27 - 16。

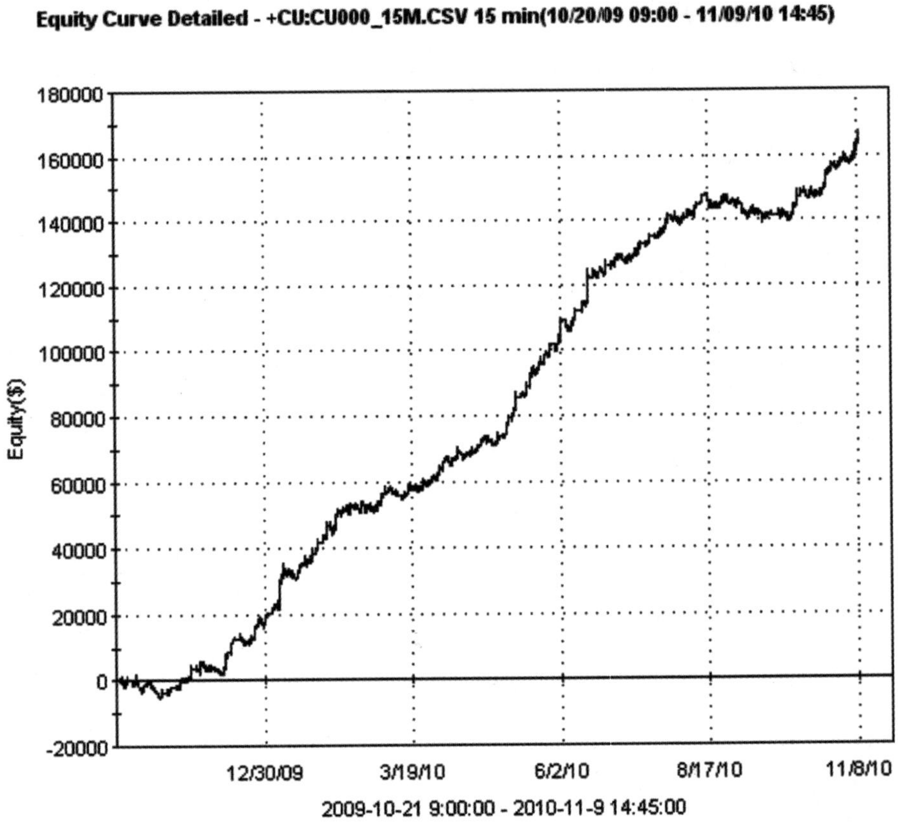

图 27 - 17

表 27－16

TradeStation Performance Summary	
	All Trades
Total Net Profit	$ 166 246.00
Gross Profit	$ 306 291.00
Gross Loss	($ 140 045.00)
Profit Factor	2.19
Open Position P/L	$ 0.00
Select Total Net Profit	$ 142 353.00
Select Gross Profit	$ 282 398.00
Select Gross Loss	($ 140 045.00)
Select Profit Factor	2.02
Adjusted Total Net Profit	$ 138 696.14
Adjusted Gross Profit	$ 287 511.09
Adjusted Gross Loss	($ 148 814.96)
Adjusted Profit Factor	1.93
Total Number of Trades	521
Percent Profitable	51.06%
Winning Trades	266
Losing Trades	255
Even Trades	0
Avg. Trade Net Profit	$ 319.09
Avg. Winning Trade	$ 1 151.47
Avg. Losing Trade	($ 549.20)
Ratio Avg. Win：Avg. Loss	2.10
Largest Winning Trade	$ 9 271.00
Largest Losing Trade	($ 1 264.00)

27.9 培训服务

针对客户需求层次不同，提供各种各样的交易培训服务、软件使用服务、策略开发服务（见表 27－17）。

表 27－17

中金研究院交易客服培训内容	策略交易原理与方法篇	战略投资与策略投资的区别与联系 策略交易原理与实践 交易策略制定思路与方法 策略测试方法与绩效评估
	单序列交易具体策略篇	趋势预测交易策略 趋势跟踪交易策略 震荡交易策略 短线交易策略 高频交易策略 超低频交易策略
	套利交易具体策略篇	套利原理及实践 无风险套利策略 跨市套利策略 替代型产品套利策略 产业链型产品套利策略 跨期套利策略 期现套利策略 纸黄金、黄金期货、黄金现货三市联动套利策略 A 股 B 股套利策略 股指期货与一篮子股票套利策略
	投资组合具体策略篇	投资组合策略原理 保守型投资组合策略 积极型投资组合策略
	结构性产品投资策略篇	期权交易原理 期货期权套利原理 价格空间上的垂直、水平套利策略 基于现货、期货、期权选择性对冲保值策略
	事件型投资策略篇	突发型事件投资策略方法 经济型事件投资策略方法 政策型事件投资策略方法 政治型事件投资策略方法

图书在版编目（CIP）数据

企业风险管理架构重塑及实务操作：基于供应链的套期保值实践／王红英等主编．--北京：中国财政经济出版社，2021.4

ISBN 978－7－5223－0452－6

Ⅰ.①企…　Ⅱ.①王…　Ⅲ.①企业管理－风险管理－研究　Ⅳ.①F272.35

中国版本图书馆 CIP 数据核字（2021）第 051672 号

责任编辑：陈　冰　　　　责任印制：张　健
封面设计：陈宇琰　　　　责任校对：张　凡

企业风险管理架构重塑及实务操作
——基于供应链的套期保值实践
QIYE FENGXIANGUANLI JIAGOU CHONGSU JI SHIWUCAOZUO
——JIYU GONGYINGLIAN DE TAOQIBAOZHI SHIJIAN

中国财政经济出版社 出版

URL：http：//www.cfeph.cn

E－mail：cfeph@cfeph.cn

社址：北京市海淀区阜成路甲 28 号　邮政编码：100142

营销中心电话：010－88191522

天猫网店：中国财政经济出版社旗舰店

网址：https：//zgczjjcbs.tmall.com

北京鑫海金澳胶印有限公司印刷　各地新华书店经销

成品尺寸：185mm×260mm　16 开　28.75 印张　699 000 字

2021 年 5 月第 1 版　2021 年 5 月北京第 1 次印刷

定价：328.00 元

ISBN 978－7－5223－0452－6

（图书出现印装问题，本社负责调换，电话：010－88190548）

本社质量投诉电话：010－88190744

打击盗版举报热线：010－88191661　QQ：2242791300